# 금융 기관론

저자 황선웅

FINANCIAL INSTITUTIONS MANAGEMENT

도서출판 청람

## 머리말

금융(financing)이란 경제활동단위 간 자금의 융통을 의미한다. 타인에게서 자금을 빌리거나 타인에게 자금을 빌려주는 금융행위는 일시적인 자금 잉여 및 부족으로 인한 지출변동을 줄임으로써 소비나 기업 경영을 안정화시킨다. 금융제도는 이러한 금융거래에 관한 일체의 체계와 규범을 총칭하는 개념으로 금융기관, 금융시장, 금융수단 · 금융상품 등의 구조나 형태를 포괄하는 핵심적인 경제제도의 하나다. 예금자나 투자자의 입장에서 본다면 금융제도는 저축이나 투자 자산을 안심하고 맡길 수 있도록 각종 장치를 갖춰 자산관리를 제도화시킨 것이다.

금융시장에서 금융하부구조의 지원을 받아 경제활동단위 간의 금융행위를 촉진시키는 금융기관도 사실 경영의 주된 목표가 일반기업의 경우와 다를 바 없이 소유자들을 위하여 최대의 이익을 창출하는 것이다. 그러나 이러한 목표의 달성도 위험-수익률 상반관계의 예외가 될 수 없기 때문에 필연적으로 높은 위험이 수반되는 법이다. 그런데 우리나라에서는 과거 정부주도의 고도성장정책을 추구하는 과정에서 금융산업은 실물경제를 지원하기 위한 한낱 보조역할에 그쳤다. 그러나 1980년대에 들어 정부주도의 성장정책에 한계가 표출되면서 소위 민간주도 경제를 표방하였고, 이때부터 시중은행의 민영화, 은행 내부 경영의 자율화, 대출금리의 밴드제, 금융기관 간 업무영역의 재조정 등과 같은 금융자율화가 이루어졌다. 1980년대 중반부터는 국내 금융시장의 대외개방 압력에 대처하여 금융자율화 및 국제화를 적극적으로 추진하였다. 정부는 1990년대에 들어와 금리자유화 추진계획을 단계적으로 시행하였고, 은행의 책임경영체제 확립, 업무영역의 합리적 조정 등 금융산업 개편을 추진하였다. 정부는 또한 1996년 9월 OECD 가입과 더불어 외국금융기관의 국내진입 자유화와 자본이동의 자유화를 허용하는 금융산업 개방계획을 발표하였다.

위와 같은 정부의 금융산업 개편을 위한 제반시책에도 불구하고 금융산업은 소위 관치금융의 유산을 벗어버리지 못하고 비효율적으로 운영되어 왔다. 정부는 1997년에 들어와 금융산업의 효율화를 제고하고 경쟁력을 강화시키기 위한 획기적 조치로서 금융개혁위원회를 설치함으로써 금융개혁을 조기에 완성하려는 의지를 천명하였다. 금융개혁의 추진배경은 그동안 공급자 중심이던 금융산업을 수요자 중심으로 전환한다는 것이다. 이러한 배경하에 금융개혁위원회는 시장기능의 활성화를 위한 금융규제 완화, 금융기관의 책임경영 체제의 확립, 금융기관의 업무영역 확대, 진입기준의 투명화, 금융전산망의 확대 등을 주요 과제로 선정하여 구체적인 추진방안을 마련하였다.

이와 같이 우리나라는 1990년대 이후 금융제도 면에서 여러 가지 제도개선을 추진하였지만 금융자유화 및 개방화의 결실을 보지 못한 채 1997년 말 금융 · 외환위기를 겪게 되었다. 이는 적절한 금융하부구조를 갖추지 못한 채 금융자유화 · 개방화가 추진됨에 따라 금융기관 간 과당경쟁이 무분별한 자본유입과 과다여신으로 연결되었고 그 결과 금융기관 경영이 부실해졌기 때문이었다. 이에 따라 1998년 이후 추진된 금융개혁에서는 금융기관의 경영 건전성을 조기에 회복하는 동시에 금융자유화 · 개방화의 긍정적 효과가 나타날 수 있도록 금융하부구조를 개선하는 데 초점이 두어졌다.

1998년 2월에 출범한 신정부는 당면한 외환 및 금융위기를 해결하기 위하여 IMF구제금융 지원조건에 따라 금융산업뿐만 아니라 거시경제정책, 자본시장, 기업구조조정 등 경제전반에 걸쳐 대대적인 개혁을 실시하였다. 금융개혁 측면에서는 한국은행의 독립성 보장, 금융감독원의 설립, 예금보험기구의 통합 등 금융행정조직의 개편이 이루어지고, 부실채권의 조기정리, BIS 비율을 맞추기 위한 자구노력, 부실금융기관의 폐쇄 또는 인수합병 등 금융산업의 구조조정이 본격화되었다.

외환위기 이후 정부는 금융구조조정과 함께 금융시장 개방, 금융규제 완화, 금융하부구조 개선 등을 꾸준히 추진해 온 결과 금융시장 안정, 대외신인도 향상, 금융기관 경영건전성 제도 등의 성과를 거두었다. 이를 바탕으로 정부는 2000년대 중반 이후 금융업을 높은 부가가치와 양질의 고용을 창출할 수 있는 성장산업으로 육성하기 위한 금융제도 개선을 추진하였다.

먼저 2007년 8월 종래의 「증권거래법」, 「간접투자자산운용업법」, 「신탁업법」 등 자본시장 관련 6개 법률을 통합한 「자본시장과 금융투자업에 관한 법률」(2009년 2월 시행)이 제정되었다. 자본시장과 금융투자업에 대한 규제를 재편하여 금융혁신과 경쟁을 촉진하고, 대형 투자은행 육성과 자본시장 활성화 등 직접금융시장을 확충함으로써 기존 은행중심의 간접금융체계와 조화를 도모하기 위한 기반을 조성하는 것이었다. 자본시장의 발달과 금융기관의 업무영역 확대 노력을 반영하여 금융지주회사 설립이 확대되었다.

이제 우리나라의 금융기관들은 급변하는 금융환경하에서 단기적으로는 경영의 효율화·내실화를 꾀하면서 장기적으로는 국제경쟁력을 확보하여야 하는 과제를 안고 있다. 부실금융기관들은 당장 BIS의 요구조건들을 충족시키기 위해 위험여신의 억제, 부실채권의 정리, 점포의 축소 또는 폐쇄, 자회사의 매각, 조직축소 및 인원정리, 자본금 확충, 인수·합병 등과 같은 자구노력을 기울이고 있다. 반면에 종합금융서비스를 지향하는 우량금융기관들은 세계적인 금융개혁 추세에 발맞추어 겸업화, 체계적인 위험관리, 금융정보화, 금융국제화를 적극적으로 추진함으로써 수익성을 향상시키고 국제경쟁력을 확보하여야 한다.

이 책은 세계적인 금융환경의 변화와 우리나라의 금융여건을 전반적으로 고찰하면서 은행을 중심으로 한 금융기관의 경영전략을 구체적으로 다루고자 하였다. 금융기관은 정부의 규제와 정책을 제약조건으로 하여 행동하지만, 다른 사기업과 마찬가지로 충분한 이윤을 확보하고 이에 따른 위험을 적절히 관리하지 않으면 안 된다. 우리는 이 단순한 사실을 분명히 깨닫는 데 너무나 값비싼 대가를 치렀다. 정부당국의 무사안일 및 무능, 정경유착, 그리고 금융기관 임직원의 도덕적 해이로 말미암아 경제위기가 발생하고, 상당수의 국민이 소득감소와 실업의 고통에 시달리며, 금융 및 기업구조조정을 위해 국민의 혈세가 낭비되는 지경에 이르렀다. 금융기관의 건전성과 경영효율성을 확보하는 것은 이제 정부당국과 금융기관 자신에게는 물론 일반인들에게도 초미의 관심사가 되고 있다.

이러한 문제의식을 갖고 저자는 금융기관이 건전하고 효율적으로 운영되기 위한 방안을 폭넓게 논의하였다. 이 책은 모두 6편 18장으로 구성되어 있다. 제1편에서는 우리나라의 금융제도를 중심으로 금융시장, 그리고 지급결제제도를 살펴보았다. 제2편에서는 금융기관이 부담하고 있는 위험에는 어떠한 것들이 있는가, 금융기관의 유동성과 부채관리 및 예금자보호, 그리고 금융기관의 자본금은 왜 그렇게도 중요한가를 상세하게 설명한다. 제3편에서는 신용위험의 측정과 평가, 대출이자율의 결정, 대출금매각 및 증권화 등 금융기관의 여신관리를 중점적으로 논의한다.

제4편에서는 이자율위험의 측정과 관리, 그리고 시장위험의 관리하기 위한 최신기

법을 소개한다. 제5편에서는 기타 경영위험으로서 난외업무와 위험, 기술 및 영업위험, 외환위험과 국가위험을 다루고 있다. 마지막으로 제6편에서는 금융기관의 경영성과를 어떻게 평가할 것인가, 금융규제와 감독은 현재 어떻게 수행되고 있으며 바람직한 방향은 어떠한 것인가, 그리고 중앙은행의 역할은 무엇이고 통화정책은 어떻게 수행되고 있는가를 검토한다.

이 책을 통하여 저자는 세계의 금융산업의 조류와 우리나라 금융환경의 변화를 조망하면서 은행을 중심으로 한 금융기관을 효율적으로 운영하기 위한 경영전략을 모색하는 데 최선의 노력을 기울였다. 그렇지만 금융환경의 변화가 워낙 급격하게 일어나고 있어 그 동향을 제대로 파악하고 그에 따른 올바른 금융기관의 경영전략을 제시하였는가에 대해서는 많은 부족함을 느낀다. 앞으로 독자 여러분의 조언을 반영하여 미비한 점을 그때그때 보완할 것을 약속드린다.

저자는 이 책을 집필하는 과정에서 수많은 외국문헌 및 국내 간행물을 참조하였지만, 특히 금융감독원과 한국은행의 각종 자료들이 저자에게 큰 도움이 되었다. 자료수집에 협조해 준 모든 분들께 깊이 감사드리며, 아울러 이 책의 출판을 위해 애써주신 도서출판 청람의 이수영 대표님과 김우겸 전무님, 그리고 편집과정에서 진정한 프로의 면모를 발휘하여 준 편집부의 이영란 실장 외 여러분들께도 깊은 감사의 뜻을 표한다.

2014년 2월<br>황선웅 드림

# 차 례

## 제1편 서론

### 제1장 금융제도, 금융시장, 그리고 금융기관



### 제2장 금융시장

## 제2편 금융기관의 위험, 자산관리, 자본금

### 제4장 금융기관의 위험

## 제8장 대출이자율결정과 대출신경향



## 제9장 대출금매각과 증권화

# 제4편 이자율위험과 시장위험

## 제10장 이자율위험의 측정



## 제11장 이자율위험의 관리

## 제12장 시장위험의 관리



# 제5편 기타 경영위험

## 제13장 난외업무와 위험

Part

# 1 서론

# 금　융　기　관　론

Chapter

# 1 금융제도, 금융시장, 그리고 금융기관

우리는 뉴스시간이면 늘 그날의 주식시장, 채권시장, 파생상품시장, 그리고 외환시장의 시황을 접하고 있다. 보도에 따르면 어느 날 채권시장이 큰 호황을 보였다고 가정해 보자. 그렇다면 이 소식은 이자율이 하락하여 기업들로 하여금 신규투자가 보다 수월해졌다는 뜻으로 받아들여도 좋다는 의미인가? 그리고 나아가서 머지않은 장래에 경제상황이 더 나아질 것이라는 의미로 받아들여도 좋은가? 또한 자금이 필요한 경제주체로서는 은행으로 달려가 대출을 받기보다는 자본시장에서 주식이나 채권발행을 통하여 필요한 자금을 조달하는 것이 더 낫다는 의미인가? 생산원자재를 수입에 의존하는 어느 기업의 경우 향후 수입원자재가격이 더 비싸질 것을 걱정해야 된다는 뜻인가?

이 책에서는 그러한 의문들에 대한 답을 구하기 위하서 금융, 금융시장, 그리고 금융기관에 대해서 깊이 있게 논의하고자 한다. 그러기 위해서는 먼저 가장 기본적인 개념에 대한 이해가 선행되어야 하므로, 본 장에서는 다음과 같은 주제를 중점적으로 다룬다.

- 금융과 금융제도
- 금융시장의 역할
- 금융기관의 정의, 기능 및 종류

## 제1절 금융제도의 의의[1]

금융(financing)이란 경제활동단위 간 자금의 융통을 의미한다. 타인에게서 자금을 빌리거나 타인에게 자금을 빌려주는 금융행위는 일시적인 자금 잉여 및 부족으로 인한 지출변동성을 줄임으로써 소비나 기업경영을 안정화시키는 기능을 한다. 금융제도는 이러한 금융거래에 관한 일체의 체계와 규범을 총칭하는 개념으로 금융기관, 금융시장, 금융수단·금융상품 등의 구조나 형태를 포괄하는 핵심적인 경제제도의 하나이다. 예금자나 투자자의 입장에서 본다면 금융제도는 저축이나 투자자산을 안심하고 맡길 수 있도록 각종 장치를 갖춰 자산관리(거래상대방은 부채관리)를 제도화시킨 것이라 할 수 있다. 금융제도는 ① 금융거래가 이루어지는 금융시장, ② 금융거래를 중개하는 금융기관, ③ 금융거래를 지원하고 감시하는 금융하부구조의 세 가지로 구분된다.

금융시장(financial market)은 자금의 수요자와 공급자가 금융거래를 하는 조직화된 장소이다. 금융시장은 만기 1년 이내의 단기금융상품이 거래되는 자금시장(money market, 단기금융시장)과 장기금융상품이 거래되는 자본시장(capital market)으로 나뉜다. 또한 증권거래소처럼 다수의 자금공급자와 수요자가 구체적인 장소에 모여 거래하는 장내시장(organized exchange)과 전화나 전산망을 통해 거래하는 장외시장(over-the-counter market)으로 나누어 볼 수도 있다. 아울러 자금공급자와 수요자 간에 직거래가 이루어지는 직접금융시장(direct financial market)과 금융기관을 통해 거래가 이루어지는 간접금융시장(indirect financial market)으로 구분되기도 하며, 거래되는 금융상품 종류에 따라 주식시장(stock market), 채권시장(bond market), 파생금융상품시장(financial derivatives market) 등으로 분류되기도 한다. 이러한 금융시장은 금리, 주가, 환율 등 금융자산의 가격변수를 통해 자금의 수요와 공급을 조절하는 기능을 한다.

금융기관(financial institutions)은 자금공급자와 수요자 간에 거래를 성립시켜 주는 것을 목적으로 하는 사업체를 말한다.[2] 자금공급자와 수요자가 직접 거래할 경우 높은 탐색비용(search costs) 때문에 거래가 이루어지기 매우 어렵지만 금융기관은 거래비용

1 본 장은 한국은행에서 발간한 『한국의 금융제도(2011. 12. 27.)』 제1장의 내용을 부분적으로 참조 혹은 인용하였다.

2 금융기관은 은행과 같이 자기명의로 자금(예: 예금)을 조달하여 자기판단하에 투자대상을 결정(예: 대출)하기도 하지만 증권사처럼 금융거래에 수반되는 위험을 취하지 않은 채 자금공급자와 수요자를 단순히 연결해 주는 기능만을 수행하기도 한다.

(transaction costs)을 절감시켜 소규모 금융거래도 가능하게 하여 금융거래를 활성화한다. 그리고 금융기관은 다수로부터 거액의 자금을 모아 다양한 자산에 운용함으로써 투자자로 하여금 간접적으로 분산투자하는 혜택을 누릴 수 있게 해준다. 또한 차입자의 신용도분석에 관한 전문적인 노하우를 축적하고 지속적·반복적 거래를 통해 획득한 차입자에 대한 정보를 활용하여 정보비대칭(information asymmetry) 문제를 완화함으로써 자금공급의 효율성을 높여주고 있다.

금융하부구조(financial infrastructure)는 시장의 거래준칙이나 금융기관 인가 및 경영, 재산권보호 등을 규정하는 법률체계와 금융거래에 직접 참여하지는 않고 그 대신 금융거래와 금융기관 업무를 지원하고 감시하는 각종 기구를 말한다. 금융거래는 정보비대칭 문제를 수반하기 때문에 이를 악용한 불공정·불건전 금융행위를 금지하고 금융기관의 과도한 위험추구행위를 제한하는 법률과 이러한 법률이 제대로 시행되는지를 감시하는 장치가 필요하다.

이러한 금융제도는 자금공급자와 수요자 간 자금이전을 원활하게 하여 금융 및 실물거래를 활성화시키고 개인 후생과 기업투자자금 공급 및 기업지배구조 등에 큰 영향을 미치며 나아가 국가의 경제발전에 기여한다. 금융기관 및 금융시장 등을 통해 금융시스템은 크게 ① 지급결제, ② 저축 풀링(pooling), ③ 시간과 공간 차원의 자금이전, ④ 리스크 풀링, ⑤ 정보비용 감축 등의 기능을 수행한다.

먼저 재화 및 서비스, 금융자산거래를 위한 지급수단으로는 현금, 수표, 신용카드, 전자자금결제 등이 있다. 금융제도는 소규모 저축자금을 모아 대규모 투자자본조달을 가능하게 하고 규모의 경제, 분업의 원리 등을 통해 거래비용을 절감시킨다. 개인들이 라이프사이클에 따라 소비를 배분할 수 있게 하고 생산성이 높은 산업에 투자자금을 공급한다. 포트폴리오를 다양화함으로써 투자자들의 투자위험을 줄이고 보험회사가 판매하는 보험상품을 통해 미래의 손실에 대비한다. 기업들은 파생금융상품거래를 통해 각종 위험을 투자자들에게 전가시킬 수 있다. 그리고 금융거래에 수반되는 각종 위험을 축소함으로써 개인의 저축동기를 유발하는 기능을 수행한다.

또한 전문 금융중개기관(financial intermediaries)은 신용정보수집 등의 탐색비용을 줄이고, 금융시스템(financial system)은 차입자의 신용정보를 전달해 주며, 금융시장에서 형성되는 증권가격은 기업투자나 가계저축 의사결정을 잘할 수 있도록 신호를 보냄으로써 효율적 자금배분에 기여한다.[3] [그림 1-1]에서는 금융과 실물경제의 순환관계를 보여주고 있다.

**그림 1-1 금융과 실물경제의 순환관계**

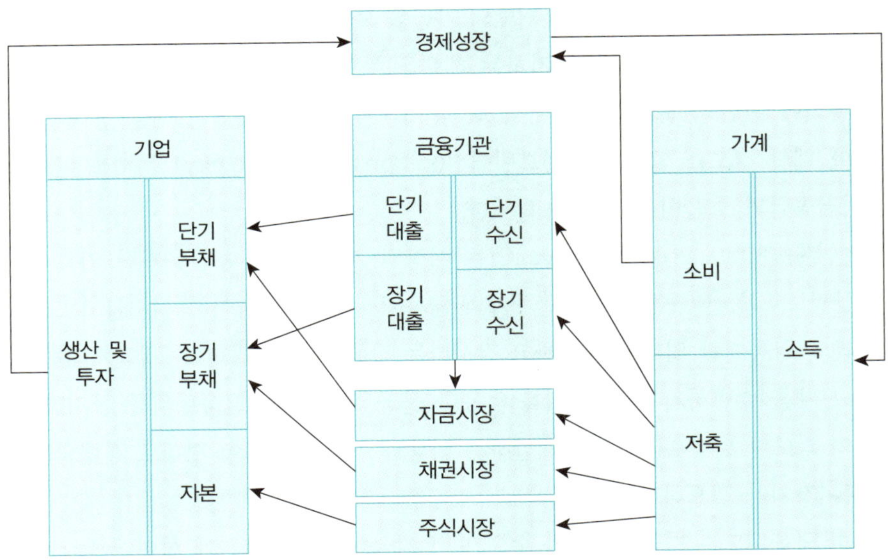


자료: 한국은행, 한국의 금융제도, 2011년 12월 27일, p.5.

# 제2절 금융제도의 유형

## 2.1 은행중심 금융제도와 자본시장중심 금융제도

모든 제도가 그렇듯이 금융제도도 각국의 정치・경제・법률・역사적 배경 등에 따라 다른 것이 일반적이지만, 크게 한국, 일본, 독일 등과 같은 간접금융 위주의 은행중심

3 금융거래에서 역선택(adverse selection)이나 도덕적 해이(moral hazard) 등 비대칭정보(asymmetric information)로 인한 문제가 제기되는데 이는 차입자의 미래상환 약속을 전제하여 자금이 일방적으로 이전되는 금융거래의 특성에 기인한다. 금융거래가 성사되려면 차입자가 상환의무를 성실히 지킬 것이라는 믿음이 전제되어야 하는데 차입자의 상환능력이나 의지는 외부에 잘 드러나지 않는다. 금융거래 시 역선택이란 관찰 불가능한 차입자의 상환능력이나 상환의사로 인해 양질의 차입자를 선별하는 것이 쉽지 않음을 의미한다. 그리고 도덕적 해이는 차입자가 실패확률이 높지만 성공할 경우 수익이 높은 위험자산에 자금을 운용함으로써 결과적으로 부채상환 가능성을 낮추는 행동을 말한다.

금융제도(bank-based financial system)와 미국, 영국 등의 직접금융 위주의 자본시장 중심 금융제도(capital market-based financial system)로 대별할 수 있다.

직접금융(direct financing)은 자금의 공급자와 수요자가 계약당사자로서 직접 금융거래를 하는 형태이며, 간접금융(indirect financing)은 금융기관이 자금공급자나 수요자를 대신하여 계약의 일방이 됨으로써 자금의 공급자와 수요자를 연결하는 금융 형태를 말한다. 예를 들어 대표적인 직접금융수단인 회사채의 경우 자금수요자인 기업이 자금공급자로부터 자금을 직접 조달하는 데 비해 간접금융수단인 은행대출에서는 은행이 예금 등을 통해 자금공급자로부터 조달한 자금을 대출계약을 통해 기업에 공급한다. 그리하여 자본시장중심 금융제도에서는 주식과 채권이 거래되는 자본시장이 중요한 역할을 하고 은행중심 금융제도에서는 은행이 중추적인 기능을 한다.

자본시장중심 금융제도와 은행중심 금융제도는 기업감시에 있어서도 차이가 있다. 자본시장중심 금융제도에서는 주가변동과 적대적 인수·합병이 기업감시에 중요한 역할을 하기 때문에 기업회계의 투명성과 투자자보호가 중시된다. 반면 은행중심 금융제도에서는 주가변동보다는 은행과 기업 간 장기적 관계를 통해 기업감시가 이루어진다.

국가별로는 자본시장중심 금융제도가 발달한 나라로 미국과 영국을, 은행중심 금융제도가 발달한 나라로 독일과 일본을 들 수 있다. 금융이 발달한 선진국들 사이에서도 이렇게 금융제도가 서로 다름에 따라 지난 20년간 시장중심 금융제도와 은행중심 금융제도의 상대적 우월성에 대한 논쟁이 꾸준히 있어 왔으며 이를 뒷받침하기 위한 이론 및 실증분석 연구들도 많이 이루어졌다.[4] 그동안의 연구 결과를 종합해 보면 특정 금융제도의 선택이 경제성장이나 기업의 외부자금조달능력에 영향을 주지 않는 것으로 나타났다. 오히려 금융의 전반적인 발달상황, 계약관련 법체계의 발전 정도 그리고 투자자 권리의 보호 정도가 영향을 미치는 것으로 나타났다. 이는 금융방식의 차이보다 금융하부구조의 효율성이 전체 금융제도의 효율성을 결정하는 중요한 요소임을 말해 주는 것이다.

은행중심 금융제도가 효율적인가, 자본시장중심 금융제도가 효율적인가에 관한 과거의 논쟁은 기본적으로 직접금융과 간접금융이 상호 경쟁관계에 있다는 인식에 바탕을 두고 있다. 그러나 최근에는 직접금융과 간접금융이 상호 경쟁적일 뿐 아니라 보완적이

4 금융발전과 금융제도의 유형이 경제발전에 미치는 영향에 관한 문헌연구는 Levine, Ross, "Finance and Growth: Theory and Evidence," NBER Working Paper No. 10766(2004. 9)을 참조.

기도 하다는 인식이 높아지면서 직접금융과 간접금융 모두 필요하며 두 금융방식이 균형적으로 발전하여야 한다는 쪽으로 의견이 모아지고 있다.

이러한 견해는 두 금융방식이 자금지원에 있어 비교우위가 있는 부문이 서로 다르다는 점에 근거를 두고 있다. 직접금융은 시장인지도가 높고 회계정보가 잘 갖추어져 있어 경영정보를 얻기 쉬운 대기업에 유리한 반면 간접금융은 시장인지도가 낮고 회계정보가 불충분한 중소기업에 유리하다. 일반적으로 직접금융수단인 시장성 자산은 무임승차 문제(free rider problem)[5]로 인해 정보생산의 유인이 약하기 때문에 중소기업에게 적절하지 못한 반면 은행을 이용하면 장기간 거래로 축적된 기업정보가 정보비대칭 문제를 완화할 수 있는 이점이 있기 때문이다.

또한 직접금융과 간접금융은 성과구조(payoff structures)가 달라 위험에 대한 투자자의 인식에도 큰 차이가 있다. 대표적인 직접금융수단인 주식의 경우 투자수익이 기업의 경영성과에 비례하기 때문에 투자자는 기업이 좀 더 많은 위험을 감수하는 것을 용인하는 경향을 보인다. 반면 간접금융수단인 은행대출의 경우 투자성과가 사전에 정해지는 반면 기업이 부도가 나면 이자는 물론 원금마저 회수할 수 없는 위험에 빠질 수 있으므로 대출기업의 자산운용에 대하여 보다 보수적인 입장을 취하게 된다. 따라서 직접금융은 투자위험이 큰 산업에 대한 자금공급에, 은행대출 등 간접금융수단은 수익이 낮지만 상대적으로 안전한 산업에 대한 자금공급에 유리하다.

직접금융과 간접금융은 투자자들의 의견 수용 면에서도 산업 간 비교우위에 차이가 있다.[6] 은행대출은 다수의 투자자로부터 모은 자금을 운용하는 만큼 투자자들의 견해 일치에 무리가 없는 전통산업에 적절한 반면 직접금융은 투자자들의 견해가 일치할 필요가 없는 혁신산업에 유리하다. 즉 직접금융은 주가를 매개로 투자자와 기업 간 의사소통이 끊임없이 이루어지기 때문에 경영방식에 대한 경험이 축적되지 않은 혁신산업의 감시 및 자금지원에 유리하다.

직접금융과 간접금융이 균형적으로 발전해야 하는 또 다른 이유는 양자가 서로의 발전을 촉진한다는 점에 있다. 먼저 자본시장은 금융기관의 금융중개업무를 감시하는 역할을 수행한다. 금융기관은 정보생산능력을 토대로 기업정보비대칭 문제를 완화할 수

5 여기서 무임승차 문제란 생산된 정보에 대한 배타적 사용이 불가능한 경우 어느 누구도 정보생산에 소요되는 비용을 지급하려 하지 않기 때문에 정보생산 자체가 원활히 이루어지지 않는 것을 말한다.

6 Allen, F. and D. Gale, "Diversity of Opinion and Financing of New Technologies," *Journal of Financial Intermediation*, 1999, pp.68~89.

있으나 자신의 경영 불투명성을 해결하지는 못한다. 경영의 불투명성은 정보독점을 가능케 하여 정보취득의 동기를 부여하는 면이 있으나 금융기관의 위험추구 행동을 외부인이 감시하기 어렵게 하는 문제를 갖고 있다. 그런데 자본시장이 효율적으로 기능한다면 금융기관이 발행한 주식이나 채권의 가격변동을 통해 금융기관의 위험추구 행동을 통제할 수 있게 된다.[7]

반대로 금융기관의 금융중개기능 발전 역시 자본시장의 발전을 촉진하는 역할을 수행한다. 즉 금융기관은 축적된 정보를 토대로 자금차입자의 신용위험 등에 대한 정확한 정보를 생산·공급함으로써 자본시장이 해당 기업의 주식가격 등을 더 정확히 책정하는 데 도움을 준다.

금융제도의 유형을 비교해 보면 다양한 구조적 차이가 있다. 은행중심의 금융제도는 장기고객관계에 의한 정보비대칭 축소, 제조업의 경쟁력 강화 등에 유리하나 기업이 부실화되면 은행도 동반 부실화될 가능성이 있다. 반면 자본시장중심의 금융제도는 자금배분의 적정화, 부실기업 조기정리 등의 장점이 있으나 기업경영자와 투자자 간의 정보비대칭, 투자자금공급체계의 높은 변동성(volatility), 단기성과 중시로 인한 과소투자 우려 등이 단점으로 지적된다.

이와 같이 은행중심과 자본시장중심의 양 제도는 장·단점이 있어 어느 하나가 일방적으로 우월하다고는 할 수 없으나, 보통은 은행제도의 발전을 기반으로 하여 점차 금융제도가 성숙단계로 발전해 가면서 자본시장의 기능이 확대되는 것이 바람직하고 금융제도의 효율화를 위해 직접금융과 간접금융이 균형적으로 발전하는 것이 중요하다고 하겠다. 그러나 직접금융과 간접금융의 상대적 비중이 어느 정도이어야 이상적인지는 해당 국가의 경제발전단계나 경제구조에 따라 달라질 수밖에 없다. 일반적으로 대기업보다 중소기업의 비중이 높은 국가일수록 정보비대칭 문제를 완화하기 위해 간접금융이 더 중요하고, 혁신산업에 의해 주도되는 국가일수록 동 산업지원에 유리한 직접금융의 역할이 더 중요할 것이다.

7 이를 시장규율(market discipline)이라고 말한다.

## 2.2 전업주의와 겸업주의

금융제도는 금융기관의 업무영역을 제한하는 정도에 따라 전업주의 금융제도와 겸업주의 금융제도로 분류되기도 한다. 전업주의 금융제도(specialized banking)에서는 한 금융기관이 은행, 증권, 보험 등 여러 금융서비스를 함께 취급할 수 없으며 각 금융서비스가 해당 전문 금융기관에 의해서만 제공될 수 있다. 반면 겸업주의 금융제도(universal banking)에서는 이러한 제한이 없을 뿐만 아니라 이사회 활동 등을 통해 비금융기업의 경영에 참여하는 것이 허용되기도 한다.

전업주의 금융제도와 겸업주의 금융제도의 차이는 근본적으로 금융기관 업무범위에 대한 규제 형태에 달려 있다. 미국의 경우 1933년 은행업과 증권업의 겸영규제를 골자로 하는 글래스-스티걸법(Glass-Steagall Act)을 제정한 것이 전업주의 도입의 근거가 되었다. 동법 제정에는 은행업과 증권업 겸영이 이해상충(conflict of interest) 문제를 심화시켜 1930년대 초 금융공황으로 발전되었다는 판단이 크게 작용하였다. 여기서 이해상충이란 금융기관이 여러 고객과 거래하면서 한 고객의 이익을 위해 다른 고객을 희생시키거나 고객의 이익보다 금융기관 스스로의 이익을 위해 거래하는 것을 말하는 것으로 겸업주의에서 나타나는 부작용으로 널리 거론된다.

이해상충 문제 이외에 겸업을 반대하는 또 다른 이유는 겸업이 금융제도의 불안정성을 높인다는 것이다. 즉 일반적으로 겸업 금융기관은 그렇지 않은 금융기관보다 규모가 크기 때문에 도산하게 되면 전체 금융제도가 불안정해질 수 있는 가능성이 높아진다고 한다. 또한 지급결제에 있어 중추적 역할을 하는 은행의 특성 때문에 은행이 위험성이 높은 증권업무를 함께 취급할 경우 증권부문의 부실이 은행부문으로 전이되어 금융부문 전체가 위기에 빠질 수 있다는 점도 지적되었다. 아울러 겸업주의는 대형화에 따른 대마불사원칙(too-big-to-fail doctrine) 등을 통해 금융기관의 위험추구 유인을 강화하여 금융불안 가능성을 높일 수 있다.[8]

반면 겸업주의의 장점으로는 정보생산의 우월성이 거론된다. 즉 여러 금융업무를 취급하는 겸업 금융기관은 다양한 금융서비스를 통해 거래기업과 폭넓고 영속적인 관계를 유지할 수 있어서 거래기업의 경영실태를 좀 더 정확히 파악할 수 있다는 것이다.

8 이에 대해 겸업주의 옹호론자들은 겸영 허용은 분산투자를 통해 투자위험을 줄일 수 있으며 국지적인 충격에 대해서도 지역 간 분산투자 등을 통해 대처 가능하므로 전업주의보다 금융위기 가능성을 줄인다고 주장한다.

기업과의 폭넓은 거래관계가 기업경영실태 파악에 도움이 되는 이유는 거래기업의 차입행위는 물론 주식발행에 대한 정보를 취득함으로써 기업의 자금조달 및 운용실태를 종합적으로 관찰할 수 있기 때문이다. 또한 겸업주의는 기업의 설립에서 성숙에 이르는 과정에 필요한 여러 가지 자금조달 행태에 부응할 수 있기 때문에 기업과 영속적으로 거래관계를 유지할 수 있다.

기업의 자금조달패턴을 보면 시장인지도가 낮은 설립초기단계에는 내부유보나 은행대출 등 간접금융에 주로 의존하지만 인지도가 어느 정도 쌓인 성숙단계에 이르면 회사채나 주식 등 직접금융을 통한 자금조달비중을 높이는 것이 일반적이다. 따라서 전업주의 금융제도하에서는 은행과 증권사가 각각 설립초기단계 및 성숙단계의 기업과 주로 거래하게 되지만 겸업주의 금융제도하에서는 하나의 금융기관이 직·간접금융을 모두 취급하므로 기업의 설립초기단계부터 성숙단계에 이르기까지 장기간에 걸쳐 거래관계를 유지할 수 있게 된다.

겸업주의 금융제도의 또 다른 장점으로 범위의 경제(economies of scope)가 있다. 범위의 경제란 여러 업무를 동시에 취급할 경우 따로 취급할 때에 비해 업무 취급비용을 절감할 수 있음을 의미한다. 범위의 경제가 발생하는 원인은 생산과 소비 측면으로 구분해 볼 수 있다. 생산 면에서는 먼저 정보취득에 있어서의 범위의 경제를 생각할 수 있다. 예를 들어 기업에 대출하거나 유가증권을 인수할 경우 해당 기업의 경영상태에 대한 조사가 필요한데 각각을 별도의 금융기관에서 취급할 경우 금융기관별로 기업경영실태조사가 필요하지만 대출과 유가증권 인수를 한 금융기관에서 취급할 경우 한 번의 경영실태조사만이 필요하다. 생산 면의 범위의 경제는 지점망 등 고정적인 투입요소를 여러 금융업무에서 공동으로 사용함으로써도 누릴 수 있다. 또한 기존업무에서 시장인지도를 쌓은 만큼 신규업무 취급 시 마케팅비용을 절감할 수도 있다. 한편 소비 면에서는 한 금융기관이 여러 종류의 금융서비스를 함께 제공함으로써 금융소비자의 탐색비용을 절감하는 효과가 있다.

지난 수십 년 동안 학계에서는 겸업주의의 장점과 단점을 실증분석을 통해 입증하려고 노력하여 왔으나 겸영에 따른 금융위기 가능성 증가나 범위의 경제 여부 등에 대해 통일된 결론에 이르지 못하였다. 1990년대 이후 금융혁신과 금융기관 간 경쟁 격화 등으로 업무범위규제의 실효성이 저하되는 상황에서 각국의 금융제도는 업무영역규제를 완화하는 방향으로 변화하고 있다. 다만 이해상충 문제를 최소화하고 이종업무 간 위험전염을 차단하기 위해 한 금융기관이 모든 금융업무를 취급하는 독일식 겸영방식보다는 자회사나 지주회사 형태를 통해 겸영을 허용하는 추세가 최근의 글로벌 금융위기까지 이어졌다. [표 1-1]에서는 은행업과 증권업의 겸영으로 인하여 발생할 수 있는 여러 가지 형태의 이해상충 유형을 보여주고 있다.

표 1-1 | 은행업과 증권업의 겸영으로 인하여 발생 가능한 이해상충의 유형

| | |
|---|---|
| ① 투자자문업무와 증권인수업무 간 이해상충 | 은행이 주식투자를 원하는 고객에게 투자종목을 추천할 때 가장 유망한 종목 대신 은행이 인수한 주식을 추천할 경우에 발생 |
| ② 신탁업무와 증권인수업무 간 이해상충 | 은행이 인수한 유가증권 중 매각되지 않은 부분을 은행이 관리하는 신탁계정에 편입함으로써 신탁계정 가입자에 손해를 입히는 경우에 발생 |
| ③ 대출업무와 증권인수업무 간 이해상충 | 은행이 대출연장 거부나 대출금리 인상을 위협함으로써 대출고객에게 자신이 인수한 유가증권의 매입을 강요하는 경우에 발생 |
| ④ 금융기관의 이익과 외부투자자의 이익 간 상충 | 대출기업의 경영이 부실한 것을 알고 있음에도 불구하고 유가증권을 발행하도록 한 후, 그 자금으로 은행대출을 갚도록 하는 경우에 발생하는데, 정보비대칭을 악용하여 부도위험을 외부투자자에게 전가하는 행위임 |
| ⑤ 고객이익 간 상충 | 증권인수업무 과정에서 취득한 기업관련 정보를 직·간접적으로 경쟁기업에 유출하는 경우에 발생 |

## 제3절 글로벌 금융위기 이후 세계금융제도 개편 논의

지난 1980년대 이후 대다수 국가에서는 규제완화(deregulation), 금융자유화(financial liberalization)가 적극 추진되었다. 이는 그간 국내 저축동원이나 금융안정을 위해 금융부문에 가해 오던 폭넓은 규제가 경쟁제한을 초래하여 금융기관의 혁신 노력을 제약함으로써 금융효율이 떨어졌다는 인식에 바탕을 둔 것이다. 이에 따라 각국은 금융규제를 완화하거나 폐지하게 되었는데 그 결과 신종금융상품이 등장하고 새로운 금융시장이 형성되는 등 금융혁신(financial innovation)이 활발하게 일어났다. 이와 함께 금융기관의 업무영역제한이 완화되면서 금융겸업화가 진전되었고 금융시장 통합화, 금융국제화, 금융기관의 대형화 등이 나타났다. 각국의 정책당국도 증권화 또는 자산유동화, 파생금융상품의 유용성을 강조하면서 금융기관의 엄격한 리스크관리 등 시장규율을 강조하였다.

그러나 이러한 경쟁체제를 구축하는 자유화, 규제완화 추세는 글로벌 금융위기 이후

상당한 수정 또는 변화를 모색하는 전환기를 맞고 있다. 2008년 글로벌 금융위기(global financial crisis)를 계기로 미국, 영국 등 주요 선진국에서는 금융혁신과 금융규제완화의 부작용이 재인식되면서 금융위기 억제 및 재발방지를 위하여 그동안의 금융완화 기조를 재점검하고 시스템위험을 예방하기 위한 규제 강화방안이 논의되고 있다.

## 3.1 금융기관 겸업제한

1990년대 이후 각국은 자국의 금융경쟁력을 강화하기 위해 겸업주의(universal banking)를 적극 도입·추진하였다. 전통적으로 전업주의(specialized banking) 원칙을 고수하던 영국, 미국 및 일본 등이 금융기관의 업무범위제한을 완화하는 움직임을 보였다. 영국은 1986년 빅뱅(Big Bang)을 통해 일찍이 은행의 증권사 인수를 허용함으로써 전업주의 원칙을 수정하였다. 일본은 1993년 금융개혁관련 법률 시행을 통해 은행의 증권자회사 취득을 허용한 데 이어 1998년 금융지주회사법을 도입하여 금융겸업화를 본격적으로 도입하였다.

미국도 1999년 금융서비스현대화법(Gramm-Leach-Bliley Act)을 제정하여 1933년 은행·증권 겸업을 금지한 글래스-스티걸법(Glass-Steagall Act)을 사실상 폐지하고 금융지주회사가 은행 이외에 증권회사를 자회사로 둘 수 있게 하였다. 독일 등 유럽 대부분의 국가들에서는 금융산업이 은행중심으로 발전함에 따라 영미권 국가보다 훨씬 이전부터 겸업주의를 유지·발전시켰는데, 독일은 1990년대 수차례에 걸쳐 자본시장진흥법을 정비하여 투자자보호와 자본시장의 투명성을 높이는 조치를 취하였다. 우리나라도 금융환경변화에 대응한 금융산업의 경쟁력 강화를 위하여 2000년에 금융지주회사법을 제정하여 금융지주회사를 통한 금융겸업화를 추진하였다.

글로벌 금융위기를 계기로 금융겸업의 부작용 우려가 다시 부각되면서 이를 억제하기 위한 논의가 미국, 영국 등에서 진행되고 있다. 미국에서는 겸업은행들이 예금보장제도 및 중앙은행의 자금지원 등에 대한 기대를 바탕으로 과도한 리스크를 추구하고 투자은행부문의 위험이 상업은행부문으로 전이되면서 겸업은행들이 도산하였다는 비판이 제기되었다. 이에 따라 2010년 7월 제정된 미국의 도드-프랭크법(Dodd-Frank Wall Street Reform and Consumer Protection Act)에서는 은행·은행지주회사 및 계열 자회사가 고객서비스와 관련이 없는 자기매매거래(proprietary trading), 헤지펀드 및 PEF

투자 등의 투자은행업무의 겸업을 원칙적으로 금지하는 일명 '볼커 룰(Volcker Rule)'을 도입하였다. 다만 국공채 매매, 유가증권 인수, 시장조성 및 리스크관리관련 자기매매 등에 대해서는 예외를 허용하였다.

또한 영국에서는 은행부문 개혁방안을 마련하기 위해 설치된 은행개혁위원회(Independent Commission of Banking)가 2011년 9월 겸업은행에서 소매금융부문을 은행그룹 내의 자회사로 존치시키되 독립된 이사회와 별도의 자본금을 보유하도록 하여 여타 부문과 엄격히 격리하는 계획을 발표하였다.

## 3.2 시스템위험관리 강화 및 대형화 규제

금융규제가 금융시스템 안정에 충분치 않았다는 지적이 제기되면서 국제기구에서는 시스템위험(systemic risk)관리를 강화하기 위한 방안이 활발히 논의되고 있다. 먼저 금융시스템 불안을 초래할 수 있는 시스템상 중요 금융기관(systemically important financial institutions: SIFIs)[9]에 대한 별도의 규제 도입이 추진되고 있다. 특히 2009년 4월 G20 정상회의에서 시스템상 중요 금융기관의 도덕해이를 억제하기 위한 규제・감독을 실시하기로 합의하면서 국제적 논의가 본격화되었다. 규제의 초점은 동 금융기관을 선정하고 감독하는 방안, 동 금융기관의 파산 시 금융시장 붕괴를 예방하고 납세자의 부담을 줄이기 위한 정리방안 마련 등이었다. 국제기준 제정기구인 금융안정위원회(Financial Stability Board: FSB)와 바젤은행감독위원회(Basel Committee on Banking Supervision: BCBS)가 2011년 7월 발표한 시스템상 중요 금융기관의 규제강화에 대한 공개권고안이 같은 해 11월 G20 정상회의에서 채택됨에 따라 2016년부터 동 금융기관에 대한 규제가 도입될 예정이다.

이와 함께 유사은행업(shadow banking, 그림자금융)에 대한 규제 도입이 FSB를 중심으로 추진되고 있다. 유사은행업은 전통적 은행과 달리 중앙은행대출과 예금보험제도의 지원대상은 아니지만 은행과 유사한 금융중개기능을 수행하는 기관을 지칭한다.[10] 이들은 기관투자가로부터 RP, CP 등의 비예금성 부채로 자금을 조달하여 은행과

9 규모, 연계성, 레버리지, 영업활동 등의 측면에서 해당 금융기관의 부실이나 기능중단이 금융시스템의 안정에 큰 영향을 미칠 수 있는 금융기관을 말한다.

10 유사은행업은 금융중개기능을 수행할 때 이용되는 MMF, RP, ABCP 등의 금융상품을 포함하기도 한다.

달리 엄격한 규제를 적용받지 않고 공적 보호장치에서 배제되어 있으며 과도한 레버리지를 이용하여 투자하고 있기 때문에 시장신뢰가 부족하여 차입이 어려워질 경우 시스템리스크로 전이될 가능성이 높다.

금융기관의 규모 및 자산집중도가 커질수록 파산할 때 금융시장 및 실물경제에 미치는 영향이 증대되므로 금융기관의 규모를 제한해야 한다는 주장도 제기되고 있다. 이는 대형금융회사가 파산할 경우 정책당국이 경제적 충격을 줄이기 위해 구제금융(bailout)을 실시할 것이라는 기대로 인해 금융부문의 대형화와 위험추구 경향이 심화되는 대마불사원칙을 해소하는 데에 그 목적이 있다. 미국에서는 도드-프랭크법(Dodd-Frank Act)에서 은행지주회사, 예금취급기관 및 동 기관의 지배회사 등의 인수·합병을 통한 대형화를 제한하는 규제를 도입하였다. 금융기관 대형화 억제에 대한 국제적 논의는 시스템상 중요 금융기관에 대한 규제와 함께 다루어지고 있다.

## 3.3 거시건전성정책 논의 및 감독체계 개편

최근 금융위기가 특정 금융기관의 부실보다는 신용팽창 및 자산가격 거품 등 거시경제 불균형과 그 조정과정에서 발생함에 따라 종래의 미시적 금융감독만으로는 금융안정을 도모하기 어렵다는 인식이 확산되었다. 이에 따라 세계적으로 개별 금융기관에 대한 건전성 규제와는 별도로 국가경제 전체 또는 금융시스템 차원에서의 거시건전성정책(macroprudential policy)[11]이 필요하다는 공감대가 형성되었다. 글로벌 금융위기 이후 주요국 중앙은행제도 및 금융감독체계 개편은 ① 중앙은행의 금융안정기능 강화와 ② 이원적 금융감독기구방식(twin peaks approach)[12]으로 되어 있다. 미국은 재무부, 중앙은행, 감독기구 등이 참여하는 기관 간 협의체를 구성하였고, 연준이 금융시스템에 큰 영향을 미치는 대형금융회사에 대한 건전성 기준을 제정하며 필요시 직접 자료요구 및 검사가 가능하도록 하였다. 중앙은행으로부터 감독기능을 분리시켰던 영국의 경우 중앙은행 내에 거시건전성 감독을 총괄하는 위원회(Financial Policy Committee: FPC)를 신설하고 금융감독원(Financial Services Authority)을 중앙은행 산하로 통합하였다.

11 거시건전성정책은 일반적으로 금융부문의 시스템위험을 억제함으로써 금융위기 가능성을 최소화하는 것으로 정의된다.

12 금융기관의 건전성규제와 영업행위규제를 별개의 기구에서 담당하는 방식이다. 대체로 종전의 통합금융감독기구와 달리 은행업 감독기관과 증권업 감독기관으로 분리된다.

EU는 거시건전성에 관한 정보를 수집하고 대응조치를 권고하는 등의 기능을 담당하는 유럽시스템위험위원회(European Systemic Risk Board)를 신설하고 유럽중앙은행(ECB)이 동 사무국 역할을 수행하고 있다. 최근 금융감독체계를 개편한 국가들은 대부분 미시건전성규제와 금융소비자보호를 별개의 기구에서 담당하는 이원적 감독기구방식을 채택하고 있다.[13]

# 제4절 우리나라 금융제도의 변천

## 4.1 자주적 금융제도의 확립

우리나라의 근대적인 은행제도는 1878년 6월 일본 제일국립은행의 부산지점 설치로 처음 도입된 후 조선은행(1896년), 한성은행(1897년), 대한천일은행(1899년) 등 민족자본계 은행의 설립이 이어지면서 발전하였다. 그러나 자주적 금융제도의 확립은 당시 정치·경제상황하에서 기대하기 어려웠고 결국에는 한일합방으로 해방 후까지 미루어질 수밖에 없었다.

해방 후에도 수년간 우리 경제는 정치·사회적 혼란 속에서 물가가 급등하고 신용질서 및 금융조직체계가 문란한 상황이 지속되었다. 이에 1948년 수립된 대한민국정부는 서둘러 금융제도 개편에 착수하였다. 먼저 금융제도의 근간이 되는 중앙은행과 일반은행의 체계 확립을 위하여 1950년 5월 한국은행법과 은행법을 제정·공포하고 6월에 한국은행을 설립하였다. 그러나 곧이어 6·25전쟁이 발발하면서 은행법의 시행이 유보되고 금융제도의 정비가 지연되었다.

1953년 휴전성립 후에는 금융부문의 전후 경제재건지원을 원활히 하는 동시에 자주적 금융제도 정비를 위한 방안이 구체화되었고 이에 따라 1954년 「은행법」이 시행되었다. 이와 함께 은행의 민영화가 추진되어 정부소유 일반은행 주식이 소수재벌에게 불하되었는데 이는 금융기관이 대주주의 사금고화되고 정치자금의 공급원이 되는 폐단을

13 미국은 연준 내에 독립기구로 금융소비자보호국(Consumer Financial Protection Bureau)을 설치하였고 영국은 영란은행 산하의 건전성규제기구와 별도로 금융소비자보호 등을 위한 영업행위규제기구(Financial Conduct Authority)를 설립하여 2012년부터 시행하고 있다.

낳기도 하였다.

또한 전쟁피해 복구를 위한 금융지원체제의 일환으로 한국산업은행이 1954년 1월 기존의 식산은행으로부터 개편·설립되었다. 아울러 농업제도의 정비가 착수되면서 농업은행(1956년)이 설립되었고 자본시장 발전을 위한 기반으로 대한증권거래소(1956년)가 설립됨으로써 비로소 자주적 금융제도의 기반이 구축되었다.

## 4.2 개발금융체제의 구축

1960년대에 들어서는 경제개발 5개년 계획이 수립됨에 따라 이를 효율적으로 뒷받침하기 위한 금융제도 개편이 이루어졌다. 즉 1950년대 후반의 민영화 이후 소수재벌에 의해 지배되어 온 일반은행의 주식이 부정축재재산 환수처리의 일환으로 정부에 다시 귀속되었다. 한국은행법이 전면개정(1962년)됨으로써 금융기관에 대한 정부의 영향력이 대폭 강화되었으며 개발자금의 원활한 지원을 목적으로 농업협동조합(1961년), 중소기업은행(1961년), 국민은행(1963년), 한국외환은행(1967년), 한국주택은행(1969년) 등 특수은행이 대거 설립되었다. 또한 경제개발에 필요한 민간자본 동원체제를 확립하기 위하여 대구은행, 부산은행 등의 지방은행이 설립(1967년)되었다. 이에 따라 우리나라의 금융제도는 정부의 경제개발계획을 효율적으로 지원하기 위한 성장금융체제로 변모되었다.

1970년대 들어서자 우리 경제는 고도성장의 부작용으로 기업의 재무구조가 크게 부실해지고 인플레이션 압력이 높아지는 등 어려움에 봉착하고 있었다. 아울러 국제통화제도의 불안 등 세계경제여건의 악화로 국제수지 적자도 확대되었다. 이에 정부는 1972년 8·3 긴급경제조치를 단행하는 한편 사금융의 제도금융화 및 금융구조의 다원화를 적극 추진하였다. 그 결과 「단기금융업법」, 「상호신용금고법」, 「신용협동조합법」 등 이른바 사금융양성화 3법(1972년)과 「종합금융회사에 관한 법률」(1975년)이 제정되어 투자금융회사, 상호신용금고, 신용협동조합, 종합금융회사 등 다양한 형태의 비은행금융기관이 신설 또는 정비되었다.

이와 함께 직접금융시장을 통한 자금조달을 뒷받침하기 위해 증권시장에서도 일대 정비가 이루어졌다. 기업공개 및 주식의 소유분산을 촉진하기 위해 「기업공개촉진법」을 제정(1972년)한 데 이어 증권투자신탁 전문회사인 한국투자신탁을 설립(1974년)하였으며 증권관리위원회와 증권감독원을 설치(1977년)하여 증권시장의 감독 및 관리체계를 확립하였다.

## 4.3 시장자율체제로의 전환 모색

1980년대에 들어 만성적 인플레이션, 금융산업 낙후 등 고도성장과정에서 누적되어 온 여러 구조적인 문제점들이 드러남에 따라 정부는 경제정책의 기본목표를 성장에서 안정으로 전환하였다. 이와 함께 경제운용방식도 시장기능을 존중하는 방향으로 전환하려는 노력이 강화되었으며 그 일환으로 금융자유화 및 개방화 시책이 추진되었다.

우선 은행의 자율경영체제 확립을 위해 1981~1983년 중 시중은행을 모두 민영화하고 은행 내부경영의 자율성을 제약하는 각종 규정 및 통첩을 축소 정비하였다. 또한 금융기관 간 경쟁을 촉진하기 위하여 금융시장 진입제한을 완화함으로써 1982~1983년 중 2개 시중은행(신한은행 및 한미은행)과 12개 투자금융회사, 58개 상호신용금고 및 1개 투자신탁회사가 신설되었다. 금융기관의 신규설립은 1988~1989년 중 재개되어 여덟 번째 시중은행인 동화은행, 중소기업전문은행인 동남은행과 대동은행이 설립되었으며 5개 지방 투자신탁회사, 11개 지방 리스회사 등 다수의 비은행금융기관도 추가 설립되었다.

이와 함께 금융기관 취급업무도 다양화되어 은행의 경우 신용카드업무, 상업어음일반매출 및 환매조건부채권매도(repurchase agreement: RP), 양도성예금증서(certificates of deposit: CD)업무 등이 도입되는 한편 상호부금 및 신탁업무의 취급도 단계적으로 확대 허용되었다. 그리고 투자금융회사 및 증권회사의 경우 팩토링(factoring), 신종기업어음(commercial paper: CP), 어음관리계좌(cash management account: CMA), 통화채권펀드(bond management fund: BMF) 등 신종금융상품이 차례로 개발 도입되었다.

아울러 통화관리에 있어서도 직접규제방식에서 탈피하여 간접규제방식으로 점차 이행하게 되었다. 이와 함께 금리자유화의 기반 조성을 위하여 1980년대 초반 이후 정책금융과 일반금융의 금리격차 축소, 은행대출금리의 차등금리제 도입, 일반금융시장상품의 발행금리자유화 등의 조치가 취해졌다. 특히 1988년 12월에는 정책금융을 제외한 모든 여신금리와 금융기관의 만기 2년 이상 장기수신금리에 대한 최고이율규제를 철폐하는 등 광범위한 금리자유화조치를 단행하였다. 그러나 금리자유화로 물가가 불안해지면서 자유화금리와 규제금리 간의 격차가 지나치게 확대되는 등 부작용이 나타났다. 그 결과 금리자유화조치가 소기의 성과를 거두지 못하고 후퇴함으로써 실질적인 금리규제가 그 이후로도 지속되었다.

한편 1980년대에는 금융자율화와 더불어 금융시장의 대외개방도 점진적으로 확대되었다. 외국은행의 지점증설이 허용되고 외국생명보험회사의 지점설치, 합작회사 또는 현지법인 설립 등이 이루어졌다. 아울러 외국인전용수익증권, 외국투자전용회사 등을 통한 외국인의 국내증권 간접투자도 허용되었다.

## 4.4 금융자유화 · 개방화 추진

이러한 시장자율체제로의 전환 노력에도 불구하고 금융부문에 대한 정부의 규제와 간섭은 1990년대 들어서도 지속되었다. 그 결과 금융산업의 경쟁력 및 효율성 저하라는 구조적 문제점들이 해소되지 않은 채 남아 있었다. 더욱이 미국 등 선진국으로부터 국내금융시장 개방압력도 거세어져 국내금융산업의 경쟁력 강화가 시급한 과제로 대두되었다. 이에 따라 정부는 금융자율화 및 개방화를 좀 더 빠른 속도로 추진하게 되었다.

먼저 1991년 3월 「금융기관의 합병 및 전환에 관한 법률」이 제정되어 8개 투자금융회사가 합병 또는 단독으로 2개 시중은행(하나은행, 보람은행) 및 5개 증권회사로 전환되었다. 또한 종합금융회사를 투자은행으로 육성한다는 계획에 따라 1995년 12월 「종합금융회사에 관한 법률」을 개정하여 종합금융회사의 업므범위에 어음중개업무, 유가증권의 매매 · 위탁매매 · 매매의 중개 또는 대리업무 등을 추가하였고 1996년 7월에는 15개 투자금융회사를 종합금융회사로 전환시켰다.

1995년 12월에는 「증권투자신탁업법」을 개정하여 증권회사와 투자신탁회사에 대하여 자회사방식을 통한 상호 진출을 허용하였고 투자신탁업이 장기적으로 종합자산운용업으로 발전할 수 있도록 자산운용업무와 판매업무를 분리하였다. 은행의 경우 1992년 11월에 근로자에 대한 금융지원을 위주로 하는 평화은행이 설립되었고 특수은행인 국민은행과 한국주택은행이 1995년 1월과 1997년 8월에 각각 일반은행으로 전환하였다. 한편 1995년 4월에는 고가의 내구재, 주택, 기계 등을 구입하고자 하는 소비자에게 자금을 대여해 주고 이를 분할상환토록 하는 할부금융제도가 도입되었다.

금융기관의 업무범위도 지속적으로 확대되어 은행의 경우 신종환매조건부채권매도,

표지어음매출, 국공채창구판매, 금융채(일반은행)발행 등이 추가되었다. 증권회사에 대하여는 외화입출금, 환전, 외화매입, 외화차입 등의 외국환업무가 제한된 범위 내에서 단계적으로 허용되었다. 한편 보험회사에게는 국공채창구판매업무 취급이, 투자신탁회사에게는 단기금융상품펀드(money market fund: MMF)의 취급이 허용되었다. 상호신용금고의 경우 지역밀착형 금융기관으로서 역할 강화를 위해 적금 등 일부 은행업무 취급이 허용되었다. 이 밖에 1994년 11월에는 증권회사와 은행에 국한되던 금융기관 간 환매조건부채권매매(RP)업무가 콜시장에 참여하는 모든 금융기관으로 확대되었다.

한편 1980년대에 추진되었으나 소기의 성과를 거두지 못한 금리자유화를 다시 추진하기로 하고 4단계로 된 금리자유화 추진계획을 1991년 8월 수립·발표하였다. 동 계획에 의거 1~3단계 자유화조치를 시행한 결과 1997년에는 은행의 요구불예금과 7일 미만 기업자유예금과 같은 일부 초단기수신금리와 재정자금 대출금리를 제외한 대부분의 금리가 자유화되었다.

금융시장의 대외개방도 적극 추진되어 1992년 1월부터는 외국인에 대하여 일정 한도 범위 내에서 국내상장주식에 직접 투자할 수 있도록 허용함으로써 주식시장이 본격적인 개방의 시대를 맞이하게 되었다. 또한 1993년 8월에는 금융개혁을 위한 핵심과제의 하나인 금융실명제를 「금융실명거래 및 비밀보장에 관한 긴급재정경제명령」에 의거 전격 실시하였다. 이로써 모든 금융기관과 거래할 때 실명 사용이 의무화되었으며 이와 함께 금융거래정보의 비밀보장도 강화되었다.

## 4.5 위기극복 및 금융선진화를 위한 금융개혁 추진

우리나라는 1990년대 이후 금융제도 면에서 여러 가지 제도개선을 추진하였지만 금융자유화 및 개방화의 결실을 보지 못한 채 1997년 말 금융·외환위기를 겪게 되었다. 이는 적절한 금융하부구조를 갖추지 못한 채 금융자유화·개방화가 추진됨에 따라 금융기관 간 과당경쟁이 무분별한 자본유입과 과다여신으로 연결되었고 그 결과 금융기관 경영이 부실해졌기 때문이었다. 이에 따라 1998년 이후 추진된 금융개혁에서는 금융기관의 경영건전성을 조기에 회복하는 동시에 금융자유화·개방화의 긍정적 효과가 나타날 수 있도록 금융하부구조를 개선하는 데 초점이 두어졌다.

먼저 금융기관의 생존 가능성을 판단하여 퇴출 또는 인수·합병 등의 방법으로 부실

금융기관을 정리하였다. 그 결과 1997년 말 33개에 달했던 은행이 2005년 말에는 19개로 줄었다. 또한 한때 30개에 달했던 종합금융회사도 거의 대부분 경영부실로 퇴출되어 2005년 말에는 2개사로 줄어들었으며 상호저축은행 등 서민금융기관도 다수가 경영부실로 퇴출되었다. 이 과정에서 정부는 약 160조원의 공적자금을 조성·투입하고 금융기관의 생존 가능성 판단이나 부실금융기관의 매각 등에서 주도적인 역할을 담당하였다.

이와 함께 정부는 금융자유화·개방화를 추진하면서 이에 따른 소기의 성과가 나타날 수 있도록 금융하부구조 개선을 적극 추진하였다. 금융개방과 관련해서는 1997년 12월 관리변동환율제도에서 자유변동환율제도로 이행하고 대외송금을 전면 자유화하는 등 외환자유화조치를 실시하였고 외국인주식투자한도를 1998년 5월 폐지하였다.

또한 금융기관 업무영역 확대, 금리자유화 등 규제완화를 추진하였다. 금융기관 경쟁력 강화와 다양한 금융서비스 제공을 위해 금융기관 업무영역에 대한 규제를 대폭 완화하였고, 2000년에 금융지주회사법을 제정하였다. 1998년 9월 은행의 수익증권 판매를 허용하였으며 2003년 8월에는 방카슈랑스를 도입하였다. 2004년 1월에는「간접투자자산운용업법」을 제정하여 간접투자증권 판매를 활성화하고 간접투자기구의 자산운용을 확대하였다. 이와 함께 보험회사, 증권회사 등 금융기관의 설립기준을 완화하고 자산운용 및 점포에 대한 규제를 완화하였다. 그리고 2004년 12월 요구불예금에 대한 금리규제를 폐지함으로써 1991년부터 추진된 4단계 금리자유화계획을 완결하였다.

금융기관의 부실 재발을 방지하기 위하여 금융기관 경영건전성에 대한 규제를 강화하였다. 1998년 4월 적기시정조치제도를 은행, 종합금융회사 및 증권회사를 대상으로 도입한 후 그 대상을 보험사(1998년 6월), 상호저축은행(1999년 12월), 신용협동조합(2003년 12월) 등으로 점차 확대하였다. 1998년 7월에는 금융기관의 자산건전성 분류기준을 강화하여 종전에는 6개월 이상 연체 시 요주의 자산으로 분류하던 것을 3개월 이상 연체 시 요주의 자산으로 분류하도록 하였다. 또한 2000년 1월에는 차주의 미래 채무상환능력까지 감안하는 자산건전성 분류기준인 FLC(forward looking criteria)제도를 은행에 도입하고 추후 종합금융회사(2000년 6월), 보험회사(2000년 9월) 등에도 적용하였다.

다음으로 경영의 투명성을 제고하고 책임경영체제를 확립하기 위해 금융기관의 회계 및 공시제도를 강화하였다. 1998년 11월 회계제도의 신뢰성 제고를 위해 금융기관 보유 유가증권에 대한 가치평가방식을 시가평가방식으로 전환하고 은행·증권·보험(2000년 1월), 자산운용사(2004년 1월) 등의 회계정보 및 경영관련 보고서 공시주기를 반기에서 분기로 단축하였다. 아울러 2005년 1월에는 공시서류의 허위기재, 미공개정보의 이용, 시세조작 등으로 인한 피해구제를 위해 증권관련 집단소송제도(class action suit)를 도입하였다.

이 밖에 건전한 금융자본 출현을 유도하고 금융기관의 책임경영을 촉진하기 위해 금융기관의 소유・지배구조 개선을 추진하였다. 2002년 4월 「은행법」 및 「금융지주회사법」을 개정하여 은행 및 은행지주회사의 의결권 있는 주식에 대한 동일인 보유한도를 4%에서 10%로 확대하는 등 금융기관의 소유제한을 완화하였다. 1999년에는 대주주의 부당한 영향력 행사를 금지하기 위해 대주주와의 거래 및 신용공여에 대한 규제를 강화하고 금융기관의 주요 출자자 요건 및 최저자본금 등을 명시하였다. 2000년 1월에는 외부감사제도의 충실화를 위해 은행, 종합금융회사 및 일정 규모 이상의 증권회사, 보험사, 자산운용사 등에 대해 사외이사중심의 이사회 제도를 도입하고 감사위원회의 설치를 의무화하였다.

한편 자본시장에서는 1999년 4월 선물거래소가, 2000년 3월에는 증권거래소와 코스닥시장에서 거래되지 않는 주식을 대상으로 하는 장외주식호가중개시장(제3시장)이 개설되었다. 또한 2001년 12월에는 거래소와 코스닥시장에서 거래되는 250개 종목을 대상으로 정규시장 종료 이후에도 거래가 가능하도록 하는 전자장외증권중개시장(ECN시장)이 개설되었다.[14] 2005년 1월에는 증권거래소, 코스닥, 선물거래소 등을 통합하여 한국증권선물거래소가 새로이 출범하였고, 2009년 2월에는 명칭을 한국거래소(Korea Exchange: KRX)로 변경하였다. 또한 직접금융을 통한 자금조달을 활성화하기 위해 자산유동화제도(1998년 9월), 회사형 투자수익증권제도(1998년 12월) 및 모기지론제도(1999년 4월)가 연이어 도입되었다.

## 4.6 자본시장 및 금융투자업 규제 재편

외환위기 이후 정부는 금융구조조정과 함께 금융개방, 금융규제완화, 금융하부구조 개선 등을 꾸준히 추진해 온 결과 금융시장 안정, 대외신인도 향상, 금융기관 경영건전성제도 등의 성과를 거두었다. 이를 바탕으로 정부는 2000년대 중반 이후 금융업을 높은 부가가치와 양질의 고용을 창출할 수 있는 성장산업으로 육성하기 위한 금융제도 개

14 출범 후 거래가 계속 부진하여 2005년 5월 폐쇄되었다.

선을 추진하였다.

먼저 2007년 8월 종래의 「증권거래법」, 「간접투자자산운용업법」, 「신탁업법」 등 자본시장 관련 6개 법률을 통합한 「자본시장과 금융투자업에 관한 법률」(2009년 2월 시행, 이하 「자본시장법」이라 함)이 제정되었다. 자본시장과 금융투자업에 대한 규제를 재편하여 금융혁신과 경쟁을 촉진하고, 대형투자은행 육성과 자본시장 활성화 등 직접금융시장을 확충함으로써 기존 은행중심의 간접금융체계와 조화를 도모하기 위한 기반을 조성하는 것이었다. 금융투자업을 투자매매업·투자중개업·집합투자업·신탁업·투자일임업·투자자문업 등 6개로 구분하고 금융투자업을 영위하려는 자로 하여금 원하는 업무를 복수 또는 단수로 선택적 인가를 받거나 등록을 한 후 영업을 할 수 있도록 하였다. 이와 관련하여 이해상충 발생 가능성이 높다고 인정되는 금융투자업 간에는 매매에 관한 정보제공금지, 임직원의 겸직제한, 사무공간 등의 공동이용제한 등을 의무화하였다.

또한 고유자산 및 운용재산이 각각 2조원 이상, 6조원 이상인 금융투자업자는 의무적으로 사외이사를 선임하고 감사위원회를 설치하도록 하였다. 동법은 금융투자상품을 포괄주의에 입각하여 원본손실 가능성이 있는 모든 금융상품으로 정의하였다. 금융투자상품을 증권, 장내파생금융상품, 장외파생금융상품으로 구분하고 증권은 다시 채무증권, 지분증권, 수익증권, 증권예탁증권, 투자계약증권, 파생결합증권 등으로 구분하였다. 이러한 자본시장 확대 및 제도정비 등에 따라 2000년대 중반 이후 증권관련 기관의 신설이 크게 늘어났다. 2005~2010년 중 39개의 집합투자업자와, 11개의 금융투자매매업자(증권회사)가 신설되었고, 특히 외환위기 당시 31개이던 집합투자업자는 2010년 말 현재 80개로 2.6배나 증가하였다.

아울러 자본시장의 발달과 금융기관의 업무영역 확대 노력을 반영하여 금융지주회사 설립이 확대되었다. 2001년 이후 은행을 중심으로 금융지주회사가 신설되었고, 2009년 10월에는 산은금융지주회사를 새로 설립하는 한편 한국산업은행을 국책은행에서 주식회사로 전환하여 원칙적으로 은행법의 적용을 받고 업무범위도 일반은행의 업무범위 수준으로 확대하는 등 상업은행들과 경쟁할 수 있는 기반을 마련하였다. 2011년 9월말 현재 9개의 은행지주회사와 3개의 비은행지주회사로 총 12개의 금융지주회사가 설립되어 있다.

한편 외환위기 이후 부실금융기관 정리와 은행의 인수·합병과정을 통해서 서민의 소액 생활자금을 취급하는 금융기관이 크게 감소함에 따라 대부업체가 늘어났다. 이에 대응하여 정부는 미등록사채업자 및 대부업자의 고율이자 및 불법영업으로부터 저신용 서민계층을 보호하고자 관련 제도를 정비하였다. 2007년 미등록사채업자 등으로부터 금융소비자를 보호하기 위하여 1998년 폐지하였던 「이자제한법」을 다시 제정하였다. 아울러 서민들의 금융접근성을 높일 수 있는 미소금융(microfinance) 활성화 방안도 적극 추진하였다.

## 제5절 현행 금융제도의 개요

### 5.1 금융기관

금융기관은 금융시장에서 저축자와 차입자 간에 저축과 투자를 연결해 주는 기능 등을 수행하며 보통 은행, 비은행예금취급기관, 금융투자업자, 보험회사, 기타 금융기관, 그리고 금융보조기관 등 6개 그룹으로 구분한다. 이러한 분류체계를 중심으로 각 그룹에 포함되는 금융기관을 구체적으로 보면 우선 은행에는 일반은행과 특수은행이 있다. 일반은행은 시중은행, 지방은행, 그리고 외국은행 국내지점으로 구성된다. 특수은행은 은행법이 아닌 개별적인 특별법에 의해 설립되어 은행업무를 핵심업무로 취급하고 있는 금융기관이다. 여기에는 한국산업은행, 한국수출입은행, 중소기업은행, 그리고 농업협동조합중앙회 및 수산업협동조합중앙회 등이 포함된다.[15]

비은행예금취급기관은 은행과 유사한 여수신업무를 주요 업무로 취급하고 있지만 보다 제한적인 목적으로 설립되어 자금조달 및 운용 등에서 은행과는 상이한 규제를 받는 금융기관이다. 즉 지급결제기능을 전혀 제공하지 못하거나 제한적으로만 제공할 수 있는 등 취급업무의 범위가 은행에 비해 좁으며 영업대상이 개별금융기관의 특성에 맞추어 사전적으로 제한되기도 한다. 여기에 분류되는 금융기관으로는 상호저축은행, 신용협동조합·새마을금고·상호금융 등 신용협동기구, 그리고 종합금융회사 등이 있다.

금융투자업자는 직접금융시장에서 유가증권의 거래와 관련된 업무를 주된 업무로 하

15 자금조달과 운용의 특성을 고려하는 금융업종 분류에서는 한국산업은행과 한국수출입은행을 상업은행(commercial bank)과 구분하여 개발기관으로 분류하지만 여기서는 제도적 기준에 맞추어 특수은행에 분류하였다.

는 금융기관을 모두 포괄하는 그룹이다. 여기에는 투자매매중개업자(증권회사 및 선물회사), 집합투자업자, 투자일임자문업자, 그리고 신탁업자가 있다.[16]

보험회사는 사망·질병·노후 또는 화재나 각종 사고를 대비하는 보험을 인수·운영하는 기관이다. 보험회사는 업무 특성과 기관 특성을 함께 고려하여 생명보험회사, 손해보험회사, 우체국보험, 공제기관[17] 등으로 구분된다. 손해보험회사에는 일반적인 손해보험회사 이외에 재보험회사와 보증보험회사가 있다.

기타 금융기관은 앞에서 열거한 그룹에 속하는 금융기관의 업무로 분류하기 어려운 금융업무들을 주된 업무로 취급하는 기관을 말한다. 여기에는 여신전문금융회사(리스회사, 신용카드회사, 할부금융회사, 신기술사업금융회사), 벤처캐피탈회사(중소기업창업투자회사), 증권금융회사 및 공적 금융기관 등이 있다.

금융보조기관은 금융거래에 직접 참여하기보다 금융제도의 원활한 작동에 필요한 여건을 제공하는 것을 주된 업무로 하는 기관들이다. 여기에는 금융감독원, 예금보험공사, 금융결제원, 한국예탁결제원 등 금융하부구조와 관련된 업무를 영위하는 기관과 한국거래소, 신용보증기금·기술보증기금 등 신용보증기관, 신용정보회사, 자금중개회사 등이 포함된다. [표 1-2]에서는 우리나라의 금융기관 현황을 요약하여 보여주고 있다.

**표 1-2 | 우리나라의 금융기관 현황(2012년 말 현재)** (단위: 개)

| 구분 | | | 기관수 | 비고 |
|---|---|---|---|---|
| 은행 | 중앙은행 | 한국은행 | 1 | |
| | 일반은행 | 시중은행 | 7 | |
| | | 지방은행 | 6 | |
| | | 외은지점 | 39 | 지점기준 54 |
| | 특수은행 | 한국산업은행 | 1 | |
| | | 한국수출입은행 | 1 | |
| | | 중소기업은행 | 1 | |
| | | 농협은행 | 1 | |
| | | 수협중앙회 신용사업부문 | 1 | |
| 비은행 예금취급기관 | 상호저축은행 | | 93 | |
| | 신용협동기구 | 신용협동조합 | 949 | |
| | | 새마을금고 | 1,420 | |

16 은행의 경우 국공채 인수·매출 등 일부 증권업무를 수행할 수 있으나 동 업무를 은행의 주된 업무로 간주하기는 곤란하기 때문에 증권관련 기관에 포함시키지 않았다.

17 공제기관의 경우 일반인을 대상으로 보험서비스를 판매하고 있는 농업협동조합공제, 수산업협동조합공제, 신용협동조합공제, 새마을금고공제 등을 포함하였다.

| 구분 | | | | |
|---|---|---|---|---|
| 비은행 예금취급기관 | 신용협동기구 | 상호금융 | 1,389 | |
| | 우체국예금 | | 1 | |
| | 종합금융회사 | | 1 | 금호 |
| 금융투자업자 | 투자매매중개업자 | 증권회사 | 61 | 외국사지점 12 |
| | | 선물회사 | 7 | |
| | 집합투자업자 | | 84 | |
| | 투자일임자문업자 | | 144 | 역외사 포함 258 |
| | 신탁업자 | 은행/증권/보험/부동산신탁회사 | 57 | 20/21/5/11 |
| 보험회사 | 생명보험회사 | | 24 | 외국사 9 포함 |
| | 손해보험회사 | 손해보험회사 | 31 | 외국사지점 6 |
| | | 재보험회사 | 9 | 외국사지점 8 |
| | | 보증보험회사 | 1 | |
| | 우체국보험 | | 1 | |
| | 공제기관 | | 4 | |
| 기타 금융기관 | 금융지주회사 | 은행지주 | 9 | 지방은행지주 |
| | | 비은행지주 | 3 | 중간지주회사 |
| | 여신전문금융회사 | 리스회사/카드회사/할부금융회사/신기술사업금융회사 | 65 | 27/7/19/12 |
| | 벤처캐피탈회사 | 중소기업창업투자회사 | 105 | |
| | 증권금융회사 | | 1 | |
| | 한국무역보험공사 | | 1 | |
| | 한국주택금융공사 | | 1 | |
| | 한국자산관리공사 | | 1 | |
| | 한국투자공사 | | 1 | |
| | 한국정책금융공사 | | 1 | |
| 금융보조기관 | 금융감독원 | | 1 | |
| | 예금보험공사 | | 1 | |
| | 금융결제원 | | 1 | |
| | 한국예탁결제원 | | 1 | |
| | 한국거래소 | | 1 | |
| | 신용보증기관 | | 2 | |
| | 신용정보회사 | | 36 | |
| | 자금중개회사 | | 9 | 외국사 6 포함 |

주: 1) 인가 및 전업 기준
2) 하위 구분은 자본시장법 시행 이전의 규제체계에 따른 기관별 분류
3) 겸업사 포함
4) 농협공제, 새마을공제, 수협공제, 신협공제

한편 2012년 말 현재 주요 금융기관 총자산에서 개별금융업이 차지하는 비중을 보면 은행(신탁계정 포함)이 58.1%로 가장 높고 다음으로 보험회사가 18.4%, 신용협동기구가 12.2%의 비중을 차지하고 있다. 이어 증권회사 7.5%, 우체국예금 1.9%, 상호저축은행 1.4%, 종합금융회사 0.4%, 그리고 자산운용회사 0.1%의 순서로 나타나고 있다. 은행(은행계정)의 총자산비중은 금융・외환위기 이후 구조조정을 통한 건전성 회복, 경제주체들의 안전자산 선호경향 등에 힘입어 잠시 증가하기도 하였으나 장기적으로는 낮은 수익률 등의 영향으로 감소세를 보이고 있다. 비은행예금취급기관 중에서는 신용협동기구와 우체국예금의 비중이 꾸준한 성장세를 보이고 있다. 그러나 상호저축은행의 

**표 1-3 | 주요 금융기관별 총자산 비교(기말 기준)** (단위: 10억원, %)

| 구분 | 1995 | | 2000 | | 2005 | | 2010 | | 2012 | |
|---|---|---|---|---|---|---|---|---|---|---|
| | 금액 | 구성비 | 금액 | 구성비 | 금액 | 구성비 | 금액 | 구성비 | 금액 | 구성비 |
| 은행 | 595,826 | 62.9 | 982,178 | 63.4 | 1,213,462 | 57.8 | 1,884,114 | 54.8 | 2,031,917 | 58.1 |
| 은행계정 | 450,061 | 47.5 | 887,681 | 57.3 | 1,100,954 | 52.4 | 1,716,889 | 49.9 | 1,826,799 | 52.2 |
| 신탁계정 | 145,765 | 15.4 | 94,497 | 6.1 | 112,508 | 5.4 | 167,225 | 4.9 | 205,118 | 5.9 |
| 종합금융회사 | 45,912 | 4.8 | 21,273 | 1.4 | 13,237 | 0.6 | 24,242 | 0.7 | 14,469 | 0.4 |
| 상호저축은행 | 32,612 | 3.4 | 24,196 | 1.6 | 44,883 | 2.1 | 91,271 | 2.7 | 49,390 | 1.4 |
| 신용협동기구 | 75,910 | 8.0 | 145,065 | 9.4 | 220,186 | 10.5 | 360,863 | 10.5 | 426,765 | 12.2 |
| 신용협동조합 | 13,217 | 1.4 | 20,959 | 1.4 | 24,757 | 1.2 | 48,763 | 1.4 | 55,297 | 1.6 |
| 새마을금고 | 20,729 | 2.2 | 37,061 | 2.4 | 53,913 | 2.6 | 92,101 | 2.7 | 104,836 | 3.0 |
| 상호금융 | 41,964 | 4.4 | 87,045 | 5.6 | 141,516 | 6.7 | 219,999 | 6.4 | 266,632 | 7.6 |
| 우체국예금 | 6,986 | 0.7 | 24,496 | 1.6 | 37,774 | 1.8 | 55,392 | 1.6 | 66,398 | 1.9 |
| 보험회사 | 86,584 | 9.1 | 163,562 | 10.6 | 308,552 | 14.7 | 507,482 | 14.8 | 641,310 | 18.4 |
| 생명보험회사 | 69,677 | 7.4 | 120,730 | 7.8 | 239,362 | 11.4 | 408,495 | 11.9 | 547,809 | 15.7 |
| 손해보험회사 | 12,711 | 1.3 | 28,049 | 1.8 | 49,100 | 2.3 | 98,987 | 2.9 | 51,789 | 1.5 |
| 우체국보험 | 4,196 | 0.4 | 14,783 | 1.0 | 20,090 | 1.0 | 28,586 | 0.8 | 41,712 | 1.2 |
| 투자매매중개업자 | 27,801 | 2.9 | 42,033 | 2.7 | 62,730 | 3.0 | 189,384 | 5.5 | 262,562 | 7.5 |
| 집합투자업자 | 75,972 | 8.0 | 146,717 | 9.5 | 198,354 | 9.4 | 325,279 | 9.5 | 3,983 | 0.1 |
| 합계 | 947,603 | 100.0 | 1,549,520 | 100.0 | 2,099,178 | 100.0 | 3,438,027 | 100.0 | 3,496,794 | 100.0 |

주: 1) 은행・증권사의 종합금융계정 포함
2) 2010년까지의 자료는 2009년 말 기준
3) 투자신탁계정 기준

자료: 한국은행, 금융감독원 금융통계월보, 보험개발원 보험통계연감, 우정사업본부 통계, 새마을금고통계집 참고

경우 2012년도의 상호저축은행사태 이후 그 비중이 현저하게 줄어들고 있다. 보험회사의 비중은 불확실한 미래 및 노후 대비에 대한 관심 증대로 꾸준한 상승세를 보이고 있으며 금융·외환위기 이후 자본시장이 회복되면서 증권회사의 비중도 상승하였다.

## 5.2 금융시장

금융시장(financial market)은 경제활동단위들이 금융상품거래를 통하여 필요한 자금을 조달하고 여유자금을 운용하는 조직화된 장소를 말한다. 먼저 금융시장은 금융거래가 금융중개기관(financial intermediaries)을 통해 이루어지느냐에 따라 간접금융시장과 직접금융시장으로 구분된다. 간접금융시장(indirect financial market)은 예금과 대출을 통해 자금이 중개되는 것으로 예대시장이 대표적이다. 즉, 은행, 비은행예금취급기관, 집합투자업자, 신탁업자 등이 예금증서나 출자계정, 수익증권과 같은 간접증권 등을 통해 자금을 조달하여 대출 또는 이들이 발행한 직접증권을 매입하는 방식으로 자금을 공급하는 금융거래가 이루어진다. 반면 직접금융시장(direct financial market)에서는 자금의 최종수요자가 발행한 채무증서나 회사채 등과 같은 직접증권 또는 본원적 증권을 자금공급자가 직접 매입하는 형태로 금융거래가 이루어진다. 따라서 금융중개기관에 의존하지 않는 직접금융시장이 간접금융시장에 비해 시장의 역할이 크고 보다 세분화된다. 금융시장과 관련된 자세한 내용은 제2장에서 다루기로 한다.

## 5.3 금융하부구조

금융하부구조란 금융거래가 원활히 이루어지도록 금융시장 및 금융기관을 지원·감시하는 법률체계 또는 기관을 의미하며 중앙은행제도, 지급결제제도, 금융감독제도, 예금보험제도 등이 여기에 해당된다.

중앙은행제도는 중앙은행과 그 조직 및 의사결정체계, 업무범위 등을 포괄한다. 중앙은행은 발권력을 가진 최종대부자(lender of last resort)로서 금융기관 예금에 대하여 지급준비금을 부과하고 필요시 금융기관에 부족자금을 공급하는 기능을 수행한다. 이러한 기능은 금융제도 안정뿐만 아니라 물가안정에도 기여한다. 우리나라에서는 1950년 6월 12일 설립된 한국은행이 이러한 중앙은행 역할을 담당하고 있다. 중앙은행의 역할과 통화금융정책에 대한 자세한 내용은 제18장에서 논의하기로 한다.

지급결제제도는 실물 및 금융거래에서 발생한 채권·채무를 완결시키는 기능을 수행하며 지급수단, 참가기관 및 결제시스템으로 구성된다. 지급수단에는 현금과 비현금지급수단인 어음, 수표, 신용카드 등이 있다. 참가기관은 은행, 우체국, 카드회사 등 비현금지급수단을 제공하는 금융기관, 금융기관 간 채권과 채무를 상계처리하는 금융결제원 등 청산기관, 그리고 금융기관의 당좌계정 간 차액이체를 통해 지급결제를 완결시키는 한국은행 등이 있다. 지급결제제도와 관련된 자세한 내용은 제3장에서 다루기로 한다.

금융감독제도는 금융기관으로 하여금 금융중개를 공정하게 하고 경영건전성을 유지하도록 함으로써 금융소비자의 재산을 보호하고 금융거래를 활성화하는 것을 목적으로 한다. 금융감독기관은 이를 위해 금융기관의 설립을 인가하고 금융기관이 업무수행을 수행할 때 지켜야 할 각종 규칙을 제정하며 이의 준수 여브를 감시하는 기능을 수행한다. 우리나라의 금융감독제도는 금융위원회 및 금융감독원이 거의 모든 금융기관을 감독하는 통합형 금융감독제도이다. 금융위원회는 금융감독관련 정책 및 금융기관 인·허가 등 금융감독과 관련한 중요사항을 심의·의결하며 금융감독원은 금융위원회가 결정한 사항을 집행하거나 금융기관을 검사·감독하는 업무를 수행한다. 금융감독과 관련된 자세한 내용은 제17장에서 논의하기로 한다.

예금보험제도는 금융기관이 경영부실 등으로 예금 원금이나 이자를 지급할 수 없을 때 예금보험기구가 해당 금융기관을 대신하여 예금주에게 원리금의 전부 또는 일부를 지급하는 일종의 보험제도이다. 예금보험제도는 소액 예금주들을 금융기관의 경영부실로부터 보호하고 예금인출사태가 발생하지 않도록 방지하는 금융안전망(financial safety net) 구실을 한다. 우리나라의 예금보험제도는 1996년 예금보험공사의 설립을 계기로 체계화되었는데 현재 은행예금은 물론 증권사, 보험회사 등의 일부 금융상품도 예금보호대상에 포함되어 있다. 예금보험과 관련된 내용은 제5장에서 자세하게 다룬다.

한편 신용협동조합, 새마을금고, 농업협동조합, 수산업협동조합, 산림조합 등의 서민금융기관은 조합원 간 상호부조를 목적으로 하는 기관이라는 점에서 금융권별로 자체 예금보호제도를 두고 있다. 그리고 우체국예금·보험은 관련 법령에 의거 국가가 지급을 보장하고 있어 예금보험공사의 부보대상에는 포함되지 않는다.

## 연 | 습 | 문 | 제 <<<

1. 금융(financing)과 금융시장(financial market)을 설명하라.

2. 금융제도를 정의하고, 국가경제를 위하여 수행하고 있는 주요 기능을 설명하라.

3. 어떤 경제학자들은 개발도상국들의 경제발전 속도가 매우 느린 것은 금융시장이 잘 발달되지 못한 데 기인한다고 주장하고 있다. 이러한 주장에 일리가 있다고 생각하는가?

4. "기업들이 자금조달을 위해서 이용하는 시장은 유통시장(secondary markets)이 아니므로, 유통시장은 발행시장(primary markets)에 비해 경제에 덜 중요하다." 이러한 주장에 대해 논평하라.

5. 직접금융(direct financing)과 간접금융(indirect financing)을 정의하고, 그 차이를 설명하라.

6. 금융제도는 금융기관의 업무영역을 제한하는 정도에 따라 전업주의 금융제도(specialized banking)와 겸업주의 금융제도(universal banking)로 분류된다. 이 두 가지를 설명하라.

7. 금융기관의 경영에 따른 문제점의 하나로 이해상충(conflict of interest)을 든다. 이해상충의 예를 몇 가지 들어라.

8. 만일 어떤 기업이 내년에 파산할 것으로 예상된다면 그 회사가 발행한 회사채와 보통주 중에서 어떤 유가증권을 보유하는 것이 더 나을까? 답변의 이유를 충분히 설명하라.

9. "모르는 사람에게 대출을 해주느니 차라리 가족구성원에게 대출을 해주는 편이 낫겠다"는 이유를 역선택 문제(adverse selection problem)를 활용해서 설명하라.

10. 악덕고리대금업자들은 다른 대출자들에 비해서 차입자들과 관련한 도덕적 해이 문제(moral hazard problem)를 덜 심각하게 받아들이는 경향이 있다. 그 이유는 무엇이라고 생각하는가?

11. 자금차입자와 자금대출자 간에 정보비대칭(information asymmetry)이 전혀 없다고 가정하자. 그래도 여전히 도덕적 해이 문제가 발생할 가능성이 있을까?

EXERCISE

12 2008년 Bear Sterns와 Lehmann Brothers의 파산으로 시작된 글로벌 금융위기(global financial crisis) 이후 세계금융제도에 대한 개편 논의가 활발하게 진행되었다. 그 주요 내용과 취지는 무엇인가?

13 우리나라 금융제도의 변천과정을 간략하게 설명하라.

Chapter

# 2 금융시장

제1절 금융시장의 기능과 구조 | 제2절 자금시장 | 제3절 자본시장
제4절 파생상품시장

Financial Institutions Management

국민경제를 구성하는 수많은 경제단위들(즉, 가계, 기업, 그리고 정부)을 살펴보면 어떤 경제단위는 필요한 자금보다 수중에 있는 자금의 액수가 적어서 다른 경제단위(들)로부터 자금을 빌리고 싶어 하는 반면(이러한 경제단위를 적자경제단위(deficit economic units)라고 부른다), 어떤 경제단위에서는 보유하고 있는 자금이 필요한 액수를 초과하여 넘치는 액수만큼을 다른 경제단위(들)에게 빌려줌으로써 추가적인 소득을 올리려고 한다(이러한 경제단위를 흑자경제단위(surplus economic units)라고 부른다). 이들 경제단위들(즉, 흑자단위와 적자단위) 사이에는 자금거래가 일어나게 되는데 이러한 자금거래가 일어나는 곳이 바로 금융시장(financial market)이다.

여기서 금융(financing)이란 곧 두 명 이상의 당사자 간 자금거래 또는 자금융통을 뜻하는데, 자금거래가 일어나는 방법에 따라 직접금융(direct financing)과 간접금융(indirect financing)으로 구분된다. 그리고 금융시장도 거래되는 자금을 되갚아야 하는 만기일(maturity date)이 가까운 시점인가 아니면 먼 시점인가에 따라 자금시장(money market)과 자본시장(capital market)으로 구분한다.

본 장에서는 다음과 같은 주제를 중점적으로 다룬다.

- 자금시장
- 자본시장
- 파생상품시장

# 제1절 금융시장의 기능과 구조[1]

## 1.1 금융시장의 기능

금융시장(financial market)이란 자금공급자(money supplier, 즉 흑자경제단위)와 자금수요자(money demander, 즉 적자경제단위) 간에 자금거래(즉, 금융)가 이루어지는 장소를 말한다. 여기서 말하는 장소는 실물시장과 같이 일정한 지역이나 건물 등의 실체적 공간만 지칭하는 것이 아니라 자금의 수요와 공급이 유기적으로 이루어지는 모든 추상적·가상적인 공간도 포함된다.

자금공급자와 자금수요자 사이에 자금거래가 이루어지려면 이를 매개시키는 수단이 필요한데 이러한 금융수단(financial instruments)을 금융자산(financial assets) 또는 금융상품(financial products)이라고 한다. 금융자산은 현재 또는 미래의 현금흐름에 대한 청구권(claims)을 나타내는 증서로서 예금증서, 어음, 채권 등이 좋은 예가 된다.

금융은 자금이 이동하는 형태에 따라 직접금융과 간접금융으로 구분된다. 직접금융(direct financing)은 자금수요자가 자기명의로 발행한 증권을 자금공급자에게 교부하고 자금을 자금공급자로부터 직접 조달하는 거래인 반면, 간접금융(indirect financing)에서는 은행 등과 같은 금융중개기관(financial intermediaries)을 통하여 자금공급자에게서 자금수요자로 자금이 이전되고 있다. 직접금융의 금융수단으로는 주식, 채권 등이 대표적이며, 간접금융의 금융수단으로는 주로 예금, 대출 등을 들 수 있다. [그림 2-1]에서는 직접금융 또는 간접금융을 통해 자금공급부문(흑자경제단위)에서 자금수요부문(적자경제단위)으로 자금이 이전되는 모양을 나타내고 있다. 이처럼 금융시장은 국민경제 내에 존재하고 있는 자금공급부문과 자금수요부문을 직·간접적으로 연결시켜 줌으로써 국민경제의 생산효율의 증진과 복지향상에 기여하고 있다.

1 본 장은 한국은행에서 발간한 『한국의 금융시장(2012. 12)』을 참조하였다.

**그림 2-1** 금융시장 내에서의 자금흐름: 직접금융과 간접금융

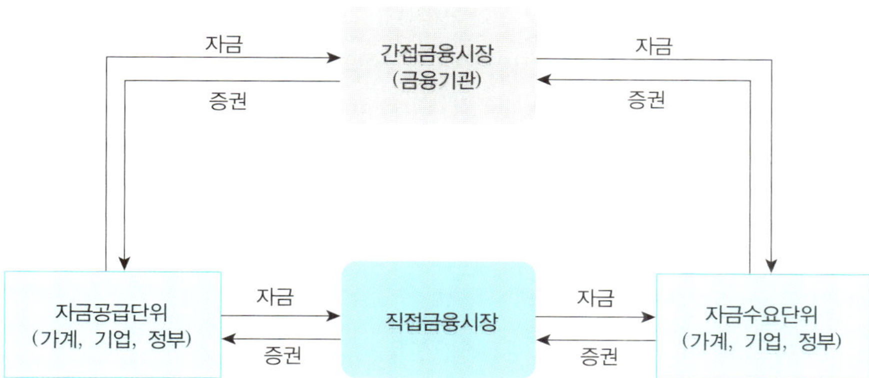


국민경제 전체적으로 보면 가계부문은 소득이 지출보다 많아 보통 흑자단위가 되는 반면 기업부문은 수입을 초과하는 투자활동을 활발하게 전개하므로 주로 적자단위가 된다. 금융시장은 가계부문에 여유자금 운용수단(금융자산)을 제공하고 흡수한 자금을 투자수익성이 높은 기업을 중심으로 기업부문에 이전시킴으로써 국민경제 생산력을 향상시킨다. 이를 금융시장의 자원배분기능이라고 한다. 또한 금융시장은 소비주체인 가계부문에 적절한 자산운용 및 차입기회를 제공하여 가계가 자신의 시간선호(time preference)에 맞게 소비시기를 선택할 수 있게 함으로써 소비자 효용을 증진시키는 기능을 한다.

금융시장은 이외에도 다음과 같은 중요한 기능을 수행한다. 먼저 위험분담(risk sharing)기능을 들 수 있다. 금융시장은 다양한 금융상품을 제공함으로써 투자자가 분산투자를 통해 투자위험을 줄이거나, 위험 헤지를 통해 투자위험을 다른 시장참여자에게 전가할 수 있게 해준다. 그 결과로 투자자들의 시장참여가 확대되면서 금융시장의 자금중개규모가 증가한다.

금융시장은 또한 금융자산을 보유한 투자자에게 높은 유동성(liquidity)을 제공한다. 유동성은 금융자산의 환금성을 말한다. 투자자들은 일반적으로 환금성이 떨어지는 금융자산을 매입할 때 유동성 프리미엄(liquidity premium)을 요구한다. 그런데 금융시장이 발달할수록 금융자산의 환금성이 높아지고 유동성 프리미엄은 작아짐으로써 자금수요자의 차입비용이 줄어든다.

한편 금융시장은 금융거래에 필요한 정보를 수집하는 데 드는 비용과 시간을 줄여준

다. 투자자가 직접 자금차입자의 채무상환능력 등에 관한 정보를 구하려 한다면 비용과 시간 면에서 어려울 뿐 아니라 때로는 불가능하다. 그러나 금융시장이 존재하면 차입자의 신용정보는 그가 발행한 주식의 가격이나 회사채의 금리 등에 반영되므로 쉽게 판단할 수 있을 것이다.

끝으로 금융시장에는 시장규율(market discipline)기능이 있다. 여기서 시장규율이란 자금차입자가 발행한 유가증권가격 등의 시장신호(market signal)를 활용하여 시장참여자들이 그 차입자의 건전성에 대한 감시기능을 수행하는 것을 말한다. 예를 들면 어떤 기업이 신규사업을 수행하기 위해 야심에 찬 투자계획을 발표했는데 시장참가자들 입장에서 그러한 계획이 해당 기업의 재무건전성을 악화시킬 것으로 판단한다면 그 기업이 발행한 유가증권의 가격이 즉시 하락하게 된다. 즉, 그 투자계획에 대한 투자자들의 부정적인 시각이 가격에 반영된 것이다. 그 결과 해당 기업의 자금조달비용이 높아져 무리한 투자계획에 제동이 걸릴 수 있게 된다.

## 1.2 금융시장의 구조

우리나라의 금융시장은 크게 간접금융시장과 직접금융시장으로 나누어 볼 수 있다. 직접금융시장은 거래되는 금융상품(즉, 유가증권)의 만기(통상 1년)를 기준으로 다시 자금시장과 자본시장으로 구분한다. 여기에 금융상품의 특성을 고려하여 외환시장과 파생금융상품시장을 별도로 구분한다.

자금시장(money market)은 단기금융시장(short-term financial market)이라고도 하며 시장참가자들이 자금수급의 일시적 불균형을 조절하기 위해 활용한다. 콜시장(call market), 환매조건부매매시장(RP market), 양도성예금증서시장(CD market), 기업어음시장(CP market) 등이 이에 해당된다. 자본시장(capital market)은 장기금융시장(long-term financial market)이라고도 하며 주로 금융기관, 기업, 정부 등이 장기자금을 조달하는 시장으로 주식시장(stock market)과 채권시장(bond market)이 있다.

외환시장(foreign exchange market)은 서로 다른 종류의 통화가 거래되는 시장인데, 거래당사자에 따라 외국환은행 간 외환매매가 이루어지는 은행간시장(inter-bank market)과 은행과 비은행고객 간 외환매매가 이루어지는 대고객시장(customer market)으로 구분된다.

파생금융상품시장(derivatives market)은 금융상품과 관련된 여러 종류의 위험관리를 위해 고안된 파생금융상품이 거래되는 시장이다. 파생금융상품은 각종 금융거래에 따르는 위험을 낮은 비용으로 헤지(hedge)하는 데 활용되고 추가적인 수익을 얻을 수 있는 기회도 제공하나 높은 레버리지효과(leverage effect)로 인하여 대규모의 손실 가능성도 내포되어 있다.

이러한 분류 이외에도 금융시장을 거래규칙에 따라 거래소시장(exchange market)과 장외시장(over-the-counter market)으로, 금융상품의 신규발행 여부에 따라 발행시장(issuing market)과 유통시장(circulating market)으로 구분하기도 한다. [그림 2-2]에서는 금융시장의 구조를 보여주고 있다.

**그림 2-2 금융시장의 구조**

우리나라의 금융시장의 규모는 [표 2-1]에서 보는 바와 같이 1990년대 이후 비약적으로 확대되었다. 2012년 6월말 현재 자금시장과 자본시장을 합한 우리나라의 금융시장규모는 총 2,708조원으로 1990년 158조원의 17배에 달하고 있다. 이에 따라 금융기관 유동성(Lf) 및 금융기관 대출금에 대한 비율이 1990년의 80% 및 87%에서 2012년 6월말에는 각각 113% 및 135%로 높아졌으며, 명목 GDP에 대한 비율도 1990년의 83%에서 2012년 6월말에는 212%로 상승하였다. 이를 시장별로 보면 자본시장의 경우 2012년 6월말 현재 채권시장의 규모는 1990년의 35배, 주식시장은 15배에 달하는 등 괄목할 만한 신장세를 기록하였으며 자금시장도 1990년의 7배에 이르고 있다.

이와 같이 우리나라 금융시장규모가 크게 확대된 것은 경제규모의 확대, 정부의 자본시장 육성 및 대외개방정책, 외환위기 이후의 금융시장 하부구조 정비 및 시장참가자들의 금융거래기법 개선 등에 힘입은 바 크다.

표 2-1 | 금융시장의 규모(기말잔액기준) (단위: 조원, 배)

| | 1990(A) | 2000 | 2010 | 2012. 6(B) | B/A |
|---|---|---|---|---|---|
| 자금시장[1] | 44.3 | 138.8 | 267.5 | 305.5 | 6.9 |
| 자본시장 | 114.0 | 640.7 | 2,352.7 | 2,402.3 | 21.1 |
| 채권[2] | 35.0 | 423.6 | 1,112.9 | 1,228.0 | 35.1 |
| 주식[3] | 79.0 | 217.1 | 1,239.9 | 1,174.3 | 14.9 |
| 전체(C) | 158.3 | 753.0 | 2,620.3 | 2,707.8 | 17.1 |
| C/Lf[4](%) | 79.9 | 82.6 | 122.6 | 113.3 | – |
| C/대출금[5](%) | 86.9 | 111.2 | 143.4 | 135.3 | – |
| C/명목GDP(%) | 82.7 | 124.8 | 223.3 | 212.0 | – |

주: 1) 콜, 환매조건부매매, 기업어음, 양도성예금증서, 표지어음 및 1년물 이하 통화안정증권, 재정증권 합계
2) 상장채권기준(단, 1년물 이하 통화안정증권 및 재정증권은 제외)
3) 한국거래소의 유가증권시장 상장주식 및 코스닥시장 등록주식의 시가총액
4) 금융기관 유동성(=M2+예금취급기관의 만기 2년 이상 유동성상품+증권금융 예수금 등+생명보험회사 보험계약준비금 등)
5) 자금순환표상 대출금(단, 한국은행의 대출금 제외)

자료 : 한국은행, ECOS, 한국거래소, 증권선물 각 호

# 제2절 자금시장

## 2.1 개요

자금시장(money market)은 금융기관이나 기업 등 경제단위들이 단기적 자금 과부족을 조절하기 위해 통상 만기 1년 이내의 단기금융상품을 거래하는 시장을 말한다. 우리나라의 자금시장은 콜시장, 환매조건부매매시장, 한국은행 환매조건부매매시장, 양도성예금증서시장, 기업어음시장, 통화안정증권[2](만기 1년 이내)시장, 재정증권[3]시장 등으로 구성된다. 자금시장은 국민경제 내 자금공급부문과 자금수요부문을 연결시켜 준다는 점에서 자본시장과 같은 기능을 수행하지만 다음과 같은 특징을 갖고 있다.

첫째, 경제단위들이 단기자금을 효율적으로 조달·운용할 수 있는 기회를 가짐으로써 유휴현금 보유에 따른 기회비용을 줄일 수 있다. 대부분의 경제단위들은 미래의 지급수요에 대비하여 자금의 일부를 현금으로 보유하는데 이는 해당 자금의 이자수입을 포기하는 결과, 즉 기회비용을 초래한다. 그런데 자금시장을 이용하면 안전성과 유동성이 높은 단기금융상품에 운용할 수 있고, 자금이 부족할 때는 단기채무증서를 발행하여 조달함으로써 유휴현금 보유규모를 줄일 수 있다.

둘째, 자금시장에서 경제단위들은 금융자산 보유에 따르는 위험을 관리할 수 있다. 단기금융상품은 보통 금리변동에 따른 가격변동폭이 작으므로 자본손실위험이 작으며 유통시장이 잘 발달되었다면 만기 전이라도 자금회수가 쉬워 유동성위험도 작다. 따라서 경제단위들은 장기채권 또는 주식가격이 하락할 것으로 예상될 때 이들 자산을 매각하고 단기금융상품을 매입하여 자본손실위험을 줄인다. 또한 불확실성이 높아질 때에는 장기금융상품의 보유를 줄이고 대신 단기금융상품 보유를 확대하여 유동성위험을

2 통화안정증권의 만기가 최단 14일에서 최장 2년이라는 점에서 통화안정증권시장은 자금시장과 자본시장의 성격을 모두 가지고 있다고 볼 수 있다. 다만 2012년 6월말 현재 통화안정증권발행 잔액에서 발행만기 1년 초과물이 차지하는 비중이 70%에 달한다는 점을 감안하여 제3절에서 자세히 다루기로 한다.

3 우리나라의 경우 정부가 재정증권을 발행하나 발행이 불규칙하고 규모도 작아서 재정증권시장이 활성화되어 있지 않다. 1976년 재정증권법의 개정으로 기존의 국고출납목적은 물론 통화관리목적으로도 만기 1년 이하의 재정증권이 발행 가능하게 되었으나 1994년 이후 발행이 중단되었다. 2003년 4월부터 국고금관리법(재정증권법 폐지)에 의거 일시적인 국고금 부족 재원마련을 위해 재정증권발행이 재개되었으나 그 실적은 미미하다.

줄인다.

셋째, 자금시장은 중앙은행의 통화정책이 수행되는 시장이며 통화정책효과가 파급되는 출발점이다. 중앙은행은 정책금리[4]를 조정함으로써 단기시장이자율을 변동시키며 이는 장기시장이자율, 통화량, 환율, 주가 등 금융시장 전반에 영향을 미치고 궁극적으로는 실물경제와 물가의 변동을 가져온다. 일반적으로 자금시장이 발달되어 있으면 재정거래가 활발해지고 시장 간 상호연계성도 높아짐으로써 통화정책효과의 파급이 훨씬 더 원활하게 이루어진다.

자금시장은 거래주체에 따라 금융기관 상호 간의 단기자금거래가 주를 이루는 금융기관 간 시장과 금융기관과 고객 간에 자금거래가 이루어지는 대고객시장으로 구분된다. 우리나라의 경우 [표 2-2]에서 보는 바와 같이 콜시장(call market)이 대표적인 금융기관 간 시장이며 기업어음시장(commercial paper market)은 기업의 단기자금조달에 주로 이용되는 대고객시장이다. 환매조건부매매시장(RP market) 및 양도성예금증서시장(CD market)은 금융기관 간 시장과 대고객시장의 성격이 혼재되어 있다.

자금시장에는 대부분의 경제단위들이 참여한다. 예금은행은 양도성예금증서발행, 콜차입, 환매조건부매도 등을 통해 자금을 조달하고 일시적으로 남는 자금은 콜시장, 환매조건부매매시장 등에서 운용한다. 증권회사, 보험회사 등은 콜시장 또는 환매조건부매매시장 등을 통해 부족자금을 조달하거나 여유자금을 운용하며, 일반기업은 기업어음을 발행하여 단기부족자금을 조달하고 여유자금은 양도성예금증서 등 단기금융상품에 운용한다. 한편 한국은행은 환매조건부증권매도(매입) 등을 통해 시중 유동성을 환수(공급)하는 등 통화정책을 수행하기 위하여 단기금융시장에 참여한다. 이 밖에 가계도 일시적인 여유자금을 운용하기 위하여 자금시장에 참여하고 있다.

[표 2-2]에서는 이상에서 설명한 자금시장에 대한 개략적인 내용을 요약하여 보여주고 있다.

4 주요 국가의 중앙은행은 금융시장여건 등을 고려하여 지급준비금 또는 단기금리를 운용목표(operating target)로 하여 통화정책을 수행하는데, 금리중시형 통화정책 운용체계를 채택하고 있는 국가의 중앙은행은 대부분 익일물 콜금리 등 초단기금리를 운용목표로 하고 있다.

표 2-2 | 자금시장의 개요

<table>
<tr><th colspan="2">구분</th><th>콜</th><th>환매조건부매매</th><th>한국은행<br>환매조건부매매</th><th>양도성예금증서</th><th>기업어음</th></tr>
<tr><td colspan="2">도입시기</td><td>1960년 7월</td><td>1977년 2월</td><td>1969년 2월</td><td>1974년 5월</td><td>1972년 8월</td></tr>
<tr><td colspan="2">목적 또는 취지</td><td>금융기관 간 자금조절</td><td>금융기관 간 자금조절, 금융기관의 단기자금조달</td><td>시중 유동성 조절</td><td>은행의 단기자금조달, 은행 간 자금조절</td><td>기업의 단기자금조달</td></tr>
<tr><td colspan="2">법적 성격</td><td>금전소비대차</td><td>채권매매</td><td>채권매매</td><td>소비임치</td><td>약속어음, 채무증권</td></tr>
<tr><td rowspan="3">참가기관</td><td>자금조달(발행)기관</td><td rowspan="2">은행, 은행신탁, 증권, 자산운용, 보험 등</td><td>• 금융기관 간: 콜시장 참가기관<br>• 대고객: 은행, 증권, 증권금융, 체신관서</td><td rowspan="3">한국은행의 거래대상으로 지정된 은행, 증권사, 증권금융</td><td>예금은행</td><td>기업</td></tr>
<tr><td>자금운용(매입)기관</td><td>자금중개, 증권, 증권금융</td><td>• 은행 간: 은행<br>• 대고객: 금융기관, 법인, 개인</td><td>금융기관, 법인, 개인</td></tr>
<tr><td>중개기관</td><td>자금중개</td><td>자금중개, 증권</td><td></td><td>증권, 종합금융, 자금중개</td></tr>
<tr><td colspan="2">만기</td><td>최장 90일 이내</td><td>자유화</td><td>최장 91일 이내</td><td>30일 이상</td><td>자유화</td></tr>
<tr><td colspan="2">최저발행(거래)금액</td><td>1억원 (중개거래 시)</td><td>• 체신관서: 5만원<br>• 기타: 제한 없음</td><td>최저 입찰금액 100억원</td><td>제한 없음</td><td>• 증권: 1억원<br>• 기타: 제한 없음</td></tr>
<tr><td colspan="2">이자지급 방식</td><td>만기일시지급</td><td>만기일시지급</td><td>만기일시지급</td><td>할인방식지급</td><td>할인방식지급</td></tr>
<tr><td colspan="2">중도환매</td><td>–</td><td>제한 없음</td><td>금지</td><td>금지</td><td>제한 없음</td></tr>
</table>

## 2.2 콜시장

### 2.2.1 의의

콜시장(call market)은 금융기관 상호 간에 일시적인 자금 과부족을 조절하기 위하여 초단기로 자금을 차입하거나 대여하는 시장이다. 지급준비금(required reserve) 예치의무가 있는 은행들은 콜거래를 통해 지준 과부족을 해결하므로 지준시장(reserve market)으로서의 의미도 있다. 이처럼 콜거래는 금융기관의 일시적 자금 과부족을 조절하는 거래이므로 초단기물거래가 대부분이다.

특히 콜시장은 통화정책 수행에 있어서 매우 중요한 위치를 차지한다. 한국은행은 무담보 익일물 콜금리가 기준금리수준에서 크게 벗어나지 않도록 공개시장조작(open market operation) 등을 통해 유동성을 조절한다.

### 2.2.2 거래조건

콜거래는 담보제공 여부에 따라 담보콜과 무담보콜(신용콜)로 나뉜다. 그러나 실제 거래는 무담보콜이 대부분을 차지하며 담보콜은 매우 미미한 수준이다. 이는 담보콜의 경우 담보물의 인수도, 질권설정 등으로 거래절차가 복잡[5]하기 때문이다.

콜거래 만기는 최장 90일 이내에서 일별로 정할 수 있으나, 실제로는 1일물이 대부분을 차지한다.[6] 다만, 지준마감일[7] 전일에는 은행권의 지준사정에 영향을 주지 않기 위해 2일물거래가 주종을 이룬다. 콜거래 금액은 최저 1억원이며, 억원 단위로 거래되고 거래이율의 변동단위는 0.01%이다.

콜금리는 콜시장 자금수급사정에 따라 수시로 변동하지만 한국은행의 기준금리에서 크게 벗어나지 않는다. 왜냐하면 한국은행이 공개시장조작을 통해 콜금리가 기준금리 수준에서 유지되도록 유동성을 조절하고 있기 때문이다. 한국은행은 3개 자금중개회사를 통해 거래된 무담보 1일물 콜금리와 금융기관 간 직거래를 포함한 전체 무담보 1일물 콜금리를 매일 산출하여 공표하고 있다.

5 담보콜의 담보물은 국채, 지방채, 통안증권, 특수채・금융채・회사채(신용등급 BBB 이상), 상장주식, 집합투자증권, CP(신용등급 A3 이상)와 현금으로 제한되며 담보증권별 평가금액의 70~100%가 담보가액으로 인정되고 있다. 한국예탁결제원에서 담보물관리, 질권설정 등을 처리하고 있으며 일일 정산을 통해 담보물의 평가금액이 하한담보액에 미달될 경우 추가담보를 제공토록 하는 마진콜(margin call)제도를 운용하고 있다.

6 2012년 상반기 중 1일물이 전체 거래(금액기준)의 95.2%(중개거래 기준)를 차지하였다.

7 은행은 매월 예금잔액에 대한 지급준비금(지준)을 다음 달 둘째주 목요일부터 그 다음 달 둘째주 수요일까지 적립하여야 한다.

## 2.3 환매조건부매매시장

### 2.3.1 의의

환매조건부매매(repurchase agreement: RP 또는 Repo)는 일정 기간이 경과한 후 정해진 가격으로 환매매하는 조건으로 증권을 매매하는 금융거래이다. RP거래는 증권매매 형태로 이루어지나 실제로는 단기자금의 조달과 운용수단으로 이용되고 있어 대차거래의 성격을 지니고 있다.

환매조건부매매의 대상으로는 채권뿐만 아니라 주식 등도 가능하지만 가격이 비교적 안정적인 채권을 주로 활용한다. 따라서 RP거래는 채권시장의 수급에 영향을 줄 뿐 아니라 RP시장과 채권시장 간의 차익(arbitrage)거래 기회를 제공하여 채권가격이 보다 합리적으로 형성되도록 한다. 이처럼 RP시장은 단기금융시장과 자본시장을 연결시켜 통화정책의 금리파급경로가 원활히 작동하도록 함으로써 통화정책의 효율성 제고에도 기여한다.

RP시장은 매도기관, 매수기관 및 중개기관으로 구성된다. 매도기관은 RP거래를 이용하여 보유증권을 팔지 않고서도 일시적으로 필요한 자금을 조달할 수 있으며, 보유증권을 담보로 제공하기 때문에 다른 수단에 비해 비교적 낮은 금리로 자금을 조달할 수 있다. 또한 수익성은 높으나 유동성이 낮아 팔기 어려운 증권도 RP거래를 통해 유동화할 수 있는 장점이 있다. 한편 매수기관은 국채 등을 담보로 자금을 안전하게 운용할 수 있으며, 중개기관은 매도기관과 매수기관을 연결해 주고 수수료 수입을 얻을 수 있다.

### 2.3.2 거래조건

Repo거래의 만기에 대한 제한은 2002년 1월 은행의 대고객거래에 대한 최단만기(15일) 제한이 폐지되면서 모두 없어졌다. 다만 시장에서는 기관 간 거래의 경우 1일물이 대부분이며, 거래금액에 대한 제한은 없다.

거래대상증권은 기관 간 거래의 경우 자본시장법상 모든 증권이 된다. 그러나 실제 거래에서는 기관 간 거래가 국채, 통안채, 특수채 등 안전자산 위주로 이루어지는 반면 대고객거래는 수익률이 높은 금융채, 회사채 등 비국공채 비중이 크다.

RP금리는 유동성사정, 시장금리, 담보채권 종류, 기관의 신용도 등의 영향을 받으며 이자는 만기일에 지급된다. 증권의 가격은 거래당사자 간 합의(기관 간 거래) 또는 시장가액(대고객거래)으로 산정한다. 채권의 경우 액면 1만원을 기준으로 3개 채권시가평가회사의 수익률을 적용하여 산정하는 것이 일반적이며 거래금액은 채권의 시가평가액보다 다소 낮은 수준에서 결정된다.

## 2.4 양도성예금증서시장

### 2.4.1 의의

양도성예금증서(negotiable certificate of deposit: CD)는 정기예금에 양도성을 부여한 것이다. 1961년 First National City Bank of New York(현재의 Citibank)은 기업어음(commercial paper: CP), 재무성증권(treasury bill: TB) 등 단기금융상품으로 은행예금이 대규모로 이탈함에 따라 이에 대응하기 위하여 처음으로 CD를 도입하였다.

CD의 법적 성격은 예금증서를 교부하고 예금을 받는다는 점에서 일반예금과 같은 종류로 분류되지만, 권리의 이전과 행사를 위해서는 동 증권의 소지가 필요하다는 점에서 유가증권에 해당된다. 은행이 일반고객을 상대로 발행하는 CD는 한국은행법상 예금채무에 해당되어 예금지급준비금 예치의무가 부과되지만, 은행을 상대로 발행하는 CD는 부과대상에서 제외된다. 한편 CD는 현재 예금보호대상이 아니다.

CD시장은 CD가 발행・유통되는 단기금융시장으로서 발행기관, 중개기관 및 매수기관으로 구성된다. 발행기관인 은행의 입장에서는 자금사정에 따라 발행규모를 조절함으로써 탄력적인 자금조달이 가능하다는 이점이 있다. 중개기관은 중개수수료를 받을 수 있을 뿐 아니라 직접 매매에 참여하여 시세차익을 얻을 수도 있다. 매수기관은 단기자금 운용수단으로서 CD를 매입하고 있다.

### 2.4.2 거래조건

CD의 만기는 최단만기만 30일로 제한하고 있으나 실제 거래에서는 금융기관 간 거래의 경우 대부분 1년 이내로, 대고객거래의 경우 약 50%가 1년 이내로 발행되고 있다. CD는 중도해지할 수 없으나 양도가 가능하므로 매수자가 보유 CD를 현금화하고자 하는 경우 매각할 수 있다. 최저액면금액에 대한 제한은 없으나 은행들은 내규 등을 통해 5백만원 또는 1천만원으로 설정하여 운영하고 있다.

CD는 할인방식으로 발행되므로 고객은 CD를 살 때 예치기간 동안의 이자를 뺀 금액만을 지급하고 만기에 액면금액을 받는다. 다만, 은행에서는 여타 금융상품과 수익률을 비교할 수 있도록 할인율 대신에 수익률로 금리를 고시하고 있다. CD금리(수익률)는 일반적으로 은행채 등 다른 시장금리, 발행금액 및 만기 등을 감안하여 결정되는데 은행별 신용도에 따라 금리수준이 다르다.

## 2.5 기업어음시장

### 2.5.1 의의

기업어음(commercial paper: CP, 융통어음)은 신용상태가 좋은 기업이 상거래와 관계없이 운전자금 등 단기자금을 조달하기 위하여 자기신용을 바탕으로 발행하는 융통어음으로서 상거래에 수반되어 발행되는 상업어음(commercial bill, 진성어음)과 구별된다. CP는 법률적으로는 상업어음과 같은 약속어음으로 분류된다. CP 발행기업은 거래은행으로부터 지급지를 명시한 어음용지를 교부받아 발행하고 은행의 당좌예금계정을 통해 결제한다.

CP시장은 발행기업(issuers), 할인·매출기관(dealers) 및 매수기관(investors)으로 구성된다. CP는 발행절차가 간편하고,[8] 보통 담보 없이 신용으로 발행되기 때문에 신속한 자금조달수단으로 이용되며,[9] 금리 면에서도 은행대출보다 유리하다.[10] 할인·매출기관은 발행기업으로부터 CP를 할인매입한 후 이를 매수기관에 매출함으로써 매매차익을 얻으며 매수기관은 주로 단기자금의 운용수단으로 CP를 활용하고 있다.

한편 2013년 1월에는 CP와 그 기능이 유사하지만 투명성과 유동성이 크게 강화된 전자단기사채제도가 도입되었다. CP는 기업의 단기자금조달수단으로 유용하게 활용되고 있으나 상법상의 어음인 동시에 자본시장법상 채무증권이라는 이중적인 법적 지위로 인해 실물발행의무, 분할양도금지, 발행정보 미공시 등의 제약이 있어 유통시장이 활성

8 주식, 회사채발행을 위해서는 「상법」, 「자본시장과 금융투자업에 관한 법률」 등에 의해 이사회 의결, 금융감독원에 발행기업 등록, 유가증권신고서의 제출 등 복잡한 절차가 필요하나 CP는 어음법상의 요건만 충족하면 발행할 수 있다.

9 채권발행의 경우 인수기관 선정으로부터 발행대금 납입에 이르기까지 통상 7일 정도의 기간이 소요되고 은행대출의 경우에도 근저당권설정(담보대출의 경우), 대출건별 약정체결(한도거래 제외) 등의 절차가 요구됨에 따라 신속한 자금조달이 어렵다.

10 2012년 6월말 현재 신용평가등급 A1기준 CP의 할인금리는 3.56%로 2012년 6월 은행대출금리(기업대출 신규취급액기준)인 5.67% 수준을 크게 밑돌고 있다.

화되지 못하였다.

그러나 전자단기사채(electronic short-term bond)는 실물 없이 전자방식으로 등록되어 대체결제방식으로 발행·유통되며 분할유통·취득이 가능하다. 또한 발행정보의 공시의무가 부여되어 투자자보호가 크게 강화된다. 전자단기사채제도의 도입은 증권의 무권화(dematerialization)를 통한 편의성 증진과 발행·유통시장 활성화 및 투명성 제고 등을 통해 기존의 CP시장은 물론 자본시장과 기업금융 전반에 큰 영향을 미칠 것으로 예상된다. 2003년 3월 단기사채제도를 도입한 일본에서는 2005년 3월 기업어음에 대한 인지세 부활조치 이후 단기사채발행이 급증하여 CP시장을 대부분 대체한 바 있다. [표 2-3]에서는 기업어음과 전자단기사채의 특성을 비교하여 보여주고 있다.

표 2-3 | 기업어음과 전자단기사채의 비교

| 구분 | 기업어음 | 전자단기사채 |
|---|---|---|
| 관련 법규 | 어음법, 자본시장법 | 상법, 전자단기사채법 |
| 발행형식 | 실물발행 | 전자방식 등록발행 |
| 발행한도 | 없음(2009년 2월 폐지) | 최소 1억원 이상 |
| 만기제한 | 없음(2009년 2월 폐지) | 1년 이내 |
| 발행절차 | 대표이사가 발행결정 | 이사회에서 발행한도(미상환발행 잔액기준)결정<br>건별 발행권한은 대표이사에게 위임 |
| 결제 | 분리결제(선인도 후 대금지급) 및 어음교환방식 상환제도 | 증권·대금 동시결제(DVP) |
| 유통 | 분할유통 불가능 | 최소단위금액(1억원) 이상으로 분할유통·취득 가능 |
| 정보공시 | 분·반기 사업보고서 등을 통해 제한적·간접적 공시 | 한국예탁결제원 홈페이지를 통해 발행인의 모든 발행내용을 일괄·상시 공개 |

## 2.5.2 발행조건

증권회사 고유계정에서 기업어음을 할인매입할 경우 대상 CP에 대해서는 대상기업, 최장만기 및 최소액면금액 등에 대한 별도의 제한이 없으나 장외시장에서 CP를 매매, 중개·주선 또는 대리하는 경우 2개 이상의 신용평가기관으로부터 신용평가를 받은 기업어음만을 대상으로 무담보매매·중개방식으로 할인을 할 수 있다. 일반적으로 거래관행상 CP 발행기업과 CP 할인에 관한 약정을 맺고 있으며 최소 신용등급 B등급 이상의 CP가 발행되고 있다.

종합금융회사가 할인하는 경우에는 신용등급 B등급 이상 기업이 발행하는 만기 1년 이내 기업어음에 한해서만 할인·매매·중개를 할 수 있다. 이때 종합금융회사는 해당 기업에 대한 철저한 신용조사와 함께 재무구조 및 경영상황 등을 분석하여 적격업체를 선정한 후 약정을 체결하고 동일인 여신한도 이내에서 적정 할인한도를 설정하고 있다.

한편 우리나라 신용평가기관의 CP 신용평가등급은 최우량등급으로 A1, 그 다음은 A2, A3, B, C, D의 순으로 분류되는데 이 중 투자등급은 A1~A3등급이며 투기등급은 B등급 이하이다. 그리고 A2~B등급에 대해서는 동일등급 내에서 우열을 나타내기 위하여+ 또는 − 부호를 부가하여 세분하고 있다.

## 제3절 자본시장

자본시장(capital market)이란 기업, 정부, 지방자치단체, 공공기관 등이 장기자금을 조달하는 시장으로 국채, 회사채, 주식 등 장기직접금융증권이 거래되는 증권시장(securities market)을 의미한다. 자본시장은 여러 기능을 수행하고 있는데, 첫째로 가장 중요한 것은 가계 등의 여유자금을 기업 등에 장기투자재원으로 공급하여 국민경제의 자금잉여부문과 자금부족부문의 자금수급 불균형을 조절하는 기능이다.

둘째로 자금의 배분이 효율적으로 이루어지도록 한다. 미래 수익성이 높고 성장성이 기대되는 기업으로 자본이 집중되도록 하여 이들 기업이 다른 기업보다 낮은 비용으로 필요한 자금을 조달하여 생산능력을 확충할 수 있게 한다. 그 결과 국민경제는 이들 기업을 중심으로 생산효율이 극대화되고 산업구조의 고도화가 촉진되면서 경제 전체의 부(wealth)가 늘어난다.

셋째로 투자자들에게 다양한 투자수단을 제공한다. 투자자의 입장에서 주식, 채권 등은 유용한 투자수단이 되며 자본시장 발달과 함께 증권 종류가 다양화·고도화되면서 투자자는 더욱 다양한 포트폴리오를 구성할 수 있다. 자븐시장에서 거래되는 금융자산은 금리변동에 따른 자본손실위험 및 신용위험이 비교적 커서 이들 자산의 수익률이 단기금융상품에 비해 높다. 최근 경제단위들의 금리민감도가 높아지면서 위험선호도가 높은 투자자들을 중심으로 주식과 채권에 대한 수요가 커지고 있으며 전체 금융자산 중

이들 장기금융자산의 비중도 높아지는 추세에 있다.

마지막으로 자본시장은 중앙은행의 통화정책이 실물경제에 영향을 미치는 매개기능을 수행한다. 중앙은행이 정책금리를 변경하면 여러 경로를 통해 자본시장의 장기수익률에 영향을 미치고 기업의 자본조달비용을 변동시켜 궁극적으로 기업의 투자결정에 영향을 미친다. 또한 채권과 주식의 자산가치변동으로 인한 부의 효과(wealth effect)를 통해 가계소비에도 영향을 미친다.

우리나라의 자본시장은 양적·질적으로 비약적인 발전을 해온 가운데 자본시장 육성정책이 주식시장 위주로 이루어짐에 따라 채권시장의 발전이 상대적으로 지체되었기 때문에 채권시장 전반의 활성화와 효율성을 높이기 위한 각종 제도개선 노력이 지속되고 있다.[11]

주식시장은 1960년대 증권거래법 제정(1962년 1월) 등으로 법률적 토대가 마련된 후 기업공개추진을 위한 각종 제도의 도입 및 정비가 계속 이루어지면서 시장이 꾸준히 발전하고 있다.[12]

한편 우리나라 자본시장의 대외개방은 1993년 6월 발표된 제3단계 금융자율화 및 시장개방계획과 1996년 9월 OECD 가입 시 제시된 자본자유화계획을 통해 체계적으로 추진되었다. 주식투자에 대해서는 개별종목 발행주식 총수의 10%(1인당으로는 3%) 내에서 외국인 직접투자가 허용(1992년 1월)된 후 단계적으로 확대되었다. 외환위기 직후인 1997년 12월 그 한도가 55%(1인당으로는 50%)까지 확대되었다. 이어 1998년 5월에는 공공법인을 제외하고는 상장주식 투자한도가 폐지되었으며 그 해 7월에는 증권거래소 및 코스닥시장에 상장되지 않은 주식에 대해 외국인의 투자가 자유화되었다. 그 결과

11 1997년 외환위기 이후 정부가 기업구조조정 등을 위한 재정자금조달을 원활하게 하기 위해 관련 제도를 도입하고 하부구조를 개선하였으며, 자산유동화에 관한 법률(1998년 9월) 제정, 채권시가평가제도 시행(2000년 7월), 담보부 자금대차방식으로 이루어지던 대금융기관 RP거래의 채권매매방식으로의 변경(2006년 4월), 채권장외거래 호가집중제도 도입(2007년 11월), 회사채발행 시 수요예측제도 실시(2012년 4월) 등의 제도개선을 도입하였다.

12 우량법인에 대한 기업공개 및 상장요건을 완화(1983년 7월)시키고 상법개정(1984년 4월)으로 수권자본의 증액한도를 납입자본의 2배에서 4배로 확대시켰다. 시장안정 및 수요기반 확충 등을 위해 기업공개 전 대주주 지분변동금지 및 기업공개에 대한 실질심사제 도입(1990년 2월), 납입자본금과 자기자본요건 등 기업공개요건 강화(1991년 8월)가 이루어졌다. 2000년대에 들어서서는 미상장주식을 대상으로 한 장외주식호가중개시장(2000년 3월), 상장기업 중 250개 종목을 대상으로 거래시간 종료 후에도 거래가 가능하도록 하는 전자장외증권중개시장(2001년 12월)을 각각 개설하였다. 그 후 거래부진이 계속되면서 전자장외증권중개시장을 폐쇄(2005년 5월)하였고, 장외주식호가중개시장의 경우 일부 제도를 개선하고 명칭도 프리보드로 변경(2005년 7월)하였다.

유가증권시장 상장주식 시가총액에서 차지하는 외국인의 보유비중은 1992년 말 4.9%에서 2005년 말에는 39.7%로 크게 상승하였다. 그러나 글로벌 금융위기에 따른 디레버리징(deleveraging, 대출환수)의 영향 등으로 외국인 보유비중이 2008년 말 28.7%까지 감소하였으나 이후 국내경기의 빠른 회복, 글로벌 금융시장 안정 등으로 외국인의 주식투자가 급속히 늘어나면서 2012년 6월말 현재 전체 주식 시가총액에서 외국인의 비중은 31.5%에 달한다.

채권시장은 국내외 금리격차와 국내채권수요기반 등을 고려하여 주식시장에 비해 개방이 늦춰져 1997년에 상장채권에 대한 외국인의 투자한도규제가 폐지되었다. 채권시장의 전면개방에도 불구하고 외국인의 국내채권투자는 부진하였다가 2007년 하반기 미국발 금융위기의 영향으로 통화스왑금리가 하락하는 등 재정거래 유인이 커지자 외국인의 국내채권투자가 확대되었다. 이후 외국인의 채권투자는 선진국들의 양적완화정책에 따른 풍부한 유동성 등을 배경으로 계속 증가해 2012년 6월말 현재 외국인의 국내채권 보유비중은 7.1%에 달한다.

우리나라의 자본시장규모는 2012년 6월말 현재 2,410.5조원으로 1990년 말(114.0조원)에 비해 약 21배 정도 커졌으며, 채권시장이 1,236.2조원으로 51.3%, 주식시장이 1,174.3조원으로 48.7%를 각각 차지하고 있다. 채권시장의 경우 재정적자 보전을 위한 국채발행, 경상수지 흑자 및 외국인투자자금 유입에 따른 유동성을 흡수하기 위한 통화안정증권발행, 예금보험기금채권 등 금융구조조정을 위한 채권발행 등으로 국채, 통화안정증권 및 특수채비중이 크게 증가한 반면 회사채비중은 줄어들었다. 주식시장의 경우 유가증권시장이 대부분을 차지하고 있다. 코스닥시장의 비중은 IT 호황으로 한때 20%를 넘기도 하였으나 2012년 6월말 현재 9.0%에 머물고 있다.

[표 2-4]에서는 우리나라 자본시장의 규모를 요약하여 보여주고 있다.

**표 2-4 | 우리나라의 자본시장규모(기말기준)** (단위: 10억원, %)

| 구분 | 1990 | | 2000 | | 2010 | | 2012. 6 | |
|---|---|---|---|---|---|---|---|---|
| | 금액 | 구성비 | 금액 | 구성비 | 금액 | 구성비 | 금액 | 구성비 |
| 채권 | 35,005 | 100.0 | 423,603 | 100.0 | 1,112,873 | 100.0 | 1,236,161 | 100.0 |
| 국채 | 3,123 | 8.9 | 73,295 | 17.3 | 362,587 | 32.6 | 422,889 | 34.2 |
| 지방채 | 1,060 | 3.0 | 9,765 | 2.3 | 15,792 | 1.4 | 17,637 | 1.4 |
| 금융채 | 6,626 | 18.9 | 49,093 | 11.6 | 217,329 | 19.5 | 204,653 | 16.6 |

| | | | | | | | | |
|---|---|---|---|---|---|---|---|---|
| 통화안정증권 | 0 | 0 | 66,378 | 15.7 | 122,390 | 11.0 | 115,030 | 9.3 |
| 특수채 | 2,128 | 6.1 | 97,195 | 22.9 | 204,177 | 18.3 | 255,801 | 20.7 |
| 회사채 | 22,068 | 63.0 | 127,878 | 30.2 | 190,598 | 17.1 | 220,151 | 17.8 |
| 주식 | 79,020 | 100.0 | 217,057 | 100.0 | 1,239,858 | 100.0 | 1,174,322 | 100.0 |
| 유가증권 | 79,020 | 100.0 | 188,041 | 86.6 | 1,141,885 | 92.1 | 1,068,289 | 91.0 |
| 코스닥 | – | – | 29,016 | 13.4 | 97,972 | 7.9 | 106,033 | 9.0 |
| 전체 | 114,025 | – | 640,660 | – | 2,352,730 | – | 2,410,483 | – |

주: 1) 예탁채권기준(단, 통화안정증권은 만기 1년 이하 단기물은 제외)
2) 유가증권시장 및 코스닥시장 상장주식의 시가총액
자료: 한국예탁결제원, 한국거래소

## 3.1 채권시장

### 3.1.1 의의

채권이란 일반적으로 정부, 공공기관, 민간기업 등이 비교적 장기로 불특정다수로부터 거액의 자금을 조달하기 위하여 정해진 이자와 원금의 지급을 약속하면서 발행하는 증권을 말하며 매 기간 투자자에게 일정한 이자가 지급된다는 점에서 고정소득증권(fixed income securities)으로 불린다.[13]

채권의 발행주체 및 한도는 관련 법률에 의하여 정해진다. 국채의 경우 국회의 동의, 회사채 등은 금융위원회에 증권신고서 제출 등의 절차를 거쳐서 발행된다. 시장은 발행시장(issuing market, primary market, unseasoned market)과 유통시장(circulating market, secondary market, seasoned market)으로 나뉜다. 발행시장은 채권이 자금수요자에 의해 최초로 발행되는 시장이며 유통시장은 이미 발행된 채권이 투자자들 사이에서 매매되는 시장이다. 채권투자자는 채권을 발행시장에서 인수하거나 유통시장에서 매입할 수 있고 이자소득 외에 가격변동에 따른 자본이득(capital gain)을 기대할 수 있으므로 채권은 자산포트폴리오를 구성하는 중요한 투자수단이다.

한편 채권의 가격은 수익률로서 나타내며 이는 경제, 물가 등 경제의 기초여건(fundamentals), 발행자의 신용상태, 수급여건, 채권시장 하부구조(market infrastructure)의 효

13 채권은 만기 전에 매각할 경우 가격변동에 따라 자본이득(capital gain) 또는 손실(loss)이 발생할 뿐더러 발행자가 부도를 내면 원리금회수가 곤란해지기 때문에 투자시점에서 수익이 확정되지 않는다.

율성 등에 의해 결정된다.

### 3.1.2 채권의 종류

채권은 발행주체, 지급보증 여부, 담보제공 여부, 이자지급방법 등에 따라 종류가 구분된다. 먼저 발행주체에 따라 정부가 발행하는 국고채권(이하 국고채), 국민주택채권 등 국채, 한국은행이 발행하는 통화안정증권, 지방자치단체가 발행하는 지방채, 상법상의 주식회사가 발행하는 회사채, 은행·금융투자회사·리스회사·신용카드회사 등 금융회사가 발행하는 금융채, 한국전력공사·예금보험공사 등 법률에 의해 직접 설립된 법인이 발행하는 특수채 등으로 구분할 수 있다. [표 2-5]에서는 발행주체별 채권의 발행규모 추이를 보여주고 있다.

**표 2-5 | 발행주체별 채권발행규모 추이** (단위: 조원)

| 구분 | 2000 | 2004 | 2006 | 2008 | 2010 | 2011 | 2012. 1~6 |
|---|---|---|---|---|---|---|---|
| 국채[1)] | 24.7 | 73.8 | 75.9 | 60.4 | 86.7 | 102.2 | 60.8 |
| (국고채[2)]) | 15.2 | 56.0 | 60.7 | 52.1 | 77.7 | 81.3 | 40.3 |
| 지방채[3)] | 1.6 | 1.9 | 2.5 | 2.6 | 4.2 | 3.3 | 2.1 |
| 금융채[4)] | 15.7 | 76.4 | 116.6 | 136.0 | 109.7 | 108.6 | 44.8 |
| 특수채[5)] | 24.5 | 20.6 | 22.9 | 43.8 | 66.2 | 61.4 | 49.4 |
| 회사채 | 58.7 | 50.4 | 40.9 | 40.3 | 45.8 | 61.8 | 28.9 |
| (ABS) | 49.4 | 27.0 | 13.9 | 8.4 | 11.1 | 12.6 | 9.5 |
| 통화안정증권 | 98.8 | 134.7 | 150.0 | 151.4 | 248.2 | 197.1 | 84.8 |
| 계 | 224.0 | 357.8 | 410.4 | 434.5 | 560.8 | 534.4 | 270.8 |

주: 1) 국고채권, 재정증권, 국민주택채권(1종, 2종, 3종), 보상채권(발행종료) 등
2) 양곡기금채권(2000년 1월 이후) 및 외국환평형기금채권(2003년 11월 이후) 포함
3) 도시철도채권, 지역개발채권, 공모지방채 등
4) 은행채(산업금융채권과 중소기업금융채권의 창구발행분 포함), 신용카드채권, 할부금융채권, 리스채권
5) 예금보험기금채권, 부실채권정리기금채권, 한국전력채권 등
자료 : 한국은행, 금융감독원, 한국예탁결제원

원리금에 대한 제3자의 지급보증 여부에 따라서는 보증채와 무보증채로 나뉘며 보증채는 보증주체에 의해 정부보증채와 일반보증채로 구분된다. 일반보증채는 신용보증기

금, 보증보험회사, 은행 등이 지급을 보증하는 채권이며 무보증채는 발행주체의 자기 신용에 의해 발행되는 채권이다.

또한 발행자의 담보제공 여부에 따라서 담보부채권과 무담보부채권으로 나눌 수 있다. 담보부채권에는 일반담보부채권과 자산유동화증권이 있는데 일반담보부채권은 발행주체가 채권을 발행할 때 신용을 보강하기 위해 담보를 제공하는 채권을 말하며, 자산유동화증권(asset-backed securities: ABS)은 유동화전문회사(special purpose company: SPC)가 대출채권, 카드매출채권 등의 자산을 기초로 발행하는 증권이다.

그리고 이자지급방법에 따라 순수할인채(pure discount bond 또는 zero-coupon bond), 이표채(coupon bond), 복리채(compound interest bond) 등으로, 지급이자변동 여부에 따라 고정금리부채권과 변동금리부채권(floating rate note: FRN)으로 구분하기도 한다.

그 밖에 회사채의 경우 발행회사의 주식으로 전환할 수 있는 권리가 부여된 전환사채(convertible bond: CB), 채권의 만기 이전에 발행회사의 신주를 일정한 조건으로 매수할 수 있는 권리를 부여한 신주인수권부사채(bond with warrant: BW), 발행회사가 보유한 제3자 발행 유가증권과 교환할 수 있는 교환사채(exchangeable bond: EB) 등 주식과 관련된 회사채도 발행된다.

이와 같이 채권은 다양한 형태로 발행될 뿐 아니라 같은 종류의 채권이라도 잔존만기와 표면금리가 다를 경우 각각 다른 종류의 채권으로 취급된다.

### 3.1.3 발행 및 거래 메커니즘

#### 1) 발행시장

##### (1) 국채

국채는 국고채권, 재정증권, 국민주택채권, 보상채권 등 자금용도에 따라 네 가지 종류로 나누어지며 종목에 따라 발행방식 및 이자지급방식 등이 서로 다르다. 우선 발행방식을 보면 국고채권과 재정증권은 경쟁입찰을 통해 발행되며, 국민주택채권은 인·허가와 관련하여 의무적으로 매입토록 하는 첨가소화방식으로, 보상채권은 당사자 앞 교부방식으로 각각 발행된다.

이자지급방식을 보면 국고채권은 6개월마다 이자가 지급되는 이표채이며 재정증권은 할인채이다. 국민주택채권과 보상채권은 원리금이 만기에 일시상환되는 복리채이다. 또한 발행만기별로는 국고채권의 경우 3년, 5년, 10년, 20년 및 30년으로 나뉜다.

종전에는 국고채를 발행할 때 만기일이 다르고 표면금리가 낙찰수익률에 따라 달리 결정되어 국채종목이 지나치게 많아지고 개별종목당 발행금액이 작아져 유동성이 저하되는 문제점이 있었다. 이와 같은 문제점을 해결하기 위해 2000년 5월 국채통합발행제도(fungible issue)를 도입하여 3년 이상 만기 국고채의 경우 3개월 범위 내 추가 발행 시에는 만기일과 표면금리를 직전 발행 국고채와 똑같이 적용하여 발행토록 하였다.

이에 따라 같은 조건의 국채발행물량이 확대됨으로써 국채의 유동성이 높아지고 지표금리가 보다 안정적으로 형성되게 되었다. 또한 국채통합발행 시 세금 때문에 발생하는 국채 간의 차이를 해소하기 위하여 국채의 표면금리만을 이자소득으로 과세하도록 관련 세법을 개정하였다. 그 후 국채 지표채권(만기별로 가장 최근에 발행된 국고채권)의 발행물량을 늘려 지표채권에 대한 유동성을 제고하기 위하여 여러 차례에 걸쳐 통합발행기간을 종전의 3개월에서 국고채의 만기별로 다양하게 확대하였다.

### (2) 회사채

회사채는 공모발행(public issue)[14]과 사모발행(private placement)으로 구분된다. 공모발행의 경우 인수기관인 증권회사, 종합금융회사, 한국산업은행 등이 총액을 인수하여 발행하며 사모발행의 경우에는 발행기업이 최종매수자와 발행조건을 직접 협의하여 발행하게 된다. 회사채는 개정상법의 시행(2012년 4월)으로 정관에서 정하는 바에 따라 이사회 결의가 없이도 발행이 가능해졌으며 순자산액의 4배까지였던 발행한도도 폐지되었다. 한편 공모발행을 하는 경우 증권신고서를 금융위원회에 제출해야 한다.

만기를 보면 일반적으로 1, 2, 3, 5, 10년 등으로 발행되는데 대체로 3년 이하가 주종을 이루고 있다. 표면금리는 발행기업과 인수기관 간 협의에 의해 자율적으로 결정되는데 2003년 이후 시장금리수준이 낮아지면서 표면금리와 유통수익률 간의 괴리가 0.5%p 이내로 좁혀졌으며, 표면금리를 유통수익률에 맞춰 발행하는 경우도 많아졌다. 이 경우 발행가격과 액면가격이 거의 동일하게 된다.

현재 무보증회사채발행기업들은 2개 이상의 신용평가회사로부터 기업의 사업성, 수

14 공모란 불특정 일반인에게 신규로 발행되는 증권 취득의 청약을 권유하는 행위를 말한다. 자본시장법상 청약을 권유받는 자가 50명 이상이면 공모(모집)에 해당되고 이에 해당되지 않으면 사모이다.

익성, 현금흐름, 재무안정성 등을 기초로 회사채상환능력을 평가받고 있다. 회사채 평가등급은 AAA~D까지 10개 등급으로 분류되는데 AAA~BBB는 원리금상환능력이 양호하다고 인정되는 투자등급, BB~C는 동 상환능력이 상대적으로 의문시되는 투기등급, D는 상환불능상태를 나타낸다.

### 2) 유통시장

채권 유통시장은 장외시장과 장내시장으로 구분된다. 현재 대부분의 채권거래는 장외시장에서 주로 증권회사의 단순중개를 통하여 이루어지고 있다.

#### (1) 장외시장

채권거래는 대부분 증권회사(inter-dealer broker 포함)를 중개기관으로 하여 장외에서 이루어진다. 이는 채권의 종목이 다양하고 거래조건이 표준화되어 있지 않아 한국거래소의 자동매매시스템을 통해 거래하기가 곤란하기 때문이다. 현재 증권회사는 전화, 인터넷 메신저 등을 통해 매도 또는 매수를 원하는 투자자의 호가를 받은 후에 반대거래를 원하는 상대방을 찾아 거래를 중개한다. 따라서 매수·매도 호가(bid-ask quotes)를 미리 제시하고 고객의 거래요청에 반드시 응하여야 하는 시장조성(market making) 의무가 없어 채권 재고를 유지하는 위험을 부담할 필요가 없다.

이와 같이 증권회사들이 단순중개방식(brokerage)으로 채권거래를 중개하는 것은 증권회사들이 자체 채권 재고를 보유할 만큼 자금력이 크지 않고 금리변동에 따른 위험을 충분히 헤지할 만큼 다양한 파생상품이 많지 않은데다 과거 채권딜링업무 수행과정에서 큰 손실을 경험하였던 데 따른 소극적 자세 등에 주로 기인한다. 장외시장의 경우 거래의 특성상 매매시간의 제한은 없으나 보통 09:00~15:30분 중 거래가 일어나며 거래단위는 관행적으로 100억원이다.

#### (2) 장내시장

장내시장은 한국거래소에 상장된 채권을 대상으로 표준화된 거래방식에 따라 거래가 이루어지는 조직화된 시장이다. 장내시장은 크게 일반채권시장과 국채전문유통시장으로 구분된다.

일반채권시장은 불특정다수의 일반투자자가 참여할 수 있는 시장으로서 국채전문유통시장에서 거래되는 국고채를 제외한 모든 거래소 상장채권이 거래대상이나 현재 소액 국공채와 전환사채 위주로 거래가 이루어지고 있다. 2009년 7월말에는 국고채 ETF가 한국거래소에 상장되었다

국민주택채권 1종, 서울도시철도채권 및 서울특별시지역개발채권, 지역개발공채, 지방도시철도채권 등 첨가매출되는 소액 국공채(액면 5,000만원 이하)는 환금성을 제고하기 위하여, 전환사채는 수요기반 확충을 위해 각각 장내거래가 의무화되어 있다.

장내시장 참가자는 한국거래소의 회원사로 제한된다. 개인, 일반법인, 한국거래소 회원이 아닌 기관투자자, 외국인 등은 회원 증권회사에 위탁계좌를 개설하여 장내시장에 참여할 수 있다.

국채전문유통시장(inter-dealer market: IDM)은 국고채전문딜러(PD) 등 시장조성 활동을 담당하는 금융기관들만 참가하는 시장이다. 우리나라에서는 1999년 3월 한국거래소 내에 국고채전문딜러, 예비국고채전문딜러(preliminary PD), 국채일반딜러 등 기관투자자들의 국채 도매거래를 위해 경쟁매매시장인 국채전문유통시장이 개설되었다. 이 시장에서 거래는 국고채전문딜러 등이 한국거래소가 운영하는 국채자동매매시스템(KRX Trading System for government securities)을 통해 종목별로 매수·매도 호가(two-way quotation)를 입력하면 거래조건이 맞는 주문끼리 자동적으로 체결된다. [표 2-6]에서는 채권의 종류별 거래량 현황을 보여주고 있다.

**표 2-6 | 채권 종류별 거래량 현황(기간 중 월평균)** (단위: 10억원)

| 구 분 | 1998 | 2002 | 2004 | 2006 | 2008 | 2010 | 2012. 1~6 |
|---|---|---|---|---|---|---|---|
| 장외거래 | 57,206 | 169,457 | 235,427 | 235,614 | 308,358 | 473,199 | 476,238 |
| 국채 | 3,833 | 60,889 | 127,474 | 138,303 | 150,381 | 270,110 | 256,865 |
| 지방채 | 612 | 498 | 478 | 643 | 993 | 1,130 | 1,323 |
| 특수채 | 4,647 | 10,714 | 7,716 | 5,561 | 11,627 | 19,001 | 28,529 |
| 통화안정증권 | 9,685 | 63,354 | 70,176 | 76,553 | 92,671 | 116,941 | 124,266 |
| 금융채 | 6,633 | 25,886 | 22,215 | 26,892 | 47,493 | 52,894 | 45,818 |
| 회사채 | 31,796 | 8,116 | 7,368 | 5,662 | 5,193 | 13,124 | 19,438 |
| 장내거래 | 1,253 | 3,550 | 29,867 | 24,516 | 30,469 | 46,999 | 96,992 |
| 합계 | 58,459 | 173,007 | 265,294 | 278,130 | 338,827 | 520,198 | 573,230 |

주: 1) 한국전력채권, 토지개발채권, 도로건설채권 및 예금보험기금채권, 한국가스공사채권 등
자료: 한국거래소, 한국금융투자협회

## 3.2 주식시장

### 3.2.1 의의

주식시장은 주식회사의 지분권(ownership)을 표시하는 유가증권인 주식(stock)이 거래되는 시장이다. 주식은 상환의무가 없고 경영실적에 따라 배당만 하면 되기 때문에 발행기업 입장에서는 매우 안정적인 자금조달수단이 되며 자기자본으로서 기업의 재무구조를 개선시키는 효과가 있다. 또한 투자자 입장에서는 유용한 자금운용수단이 된다.

주식시장은 기업공개 및 유상증자 등을 통해 주식이 새로이 공급되는 발행시장과 이미 발행된 주식이 투자자 간에 거래되는 유통시장으로 나누어진다.

주식시장은 1956년 3월 은행, 증권회사 및 보험회사의 공동출자로 대한증권거래소가 설립되면서 조직화된 시장의 모습을 갖추었다. 이후 1962년 1월 증권거래법, 1968년 11월 자본시장 육성에 관한 법률, 1972년 12월 기업공개촉진법이 제정되면서 법률적 토대가 마련되었다.

또한 중소기업과 벤처기업을 대상으로 한 장외시장이 1987년 4월 증권업협회(현 금융투자협회) 내에 개설되었다. 2000년 3월에는 거래소와 코스닥시장에서 거래되지 않는 주식을 대상으로 장외주식호가중개시장(제3시장)이 개설되었다. 그러나 이 시장이 당초 기대와는 달리 거래가 부진하자 2005년 7월 일부 제도의 개선과 함께 프리보드로 명칭이 변경되었다.

### 3.2.2 발행시장

주식의 발행은 주식회사가 설립자본금을 조달하거나 자본금을 증액할 때 이루어진다. 자본금 증액을 위한 주식발행에는 금전의 출자를 받아 자본금을 증가시키는 유상증자 이외에 무상증자, 주식배당 및 전환사채의 주식전환 등이 포함된다. 발행시장(issuing market)은 새로운 주식이 최초로 출시되는 시장이라는 점에서 제1차 시장(primary market)이라고도 한다.

발행시장은 자금수요자인 발행인, 자금공급자인 투자자, 주식발행사무를 대행하고 발행위험을 부담하는 인수인으로 구성된다. 발행인에는 기업, 금융회사 등이 포함된다. 투자자는 일반투자자와 전문투자자로 구분되며 전문투자자에는 은행, 금융투자회사 등 금융기관과 연기금 등이 포함된다. 인수인의 역할은 투자매매업자가 담당한다.

### 1) 발행형태

주식의 발행은 최초공모, 유상증자, 무상증자, 주식배당 등 여러 가지 형태로 이루어진다. 첫째, 최초공모(initial public offering: IPO)란 주식회사가 최초로 발행주식을 다수의 투자자로부터 모집하거나, 이미 발행되어 대주주 등이 소유하고 있는 주식을 일반투자자들을 대상으로 처음으로 매출하여 주식을 분산시키는 것을 말한다. 기업공개(going public)를 통하여 최초공모를 추진하는 기업은 먼저 금융위원회에 등록하고 증권선물위원회가 지정하는 감사인에게 최근 사업연도 재무제표에 대한 회계감사를 받아야 한다. 그리고 대표주관회사를 선정하고 수권주식수, 1주의 액면가액 등과 관련한 정관 개정 및 우리사주조합 결성 등의 절차를 진행한다. 이후 금융위원회에 증권신고서 제출, 청약・배정・주금납입, 자본금 변경 등기, 금융위원회에 증권발행실적보고서 제출 등의 절차를 거쳐 한국거래소에 상장신청을 마치면 공개절차가 마무리된다.

둘째, 유상증자란 기업재무구조 개선 등의 목적으로 회사가 신주를 발행하여 회사의 자본금을 증가시키는 것을 뜻한다. 유상증자 시 신주인수권의 배정방법에는 주주배정증자방식, 주주우선공모증자방식, 제3자배정증자방식, 일반공모증자방식 등이 있다. 주주배정증자방식은 주주와 우리사주조합에게 신주를 배정하고 실권주가 발생하면 이사회의 결의에 따라 그 처리방법을 결정하는 것이다. 주주우선공모증자방식은 주주배정방식과 거의 동일하나 실권주 발생 시 불특정다수인을 대상으로 청약을 받은 다음 청약이 미달되면 이사회의 결의에 따라 그 처리방침을 정한다는 점에서 다르다. 제3자배정증자방식은 주주 대신 관계회사나 채권은행 등 제3자가 신주인수를 하도록 하는 방식이며 일반공모증자방식은 주주에게 신주인수권을 주지 않고 불특정다수인을 대상으로 청약을 받는 방식이다.

셋째, 무상증자란 주금의 납입 없이 이사회의 결의로 준비금 또는 자산재평가적립금을 자본에 전입하고 전입액만큼 발행한 신주를 기존주주에게 소유 주식수에 비례하여 무상으로 교부하는 것이다.

마지막으로 주식배당이란 현금 대신 주식으로 배당을 실시함으로써 이익을 자본으로 전입하는 것을 의미한다. 이때 신주발행가격은 액면가로 정해진다. 또한 주식배당은 배당가능이익의 50% 이내로 제한하고 있다.[15]

15 주식의 시장가격이 액면가 이상인 기업에 대해서는 100%까지 허용하고 있다.

### 2) 발행방식

주식의 발행방식은 주식의 수요자를 선정하는 방법에 따라 공모발행과 사모발행으로, 그리고 발행에 따르는 위험부담과 사무절차를 담당하는 방법에 따라 직접발행과 간접발행으로 구분된다.[16] 공모발행(public offering)이란 발행회사가 투자자에 제한을 두지 않고 동일한 가격과 조건으로 주식을 다수의 투자자(50인 이상)에게 발행하는 방식으로 자본시장법상 모집과 매출이 이에 해당한다.[17] 사모발행(private placements)은 발행회사가 특정한 개인 및 법인을 대상으로 주식을 발행하는 방법이다.

직접발행은 발행회사가 자기 명의로 인수위험 등을 부담하고 발행사무도 직접 담당하는 방식으로 직접모집 또는 자기모집이라고도 한다. 이 방식은 미청약분이 발생하면 발행규모를 축소하거나 재모집해야 하므로 발행규모가 작고 소화에 무리가 없는 경우에 주로 이용된다. 간접발행은 발행회사가 전문적인 지식, 조직 및 경험을 축적하고 있는 투자매매업자를 통해 주식을 발행하는 방식이다. 이 경우 발행회사는 원칙적으로 주식발행과 관련한 위험을 금융투자회사에 부담시키고 그 대가로 수수료를 지급하게 되는데 우리나라에서는 최초공모 및 유상증자 시 이 방식에 의존하고 있다.

한편 간접발행은 금융투자회사의 발행위험부담 정도에 따라 다시 모집주선, 잔액인수 및 총액인수로 구분한다. 모집주선(best-effort basis)이란 발행위험은 발행회사가 부담하고 발행사무만 금융투자회사에 위탁하는 방법이다. 잔액인수(stand-by agreement)란 응모총액이 모집총액에 미달할 경우 금융투자회사가 미소화분(매도 잔량)의 인수의무를 부담하는 방법이다. 총액인수(firm-commitment)는 발행금액 전액을 금융투자회사가 매입(인수)하는 방식이다. 한편 총액인수의 경우 인수에 따른 자금소요 및 위험부담이 큰 만큼 이를 분산시키고 발행주식의 매출을 원활히 하기 위해 통상 여러 금융투자회사가 공동으로 참여한다.

## 3.2.3 유통시장

유통시장(circulating market)은 이미 발행된 주식이 매매되는 시장으로 제2차 시장(secondary market)이라고도 한다. 유통시장에서의 거래는 투자자 상호 간의 거래이므

16 일반적으로 공모발행은 간접발행방식을 취하며, 사모발행은 직접발행방식을 취한다.
17 '모집'이란 50인 이상의 투자자에게 새로 발행되는 증권의 취득청약을 권유하는 것이며, '매출'은 50인 이상의 투자자에게 이미 발행된 증권매도 또는 매수청약을 권유하는 것을 의미한다(자본시장과 금융투자업에 관한 법률 제9조 제7항 및 제9항).

로 기업의 자금조달과 직접적인 관련은 없으나 발행된 주식의 시장성과 환금성을 높여 투자를 촉진시키고 자유경쟁을 통해 공정한 격을 형성하는 기능을 한다.

현재 우리나라의 유통시장은 유가증권시장,[18] 코스닥시장(Korea Securities Dealers Automated Quotations: KOSDAQ), 코넥스시장(Korea New Exchange: KONEX) 및 프리보드(Free Board, 종전 제3시장)로 구분된다. 이 중 유가증권시장, 코스닥시장 및 코넥스시장은 한국거래소에서 개설·운영하는 장내시장이며 프리보드는 금융투자협회가 운영하는 장외시장이다. 한편 주식이 장내시장에서 매매될 수 있도록 하기 위해서는 상장이라는 등록 절차를 거쳐야 한다.

유통시장에서 투자자의 매매주문은 투자중개업을 영위하는 금융투자회사를 거쳐 한국거래소에서 체결되며 이에 따른 결제는 매매일로부터 3일째 되는 날(T+2일) 한국예탁결제원을 통해 이루어진다.

### 1) 유가증권시장

유가증권시장에 주식을 신규로 상장하고자 하는 기업은 규모요건(자기자본 100억원 이상 또는 기준시가총액 200억원 이상 등), 분산요건(의결권주 소유 소액주주수 1,000명 이상 등) 등을 충족시켜야 하며 매출액, 영업이익 등과 관련된 경영성과도 일정 수준 이상이어야 한다.

유가증권시장 상장기업은 영업활동을 하는 과정에도 일정 요건을 계속 충족해야만 한다. 한국거래소는 상장요건 충족 여부와 기업내용의 적시공시 실시 여부를 관찰하여 상장기업이 이를 지키지 못한 경우 상장을 폐지할 수 있다.

유가증권시장은 현재 토요일, 공휴일, 근로자의 날 및 연말일을 제외하고 매일 개장된다. 매매거래시간기준으로 보면 09:00~15:00의 정규시장과 장 개장 전 시간외시장(07:30~09:00) 및 장 종료 후 시간외시장(15:10~18:00)으로 구분된다.

매매거래단위는 호가의 경우 주식가격에 따라 1원(1,000원 미만 종목)~1,000원(50만원 이상 종목)이고 수량단위는 10주가 원칙이다. 매매계약의 체결은 원칙적으로 한국거래소가 투자자별 호가를 접수하여 일정한 매매체결원칙에 의거 합치되는 호가끼리 거래를 체결하는 개별경쟁매매방식에 의해 이루어진다.

주가의 급격한 변동을 방지하기 위한 제도를 살펴보면 먼저 가격제한폭(price limit)

18 거래소에서 개설하는 시장으로 동 시장의 시가총액이 우리나라의 대표주가지수인 KOSPI의 산출기준이 되므로 KOSPI시장이라고도 한다.

제도가 있다. 이는 하루 중에 변동할 수 있는 개별종목 주가의 폭을 일정 한도로 제한하는 것으로 현재 동 한도는 전일 종가의 상하 15%이다. 또한 코스피지수가 전일 대비 10% 이상 하락하여 1분 이상 지속되는 경우 매매를 중단시키는 매매거래중단제도(circuit breaker)도 운영 중이다. 이 밖에 주가지수선물시장의 가격 급변동 시 유가증권시장에서의 프로그램매매를 일시 정지시키는 프로그램매매체결지연제도(side car)[19]가 운영되고 있다.

### 2) 코스닥시장

코스닥시장은 기업경력이 짧은 벤처기업, 유망 중소기업 등이 진입하는 시장이므로 유가증권시장에 비해 완화된 상장요건을 적용하고 있다. 해당 기업은 자기자본이 30억원 이상[20]이거나 시가총액이 90억원 이상(규모조건)이어야 하며, 의결권 있는 주식을 소유하고 있는 소액주주수가 500명 이상(분산조건)이어야 한다.[21] 또한 이익규모 등 경영성과요건도 대체로 요구수준이 낮은 편이다.

코스닥시장에 상장된 기업도 유가증권시장에 상장된 기업과 마찬가지로 상장 후 영업활동과정에서 일정한 요건을 충족하여야 하며 부실화된 기업과 공개기업으로서의 의무를 충족하지 못하는 기업은 상장폐지될 수 있다.

코스닥시장의 거래시간과 매매계약 체결방식은 유가증권시장과 동일하며 매매단위는 1주이고 호가단위는 주식가격에 따라 1원(1,000원 미만 종목)~100원(5만원 이상 종목)이다. 또한 개별종목의 일중 주가변동률은 전일 종가의 ±15%로 제한되며 코스닥지수가 전일 대비 10% 이상 하락하여 1분간 지속될 경우에는 모든 종목의 매매가 중단된다.

### 3) 코넥스시장

중소기업의 자금조달은 그동안 은행대출에 편중되어 왔으며 직접금융을 통한 자금조달은 매우 낮은 수준을 보여왔다. 이로 인해 중소기업 등 비상장기업의 부채비율이 높고, 이자비용부담도 상장기업에 비해 과중한 실정이다. 대출 등 간접금융에 의존도 심화는 중소기업의 재무구조를 약화시켜 건조한 성장의 장애요인으로 작용하고 있다. 그

19 선물기준종목의 가격이 기준가 대비 5% 이상 변동하여 1분간 지속될 경우 발동하며 상승 시에는 매수 호가, 하락 시에는 매도 호가의 효력이 5분 동안 정지된다.
20 벤처기업은 15억원 이상이다.
21 유가증권시장의 경우 규모요건은 자기자본 100억원 이상 또는 시가총액 200억원 이상 등이며, 분산요건은 소액주주수 1,000명 이상 등이다.

런데도 기존 코스닥시장이나 프리보드 등 중소기업에 특화된 자본시장은 중소기업의 자금조달 창구로서의 역할이 미흡한 실정이다.

이와 같이 중소기업의 중요성에도 불구하고 자금조달의 어려움은 해소되지 못함에 따라 금융당국은 기존의 유가증권시장이나 코스닥시장에 상장하기에는 규모가 작은 창업 초기의 중소·벤처기업들에게 성장에 필요한 자금을 조달할 수 있는 기회를 확대하고, 밴처캐피탈에게 자금을 회수할 수 있는 경로를 제공하기 위하여 '코넥스(KONEX)시장'을 2013년 7월 1일 한국거래소(KRX)에 개장하였으며, 총 21개 기업이 지정자문인과 한국거래소의 상장적격성 심사를 통과하여 2013년 7월 1일 개장일에 상장되었다.

코넥스시장의 신설에 따라 기업의 성장단계에 따른 자금의 선순환체계 구축에 기여할 것으로 예상되며 우리나라 자본시장이 한 단계 더 도약하는 계기로 활용될 수 있을 것이다. 그러나 2013년 12월 26일 현재 상장회사는 45개로 크게 증가하였으나, 거래량이 8.8만주, 거래대금이 5.2억원으로 개장첫날의 실적(거래량 22만주, 거래대금 13.8억원)보다 훨씬 부진한 상황을 보이고 있다.

코넥스시장의 성공적인 안착을 위해서는 무엇보다도 ① 불공정행위의 근절을 위한 제도적 장치를 확충하고, ② 공공금융의 적극적인 참여를 유도함과 동시에, ③ 일반투자자들을 위한 다양한 상품을 개발하는 일이 시급한 과제라 할 수 있다.

### 4) 프리보드

프리보드에서 유가증권이 거래되려면 일정한 지정요건을 갖추어야 하며 그 요건은 매매거래질서 유지에 필요한 기본적인 사항으로 국한되어 있다. 즉 ① 최근 사업연도 재무제표에 대한 외부감사인의 감사의견이 적정 또는 한정일 것, ② 주식을 한국예탁결제원에 예탁할 수 있고 양도제한이 없을 것 등이다.

프리보드의 매매거래시간은 09:00~15:00이며 상대매매방식[22]에 의해 거래가 체결된다. 매매단위는 1주이고 시간외시장이 개설되지 않으며 가격제한폭은 매매기준가격대비 ±30%이다. 아울러 매매주문 시 100%의 위탁증거금이 필요하고 결제 전 매매도 허용된다. 이 밖에도 프리보드에서 거래하여 얻은 양도차익에 대해서는 유가증권시장 및 코스닥시장과 달리 양도소득세가 부과된다.

22 가격이 일치하는 매도·매수주문에 한해 자동적으로 매매가 체결되며 동일가격의 호가의 경우 먼저 접수된 호가가 우선하며 가격 또는 수량조건이 일치하지 않는 경우 체결을 원하는 투자자가 상대호가를 탐색하여 자신의 호가를 정정해야 한다.

## 3.3 통화안정증권시장

통화안정증권시장이란 한국은행이 발행하는 채무증서인 통화안정증권이 발행·유통되는 시장이다. 통화안정증권은 「한국은행법」 제69조 및 「한국은행 통화안정증권법」에 따라 유동성조절을 목적으로 발행되며, 환매조건부매매 및 통화안정계정 예치와 함께 한국은행의 주요 공개시장조작수단으로 활용된다.

한국은행은 경상수지 흑자(적자) 또는 외국인투자자금 유입(유출) 등으로 시중의 유동성이 증가(감소)하여 이를 구조적으로 환수(공급)할 필요가 있을 경우에 통화안정증권을 순발행(순상환)하여 유동성을 흡수(공급)한다.

한국은행은 정부의 세출·입, 한국은행대출, 통화안정증권 만기도래 등에 따른 본원통화공급과 현금통화, 지준예치금 등 본원통화수요를 전망한 후 유동성조절 필요규모를 산정하는데, 유동성 과부족이 기조적일 경우에는 통화안정증권발행·상환을, 일시적일 경우에는 환매조건부매매 및 통화안정계정 예치를 통해 유동성을 조절하고 있다.

통화안정증권의 만기는 공모발행의 경우 2년 이내에서 할인채 10종류, 이표채 3종류 등 13종목로 되어 있다. 현재 정례발행의 경우 할인채인 91일물 및 182일물과 이표채인 1년물 및 2년물 위주로 실시되고 있다. 발행금액은 경쟁입찰 및 모집의 경우 최소 100억원 이상 100억원 단위이며, 액면금액은 100만원, 500만원, 1천만원, 5천만원 및 1억원의 5종류로 정형화되어 있다.

한편 할인채는 할인방식으로 발행되어 만기일에 액면금액이 지급되며, 이표채는 이표지급방식으로 발행되어 3개월마다 이자를 지급하고 만기일에 액면금액을 지급한다.

## 3.4 자산유동화증권시장

자산유동화증권(asset-backed securities: ABS)은 부동산, 매출채권, 유가증권, 주택저당채권(mortgage) 등과 같이 유동성이 낮은 자산을 기초로 하여 발행되는 증권을 의미한다.[23] ABS는 자산보유자(originator)가 특수목적기구(special purpose vehicle:

23 ABS는 자산유동화과정에서 발행되는 증권을 의미하는데 자산유동화는 증권의 발행 없이도 가능하다. 미국의 경우 1930년대에 주택저당채권을 투자자에게 직접 매각하는 방식으로 자산유동화가 이루어진 적이 있다. 그러나 우리나라의 경우 자산유동화와 자산증권화가 동일한 의미를 갖는데 이는 자산유동화의 근거가 되는 자산유동화에 관한 법률에서 자산증권화를 통해서만 자

SPV)를 설립하여 이 기구에 기초자산의 법률적인 소유권을 양도하는 절차를 거쳐 발행되며 이 증권의 원리금은 일차적으로 기초자산으로부터 발생하는 현금흐름으로 상환된다는 특징이 있다.

ABS는 증권의 법적 성격 및 기초자산에 따라 별도의 명칭을 붙이기도 한다. 즉 ABS가 사채인 경우 ABS사채, CP인 경우 ABCP, 출자증권인 경우 ABS출자증권, 수익증권인 경우 ABS수익증권이라고 한다. 기초자산이 주택저당채권인 경우 MBS(mortgage-backed securities), 부채인 경우 CDO(collateralized debt obligations)라 하고 이 중에서 채권인 경우 CBO(collateralized bond obligations), 은행의 대출채권인 경우 CLO (collateralized loan obligations)라 한다. 또한 신용카드매출채권인 경우 CARD(certificates of amortizing revolving debts), 자동차할부대출인 경우 auto-loan ABS 등으로 불린다.

자산유동화의 가장 중요한 장점 중의 하나는 기초자산 보유자의 재무상태를 개선할 수 있다는 점이다. 우선 금융기관의 경우 보유하고 있는 위험자산을 매각하여 현금화함으로써 BIS 자기자본비율이 제고된다. 기업이 ABS를 발행할 경우에는 부채비율을 높이지 않고 자금을 조달할 수 있다. 특히 기업이 ABS로 조달한 자금으로 부채를 상환하면 부채비율은 하락한다.[24]

ABS의 또 다른 장점은 자금조달비용을 경감시킬 수 있다는 점이다. 신용도가 낮은 자산보유자가 우량자산을 기초로 신용등급이 높은 ABS를 발행하면 보다 유리한 조건으로 자금을 조달할 수 있다. 아울러 일부 금융기관들은 ABS를 차입투자(leverage financing)수단으로 이용하기도 한다. 보유자산을 매각하여 조달한 자금을 재투자하는 과정을 반복하게 되면 실제 주어진 자본금의 제약을 받지 않고 영업을 확대하는 효과를 얻을 수 있다.

투자자의 입장에서 보면 ABS는 좋은 투자대상이다. ABS는 신용평가기관의 엄밀한 평가와 신용보강(credit enhancement)을 거쳐 발행되므로 상대적으로 안전하면서도 일반회사채보다 수익률이 다소 높기 때문이다. 이와 같은 장점으로 자산유동화증권은 금융기관과 기업의 새로운 자금조달수단으로 부각되고 금융혁신으로 받아들여지면서

---

산유동화가 가능하도록 되어 있어 증권을 발행하지 않는 자산유동화는 사실상 불가능하기 때문이다.

24 국제회계기준(international financial reporting standards: IFRS)이 적용되는 경우 이와 같은 효과는 약화된다. 이는 동 회계기준이 연결재무제표를 주 재무제표로 규정하고 있고 특수목적회사도 실질지배력을 기준으로 연결범위에 포함시키고 있기 때문이다.

1980년대 중반 이후 빠르게 성장하였으나 글로벌 금융위기 이후에는 이와 관련된 위험이 재조명되고 있다.

자산유동화에는 기초자산으로부터 발생하는 리스크가 해당 자산을 매각한 이후에도 계속 자산보유자에게 영향을 미칠 수 있다. 선·후순위 채권으로 나뉘어 발행되는 ABS 중에서 후순위채를 자산보유자가 인수하는 경우 매각한 기초자산의 리스크는 사실상 그대로 남아 있는 상태에서 외형상 위험자산의 규모만 작아지기 때문에 자산유동화 이후 남아 있는 자산의 평균적인 안전성은 오히려 낮아진다. 특히 선순위채에 대해 자산보유자의 보증 또는 환매요구권(put-back option)이 부여된 경우에는 이러한 문제점이 더욱 커질 수 있다.

또한 ABS는 차입투자수단으로 이용되면서 유사금융시스템(shadow banking system)[25]에서 핵심적인 역할을 수행한다. 유사금융시스템은 은행이 단독으로 신용을 공급하는 것과 같은 기능을 수행하지만 금융기관 간 연계거래에 따른 높은 레버리지, 리스크민감도가 높고 동조화 경향이 강한 기관투자자의 거액자금중심의 자금조달, 사적보호장치에 의존하고 있다는 점 등으로 시스템위험에 취약하다는 문제를 안고 있다. 이에 따라 유사금융시스템에서는 기초자산 등 일부 부문의 부실화가 대출시장과 자본시장 등 금융시장 전체로 확산되면서 피해규모가 커질 수 있다. 이처럼 자산유동화증권의 문제점이 부각됨에 따라 미국 등 주요 선진국과 국제기구를 중심으로 동 증권에 대한 규제 및 감독 강화방안이 추진되고 있다.

25 유사금융시스템(shadow banking system, 그림자금융)이란 은행과 유사한 신용중개기능(banking)을 수행하지만 은행과 같은 건전성규제를 받지 않으며 중앙은행의 유동성지원이나 예금자보호도 받을 수 없어 시스템위험을 초래할 가능성이 높은 기관 및 금융상품을 총칭한다. 즉 투자은행, 헤지펀드, finance company, SIV(Structured Investment Vehicle) 등 금융기관 외에 MMF, RP, ABCP 등 금융상품도 포괄하는 개념이다.

# 제4절 파생상품시장

## 4.1 개요

파생금융상품(financial derivatives)은 그 가치가 통화, 채권, 주식 등 기초자산(underlying asset)의 가치변동에 의해 결정되는 금융상품으로서 계약형태에 따라 크게 선도계약, 선물, 옵션, 스왑 등으로 구분된다. 기초자산의 유형에 따라서는 통화, 금리, 주식, 신용관련 상품 등으로, 거래방법에 따라 장내 및 장외거래로 구분할 수도 있다.

각 계약형태의 주요 특징을 살펴보면, 먼저 선도계약(forward contracts)과 선물(futures)은 기초금융자산을 미래 특정시점에 특정가격으로 사고팔기로 약정하는 계약이라는 점에서 동일한 성격을 가진다. 그러나 일반적으로 선도계약은 장외시장에서 거래당사자 간에 직접 거래되거나 딜러나 브로커를 통해 거래가 이루어지는 데 비해 선물은 정형화된 거래소를 통해 거래된다는 점에서 차이가 있다.

옵션(options)은 기초자산을 미래의 특정시점 또는 특정기간 동안 특정행사가격으로 매입(call)하거나 매각(put)할 수 있는 권리를 사고파는 계약으로서 기초자산가격의 변화에 대해 비대칭적 손익구조(asymmetric payoffs)를 가진다. 옵션계약은 거래시점에 프리미엄을 지급한다는 점에서도 선도계약이나 선물과 차이점이 있다.

스왑(swaps)은 일반적으로 두 개의 금융자산 또는 부채에서 파생되는 미래의 현금흐름(cash flows)을 교환하기로 하는 계약으로서 서로 다른 통화표시 채무의 원리금상환을 교환하기로 약정하는 통화스왑(currency swaps)과 변동금리채무와 고정금리채무 간의 이자지급을 교환하기로 약정하는 금리스왑(interest rate swaps) 등으로 구분된다.

한편 파생금융상품은 투자자 입장에서 소액의 증거금 또는 프리미엄만으로 훨씬 큰 금액의 기초자산에 투자한 것과 동일한 효과를 가질 수 있으며[26] 투자원금을 주고받지 않아 자금관리의 탄력성을 높일 수 있는 등 여러 장점이 있다. 또한 파생금융상품의 여러 형태를 적절히 조합하면 기초자산만으로는 불가능한 다양한 현금흐름을 구성할 수도 있다. 금융시장 전체로도 파생상품시장은 시장에 반영되는 정보가 차익거래 등을 통해 현물시장에 파급되도록 함으로써 시장의 효율성을 제고시키는 긍정적인 역할을 수

26 이를 레버리지효과(leverage effect)라고 한다.

행한다.

반면 파생금융상품거래는 거래상대방의 채무불이행위험(counter-party risk)이 높을 뿐 아니라 레버리지효과가 크고 거래구조가 복잡하기 때문에 투기적 거래에 대한 효과적인 통제가 이루어지지 않을 경우 대형 금융기관이라 하더라도 쉽게 재정적 어려움에 처할 수 있는 위험이 있다.[27] 또한 거래규모가 대형화되고 금융시장 간 연계성이 심화됨에 따라 개별금융기관이 위험관리에 실패하는 경우 그 영향이 전체 금융시스템으로 파급될 가능성도 커지고 있다. 최근의 Bears Stearns, Lehman Brothers, AIG 등 대형금융기관의 부실과 이와 관련한 전 세계 금융시스템 붕괴위기는 파생금융상품의 위험성이 가장 극명하게 표출된 경우라 할 수 있다.

글로벌 금융위기의 주요 원인으로 파생금융상품에 대한 규제 미비가 지목되면서 개별국가는 물론 국제적인 차원[28]에서 파생금융상품시장에 대한 모니터링 강화, 청산·결제시스템 확충, 일반투자자 보호장치 강구, 감독체계의 개편 등에 대한 광범위한 논의를 해오고 있다.

다음에서는 우리나라에서 거래가 활발한 주식관련 선물 및 옵션시장, 금리관련 선물 및 스왑시장, 통화관련 파생상품시장과 글로벌 금융위기를 계기로 관심이 집중되고 있는 신용파생상품시장, 파생결합증권시장에 대해서 살펴보기로 한다.

## 4.2 주식관련 파생상품시장

### 4.2.1 주가지수선물시장

주가지수선물시장은 주가지수를 대상으로 선물거래가 이루어지는 시장이다. 주가지수선물시장은 주가변동에 대한 헤지수단 등을 제공하기 위하여 1982년 2월 미국 캔자스시티상품거래소(Kansas City Board of Trade)에 최초로 개설되었다. 우리나라의 경우 1996년 5월 KOSPI200선물지수를 거래대상으로 하는 KOSPI200선물시장이, 2001년 1월에는 코스닥50선물지수를 거래대상으로 하는 코스닥50선물시장이 개설되었다. 2005년

27 예컨대, 영국 Barings 은행은 1994년 12월 일본 닛케이지수의 변동성이 크지 않을 것으로 예상하고 동 지수의 풋옵션과 콜옵션을 동시에 매도하는 숏 스트래들(short straddle)을 구성하였으나 1995년 1월 일본 고베 지진으로 닛케이지수가 급락하면서 손실이 급증하여 결국 파산하였다.

28 FSB(Financial Stability Board, 금융규제관련 국제기준 제정을 총괄·조율하는 국제기구) 회원국들은 각국별로 장외파생상품관련 국제기준에 따라 장외파생상품규제관련 법률 및 규제체계를 마련하였다.

11월에는 코스닥50선물시장이 거래부진 등으로 폐지되고 코스닥스타지수를 거래대상으로 하는 스타지수선물시장이 새로 개설되었다. 한편 2008년 5월에는 개별주식을 기초자산으로 하는 주식선물시장도 개설되었다.

주가지수선물시장은 기초상품이 실물 형태가 아닌 주가지수라는 점에서 결제수단과 결제방식이 일반 선물시장과 다르다. 결제수단은 실물의 양·수도가 불가능하므로 거래 시 약정한 주가지수와 만기일의 실제 주가지수 간의 차이를 현금으로 결제하게 된다. 그러므로 만기 시 실제 주가지수가 거래 시 약정한 주가지수를 상회할 경우에는 선물매수자가 이익을 얻는 반면 반대의 경우에는 선물매도자가 이익을 얻는다.

### 4.2.2 주가지수옵션시장

주가지수옵션시장은 현물시장의 주가지수를 대상으로 미래의 일정 시점에 사전에 약정한 가격으로 매입·매도할 수 있는 권리가 거래되는 시장이다. 주가지수옵션시장은 주가변동 헤지 등 다양한 투자동기를 충족시키기 위해 1983년 3월 미국의 시카고옵션거래소(Chicago Board Options Exchange)에 S&P100지수를 대상으로 최초로 개설되었다. 우리나라에서는 1997년 7월에 KOSPI200옵션시장이, 2001년 11월에 코스닥50옵션시장[29]이, 2002년 1월에는 개별주식을 기초자산으로 하는 주식옵션시장이 개설되었다.

주가지수옵션거래는 주가지수(이하 기초자산)를 만기일[30]에 사전에 약정한 가격(이하 행사가격: exercise price 또는 strike price)으로 매입 또는 매도할 수 있는 권리를 나타내는 증서로서 매입권리인 콜옵션(call option)과 매도권리인 풋옵션(put option)으로 나뉜다. 옵션거래 시 매도자는 매수자에게 옵션을 제공하고 매수자는 그 대가로 프리미엄(옵션가격)을 지급한다.

콜옵션 매수자는 만기일에 기초자산가격(KOSPI200 종가 등)이 행사가격을 넘어서면 권리를 행사할 유인이 발생한다. 이 경우 기초자산가격이 행사가격과 지급한 프리미엄의 합과 일치하는 수준에서 손익분기점이 형성된다. 즉 콜옵션 매수로 순익을 얻기 위해서는 기초자산가격이 행사가격과 프리미엄의 합을 초과해야 된다.

한편 풋옵션 매수자는 만기일에 기초자산가격(KOSPI200 종가 등)이 행사가격보다

29 거래가 부진하다는 이유로 2005년 11월에 폐지되었다.
30 옵션은 만기일에만 권리행사가 가능한 유럽형 옵션(European option)과 만기일 이전에도 언제든지 권리행사가 가능한 미국형 옵션(American option)으로 구분되는데 우리나라는 유럽형 옵션을 채택하고 있다.

낮아야만 권리를 행사할 유인이 발생하며 기초자산가격이 행사가격에서 지급한 프리미엄을 뺀 값을 하회하는 경우에만 이익을 얻을 수 있다.

### 4.2.3 주식옵션시장

주식옵션시장은 한국증권선물거래소의 유가증권시장에 상장되어 있는 보통주식 중에서 시가총액이 큰 33개 기업이 발행한 주식[31]을 기초자산으로 하는 옵션시장이다. 주식옵션은 KOSPI200옵션과 옵션의 종류, 권리행사 유형, 결제방식, 결제월물, 최종거래일, 호가의 종류 등은 같으나 기초자산이 보통주식이므로 행사가격설정, 거래단위 등에서 몇 가지 차이점이 있다.

주식옵션의 거래단위는 옵션 1계약당 주식수량을 10주로 하고 있는데 이는 기초주권이 상장되어 있는 한국거래소의 주식매매 수량단위와 일치시키기 위함이다. 가격제한폭은 18%이고 증거금률은 주식선물과 동일하게 거래증거금률 12%, 위탁증거금률 18%로 운용하고 있다.

## 4.3 금리관련 파생상품시장

### 4.3.1 금리선물시장

금리선물(interest rate futures)이란 그 가치가 기초자산인 금리로부터 파생되는 금융상품을 말한다. 즉 기초자산인 금리를 거래대상으로 현재시점에서 정한 가치로 미래의 특정시점(maturity)에서 사거나 팔 것을 약정한 계약[32]이라 할 수 있다. 실제로 거래대상이 되는 기초자산은 국채금리, 연방기금금리, 유로달러금리 등으로 다양하며 이들 거래대상의 만기에 따라 단기금리선물과 장기금리선물로 나뉜다.

금리선물시장은 1975년 10월 미국 시카고상품거래소(Chicago Board of Trade)에서 미국정부주택저당채권증서(GNMA mortgage certificates)를 대상으로 최초로 거래된 이

31 한국거래소에서 유통주식수, 소액주주수, 거래대금 등을 감안하여 선정하였다.

32 개념적으로 금리를 산다(long interest rate)는 것은 금리를 수취하는 것, 즉 채권 등에 투자하는 것과 같으며, 금리선물을 산다(long interest rate futures)는 것은 현재시점에서 정한 금리를 주고 만기시점의 금리를 수취하는 것이라 할 수 있다. 반대로 금리를 판다(short interest rate)는 것은 금리를 지급하는 것, 즉 채권 등을 팔거나 발행하는 것과 같으며, 금리선물을 판다(short interest rate futures)는 것은 현재시점에서 정한 금리를 받고 만기시점의 금리를 지급하는 것이다.

후 미국장기국채선물(1977년), 유로달러금리선물(1981년) 등의 다양한 금리선물이 등장하였다. 이에 따라 전 세계 선물시장에서 금리선물거래가 차지하는 비중도 점차 커지고 있다.

금리선물을 이용하는 가장 일반적인 경우는 이자율위험 축소(hedge trading)로서 장래 금리변동에 따른 불확실성을 금리선물의 매도/매수거래로 줄일 수 있다. 즉 채권현물시장에서 발생하는 손익이 금리선물시장에서의 손익으로 상쇄되어 금리변동에 따른 위험을 제거할 수 있게 된다.

우리나라의 금리선물시장은 1999년 2월 한국거래소가 설립되고 동년 4월 CD금리선물이 상장되면서 시작되었으며, 현재는 3년, 5년 및 10년 국채선물이 상장되어 있다.

### 4.3.2 금리스왑시장

금리스왑(interest rate swap: IRS)은 차입금에 대한 금리변동위험의 헤지(hedge)나 차입비용의 절감을 위하여 두 차입자가 각자의 채무에 대한 이자지급의무를 상호 간에 교환하는 계약으로서 일반적으로 변동(고정)금리를 고정(변동)금리로 전환하는 형식을 취한다.

금리스왑거래는 통화, 원금 및 만기가 같은 부채구조를 가지고 있는 두 당사자 간의 거래가 대부분으로 통화스왑거래와는 달리 계약당사자 간에 이자지급의무만 있고 원금상환의무가 없다. 자금의 흐름도 원금의 교환 없이 이자차액만 주고받는 것으로 당초의 자금조달과는 관계가 없는 별도의 계약에 의해 거래가 성립된다. 금리스왑은 원금을 교환하지 않기 때문에 채권투자 등에 비해 자금부담과 신용위험(credit risk)이 낮다.

일반적으로 금리스왑시장의 가장 중요한 기능은 이자율위험을 헤지할 수 있는 수단을 제공해 주는 것이다. 즉 고정금리부자산과 부채의 듀레이션(duration) 불일치로 인하여 발생하는 이자율위험을 헤지하기 위해 금리스왑거래가 이용된다. 예를 들어 고정금리부자산이 부채보다 많은(적은) 경우 금리스왑거래에서는 채권매도(매수)와 같은 효과를 갖는 고정금리지급부(수취부) 거래를 실시하면 이자율위험이 감소된다.

금리스왑의 거래만기는 3개월부터 20년물까지 다양하나 1~5년물이 주로 거래된다. 일반적으로 최소거래단위금액은 100억원이며 100억원 단위로 추가된다. 고정금리와 변동금리는 3개월마다 교환되며 동 변동금리는 금융투자협회가 발표하는 최종호가수익률 기준 CD(91일물)금리를 주로 이용한다.

## 4.4 통화관련 파생상품시장

### 4.4.1 통화스왑시장

통화스왑(currency swaps: CRS)은 둘 또는 그 이상의 거래기관이 사전에 정해진 만기와 환율에 의거하여 서로 다른 통화로 차입한 자금의 원리금상환을 서로 교환하는 거래이다. 통화스왑은 외환위험 헤지 및 필요통화의 자금을 조달하는 수단으로 주로 이용되고 있다. 이자율위험에 대한 헤지 및 특정시장에서의 외환규제나 조세차별 등을 피하기 위한 수단으로 활용되기도 한다.

일반적인 통화스왑거래 메커니즘을 설명하면 다음과 같다. 예를 들어 A는 달러화 자금을, B는 엔화 자금을 각각 유리한 조건으로 차입할 수 있는데 A는 엔화 자금이, B는 달러화 자금이 필요하다고 가정하자. 이 경우 A는 달러화 자금을, B는 엔화 자금을 각각 차입하고 동 차입자금을 상호 교환한다. 차입자금에 대한 이자는 최초차입자가 지급하는 것이 아니라 자금이용자(A는 엔화 자금, B는 달러화 자금)가 대신 지급하고 만기가 되면 최초차입자가 차입원금을 상환할 수 있도록 달러화 자금과 엔화 자금을 재교환함으로써 통화스왑이 종료된다.

### 4.4.2 선물환시장

선물환거래는 일방적인 선물환매입 또는 매도거래인 단순선물환(outright forward)거래와 선물환거래가 스왑거래의 일부분으로서 일어나는 외환스왑(swap forward)거래로 구분된다. 단순선물환거래는 다시 만기시점에 실물의 인수도가 일어나는 일반선물환거래와 만기시점에 실물의 인수도 없이 차액만을 정산하는 차액결제선물환(non-deliverable forward: NDF)거래로 나뉜다.

차액결제선물환거래는 만기에 계약원금의 교환 없이 약정환율과 만기 시 현물환율인 지정환율(fixing rate) 간의 차이로 인한 금액만 지정통화로 결제하는 거래이다. 차액결제선물환거래는 차액만 결제하기 때문에 일반선물환거래에 비해 결제위험이 작다.

외환스왑거래란 거래 쌍방이 현재의 환율에 따라 서로 다른 통화를 교환하고 일정기간 후 계약(선물)환율에 따라 원금을 재교환하기로 하는 거래를 말한다. 즉 외환스왑거래는 동일한 거래상대방과 현물환과 선물환(spot-forward swap) 또는 만기가 서로 다른 선물환과 선물환(forward-forward swap) 등을 서로 반대방향으로 동시에 매매하는 거래이다.

## 4.5 신용파생상품시장

### 4.5.1 의의

신용파생상품(credit derivatives)이란 차입자 또는 발행자의 신용에 따라 가치가 변동하는 기초자산의 신용위험을 분리하여 이를 다른 거래상대방에게 이전하고 그 대가로 프리미엄(수수료)을 지급하는 금융상품이다. 금융자산은 금리, 환율 등 가격변수의 변동에 따라 그 가치가 변화하는 시장위험(market risk)과 차입자의 부도, 신용등급 하락 등에 따라 자산가치가 변화하는 신용위험(credit risk)을 가지고 있는데 시장위험은 선물(futures), 스왑(swaps), 옵션(options) 등을 통하여 대처할 수 있으며 신용위험은 신용파생상품을 통해 헤지할 수 있다.

신용파생상품은 기초자산의 이전 없이 신용위험만을 분리하여 거래하므로 신용위험에 대한 가격산정의 적정성을 높여 신용위험을 다수의 투자자에 분산시키는 기능을 제공한다.

### 4.5.2 신용파산스왑

신용파산스왑(credit default swaps: CDS)은 모든 신용파생상품의 근간을 이루는 상품으로 그 성격은 지급보증과 유사하다. 신용파산스왑거래에서 보장매입자는 보장매도자에게 정기적으로 일정한 프리미엄을 지급하고 그 대신 계약기간 동안 기초자산에 신용사건이 발생할 경우 보장매도자로부터 손실액 또는 사전에 합의한 일정 금액을 보상받거나 문제가 된 채권을 넘기고 채권원금을 받기도 한다. 만약 기초자산에 신용사건이 발생하지 않으면 보장매입자는 프리미엄만 지급한다.

### 4.5.3 총수익스왑

총수익스왑(total return swaps: TRS)은 기초자산에서 발생하는 총수익과 일정한 약정이자(통상 Libor+α)를 일정 시점마다 교환하는 계약이다. 이때 총수익에는 채권 이표뿐 아니라 스왑 종료시점의 자본이득 또는 자본손실 등이 포함된다.

스왑기간 동안 현금흐름은 다음과 같다. 우선 이표지급일에 보장매입자(TRS 지급자)

는 채권 표면이자(coupon rate)를 지급하고, 보장매도자(TRS 수취자)는 Libor+α의 이자를 지급한다. 이후 스왑계약이 종료되는 시점에서는 이자교환뿐 아니라 채권가치의 변동에 따른 자본이득 또는 손실을 스왑계약 당사자 간에 정산하여 교환한다.

총수익스왑거래를 통해 보장매입자는 기초자산으로부터 발생하는 모든 현금흐름을 상대방에게 이전하기 때문에 기초자산의 가격변동에 따른 위험이 없으며 해당 자산을 매각하여 단기로 자금을 운용하는 것과 동일한 효과를 가지고 보장매도자는 자기자금의 부담 없이 수익을 획득하는 효과를 가진다. 총수익스왑이 신용파산스왑(CDS)과 다른 점은 기초자산의 신용위험뿐만 아니라 금리, 환율변동에 따른 시장위험도 거래상대방에 이전할 수 있다는 것이다.

### 4.5.4 신용연계증권

신용연계증권(credit linked notes: CLN)은 신용파산스왑(CDS)을 증권화한 형태이다. 신용연계증권의 보장매입자는 기초자산의 신용상태와 연계된 증권을 발행하고 약정된 방식으로 이자를 지급하며, 보장매도자는 약정이자를 받는 대신 신용사건이 발생하는 경우 기초자산의 손실을 부담한다.

신용연계증권거래의 특징은 보장매도자(CLN 매수자)가 지급하는 신용연계증권 매수대금이 신용사건 발생 시 보장매도자가 부담하게 되는 손실의 담보 역할을 한다는 점이다. 즉 보장매입자(CLN 매도자)는 신용연계증권매도대금을 받아 저위험자산(국채 등)을 매입하며 이후 기초자산에 신용사건이 발생하는 경우 보장매입자는 신용연계증권 매수대금에서 기초자산의 손실분을 차감하여 보장매도자에게 돌려주거나, 기초자산을 보장매도자에게 인도한다. 이와 같이 신용연계증권은 신용파산스왑(CDS)과는 달리 신용연계증권 대금이 담보 역할을 하고 있어 보장매도자의 신용도는 문제가 되지 않는다.

### 4.5.5 합성담보부증권

합성담보부증권(synthetic collateralized debt obligations: 합성CDO)은 보장매입자의 기초자산에 내재된 신용위험을 특수목적회사(SPV)가 이전받아 이를 기초로 발행한 선·후순위 채권이다. 특수목적회사(SPV)는 합성CDO 발행에 따라 이자를 지급하여야 하는데 이때 신용위험을 이전받는 대가로 수입한 프리미엄과 합성CDO 발행대금으로 매입한 국채 등 저위험자산의 이자를 그 재원으로 한다. 한편 국채 등 저위험자산은 합성

CDO의 원리금지급을 위한 담보 역할도 하게 된다.

합성CDO는 대출 및 채권 등 기초자산의 신용위험을 관리하는 신용파생상품의 특성과 다수의 대출 및 채권을 유동화하는 전통적 CDO를 결합한 특성을 가지고 있다. 발행되는 증권은 CLO(collateralized loan obligations), CBO(collateralized bond obligations) 등의 형태로 신용도에 따라 3~4종류로 구분된다. 증권별 신용등급은 1~3종 증권(senior, junior, mezzanine)의 경우 대개 AAA~BB- 수준이지만 4종 증권(first loss)의 경우 신용등급이 부여되지 않으며 보장매입자가 보유하는 것이 일반적이다.

계약기간 중 신용사건이 발생하면 특수목적회사(SPV)는 무위험자산을 매각한 자금으로 보장매입자에게 손실분을 보전한다. 손실은 약정에 따라 일정부분까지는 4종 증권(first loss)에서 우선 부담하며 나머지는 신용등급별 순위대로 보장매도자가 보유한 1~3종 증권이 부담한다.

## 4.6 파생결합증권시장

### 4.6.1 개요

파생결합증권(derivative linked securities: DLS)은 기초자산의 가치변동에 연계하여 미리 정해진 방법에 따라 지급금액 또는 회수금액이 결정되는 권리가 표시된 증권으로 투자자들의 다양한 수요를 충족시키는 동시에 증권회사들의 업무영역을 확대하고 신규 수익원을 창출하도록 하기 위해 국내 도입되었다. 우리나라에서는 2002년 2월 증권거래법시행령 개정 시 ELW가 유가증권으로 지정되면서 파생결합증권과 관련된 제도적 기반이 처음으로 마련되었으며, 2009년 2월 시행된 「자본시장과 금융투자업에 관한 법률」에서 파생결합증권의 기초자산범위가 금융투자상품, 통화, 일반상품, 신용위험, 그 밖에 자연적·환경적·경제적 현상 등에 속하는 위험으로서 평가가 가능한 것 등으로 대폭 확대됨에 따라 다양한 형태의 파생결합증권 출현이 가능하다.

파생결합증권은 증권 및 장외파생상품 취급관련 금융투자매매업 인가를 받은 금융기관이 발행할 수 있으며 2012년 9월말 현재 33개의 증권사가 해당 인가를 취득한 상태이다. 현재 우리나라의 대표적인 파생결합증권으로는 주식워런트증권(equity-linked warrant: ELW), 주가연계증권(equity-linked security: ELS), 기타 파생결합증권 등이 있다.

### 4.6.2 주식워런트증권시장

주식워런트증권(ELW)은 미래 일정 시점에 특정주식 또는 주가지수를 사전에 정해진 조건으로 매수(콜ELW 매입)하거나 매도(풋ELW 매입)할 수 있는 권리가 부여된 금융투자상품이다. 만기일 주식워런트증권투자자의 수익은 보유 주식워런트증권의 행사가격과 기초자산의 만기평가가격(주가 또는 주가지수)에 따라 결정된다. 즉 투자자 입장에서 주식워런트증권의 만기일 손익구조는 주가지수(또는 주식)옵션의 매수 포지션과 본질적으로 동일하다.

다만, 법적 구조, 시장구조 및 발행조건 등은 옵션과 크게 다르다. 옵션은 거래소가 결제이행을 보증하고 결제월 등 발행조건이 표준화되어 있는 반면 주식워런트증권은 증권사가 다양하게 설계할 수 있으며 발행한 증권사의 신용위험에 영향을 받는다. 또한 주식워런트증권은 유가증권시장에 상장되어 일반주식처럼 거래되며 종목별로 유동성공급자(liquidity provider: LP)가 선정되어 있어 개별주식옵션에 비해 유동성이 높다.

### 4.6.3 주식연계증권시장

주가연계증권(ELS)은 개별주식의 가격이나 주가지수의 변동에 연계되어 특정조건 충족 시 약정된 투자손익이 결정되는 금융투자상품이다. 주가연계증권발행증권사는 발행대금의 상당부분을 채권, 예금 등 안정자산에 투자하는 한편 나머지를 주식, 주식관련 파생상품 등에 투자하여 약정수익재원 확보를 위한 초과수익을 추구한다.

주가연계증권은 만기, 수익구조 등을 다양하게 설계할 수 있는 장점이 있으나 유가증권시장에 상장되지 않음에 따라 유동성이 낮고 발행증권사의 신용위험에 노출되는 단점이 있다. 대신 기초자산이 일정 수준 이상인 경우 자동 조기상환되는 조건이 통상 부여되어 있으며 5~10%의 환매수수료를 부담하는 조건으로 발행증권사에 환매를 요구할 수도 있다.

국내에 도입된 주가연계증권의 수익구조는 투자자들의 수요에 따라 다양하나 통상 Knock-out형, Bull Spread형, Digital형, Reverse Convertible형 등으로 구분된다. 이 중 최근 가장 발행이 많이 되고 있는 주가연계증권은 Reverse Convertible 형태의 Step-down ELS이다. [표 2-7]에서는 주가연계증권의 유형별 주요 수익구조를 보여주고 있다.

표 2-7 | 주가연계증권의 유형별 주요 수익구조

| 유형 | 수익구조 |
|---|---|
| Knock-out형 | 투자기간 중 사전에 정해둔 주가수준에 도달하면 확정된 수익으로 조기상환되며, 그 외의 경우에는 만기 시 주가에 따라 수익이 정해지는 구조 |
| Bull Spread형 | 만기시점의 주가수준에 비례하여 손익을 얻되 최대수익 및 손실이 일정 수준으로 제한되는 구조 |
| Digital형 | 만기 시 주가가 일정 수준을 상회하는지 여부(상승률 수준과는 무관)에 따라 사전에 정한 두 가지 수익 중 한 가지를 지급하는 구조 |
| Reverse Convertible형 | 미리 정한 하락폭 이하로 주가가 하락하지만 않으면 사전에 약정한 수익률을 지급하며 동 수준 이하로 하락하면 원금에 손실이 발생하는 구조 |

## 4.6.4 기타 파생결합증권시장

기타 파생결합증권은 주가 이외에 금리, 신용, 일반상품,[33] 환율 등에 연계된 파생결합증권을 통칭하며 다양한 상품설계 가능성, 발행증권사에 대한 신용위험 노출 등의 특성은 주가연계증권과 동일하다. 현재 우리나라에서 발행되는 기타 파생결합증권은 주가연계증권과 마찬가지로 원금비보장형이 주종을 이루고 있으며 금리와 신용을 기초자산으로 한 상품의 발행이 활발한 편이다.

일반상품연계형의 경우 원자재가격의 높은 변동성으로 투자손실을 보는 경우가 많아지면서 2012년 들어 발행규모가 축소되었다. 대표적인 금리연계형 상품인 CD금리 연계 Digital Option 증권은 특정일 CD금리가 일정 수준 이상인 경우 사전에 약정한 두 가지 금리 중 높은 금리를, 이하인 경우 낮은 금리를 수취하는 수익구조를 가지고 있다.

33 귀금속, 금속, 에너지상품 등을 기초자산으로 하고 있다. 은행의 금적립계좌(통상 골드뱅킹으로 지칭)의 경우도 금융감독당국이 이를 금을 기초로 한 파생결합증권으로 유권해석함에 따라 현재 3개 국내은행(국민, 신한, 우리)이 2011년 8월부터 해당 업무관련 인가를 취득하여 영업하고 있다.

## 연 | 습 | 문 | 제 <<<

1. 금융시장(financial market)은 무엇이며, 어떠한 기능을 수행하는가?
2. 직접금융(direct financing)과 간접금융(indirect financing)의 차이는 무엇인지 설명하라.
3. 일반적으로 가계는 흑자경제단위(surplus economic unit)이고, 반면에 기업은 적자경제단위(deficit economic unit)라는 주장이 일리가 있는가? 충분히 설명하라.
4. 금융시장의 구조를 설명하라.
5. 자금시장(money market) 혹은 단기금융시장(short-term financial market)은 국민경제 내에서 자금공급부문과 자금수요부문을 연결시켜준다는 점에서 자본시장과 같은 기능을 수행하지만 다른 특성을 가지고 있다. 자금시장의 특성에 대하여 설명하라.
6. 콜시장(call market)의 기능은 무엇인가?
7. 환매조건부매매(repurchase agreement: RP 또는 Repo)의 의의는 무엇이며, 주로 어떤 종류의 유가증권이 매매의 대상이 되고 있는가?
8. 기업어음(commercial paper: CP), 상업어음(commercial bill, 진성어음), 그리고 전자단기사채(electronic short-term bond)의 특성과 차이를 각각 비교·설명하라.
9. 자본시장(capital market)이 자금시장(money market)과 가장 두드러지게 다른 특성은 무엇인가? 자본시장에서 거래되는 유가증권에는 어떤 것들이 있는가?
10. 채권(bond)의 특성과 종류에 대하여 설명하라.
11. 주식발행(stock issue)에는 어떠한 형태들이 있으며, 각각의 내용은 무엇인지에 대해 설명하라.
12. 주식발행의 방식을 자세히 설명하라.
13. 자산유동화증권(asset-backed securities: ABS)은 어떠한 목적으로 발행되며, 그 종류에는 어떠한 것들이 있는가?

14 파생금융상품(financial derivatives market)은 계약형태에 따라 구분하기도 하고, 또한 기초자산(underlying assets)의 유형에 따라서 구분하기도 한다. 각각의 구분방법에 따른 파생금융상품의 종류 및 특성에 대해서 설명하라.

15 신용파산스왑(credit default swaps: CDS)과 총수익스왑(total return swaps: TRS)을 각각 설명하라.

Chapter

# 3 지급결제제도

지급결제제도는 선진경제의 근간을 이루고 있는 핵심적인 요소이다. 최근 들어 금융제도의 하부구조로서 지급결제제도의 중요성이 부각되면서 각국에서는 지급결제제도의 안전성 및 효율성을 높이려고 많은 노력을 기울이고 있다. 특히 정보통신기술이 발달함에 따라 전자결제가 확산되어 지급결제제도의 효율성이 크게 높아졌지만, 이와 더불어 은행 간 결제시스템에서의 결제위험도 커져서 각국마다 지급결제제도의 안전성을 확보하는 데 부심하고 있다.

정보통신기술이 빠르게 발전하면서 전자화폐(electronic money), 전자상거래(electronic commerce), 그리고 가상은행(virtual bank) 등이 출현되었고, 이제는 이들이 우리들 생활에 직접 적용되고 있어 정보화시대는 막 절정으로 치닫고 있는 듯한 느낌을 주고 있다.

본 장에서는 다음과 같은 주제를 중점적으로 다룬다.

- 지급결제시스템이 무엇이며, 그것이 전통적인 금융기관과 어떠한 연관이 있는가?
- 결제위험은 어떤 것이고, 그 위험의 효율적 관리수단으로는 무엇이 있는가?
- 지급결제시스템에서 중앙은행의 역할은 무엇인가?
- 지급수단에는 어떠한 것들이 있으며, 정보통신기술의 발달은 지급수단의 진화에 어떠한 영향을 주고 있는가?
- 우리나라의 주요 소액결제시스템은 어떻게 구성되며, 금융결제원의 역할은 무엇인가?
- 우리나라의 증권결제시스템의 의의와 특징은 무엇인가?

# 제1절 지급결제제도의 의의, 분류 및 구성요소[1]

## 1.1 지급결제제도의 의의

먼저 가계, 기업, 정부 등 각 경제단위별로 특징적인 경제활동을 살펴보자. 소비자들이 물품을 구입하거나 서비스를 이용하고 그 대금을 치를 때 보통 현금이나 수표 또는 신용카드 등의 지급수단을 이용한다. 기업들도 원자재를 구매하거나 임금을 지급할 때 유사한 지급수단들을 사용한다. 정부도 예외가 아니어서 재정지출을 할 때 현금이나 신용카드 또는 수표를 사용한다.

지급결제(payment and settlement)란 바로 그와 같은 경제활동의 결과로 발생한 당사자 간의 채권과 채무를 화폐적 가치이전을 통하여 청산하는 행위를 말하며, 지급결제제도는 그 일을 처리하기 위한 여러 가지 계약과 그 운영시설을 총칭한다.

지급수단에는 여러 가지가 있지만, 가장 기본적인 것이 현금(cash)이다. 현금은 중앙은행이 발행하는 지급수단으로서 그 공신력을 국가가 보장하고 있다. 따라서 어떤 거래이든 현금이 지급되면 그것으로 지급결제가 끝난다.

그러나 현금이 아닌 수표나 어음, 신용카드, 전자자금이체 등의 지급수단이 사용되면 그것은 지급인이 자신의 거래은행에 맡겨놓은 돈을 수취인에게 지급하여 줄 것을 요청하는 행위에 지나지 않는다. 그러므로 이 경우에는 해당 금액을 금융기관을 통해 지급인의 예금계좌에서 인출하여 수취인의 예금계좌에 입금하여 주거나 직접 현금으로 지급하는 자금이체의 절차를 거쳐야 한다. 이와 같이 현금 이외의 지급수단이 사용되는 경우에는 지급(payment), 청산(clearing) 및 결제(settlement)의 세 단계를 거쳐 지급결제가 이루어진다.

지급(payment)은 지급인이 자신의 지급채무를 해소하기 위하여 수취인 앞으로 자금이체를 의뢰하는 지급지시(payment order)를 송부하고 수취인이 그것을 수취하는 과정으로서 지급결제의 시작단계이다. 지급은 개인이나 기업 등 경제주체가 서로 주고받을 채권·채무를 해소하기 위해 현금, 어음, 수표 등의 지급수단을 직접 주거나 신용카드 또는 금융기관에 개설된 예금계좌를 이용하여 자금을 이체하는 것을 말한다.

1 한국은행, 「우리나라의 지급결제제도」, 2009년 12월 참조.

청산(clearing)은 청산기구(clearing house)가 거래당사자 간에 개입하여 결제를 위해 교환된 어음, 수표, 계좌이체 등의 지급수단을 확인한 후 최종적으로 수취하거나 지급해야 할 차액을 산출하는 것이다. 거래 이후 지급수단의 수령, 조회, 통지 및 차액계산(netting)이나 결제 전의 포지션 산출과정 모두가 청산에 해당된다.

결제(settlement)는 청산과정을 통해 계산된 금액을 지급하여 완결시키는 과정이다. 중앙은행의 당좌예금계좌 간의 자금이체 등을 통하여 지급은행에서 수취은행으로 실제로 자금이 이동되는 것을 가리키며 일반적으로 이 경우의 결제과정을 좁은 의미의 결제라고 한다. 결제는 단순히 자금이 거래당사자 일방에게 이체되는 단순형 결제와 금융자산과 자금의 교환이 함께 일어나는 가치교환형(exchange-for-value) 결제로 분류할 수 있다. 지급결제시스템에서는 통상 단순형 결제가 실행되고 있으며 가치교환형 결제는 거래의 구성요소인 화폐의 지급(또는 화폐적 가치의 이전)과 대상물건의 인수도가 동시에 일어난다. 그 예로는 외환거래에서 이종통화의 동시인수도(외환동시결제, PvP)[2]나 증권거래에서 자금과 증권의 동시인수도(증권대금동시결제, DvP)[3] 등을 들 수 있다.

## 1.2 중앙은행결제시스템과 민간결제시스템

지급결제제도는 그 운영주체에 따라 중앙은행결제시스템과 민간결제시스템으로 분류할 수 있다. 중앙은행결제시스템은 중앙은행이 운영하는 지급결제시스템으로서 대부분 국가에서는 거액결제시스템을 중앙은행이 직접 운영하고 있다. 우리나라의 신한은금융망(BOK-Wire+), 일본은행의 RTGS-Xg, 미국연준의 Fedwire, 유럽중앙은행의 TARGET2 등이 이에 해당된다.

민간결제시스템은 민간기관이 소유하고 운영하는 결제시스템으로서 운영주체는 국

2 외환동시결제(Payment versus Payment)시스템은 외환결제과정에서 국가 간 결제시간대의 차이로 인하여 발생하는 외환결제위험(매도통화는 이미 지급하였으나 매입통화는 거래상대방의 결제불이행으로 수취하지 못할 위험)을 근본적으로 제거하기 위하여 외환거래에 따른 수취통화와 지급통화를 동시에 주고받는 결제방식으로서 현재 미국 뉴욕소재 CLS(Continuous Linked Settlement)은행이 운영하고 있는 CLS시스템이 대표적이다.

3 증권대금동시결제(Delivery versus Payment)는 일반적으로 중앙은행의 자금이체시스템과 중앙예탁기구의 증권계좌대체(book-entry)시스템을 연계하여 증권거래 시 증권의 실물과 대금을 동시에 결제하는 방식이다. 증권인도시기와 대금결제시기가 서로 달라 거래당사자 중 일방이 계약을 불이행할 경우 발생하는 원금손실위험(증권결제위험)을 근본적으로 제거해 주기 때문에 증권결제위험을 관리하는 데 가장 효과적인 수단이며 국제적으로도 증권결제시스템이 준수해야 할 표준이기도 하다.

가마다 상이하다. 우리나라는 금융결제원이 소액결제시스템을 운영하고 있고, 한국예탁결제원 및 한국거래소가 증권결제시스템을 각각 운영하고 있다.

## 1.3 차액결제시스템, 총액결제시스템, 그리고 혼합형결제시스템

지급결제시스템은 지급액과 수취액을 상계시킨 차액으로 결제되는지 아니면 지급지시 건별로 총액으로 결제되는지에 따라 차액결제시스템(net settlement system), 총액결제시스템(gross settlement system), 혼합형결제시스템(hybrid system)으로 분류할 수 있다. 차액결제시스템은 지급결제시스템에 참가하는 금융기관 간 상호지급액과 수취액을 상계한 다음 차액만을 결제하는 시스템이다. 금융기관의 순포지션은 해당 금융기관이 수취한 지급지시금액의 합계에서 그 금융기관이 보낸 지급지시금액의 합계를 차감해서 산출한다. 이러한 차액금액의 산출이 두 참가기관 사이에 일어나는 경우를 양자간 차감계산(bilateral netting), 지급결제시스템에 참가하는 전체기관 사이에 일어나는 경우를 다자간 차감계산(multilateral netting)이라고 한다.

반면 총액결제시스템은 지급액과 수취액을 상계시키지 않고 지급지시 건별로 그 지급지시의 금액총액에 따라 실시간으로 자금을 결제하는 시스템을 말한다.

혼합형결제시스템은 총액결제시스템의 장점인 거액자금의 신속한 결제와 차액결제시스템의 장점인 결제자금의 절감을 함께 구현하는 결제시스템이다. 혼합형결제시스템에서는 참가기관들의 지급지시를 수시로 모아 동시에 처리하기 때문에 일중결제유동성을 줄일 수 있다.

## 1.4 지정시점결제시스템과 실시간결제시스템

지급결제시스템은 결제가 어느 특정한 시간에 실행되는지 아니면 연속적으로 실행되는지에 따라 지정시점결제(designated-time settlement)시스템[4]과 실시간결제(real-time settlement)시스템으로 분류할 수도 있다. 차액결제시스템의 대부분은 지정시점결제시스템이며 지정시점에 지급은행이 보유한 중앙은행 당좌예금계좌에서 수취은행의 중

4 결제가 즉시 이루어지지 않고 나중에 이루어진다는 점에서 지정시점(designated-time) 대신 이연(deferred)을 사용하기도 한다.

앙은행 당좌예금계좌로 자금이 이체되면 결제가 완료된다. 실시간결제시스템은 가동시간 중에 이체지시가 이루어지는 즉시 실시간으로 결제가 이루어지는 시스템을 말한다.

## 1.5 거액결제시스템과 소액결제시스템

또한 지급결제시스템은 결제가 이루어지는 대상에 따라 거액의 자금을 취급하는 거액결제시스템(large-value payment system)과 소액자금을 대량으로 취급하는 소액결제시스템(retail payment system)으로 분류할 수 있다. 거액결제시스템은 주로 거액거래를 결제하는 시스템이지만 실제로 거래되는 지급지시에 최소금액이 설정된 것은 아니다. 통상 금융기관 간 자금거래, 국채의 매매에 따른 대금지급, 외환거래 등의 결제가 거액결제시스템을 통해 이루어진다. 이러한 결제는 대부분 건당 금액이 크고 결제시점의 중요도가 높은 것이 특징이다. 우리나라의 신한은금융망, 미국연준의 Fedwire, 유럽중앙은행(ECB)의 TARGET2 등이 여기에 해당된다.

한편 소액결제시스템은 주로 기업이나 개인의 소액결제를 처리하는 지급결제시스템으로서 거래대상이 광범위하고 결제건수가 매우 많은 점이 특징이다. 주로 신용카드, 수표, 계좌이체, 지로 등과 관련된 결제가 소액결제시스템으로 처리된다. 일반적으로 소액결제의 경우 건당 금액은 적지만 발생건수가 많기 때문에 일정한 기간(보통 하루) 동안 발생한 거래를 모두 합하여 금융기관별로 주고받을 금액을 상계(netting)한 뒤에 나머지 차액만을 결제한다. 그러나 거액결제의 경우 건당 거래금액은 매우 큰 반면 발생건수는 적기 때문에 거래가 발생하면 곧 바로 거래금액을 서로 주고받는 식으로 결제된다.

## 1.6 지급결제제도의 구성요소

지급결제가 효과적으로 이루어지려면 지급결제의 주체, 지급수단(means of payment), 결제매체(medium of settlement), 지급결제의 하부조직(infrastructure)으로 이루어지는 시스템이 유기적으로 작동하여야 한다. 비현금지급결제수단(noncash payment instruments)은 지급결제과정에서 장표가 실제로 이동하는가의 여부에 따라 장표방식과 전자방식으로 구분되는데, 장표방식에는 어음, 수표, 지로 등이 있으며, 전자방식에는 신용카드, 직불카드, 선불카드 및 계좌이체 등이 속한다. 그리고 하부조직은 지급결제참가기관, 청산 및 결제기관, 금융기관 간 자금이체시스템 등으로 구성된다.

## 1.7 지급결제참가기관과 청산 및 결제기관

우리가 상품이나 서비스를 구입하고 현금 이외의 지급수단으로 대금을 지급할 때 자금이체나 지급서비스를 제공하는 기관이 있어야 하고 현금화될 때까지의 지급결제과정에 청산 및 결제업무를 담당하는 지급결제제도 운영기관과 중앙은행 등이 참여하게 된다. 지급서비스제공기관은 은행, 우체국, 금융투자회사(증권회사), 신용카드회사 등 고객에게 상품이나 서비스를 구입할 수 있는 지급수단(어음·수표나 신용카드, CD/ATM, 계좌이체 등의 지급서비스)을 제공하는 기관을 말한다.

청산기관은 고객이 현금 이외의 지급수단을 사용할 경우 고객이 거래하는 금융기관 간에 주고받을 금액을 확정하는 기관이다. 결제기관은 청산기관으로부터 기확정된 금액내역을 송부받아 그 금액을 결제기관에 개설되어 있는 각 금융기관의 당좌예금계좌 간에 이체시킴으로써 모든 지급결제과정을 마무리하는 금융기관이다. 일반적으로 결제기관 또는 결제은행의 역할은 예금수취기관들의 당좌예금계좌를 보유하고 있으면서 최종결제자산을 제공하고 결제자금부족 시 금융기관에 긴급자금을 지원할 수 있는 중앙은행이 담당하고 있으나 경우에 따라서는 상업은행이 결제은행의 역할을 담당하기도 한다.

청산 및 결제기관은 고객이 현금 이외의 지급수단을 사용할 경우 지급인이 거래하는 금융기관과 수취인이 거래하는 금융기관 사이에 지급액과 수취액을 다자간 차감방식으로 상계한 후 차액결제금액을 확정하는 금융기관인데, 이렇게 확정된 금융기관 차액결제금액은 중앙은행으로 보내진다.

끝으로 중앙은행은 중계기관으로부터 확정된 금액을 전달받아서 그 금액을 중앙은행에 개설된 금융기관들의 당좌예금계정 간에 이체시켜 줌으로써 지급결제가 마무리된다.

## 1.8 총액결제와 차액결제의 예

지급인과 수취인의 거래은행이 같은 경우의 계좌이체 등은 더 이상의 결제절차가 없이 결제가 완료되지만 거래은행이 다른 경우에는 은행 간 결제가 필요하다. 이때 은행 간 자금결제를 위한 제도를 은행 간 결제시스템(interbank settlement system)이라고 하며, 앞에서 살펴보았듯이 결제방식에 따라 총액결제와 차액결제로 나뉜다.

총액결제(gross settlement)는 은행 간 자금거래를 건별로 각각 결제하는 방식인 반면, 차액결제(net settlement)는 일정 기간(보통 1일) 동안의 은행 간 수취액과 지급액을 상계하여 그 차액만을 결제하는 방식이다. 차액결제는 총액결제에 비해 결제건수와 금액을 대폭 축소함으로써 은행업무부담 및 관련 비용을 축소하고 은행의 지급준비금을 줄일 수 있다는 장점이 있으며, 특히 소액다량결제의 경우 매우 효율적인 제도가 된다. 그러나 차액결제는 거래일 영업마감 후 또는 그 다음 날에 은행 간 거래차액이 최종적으로 결제될 때까지 결제완료(settlement finality)가 보장되지 않으므로 관련 은행이 채무결제를 이행하지 못할 위험을 안고 있다.

총액결제와 차액결제의 예를 들어 보자. 가령 어느 영업일 하루 동안 A은행이 다른 10개 은행과 거래하였다고 하자. A은행은 5개 은행에 대해서는 각각 100원씩 10회 지급하고 90원씩 10회 수취하였으며, 다른 5개 은행에 대해서는 95원씩 10회 지급하고 100원씩 10회 수취하였다. 이 경우 결제방식에 따른 은행 간 결제건수와 금액은 다음과 같다.

① **총액결제**: 총 100건에 걸쳐 모두 9,750원을 지급하고, 총 100건에 걸쳐 모두 9,500원을 수취하게 된다.

② **쌍무차액결제**: 5개 은행에 대해서 각각 100원씩 500원을 지급하고, 다른 5개 은행으로부터 각각 50원씩 250원을 수취하게 된다.

③ **다자간 차액결제**: 10개 은행과의 거래차액 250원을 1회에 지급하게 된다.

[표 3-1]에서 보는 것처럼 결제방식에 관계없이 A은행의 결제차액은 동일하지만 결제건수와 결제금액은 차액결제에 의하여 크게 줄어든다.

**표 3-1 | A은행의 은행 간 결제방식에 따른 결제건수 및 금액** (단위: 원)

| | 결제건수 | 결제금액 | 결제차액 |
|---|---|---|---|
| 총액결제 | 200 | 19,250 | −250 |
| 쌍무차액결제 | 10 | 750 | −250 |
| 다자간 차액결제 | 1 | 250 | −250 |

# 제2절 지급결제위험

지급결제제도는 모든 경제활동에 뒤따르는 자금결제의 통로이다. 이 제도는 금융제도의 하부구조로서 금융제도의 안정성과 건전한 신용질서 유지의 기초가 될 뿐만 아니라 통화신용정책의 채널로서 그 유효성을 좌우하는 중요한 요인이 된다. 따라서 만일 이 제도가 비효율적이거나 불안정하다면 자금흐름이 원활하지 않게 되어 경제활동이 크게 위축된다. 따라서 지급결제제도의 안정성과 효율성 확보는 중앙은행의 핵심적 기능의 하나가 되고 있다.

## 2.1 결제위험

결제위험(settlement risk)이란 금융기관 간에 금융거래계약이 체결된 후 거래당사자의 한쪽이 결제의무를 다하지 못하는 경우 다른 한쪽이 손해를 입게 되는 위험을 말하는데, 다음의 다섯 가지 종류가 있다.

① **유동성위험**(liquidity risk): 채무자가 자금부족으로 인하여 제때에 결제의무를 이행하지 못한 결과로 상대방은 예상했던 결제자금을 받지 못해 유동성포지션이 나빠질 가능성을 말한다. 즉 금융기관의 건전성 자체는 별다른 문제가 없지만 해당 금융기관이 예정된 시간에 자금을 지급하지 못하고 대체자금도 조달하기 어려워 일시적으로 결제를 이행하지 못하는 경우에 발생한다. 한편 유동성위험은 결제시점 이후에라도 원금전액이 결제될 수 있다는 점에서 신용위험과는 구별된다.

② **신용위험**(credit risk): 단순한 결제자금부족에 따른 결제의 지연이 아니라 채무자가 파산 등의 이유로 지급불능에 빠져 채무를 이행하지 못할 가능성을 가리키며, 원금위험(principal risk)과 대체비용위험(replacement cost risk)으로 나누어진다. 원금위험은 상품이나 서비스의 인도와 거래대금의 결제가 동시에 이루어지지 않는 경우 채무를 먼저 이행하는 쪽이 거래상대방의 채무불이행 시 부담하게 되는 손실발생 가능성을 말한다. 대체비용위험은 결제일이 도래하기 전에 거래당사자 일방의 거래취소 또는 파산 등으로 거래상대방이 원래 거래를 다른 거래로 대체하는 데 따른 비용을 부담하게 되는 위험이다.

③ **시스템위험**(systemic risk): 시스템위험은 지급결제시스템에서 특정참가기관의 신용위험 또는 유동성위험 등으로 인한 결제불이행이 다른 기관으로 확산되어 연쇄적인 결제불이행을 유발함으로써 지급결제시스템과 금융시장 전체의 안정성에 악영향을 미치는 결제위험을 말한다. 최근 들어 세계금융시장의 통합이 진전되고 단기금융시장과 자본시장 간 상호의존성이 심화됨에 따라 특정참가기관 또는 시장의 위험이 다른 시장으로 쉽게 확산될 수 있어 시스템위험의 발생가능성이 크게 높아지고 있다.

④ **법률위험**(legal risk): 법률위험은 법률이나 제도가 제대로 정비되어 있지 않거나 법적 불확실성으로 인하여 결제가 완결되지 못하는 경우 발생하는 위험을 의미한다. 지급결제와 관련하여 국내외 법률 운영기관의 규칙 또는 참가기관 간 협약 등이 미비한 경우나 새로운 법률이나 제도의 도입에 따른 예상치 못한 책임이나 상황에 대한 대응이 미흡한 경우에 발생할 수 있다.

⑤ **운영위험**(operational risk): 내부통제의 결함, 전산시스템 운영자의 업무미숙이나 기술적 오류로 인한 전산 및 통신장애, 또는 태풍·지진·화재·전력공급중단 등과 같은 재해나 전염병의 확산으로 인한 시스템 운영인력의 감염 등에 따라 지급결제시스템에 문제가 발생할 위험을 말한다. 최근 들어 전자방식의 실시간 자금이체가 크게 증가함에 따라 전산시스템 및 통신네트워크 등의 장애로 실시간 자금이체가 불가능하게 될 경우 발생할 수 있는 손실의 크기가 증대되고 있다. 또한 급진전하는 정보통신기술을 다룰 전문인력의 부족, 담당직원수의 감소 등으로 인한 운영위험의 발생가능성이 더욱 커지고 있다.

이러한 결제위험은 결제방식에 따라 차이가 있다. 총액결제방식으로 처리되는 금융거래는 중앙은행에 개설된 각 금융기관의 당좌예금계정을 통해 거래 건별로 결제되기 때문에 결제자금이 부족한 때에도 해당 거래만 취소될 뿐 다른 거래에는 영향을 주지 않는다.

그러나 차액결제시스템에서는 여러 가지 위험이 존재한다. 결제제도 참여은행 간의 지급지시는 하루에도 수없이 교환되지만, 최종적인 지급결제는 영업마감 후 중앙은행 당좌계정을 통해 이루어진다. 한편 은행은 신속한 자금결제를 원하는 고객을 위하여 은행 간 자금결제가 완료되기 이전이라도 대고객지급에 응하게 되는데, 이 경우 결제완료시까지 지급은행이 묵시적으로 신용을 공여(implicit credit extension)하는 것이므로 유동성위험과 신용위험이 발생한다.

## 2.2 결제위험을 증가시키는 요인

결제위험은 일반적으로 결제규모와 최종결제까지 걸리는 시간에 비례한다. 은행 간 차액결제시스템에서의 결제위험을 증가시키는 요인으로는 다음 네 가지를 들 수 있다.

### 2.2.1 결제규모의 확대

경제규모의 확대와 금융자유화 그리고 지급결제수단의 전자화에 따른 거래비용의 감소 등으로 자금거래가 급증하면서 은행 간 결제시스템을 통한 결제규모도 크게 늘어나고 있다.

### 2.2.2 파생상품거래의 증가

금융의 자율화와 국제화가 진전되면서 금융기관 간 경쟁이 심화되어 금융기관의 주요 수익원천인 예대마진(interest rate spread)이 축소되었다. 이에 따라 금융기관들은 새로운 수익원천으로서 외환 및 증권, 특히 파생금융상품과 관련된 거래를 크게 확대하고 있다. 그 결과 금융기관의 유동성 또는 자산건전성이 악화되는 사례가 빈번하게 발생하였고, 이는 또 다른 결제위험의 증가요인으로 꼽힌다.

### 2.2.3 결제시스템 참가기관의 확대

금융기관 공동의 정보화사업이 본격화됨에 따라 증권, 보험회사 등 대부분의 비은행 금융기관들은 물론 외국은행 국내지점들도 은행 간 차액결제시스템에 직·간접적으로 참가하는 경우가 늘어나고 있는데, 참가기관의 수가 증가하면 당연히 결제위험이 증가한다.

### 2.2.4 결제위험의 파급속도 및 범위의 확대

정보통신기술의 발달에 힘입어 결제시스템의 전자화가 급속히 진전되고 있는 가운데 금융의 자유화·국제화의 진전으로 금융기관 간, 금융시장 간 연계성이 더욱 커지고 있다. 이러한 상황에서 일부 금융기관이 결제에 실패할 경우 그 파급효과가 더욱 빠르고 광범위하게 확산될 가능성이 높아졌다.

## 제3절 지급결제제도와 한국은행의 역할

대부분의 국가에서 중앙은행은 법정통화의 발행, 금융기관 간 거래에 필요한 최종결제자산의 제공 등 지급결제제도와 관련하여 핵심적인 역할을 수행하고 있다. 개인 간의 금융거래나 금융기관 간의 채권·채무가 화폐 또는 중앙은행의 예금을 통하여 최종적으로 결제된다. 지급결제제도와 중앙은행의 발전과정을 살펴보면 중앙은행의 두 가지 핵심기능인 통화가치 또는 물가의 안정과 금융안정은 최종결제자산을 제공하는 중앙은행본연의 역할로부터 발전한 것임을 알 수 있다.

지급결제제도의 안전성과 효율성을 제고시키기 위한 중앙은행의 역할이 중요해지는 세계적인 추세에 부응하기 위하여 우리나라에서도 2003년 9월 지급결제제도 전반에 관한 책임과 권한을 한국은행에 부여하는 방향으로 「한국은행법」이 개정되었다. 지급결제제도와 관련하여 한국은행이 수행하고 있는 기능을 요약하면 다음과 같다.

### 3.1 화폐의 발행

한국은행에서는 우리나라의 모든 거래에서 무제한으로 통용될 수 있는 화폐를 발행하고 있다.

### 3.2 최종결제서비스의 제공

한국은행은 은행의 은행, 정부의 은행으로서의 기능을 담당하면서 한국은행에 개설된 금융기관과 정부의 당좌예금의 입·출금을 통하여 최종적인 결제서비스를 제공하고 있다.

## 3.3 거액결제시스템의 운영

우리나라에서는 1994년 12월부터 금융기관들이 한국은행에 개설한 당좌예금계정을 온라인으로 접근하여 자금을 입·출금할 수 있는 실시각 총액결제(real-time gross settlement: RTGS)방식의 거액결제시스템인 한은금융망(BOK-Wire)이 구축되어 가동되고 있는데, 한국은행은 이 한은금융망을 통하여 국내 금융기관들의 콜거래 등 단기금융시장 거래에 따른 자금결제뿐만 아니라 증권매매거래에 필요한 대금결제, 외환매매거래에 따른 원화자금결제도 처리하고 있다.

## 3.4 최종대부자로서 결제부족자금의 지원

지급결제제도에 참여하고 있는 금융기관이 예기치 못한 유동성부족으로 결제불이행사태에 놓여 다른 참가기관의 연쇄적 결제불이행으로 확산될 우려가 있을 때 한국은행은 자금의 최종대부자(lender of last resort)로서 긴급대출을 통하여 지급결제시스템의 기능이 마비되지 않도록 방지하는 기능을 수행한다.

## 3.5 지급결제제도의 개선 및 확충

지급결제제도의 안정성과 효율성을 확보하기 위하여 한국은행은 지급결제제도에 대한 조사 및 연구업무를 수행하며, 은행공동망 등 여타 지급결제시스템의 확충을 돕고 있다.

## 3.6 지급결제제도에 대한 감시

한국은행은 지급결제시스템이 잘 운영될 수 있도록 개별지급결제시스템을 구성하는 지급수단, 참가기관, 운영규칙, 업무처리절차 등에 대하여 감시(oversight)하는 업무를 담당한다. 감시업무에는 지급결제시스템의 선정 및 분류, 지급결제관련 자료의 수집 및 분석, 감시대상 지급결제시스템의 안정성 및 효율성 평가 및 미비점 개선요청, 긴급상황 시의 조치 등이 포함된다.

# 제4절 우리나라 지급결제시스템의 종류

우리나라의 지급결제시스템은 선진국 수준으로 자동화되어 있지만 운영의 효율성 측면에서 주요 국가들에 비해 뒤지고 있다. 특히 주요 국가들에 비해 아직 수표·어음 등 장표결제수단의 이용비중이 높은데, 앞으로 신속·정확하며 비용도 저렴한 전자결제수단의 이용을 촉진함으로써 효율성을 높일 필요가 있다.

## 4.1 우리나라 지급결제시스템의 발전과정

[표 3-2]는 우리나라의 지급결제시스템의 도입 역사를 요약한 것이다. 1980년대 초에 대량지급시스템, 자동계좌이체시스템 등 전자방식에 의한 은행지로업무가 도입되었으며, 그 후 1988년에 CD·ATM공동망시스템, 1989년에 타행환시스템이 차례로 도입되었다.

## 4.2 우리나라의 주요 지급결제시스템

우리나라의 주요 지급결제시스템으로는 거액결제시스템, 각종 소액결제시스템, 증권결제시스템, 그리고 외환결제시스템 등이 있다. 한은금융망은 거액결제시스템이다. 소액결제시스템은 대부분 금융결제원이 운영하고 있는데, 어음교환시스템, 지로시스템, 은행공동망, 전자상거래지급결제시스템 등이 대표적이다.

이들 이외에도 신용카드결제시스템, 모바일결제시스템 등 다양한 형태의 소액결제시스템들이 생겨나고 있다. 환거래은행을 통한 결제방식은 국가 간 시차에 따라 발생하는 외환결제위험이 있기 때문에 이를 제거하기 위하여 CLS(Continuous Linked Settlement) 은행을 통하여 외화가 동시에 결제되는 방식인 외환동시결제시스템이 2002년 9월에 구축되어 국제적으로 가동되고 있는데, 우리나라는 2004년 12월에 도입하였다.

**표 3-2 | 우리나라 지급결제시스템의 도입과정 및 주요 내용**

| 결제시스템의 종류 | | | 도입시기 | 주요 내용 |
|---|---|---|---|---|
| 소액결제 | 전자방식 은행지로 | 대량지급 | 1981. 7 | 공공기관 및 대기업의 급여, 연금, 배당금지급 시 이용 |
| | | 자동계좌이체 | 1981. 8 | 전기전화료, 보험료, 판매대금 등을 정기적으로 수납기관앞 이체 |
| | | 납부자 자동계좌이체 | 1994. 7 | 대출원리금, 정기적금 등을 정기적으로 타행앞 이체 |
| | CD · ATM 공동망시스템 | | 1988. 6 | CD · ATM기를 이용하여 현금인출, 계좌이체 등을 즉시 처리 |
| | 타행환시스템 | | 1989. 12 | 어느 은행점포에서나 타행앞 송금업무를 온라인으로 즉시 처리 |
| | Firm · Home Banking 시스템 | | 1990년 대 초 | 은행과 고객의 컴퓨터를 접속하여 고객이 은행에 가지 않고도 자금관리와 자금이체 등 금융업무를 직접 처리 |
| | EFT/POS시스템 | | 1996. 2 | 직불카드를 사용하여 물품 및 용역을 구입하면 구입대금이 예금주의 은행계좌에서 직불카드 가맹점계좌로 자동이체 |
| | CMS시스템 | | 1996. 5 | 다수은행관련 금융업무를 처리하는 일종의 공동 Firm Banking시스템 |
| | 은행 간 차액결제시스템에 대한 결제위험관리제도 도입 | | 1997. 9 | 은행 간 차액결제시스템에 대한 결제위험관리제도를 도입함에 따라 지급결제시스템의 안전성을 높임 |
| | 인터넷지로서비스 도입 | | 2000. 3 | 실물 지로장표 없이 인터넷을 통하여 지로대금을 납부할 수 있는 시스템으로서 금융결제원 및 개별은행이 이 서비스를 제공함 |
| 거액결제 | 한은금융망 가동 'BOK－Wire' | | 1994. 12 | 금융기관 간 자금이체를 당행 당좌계정을 통해 건별로 즉시 처리 |
| | 신한은금융망 가동 'BOK－Wire＋' | | 2009. 4 | 결제규모가 크게 증가하면서 금융기관의 일중 결제유동성부담이 커지고 결제처리업무도 크게 늘어남에 따라 결제위험관리 측면에서 'BOK－Wire'를 개선할 필요성이 증가하여 RTGS방식의 한은금융망에 혼합형 결제시스템을 도입하고 기존 단말기접속방식 외에 서버 간 직접접속방식을 추가한 신한은금융망(BOK－Wire＋)을 2005년부터 개발하기 시작하여 2009년 4월 가동(서버 간 직접접속방식은 동년 6월)함 |

자료: 한국은행, 지급결제관련 보도자료, 1996. 6. 20.
한국은행, 우리나라의 지급결제제도, 2009. 12.

# 제5절 지급수단

지급수단은 크게 현금과 비현금수단으로 구성된다. 비현금지급수단은 그 특성에 따라 어음·수표, 계좌이체, 카드 등으로 세분되며, 계좌이체수단으로는 지로, 타행환, CD/ATM, 자금관리서비스(cash management service: CMS), 인터넷뱅킹 등이 있고, 카드에는 신용카드, 선불카드, 직불카드가 있다.

또한 장표의 이용 여부에 따라 장표방식(paper) 지급수단과 전자방식(paperless) 지급수단으로도 구분되는데, 장표방식 지급수단으로는 어음과 수표, 그리고 지로의 일반계좌이체가 있고, 전자방식 지급수단에는 지로의 자동계좌이체, 대량지급과 타행환, CD/ATM, 인터넷뱅킹, 모바일뱅킹 등을 이용한 계좌이체가 있다. 최근 정보통신기술의 발달에 힘입어 종래의 현금, 수표 위주의 장표방식 지급수단에서 계좌이체 또는 카드와 같은 전자방식으로의 전환이 활발히 이루어지고 있다.

## 5.1 현금

현금은 소액거래에 가장 보편적으로 이용되는 지급수단으로 지폐(은행권)와 주화가 있다. 현금은 소액거래에 있어서 그 이용의 편리성과 국민의 높은 현금선호경향 등의 영향으로 전통적으로 중요한 지급수단으로 이용되고 있으나, 1990년대 들어 신용카드, 지로 등 새로운 지급수단의 보급이 확대되면서 그 이용비중이 점차 낮아지는 추세를 보이고 있다.

## 5.2 어음·수표

어음은 만기, 즉 지급일이 명시되어 있지만, 수표는 발행자에게 제시되는 시점에서 즉시 현금화될 수 있는 지급수단이다. 어음·수표는 2000년 이전까지 기업을 중심으로 현금 대신 가장 널리 이용되었던 지급수단이다. 어음·수표는 경제규모의 확대와 더불어 이용실적이 꾸준히 증가해 왔지만 대기업의 부도발생이 중소납품업체의 연쇄부도로 이어지는 등 어음사용에 따른 폐해도 적지 않았다. 이런 폐해를 줄이기 위해 기업구매자금대출제도(2000년 5월), 전자방식 외상매출채권담보대출제도(2001년 2월), 기업 간(business to business: B2B) 전자상거래 지급결제시스템(2002년 3월) 및 전자어음제도의 도입(2005년 9월) 등 전자방식 지급과 은행신용공여기능을 결합한 전자방식 지급수단이 개발되고 그 이용이 확대되었다. 또한 신용카드 등 다른 지급수단의 이용도 크게 늘어남에 따라 2000년 이후에는 어음·수표의 교환규모가 크게 감소하는 추세를 보이고 있다.

어음은 발행인이 그 소지인이나 그 외의 적법한 소지인에게 일정 금액을 지급할 것을 정하는 약속어음과 발행인이 제3자에게 지급을 위탁하는 환어음으로 구분되며, 주로 기업 간 신용공여 및 지급수단으로 이용되고 있다. 약속어음은 발행인이 채무자로서 어음의 수취인 또는 정당한 소지인에게 일정한 금액을 지급할 것을 약속하는 일종의 지급약속증권이다. 약속어음에는 상거래에 따라 발행되는 상업어음인 진성어음과 주로 금융기관 간 자금대차거래에 이용되는 융통어음이 있다. 환어음은 발행인이 직접 어음금액을 지급하지 않고 제3자인 지급인에게 일정한 금액의 지급을 위탁하는 형식의 지급위탁증권이다.

수표는 발행인이 지급인인 은행에게 수취인이나 그 외의 적법한 소지인에게 일정한 금액을 지급해 달라고 위탁하는 지급위탁증권이며, 자기앞수표, 당좌수표, 가계수표 등이 유통된다.

## 5.3 계좌이체

계좌이체는 결제당사자의 예금계좌 간 자금이체로 지급이 이루어지는 것을 말한다. 우리나라에서 이용되고 있는 계좌이체에는 동일은행 내 계좌이체와 지급인 거래은행과 수취인 거래은행이 서로 다른 경우에도 이용할 수 있는 지로, 타행환, CD/ATM, 인터넷, 휴대전화 등을 이용한 은행 간 계좌이체 등이 있다.

계좌이체는 지급지시의 주체에 따라 지급인이 자신의 거래은행에 지급을 지시하여 이체금액을 수취인의 계좌로 입금하도록 하는 입금이체(credit transfer)와 수취인이 자신의 거래은행에 추심의뢰, 즉 인출지시를 하여 지급인의 계좌로부터 이체금액을 출금하여 수취인 자신의 계좌에 입금하도록 하는 출금이체(debit transfer)로 구분된다. 우리나라의 경우 은행 간 계좌이체의 대부분은 입금이체에 해당하지만, 지로의 자동계좌이체와 CMS 출금이체서비스는 출금이체에 해당한다.

계좌이체는 텔레뱅킹(telebanking), PC뱅킹, 인터넷뱅킹(internet banking) 등 다양한 방법을 이용할 수 있는데, 휴대전화나 PDA를 이용하는 모바일뱅킹(mobile banking)의 경우도 전용 웹브라우저를 통해 금융서비스가 전달되므로 넓은 의미에서는 인터넷뱅킹의 범주에 포함된다.

전자상거래 지급결제중개서비스를 통한 계좌이체는 인터넷 등을 이용한 전자상거래에서 구매자계좌에서 판매자계좌로 자금을 이체하는 서비스이다. 전자상거래는 거래당사자에 따라 기업·개인 간(B2C), 기업 간(B2B), 정부·기업 간(G2B) 전자상거래로 구분된다.

## 5.4 카드

지급수단의 전자화가 급속히 진전되면서 '현금없는 사회(cashless society)'를 구현하기 위한 비현금지급수단의 중요한 매체로서 카드가 생활 속에 깊이 자리 잡아가고 있다. 카드는 대금의 지급시기에 따라 사전에 지급되는 선불카드(prepaid card), 구입시점에서 지급되는 직불카드(debit card), 그리고 사후에 지급되는 신용카드(credit card)로 구분된다. 특히 카드는 고객이 현금을 지불하는 것과 같은 효과가 있기 때문에 EFT/POS(electronic funds transfer at the point of sale)카드라고도 부른다. 또한 최근에는 직불카드의 단점을 보완하고 신용카드의 기능을 추가한 체크카드가 도입되었다. 체크카드(check card)는 은행예금고객이 신용카드가맹점에서 물품구매 후 신용카드와 동일하게 서명에 의해 대금을 결제하지만 후불기능이 적용되지 않고 고객의 예금계좌에서 거래 다음 날 인출되는 오프라인 직불카드의 일종이다.

또한 정보의 기록방식에 따라 자기기록매체에 정보를 저장하는 자기띠(magnetic stripe: M/S)카드와 집적회로(integrated circuit: IC)에 정보를 수록하는 IC카드로 분류할 수 있다. IC카드는 IC칩에 고객정보가 암호화되어 수록되는데다 기술적으로 IC칩의 정보를 해독하거나 복제하는 것이 어려워 안전성이 훨씬 우월하다.

## 5.5 전자화폐

전자화폐(electronic money)는 IC카드, PC 등 전자매체에 저장되어 있는 화폐가치로서 구매대금결제에 사용될 수 있는 일종의 선불카드이다. 그동안 교통카드나 전화카드 등과 같은 선불카드를 이용하는 거래가 보편화되었지만 특정장소나 특정상품 및 서비스의 구매에 국한되어 있어 범용성이 크게 떨어졌다. 그러나 전자화폐는 범용성과 환금성이 있기 때문에 화폐와 유사한 기능을 수행할 수 있다.

비금융기관도 금융위원회의 허가를 받으면 전자화폐를 발행할 수 있으나 2008년 말 현재 우리나라에서 발행되는 K-CASH, VisaCash, MYbi 등 3종류의 전자화폐는 모두 은행 등 금융기관에서만 발행되고 있다. 국내에서 발행되고 있는 전자화폐는 모두 IC카드형으로 발행권면 최고한도는 200만원으로 제한되어 있다. IC카드형 전자화폐는 플라스틱카드에 내장된 IC칩에 화폐적 가치를 저장하였다가 상품이나 서비스를 구매한 후 가맹점용 단말기, PC용 단말기 등을 통하여 대금을 지급하는 방식의 지급수단이다.

## 5.6 기타

### 5.6.1 선불전자지급수단

선불전자지급수단은 이전가능한 금전적 가치가 전자적 방법으로 저장되어 발행된 증표 또는 그 증표에 관한 정보로서 상품 및 서비스의 구매대금결제에 사용될 수 있는 선불형 전자지급수단 중 범용성과 환금성이 전자화폐보다 낮은 것을 말한다. 선불전자지급수단도 전자화폐와 마찬가지로 IC카드형과 네트워크형으로 분류할 수 있는데 IC카드형은 주로 교통부문을 중심으로 이용되고 있으며, 네트워크형은 사이버쇼핑몰 등의 대금결제에 주로 사용되고 있다.

또한 선불전자지급수단은 소유자의 식별가능 여부에 따라 기명식과 무기명식으로도 구분되는데 일반적으로 오프라인에서 사용되는 IC카드형 선불전자지급수단은 무기명식으로 발행되며, 온라인에서 주로 이용되는 네트워크형 선불전자지급수단은 기명식으로 발행되고 있다. 한편 기명식 및 무기명식 선불전자지급수단은 발행권면 최고한도가 각각 200만원 및 50만원으로 제한되어있다.

최근 들어 T-money 등 교통카드를 기반으로 한 선불전자지급수단의 경우 지역 간

교통카드호환 사용가능업종 및 가맹점의 확대 등을 통해 그 범용성이 계속 확대되고 모바일카드서비스 등 이용의 편리성이 증대되면서 이용건수 및 금액도 빠르게 증가하고 있다.

### 5.6.2 전자외상매출채권

전자외상매출채권(약칭 '전자채권')은 현재 기업 간 상거래에서 널리 사용되고 있는 수표의 지급기능과 어음의 신용공여기능을 혼합한 전자적인 형태의 새로운 지급수단으로 우리나라에서는 2002년 3월부터 기업 간(B2B) 전자상거래 지급결제시스템에서 제공되기 시작하였다.

구매기업이 거래은행 인터넷뱅킹을 통해 판매기업을 채권자로 지정, 전자증서인 전자채권을 발행하여 구매대금을 지급하면 판매기업은 이 채권을 만기까지 보유하거나 만기 이전에 이것을 담보로 거래은행으로부터 대출을 받아 현금화할 수 있다. 이 채권은 은행의 보증이 있느냐의 여부에 따라 보증 또는 무보증채권으로 구분된다. 전자채권은 발행기업별 발행한도가 구매기업의 거래은행에 의해 등록・관리되고, 만기가 180일 이내로 제한되어 있으며 제3자에 대한 양도도 불가능하다.

### 5.6.3 전자어음

전자어음은 「전자어음의 발행 및 유통에 관한 법률」에 의해 도입된 전자지급수단으로 기존의 기업 간 상거래에서 널리 사용되고 있는 약속어음을 전자화한 것이다. 전자어음의 경우 실물어음과 달리 발행인, 수취인, 금액 등의 어음정보를 전자문서형태로 작성하여 발행, 할인, 수취, 배서, 상환 등 모든 절차가 실물 없이 온라인상에서 이루어진 이 전자어음은 전자어음관리기관 법무부지정인 금융결제원이 2005년 9월 전자어음관리시스템을 구축하여 운영을 시작함으로써 발행・유통되기 시작하였다.

전자어음의 효력은 실물어음과 거의 유사하나 전자적으로 유통되는 특성상 실물어음과 몇 가지 차이점이 있다. 발행 및 배서의 방법, 배서횟수, 만기제한 등 권리행사에 일정한 제한이 있으며 반드시 전자어음관리기관을 통하여 제반사항을 전자적으로 등록하여야 한다. 전자어음은 실물어음과 달리 모든 정보가 발행부터 만기결제 시까지 원장에 전자적으로 저장되므로 위・변조가 불가능하여 어음거래의 안전성을 확보할 수 있다. 또한 전자어음과 관련된 모든 서비스가 온라인상에서 전자적으로 진행됨에 따라 어음을 작성, 유통, 보관하는 시간과 비용을 절감할 수 있으며, 모든 거래가 실명, 실시간으로 이루어짐에 따라 거래의 투명성을 높일 수 있다. 아울러 전자어음 관리기관은 발행인의 신용상태에 따라 발행한도를 부여하고, 총 배서횟수를 20회 이내로 제한할 수 있으며 어음의 만기도 1년 이내로 제한하고 있다.

한편 2009년 11월 9일부터 외부감사대상 주식회사가 약속어음을 발행할 경우에는 실물어음 대신 전자어음만을 이용하도록 「전자어음의 발행 및 유통에 관한 법률」이 개정됨에 따라 향후 전자어음 이용이 활성화될 것으로 보인다. 동법에서는 이를 위반하는 기업에 대해 500만원 이하의 과태료를 부과하도록 하고 있다.

## 제6절 소액결제시스템

비현금지급수단을 이용한 거래에는 여러 은행들이 관련되어 은행 간 자금결제를 필요로 하는 경우가 많다. 예컨대, 갑이 A은행에서 B은행에 예금계좌를 가지고 있는 을에게 타행환송금을 했다면 B은행은 을에게 지급한 자금을 A은행에 청구하게 된다.

우리나라의 소액결제시스템으로는 어음교환시스템, 지로시스템, 은행공동망, 그리고 전자상거래 지급결제시스템이 있다. 신용카드의 경우에는 별도의 은행 간 결제시스템이 없는데, 은행계 카드는 카드회사가 매일의 은행 간 결제차액을 계산하면 각 은행이 이를 어음교환에 회부하여 결제하고 있다. 한편 전문회사카드의 경우에는 카드회사가 가맹점의 거래은행계좌에 직접 입금하는 방식을 채택하고 있다.

### 6.1 어음교환시스템

어음교환(clearing)이란 다수의 은행이 일정한 시각에 특정한 장소에 모여 각기 수납한 어음(수표 및 제증서 포함) 중 타 은행을 지급지로 하는 어음과 타 은행이 수납한 어음 중에서 자기은행을 지급지로 하는 어음을 서로 교환하고 이에 따른 대금을 결제하는 것을 말하며, 어음교환이 이루어지는 장소를 어음교환소(clearing house)라고 부른다. 이러한 어음교환제도는 어음·수표의 추심에 따른 은행업무부담과 비용을 줄여주고 추심소요기간을 단축시키는 효과가 있다.

어음교환소에서 교환한 어음 중에서 지급에 응하지 못한 어음을 부도어음이라고 한다.

## 6.2 지로시스템

지로시스템이란 전기·전화요금 및 물품판매대금 등 대량의 수납거래와 급여, 연금 등 대량의 지급거래 및 개별송금을 위한 자금이체가 지급결제중계센터를 거쳐 일괄처리방식에 의해 수취인과 지급인의 예금계좌이체를 통하여 결제되는 지급결제제도를 가리킨다. 지로업무의 유형은 지로장표의 수반 여부에 따라 장표지로업무와 전자지로업무로 구분된다. 장표지로업무는 지로제도를 이용한 각종 대금의 수납업무가 납부내역이 기재된 지로장표에 의하여 처리되는 업무로 일반이체와 지방세이체업무가 있으며, 전자지로업무는 각종 대금의 수납 및 지급의뢰 시 인터넷 또는 전송파일을 이용하여 전자적으로 처리되는 자동이체, 납부자자동이체, 대량지급 및 인터넷지로가 있다.

## 6.3 은행공동망

은행공동망은 은행 간 공동전산망을 통한 온라인송금, 잔액조회, 물품구매대금지급 등에 이용되는 소액결제시스템으로서 ① 소액인출·입금·송금에 이용되는 현금자동인출기(CD)공동망, ② 1억원 이하의 타행앞 송금에 이용되는 타행환공동망, ③ 지방은행 거래고객 전용 예금·대출거래망인 지방은행공동망, ④ 급여, 보험료 등 소액대량의 자금을 이체하는 자금관리서비스(CMS)공동망, ⑤ 직불카드를 이용한 물품구매대금결제망인 직불카드공동망, ⑥ 은행 공동발행 전자화폐사용대금결제망인 전자화폐(K-CASH)공동망, ⑦ 인터넷뱅킹, 텔레뱅킹, 모바일뱅킹 등을 이용한 10억원 이하의 송금에 이용되는 전자금융공동망 등 7개의 시스템으로 구성되어 있다.

## 6.4 전자상거래 지급결제시스템

### 6.4.1 기업 간(B2B) 전자상거래 지급결제시스템

B2B 결제시스템은 인터넷 등을 통한 기업 간의 상거래에서 판매기업과 구매기업 간에 체결된 매매계약정보를 통보하고 이를 위한 지급수단을 제공하기 위하여 은행들이

공동으로 구축한 시스템으로 2002년 3월부터 가동되었다. 이 시스템에서 사용되는 대표적인 지급수단은 기업 간 상거래에서 널리 사용되고 있는 수표의 지급기능과 어음의 신용공여기능을 혼합한 전자적인 형태의 전자외상매출채권(또는 '전자채권')이다. 금융결제원은 이 시스템의 중계센터 및 전자채권의 중앙관리기관 역할을 담당하고 있다. B2B 결제시스템으로 이용할 수 있는 업무에는 전자채권결제, 담보대출, 매매보호(escrow)서비스가 있다.

### 6.4.2 정부 · 기업 간(G2B) 전자상거래 지급결제시스템

G2B 결제시스템은 국가종합전자조달업무 중 지급결제와 관련된 업무를 처리할 수 있는 기능을 제공하는 시스템이다. 이 시스템은 구매요청에서부터 대금지급까지의 모든 조달행정절차를 온라인화하여 공공기관 및 조달업체의 모든 사용자에게 창구단일화를 통한 one-stop 서비스를 제공하는 국가종합전자조달시스템(조달청의"나라장터")의 일부를 구성하고 있다. G2B 결제시스템의 대상업무로는 입찰수수료 및 보증금 납부, 납품대금지급이 있다.

### 6.4.3 기업 · 개인 간(B2C) 전자상거래 지급결제시스템

B2C 결제시스템은 앞서 살펴본 B2B 및 G2B 결제시스템과는 달리 특정지급결제시스템을 지칭하는 것이 아니라 인터넷쇼핑몰 등의 전자상거래에서 이루어지는 판매자 및 구매자 간의 소액결제에 이용되는 지급결제시스템을 통칭하는 용어이다. B2C 결제시스템은 전자지급결제대행서비스(payment gateway service, 이하 'PG서비스')를 통하여 이루어지는 것이 일반적이다. PG서비스는 인터넷쇼핑몰 등의 전자상거래에서 구매자로부터 대금을 수취하여 가맹점판매자에게 최종적으로 지급될 수 있도록 결제에 필요한 정보를 중계하고 그 대가의 정산을 대행하거나 매개하는 서비스를 말한다.

PG서비스는 사용되는 지급수단을 기준으로 신용카드PG, 계좌이체PG, 통신과금서비스(유 · 무선전화결제)가 대표적이며 이외에도 다양한 PG서비스가 있다. PG서비스는 온라인상의 결제에 사용되므로 원칙적으로 연중무휴 24시간 이용할 수 있다. 다만 계좌이체PG의 경우 연계된 금융기관에 따라 일부 사용시간이 제한되는 경우도 있다. PG서비스를 이용하는 경우 이용자들이 납부하는 수수료는 없으며 전자상거래업체 등 가맹점이 PG업체에 수수료를 납부하고 있다.

# 제7절 증권결제시스템

## 7.1 의의

증권결제란 유가증권 매매시장에서 증권이 거래된 이후 증권을 인도(delivery)하고 대금을 지급(payment)함으로써 거래쌍방이 채권과 채무를 이행하여 거래를 완결시키는 것을 말한다. 증권결제는 처리절차에 따라 청산(clearance)과 협의의 결제(settlement)로 구분할 수 있다. 청산이란 매매거래 후 매매체결확인, 오류자료수정, 차감을 거쳐 결제자료를 산출하는 일련의 과정이며, 협의의 결제는 청산과정을 통하여 확정되는 결제자료에 따라 최종적으로 증권과 대금을 교환하여 매매에 따른 채권·채무관계를 해소하는 행위이다.

증권결제방법은 차감 여부, 차감방식 및 대금지급조건에 따라 전량 또는 차감결제, 상대 또는 다자간 차감결제, 특정일 또는 연속차감결제, 동시 또는 분리결제로 분류할 수 있다. 증권결제시스템(securities settlement system)이란 이러한 증권결제가 가능하게 하는 증권거래의 매매확인, 청산, 결제 및 증권의 보관 등을 포함하는 일련의 장치들이다. 지속적으로 성장하고 있는 증권 및 금융시장이 제 기능을 발휘하기 위해서는 안정적이고 효율적인 증권결제시스템의 뒷받침이 필요하다. [표 3-3]에서는 여러 가지의 증권결제방법을 보여주고 있다.

표 3-3 | 증권결제방법의 분류

| 분류기준 | | 결제방법 | 내용 |
|---|---|---|---|
| 차감유무 | | 전량결제 | 매매건별로 결제 |
| | | 차감결제 | 매도·매수 차감에 의한 순포지션을 결제 |
| 차감방식 | 결제상대 지정유무 | 상대차감결제 | 거래상대별로 상호 차감한 순포지션을 결제 |
| | | 다자간차감결제 | 거래상대방과 관계없이 모든 참가자에 대한 매도·매수의 순포지션을 결제 |
| | 차감연속 여부 | 특정일차감결제 | 해당 일자별로 차감결제하고 미결제분은 결제불이행 처리 |
| | | 연속차감결제 | 일자별로 차감하고 미결제분은 익일로 이연하여 재차감결제 |
| 대금지급조건 | | 동시결제 | 증권과 대금의 동시결제 |
| | | 분리결제 | 증권과 대금의 분리결제 |

## 7.2 증권결제의 특징

증권결제는 대금이체만 이루어지는 자금결제와는 달리 대금과 증권의 상호이체가 필요하기 때문에 자금결제보다 복잡하다. 첫째, 자금결제는 단순히 자금이 결제되는 단순형 결제인 반면, 증권결제는 증권인도와 대금지급으로 결제가 완료되는 가치교환형 결제라고 할 수 있다. 증권결제에서는 자금의 지급이 이루어지는 시점과 증권의 인도가 이루어지는 시점 간에 시차(time lag)가 있으면, 증권을 인도했지만 그 대가를 수취하지 못하는 원금위험이 발생한다. 이러한 위험을 줄이기 위해 증권 측면과 자금 측면의 결제가 동시에 이루어지도록 하는 증권대금동시결제(DvP)의 개념이 도입되었다.

증권대금동시결제(Delivery versus Payment: DvP)는 중앙은행의 자금이체시스템과 중앙예탁기구의 증권계좌대체(book-entry)시스템을 연계하여 증권거래 시 증권의 실물과 대금을 동시에 결제하는 방식이다. 이 방식은 증권인도시기와 대금결제시기가 서로 달라 거래당사자 중 한쪽이 계약을 불이행할 경우 발생하는 원금위험을 근본적으로 제거할 수 있기 때문에 증권결제위험을 관리하는 데 효과적이며 국제적으로도 증권결제시스템이 준수해야 할 표준이 되고 있다.

둘째, 자금결제의 대상은 기본적으로 자국통화인 반면, 증권결제의 대상은 국공채, 회사채, 주식, CP, 양도성예금증서 등으로 다양하다. 이러한 증권은 각각의 근거법에 의해 발행되고 있으며, 그 거래도 거래소, 장외시장 등 각각 다른 시장에서 이루어진다. 또한 증권에 따라 거래단위, 시장참가자, 시장관행 등이 다르며, 증권의 상품별로도 결제제도가 다를 수 있다. 증권은 종목이 다양하기 때문에 주식이나 국채라고 하더라도 종목이 다르면 별개로 취급될 수 있는데, 이러한 다양성도 증권결제에 대한 이해를 어렵게 만드는 요인이다.

셋째, 증권결제는 자금결제와는 달리 내용과 당사자를 변경해 가면서 다단계의 거래가 이루어질 수 있어 최종결제까지의 절차가 매우 복잡하다.

## 7.3 증권시장 및 증권결제관련 기관

증권시장은 표준화된 거래규칙이 정해진 특정거래소에서 거래가 이루어지는지 여부에 따라 크게 장내시장과 장외시장으로 구분된다. 우리나라의 경우 장내시장은 유가증권시장(주식, 국채, 일반채권 등), 코스닥시장(주식) 및 파생상품시장으로 나누어진다. 장외시장에서는 주로 채권, RP, CD, 기업어음 등이 거래된다. [표 3-4]에서는 우리나라 증권시장 및 거래대상 증권을 요약하여 보여주고 있다.

표 3-4 | 우리나라의 증권시장 및 거래대상 증권

| 시장구분 | 거래대상 증권 |
|---|---|
| 장내시장 | |
| (유가증권시장) | 주식, 국채, 일반채권, RP |
| (코스닥시장) | 주식 |
| (파생상품시장) | 선물, 옵션 |
| 장외시장 | 국채, 일반채권, CD, CP, RP |

증권결제관련 기관으로는 청산기관, 중앙예탁기구 및 결제은행 등이 있다. 이들은 장내・외 시장의 증권결제시스템에서 증권결제를 처리하기 위한 각각의 역할을 수행하고 있다.

청산기관(clearing house)은 매매확인과 거래당사자 간 증권과 대금에 대한 채권과 채무의 내용을 산정하는 청산업무를 담당하는 기관이다. 우리나라의 경우 장내시장 결제시스템에서는 한국거래소가, 장외시장 결제시스템에서는 한국예탁결제원이 청산기관 역할을 담당하고 있다. 일부 청산기관은 증권시장에서 체결된 계약의 매도자에 대해서는 매수자 역할을, 매수자에 대해서는 매도자 역할을 수행하기도 하는데 이런 경우 청산기관을 중앙거래당사자(Central Counter Party: CCP)라고 한다. 우리나라의 경우 장내시장 증권결제시스템에서 한국거래소가 CCP의 기능을 수행하고 있다.

중앙예탁기구(Central Securities Depository: CSD)는 고객으로부터 유가증권을 집중 예탁받아 증권의 양도나 질권설정 등의 권리이전을 실물증권의 인도가 아닌 예탁자계좌부상의 기재(계좌대체, book-entry)에 의해 처리하는 기관이다. 우리나라의 경우 한국예탁결제원이 파생상품시장을 제외한 장내시장과 장외시장에서 중앙예탁기구로서 증권결제를 처리하고 있다.

결제은행(settlement bank)은 증권거래와 관련된 대금의 결제를 처리하는 기관으로 중앙은행 또는 상업은행이 이에 해당한다. 우리나라의 경우 일부 장내시장(국채 및 RP) 및 장외시장에서 발생한 증권거래의 대금결제는 한국은행 당좌예금계좌를 이용하고 있지만 장내시장에서 거래되는 주식, 일반채권 및 파생상품의 대금결제는 신한, 우리은행 등 시중은행 예금계좌를 이용하고 있다. 그 밖에 중앙예탁기구, 청산기관(또는 CCP) 및 결제은행 등의 회원으로 참가하는 참가기관이 있다. 각 증권결제관련 기관의 참가기관이 아닌 다른 기관은 참가기관을 통하여 증권결제관련 기관이 제공하는 서비스를 간접적으로 이용한다. [그림 3-1]에서는 우리나라의 증권결제시스템의 개요를 보여주고 있다.

**그림 3-1 우리나라 증권결제시스템의 개요**

## EXERCISE

1. 지급결제란 무엇이며 지급결제수단에는 어떠한 것들이 있는가?

2. 지급결제에 있어서 중앙은행의 역할은 무엇인가?

3. 총액결제와 차액결제의 차이를 설명하고, 차액결제의 장점과 단점은 각각 무엇이라고 생각하는가?

4. 결제위험에는 여러 가지가 있는데 그들은 각각 무엇이며, 일반적으로 논의되고 있는 결제위험의 관리방법에는 어떠한 것이 있는가?

5. 지급결제업무에 있어서 결제위험이 최근 들어 급격하게 증가하고 있는 배경은 무엇인가?

6. 지급결제에 있어서 지급수단으로는 어떠한 것들이 있는가?

7. 우리나라의 소액결제시스템에는 어떠한 종류가 있으며, 그들의 구체적인 내용은 무엇인가?

8. 증권결제시스템의 의의와 특징은 무엇이며, 우리나라 증권결제시스템은 어떻게 구성되어 있는가?

Part 2

# 금융기관의 위험, 자산관리, 자본금

금　　　융　　　기　　　관　　　론

Chapter

# 4 금융기관의 위험

제1절 이자율위험 | 제2절 시장위험 | 제3절 신용위험
제4절 난외위험 | 제5절 기술위험 및 운영위험 | 제6절 외환위험
제7절 국가위험 | 제8절 유동성위험 | 제9절 지급불능위험
제10절 기타 위험과 위험 간 상호작용

Financial Institutions Management

금융기관 경영의 주된 목표도 일반기업의 경우와 마찬가지로 소유자들(즉, 주주들)을 위하여 최대의 이익을 창출하는 것이다. 그러나 이러한 목표의 달성도 위험-수익률 상반관계(risk-return tradeoff)의 예외가 될 수 없기 때문에 필연적으로 높은 위험이 수반되는 법이다.

금융기관이 경영상 직면하게 되는 위험은 이자율위험(interest rate risk), 시장위험(market risk), 신용위험(credit risk), 난외위험(off-balance-sheet risk), 기술위험 및 운영위험(technology risk and operational risk), 외환위험(foreign exchange risk), 국가위험(country or sovereign risk), 유동성위험(liquidity risk), 그리고 지급불능위험(insolvency risk) 등 여러 가지가 있다. 이러한 위험의 측정과 관리는 계량적으로 접근해 들어가야 하는 주제라고 할 수 있다. 본 장을 통하여 각각의 위험들의 기본적인 특성들을 파악하면 금융기관 경영자들이 당면하는 위험들의 다양성과 복잡성을 어느 정도 이해하게 될 것이다. 뒤따르는 장에서는 각각의 위험들에 대해서 보다 상세하게 계량적으로 접근하는 방법들을 논의하게 될 것이다.

본 장에서는 다음과 같은 주제를 중점적으로 다룬다.

- 이자율위험(interest rate risk)
- 시장위험(market risk)
- 신용위험(credit risk)
- 난외위험(off-balance-sheet risk)
- 기술위험 및 운영위험(technology risk and operational risk)
- 외환위험(foreign exchange risk),
- 국가위험(country or sovereign risk)
- 유동성위험(liquidity risk)
- 지급불능위험(insolvency risk)

# 제1절 이자율위험

우리는 앞에서 금융기관의 자산변환기능에 대하여 살펴보았다. 자산변환(asset transformation)기능이란 금융기관이 본원증권(primary securities)이나 본원자산(primary assets)을 매입하고, 그러한 자산의 취득에 소요되는 자금에 충당하고자 본원증권보다 더 매력적인 조건으로 자신의 부채이면서 금융청구권(financial claims)인 간접증권(secondary securities)이나 부채(liabilities)를 발행하는 것을 말한다. 여기서 본원증권이란 차입자가 직접 발행한 주식, 사채, 국채 등과 같은 금융청구권을 말한다. 금융기관은 위와 같은 자산변환기능을 수행하면서 차입자과 저축자 간의 상반되는 욕구를 충족시켜 줄 수 있다.

그런데 금융기관이 사들이는 본원증권은 일반적으로 해당 금융기관이 파는 간접증권과는 만기(maturity)와 유동성(liquidity)의 측면에서 상당히 다른 특성을 가지고 있다. 금융기관의 자산과 부채의 만기가 불일치(maturity mismatch)하면 해당 금융기관은 이자율위험(interest rate risk)에 노출된다. 예컨대, 어느 은행에서는 1년 만기의 자금 100억원을 차입하여 그 돈으로 2년 만기 100억원짜리 어떤 자산을 매입하였다고 가정해보자. 이 경우 자산의 만기보다 부채의 만기가 훨씬 짧다. 자금차입비용은 연 5%, 그리고 자산수익률은 연 6%라고 하자. 1년차의 이익은 100억원의 1%(＝6%－5%)인 1억원으로 확정되었다.

그러나 2년차의 이익은 불확실하다. 만일 이자율이 변동하지 않는다면 그 은행은 다시 100억원의 자금을 5%로 만기연장(rolling over)하거나 재조달(refinancing)하여 동일한 1억원의 이익을 낼 수 있을 것이다. 그러나 1년차와 2년차 사이에 이자율이 변동할 위험은 언제나 있게 마련이다. 만일 차입이자율이 상승하여 7%가 되었다고 가정해 보자. 이 경우 그 은행은 2년차에 손해(즉, 100억원×(－1%) ＝－1억원)를 보게 될 것이다. 1년차의 이익이 2년차의 손실로 상쇄되고 만 것이다. 여기서 주목할 사실은 이자율이 2년차에 2% 이상 상승하게 된다면 해당 은행은 2년 기간 동안 순손실을 입을 수밖에 없다는 것이다. 결론적으로, 금융기관이 부채에 비해서 만기가 긴 자산을 보유하고 있을 때에는 재조달위험에 노출된다는 것이다. 재조달위험(refinancing risk)이란 부채의 만기연장비용(the cost of rolling over) 또는 재차입비용(the cost of reborrowing)이자산수익률을 초과할 위험을 가리킨다.

자산과 부채의 만기불일치가 반대인 경우도 한번 고려해 보자. 어느 은행에서는 2년 만기의 자금 100억원을 연 5%로 차입하여 1년 만기의 자산에 투자하였다. 자산의 수익률은 연 6%라고 한다. 이 경우 역시 해당 은행은 이자율위험에 노출된다. 왜냐하면 2년차의 자산수익률에 불확실성이 존재하고 있기 때문이다. 1년이 지나고 자산의 만기가 되면 그 자금은 재투자될 것이다. 그러나 1년차 동안 이자율(즉, 이 경우 자산수익률)이 4%로 하락하였다면 이 은행은 2년차에 손실을 보게 된다. 이러한 위험을 재투자위험(reinvestment risk)이라고 부르는데, 이 위험은 부채보다 자산의 만기가 짧을 경우 이자율이 변동하여 자산수익률이 부채비용보다 낮아질 때 발생한다.

이러한 재조달위험이나 재투자위험 이외에 이자율이 변동할 때 금융기관들은 시장가치위험(market value risk)에도 노출된다. 자산이나 부채의 시장가치(market value, 또는 공정가치(fair value)는 해당 자산이나 부채가 발생시키는 미래현금흐름의 현재가치로 정의되고 있다. 그러므로 이자율 상승은 그러한 미래현금흐름을 할인하는 데 사용되는 할인율의 상승을 가져오고, 그 결과 해당 자산이나 부채의 시장가치 감소를 초래한다. 물론 이자율이 하락하면 반대로 자산이나 부채의 시장가치가 증가될 것이다. 부채보다 만기가 더 긴 자산을 보유하여 만기불일치가 존재하는 경우 이자율 상승은 부채가치 감소보다 자산가치의 감소가 더 클 것이다. 그 결과 해당 금융기관은 경제적 손실을 입을 위험, 즉 지급불능위험(insolvency risk)을 부담하게 된다.

이 경우 해당 금융기관은 자산과 부채의 만기를 일치시킴으로써 이자율위험을 헤지시킬 수 있다. 그러나 자산과 부채의 만기를 일치시킨다고 해서 반드시 해당 금융기관의 능동적 자산변환기능과 부합되는 것은 아니다. 즉, 금융기관이 자산변환자(asset transformers, 즉 단기예금을 장기대출로 변환시킴)이면서 동시에 직접 재무상태표를 일치시키거나 위험을 헤지시키는 것은 불가능한 일이다. 이자율위험을 줄이게 되면 위험이 수반되는 자산변환행위로부터 발생하는 수익률도 낮아지기 때문에 결과적으로 해당 금융기관의 수익성도 악화될 것이다. 그래서 어떤 금융기관들은 다른 어떠한 것보다도 만기불일치에 특히 역점을 두기도 한다.

## 제2절 시장위험

시장위험은 금융기관들이 특히 자산을 장기투자의 목적으로 보유하거나 부채자금을 장기로 조달할 때 발생한다. 시장위험(market risk)은 이자율이나 환율의 변동, 또는 기타 자산가격의 변동으로 인하여 자산과 부채(또는 파생상품)를 거래할 때 부담해야 하는 위험으로 정의된다. 시장위험은 이자율위험이나 외환위험 등과도 밀접한 관련이 있는데, 그 이유는 이러한 위험들이 증가하거나 감소할 때 해당 금융기관의 총위험(overall risk)도 직접적으로 영향을 받기 때문이다.

시장위험은 또한 이자율, 환율 및 주식수익률 등과 관련된 위험이 금융기관들의 적극적 자산거래활동, 특히 하루나 이틀 정도와 같이 아주 짧은 투자기간과 연계되어 있을 때 추가적으로 발생하는 위험으로도 인식된다. 금융기관이 주택저당대출(mortgages) 등과 같은 대출채권을 증권화(securitization)시킬수록 금융기관 자산들의 유동성은 더욱 커진다. 금융기관들은 그들이 보유하고 있는 자산들의 가치변동 혹은 VaR(value at risk)에 매우 많은 신경을 쓴다. 왜냐하면 그러한 가치변동이 그들의 지급능력(solvency)에 심각한 위협을 초래할 수 있기 때문이다.

이런 형태의 위험이 극적으로 나타난 사례는 물론 2008~2009년 사이에 일어난 금융시장의 붕괴다. 주택저당대출 차입자가 대출금의 원리금상환을 할 수 없게 되자 이러한 신용불량자들에게 대출을 해주었거나 주택저당대출담보부채권(mortgage-backed securities: MBS)을 보유하고 있던 금융기관들은 곧바로 엄청난 손실을 입게 되었다. 투자은행들과 증권회사들이 주로 2000년대 초반 그러한 주택저당대출채권들을 사들여서 이들을 묶어 유동화시키곤 하였다. 그런데 주택저당대출 차입자들이 원리금상환을 할 수 없게 되자 주택저당대출시장은 곧바로 얼어붙었고, 금융기관들이 보유하고 있던 이러한 불량자산들(주택저당대출채권과 이들을 담보로 발행된 채권들)의 시장가치는 큰 폭으로 하락하였다. 그 결과 특히 투자은행들이 엄청난 손실을 입었고, 2008년 9월 15일에는 158년의 역사를 자랑하던 Lehman Brothers가 파산하였다.

요약하면, 금융기관이 채권, 주식, 외환 및 파생상품에 투자하면서 매입포지션(long position)이나 매도포지션(short position)을 취하고 헤지(hedge)하지 않았을 때 예상했던 것과는 반대방향으로 가격변동이 일어날 가능성이 있을 때 시장위험이 발생하게 된다. 이 경우 해당 자산의 가격변동성이 클수록 헤지하지 않은 금융기관이 부담하는 시장위험은 훨씬 더 커진다. 따라서 금융기관으로서는 자산운용인력이 취할 수 있는 포지션에 한도를 설정할 필요가 있을 뿐만 아니라, 매일매일 해당 금융기관의 시장위험노출(the market risk exposure) 정도를 측정할 수 있는 모형을 개발하여야 한다.

## 제3절 신용위험

신용위험(credit risk)은 금융기관이 보유하고 있는 대출채권이나 일반채권과 같은 금융청구권(financial claims)의 발행 당시 약속된 현금지급약속이 제대로 지켜지지 않을 가능성 때문에 발생한다. 일반적으로 장기대출이나 장기채권의 신용위험이 단기대출이나 단기채권의 경우보다 더 크다. 예컨대, 저축기관이나 생명보험회사가 부담하는 신용위험이 자금시장뮤추얼펀드(MMF)나 재해보험회사의 그것보다 훨씬 크다는 것을 의미한다. 만일 금융기관이 보유하고 있는 금융청구권에서 약속된 이자가 모두 제 날짜에 수령되고 원금도 만기일에 회수된다면 신용위험은 없다. 그러나 그렇지 못한 상황에서는 신용위험이 발생한다.

기업들이 발행하고 금융기관들이 보유하고 있는 많은 금융청구권의 경우 자금공여자는 일정한 수익률을 얻을 확률이 비교적 높은 반면, 비록 낮은 확률이더라도 좋지 않은 상황이 발생하면 큰 손실을 입게 되는 것이다. 예컨대, 대출의 경우를 생각해 보자. 차입자가 약속사항(이자지급 및 원금상환)을 잘 이행한다면 다행이지만, 만일 채무불이행(default)상황이 발생하면 차입자의 보유자산에 대한 청구권행사능력 여부에 따라 대출자인 금융기관은 빌려준 자금의 전부 또는 일부를 회수할 수 없게 된다.

따라서 금융기관들은 대출승인 여부를 결정할 때 대출신청자의 신용도를 주도면밀하게 조사하여 신중하게 판단하여야 할 뿐만 아니라, 사후에도 차입자에 대한 철저한 감독이 이루어져야 한다. 왜냐하면 금융기관 대출관리자의 감독효율성과 신용위험관리전략은 대출자산포트폴리오의 수익률과 위험에 직접적으로 영향을 미치기 때문이다. 여기서 자금을 개인적으로 운용하고 있는 경우에 비해 금융기관들은 훨씬 유리한 점이 있는데, 그것이 바로 대수의 법칙(law of large numbers)이다. 즉, 금융기관들은 투자자산포트폴리오를 구성할 때 단일자산으로부터 발생하는 신용위험을 많은 자산에 분산시킴으로써 총신용위험의 크기를 줄이는 것이다. 특히 신용위험에 노출되는 대출채권 등과 같은 경우 수많은 대출채권에 각각의 신용위험을 분산시키면 전체 대출자산포트폴리오의 총신용위험은 줄어들고, 그 결과로 이자수취뿐만 아니라 원금상환도 제대로 이루어질 가능성을 훨씬 높이게 된다.

금융기관들은 보유하고 있는 채권이나 대출자산으로부터 발생하는 이자수취나 원금상환이 아무런 차질 없이 이행될 경우 수익의 극대화를 꾀할 수 있다. 그러나 현실에 있어서는 채권이나 대출자산 중 일부는 채무불이행사태가 발생하고, 그 결과 금융기관의 수익은 최대수익에 못 미치게 된다. 이 경우 위험분산(diversification)의 목적은 곧 자산포트폴리오가 발생시키는 수익이 나빠질 경우의 수를 가능한 한 줄이자는 것이다. 그러나 사실 분산투자효과(diversification effect)는 특정자산이나 대출자산에만 국한된 신용위험, 즉 비체계적 신용위험(unsystematic credit risk, firm-specific credit risk)을 줄이는 데 그치는 것이지, 경제 전반이나 전체 기업들에게 영향을 주는 체계적 신용위험(systematic credit risk)까지도 줄일 수 있는 것은 아니다.

## 제4절 난외위험

최근의 금융기관 경영에 있어서 가장 두드러진 현상 중 하나는 난외활동의 증가로 인한 난외위험(off-balance-sheet risk, 부외위험)의 증가라고 할 수 있다. 특히 대형은행의 경우 난외자산이나 난외부채, 주로 파생증권에의 투자비중은 크게 늘고 있는 형편이다.

난외활동(off-balance-sheet activities, 부외활동)이란 현재 자산이나 부채로서의 청구권이 실체로 존재하지 않기 때문에 현재의 재무상태표(balance sheet)에는 나타나지 않지만, 상황에 따라 미래의 재무상태표에는 표시될 수도 있는 조건적 자산(contingent assets)이나 조건적 부채(contingent liabilities)를 발생시키는 금융기관의 모든 경영활동을 말한다. 따라서 회계사들은 난외활동을 재무상태표의 제일 밑부분, 즉 각주란에 표시하고 있다.

보증신용장(stand-by L/C)이 좋은 예인데, 이는 수출입상품의 대금결제를 목적으로 하는 화환신용장(documentary L/C)이 아니고 금융이나 보증을 위해 발행되는 특수한 조건의 무담보신용장(clean L/C)이다. 즉, 한국의 해외지사가 현지은행에서 융자를 받거나 또는 현지에서 입찰보증금이나 계약이행보증금 등이 필요한 경우 지사에서 본사에 요청하면 본사는 자기거래은행에 의뢰하여 해외지사의 거래은행을 수익자로 하는 보증신용장을 개설해 주고 해외지사의 거래은행은 이것을 담보로 하여 금융혜택을 주게 된다. 말하자면 은행의 지급보증(bank guarantees)인 셈이다. 이 경우 금융지원을 받은 해외지사가 채무와 관련된 의무를 이행하지 않았을 경우 해외지사의 현지거래은행은 보증신용장을 발급한 국내본사의 주거래은행에게 채무이행을 요구할 수 있다. 따라서 보증신용장이란 채무자가 채무를 불이행했을 때에만(즉, 이러한 조건이 충족되는 경우에 한해서) 비로소 보증신용장을 발급해 준 금융기관에게 채무이행을 요구함으로써 채무이행을 요구받은 금융기관의 부채로 등장하기 때문에 조건적 부채로 분류된다.

위의 경우 만일 채무자인 해외지사가 채무와 관련된 의무를 모두 이행한다면 보증신용장은 사용되지 않은 채 그냥 폐기될 것이고, 이러한 상황에서는 보증신용장에 의한 조건적 부채는 결코 해당 금융기관의 재무상태표에 부채로 등장하는 일은 없다. 그러나 이 경우에도 해당 금융기관으로서는 보증신용장을 발급해 줄 때 받은 수수료 수입이 있기 때문에, 이 항목은 해당 금융기관의 손익계산서상에 기록된다. 그러나 만일 채무자가 부도를 냈을 경우 금융기관이 지급보증을 한 조건부부채는 곧바로 실제의 부채로 바뀌어 재무상태표에 실제부채로 기록되며, 해당 금융기관은 이러한 채무를 이행하기 위하여 자기자본을 활용해야 할 것이다.

그 외에도 대출약정(loan commitments)이나, 선도(forward), 선물(futures), 스왑(swap) 및 기타 파생상품에 취하는 포지션들이 거의 모두 난외거래에 속한다. 이들 중 어떤 것은 신용위험, 이자율위험, 외환위험, 또는 부실경영이나 투기행위로 인하여 입게 될 수 있는 대형손실에 대비하기 위하여 해당 금융기관이 직면하고 있는 위험들을 줄이기 위한 목적으로 활용되기도 한다.

## 제5절 기술위험 및 운영위험

기술위험과 운영위험은 서로 밀접한 관련이 있으며, 최근 들어 그 중요성이 더욱 부각되고 있는 실정이다. 국제결제은행(The Bank for International Settlements: BIS)에서는 기술위험(technological risk)을 포함한 개념으로 운영위험(operational risk)을 "부적절하거나 무용지물의 내부절차 및 인력이나 업무처리시스템, 또는 외부적 사건의 결과로 초래되는 손실위험"으로 정의하고 있다.

최근 들어 금융기관들은 주로 기술혁신(technological innovation)을 통하여 성장을 추구하는 전략을 구사하여 왔다. 특히 1990년대와 2000년대에 들어 은행, 보험회사, 증권회사들은 운영효율성을 추구하기 위하여 앞을 다투어 내·외부 통신시스템, 전산시스템 및 기술적 기반시설들에 막대한 투자를 해왔다. 이러한 기술적 확장전략의 으뜸가는 목표는 무엇보다도 영업비용의 절감, 수익성 제고, 그리고 신시장의 개척 및 확보이다. 즉, 금융기관들은 이러한 경영전략을 통하여 자신들의 금융서비스 판매에 있어서 최대한의 규모의 경제와 범위의 경제를 달성하려고 하는 것이다. 여기서 규모의 경제(economies of scale)란 금융서비스 생산을 확장시킴으로써 평균영업비용을 낮출 수 있는 금융기관의 능력을 말한다. 그리고 범위의 경제(economies of scope)는 동일한 투입요소들(inputs)로 한 종류 이상의 산출물(outputs)을 생산함으로써 비용시너지(cost synergies)를 달성하는 금융기관의 능력을 가리킨다. 예를 들면, 컴퓨터에 저장된 고객들의 신용정보(즉, 연령, 직업, 가족의 수, 소득 등)를 대출상품과 보험상품의 판매에도 각각 활용하는 경우가 이에 해당된다.

기술위험(technological risk)은 대규모 기술투자의 결과 규모의 경제나 범위의 경제 형태로 나타날 것을 기대했던 비용절감이 나타나지 않을 때 부담하게 되는 위험이다. 과잉생산능력, 중복기술투자, 또는 규모가 커질수록 더 심각해질 가능성이 있는 조직의 관료주의적 비효율성 등으로 인하여 발생하는 규모의 비경제(diseconomies of scale)를 예로 들 수 있겠다. 범위의 비경제(diseconomies of scope)는 대규모의 신규기술투자가 행해졌음에도 불구하고 기대했던 시너지 또는 비용절감효과가 발생하지 않는 경우가 해당된다. 기술위험은 해당 금융기관의 경쟁적 효율성(competitive efficiency)의 상실을 초래할 수 있으며, 종국에는 해당 금융기관을 실패로 몰아가기도 한다. 반면에 기술투자로부터 발생하는 이익은 경쟁관계에 있는 금융기관에 비해 월등한 경영성과를 달성하도록 하여 장기적 생존가능성을 더욱 진작시킨다.

운영위험(operational risk)은 기술위험과 부분적으로 관련되어 있는데, 특히 기존기술이 작동이 잘 안 되거나 후선지원시스템이 고장이 날 때 발생하는 위험이다. 그렇다고 해서 운영위험이 언제나 기술적 고장의 결과로만 발생하는 위험은 아니다. 예컨대, 직원의 부정행위나 실수도 운영위험을 일으키는 요소가 되는데, 이것은 해당 금융기관의 평판에 아주 나쁜 영향을 준다. 직원들의 탐욕이나 판단착오 등 그릇된 행위로 그들이 속해 있던 금융기관들이 평판에 큰 흠집을 입었을 뿐만 아니라 금전적으로도 엄청난 손실을 입는 사례들을 우리는 수없이 보아 왔다.

## 제6절 외환위험

금융기관들은 최근 들어 외국에 직접투자하거나 자산의 국제포트폴리오를 구성하는 것이 국내시장을 상대로만 영업활동을 하는 경우보다 훨씬 더 큰 이익을 창출할 수 있다는 사실을 깨닫고 있는 것으로 보인다. 시중은행, 연금기금, 투자은행, 뮤추얼펀드 등을 살펴보면 자산운용에 있어서 점점 더 외국투자의 비중을 늘려가고 있음을 쉽게 알 수 있다. 이러한 사실은 국내에서의 자산운용과 외국에서의 자산운용이 서로 완전 양(+)의 상관관계(즉, 상관계수 =+1.0인 경우)를 갖지 않는 한, 금융기관들이 국경을 넘어 자산이나 부채포트폴리오를 구성하는 경우에 그들이 기대할 수 있는 잠재적 이익이 훨씬 더 커질 수 있다고 판단하는 데 기인한다.

국내투자와 해외직접투자 및 국제포트폴리오 간에는 다음의 두 가지 이유 때문에 완전상관관계가 이루어지지 않는다. 첫째, 국내와 외국의 경제시스템의 구조가 다르고 그 속에 속하는 기업들도 특성이 전혀 다르다는 사실에 연유한다. 예를 들면, 한 나라는 농업이 경제의 중심을 차지하는 반면, 다른 나라는 공업이 주축을 이루고 있다고 하자. 이러한 경제의 기반이 서로 다르기 때문에 비록 한 국가의 경기가 침체하더라도 다른 국가는 경기가 확장국면에 속할 수가 있는 것이다. 2000년대 후반을 돌이켜보면, 미국의 경기는 줄곧 침체국면을 보였는 데 비하여 중국은 여전히 확장국면을 누리고 있었다. 둘째, 국가 간의 환율변동이 서로 완전상관관계를 나타내지 않기 때문이다. 예컨대, 원-달러 환율이 상승할 때 원-엔 환율은 하락할 수 있다는 것을 의미한다.

글로벌화를 시도하는 금융기관은 주로 외국에 지점을 개설하거나, 외국의 금융기관을 인수하거나, 국내증권과 외국증권을 합한 금융자산포트폴리오를 구성하는 방법을 통해 점차 외국으로 그 활동영역을 넓혀가고 있다. 이와 같이 금융기관이 글로벌화되면 당연히 외환위험에 노출된다. 외환위험(foreign exchange risk)이란 금융기관이 외국통화로 표시된 자산이나 부채를 보유하고 있을 때 환율의 변동에 의하여 그러한 자산이나 부채의 가치가 불리하게 변동되어 손실을 입을 위험을 가리킨다.

외환위험을 보다 잘 이해하기 위해서 다음의 예를 살펴보자. 가령 우리나라의 어느 은행이 미국의 한 회사에 달러로 대출을 해준 경우를 생각해 보자. 만일 원화에 비해 달러화의 가치가 하락한다면 그러한 대출이 발생시키는 이자 및 원금회수금액을 원화로 환산하면 달러화 가치의 하락 이전에 비해 크게 줄어든다. 심지어 달러화 가치의 하락기간이 달러화 대출기간보다 훨씬 더 길고 이자와 원금회수금액을 원화로 환산할 때, 이 대출이 발생시키는 수익은 순손실로 될 가능성이 다분히 있게 된다. 다시 말하면, 달러화로 받는 이자 및 원금회수를 실제 원화로 환전할 때 발생하는 외환손실이 처음 대출을 해준 시점의 환율로 계산한 기대수익을 모두 상쇄시켜 버리고 마는 것이다.

국제화를 추구하면서도 이러한 외환위험으로부터 완전히 헤지되려면(즉, 외환위험이 없게 하려면) 금융기관의 외국통화로 표시된 자산과 부채의 만기가 정확하게 일치되어야 한다.[1] 즉, 외국통화로 표시된 자산과 부채의 규모와 만기가 정확하게 동일하여야만 완전헤지(perfect hedge), 즉 외환위험으로부터 완전히 면역되는(immunized) 것이다. 그렇지 않고 금융기관의 외국통화표시자산과 부채의 포트폴리오와 만기가 일치하지 않으면 해당 금융기관은 외환위험, 그리고 심지어 외국의 이자율이 변동할 때 손실을 입을 수 있는 이자율위험까지도 부담해야 한다.

## 제7절 국가위험

앞의 절에서 살펴보았듯이, 금융기관이 외국통화로 자산이나 부채를 보유할 때 외환위험과 외국이자율위험에 노출된다. 그런데 이러한 위험 이외에도 해당 금융기관은 국가위험에도 노출될 것이다. 여기서 국가위험(country or sovereign risk)이란 외국회사에게 대출을 해주거나 외국회사가 발행한 채권을 매입한 금융기관이 직면하게 되는 신용위험의 또 다른 형태라고 보면 될 것이다. 예컨대, 국내기업이 국내통화로 대출을 받았는데 후에 그 기업이 채무를 이행하지 않았을 경우 해당 금융기관은 국내의 법절차를 통해 부도기업이 보유하고 있던 자산의 처분을 통하여 채권의 일부 또는 전부를 회수할 수 있을 것이다.

1 보다 정확하게 말하자면, 단순히 자산이나 부채의 만기(maturities)를 일치시키는 것이 아니라 각각의 듀레이션(durations)을 일치시켜야 완전한 헤지를 달성할 수 있다.

그러나 외국기업이 부도를 낸 경우 해당 금융기관이 채권회수절차를 진행하려 할 때 외국기업의 본사가 소재하고 있는 국가의 정부가 외환보유고의 부족이나 기타 정치적 이유 때문에 그러한 노력에 제동을 거는 수가 있다. 외국정부에 의한 그러한 제약이 존재하는 경우 해당 금융기관으로서는 채권회수를 위해 취할 뾰족한 수가 별로 없고, 겨우 그 국가에서 장래에 추가대출이나 자금공급을 통제하는 것이 전부다. 그러나 이마저도 통화가치가 추락하고 정부가 몰락하는 국가에 대해서는 별로 실효성이 없는 조치일 따름이다.

## 제8절 유동성위험

유동성위험(liquidity risk)은 예금자들이나 보험계약자들과 같은 금융기관의 채권자들이 갑작스레 청구권을 행사하여 즉각적인 거액의 현금인출을 요구하거나, 대출약정(또는 신용한도)과 같은 난외부채의 보유자가 갑자기 차입권(right to borrow)을 행사하여 거액의 현금차입을 요구할 때 유동성부족으로 금융기관이 어려움을 겪을 위험을 말한다. 만일 채권자들이 거액의 현금을 요구하면 인출요구에 부응하기 위해서 금융기관으로서는 부족한 자금을 빌리든가 보유하고 있는 자산의 매각을 통하여 자금을 확보하여야 한다. 현금은 이자를 발생시키지 않기 때문에 금융기관들은 대개 거액의 현금을 보유하지 않는데, 그렇다고 해서 이것이 항상 문제가 되는 것은 아니다. 매 영업일마다 필요현금액수는 보통 추정이 가능할 뿐만 아니라, 현금부족상황이 발생하더라도 대개의 경우 금융기관들은 자금시장 등과 같은 금융시장에서 부족한 자금을 곧바로 빌릴 수 있다.

그러나 금융기관들이 유동성위기(liquidity crisis)를 겪을 때도 가끔은 있다. 금융기관이 채권자들로부터의 신뢰를 상실하거나 채권자들에게 예기치 못한 거액의 현금수요가 발생할 경우, 채권자들은 일상적인 경우보다 훨씬 더 큰 금액의 현금을 인출하려고 할 것이다. 이러한 상황이 발생하면 금융기관들은 부족한 금액의 현금을 차입하려 할 것인데, 이 경우 차입비용은 보통의 상황에 비해서 매우 높아지게 되며, 심지어는 추가적 현금차입이 쉽지 않은 상황도 흔히 발생한다. 그래서 금융기관들은 이러한 상황에 직면하면 유동성이 낮은 자산의 일부를 처분하여 부족한 현금을 메꾸려고 한다.

그런데 금융기관들이 급작스러운 거액의 현금인출요구에 부응하기 위해서 유동성이 비교적 낮은 자산을 급히 처분하려고 하는 경우 자칫 더욱 심각한 유동성위험에 빠져드는 경우가 있다. 그 이유는 만일 시간적 여유를 가지고 있다면 비록 유동성이 떨어지는 자산이라고 하더라도 정당한 가격으로 처분이 가능한 데 반하여 시간이 촉박해 급매물(fire sale)로 보유자산을 처분하고자 할 경우 대개 그러한 시장은 거래가 빈번하지 않기 때문에 공정가치(fair value)보다도 훨씬 낮은 가격에 처분할 수밖에 없으므로 해당 금융기관의 수익성(profitability)과 지불능력(solvency)에 심각한 손상을 입힐 수 있기 때문이다.

## 제9절 지급불능위험

지급불능위험(insolvency risk)은 앞에서 설명한 여러 가지의 위험, 즉 이자율위험, 시장위험, 신용위험, 난외위험, 기술위험, 외환위험, 국가위험, 그리고 유동성위험 중에서 하나 또는 둘 이상의 위험의 결과로 나타나는 위험이다. 기술적으로 표현하자면, 지급불능상태(insolvency)는 앞서의 위험들 중 한 가지 이상의 위험이 발생한 결과로 입게 된 손실 때문에 금융기관 소유주들의 자본이 거의 없어진 상태라고 할 수 있다.

일반적으로 차입금에 대한 금융기관 자본금의 상대적 비중이 더 커질수록(즉, 레버지지비율이 낮아질수록) 이자율이 불리하게 변동하거나, 예기치 못한 큰 대출손실이 발생했거나, 혹은 다른 이유로 인해서 금융기관이 거액의 손실을 입었더라도 그러한 상황을 감당할 수 있는 능력이 더 커지게 된다. 따라서 금융기관의 경영진과 감독당국은 금융기관의 자본금 적정성(capital adequacy)이 금융기관의 지불능력을 건전하게 유지시킬 뿐만 아니라 비록 당면한 여러 가지 위험들 속에서도 해당 금융기관을 꾸준히 성장하도록 뒷받침해 주는 매우 중요한 요소라고 판단하고 있다.

## 제10절 기타 위험과 위험 간 상호작용

본 장에서는 금융기관의 경영자가 중요한 의사결정을 하고 또한 위험관리전략을 수립하는 과정에서 직면하게 되는 아홉 가지 중요한 위험들을 개괄적으로 살펴보았다. 즉, 이자율위험, 시장위험, 신용위험, 난외위험, 기술 및 운영의험, 외환위험, 국가위험, 유동성위험, 그리고 지급불능위험이 그것이다. 이러한 위험들이 비록 따로따로 논의되었다고 해서 이 위험들이 서로 독립적이며 서로 아무런 관련이 없다고 오해하면 안 될 것이다. 가령 이자율이 상승하면 부채를 쓰고 있는 기업이나 가계의 입장에서는 약속된 채무를 제대로 이행하는 일이 더 어려워질 것이다.[2] 그러므로 일정한 범위를 초과하는 이자율변동이 발생할 경우, 신용위험, 이자율위험 및 난외위험이 서로 밀접하게 연관되어 있는 것이다.

또한 금융기관들은 유동성관리에 있어서 대출채권이 발생시키는 이자 및 원금회수 수입에 상당히 의존하고 있다. 그런데 만일 금융기관으로 자금을 차입한 대출고객이 채무를 불이행하는 상황이 발생하면 이는 곧장 해당 금융기관의 수입과 이익, 그리고 나아가서 자본금상황에도 나쁜 영향을 줄 것이다. 따라서 각각의 위험과 그들의 상호관련성은 결국 금융기관의 지급불능위험에 영향을 미친다. 마찬가지로 환율변동과 이자율변동은 사실 서로 밀접한 관련을 맺고 있다. 한국은행이 통화금융정책의 일환으로 콜금리와 같은 기준이자율을 변경시킨다면 이러한 결정은 곧장 환율에도 영향을 미칠 것이다.

주로 개별적 독립적 사건의 형태로 발생하는 다른 위험들도 금융기관의 수익성과 위험노출에 큰 영향을 준다. 이러한 개별적 위험에는 감독정책의 갑작스런 변경과 같이 외부에서 발생한 사건들이 포함된다. 가령 감독당국이 대출규제, 진입규제 혹은 취급금융상품에 대한 규제조치를 어느 날 갑자기 없앴다고 가정해 보자. 이러한 규제완화조치는 금융기관들에게 중대한 영향을 미치게 될 것이다. 개별적 사건의 또 다른 예로는 불법행위, 절도, 지진, 폭풍, 부정행위, 그리고 신의성실의무위반 등을 들 수 있는데, 이러한 것들 모두 해당 금융기관에게 심대한 악영향을 주어 망하게까지도 할 수 있다. 그런데 문제는 이러한 사건들을 모형으로 도출하여 미리 예측하는 일이 매우 어렵다는 것이다.

2 이자율이 오르면 또한 파생증권 보유자들에게도 악영향을 미치게 되어 그들이 채무를 이행하지 않으려고 할 수도 있는데, 이와 같이 파생증권의 신용위험을 계약상대방위험(counterparty risk)이라고 부르기도 한다.

끝으로, 인플레이션율과 실업문제 등과 같은 거시경제 혹은 체계적 위험 또한 금융기관의 이자율위험, 신용위험 및 유동성위험에 대한 노출에 직접적으로 또는 간접적으로 영향을 미칠 수 있다. 예컨대 경제위기가 발생하여 수많은 실업자들이 생겨났다고 가정해 보자. 직장을 잃은 사람들은 대개 대출이자지급 및 원금상환에 상당한 어려움을 겪게 될 것이고, 그 결과 관련된 금융기관들의 신용위험노출은 엄청나게 증가할 것이다.

## EXERCISE

1. 금융기관에 의해 행해지는 자산변환(asset transformation)기능의 정의와 그 과정을 설명하라. 그러한 자산변환과정이 때로는 이자율위험(interest rate risk)을 야기하는데 그 이유는 무엇인가? 도대체 이자율위험이란 무엇인가?

2. 재조달위험(refinancing risk)은 무엇인가? 재조달위험이 어떻게 해서 이자율위험의 한 부분이 될 수 있는가? 어떤 금융기관이 단기부채로 자금을 조달해서 장기자산에 투자했다면 장래 이자율이 상승할 때 이익에 주는 영향을 어떠한가? 만일 이자율이 하락한다면 어떠한 영향을 미치는가?

3. 재투자위험(reinvestment risk)은 무엇인가? 재투자위험이 어떻게 해서 이자율위험의 한 부분이 될 수 있는가? 어떤 금융기관이 장기부채로 자금을 조달해서 단기자산에 투자했다면 장래 이자율이 하락할 때 이익에 주는 영향은 어떠한가? 만일 이자율이 상승한다면 어떠한 영향을 미치는가?

4. 채무불이행위험이 전혀 없는 국채에만 전적으로 투자하는 어느 펀드가 있는데, 이 펀드매니저는 이 펀드에 위험노출이 전혀 없다고 주장하고 있다. 이러한 주장이 사실일까? 답변의 이유를 충분히 설명하라.

5. 이자율위험(interest rate risk)이 어떻게 금융기관의 경제적 가치(economic value) 또는 시장가치(market value)에 악영향을 줄 수 있는 것일까?

6. 다음은 시장가치로 평가한 어느 금융기관의 재무상태표(balance sheet: B/S)이다.

| 자산 | | 부채 및 자기자본 | |
|---|---|---|---|
| 현금<br>채권 | 100억원<br>1,000억원 | 양도성예금증서(CD)<br>자기자본 | 1,000억원<br>100억원 |
| 총자산 | 1,100억원 | 총부채 및 자기자본 | 1,100억원 |

(1) 이 금융기관이 보유하고 있는 채권은 10년 만기이고, 확정이자율은 연 10%로서 이자는 매년 말에 지급한다. 양도성예금증서(CD)는 1년 만기에 확정이자율은 연 6%이다. 이 금융기관에서는 자산이 더 이상 성장할 것으로 예상하고 있지 않는다고 한다. 첫해 말 시점의 순이자수익은 얼마인가? 순이자수익은 이자수입에서 이자비용을 차감한 금액으로 정의한다.

(2) 첫해 말 시점에서 갑자기 이자율이 1%(즉, 100bp) 상승했다면 둘째 해의 순이자수익은 어떻게 될까? 이러한 결과가 재투자위험(reinvestment risk) 때문일까, 아니면 재조달위험(refinancing risk) 때문일까?

연 | 습 | 문 | 제 <<<

(3) 만일 시장이자율이 1% 오른다면 채권의 가치는 첫해 말 시점에서 9,446,000만원이 될 것이라고 한다. 이 금융기관의 자기자본의 시장가치는 얼마가 될까? (1)번에서 답한 순이자수익은 모두 영업비용과 배당금을 지불하는 데 사용된다고 가정한다.

(4) 만일 시장이자율이 첫해 말에 1%(즉, 100bp)가 상승한다면, 자기자본의 시장가치는 100억원보다 높아질까, 아니면 낮아질까? 그 이유를 충분히 설명하라.

(5) 어떠한 요인들이 이 금융기관의 영업성과와 시장가치에 변화를 가져오는 것일까?

7 자산과 부채의 만기를 일치시키는 전략이 어떻게 이자율위험을 최소화할 수 있으며, 또한 해당 금융기관의 자산변환기능을 저해하는 것일까?

8 회사채는 보통 반기마다(즉, 1년에 2회씩) 이자를 지급하고 있다. 그런데 어느 회사에서 반기마다 지급하는 이자를 변경하여 1년에 1회씩 지급하기로 결정했다고 한다. 이러한 의사결정이 그 회사채의 이자율위험에 어떠한 영향을 미치는 것일까?

9 어느 은행에서는 연 8%의 이자를 지급하는 1년 만기의 자금 500억원을 차입해서, 이 자금을 연 10%의 이자를 받게 되는 2년 만기의 자산에 모두 투자하였다. 차입금은 1년 후 그 시점의 시장이자율로 만기가 1년씩 다시 연장된다고 한다. 만일 첫해 말에 이자율이 1%(즉, 100bp) 상승한다면 이 은행의 순이자수익에 어떠한 영향을 미치게 될까?

10 시장위험(market risk)이란 무엇인가? 시장위험이 금융기관의 영업성과에 어떠한 영향을 미치는가? 시장위험의 영향을 최소화하기 위해서 금융기관의 경영진이 취할 수 있는 조치에는 어떠한 것들이 있는가?

11 신용위험(credit risk)은 무엇인가? 어떠한 형태의 금융기관이 이러한 종류의 위험에 보다 많이 노출될 것이라고 생각하며, 그 이유는 무엇인가?

12 난외활동(off-balance-sheet activities, 부외활동)의 특성은 무엇인가? 금융기관이 그러한 활동을 통해서 얻는 이익은 무엇인가? 그러한 활동이 야기할 수 있는 여러 위험들에는 무엇이 있는가를 자세히 설명하라.

13 외환위험(foreign exchange risk)은 무엇인가? 국내자산보다 해외자산을 더 많이 보유하고 있는 금융기관에게 외환위험은 어떠한 의미를 가지고 있는 것인가? 반대로 국내자산이 해외자산보다 더 많이 보유하고 있는 금융기관에게 외환위험은 어떠한 의미를 가지고 있는 것인가? 위의 두 가지 사례에서 각각 해당 금융기관이 손실을 경험하려면 환율이 어떻게 변해야 하는가?

EXERCISE

14 국가위험(country risk 또는 sovereign risk)이란 무엇인가? 한 국가가 멸망하거나 그 나라의 통화체계가 몰락할 때 금융기관이 현실적으로 취할 수 있는 조치에는 어떠한 것이 있는가?

15 기술위험(technology risk)이란 무엇인가? 규모의 경제(economies of scale)와 범위의 경제(economies of scope)의 차이는 무엇인가? 규모의 경제와 범위의 경제로부터 금융기관이 어떠한 이익을 기대할 수 있는가? 이 두 가지 경제적 효과들이 금융기관에게 악영향을 끼칠 수도 있다고 생각하는가? 그 이유를 충분히 설명하라.

16 기술위험(technology risk)과 운영위험(operational risk)의 차이는 무엇인가? 은행 간 지급결제시스템을 국제화했을 때 운영위험이 증가할 것으로 생각하는가? 그 이유는 무엇인가?

Chapter

# 5 유동성, 부채관리 및 예금자보호

제1절 유동성관리의 의의 | 제2절 유동성관리의 대상 | 제3절 부채관리
제4절 금융기관들의 예금상품개발 제5절 예금자보호제도
제6절 금융환경변화와 예금보험의 역할

Financial Institutions Management

예금주들이나 보험가입자들과 같은 채권자들이 모두 한꺼번에 거래금융기관에 대하여 현금인출을 요구할 경우 해당 금융기관은 매우 어려운 상황에 빠지게 된다. 이때 해당 금융기관으로서는 즉시 추가자금을 차입하거나, 또는 보유하고 있는 자산의 일부를 매각할 수밖에 없다. 예금주들에 의한 일상적인 현금인출은 보통 예측이 가능하고, 현금이 부족할 경우 금융기관들은 단기금융시장에서 쉽게 자금을 차입할 수 있다.

그러나 유동성위기가 매우 심각한 경우는 이야기가 사뭇 달라진다. 해당 금융기관에 대한 고객들의 신뢰가 상실되거나 예기치 못한 현금의 필요성 때문에 예금주들이 보통 때보다 훨씬 많은 현금인출을 요구할 때 그러한 위기가 발생하는 것이다. 많은 금융기관들이 이와 같이 비정상적인 거액의 현금인출요구에 직면하면 추가현금 조달비용은 상승할 것이고 자금공급은 충분하지 못할 것이다. 이 경우 금융기관들은 보유하고 있는 자산의 일부를 처분해야 하는데, 이러한 대응은 오히려 유동성위험을 더욱 심각하게 만들 수도 있다. 왜냐하면 충분한 시간을 가지고 자산을 처분하는 것이 아니라 급히 처분해야 하는 경우 처분가격이 크게 낮아질 수밖에 없고, 급매를 통한 가치손실은 결국 금융기관의 건전성을 위협하기 때문이다.

본 장에서는 가치극대화를 추구하는 금융기관이 유동성과 부채를 어떻게 효과적으로 관리할 수 있는가와 관련하여 다음과 같은 주제를 중점적으로 다룬다.

- 유동성이란 무엇이고, 유동성관리가 금융기관의 경영에 있어서 왜 중요한가?
- 자금조달구조의 개선을 위한 유동성예금의 증대전략이란 무엇인가?
- 유동성위기란 무엇인가?
- 부채관리의 개념은 무엇이며, 적극적 부채관리를 위한 예금상품개발의 유형에는 어떤 것들이 있는가?
- 예금자보험이란 무엇이며, 예금자들을 보호하는 제도적 장치로는 어떠한 것들이 있는가?

# 제1절 유동성관리의 의의

금융자산의 유동성(liquidity)이란 비용과 시간, 그리고 노력 등의 면에서 별로 큰 손실이 없이 쉽게 현금화할 수 있는 정도, 즉 환금성 정도를 가리킨다. 따라서 금융기관의 유동성이란 금융기관이 이와 같은 환금성자산을 어느 정도 보유하고 있는가를 나타낸다. 개인이나 일반제조기업과 마찬가지로 금융기관들도 일상적인 경영활동을 원만하게 수행하려면 반드시 적정수준의 유동성을 유지해야 한다. 왜냐하면 그들도 역시 유동성위험(liquidity risk)에 노출되어 있기 때문이다.

## 1.1 유동성관리의 필요성

### 1.1.1 예금인출사태에 대비

금융기관들이 보유하고 있는 자산 중에서 일반적으로 가장 큰 비중을 차지하고 있는 것이 바로 대출채권인데, 이들은 대개 유동성이 매우 낮다. 이러한 상태에서 금융기관들은 갑작스러운 예금고객들의 인출(만기연장거부)요구에 직면할 수 있다. 대표적인 예가 소위 예금인출사태(bank run)이다. 예금인출사태는 예금주들이 한꺼번에 자신들의 예금을 인출하려는 상황을 말하는데, 은행으로서는 보유현금만으로 그러한 인출요구를 감당할 수 없고 다른 자산들도 대체로 유동성이 낮기 때문에 그러한 상황이 발생하면 엄청난 곤경에 빠지게 된다.

사실 예금주들은 언제 갑자기 돈이 필요하게 될지 모르므로 장기보다는 대개 단기로 예금에 가입하려는 경향이 강하다. 반면에 은행으로부터 자금을 빌리려고 하는 개인이나 기업들은 빌리는 자금을 가급적 오래도록 사용하려고 한다. 예금고객과 대출고객의 이러한 이질적인 경향이 자산과 부채의 만기불일치(maturity mismatch)현상을 낳게 하는 근본적인 이유가 되고, 그로 인하여 은행들은 유동성위험에 노출된다.

### 1.1.2 대출수요에 대비

오늘날의 은행은 고객들에게 적기에 대출을 해주어야 하는 의무를 지니고 있다는 인식이 점차 일반화되어 가고 있다. 은행이 법적 제도 못지않게 일반의 인식에도 충실히 따른다고 볼 때 적정유동성 보유가 예금인출과 함께 대출수요에 대비하기 위한 것으로 확장되어야 한다.

최근 들어 실제로 선진국의 은행들은 자산·부채종합관리(asset-liability management: ALM)의 도입과 더불어 유동성관리의 목표로서 단지 예금인출대비뿐만 아니라 대출수요의 적기대비라는 측면도 매우 중시하고 있다.

### 1.1.3 중·장기적 관점의 중요성

유동성관리(liquidity management)는 일상적인 현금인출이나 대출수요에 대비하는 것과 같이 단기적 자금관리뿐만 아니라, 계절적 자금수요나 경기변동국면에 따라 변화하는 자금수요에 대한 효과적인 대비 등 중·장기적인 적극적 관리도 당연히 포함하고 있다. 따라서 유동성관리는 단기적 지급준비금관리와 중·장기적인 계절적 유동성관리 및 경기대응적 유동성관리 등을 포괄하는 개념으로 이해하여야 한다.

## 1.2 유동자산규제의 논리적 근거

### 1.2.1 비유동성위험

유동자산은 짧은 시간 내에, 낮은 거래비용으로, 본래 지니고 있는 가치의 손실이 별로 없이 현금으로 전환될 수 있다. 이러한 유동자산을 비교적 소량 보유하고 있는 금융기관들은 비유동성이 높아지고 그 결과 예금인출사태에 직면할 위험에 노출된다. 과도한 비유동성위험(illiquidity risk)은 지급불능상황을 초래할 수 있으며, 다른 금융기관들에게도 부정적인 영향을 미치는 감염효과(contagious effects)를 일으킬 수도 있다. 따라서 금융감독당국에서는 유동자산 최소보유한도를 설정하여 금융기관들에게 이를 반드시 준수하도록 요구한다. 규제당국의 이러한 요구는 단지 예기치 않은 예금인출에 부응하도록 하기 위한 목적만이 아니라 통화정책 및 조세정책의 수행이라는 다음의 두 가지 이유에서도 최저수준의 유동자산 보유를 의무화하고 있다.

### 1.2.2 통화정책의 수행

많은 국가에서는 통화정책을 보다 효율적으로 수행하기 위한 목적으로 최저유동자산을 보유하도록 규제하고 있다. 예금대비 최저유동자산 의무보유비율은 은행과 은행관련 기관들이 대출을 확장할 수 있는 능력에 제약을 가하는 한편, 중앙은행의 통화량조절능력을 제고시킬 수 있다.

### 1.2.3 조세정책의 수행

최저수준의 유동자산을 보유하도록 하는 규제는 또한 금융기관으로 하여금 민간부문이 발행한 유가증권 대신 정부가 발행한 유가증권에 투자하도록 하기 위한 목적으로 행해지기도 한다. 이 경우 정부는 최저유동자산 의무보유비율을 부과함으로써 금융기관으로부터 간접적으로 세금을 더 거두어들이는 것과 같은 효과를 거둘 수 있다. 중앙은행에 예치하는 지급준비금에 대해서는 이자가 지급되지 않으므로, 일종의 조세로서 지급준비금조세(reserve requirement tax)라고 불린다.

## 1.3 유동자산의 구성

은행이 예금을 받아들일 때에는 예금고객이 인출을 원할 때 조건에 따라 즉시 지급하겠다는 약속을 한다. 특히 요구불예금의 경우 예금고객이 원하면 은행은 즉시 현금으로 지급하여야 하지만 은행의 자산은 쉽게 현금화할 수 없는 대출채권이 주종을 이루고 있다는 점에서 유동성 문제가 발생한다. 은행에 대하여 지급준비금을 보유하도록 정부가 규제하고 있는 이유도 바로 여기에 있는 것이다.

예전에는 은행이 보유하고 있는 현금(vault cash, 시재금)과 중앙은행에 예치한 지급준비금, 그리고 다른 은행에 예치한 동업자예금 등 소위 제1선 지급준비금(primary reserves)에 의해 유동성을 확보하는 것이 일반적이었다. 그러나 최근에는 단기금융시장(money market)이 발달하여 큰 손실을 보지 않고서도 즉시 현금화될 수 있는 단기금융자산, 즉 제2선 지급준비금(secondary reserves)을 보유함으로써 유동성을 확보할 수 있게 되었다.

# 제2절 유동성관리의 대상

충분한 유동성자산을 보유하고 있으면 금융기관은 공신력을 유지할 수 있지만, 대출을 통하여 높은 이익을 올릴 수 있는 기회를 상실하기 때문에 오히려 수익성이 낮아질 우려가 있다. 따라서 유동성 확보에 너무 치중한 나머지 수익성이 악화된다면 결국 경영부실을 초래하게 되어 영속기업으로서 존속하는 것조차 위태로워진다. 따라서 은행의 유동성을 최적상태로 관리하는 것은 마치 움직이는 목표를 가진 복잡한 동태적 통제문제를 완벽하게 해결해야 하는 것과 흡사하다고 할 수 있다. 그러면 효율적으로 관리해야 되는 유동성 대상에 대해서 살펴보자.

## 2.1 현금포지션관리

현금포지션(cash position)에 시장성이 매우 큰 단기금융자산을 포함시키기도 하지만, 보통 시재금, 추심 중에 있는 다른 은행발행의 수표나 어음, 지급준비금, 그리고 동업자예금 등이 포함된다. 은행의 현금포지션 규모는 여러 가지 요인에 의해서 변동한다. 현금포지션을 증가시키는 요인으로는 부채 및 자본부분에서 예금의 증가, 예금증서의 발행, 중앙은행으로부터의 재할인 및 차입의 증가, 콜머니(call money)의 증가, 장기채권의 발행과 증자 등이 있다. 자산부분에서는 투자자산의 매각, 콜론(call loan)의 감소, 장·단기 대출금의 회수 등이 증가요인에 포함된다. 그러나 이러한 요인들을 일일이 효과적으로 통제하는 일은 결코 쉬운 일이 아니다.

무엇보다도 현금포지션 관리책임자는 어떻게 하면 가장 낮은 수준의 현금포지션으로 매일매일의 유동성수요를 효과적으로 충족시킬 수 있는가를 최대의 과제로 삼는다. 그는 우선 매일 유입 또는 유출될 것으로 생각되는 자금규모를 파악하여 당일의 예상수요를 초과하는 현금은 수익성자산으로 활용하는 한편, 유동성이 부족하다고 판단하면 가장 저렴한 비용으로 자금을 조달하는 방안을 강구해야 한다.

## 2.2 예금유동성관리

예금인출에 대비하여 확보하는 지급준비자산을 예금유동성(deposit liquidity)이라고 한다. 예금유동성관리는 예금의 종류와 특성에 따라 그 관리방식이 다르다. 일반적으로 개인의 요구불예금이나 저축성예금은 쉽게 그 유출입패턴을 예측할 수 있다. 개인예금은 봉급일에 예치되었다가 생활비에 충당하기 위하여 인출되어 나가는 패턴이 대개 정해져 있어 비교적 안정적이기 때문이다. 그러나 예금의 유출입이 불규칙적이고 큰 액수인 기업이나 공공기관예금의 경우는 그리 간단하지 않다.

따라서 예금유동성관리는 예금의 특성에 따라 구분하여 고려할 필요가 있다. 구체적으로 말하자면, 예금을 어느 특정기간 중에 ① 인출이 확실시되는 것, ② 불분명한 것, ③ 인출되지 않을 것으로 판단되는 것 등으로 구분하여 각 경우별로 다른 비율의 예금유동성을 확보할 필요가 있다.

대부분의 금융기관들은 CD, CP, 콜, RP 등 단기금융시장의 금융자산을 통하여 유동성관리를 하고 있다. 그러나 이러한 단기금융자산들은 그 수익률이 전반적인 경기나 금융시장의 여건에 매우 민감하게 반응하기 때문에 매우 큰 이자율위험에 노출되어 있다. 이러한 이자율위험을 줄이기 위해서 금융기관은 금융자산의 종류나 발행시장 및 금융자산의 만기구조 등을 다양하게 고려하여 포트폴리오를 구성한다.

## 2.3 대출유동성관리

은행은 고객으로부터 예상하지 못한 대출신청을 받고는 단지 자금부족을 이유로 거절해야 하는 상황이 발생하지 않도록 언제나 주요 고객의 사업계획, 자금수요전망, 자금조달방안, 그리고 자금관리상황 등을 자세하게 파악해야 한다.

대출유동성을 적절하게 확보하기 위해서는 특히 대출금의 계절적 수요패턴을 파악하는 것이 중요하다. 대출의 계절변동패턴은 대체로 예금유출의 계절변동패턴과 유사하다. 왜냐하면 고객이 대출신청을 하기 전에 우선적으로 예금을 인출하여 자금수요에 충당할 것이기 때문이다. 또한 경기가 호황이면 대출자금에 대한 수요가 증가한다. 그러므로 은행의 유동성관리 책임자는 경제성장률의 분기별 추이, 정책당국의 재정정책과 통화정책 방향, 경기변동의 국면 등에 관하여 가능한 한 광범위한 지식과 정보를 입수하고 있어야 한다.

### 2.4 대출의 유동화

금융기관의 자산 중에서 대출은 보통 비중이 상대적으로 크면서 만기까지 환금할 수 없다는 단점이 있고, 그 때문에 금융기관들은 유동성부족을 크게 느낀다. 이러한 문제를 해결하기 위한 방편의 하나로 대출채권의 유동화가 이루어지고, 그 구체적 방안으로 대출채권매각(loan sales)과 증권화(securitization)가 고안되었다.

대출채권의 유동화방법은 대출채권을 직접 매각하는 방법과 대출채권을 담보로 증권을 발행하여 판매하는 증권화방법의 두 가지가 있다. 대출채권의 직접매각방법은 권리·의무의 양도 여부와 채권원리금의 회수방법에 따라 경개(novation), 양도(assignment) 및 대출참가(loan participation) 등으로 구분된다. 대출채권의 증권화방법은 동질·동종의 대출채권을 한데 묶어 이를 나타내는 증권을 발행하는 방법, 대출채권을 담보로 증권을 발행하는 방법 및 대출채권을 신탁하고 신탁증서를 발급받아 이것을 유통시키는 방법 등으로 구분되는데, 자세한 논의는 제9장에서 다룬다.

## 제3절 부채관리

### 3.1 부채관리의 개념

유동성관리와 부채관리(liability management)는 서로 관련이 깊다. 유동성위험을 통제하는 방법에는 크게 두 가지가 있는데, 그 중 하나가 유동자산을 축적시키는 것이다. 또 다른 방법은 금융기관의 부채구조를 효과적으로 관리하여 예금인출요구에 적절히 부응할 수 있는 정도까지 유동자산을 감소시키는 것이다.

금융기관의 입장에서 보면 저렴한 비용을 들이면서 인출위험도 낮은 차입자금포트폴리오를 구성한다는 것은 사실 매우 어렵다. 왜냐하면 인출위험과 조달비용 간에는 상반관계가 성립하기 때문이다. 즉 저렴한 비용으로 자금을 조달하기 위해서는 높은 예금인출위험을 감수해야 하고, 반대로 인출위험이 비교적 작은 자금을 구하려면 상대적으로 높은 비용을 부담하지 않으면 안 되기 때문이다.

## 3.2 부채구조의 선택

부채관리란 재무상태표의 대변을 형성하고 있는 항목들 중에서 자본금을 제외한 부분들, 즉 요구불예금, 정기예금, 장기부채 등의 최적수준을 결정하는 업무를 말한다. 금융기관이 성공하려면 자금을 가능한 한 높은 수익률을 올릴 수 있는 자산항목에 투자하여야 하는 동시에, 자금비용이 될 수 있는 한 저렴하도록 부채를 구성하여야 한다.

어떠한 부채구조를 가지고 자금을 조달하느냐에 따라 자금조달비용은 물론 해당 금융기관이 부담하는 유동성위험까지도 달라진다. 인출위험이 낮은 장기자금을 조달하기 위해서는 높은 이자를 지급하여야 하고, 반면에 지급이자율이 낮으면 그 자금을 장기간 사용할 수 없다. 수익성을 높이려면 지급이자율이 낮은 자금을 많이 조달해야 하지만, 그것은 안정성의 확보 혹은 유동성위험의 관리 차원에서 볼 때 바람직하지 않다. 따라서 은행은 부채를 통한 자금조달의 경우 수익과 인출위험의 상반관계를 신중하게 고려하여야 할 것이다.

### 3.2.1 요구불예금

요구불예금은 예금인출위험이 매우 높다. 반면에 이자가 지급되지 않는 것이 보통이다. 요구불예금에 대한 지급이자율이 0%라고 해도 은행의 입장에서 볼 때 요구불예금을 통한 자금조달이 완전공짜를 의미하는 것은 아니다. 더욱이 금융기관 간 경쟁이 심화되면서 결국 암묵적 이자(implicit interest)는 물론 명시적 이자(explicit interest)까지도 생겨났다. 한편 요구불예금에 대해서는 중앙은행이 지급준비금을 예치하도록 함으로써 은행들에게 추가적인 비용을 발생시키고 있다.

### 3.2.2 이자지급 당좌계정

1980년 이래 미국의 은행들은 예금주가 원하면 언제든지 아무런 제재 없이 인출할 수 있으면서도 고객이 일정한 수준의 최저잔고(minimum required balance)를 유지한다면 계정잔고에 대해서 이자를 지급하는 요구불예금, 즉 NOW(negotiable order of withdrawals)계정을 팔 수 있게 되었다. 따라서 NOW계정은 요구불예금보다 예금인출위험이 훨씬 낮다.

요구불예금의 경우와는 달리 은행은 위의 세 가지 가격수단, 즉 암묵적 이자, 최저잔고, 그리고 명시적 이자를 구사하여 NOW계정의 매력도를 변화시키고 예금인출위험에도 영향을 줄 수 있다.[1]

### 3.2.3 저축예금

저축예금(passbook savings accounts)은 요구불예금이나 NOW계정보다 유동성이 낮은데, 그 이유는 다음과 같다. 첫째, 저축예금의 예금주는 수표를 발행할 수 없는데다가 예금을 인출하려면 직접 은행을 찾아가야만 한다. 둘째, 예금인출요구를 받은 은행에서는 최장 1개월까지 예금지급을 합법적으로 지연시킬 수 있다. 물론 정상적인 상황에서 예금인출요구를 받는다면 해당 은행은 즉시 현금을 지급할 것이다.

한편 이 계정은 수표를 발행할 수 없으므로 암묵적 이자는 매우 적다. 그러므로 이 계정의 주요비용은 명시적 이자가 된다. 은행에서는 저축예금에 대하여 NOW계정보다 약간 높은 이자율을 지급하고 있다.

### 3.2.4 단기금융시장예금계정

미국의 단기금융시장예금계정(money market deposit accounts: MMDA)은 1982년 Garn-St. Germain법에 의하여 도입되었는데, 은행이 인출위험을 통제하는 데 사용할 수 있는 또 하나의 수단이 되고 있다. 이 상품은 은행으로부터 자금이 모두 인출되어 단기금융시장뮤추얼펀드(money market mutual funds: MMMF)로 흘러 들어가는 위험을 감소시키는 데 기여하였다. MMDA는 유동성이 비교적 높으면서도 높은 수익률을 제공한다.

MMDA의 주요비용과 인출위험을 통제할 수 있는 가격결정 메커니즘은 예금주들에게 지급되는 명시적 이자가 된다. MMDA는 MMMF와 직접적으로 경쟁관계에 있기 때문에 은행은 이 계정에 대하여 지급하는 이자율을 변경시킴으로써 순인출비율에 영향을 줄 수 있다. MMMF의 수익률은 단기금융시장에서 거래되는 기업어음(commercial paper: CP), 은행인수어음(banker's acceptance: BA), 환매조건부채권매도(repurchase

---

1 거래계정으로서 이 예금에는 요구불예금과 같은 비율로 예금보험료율과 지급준비율이 적용되고 있다. 가령 어느 NOW계정의 지급이자율이 5%이고, 법정지급준비율이 10%, 그리고 예금보험료율이 27bp(0.27%)일 경우 암묵적 이자를 무시하고 은행의 NOW계정의 유효비용(effective cost)을 계산하면 다음과 같다.

유효비용 $=[r_{now}/(1-R)]+$예금보험료율$=[0.05/0.90]+0.0027=0.0583$ 혹은 5.83%

agreement: RP 혹은 repo, 환매채) 및 국채 등과 같은 자산에 투자하여 얻는 수익률을 반영한다.

### 3.2.5 정기예금과 CD

정기예금(time deposit)과 양도성정기예금증서(certificate of deposit: CD)는 계약내용에 따라 인출위험을 감소시키고 있다. 특히 CD는 1960년대 초 은행에 인출위험을 안겨주지 않으면서도 예금주에게는 유동성을 보장해 주는 상호 간의 필요에 의해 도입되었다. 이 상품은 유통시장에서 다른 투자자들에게 양도될 수 있기 때문에 해당 은행에 대하여 조기인출요구를 할 필요가 없다.

정기예금이나 CD는 일정한 액면을 가지고 있으면서 만기가 사전에 정해진 유가증권이다. 정기예금의 경우 조기인출(또는 만기 전 해지)이 허용되지 않을 경우 은행으로서는 모든 현금유출시점이 계약에 의해서 미리 확정되어 있기 때문에 이자와 원금의 상환시점을 정확하게 알 수 있다. 그러나 예금주가 긴급한 유동성 필요 때문에 만기 이전에 예금인출을 요구한다면, 은행의 과징금 부과가 예금인출을 억지하는 효과적인 수단이 될 수는 없다.

저축예금과 마찬가지로, 명시적 이자가 이러한 금융상품의 주요비용이 된다. CD는 일반적으로 기업어음이나 국채와 같은 단기금융시장자산의 수익률과도 경쟁할 수 있는 수준으로 결정되고 있다. 정기예금이나 CD에 대해서는 법정지급준비금을 요구하지 않는다.

### 3.2.6 콜자금

은행들이 언제나 예금을 통해서만 필요한 자금을 조달하는 것이 아니라 때로는 자금시장에서 차입을 통하여 자금을 조달하기도 한다. 이러한 방법으로 조달된 자금은 차입금이지 예금으로 분류되지 않기 때문에 법정지급준비금과 무관할 뿐만 아니라 예금보험료 납입과도 무관하다.

은행이 자금을 차입하는 데 이용하는 시장 중에서 가장 큰 것은 콜시장이다. 초과지급준비금을 보유하고 있는 은행들은 이 자금을 국채와 기타 단기증권에 투자할 수도 있고, 또는 그 대안으로서 단기자금을 구하고자 하는 다른 은행들에게 아주 단기로 빌려줄 수도 있다. 초과지급준비금이 거래되는 은행간시장(interbank market)을 우리나라에서는 콜시장(call market), 그리고 미국에서는 연방기금시장(federal funds market)이라고 부른다.

이 방법으로 자금을 조달하는 은행에서는 차입한 연방기금이 당일에 인출될 위험은 전혀 부담하지 않지만, 매일 일과가 끝나면 그 대신 청산위험(settlement risk)이 있으며, 그 다음 날에는 그 차입금이 연장되지 않을 위험도 있다.

이 자금의 조달비용은 바로 콜금리(call rate) 또는 연방기금금리(federal funds rate)이다. 이 이자율은 변동성이 매우 커서 하루 동안에도 수시로 변하고 있다.

### 3.2.7 환매조건부채권매도(Repurchase Agreement: RP)

환매채(repo)는 한마디로 담보부 콜자금거래이다. 콜자금거래의 경우 차입은행이 그 다음 날 상환하지 못하는 신용위험이 존재하기 때문에 대출은행에서는 비록 하루 동안의 대출이라고 하지만 이를 뒷받침하는 담보를 요구하는 경우가 있다. 환매채거래에서는 대출은행이 차입은행으로부터 담보로 보통 국채를 건네받는다. 즉 차입은행에서는 돈을 빌리면서 보유하고 있던 유가증권을 일시적으로 상대방 은행에게 건네주는 것이다. 그 다음 날에는 이러한 거래가 반대로 이루어진다. 먼저 차입은행에서 빌린 콜머니에다 이자를 송금하면 대출은행에서는 곧 담보로 잡고 있던 유가증권을 되돌려주는 것이다.

콜시장과 마찬가지로, 환매채시장도 매우 유동성이 높아서 차입을 통해 예금인출에 부응하고자 하는 은행들이 이용할 수 있는 매우 탄력적인 자금원이 된다. 더욱이 콜자금과 같이 이러한 거래는 매일매일 연장될 수 있다. 그리고 담보가 제공되기 때문에 환매채금리는 보통 콜금리에 비해 낮은 편이다.

### 3.2.8 기타 차입금

콜자금과 환매채가 은행들에게는 매우 중요한 자금차입원천이지만 이외에도 부채관리에 있어서 활용도가 높은 다양한 차입원천들이 있다. 이들을 살펴보면 다음과 같다.

#### 1) 은행인수어음

은행들은 보통 신용장(L/C)을 어음보유자가 제시하던 그것을 할인하여 장부상 은행인수어음(banker's acceptance: BA)으로 전환시키는데, BA는 단기금융시장에서 다른 투자자들에게 매매될 수 있다. 그러므로 은행에서는 BA를 유통시장에서 매각하여 추가적인 자금을 조달할 수 있다.

### 2) 기업어음

은행은 직접 기업어음(commercial paper: CP)을 발행할 수 없지만 지주회사(bank holding company)를 통해 발행할 수 있다. 따라서 지주회사가 소유하는 은행들에게 CP는 추가적인 자금원천이 된다. 그러나 은행이 지주회사로부터 차입하는 자금은 법정지급준비금의 대상이 되므로 CP발행을 통한 자금조달의 매력은 그만큼 떨어진다.

### 3) 중기채권

중기채권(medium-term notes: MTN)은 글로벌 중기채(global MTN)라고도 불리는데, 많은 은행들이 인출위험이 낮고 보다 안정적인 자금원천을 찾던 중 만기가 5~7년인 중기채권을 발행하기 시작하였다. 이 채권이 특히 인기를 끄는 이유 중의 하나는 그것이 법정지급준비금이나 예금보험의 적용대상이 아니라는 점이다.

### 4) 재할인창구

유동성경색(liquidity crunch)에 직면하고 있는 은행들은 최후의 수단으로 중앙은행의 재할인창구(discount window)를 이용하여 자금을 조달할 수 있다.

## 제4절 금융기관들의 예금상품개발

금융자율화와 금리자유화가 진전됨에 따라 자금조달경쟁이 격화되고, 금융수요의 다양화, 업무영역의 광역화, 외국금융기관의 선진기법 및 신상품 도입이 더욱 활성화되고 있다. 금융기관은 수익성 제고를 위하여 비용이 저렴한 자금조달 극대화전략을 구사해야 한다. 동시에 다양한 금융수요에 대비해 금융신상품과 고객지향적인 다양한 금융서비스를 개발해야 한다. 본 절에서는 금융기관들의 예금상품개발에 관한 최근 동향을 파악해 보려고 한다.

## 4.1 주문형 예금상품

금융시장이 점차 수요자 주도로 변해 감에 따라 우리나라 금융기관들은 개별고객의 욕구를 충족시켜 줄 수 있는 주문형 맞춤금융상품의 개발을 적극적으로 추진하고 있다. 특히 은행의 경우 예금상품은 물론 대출상품에 있어서도 이러한 금융상품들이 속속 등장하고 있다. 그러나 아직은 주로 후발은행을 중심으로 대고객 상품 및 서비스의 개발과 운영에 있어 기존관행과 인식의 변화를 시도하고 있는 것이 현실이다.

예컨대, A은행은 예금가입일과 관계없이 고객 스스로가 선택한 기념일이나 특정일에 만기를 지정하는 하루단위 부금상품을 개발하여 시판하고 있고, B은행에서는 고객이 통장이름 및 디자인을 스스로 정하고 모계좌 세후이자의 20%에 해당하는 금액과 연결계좌의 보너스금리를 고객이 지정하는 단체의 계좌에 출연할 수 있는 예금상품을 제공하고 있다.

한편 공익형 상품과 관련하여 후원단체에 출연하는 출연비율을 고객이 직접 주문·지정할 수 있는 상품도 이미 개발되어 있다. 또한 신용카드사와 투자신탁사도 각각 주문형 여행상품, 주문형 상품개발제도 등 고객의 개별욕구에 적극적으로 대응하는 자세를 보이고 있다.

## 4.2 파생금융상품을 활용한 예금상품

금리자유화 진전의 결과로 시장이자율의 불안정성이 더욱 커짐에 따라 고객들은 확정이자율을 선호하는 경향을 보였으며, 금융자율화가 시행됨에 따라 우리나라 은행들은 그러한 고객들의 요구에 부응하여 새로운 예금상품을 개발하게 되었다. 은행들이 최근 시판하고 있는 예금상품으로는 시장이자율에 연동되는 정기예금수익률을 사실상 고정이자율로 확정하거나 최저수익률을 보장하는 형태가 주류를 이루고 있다. 최근 들어서 은행들은 또한 은행상품의 금리경쟁력 제고를 위해 정기예금과 환율관련 파생상품을 결합하여 고객이 이자수익 이외에도 추가적으로 환차익을 얻는 고수익 예금상품들도 선보이고 있다.

### 4.2.1 금리스왑 정기예금: 변동금리 정기예금의 고정금리수익 보장

이 상품은 고객이 본래 변동금리 예금상품에 가입하였으나 은행과의 금리스왑(interest rate swap)을 통해 실질적으로는 고객들이 얻게 되는 수익률을 상황의 전개와 관계없이 확정될 수 있도록 만들어진 상품이다. 상품의 구조를 보면, 정기예금에 금리스왑을 결합시킨 것으로 고객은 정기예금(이자율이 단기시장금리에 연동)에 가입함과 동시에 은행과 고정금리수취－변동금리지급 금리스왑계약을 체결한다.

이 경우 고객이 실제로 수취하게 되는 이자율은 {정기예금금리－변동금리＋스왑고정금리}가 되는데, 정기예금금리와 고객이 지급하는 변동금리(3개월 또는 6개월 LIBOR)가 연동되어 움직이므로 고객은 사실상 스왑고정금리를 지급받게 된다. 따라서 정기예금의 수익률은 예금가입과 동시에 스왑고정금리로 확정할 수 있게 된다.

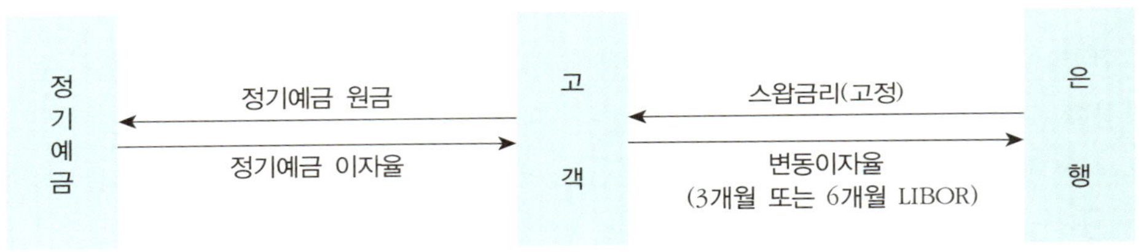


### 4.2.2 최저금리부 정기예금: 변동금리 정기예금의 최저수익률 보장

이 상품은 정기예금금리에 최저한도를 설정하여 예금가입 후 시장이자율이 일정한 수준 이하로 하락하더라도 고객은 설정된 최저이자율을 보장받을 수 있도록 고안된 예금상품이다. 이 상품의 구조를 보면 정기예금에 금리옵션(interest rate option)의 일종인 금리플로어(floor: 최저금리)를 결합한 것이다.

고객은 변동금리 정기예금에 가입함과 동시에 은행에 수수료를 지급하고 최저금리설정계약을 매입한 결과 [그림 5－1]과 같은 수익패턴을 얻는다. 시장이자율이 본래 설정한 최저금리 이하로 떨어지더라도 고객은 최저수익률을 보장받는다. 반면에 시장이자율이 최저금리까지 하락하지 않는다면 최저금리설정이 무의미해진다. 이 경우 고객은 은행에 지급한 수수료만큼은 손해를 보게 되므로 정기예금의 수익률은 통상적인 정기예금에 비하여 낮아진다.

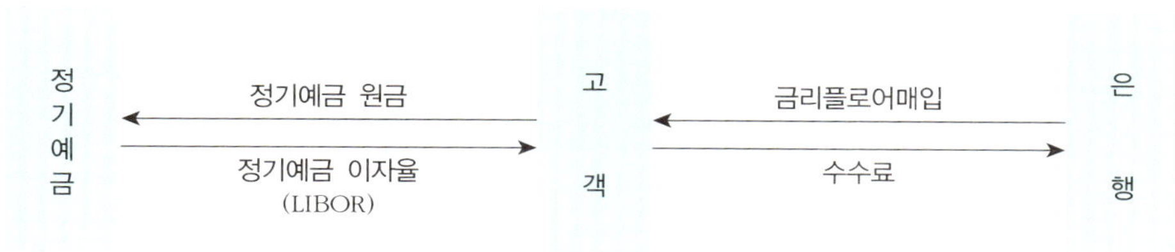


**그림 5-1** 금리플로어의 설정에 따른 하한금리부 정기예금의 수익패턴

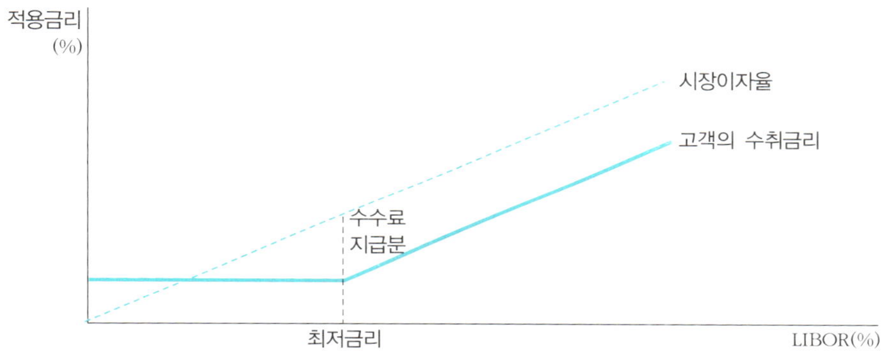


### 4.2.3 금리수익 이외에 환차익도 얻는 고수익 정기예금

#### 1) 통화옵션부 정기예금

이 상품에서는 고객이 정기예금에 가입할 때 환율을 예상하도록 하여 이것이 적중하면 추가수익을 얻을 수 있고 예상이 빗나가더라도 원금과 최저수준의 이자율은 보장한다. 이 상품의 구조는 정기예금에 통화옵션을 결합시킨 것으로 고객의 환율예상에 따라 원저유리형(dollar bull type)과 원고유리형(dollar bear type)으로 구분된다.

원저유리형은 고객이 원저-달러고를 예상하여 정기예금가입과 함께 옵션료를 지급하고 은행으로부터 달러 콜옵션(dollar call option)을 구입하는 형태이다. 달러 콜옵션은 달러를 일정한 가격(행사가격)에 살 수 있는 권리이므로 옵션매입 이후 달러화가 강세를 보이면 옵션매입자는 콜옵션을 행사하여 달러를 현재시세보다 싸게 살 수 있어 그만큼 환차익을 얻는다.

표 5-1 | 통화옵션부 정기예금: 원저유리형과 원고유리형의 비교

| 종류 | 상품 형태 | 원화하락(달러상승) | | 원화상승(달러하락) | |
|---|---|---|---|---|---|
| | | 옵션행사 여부 | 실질수익 | 옵션행사 여부 | 실질수익 |
| 원저유리형 | 정기예금 + 달러콜옵션매입 | 콜옵션 행사 | 환차익 + 정기예금금리 − 옵션료 | 콜옵션 행사포기 | 정기예금금리 − 옵션료 |
| 원고유리형 | 정기예금 + 달러풋옵션매입 | 풋옵션 행사포기 | 정기예금금리 − 옵션료 | 풋옵션 행사 | 환차익 + 정기예금금리 − 옵션료 |

반면에 달러가 약세로 되는 경우 콜옵션은 쓸모가 없어지므로 고객은 옵션료만큼 손해를 보게 되나, 일반적으로 은행들은 만기예금이자에서 옵션료를 차감한 금액이 적어도 보통예금이자수준은 될 수 있도록 옵션료를 설정함으로써 원금과 최저이자율을 보장한다.

한편 원고유리형은 고객이 원고-달러저를 예상하여 정기예금가입과 동시에 옵션료를 지급한다. 그 고객은 은행으로부터 달러 풋옵션(dollar put option)을 행사하여 달러를 현재시세보다 비싸게 팔 수 있어 그만큼 환차익을 얻는다. 이것도 역시 원저유리형과 마찬가지로 고객의 환율예상이 빗나가더라도 원금과 최저수준의 이자율은 보장한다. 이러한 결과를 요약하면 [표 5-1]과 같다.

### 2) 복합옵션부 정기예금

이 상품은 환율이 앞으로 오를지 내릴지 확실하게 알 수 없지만 여하튼 현재의 수준보다 큰 폭으로 변동할 것으로 예상하는 경우 정기예금이자 이외에 추가적으로 환차익을 얻을 수 있는 고수익 상품으로 꼽히고 있다. 위의 통화옵션부 정기예금이 환율변동의 방향을 예상하는 것이라면, 이 상품은 환율의 변동성을 예상하여 높은 수익을 얻는 형태를 가지고 있다.

상품구조는 정기예금에 복합옵션인 스트래들(straddle)매입을 결합한 것인데, 고객은 정기예금가입과 동시에 은행에 옵션료를 지급하고 스트래들을 매입한다. 스트래들매입은 [그림 5-2]에 나타난 바와 같이 만기와 행사가격이 동일한 콜옵션과 풋옵션을 동시

에 매입하는 것이다. 이 상품은 환율이 일정한 범위를 벗어나 크게 변동하는 경우에 큰 환차익을 올릴 수 있다. 따라서 고객은 자신의 예상이 적중하면 금리수익 이외에 환차익에 따른 고수익을 올릴 수 있다.

반면에 고객의 예상과는 달리 환율이 큰 폭으로 변동하지 않고 일정한 범위 내에서 소폭으로만 움직이게 되면, 그 고객은 은행에 지급한 옵션료만큼 손해를 보게 되지만 이 경우에도 원금과 최저수준의 이자율은 보장된다.

**그림 5-2 복합옵션부 정기예금에서 스트래들(straddle)매입의 손익구조**

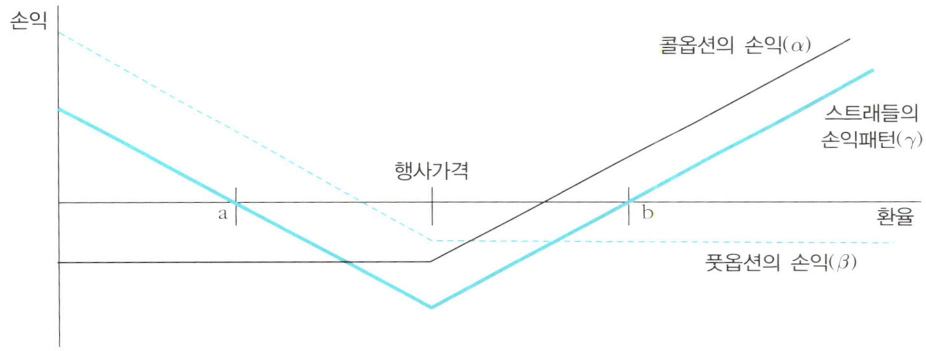


주: 1) 환율이 a 이하, b 이상으로 크게 변동하면 환차익을 얻음
2) $\gamma$수치는 $\alpha+\beta$의 수직적인 합계임

## 제5절 예금자보호제도

제4장에서는 금융기관이 직면할 수 있는 여러 가지의 위험에 대해 설명하였다. 거래금융기관이 보유하고 있는 자산의 질적 수준 및 해당 금융기관의 지불능력에 대단히 큰 관심을 가지고 있기 때문에 예금자나 생명보험가입자들과 같은 채권자들은 때에 따라서는 자신들의 자금을 금융기관으로부터 일시에 인출하려는 소위 대량인출사태(runs)를 일으키곤 한다. 따라서 예금자들과 기타 금융상품가입자들은 자신들의 채권을 변제받는 문제에 있어서 과연 누가 우선순위를 가지고 있는가에 지대한 관심을 가지고 있다.

건전성을 상실한 한 금융기관에서 발생하는 대량인출사태가 반드시 나쁜 것만도 아니다. 불량금융기관에서 발생하는 대량인출사태는 전염병처럼 감염효과(contagion effect)

가 심각해서 아주 잘 나가는 금융기관들에게까지도 그러한 상황을 확산시킬 수 있다는 사실을 금융기관 경영자들과 소유주들에게 일깨워주는 좋은 기회가 될 수도 있다. 사실 대량인출사태가 확산되어 가는 상황 속에서 채권자들은 굳이 건전한 금융기관들과 불건전한 금융기관들을 가려내려고 하지 않고, 그 대신 자신들의 채권을 신속하게 현금이나 보다 안전한 유가증권으로 전환시키려 하기 때문에 감염적인 대량인출사태가 발생하면 국지적으로나 국가적으로나 또는 국제적으로 통화량공급과 마찬가지로 신용공급도 극도로 위축된다.[2]

더욱이 금융기관의 대량인출사태는 매우 심각한 사회복지 문제를 야기할 수 있다. 예컨대, 은행부문에서 대량인출사태가 발생한다면 곧바로 금융기관의 형태를 불문하고 예금규모에 악영향을 미칠 것이고, 그 결과 장래에 걸릴지도 모르는 질병이나 노후의 소득감소에 대비하기 위하여 개인들이 자산을 시간별로 전환시키는 능력을 크게 저하시키게 될 것이다.

그러한 자산, 통화량공급, 그리고 신용공급에 미치는 효과로 인하여 금융서비스산업에 대한 규제감독당국자들은 대량인출사태를 방지하기 위하여 예금주들을 포함한 채권자들에게 다양한 형태의 보장시스템을 제공하여 왔다. 특히, 거래금융기관에 심각한 건전성 문제가 발생하더라도 채권자들이 자신들의 채권은 절대 안전하다는 믿음만 가지고 있다면 대량인출사태는 발생할 여지가 전혀 없을 것이다. 즉 채권자들에 대한 규제당국의 보증(guaranty)이나 보험제도(insurance system)를 통하여 대량인출사태를 막을 수 있고, 그러한 상황이 다른 금융기관으로까지 확산되어 공황상태를 야기하는 것을 방지할 수가 있는 것이다.

예금보험제도는 미국에서 1933년 은행법 개정을 통해 처음 도입되었지만, 그 제도가 다른 국가로 파급되는 속도는 아주 느렸다. 그러나 1980년대 이후 많은 국가에서 예금보험제도 도입이 급격하게 추진되고 있다. 예금보험제도가 빠르게 파급되는 이유는 다양하지만 대표적으로 다음 두 가지를 든다. 첫째, 1970년대까지는 일부 은행이 도산하였어도 예금인출사태가 거의 발생하지 않아 예금보험제도가 소액예금자 보호기능을 효과적으로 수행하여 금융시스템 안정에 기여하였다는 것이다. 둘째, 1980년대 그리고 1990년대의 금융위기를 경험하고 나서 많은 국가들이 정부의 건전성규제 및 감독, 중앙은행의 최종대부자기능 등 기존의 금융안전망(financial safety net)만으로는 불충분하다

2 사실 2008년 3월에 발생한 미국의 Bear Sterns의 대량인출사태는 전 세계적인 금융시장의 붕괴로 이어지는 첫걸음이었다고 할 수 있다.

는 사실을 깨닫게 되면서 이를 보완하기 위해 예금보험제도를 적극적으로 도입하게 되었다.

우리나라는 1995년 말 예금자보호법을 제정하여 1996년 은행권을 대상으로 예금보험업무를 시작하였고, 1998년 4월에는 은행, 보험, 증권, 종합금융, 상호신용금고, 신협 등 주요 금융권의 예금보험을 예금보험공사로 통합하였다. 예금보험공사의 업무도 도산은행에 대한 예금 대지급 위주로 해오던 것을 1997년 12월 이후에는 금융구조조정에 적극적으로 관여하는 것까지 확대되었다.

## 제6절 금융환경변화와 예금보험의 역할[3]

1970년대 중반 이후의 금융자유화 움직임으로부터 시작하여 금융시장환경은 급변하여 왔다. 많은 나라에서 자국 금융기관들의 경영자율성을 증진시키고 경쟁력을 강화하기 위해 각종 금융규제를 완화 내지 철폐하였으며, 금융의 개방화·국제화가 진전됨에 따라 외국 금융기관의 국내 금융시장 진출이 크게 증가하였다. 특히 금리자유화의 진행과 업무영역에 대한 규제완화는 예금시장과 대출시장 모두에서 은행과 비은행금융기관들의 경쟁을 심화시키는 결과를 가져왔다. 예금시장에서는 은행과 비은행금융기관, 뮤추얼펀드 등이 예금자를 확보하기 위해 치열하게 경쟁했으며, 대출시장에서는 비은행금융기관 및 비금융기업의 대출시장 진출이 증가하는 동시에 증권화의 진전으로 대기업들이 은행대출 대신 기업어음(CP)이나 회사채를 발행하여 자금을 조달하는 경향이 늘어나면서 기업대출과 소비자대출시장 모두 경쟁이 심화되었다. 이처럼 금융자유화로 인해 각종 금융시장에서 경쟁이 심화될 경우 금융기관들의 수익성은 악화되고 수익성, 변동성도 확대되어 금융제도의 안정성을 저하시키는 부작용을 초래할 수 있다.

먼저 금융자유화가 진행될 경우 금융상품가격의 변동성이 커져서 금융기관들이 직면한 금융위험이 커지거나, 경쟁이 심화된 상황 속에서 수익성을 유지하기 위해 과도한 위험을 추구할 가능성이 있다. 한편 금융자유화가 이루어질 때 금융기관들의 건전성 유지를 위한 건전성감독이 동시에 강화되지 않는다면 위험에 대한 충분한 고려 없이 단순

3 안종길·이종욱, "예금보험제도의 발전방향"을 참조 또는 인용하였다(한국경제학회와 예금보험공사가 공동으로 주최하는 세미나에서 발표, 2006).

히 고수익을 좇아서 신규업무에 경쟁적으로 진출하는 은행경영자의 도덕적 해이(moral hazard)가 심화될 수도 있다. 금융자유화로 금융기관 신설에 대한 규제가 완화되면 금융기관의 면허가치(charter value)가 감소하게 되는데 이 또한 은행경영자의 도덕적 해이를 증가시킬 가능성이 있다. 금융자유화의 이러한 효과들은 모두 금융기관들의 도산위험을 증가시켜 금융제도의 안정성을 해칠 가능성이 있는 것이다.

둘째, 금융의 개방화·국제화가 진전되면 외국 금융기관의 국내 금융시장 진출이 늘어나 국내 금융시장에서의 경쟁을 심화시키며, 이는 금융자유화의 경우와 마찬가지로 금융제도의 안정성에 부정적인 영향을 미칠 수 있다. 경쟁심화에 직면한 국내 금융기관들이 충분한 준비 없이 국제금융업무에 진출하였다가 외환·금융위기를 초래한 사례가 이를 단적으로 보여주고 있다. 또한 금융의 국제화가 진전되면 한 국가에서 발생한 금융위기가 다른 나라들에게 빠르게 전파되는 감염위험(contagion risk)도 높아진다.

셋째, 1990년대 이후 뚜렷해진 금융기관의 대형화 움직임도 금융제도의 안정성을 해치는 방향으로 작용할 수 있다. 금융기관의 대형화가 금융기관수를 줄여 경쟁도를 낮추고 규모의 경제 및 범위의 경제를 실현할 수 있게 하거나 자금조달 및 수익원의 다변화를 통해 경영위험을 분산시켜 줄 경우 금융제도의 안정성을 높이는 방향으로 작용할 수 있다. 그러나 규모가 커진 금융기관의 경영자가 대마불사원칙(too-big-to-fail doctrine)을 믿고 고위험-고수익전략을 추구하였다가 그 전략이 실패할 경우 해당 기관이 도산할 뿐만 아니라 그 상황이 초래할 국민경제적 혼란으로 인해 적절한 예금보호제도 없이는 자칫 금융위기로 연결될 가능성도 있다.

다음으로 금융기관들의 겸업화도 금융기관들이 부담하는 금융위험을 증대시킬 수 있다. 겸업화는 경쟁심화로 인해 전통적인 업무의 수행만으로는 수익성을 유지하기 어렵게 된 금융기관들이 수익원을 다변화함으로써 수익의 안정을 기하고 종합금융서비스를 제공할 수 있는 체제를 갖추어 경쟁력을 높이려는 노력의 일환으로 추구하는 경영전략이다. 은행의 경우 예금 및 대출시장에서의 경쟁 심화로 적절한 예대마진을 확보하기 어렵게 되자 수익성을 유지하기 위해 유가증권관련업무나 신용카드업무 등에 경쟁적으로 진출하여 비이자소득을 확대하고자 하였지만, 이들 중 일부는 이 과정에서 높아진 시장위험(market risk)을 적절하게 통제하지 못해 겸영업무에서 큰 손실을 입었으며, 이로 인해 겸영 금융기관 전체가 부실화되는 경우도 있었다. 뿐만 아니라 다수의 국가들에서 금융자유화가 금융위기를 초래한 데 대응하여 감독당국이 자기자본규제를 포함한 건전경영감독을 강화하자, 금융기관들이 비이자수익을 확대시키려는 노력의 일환으로 난외거래(off-balance-sheet transactions)를 크게 증가시켰는데, 난외거래에서 큰 비중을 차지하는 파생금융상품거래의 확대가 금융기관의 도산가능성을 높이는 방향으로 작용한 경우도 발생하였다.

이상에서 본 바와 같이 급속도로 진행되고 있는 여러 금융환경변화는 금융기관들의 도산 가능성을 높이는 방향으로 작용할 가능성이 있으며, 실제로 그러한 위험이 현실화된 경우도 많았다. 앞에서 언급된 바 있지만 특정금융기관의 도산은 해당 기관의 이해관계자들에게만 손해를 입히는 것이 아니라 금융제도 전반에 대한 신뢰를 추락시켜 대량예금인출사태를 야기하고 이는 다시 다른 금융기관의 부실화를 초래하여 국민경제에 커다란 혼란과 손실을 입힐 수 있다. 따라서 금융기관의 도산으로 인하여 금융제도 안정성이 위협받지 않도록 하기 위해서는 금융기관들에 대한 건전경영감독(prudential supervision)을 강화해야 한다. 그러나 건전경영감독 강화가 금융기관의 도산방지의 충분조건이 아니므로 많은 국가에서는 예금보호제도 도입을 통하여 금융제도 안정성이 위협받는 것을 막으려고 하고 있다.

예금보험제도의 가장 중요한 역할은 도산 금융기관이 발생하였을 때 해당 기관을 신속하게 정리하고 그 과정에서 금융기관 경영에 대한 정보가 부족하여 금융기관 재무건전성을 효과적으로 감시할 수 없는 소액예금자들을 보호함으로써 금융제도에 대한 신뢰 저하로 예금인출사태가 발생하는 것을 방지하고 이를 통해 금융제도의 안정성을 유지하는 것이다. 이와 더불어 예금보험기구는 소형 금융기관의 예금자들을 대형 금융기관의 예금자와 동일하게 보호함으로써 규모가 다른 금융기관들이 대등하게 경쟁할 수 있는 여건을 조성하는 데도 기여하고 있다.

예금보험제도는 이처럼 금융제도의 안정성을 유지하는 데 매우 중요한 역할을 수행하지만, 예금보험제도 도입이 반드시 긍정적 효과만을 가져오는 것은 아니다. 예금보험제도의 도입은 예금자들로 하여금 금융기관 건전성을 감독하도록 하는 유인을 감소시키고, 이는 다시 금융기관 경영자들로 하여금 자신의 이익을 극대화하기 위해 예금자들의 예금을 위험이 높은 곳에 운용하고자 하는 이른바 도덕적 해이(moral hazard) 문제를 야기할 수가 있다. 예금자와 금융기관 경영자의 도덕적 해이 문제가 과도하게 되면 도산하는 금융기관의 손실규모가 그렇지 않은 경우보다 크게 확대되어 대규모의 기금결손을 초래할 수 있으며, 그 결과 예금보험제도에 대한 일반의 신뢰가 약화되어 예금보험기구가 제 기능을 수행하기 어렵게 된다.

따라서 예금보험제도가 소액예금자보호와 이를 통한 금융제도의 안정성 유지라는 본

연의 목적을 효과적으로 수행하기 위해서는 부보대상예금, 보험료율, 부보한도, 기금조달방식 등의 예금보험체계를 결정함에 있어 예금자와 금융기관 경영자의 도덕적 해이 문제를 최소화할 수 있는 방안을 도출해야 한다. 먼저 금융기관 경영자의 도덕적 해이는 감독당국이 자기자본규제와 이를 바탕으로 한 적기시정조치(prompt corrective action)를 포함하는 건전경영감독을 강화함으로써 어느 정도 줄일 수 있다. 금융기관이 부담하는 위험의 크기에 따라 보험료율을 차등적으로 적용하는 것도 금융기관 경영자들의 도덕적 해이를 줄이는 데 도움이 된다. 예금자의 도덕적 해이를 줄이기 위해서는 보호가 되는 예금의 종류와 부보한도를 제한하거나 금융기관이 도산할 경우 예금자로 하여금 부보예금의 일정 비율에 해당하는 손실을 부담하게 하는 공동보험제도를 도입할 필요가 있다. 이렇게 할 경우 예금자들이 금융기관의 재무건전성은 도외시하고 수익성만을 추구하는 행위가 많이 억제될 수 있을 것이다.

이상의 논의를 간략히 요약하면, 예금보험제도의 도입은 소액예금자보호와 도산 금융기관의 신속한 정리를 가능하게 하여 금융제도의 안정성을 유지하는 데 기여할 수 있으나, 예금보험제도의 도입이 초래할 수 있는 예금자와 금융기관 경영자의 도덕적 해이 문제를 적절하게 통제하지 못할 경우 예금보험이 의도하는 소기의 성과를 거두기가 어려울 것이다. 그러므로 예금보험제도를 도입하거나 개선방향을 모색할 때에는 예금자와 금융기관 경영자의 도덕적 해이를 줄이는 데 많은 관심을 가질 필요가 있다.

## EXERCISE

1. 금융감독당국에서는 왜 금융기관들에게 최저수준 유동자산 보유의무를 부과하고 있는가?

2. 유동성이란 어떻게 정의되고 유동성관리가 금융기관의 경영에 있어서 왜 중요한가?

3. 유동성관리의 대상에는 어떠한 것들이 포함되고 있는가?

4. 유동성관리에 있어서 기본적인 과제는 어떠한 것들이 있는가?

5. 유동성관리와 부채관리는 어떻게 연관되어 있는가?

6. 재무상태표의 부채부분을 구성함에 있어서 금융기관 책임자가 직면하고 있는 상반효과는 무엇이라고 할 수 있는가?

7. 주문형 금융상품이란 어떠한 개념이며, 우리나라의 현황은 어디까지 왔는가?

8. 은행이 활용할 수 있는 주요 부채들을 열거하고, 각각에 따른 인출위험과 조달비용의 특성을 설명하라.

9. 콜자금과 환매채의 주된 차이는 무엇이라고 생각하는가?

10. 복합옵션부 정기예금의 목표는 무엇이며, 어떠한 구조로 이루어져 있는가?

11. 감염적 예금인출사태(contagious run)란 무엇인가? 그러한 감염적 예금인출사태가 초래할 가능성이 있는 심각한 사회복지적 효과는 무엇인가? 모든 금융기관이 동일하게 감염적 예금인출사태에 직면하고 있는가?

12. 도덕적 해이(moral hazard)란 무엇인가? 모든 금융기관들에게 동일한 보험료율을 적용할 때 발생할 수 있는 도덕적 해이는 어떤 것이 있는가? 도덕적 해이를 방지하려면 어떤 방안을 도입하여야 하는가?

13. 위험수준에 기초한 예금보험제도가 어떻게 금융기관의 과도한 위험추구행위를 억제시킬 수 있는가?

14. 금융환경의 주요 변화에는 어떤 것들이 있으며, 그러한 상황에서 예금보험의 역할은 무엇인가?

Chapter

# 6 자본금의 적정성

Financial Institutions Management

금융기관이 생존을 보장받으려면 최소한 건전성이 확보되어야 한다. 즉 위험이 너무 커서 해당 금융기관이 지급불능상태에 빠지거나 도산하게 되는 경우를 사전에 방지해야 하는 것이다. 금융기관을 파산위험으로부터 보호하는 가장 으뜸가는 수단은 자기자본이다. 다시 말하면, 금융기관의 자기자본은 예상하지 못한 손실을 흡수함으로써 해당 기관에 대한 고객들의 신뢰도를 유지시키고 해당 금융기관을 계속기업으로서 존재할 수 있도록 충격흡수 장치로서의 기능을 한다.

본 장에서 우리는 금융기관의 지급불능위험을 줄이기 위한 자기자본의 효율적 관리와 관련하여 다음과 같은 주제를 중점적으로 다룬다.

- 금융기관에서 자기자본은 어떠한 기능을 하는가?
- 금융기관 자기자본에 대한 금융감독당국의 규제논리는 무엇인가?
- 자기자본을 측정하는 데 있어서 시장가치회계와 장부가치회계가 서로 어떻게 다른가?
- 국제결제은행(BIS)에서 시행하고 있는 금융산업에 대한 자기자본규제의 내용은 무엇인가?

# 제1절 금융기관 자기자본의 개념과 기능

## 1.1 자기자본의 개념

자기자본이 어떻게 금융기관을 지급불능으로부터 보호하는가를 이해하기 위해서는 먼저 자기자본을 명확하게 정의해야 한다. 왜냐하면 자기자본에 대한 정의가 매우 다양하기 때문이다.

금융기관 자기자본의 회계학적 정의는 재무상태표상의 자산에서 부채를 뺀 순자산(net worth)이다. 자본을 자산에 대한 주주의 지분으로 파악하여 회계장부상의 자기자본으로 정의하기도 한다. 이때 자기자본에는 보통 납입자본금, 자본잉여금, 그리고 이익잉여금이 포함된다.

금융기관의 자기자본에 대한 경제학적 정의는 자산의 시장가치와 부채의 시장가치 간 차이, 즉 경제적 순자산(economic net worth)을 의미하는데 이것은 시장가치회계(market value accounting)의 개념과 일치한다. 그러나 대부분의 국가에서는 자기자본비율규제를 장부가치회계(book value accounting)에 기초하여 실시하고 있다.

## 1.2 자기자본의 기능

금융기관의 자기자본이 수행하는 주요 기능은 무엇보다도 예금자보호(depositors protection)이다. 이것은 금융기관이 지급불능상태에 빠지거나 도산에 직면했을 때에 자기자본이 예금자들을 보호하기 위한 최종적인 자체재원이 되는 것을 의미한다. 예금자보호기능은 개별금융기관은 물론 금융제도의 안정성을 뒷받침한다는 점에서 금융기관이 수행하는 여러 기능 중에서 가장 중요한 것으로 인식되고 있다.

금융기관의 자기자본은 또한 자산가치의 급격한 하락 등 예기치 못한 손실이 발생하더라도 이것을 흡수하여 금융기관이 도산에 이르지 않고 영업을 지속할 수 있도록 완충장치(buffer)로서의 기능을 수행한다. 금융기관이 파산하면 예금보험공사와 같은 규제당국이 개입하여 예금보험제도하의 채권자들을 보호한다. 따라서 금융기관의 자기자본은 예금보험기금이 보호기능을 제대로 수행할 수 있도록 해준다. 만일 예금보험기금이 예금자보호라는 제구실을 하지 못할 때 궁극적으로는 납세자들이 그 부담을 떠안게 된다.

마지막으로, 금융기관의 자기자본은 일반기업의 경우와 마찬가지로 매우 중요한 자금의 원천이다. 특히 영업에 기본적으로 필요한 건물, 토지, 설비 등 업무용 고정자산의 취득이나 신규업무개발을 위한 귀중한 재원이 된다.

자기자본의 이러한 기능을 감안하여 각국의 감독당국은 금융기관에 대하여 자기자본비율을 일정한 수준 이상으로 유지하도록 요구하거나, 금융기관의 개별위험자산 보유한도 등을 자기자본의 일정 비율 이내로 규제하고 있다.[1]

## 제2절 자기자본과 지급불능위험

규제당국이 자기자본비율규제를 시행하고 있는 논리적 근거는 무엇이며, 지급불능위험을 감소시키는 데 있어서 자기자본의 경제적 기능은 무엇인가? 먼저 경제적 자기자본 혹은 순자산이 어떻게 신용위험과 이자율위험에 대해서 보호막기능을 하고 있는지 알아보자.

### 2.1 시장가치로 본 자기자본

[표 6-1]은 어느 은행이 보유자산과 부채를 일일정산(mark-to-market)에 기초한 시가로 나타낸 약식 재무상태표이다. 일일정산에 기초하여 경제적 가치로 산출한 이 금융기관의 자기자본은 자산과 부채의 차액인 1,000억원이다. 시장가치를 기준으로 할 때 이 금융기관은 경제적으로 건전한 상태에 있으며, 비록 오늘 당장 청산되더라도 예금자

1 우리나라의 경우 은행법 등 관계법령에 의해 은행의 각종 자산운용한도가 자기자본의 일정 비율 이내로 규제되고 있다.

| 규제의 종류 | 규제의 기준 |
|---|---|
| • 지급보증의 제한 | • 자기자본의 20배 이내 |
| • 유가증권투자의 제한 | • 자기자본의 100% 이내 |
| • 업무용 부동산투자의 제한 | • 자기자본의 100% 이내 |
| • 동일인에 대한 대출 및 지급보증의 제한 | • 대출과 지급보증 모두 총자본의 15% 이내 |
| • 거액여신 총액한도의 설정 | • 총자본의 10%를 넘는 여신의 경우 자기자본의 5배 이내 |

들에게나 감독당국에게 부담을 주지 않을 것이다. 이제 신용위험과 이자율위험이 금융기관의 자기자본에 주는 영향을 고려하여 보자.

표 6-1 | 어느 은행의 시가기준 재무상태표 (단위: 억원)

| 자산 | | 부채 및 자기자본 | |
|---|---|---|---|
| 장기유가증권 | 8,000 | 부채(단기, 변동금리 예금) | 9,000 |
| 장기대출채권 | 2,000 | 순자산 | 1,000 |
| | 10,000 | | 10,000 |

### 2.1.1 시가자기자본과 신용위험

[표 6-1]에서 보면 이 은행의 장기대출총액은 2,000억원에 이른다. 장기간 지속되는 경기침체로 말미암아 이 은행의 대출고객들 중 상당수가 현금흐름관리에 어려움을 겪고, 그 결과 대출금상환계획에 차질이 있다고 가정해 보자. 대출금에 대한 현재와 미래 기대현금흐름이 감소하면, 대출포트폴리오의 시장가치는 2,000억원 이하로 하락할 것이다. 가령 대출채권의 시가총액이 2,000억원에서 1,200억원으로 떨어졌다고 하자. 이 수치에 따른 수정재무상태표는 [표 6-2]에 나타나 있다.

표 6-2 | 대출채권의 시가하락 후 수정된 시가기준 재무상태표 (단위: 억원)

| 자산 | | 부채 및 자기자본 | |
|---|---|---|---|
| 장기유가증권 | 8,000 | 부채(단기, 변동금리 예금) | 9,000 |
| 장기대출채권 | 1,200 | 순자산 | 200 |
| | 9,200 | | 9,200 |

대출채권의 시가에서 800억원이 줄어든 것은 이 은행의 재무상태표상 순자산이 800억원만큼 줄어든 것으로 나타난다. 즉, 자산가치의 감소는 주주들의 자기자본 또는 순자산의 감소로 이어진다. 이 표에서 알 수 있듯이, 채권자(예금자)들은 완전히 보호되기 때문에 그들이 가진 청구권의 시장가치는 여전히 9,000억원으로 나타난다. 이것은 채권자들의 청구권이 높은 우선순위를 가지고 있는 반면, 주주들의 청구권은 후순위이기 때문이다.

만일 더 큰 신용위험이 발생하여 대출포트폴리오의 시장가치가 무려 1,200억원만큼 하락하여 800억원으로 된 경우를 보자([표 6-3] 참조). 이 경우 해당 은행은 당장 지급불능상태에 빠지게 된다. 즉 자산의 시장가치(8,800억원)가 부채의 총가치보다 더 적어졌다. 주주들의 순자산은 완전히 잠식되어 버렸고(1,000억원에서 −200억원으로 감소), 그 결과 채권자들도 이제는 손실을 볼 수밖에 없다.

**표 6-3 | 대출채권의 시가폭락이 해당 은행의 재무상태표에 미치는 영향** (단위: 억원)

| 자산 | | 부채 및 자기자본 | |
|---|---|---|---|
| 장기유가증권 | 8,000 | 부채(단기, 변동금리 예금) | 9,000 |
| 장기대출채권 | 800 | 순자산 | −200 |
| | 8,800 | | 8,800 |

특히 대출포트폴리오의 가치손실 1,200억원 중에서 1,000억원은 주주들이 부담한다. 주주들의 자기자본이 모두 잠식된 연후에야 비로소 채권자들이 손실을 입게 되는 것이다.

이 경우 만일 그 은행의 자기자본이 1,000억원이 아니라 1,500억원이라면 채권자(예금자)들은 손실로부터 완전한 보호를 받게 된다. 이 예를 통해서 우리는 순자산(혹은 자기자본)이 지급불능위험으로부터 채권자들을 보호하는 보험기금으로서의 기능을 한다는 것을 알 수 있다.

### 2.1.2 시장가치 자기자본과 이자율위험

[표 6−1]에 나타난 재무상태표를 기초로 이제는 이자율이 크게 상승한 경우를 가정해 보자. 이자율이 상승하면 이 은행이 보유하고 있는 장기고정소득증권과 대출채권의 시장가치가 하락한다. 반면에 변동금리상품(floating rate instruments)은 적용이자율이 즉시 조정되기 때문에 이자율변동에 의해 영향을 받지 않는다. 이자율 상승으로 인하여 이 은행의 장기고정소득증권의 시장가치가 8,000억원에서 7,500억원으로, 장기대출채권의 시장가치도 2,000억원에서 1,700억원으로 각각 하락하였다고 가정하자. 모든 예금은 단기이고 변동금리가 적용된다고 가정하였으므로 그들의 시장가치는 여전히 9,000억원이다.

이자율변동 후 그 은행의 시가재무상태표는 [표 6−4]와 같아진다. 이 은행자산의 시장가치가 800억원만큼 줄어든 것은 재무상태표에서 순자산이 1,000억원에서 200억원으로 800억원만큼 감소한 것으로 나타난다. 이 경우에도 신용위험의 경우와 마찬가지로 자산가치의 손실은 주주들이 먼저 부담한다.

표 6-4 | 이자율 상승 후 해당 은행의 시가재무상태표 (단위: 억원)

| 자산 | | 부채 및 자기자본 | |
|---|---|---|---|
| 장기유가증권 | 7,500 | 부채(단기, 변동금리 예금) | 9,000 |
| 장기대출채권 | 1,700 | 순자산 | 200 |
| | 9,200 | | 9,200 |

자기자본의 규모가 적절하거나 충분히 크면 채권자들은 지급불능위험으로부터 보호될 것이다. 만일 경제적 순자산이 완전히 잠식되기 전에 감독당국이 해당 금융기관을 퇴출시킨다면, 채권자들은 아무런 손실을 입지 않는다. 이러한 이유로 많은 학자들이나 분석가들은 모든 금융기관들에 대해 시가회계제도와 자기자본의 시장가치 평가원칙을 도입하여야 한다고 주장하고 있는 것이다.

## 2.2 장부가치로 본 자기자본

시장가치 자기자본과 장부가치 자기자본(book value of capital)이 어떻게 차이가 나는지 비교하여 보자. [표 6−5]는 [표 6−1]과 같은 재무상태표이지만, 여기서는 모두 역사적 장부가치를 나타내고 있다.

표 6-5 | 어느 은행의 장부가치기준 재무상태표 (단위: 억원)

| 자산 | | 부채 및 자기자본 | |
|---|---|---|---|
| 장기유가증권 | 8,000 | 부채(단기, 변동금리 예금) | 9,000 |
| 장기대출채권 | 2,000 | 순자산 | 1,000 |
| | 10,000 | | 10,000 |

[표 6−5]에서 장기유가증권 8,000억원과 장기대출채권 2,000억원은 각각 그 자산의 역사적 장부가치, 즉 본래 대출이 행해지고 유가증권이 취득되었을 당시의 가치를 나타낸다. 부채와 자기자본의 경우도 마찬가지여서 모두 역사적 원가로서 장부가치이다. 은행에 있어서 장부가치상의 자산과 부채의 차이인 장부가치 자기자본은 다음 네 가지 요소로 구성되어 있다.

① **납입자본금**: 주식의 액면총액으로서 해당 기관에서 발행한 보통주의 액면가에 총 발행주식수를 곱한 금액

② **주식발행초과금**: 주식의 발행가와 액면가의 차이에 발행주식수를 곱한 금액으로

서 주식액면총액을 초과하는 주식발행총액

③ **유보이윤**: 과거에 발생한 이익 중에서 주주들에게 배당으로 지급되지 않은 부분으로서 배당으로 지급될 수도 있었기 때문에 주주들의 몫으로 간주됨

④ **대손충당금**: 대출포트폴리오에 대한 기대손실 혹은 실제손실에 충당하기 위하여 유보이윤에서 떼어내 따로 적립해둔 금액

### 2.2.1 장부가치 자기자본과 신용위험

대출채권 2,000억원 중에서 일부가 회수에 어려움이 있다고 가정하자. [표 6−2]에서는 기대현금흐름이 달라졌을 경우 대출포트폴리오의 시장가치가 2,000억원에서 손실액 800억원이 빠진 1,200억원으로 즉시 하향조정되었다. 그러나 역사적 가치를 반영하는 장부가치 회계제도에서는 그와 같은 대출손실을 재무상태표상에 반영시키는 시점에 대해 보수적인 태도를 취한다.

금융기관들도 사실 예금자들이나 감독당국에게 아주 건전한 상태에 있는 것처럼 보이기 위해서 부실자산의 가치손실을 장부상에 반영시키는 것을 매우 꺼린다. 그들은 손실을 장부상에 반영시키고 부실자산의 가치를 장부에서 상각하도록 감독당국으로부터 압력을 받을 때라야만 비로소 실상을 밝히게 된다.

금융기관들의 그러한 특성을 보여주는 좋은 예가 바로 미국은행들이 멕시코와 브라질에게 해준 대출이다. 그 대출금이 부실화된 것은 1982년이었으나 1987년이 되어서야 비로소 장부에서 상각되었던 것이다. 더욱이 감독당국으로부터 부실판정을 받은 대출금(problem loan)도 해당 금융기관들의 재무상태표상에는 여전히 장부가치로 남아 있게 된다. 가령 위의 예에서 장부가치회계에 따라 해당 금융기관이 대출포트폴리오에 대해 800억원 대신 300억원의 손실을 반영시키도록 감독당국으로부터 지시를 받았다고 하자. 그 300억원은 장부가치 자기자본 1,000억원에서 차감되는데, 특히 자기자본항목들 중 대손충당금에서 차감된다.[2] 이 경우 새로 작성된 재무상태표를 보면 [표 6−6]과 같다.

2 은행들은 일반적으로 자산손실상각분에 대해 세금공제혜택을 받는다. 따라서 실제로는 세금혜택만큼 손실규모가 줄어든다. 만일 자산손실규모가 해당 금융기관의 대손충당금을 초과할 때에는 그 다음으로 유보이윤에서 모자라는 부분만큼 차감하게 될 것이다.

표 6-6 | 장부가치 자기자본에 대해 대출손실을 상각한 후의 재무상태표 (단위: 억원)

| 자산 | | 부채 및 자기자본 | |
|---|---|---|---|
| 장기유가증권 | 8,000 | 부채(단기, 변동금리 예금) | 9,000 |
| 장기대출채권 | 1,700 | 순자산 | 700 |
| | 9,700 | | 9,700 |

### 2.2.2 장부가치 자기자본과 이자율위험

장부가치 회계제도에서는 상당한 시간이 흐른 후에야 비로소, 그것도 매우 부분적으로만 신용위험 문제를 인식하고 있다. 이자율위험에 대해서는 이러한 문제가 더욱 심각해진다. [표 6-5]의 시장가치회계에서는 이자율 상승으로 장기증권과 대출채권의 시장가치가 800억원만큼 줄어들었고, 그 결과 순자산의 시장가치가 1,000억원에서 200억원으로 감소하였다. 그러나 장부가치회계에서는 모든 자산과 부채는 본래 취득할 당시의 가치를 나타내고, 설령 이자율이 상승하더라도 자산, 부채, 또는 자기자본의 장부가치에는 영향을 미치지 않는다. 즉 재무상태표상으로는 이자율 상승 이전과 이후가 같은 채로 남아 있게 되는 것이다.

## 2.3 자기자본의 시장가치와 장부가치

금융기관 자기자본의 장부가치가 시장가치와 차이가 나는 정도는 이자율의 변동성과 검사・집행횟수에 따라 다르게 나타난다. 먼저, 이자율의 변동성이 클수록 두 시장가치와 장부가치의 차이는 더 커진다. 그리고 금융기관에 대한 검사를 자주 할수록, 또한 부실대출상각에 관하여 적용하는 기준이 엄격할수록 시장가치와 장부가치의 차이는 더 작아지게 된다.

실제에 있어서는 비록 재무상태표상의 수치를 시장가치의 변화에 따라 그때그때 조정을 하지 않더라도 주식시장에 상장된 금융기관의 경우 장부가치 자기자본(BV)과 시장가치 자기자본(MV)의 차이를 어느 정도 짐작할 수 있다. 특히 자본시장이 효율적이면 투자자들은 해당 금융기관의 자산과 부채를 시장가치에 따라 판별한 후 그 주가를 산정할 것이다. 주식의 시장가치는 현재와 미래의 순이익이나 배당흐름에 기초하는데 다음과 같다.

$$MV = \frac{\text{발행주식의 시장가치총액}}{\text{총발행주식수}}$$

반면에 금융기관 주식 1주의 장부가치(BV)는 다음과 같이 표현된다.

$$BV = \frac{\text{납입자본금}+\text{주식발행초과금}+\text{유보이윤}+\text{대출손실충당금}}{\text{총발행주식수}}$$

시장－장부가치비율(market to book ratio)이라고 불리는 MV/BV는 주식시장에서 투자자들이 인식하는 해당 주식의 시장가치와 재무상태표에 나타난 자기자본의 장부가치 간에 얼마나 차이가 나는가를 나타내는 지표이다. 이 비율이 낮을수록 자기자본의 장부가치는 자본시장에서 투자자들이 인식하고 있는 해당 금융기관의 경제적 순자산보다 높게 평가되고 있음을 의미한다.

## 2.4 시장가치회계의 도입에 대한 논란

시장가치회계제도의 도입을 반대하는 측에서는 무엇보다드 그것을 현실에 적용하기가 어렵다는 사실을 이유로 든다. 소액대출과 같이 거래되지 않는 자산(nontraded assets)을 많이 보유하고 있는 소규모 금융기관의 경우 이 주장은 제법 설득력이 있다. 자산에 대하여 정확한 시장가격이나 시장가치를 확인하기가 불가능한 경우 일일정산에는 오차가 발생하게 될 것이다.

이러한 주장을 반박하는 입장에서는 시장가치접근법(market value approach)은 모든 자산과 부채가 반드시 시장에서 거래되어야 한다는 가정을 하지 않으며, 시장가치회계는 원래의 장부가치를 사용하는 경우에 비해 그래도 오차가 작을 것이라고 주장하고 있다. 더욱이 대출채권매각(loan sales)과 자산증권화(asset securitization)가 최근 급성장하고 있어 대출채권의 시장가치를 추정하는 일은 그다지 어렵지 않다.

시장가치회계의 도입을 반대하는 사람들의 두 번째 논거는 이 제도가 아직 실현되지 않은 자본소득과 자산손실이 손익계산서에 반영됨으로써 금융기관 이익에 불필요한 변동성을 야기한다는 사실이다. 더욱이 이자율의 급등으로 발생한 미실현자본손실은 이자율이 다시 하락함에 따라 재빨리 회복되고 오히려 자본이득으로 전환될 수도 있다.

따라서 미실현자본손실이 발생하였다고 하여 감독당국이 즉각적인 시정조치를 강제한다면 너무 일찍 해당 금융기관을 퇴출시키는 결과를 초래할 수 있다고 주장한다.

그러나 이러한 주장에 대한 반박으로 금융기관들은 자산을 만기까지 보유하기보다는 그 이전에 매각하거나 증권화하는 경향이 점차 늘어나고 있다는 사실을 들고 있다. 또한 이자율변동에 따른 자본소득이나 자본손실을 그때그때 반영하지 않으면 해당 금융기관의 자기자본포지션이 진정한 이자율위험노출을 나타내지 못하게 된다고 주장한다.

시장가치회계의 도입을 반대하는 사람들의 세 번째 논거는 신용등급과 이자율의 변화를 끊임없이 반영하도록 일일정산을 해야 한다면 금융기관들은 위험에 대한 노출 때문에 기업부동산대출이나 소비자대출 및 기업대출과 같은 장기자산에 투자하기를 기피할 것이라는 점이다. 왜냐하면 장기자산이 단기자산에 비해서 이자율변동에 훨씬 더 민감하기 때문이다.

여기에서 문제는 대출자와 감독자로서 수행하고 있는 금융기관의 특수한 기능에 시장가치회계제도가 도입되면 심각한 신용경색(credit crunch)이 발생할 가능성이 있다는 점이다. 시장가치회계제도에 반대하는 위의 세 가지 반박논리 중에서 바로 이것이 아마도 중소기업금융과 경제성장에 관심의 초점을 두고 있는 감독당국에게는 가장 설득력이 있는 것으로 보인다.

## 제3절 금융기관 자본규제의 최근추이

1988년 국제결제은행(BIS)의 바젤은행감독위원회(Basel Committee on Banking Supervision: BCBS, 일명 바젤위원회)[3]는 「자기자본의 측정 및 기준에 관한 국제적 합의」(International Convergence of Capital Measurement and Capital Standards: 일명 '바젤합의')를 제정하였으며, 이후 여러 국가들이 위의 합의에 입각한 자본규제를 실시하였다. 다음에서는 바젤합의의 배경, 자기자본비율규제의 주요 내용, 바젤합의 개정안 등을 차례로 설명하기로 한다.

3 바젤은행감독위원회(Basel Committee on Banking Supervision: BCBS)는 G20 국가를 포함한 총 27개국의 44개 중앙은행 및 감독기구로 구성되어 있으며, 은행감독관련 국제규준결정 및 이행권고를 주요 임무로 하고 있다. 우리나라는 2009년 3월에 신규로 가입하였다.

## 3.1 바젤합의에 의한 은행자본규제의 배경

1970년대 중반 이후 금융의 세계화가 급속하게 진행되어 특정국가의 은행부실화에 따른 영향이 다른 나라에까지 파급될 가능성이 크게 높아짐에 따라 은행감독에 관한 국제 간의 협조가 없이는 자국의 은행제도와 세계금융시스템의 안정을 기하는 데 한계가 있다는 인식이 팽배해졌다. 또한 은행자본을 규제함에 있어서 각국의 규제기준이 달라 국제적으로 활동하는 은행들 간에 공정한 경쟁이 이루어지지 않고 있다는 점에서도 국제적으로 통일된 자본규제기준의 제정 필요성이 제기되었다. 주요 선진국들은 BIS 산하의 바젤위원회(BCBS)를 중심으로 은행자본규제에 관한 국제협력을 추진하였으며, 그 결과 1988년 7월 자기자본비율규제에 관한 국제적 통일기준이 마련되었다.

## 3.2 바젤합의의 주요 내용

바젤합의에 의한 자기자본비율규제(이하 'BIS 자기자본비율규제'라고 함)의 핵심적인 내용은 은행자산별로 위험가중치를 부여하여 산출한 위험가중자산의 8% 이상에 해당하는 자기자본을 보유하도록 한 것이다.

$$\frac{\text{자기자본}}{\Sigma(\text{재무상태표항목} \times \text{위험가중치}) + \Sigma(\text{부외항목} \times \text{신용환산계수} \times \text{위험가중치})} \geq 8\%$$

위의 산출공식에서 분자가 되는 자기자본은 기본자본(Tier Ⅰ capital or core capital)에 보완자본(Tier Ⅱ capital or supplementary capital)을 더하고 공제항목을 빼서 산출된다. 기본자본은 주식과 공표준비금으로 구성되며, 자기자본은 50% 이상을 기본자본으로 보유하도록 하였다.[4]

보완자본은 비공표준비금, 재평가준비금, 일반충당금 및 대손충당금, 부채성 자본조달수단[5] 및 기한부 후순위채로 구성된다. 그리고 자기자본으로부터 공제되는 항목에는

4 주식은 보통주, 비누적적 영구우선주(non-cumulative perpetual preferred stock) 등을 포함하며, 공표준비금은 자본준비금, 이익준비금, 이월이익잉여금 등을 포괄한다.

5 부채성 자본조달수단(hybrid debt capital instruments)이란 주식과 부채의 중간 성격을 가지며 만기가 정해져 있지 않고 은행의 청산 시까지 상환의무가 없는 누적적 우선주, 영구후순위채 등이 여기에 해당된다.

영업권(goodwill)과 금융업을 영위하는 비연결자회사에 대한 출자금이 포함된다.

자기자본비율의 산출공식에서 분모에 나타나 있는 재무상태표 자산항목에 대한 위험가중치는 거래상대방의 신용도, 담보 또는 보증유무 등을 기준으로 0%, 10%, 20%, 50%, 100%의 다섯 가지가 적용된다. 재무상태표 기재 외의 항목, 즉 난외항목의 경우는 난외거래금액에 0~100%의 신용전환계수(credit conversion factor)를 곱하여 구한 신용위험 상당액에 재무상태표 자산항목에 적용되는 거래상대방별 위험가중치를 다시 곱하는 2단계 방식으로 분모금액을 산출한다.

바젤합의에서는 각국의 회계제도와 금융관행이 서로 다른 점을 감안하여 위의 합의 내용과 상충되지 않는 범위 내에서 자본의 포괄범위, 자산항목별 위험가중치, 자회사의 범위 등을 각국 감독당국의 재량에 맡기고 있다.

## 3.3 수정바젤자본협약

1988년의 바젤합의는 은행의 다양한 경영위험 중에서 신용위험만을 고려하고 있으며, 각국의 상이한 세제, 회계제도, 금융관행 등을 충분히 반영하지 않는 문제점이 있다. 이러한 문제를 해결하기 위하여 1993년 4월 바젤위원회(BCBS)는 「은행 자기자본규제와 관련한 바젤위원회의 새로운 제안」을 공표하였다.

그러나 주요 국가들의 은행들이 자율적인 위험관리기법의 개발을 저해할 가능성을 제기함에 따라 1995년 4월 바젤위원회(BCBS)는 시장위험의 측정방법에 있어서는 각 은행이 자체개발한 내부모형을 사용할 수 있도록 허용하는 「시장위험규제에 관한 최종개정안」을 발표하였다. 이 개정안은 BIS 회원국의 의견수렴을 거쳐 1995년 말 최종확정되고 1997년 말부터 시행되고 있다.

# 제4절 은행산업에 대한 자기자본비율의 산출

## 4.1 자기자본비율

자기자본비율(capital-assets ratio: CR)은 은행이 보유하고 있는 총자산에 비해서 기초자기자본(primary or core capital)의 장부가치가 어느 정도의 비중을 차지하고 있는가를 나타내는데, 다음과 같이 추정한다.

$$CR = \frac{\text{기초자기자본}}{\text{총자산}}$$

방법으로 산출된 CR에 의거 해당 금융기관의 자본적정성 여부가 판단된다. 만일 어느 은행의 CR이 5%를 초과하고 있다면 그 은행은 풍부한 자기자본을 보유하고 있다(well capitalized)고 간주된다. 만일 어느 은행의 CR이 만일 4% 이상인 경우에는 자기자본이 적정하다(adequately capitalized)고 간주된다. 이러한 자기자본비율(capital-assets ratio: CR)로 자본적정성을 측정하는 데는 다음의 세 가지 문제점들이 있다.

① **시장가치**: 장부상으로 총자산 대비 기초자기자본의 비율이 2%가 넘는다고 하더라도 실제 순자산의 시장가치가 엄청난 (−)값일 수 있다. 이 경우 예금자들이나 납세자들을 포함한 감독당국이 손실발생에 대하여 적절히 보호되고 있다는 보장이 전혀 없다.

② **자산위험**: CR을 계산할 때 분모에 총자산을 사용하면 자산들의 신용위험과 금리위험이 서로 다르다는 사실을 간과하는 것이 된다.

③ **난외업무**: 실제로 난외업무가 크게 증가하고 있지만 그와 같은 조건부 자산 및 부채와 관련한 지급불능위험에 대비해서 어떠한 필요자본도 요구하지 않고 있다.

## 4.2 위험조정 자기자본비율

미국의 금융감독당국은 전통적인 자기자본비율과 함께 바젤협정에 규정된 사항들을 동시에 시행하고 있다. 이 규정에 따라 은행이 적정자기자본을 보유하기 위해서는 최저

자기자본(Tier Ⅰ 기초자기자본과 Tier Ⅱ의 보완자기자본) 대 위험조정자산의 비율이 최저 8%를 유지해야 한다.

$$\text{위험조정 자기자본비율} = \frac{\text{총자기자본(Tier Ⅰ + Tier Ⅱ)}}{\text{위험조정자산}} \geq 8\%$$

또한 Tier Ⅰ의 기초자기자본은 다음의 요건을 충족시켜야 한다.

$$\text{Tier Ⅰ(기초)자기자본비율} = \frac{\text{기초자기자본(Tier Ⅰ)}}{\text{위험조정자산}} \geq 4\%$$

즉, 8% 이상의 위험조정 자기자본비율 중에서 최소한 4% 이상을 기초자기자본의 형태로 보유해야 한다는 것이다.

## 4.3 위험조정자산과 자기자본비율의 계산

위험조정자산에는 위험조정 장부자산(risk-adjusted on-balance-sheet assets)과 위험조정 난외자산(risk-adjusted off-balance-sheet assets)이 있다.

### 4.3.1 위험조정 장부자산

BIS의 자기자본규제제도하에서 각 은행은 보유하고 있는 모든 자산을 각각 신용위험 노출도에 따라 0%, 20%, 50%, 그리고 100% 등의 네 그룹으로 분류하여야 한다. 다음 [표 6-7]에서는 여러 가지의 자산들에 대한 위험가중치를 요약해놓고 있다.

그러면 [표 6-8]에 있는 어느 은행의 재무상태표를 이용하여 위험조정자산가치를 계산하여 보자. 자산 $i$의 위험가중치를 $w_i$로, 그리고 자산 $i$의 재무상태표상의 장부가치를 $a_i$로 표시하면 은행의 재무상태표자산에 대한 위험조정가치는 다음과 같다.

$$\text{위험조정자산가치} = \sum_{i=1}^{n} w_i a_i$$

$$= 0(5) + 0(15) + 0.2(15) + 0.5(30) + 1(35) = 5{,}300\text{억(원)}$$

재무상태표상 자산의 단순장부가치는 1조원인 반면, 위험조정자산가치는 5,300억원이 된다.

**표 6-7 | 재무상태표 각종 자산에 대한 위험가중치**

| 위험가중치 | 자산내용 |
|---|---|
| 0% | • 현금 및 예금담보대출, 중앙정부와 중앙은행에 대한 현지통화표시채권: 지준예치금, RP 매수, 통안증권, 국투예치금, 정부보증채 등<br>• OECD 회원국의 중앙정부와 중앙은행에 대한 채권<br>• 현금 또는 OECD 회원국 중앙정부 채권에 의해 담보되었거나 OECD 회원국 중앙정부에 의해 보증된 채권 |
| 0, 10, 20, 50%<br>(각국 재량) | • 중앙정부를 제외한 국내 공공부문에 대한 채권 및 동 부문에 의해 보증된 채권(국내 공공기관, 지방자치체관련 채권): 지방채, 신용보증서담보대출, 원·외화대출금 중 관련 자산 |
| 20% | • 국제개발은행(IBRD, IADB, ASDB, AFDB, EIB)에 대한 채권<br>• 자국 및 OECD 회원국 은행(종금사 포함)에 대한 채권: 은행 간 콜론, RP 매수, 타행예치금, 타행CD인수분, 은행보증대출, 은행보증회사채 |
| 50% | • 주거용 주택에 대한 저당권설정으로 담보되는 대출(주거용 주택이 전액 담보된 채권): 근로자주택자금대출, 가계·기업자금대출 중 관련 자산 |
| 100% | • 민간부문(개인·법인)에 대한 채권: 대출금, 주식, 기타 보증회사채, 지보대지급금, D/A·D/P 매입외환, 신용카드<br>• OECD 비회원국 정부 및 은행에 대한 장기채권<br>• 영업용 토지, 건물, 동산, 기타 고정자산<br>• 부동산투자 및 기타 자산 |

**표 6-8 | 어느 은행의 재무상태표** (단위: 100억원)

| 가중치 | | 자산 | 부채 및 자본 | |
|---|---|---|---|---|
| 0% | 현금 | 5 | Tier Ⅰ + Tier Ⅱ 자본 | 10 |
| | 통안증권 | 15 | | |
| 20% | 지방채 | 15 | 부채 | 90 |
| 50% | 주택저당대출금 | 30 | | |
| 100% | 기타 대출금 | 35 | | |
| | | 100 | | 100 |

## 4.3.2 위험조정 난외자산

위험가중 자기자본비율을 산출할 때 분모에 있는 총자산에는 위험조정 장부자산뿐만 아니라 위험조정 난외활동(risk-adjusted off-balance-sheet activities)도 함께 산입된다. 난외활동 위험조정가치를 산출하려면 먼저 각 난외활동을 확실한 구분해야 한다. 특히, 신용장과 같은 지급보증계약의 신용위험노출 정도는 외환 또는 금리선물, 옵션 및 스왑계약의 그것과는 다르다.

이러한 난외항목의 위험조정가치를 산출하는 데는 먼저 각 난외활동항목에 대해 신용등가(credit equivalent amounts)로 전환할 필요가 있는데, 신용등가전환계수는 [표 6-9]에서 보는 바와 같다.[6]

**표 6-9 | 난외활동의 신용등가 전환계수**

| 전환계수 | 항목 |
|---|---|
| 100% | 일반채무보증 및 인수 등 직접적 신용대체수단으로서의 보증신용장 |
| 50% | 우발채무(입찰보증, 이행보증, 성과연계 보증신용장 등): 만기가 1년을 초과하는 당좌대월 중 미사용액 |
| 20% | 단기자금결제성 무역관련 우발채무(상업신용장, B/A 등) |
| 0% | 기타 대출계약 |

난외활동이 위험조정 자기자본비율에 어떻게 반영되는가를 보자. 앞의 예에서, 그 은행은 5,300억원의 위험조정 장부자산 이외에도 다음과 같은 난외조건부계약 또는 보증을 했다고 가정하자.

① 대기업들에게 2년 만기 8,000억원의 대출공여약정(loan commitments)

② 기업어음(CP)에 대한 보증으로서 1,000억원의 보증신용장(standby L/C) 발행

③ 5,000억원의 상업신용장(commercial L/C) 발행

이러한 난외항목들의 위험조정자산가치를 산출하기 위해서는 먼저 위의 표에 나타난 전환계수를 사용하여 다음과 같이 신용등가를 구한다.

6 신용등가전환계수는 난외활동의 액수를 재무상태표 장부상의 가치에 상응한 액수로 바꾸기 위하여 사용되는 계수이다.

| 난외활동항목 | 액면가 | | 전환계수 | | 신용등가 |
|---|---|---|---|---|---|
| 2년 만기 대출공여약정 | 8,000억원 | × | 0.5 | = | 4,000억원 |
| 보증신용장 | 1,000 | × | 1.0 | = | 1,000 |
| 상업신용장 | 5,000 | × | 0.2 | = | 1,000 |

이 은행의 각 난외활동항목에 대한 신용등가는 각각 4,000억원, 1,000억원, 그리고 1,000억원이 된다.

다음에는 이러한 신용등가에다 각 항목에 해당하는 위험가중치를 곱하여 위험조정자산가치를 구해야 한다. 각 항목에 대한 위험가중치는 각 난외활동의 상대방이 누구(정부, 지방자치단체, 혹은 기업)인가에 따라 달라진다. 만일 보증이 지방채발행을 위한 것이었다면 위험가중치는 0.2가 된다. 그러나 위의 예에서는 상대방이 모두 기업들이었으므로, 세 항목 모두 위험가중치로서 1.0을 적용한다. 물론 상대방이 정부이었다면 위험가중치는 0이 될 것이다. 각각의 위험가중치를 적용하여 위험조정자산가치를 구해 보면 다음과 같다.

| 난외활동항목 | 신용등가 | | 위험가중치 | | 위험조정자산가치 |
|---|---|---|---|---|---|
| 2년 만기 대출공여약정 | 4,000억원 | × | 1.0 | = | 4,000억원 |
| 보증신용장 | 1,000 | × | 1.0 | = | 1,000 |
| 상업신용장 | 1,000 | × | 1.0 | = | 1,000 |

## 제5절 위험조정 자기자본비율에 대한 비판

금융기관이 부담하고 있는 위험에 기초한 자기자본규제는 ① 여러 자산 간에 신용위험이 서로 다른 사실을 체계적으로 고려하고, ② 난외자산의 위험노출을 반영하며, ③ 모든 주요 은행들에게 유사한 자기자본비율을 적용함으로써 단순자기자본비율을 적용할 때보다도 금융기관의 안정성을 더욱 향상시키고자 한다. 그러나 이 비율은 다음과 같은 개념적 문제점들이나 적용상의 어려움 때문에 그 목적을 성공적으로 달성시키기 매우 어렵다.

## 5.1 위험가중치

네 가지의 위험가중치 그룹들이 신용위험의 크기를 과연 잘 반영하고 있는지 애매하다. 예컨대, 주택자금대출은 50%의 위험가중치가 주어지는 반면, 기업자금대출은 100%의 위험가중치가 주어진다. 이러한 가중치의 차이를 보면 기업자금대출은 주택자금대출에 비해서 정확히 2배에 가까운 위험을 가지고 있다는 뜻인데, 이것이 현실적으로 타당한가는 의문이다.

## 5.2 장부상 인센티브 문제

자산들이 각각 서로 다른 위험가중치를 가지고 있기 때문에 금융기관 경영자들은 자산할당게임에 몰두할 우려가 있다. 즉 한정된 자기자본을 가지고 있는 은행은 자기자본규제비율의 분모에 있는 위험조정자산을 감소시킴으로써 비율을 증가시킬 수 있다.

## 5.3 포트폴리오위험의 인식

새로운 제도는 포트폴리오 구성에 따른 신용위험의 감소를 무시하고 있다. 포트폴리오에 포함된 자산들의 수익률이 (+)의 완전상관관계를 갖지 않는 한 분산투자를 통해서 위험이 감소된다. BIS의 자기자본비율규제는 자산들의 신용위험 간 공분산이나 상관관계를 무시하고 있으므로, 은행은 각 자산의 위험을 독립적으로 산출하고 그들을 모두 합하여 총신용위험을 구하고 있다.

## 5.4 은행의 전문성

민간부문의 기업대출에 가장 높은 위험가중치가 적용되고 있기 때문에 은행들은 그러한 대출을 가급적 피하고 차라리 다른 자산을 소유하려는 인센티브를 가진다. 그 결과 은행들은 본연의 업무인 대출을 가급적 줄이려고 할 것이다.

### 5.5 모든 기업대출에 대한 동일한 위험가중치 적용

신용등급이 가장 높은 기업(AAA등급)에 해준 대출도 위험가중치가 1.0이고, 신용등급이 C인 기업에 해준 대출도 위험가중치가 같은 1.0이다. 즉 기업대출과 같이 동일위험 그룹에 속하면 각 신용위험의 질적 차이는 전혀 고려되지 않는다. 이러한 문제점으로 인하여 은행들은 오히려 신용등급이 낮은 고객들에게 대출을 행하려는 역인센티브를 갖게 됨으로써 은행의 위험을 증가시키는 결과를 초래할 수도 있다.

### 5.6 기타 위험

시장위험노출은 이제 위험조정 자기자본비율에 산입되게 되었지만, 외환위험, 자산집중위험, 운영위험 등과 같은 위험들은 아직도 반영되지 않는다.

### 5.7 경쟁

국가마다 금융산업에 대한 세제와 회계제도 및 안전망장치가 서로 다르게 마련인데, 8%의 자기자본비율을 동일하게 적용하는 것은 오히려 모든 은행들에게 동등한 경쟁을 할 수 있는 장을 마련해 주지 못한다는 지적이 있다.

## 제6절 신바젤자본협약[7]

1999년 6월 국제결제은행(BIS)의 바젤위원회(BCBS)는 자기자본규제의 리스크민감도를 높이고, 개별은행의 리스크를 측정할 때 재량권을 부여하는 「신바젤자기자본협약」의 시안을 발표하였다. 신협약안은 크게 모두 3개 부문(pillars)으로 구성되어 있는데, ① Pillar Ⅰ: 최소자기자본규제, ② Pillar Ⅱ: 금융감독당국의 점검, 그리고 ③ Pillar Ⅲ: 시

7 이 부분은 한은정보, "신바젤자기자본협약 도입이 국내 은행산업에 미치는 영향 분석," 2003년 8월호, pp.30~35를 부분적으로 참조하였다.

장규율이 그 주요 내용으로 되어 있다.

바젤위원회(BCBS)는 각국으로부터 다양한 의견을 수렴하는 한편 금융기관 및 금융시장, 실물경제 등에 미치는 파급효과에 대한 계량영향평가(Quantitative Impact Study: QIS)도 여러 번 실시하여 신BIS협약안을 수정해 온 끝에 2004년 6월 신BIS자기자본협약(New Basel Capital Accord)을 최종확정하였고, 바젤위원회 13개 회원국의 경우 2007년 1월부터 동 협약을 시행하고 있다. 한편 기타 국가의 경우에는 각국의 사정에 따라 시행시기가 차이가 나며, 우리나라의 경우 2008년부터 시행하고 있다.

## 6.1 개요

'신바젤협약(New Basel Capital Accord)', 일명 '바젤Ⅱ'는 1988년부터 적용되어 온 '바젤Ⅰ'을 대체할 새로운 BIS 자기자본규제제도를 나타낸다. 신바젤협약의 특징은 은행이 확보해야 하는 자본을 보유자산의 위험에 보다 민감하게 설정한다는 점이다. 이에 따라 동일한 기업대출이라 하더라도 거래기업의 신용도에 따라 위험가중치가 차등적으로 적용된다. 또한 기존의 신용위험 및 시장위험항목 외에 은행의 내부절차, 임직원, 시스템상의 리스크인 운영위험항목이 추가됨으로써 은행의 리스크관리능력에 따라 위험가중치가 달라진다.

**표 6-10 | 신바젤자본협약의 구성**

| Pillars | 주요 내용 | 설명 |
|---|---|---|
| Pillar Ⅰ | 최소자기자본규제 (minimum capital requirements) | • 신용위험: 내부 또는 외부의 신용평가등급을 기초로 차입자의 채무불이행위험을 산정<br>① 표준모형: 외부신용평가기관의 평가등급을 활용<br>② 내부등급모형: 은행 자체 내부신용등급 평가모형을 활용<br>• 운영위험: 부적절한 내부절차, 직원, 시스템 등으로 인한 위험을 필요자기자본 산정 시 반영(신규)<br>• 시장위험: 트레이딩 목적의 채권과 주식 등의 가격변동위험을 필요자기자본 산정 시 반영(기존협약과 동일) |
| Pillar Ⅱ | 감독당국의 점검 (supervisory review) | • 감독기구의 입장에서 은행들이 보유하고 있는 자본의 적절성 및 내부평가과정에 대한 재검토 |
| Pillar Ⅲ | 시장규율 (market discipline) | • 안전하고도 건전한 은행거래관습을 고양시키는 효과적인 공시제도의 활용을 통한 시장자율규제 |

이 협약의 시안은 [표 6-10]에 나타나 있듯이 3개의 부문(pillars)으로 구성되어 있다. 바젤 I 은 은행의 도산위험과 은행도산에 따른 예금지급 등의 잠재비용을 줄이는 데 큰 역할을 하는 은행의 자기자본규모에 중점을 두는 반면, 바젤 II 는 금융시스템의 안전 및 건전성을 제고하기 위해 은행의 자체적인 내부통제 및 관리, 감독당국의 점검 및 시장규율에 더 큰 비중을 두고 있다([표 6-11] 참조).

**표 6-11 | 수정바젤자본협약과 신바젤협약의 특징 비교**

| 수정바젤자본협약 | 신바젤자본협약 |
|---|---|
| 단일위험측정방법에 초점을 맞춤 | 은행의 내부평가방식, 감독당국의 점검 및 시장규율에 보다 더 중점을 둠 |
| 일률적인 규제 적용 | 규제의 유연성, 규제방식의 다양성, 위험관리의 강화를 위한 동기부여 |
| 개략적인 구조 | 위험에 더 민감한 구조 |

## 6.2 세부적인 내용

수정바젤자본협약에서는 신용위험과 시장위험만 규제하고 있지만, 신바젤자본협약에서는 이들 위험 이외에 운영위험도 추가하여 규제하고 있다. 운영위험이란 내부통제제도의 부족, 담당직원의 실수 및 시스템의 오류 등으로 인하여 은행에 직·간접적으로 손실을 초래할 위험을 말한다. [표 6-10]에 나타난 신바젤자본협약의 주요 내용은 다음과 같다.

### 6.2.1 최소자기자본규제(Pillar I )

#### 1) 표준모형에 따른 신용위험

수정된 표준모형(Standardized Approach)에서는 국가, 은행 및 회사채에 대해 외부신용평가기관(S&P)의 평가등급에 따라 위험가중치를 세분화하여 위험노출(exposure)별, 신용등급별로 위험가중치를 차등적으로 적용하고 있다. 표준모형에 따른 자세한 위험가중치는 다음의 [표 6-12]와 같다.

### 표 6-12 | 표준모형의 주요 위험노출별 · 신용등급별 위험가중치

| 신용도 / 차입자 | | | 새로운 위험가중치(S&P기준) | | | | | | |
|---|---|---|---|---|---|---|---|---|---|
| | | | AAA~AA- | A | BBB | BB | B | B-미만 | 무등급 |
| 국가 및 중앙은행 | | | 20% | 20% | 50% | 100% | 100% | 150% | 100% |
| 은행 | 1안 | | 20% | 50% | 100% | 100% | 100% | 150% | 100% |
| | 2안 | 3개월 이하 | 20% | 20% | 20% | 50% | 50% | 150% | 20% |
| | | 3개월 초과 | 20% | 50% | 50% | 100% | 100% | 150% | 50% |
| 기업 | | | 20% | 50% | 100% | 100% | 150% | 150% | 100% |
| 자산유동화 | | | 20% | 50% | 100% | 350% | 자기자본에서 차감 | | |

주: 1) 신용등급은 S&P를 기준으로 함
2) 은행에 대한 채권의 경우 감독당국의 판단에 따라 일률적으로 해당 국가위험가중치보다 한 단계 높은 위험가중치를 적용하거나(1안), 은행 자체의 신용등급에 따른 위험가중치를 적용함(2안)

### 표 6-13 | 회사채에 대한 신용도별 위험가중치

| 신용도 / 차입자 | 현행위험 가중치 | 새로운 위험가중치(S&P기준) | | | | |
|---|---|---|---|---|---|---|
| | | AAA~AA- | A+~A- | BBB+~BB- | BB-미만 | 미평가 |
| 기업 | 100% | 20% | 50% | 100% | 150% | 100% |

[표 6-13]에서는 보험회사를 포함하여 신용평가를 받은 기업의 채권에 대한 위험가중치를 나타낸 것으로 신용평가를 받지 않은 회사채에 대해서는 100%의 위험가중치를 적용한다.

### 2) 내부등급모형에 따른 신용위험

내부등급모형(Internal Ratings-Based Approach: IRB)은 은행 자체의 내부신용등급평가모형에 바탕을 두고 위험가중치 및 위험가중자산을 산정하는데 표준모형과는 달리 감독당국의 승인을 얻어야 한다.

### 3) 운영위험

운영위험(operational risk)은 부적절하거나 잘못된 내부절차, 직원, 시스템 또는 외부 사건으로 인해 발생하는 손실에 대한 위험으로 이번 신협약에 새로 추가되었다.

### 6.2.2 감독당국의 점검(PillarⅡ) 및 시장규율(PillarⅢ)

감독당국으로서는 신협약이 내부모형 등 은행의 재량을 대폭적으로 허용하고 있는 사실을 감안하여 은행의 위험관리체계 및 자본적정성 등을 점검하고 적절한 조치를 취하며, 최소자기자본규제(PillarⅠ)에서 규정하지 않은 은행계정의 이자율위험을 산정하고, 신용위험에 대하여 위기대응능력시험(stress test) 등의 방법을 통한 적정성을 점검할 필요가 있다.

시장규율부문에서는 은행의 위험수준 및 자본적정성에 대한 공시강화를 요구함으로써 시장참가자들의 은행에 대한 감시와 평가기능을 제고시켜 최소자기자본규제 및 감독당국의 점검을 보완하고 있다.

## 6.3 논의의 배경 및 경과

2008년에 세계를 강타한 글로벌 금융위기는 기존의 자본규제체제의 한계를 드러나게 하였다. 이에 따라 바젤위원회(BCBS)는 금융시스템의 안정성을 제고하기 위한 방안으로 2009년 7월과 12월에 은행의 위험가중자산에 대한 최소자기자본을 상향조정하는 자본규제 개편안을 논의하였다. 또한 2008년 9월 Lehman Brothers의 파산 이후 신용경색에 따른 유동성 문제가 더욱 심각해지면서 세계 각국은 잠재적 유동성 위기에 대한 은행의 복원력을 높이는 것이 매우 중요하다는 사실을 깨달았다. 이때 각국 정부가 서로 다른 기준의 유동성을 도입한다면 국가 간 규제차익(regulatory arbitrage)이 발생할 우려가 있기 때문에 은행의 유동성위험을 효과적으로 관리·감독하기 위해서는 글로벌기준의 마련이 중요하다는 인식하에 바젤위원회(BCBS)는 바젤Ⅲ협약을 마련하는 과정에서 유동성규제를 추가적으로 도입하고자 하였다.

이러한 논의는 2010년 9월 12일 바젤위원회(BCBS)의 최고의결기구인 중앙은행총재 및 금융감독기관장회의(Meeting of Governors and Heads of Supervision: GHOS)에서 이에 관한 구체적인 논의를 하였으며, 2010년 11월 서울에서 개최된 G20 정상회의에서 바젤위원회(BCBS) 자본·유동성 규제개혁의 세부사항이 담긴 「바젤Ⅲ 규정기준서(Basel Ⅲ rules text)」(또는 바젤Ⅲ협약)로서 대강의 내용에 대하여 합의하였고, 2010년 12월 1일 스위스 바젤에서 개최된 제138차 회의에서 어느 정도 확정되었다. 바젤Ⅲ협약의 내용은 2013년부터 단계적으로 실시하고 2019년까지 완전히 충족할 것을 규정하고 있다.

## 6.4 바젤Ⅲ 규정기준서의 주요 내용

바젤위원회(BCBS)는 2010년 12월 16일에 G20 서울정상회의(11월 10일~11일 개최)에서 승인된 BCBS 규제개혁의 세난내용이 담긴 「바젤Ⅲ 규정기준서」(BaselⅢ rules text)를 공식적으로 발표하였다. 2008년에 발생한 세계적인 금융위기의 교훈을 바탕으로 마련된 이 규정기준서는 은행부문의 복원력 강화를 위한 바젤위원회의 자본(A global regulatory framework for more resilient banks and banking systems) 및 유동성 규제개혁 방안( International framework for liquidity risk measurement, standards and monitoring) 등으로 구성되었다. 개략적인 내용은 [표 6-14]와 같다.

표 6-14 | 바젤Ⅲ의 개략적인 내용

| 1. 글로벌 규제자본체계의 강화 | 2. 글로벌 유동성기준 도입 |
|---|---|
| 1) 자본의 질·양 및 투명성 제고<br>2) 위험인식 범위 확대<br>3) 레버리지비율 도입<br>4) 경기순응성 완화 및 경기대응적 완충자본 확대<br>5) 시스템위험 및 상호연계성 완화 | 1) 유동성커버리지비율(LCR) 도입<br>2) 순안정자금조달비율(NSFR) 도입<br>3) 모니터링수단 도입 |

### 6.4.1 글로벌 자본규제체계의 강화

바젤위원회(BCBS)는 은행부문의 복원력(resilience) 제고를 위해 현행 자본규제체계를 크게 강화하였다. 특히 ① 규제자본의 질과 양을 동시에 강화하고 위험인식범위(risk coverage)를 확대하고, ② 레버리지비율규제를 보완지표(supplementary measure)로 새로 도입하여 자본규제를 더욱 보강하며, 나아가 ③ 경기순응성 및 금융기관 간 상호연계성 등이 초래하는 시스템위험을 억제하기 위해 다양한 수단을 도입하기로 하였다.

#### 1) 자본의 질·양 및 투명성 제고

손실이 발생할 때 금융기관이 자체적으로 이를 충분히 흡수할 수 있는 양질의 자본을 보유하도록 자본규제체계를 강화하였다. 이를 위하여 TierⅠ 자본을 손실흡수력이 가장 높은 보통주와 이익잉여금 위주로 구성하여 자본의 질을 크게 보강하였으며, 최저 보통주자본비율을 상향조정(현행 2% → 4.5%)하고, 완충자본의 도입을 결정하는 등 전체적인 규제자본의 양적 증대를 꾀하였다. 또한 손실보전 완충자본(conservation buffer) 2.5%(보통주자본), 경기대응 완충자본(countercyclical buffer) 0~2.5%(보통주 또는 기타 형태)를 도입하기로 하였고, 모든 자본요소 및 관련 세난내역을 공시토록 하여 시장규율 및 자본의 투명성을 획기적으로 개선하도록 하였다.

### 2) 위험인식범위의 확대

난내·외(off-balance sheet) 및 파생상품관련 위험노출과 연계된 실질적 위험을 보다 정확하게 반영하기 위해 자본규제체계의 위험인식범위를 확대하였다. 이를 위해 트레이딩계정 및 구조가 복잡한 유동화 위험노출에 대해 자본보유기준을 대폭 강화하였고, 단기매매차익을 목적으로 하는 주식, 채권, 외환, 파생상품 등에 대한 직접 투자활동을 기록하는 계정(은행계정: 대출, 만기보유목적 유가증권 등이 기록됨)을 두도록 하였으며, 파생상품거래 등에서 발생하는 거래상대방 신용위험(counterparty credit risk)[8]에 대한 자본요구량을 증대시켰다.

### 3) 레버리지비율의 도입

은행들이 무분별하게 자산을 늘리는 것을 통제하기 위해 위험가중자산(risk-weighted assets: RWA)이 아닌 전체 명목 익스포져로 계산되는 레버리지비율규제를 도입하였는데, 최저레버리지비율은 Tier I 자본기준 3%로 설정하였다. 그리고 현행 바젤 II 협약하에서 위험가중자산을 산출할 때 과소반영되었던 난외자산의 과도한 확대 등을 억제하였다.

### 4) 경기순응성 완화 및 경기대응적 완충자본 확대

금융기관이 대체로 호황기에 과도하게 신용을 창출하고 불황기에는 지나치게 신용을 축소시키는 등의 경기순응성을 완화시키기 위한 일련의 수단을 도입하였다. 이를 위해서 예상손실을 조기에 인식하는 미래지향적 충당금 적립을 유도하고, 호황기에 적립해 둔 자본을 위기상황에서 사용할 수 있도록 하는 완충자본제도(capital buffers)[9]를 도입하였다.

8 파생상품거래 등에 있어서 거래상대방의 부도 또는 신용하락으로 인해 경제적 손실을 입을 가능성을 말한다.

9 손실보전 완충자본(conservation buffer) 2.5%(보통주자본), 경기대응 완충자본(countercyclical buffer) 0~2.5%(보통주자본 또는 기타 손실흡수력이 큰 자본) 수준으로 정하였다.

### 5) 시스템위험 및 상호연계성 완화

시스템적으로 중요한 금융기관들(Systemically Important Financial Intermediaries: SIFIs)이 영업활동을 통해 서로 과도하게 연계되어 있을 때 발생할 수 있는 시스템위험(system risk)을 억제하기 위한 규제방안을 마련하고 있다. 바젤위원회(BCBS)와 금융안정위원회(Financial Stability Board: FSB)[10]는 SIFIs의 파산 가능성을 예방하기 위한 수단으로 추가부과자본(capital surcharges), 조건부자본(contingent capital), 손실분담채권(bail-in debt) 등 통합적인 규제수단을 개발하고 있다. 동시에 양적·질적 지표를 사용한 SIFIs의 '시스템적 중요도' 측정방법도 개발되고 있다.

## 6.4.2 글로벌 유동성기준 도입

이번 금융위기 동안 여러 은행들이 경험한 극심한 어려움은 상당부분 유동성위험관리의 기본원칙을 간과한 데 있음을 감안하여 유동성규제체계(liquidity framework)를 강화하였다. 동시에 국가별 감독의 일관성을 제고하기 위하여 일련의 모니터링지표(monitoring metrics)도 도입하고 있다.

### 1) 유동성커버리지비율(liquidity coverage ratio: LCR)

스트레스상황하에서 은행이 단기간의 급격한 유동성 유출에 견딜 수 있도록 단기유동성규제를 도입하여 은행의 단기복원력(short-term resilience)을 제고하도록 하였다. 여기서 LCR은 단기유동성지표로서 심각한 스트레스하에서 30일간[11] 순현금유출액 대비 고유동성 자산규모의 비율로 정의되는데, 이 비율이 매달 100%를 초과해야 한다고 규정하고 있다. 순현금유출액은 현금유출액과 현금유입액의 차이인데, 현금유출액 계산을 위해 개인 및 중소기업 예금 중에서 안정적인 예금의 경우 5%, 불안정한[12] 예금의

10 글로벌 금융위기 이후 G7을 중심으로 이뤄진 금융안정포럼(Financial Stability Forum: FSF)이 여러 가지 측면에서 한계를 느끼고, 한국을 비롯해 12개 회원을 추가해 확대 설립한 것이 금융안정위원회(FSB)이다. 이 기구는 금융정책관련 최고기구이자 금융계의 감시자 역할을 국제통화기금(IMF)과 함께 수행하고 있다. 제6차 FSB 총회가 24개 국가 금융당국과 중앙은행, 국제통화기금, 세계은행(World Bank) 등 12개 국제금융기구에서 70여 명의 금융정책관련 최고책임자들이 참석한 가운데 신흥국에선 최초로 2010년 11월 한국에서 개최되었다.

11 30일의 기간은 은행의 경영진이나 감독당국이 적절한 조치를 취하거나 은행이 법적인 절차에 따라 정리되는 데 필요한 최소한의 기간으로서 설정되었다.

12 불안정한 예금은 예금보험이 적용되지 않는 예금으로서 거액예금이 포함되며, 외화예금과 인터넷예금 등도 포함시킬 수 있다고 명시되어 있다.

경우 10%가 이탈하는 것으로 간주되고 30일 이내에 만기가 도래하는 은행채, 주식담보 RP, 대기업 및 금융기관으로부터의 차입부채, 자산담보부기업어음(asset-backed commercial paper: ABCP), 자산담보부증권(asset-backed securities: ABS) 등은 100% 이탈하는 것으로 간주된다. 반면 현금유입액과 관련하여 현재 제시된 바젤Ⅲ협약에서는 계약상 30일 이내에 만기가 도래하는 정상채권의 경우 전액 유입된다고 가정하였지만 구체적인 계산방식은 현재 논의 중에 있다.

유동성커버리지비율(LCR)이 100%를 초과하기 위해서는 은행이 보유하고 있는 고유동성자산의 규모가 순현금유출액보다 커야 한다. 고유동성자산은 금융위기의 경우라도 가치변동이 거의 없거나 즉시 현금화될 수 있는 자산으로서 1등급과 2등급으로 구분된다. 1등급은 현금, 중앙은행에 예치된 지급준비금, 바젤Ⅱ협약기준으로 위험가중치가 0%인 국가[13]의 중앙은행이나 공공기관 등이 발행·보증한 채권, 자국통화로 표시된 정부 및 중앙은행부채 등으로 구성되어 있으며, 이들의 경우 전액이 고유동성자산으로 인정된다. 반면에 2등급은 바젤Ⅱ협약기준으로 위험가중치 20%가 적용되는 국가나 공공기관이 발행한 채권, AA- 등급 이상의 회사채와 커버드본드(covered bond) 등으로 구성된다. 2등급에 대해서는 15%의 할인율이 적용되며, 어떠한 경우에도 2등급이 전체 고유동성자산의 40%를 초과할 수 없도록 규정하고 있다.

### 2) 순안정자금조달비율(net stable funding ratio: NSFR)

은행들이 각기 안정적인 자금조달구조를 구축할 수 있도록 유도하기 위해 중·장기 유동성규제를 도입하여 은행의 장기복원력(long-term resilience)을 제고하도록 하였다. 순안정자금조달비율(NSFR)은 중·장기 유동성지표로서 1년간 현금화되기 어려운 자산 대비 안정적 가용자금(available amount of stable funding)의 비율이며, 이 지표도 매달 100%를 초과해야 한다. 1년간 현금화되기 어려운 자산은 개별자산 및 난외계정에 가중치를 적용하여 산출되는데, 현금, 금, 단기금융상품, 시장성 유가증권, 잔존만기 1년 미만의 대출채권 등을 제외하고는 전액이 현금화되기는 어려운 자산으로 분류된다.

순안정자금조달비율(NSFR)이 100%를 넘기 위해서는 현금화되기 어려운 자산을 안정적 가용자금으로 충당해야 하는데, 자기자본과 만기 1년 이상의 부채의 경우 전액을

13 은행업감독업무시행세칙에 따라 OECD 국가의 경우 국가신용등급이 0~1등급이면 0%, 2등급이면 20%, 3등급이면 50%, 4~6등급이면 100%, 7등급이면 150%의 위험가중치가 적용된다.

안정적 가용자금으로 인정하고 있다. 요구불예금 등 만기가 없는 예금, 만기 1년 이내의 정기예금 등은 일부만 인정되는데, 정확한 가중치는 논의되고 있다.

### 3) 모니터링수단(monitoring tools)

감독당국이 개별은행 및 시스템 전체의 유동성위험을 적절히 파악할 수 있도록 모니터링체계를 마련하였다. 바젤위원회(BCBS)는 유동성위험 모니터링수단의 국제적 일관성을 제고하기 위해 개별감독당국이 이용해야 하는 공통지표군을 개발하였다. 그러나 개별감독당국은 각 국가별 특성을 감안하여 추가적인 지표도 이용할 수 있도록 허용하였다.

즉 바젤위원회(BCBS)는 각국의 감독당국이 만기불일치비율, 자금조달편중도 등도 유동성관리를 위한 보조지표로 활용하도록 권고하고 있으며, 이들 보조지표와 유동성커버리지비율(LCR), 순안정자금조달비율(NSFR) 등은 최소한 월별로 산출하여 보고하되 스트레스상황에서는 주별 또는 일별로 보고주기가 단축될 수 있다.

## 6.4.3 이행일정

바젤위원회(BCBS)는 은행이 새로운 규제에 대하여 원활하게 준비할 수 있는 기간을 확보하도록 하기 위해 다음과 같은 이행일정(transitional arrangements)을 마련하였다. 즉, 규제자본비율의 경우 2013. 1. 1~2019. 1. 1까지의 기간 중 단계적으로 이행하도록 하고 있다. 특히 최저자기자본은 2013. 1. 1~2015. 1. 1까지, 그리고 손실보전 완충자본은 2016. 1. 1~2019. 1. 1의 기간 동안 이행하도록 하였다.

레버리지비율은 2018년 1월 1일에 이행하도록 하였는데, 이 경우 단계별로 이행일정을 탄력적으로 하여 시험운용(2013. 1. 1~2017. 1. 1), 공시의무화(2015. 1. 1), 최종검토 및 조정(2017년 상반기 중)과 같이 정하였다.

유동성기준의 경우 유동성커버리지비율(LCR)은 2015년 1월 1일(2011. 1. 1 관찰기간 시작), 그리고 순안정자금조달비율(NSFR)은 2018년 1월 1일(2012. 1. 1 관찰기간 시작)에 각각 시행된다.

## 6.5 바젤위원회(BCBS)의 '계량영향평가보고서'[14]

바젤은행감독위원회(BCBS)는 2010년 12월 16일 바젤Ⅲ 도입이 글로벌 은행부문에 미칠 영향을 분석한 '계량영향평가보고서(Results of the comprehensive quantitative impact study)'를 공표하면서, 글로벌 금융규제개혁의 세난내용이 담긴 '바젤Ⅲ 규정기준서'(Basel Ⅲ rules text)도 동시에 발표하였다. Nout Wellink 바젤위원회(BCBS) 의장은 이 보고서를 통하여 바젤Ⅲ규제체계가 글로벌 금융안정성을 크게 제고시킬 것으로 평가하고, 은행부문이 새로운 규제 도입에 대응하여 준비기간을 충분히 확보하도록 이행일정이 마련되었음을 강조하였다.

### 6.5.1 개요

바젤은행감독위원회(이하 BCBS)는 글로벌 은행부문에 대한 BCBS 규제개혁(바젤Ⅲ)의 영향을 분석한 보고서[15]를 발표하였다. 이 '계량영향평가'에 모두 23개국 249개 은행들(대형은행 91개, 중소형은행 158개)이 참여하였다. [표 6-15]에서는 국가별로 참여한 은행수를 규모별로 보여주고 있다.

표 6-15 | 계량영향평가자료[1)] 제출 국가 및 은행수 현황

| 국가 | 대형은행[2)] | 중소형은행 |
|---|---|---|
| 호주 | 4 | 1 |
| 벨기에 | 2 | 2 |
| 브라질 | 2 | 0 |
| 캐나다 | 6 | 2 |
| 중국 | 5 | 5 |
| 프랑스 | 5 | 6 |
| 독일 | 9 | 59 |
| 홍콩 | 0 | 7 |
| 인도 | 3 | 6 |
| 이탈리아 | 2 | 20 |
| 일본 | 9 | 7 |

14 한국은행, "바젤위원회, 계량영향평가 결과 및 바젤Ⅲ 규정기준서 발표," 보도참고자료, 2010년 12월 16일.

15 바젤위원회(BCBS) '계량영향평가그룹'이 2009년 12월 31일자 자료를 기준으로 작성하였다.

| 한국 | 5 | 3 |
|---|---|---|
| 룩셈부르크 | 0 | 1 |
| 멕시코 | 0 | 3 |
| 네덜란드 | 4 | 14 |
| 사우디아라비아 | 3 | 0 |
| 싱가포르 | 3 | 0 |
| 남아공 | 3 | 3 |
| 스페인 | 2 | 5 |
| 스웨덴 | 4 | 2 |
| 스위스 | 2 | 6 |
| 영국 | 5 | 6 |
| 미국 | 13 | 0 |
| 계 | 91 | 158 |

주: 1) 2009년 12월 31일자 연결기준(consolidated level)
2) 대형은행 및 중소형은행 정의: Tier I 자본 30억유로(약 4.5조원)를 초과하는 국제영업영위 은행은 대형은행으로 분류하고, 그 외는 중소형은행으로 분류함

## 6.5.2 규제자본비율의 변화

### 1) 보통주자본비율

바젤Ⅲ 합의안 적용 시 글로벌 대형은행 및 중소형은행의 보통주자본비율은 최저필요자본비율(4.5%)을 상회하지만, 현행수준(각각 11.1%, 10.7%)보다는 크게 하락(각각 5.7%, 7.8%)하였다. 이는 규제자본비율 산출식[자본(K)/위험가중자산(risk−weighted assets: RWA)]의 분자인 자본(K)이 자본차감항목 확대로 감소한 데다, 일부 자산에 대한 위험가중치가 상향조정되면서 분모인 위험가중자산(RWA)이 증가된 데 기인하고 있다. 구체적으로는 자본차감항목 확대 영향으로는 대형은행의 경우 보통주자본이 41.3% 감소한 반면, 중소형은행은 보통주자본가 24.7% 감소하였다. 한편 위험가중자산변화를 보면, 대형은행은 23.0% 증가하였고, 중소형은행은 4.0% 증가하는 것으로 나타났다.

### 2) Tier I 자본비율 및 총자본비율

글로벌 대형은행 및 중소형은행의 Tier I 자본비율은 각각 6.3%, 8.1%로 나타나 최저필요 Tier I 자본비율(6.0%)을 상회하였지만, 현행기준으로는 각각 10.5%, 9.8%이어

서 상당폭 하락하였다. 총자본비율도 현행수준(대형: 14.0%, 중소형: 12.8%)보다 낮게 나타났으나(대형은행 8.4%, 중소형은행 10.3%) 규제하한(8.0%)은 초과하였다.

표 6-16 | 평균 규제자본비율 (단위: %)

| 구분 | 보통주자본 | | Tier I | | 총자본 | |
|---|---|---|---|---|---|---|
| | 현행[1] | 신기준[2] | 현행 | 신기준 | 현행 | 신기준 |
| 대형은행(74개) | 11.1 | 5.7 | 10.5 | 6.3 | 14.0 | 8.4 |
| 중소형은행(133개) | 10.7 | 7.8 | 9.8 | 8.1 | 12.8 | 10.3 |

주: 1) 현행 기준(바젤Ⅱ) RWA에 대한 자본조정항목 공제전 보통주자본비율
2) 새로운 기준(GHOS 합의)에 따른 RWA에 대한 자본조정항목 공제 후 보통주자본비율

### 3) 추가로 확충해야 하는 보통주자본규모

바젤Ⅲ협약의 시행에 의한 자본규제 강화에 따라 글로벌 은행들이 추가로 확충해야 하는 보통주자본규모는 다음과 같다. 대형은행의 경우 2015년까지 보통주자본비율을 4.5% 수준으로 맞추려면 약 1,650억유로가 필요한데, 대형은행의 2009년도 세후배당전 수익규모가 2,090억유로인 점을 감안하면 그 부담은 결코 가볍지 않다. 대형은행들이 2019년까지 보통주자본비율[16]을 7.0% 수준으로 끌어올리려면 약 5,770억유로가 필요한 것으로 나타났다.

중소형은행의 경우 2015년까지 보통주자본비율을 4.5%로 준수하려면 80억유로를 추가로 확충해야 하는데, 중소형은행의 2009년도 세후배당전수익은 200억유로였다. 그리고 중소형은행들이 2019년도까지 보통주자본비율을 7.0%로 맞추려면 모두 250억유로가 필요한 것으로 나타났다.

표 6-17 | 보통주자본 부족분(shortfall) 추정 (단위: 10억유로)

| 구분 | 대형은행 | 중소형은행 |
|---|---|---|
| 2015년 보통주자본(4.5% 기준) | 165 | 8 |
| 2019년 보통주자본(7.0% 기준) | 577 | 25 |

16 이 경우 보통주자본비율(7%)=보통주자본(4.5%)+손실보전 완충자본(2.5%)

### 6.5.3 레버리지비율

새롭게 도입되는 레버리지비율은 대형은행 및 중소형은행의 평균비율이 각각 2.8%, 3.8%로 나타나서 대형은행이 규제수준 3.0%(Tier I 기준)에 미달하였다. 그러나 보다 구체적으로 살펴보면 레버리지비율을 도입할 때 글로벌 대형은행의 약 42%, 그리고 중소형은행의 약 20%가 규제수준인 3%에 미달하는 것으로 분석되었다.

표 6-18 | 레버리지비율 (단위: %)

| 구분 | 대형은행 | 중소형은행 |
|---|---|---|
| 레버리지비율[1)] | 2.8 | 3.8 |

주: 1) 명목총자산(난외자산 포함) 대비 자본(capital/total exposure)비율

### 6.5.4 유동성기준

단기유동성기준인 유동성커버리지비율(LCR)은 글로벌 대형은행 및 중소형은행의 평균비율이 각각 83%, 98%로 나타났다. 바젤위원회(BCBS) '계량영향평가그룹'은 유동성커버리지비율(LCR)의 도입으로 글로벌 은행부문(대형은행 및 중소형은행)의 고유동성자산부족분을 1.73조유로로 추정하였다. 그리고 중·장기유동성기준인 순안정자금조달비율(NSFR)은 글로벌 대형은행 및 중소형은행의 평균비율이 각각 93%, 103%로 분석되었다.

표 6-19 | 유동성기준 (단위: %)

| 구분 | 대형은행 | 중소형은행 |
|---|---|---|
| LCR | 83 | 98 |
| NSFR | 93 | 103 |

## 6.6 바젤Ⅲ 협약의 시행이 국내은행산업에 미치는 영향

2008년에 발생한 금융위기는 사실상 기존의 자본규제체제의 한계를 드러내었다. 손실흡수력이 미약한 우선주 및 신종자본증권 등을 자본으로 인정하고, 자산의 위험을 과소평가함으로써 자산부실화가 금융기관과 금융시스템 건전성의 위기로 확산된 것으로 볼 수 있다. 그 결과 바젤위원회(BCBS)는 은행의 위험가중자산에 대한 자본요구량을

상향조정하는 바젤Ⅲ협약을 채택하게 된 것이다. 이에 따라 은행 트레이딩계정 자산의 자본요구량이 많아지고, 파생상품, RP, 증권담보부자금조달거래로 발생하는 거래상대방위험에 대해서도 높은 가중치를 적용할 예정이다. 그러나 우리나라 은행들은 트레이딩계정을 비교적 보수적으로 운용해 왔기 때문에 이 협약의 적용에 따른 자기자본비율의 하락은 그다지 크지 않을 것으로 예상된다. 그러나 스트레스VaR 도입, 등급전이위험 등을 감안한 증분위험(incremental risk)의 측정, 자산위험가중치 재조정과 같은 자산위험관리 및 평가체제 개편에는 미리 대비할 필요가 있을 것이다.

다른 한편으로 바젤Ⅲ협약 유동성규제가 시행되면 우리나라 은행은 유동성커버리지비율(LCR)과 순안정자금조달비율(NSFR)을 적정 수준으로 개선하기 위해서 자금을 보다 보수적으로 조달해야 한다. 가령 RP와 은행 간 대출(interbank loan) 등 단기자금조달의 비중이 클수록 위의 두 비율이 동시에 악화되므로[17] 단기조달비중을 낮추어야 할 것이다. 또한 소매예금의 비중이 높을수록 이 두 비율이 좋아지기 때문에 예금유치 경쟁이 치열해질 가능성이 있다. 자산운용 측면에서는 국채, 통안채, AA− 이상의 회사채와 커버드본드 등 저위험・고유동성 자산의 비중을 확대하는 전략을 구사하는 것이 유리할 것이다.

이러한 유동성규제는 그동안 우리나라 은행들의 고질적 문제점이었던 유동성위험을 낮춤으로써 금융위기 발생 가능성을 줄일 것으로 판단된다. 그러나 장기은행채와 정기예금 등으로 자금을 조달할 경우 조달비용이 상승하고 대출 대신 저위험・고유동성자산 운용에 치중한다면 운용수익이 크게 감소할 우려가 있다. 물론 대출이자율의 인상 등으로 규제비용의 일부를 금융소비자들에게 전가시킬 수 있지만 은행의 수익성은 대체로 악화될 것으로 보인다. 따라서 은행들은 수익성 악화를 최소화시키면서도 유동성비율을 개선할 수 있는 방안을 모색하여야 할 것이다.

한국은행은 2010년 12월 17일 바젤위원회(BCBS)가 수행한 '계량영향평가보고서'를 전달하는 한편, 바젤Ⅲ협약의 시행이 국내은행에 미치는 영향에 대한 분석결과를 동시에 발표하였다.[18]

17 단기조달의 경우 100%가 이탈된다고 가정하기 때문에 유동성커버리지비율(LCR)의 분모인 순현금유출액이 커지면서 이 비율이 작아지고, 안정적 가용자금으로 인정받지 못하기 때문에 순안정자금조달비율(NSFR)의 산출 시 분자인 안정적 가용자금이 작아지게 되어 이 비율도 또한 작아지게 된다.

18 한국은행, "바젤위원회, 계량영향평가 결과 및 바젤Ⅲ 규정기준서 발표" 보도자료, 2010년 12월 17일.

이 보고서에 의하면, 자본·레버리지비율은 이미 규제 수준을 상회하고 있고, 자본비율의 경우 자본조정항목이 이미 엄격하게 설정돼 있으며, 자본구조도 보통주자본중심으로 구성되어 있기 때문에 그 영향이 제한적일 것으로 한국은행은 전망했다. 특히 바젤Ⅲ 비율을 적용할 경우 보통주자본비율은 대형은행이 11.3%에서 10.3%로, 중소형은행이 10.4%에서 9.7%로 하락하고, 보통자본에 하이브리드채권을 추가한 기본자본(Tier Ⅰ) 비율은 대형은행이 11.1%에서 10.4%로, 중소형은행이 10.7%에서 10.0%로 약간 하락하는 것으로 나타났다([표 6-20] 참조).

기본자본비율에 후순위채를 더해 산출한 총자본비율, 즉 국제결제은행(BIS)기준비율은 대형은행이 14.7%에서 13.5%로, 중소형은행이 15.3%에서 13.4%로 약간 줄어들게 되는 것으로 나타났다. 그리고 레버리지비율은 대형은행이 4.6%, 중소형은행이 5.1%로 규제수준(3%)을 상회하는 것으로 나타났다.

그러나 이 보고서에 따르면 바젤Ⅲ 비율 적용 시 국내은행들의 유동성기준은 의무비율인 100%를 충족시키지 못하는 것으로 나타났다. 단기유동성기준인 영업용 순자본비율(NCR)의 경우, 대형은행과 중소형은행이 각각 76%와 75%이며, 중·장기유동성기준인 순안정자금조달비율(NSFR)은 각각 93%, 99%를 기록했다. 그러나 한국은행은 실제

### 표 6-20 | 바젤Ⅲ협약 시행의 국내은행에 대한 영향

① 국내은행[1]의 규제자본비율(%)[2]

| 구분 | 보통주자본 | | Tier Ⅰ | | 총자본 | |
|---|---|---|---|---|---|---|
| | 현행 | 신기준 | 현행 | 신기준 | 현행 | 신기준 |
| 대형은행 | 11.3 | 10.3 | 11.1 | 10.4 | 14.7 | 13.5 |
| 중소형은행 | 10.4 | 9.7 | 10.7 | 10.0 | 15.3 | 13.4 |

② 국내은행의 레버리지비율(%)

| 구분 | 대형은행 | 중소형은행 |
|---|---|---|
| 레버리지비율 | 4.6 | 5.1 |

③ 국내은행의 유동성비율(%)

| 구분 | 대형은행 | 중소형은행 |
|---|---|---|
| 유동성커버리지비율(LCR) | 76 | 75 |
| 순안정자금조달비율(NSFR) | 93 | 99[3] |

주: 1) 국내은행의 (평균)비율은 8개 국내은행(대형: 국민, 우리, 신한, 하나, 기업, 중소형: 농협, 대구, 부산) 자료를 바탕으로 분석한 결과임
2) 자본조정항목이 이미 엄격하게 설정되어 있으며, 자본구조도 보통주자본중심으로 구성
3) 대구 및 부산은행기준

규제시점이 NCR의 경우 2015년, NSFR의 경우 2018년이므로 준비기간이 충분하기 때문에 은행들의 의무비용 충족에는 큰 어려움이 없을 것으로 판단했다.

## 6.7 맺음말

이와 같이 새로이 변화된 환경에 효과적으로 적응하기 위하여 은행들은 이 협약과 관련한 위험지표들을 보다 신뢰성이 있게 측정하는 한편 위험측정결과를 은행경영 전반에 걸쳐 적극 활용해야 할 것이다. 또한 위기상황분석을 통해 이상현상이 감지되는 경우 이로 인한 위험증가가 은행경영 전반에 미치는 영향을 자체적으로 추정하는 등 경영건전성을 보다 확실하게 확보할 수 있는 대비책을 강구해야 한다.

## 연 | 습 | 문 | 제 <<<

1. 금융기관에서 자기자본이 어떠한 중요한 기능을 가지고 있는가?

2. 금융기관의 금융중개기능에 있어서 자기자본의 역할은 무엇인가? 왜 금융감독당국에서는 금융기관이 보유하고 있는 자기자본규모에 대해 그렇게 큰 관심을 보이고 있는가?

3. 금융기관 자기자본에 대한 금융감독당국의 규제논리는 무엇인가?

4. 은행의 장부상 자기자본을 구성하고 있는 네 가지 중요한 항목들은 각각 무엇인가?

5. 자기자본을 측정함에 있어서 시장가치회계와 장부가치회계가 각각 차이가 나는 원인은 무엇인가?

6. 금융기관의 지급불능위험을 감소시키는 데 있어서 자기자본은 어떠한 경제적 기능을 수행하게 되는가?

7. 자본적정성을 측정하기 위한 방법으로 단순레버리지비율(leverage ratio: LR)을 사용하는 데 있어서의 문제점들은 무엇이라고 생각하는가?

8. 국제결제은행(BIS)에서 시행하고 있는 금융산업에 대한 자기자본규제의 주요 내용은 무엇인가?

9. 자기자본비율의 측정에 있어서 시장가치회계제도의 도입 여부에 관한 찬반논리가 팽팽하게 대립되어 있다. 양측 논거의 내용을 상세히 설명하라.

10. 신바젤자본협약(New Basel Capital Accord), 즉 바젤Ⅱ의 주요 내용은 무엇이며, 수정바젤자본협약(Amendment to Basel Capital Accord)과의 두드러진 차이점은 무엇인가를 설명하라.

11. 바젤Ⅲ협약의 도입취지와 주요 내용은 무엇이며, 이 협약의 도입이 국내은행에 미치는 영향은 어떠한가?

Part

# 3 신용위험과 여신관리

# 금 융 기 관 론

Chapter

# 7 대출금관리의 일반원칙: 신용위험과 위험평가모형

제1절 대출관리의 중요성 | 제2절 신용도와 신용위험

제3절 채무불이행위험평가모형 | 제4절 대출시장에서의 신용할당

Financial Institutions Management

은행도 본질적으로는 영리를 추구하는 기업이지만 우리나라에서는 그동안 경제성장과정에서 기업성과 수익성 측면보다는 공공성 측면이 더욱 강조되어 왔다. 한정된 자원을 산업연관효과가 큰 업종에 중점적으로 지원하는 고도경제성장정책 추진과정에서 은행이 채권자로서 주체적으로 대출고객에 대한 신용조사 및 사업성 전망분석 등 시장원리에 의한 금융활동을 하는 데 상당한 제약을 받아왔던 것은 다 아는 사실이다.

한편 1990년 이후 은행 부실여신 절대규모가 크게 증가한 것은 경제불황과 산업구조조정 등 사회경제적 요인도 크게 작용하였지만 은행의 여신심사기능의 취약 및 사후관리의 소홀 등 내부적인 요인들도 주된 원인으로 지목되고 있다. 특히 앞으로 금융자율화가 더욱 진전됨에 따라 시장원리에 의한 금융활동이 활발하게 진행될 경우 은행 간의 경쟁은 더욱 심화되어 예대마진 폭은 상당히 감소할 것으로 보이며 그 결과 은행은 고위험·고수입업무의 취급을 선호하게 될 가능성이 많다.

본 장에는 다음과 같은 주제를 중점적으로 다룬다.

- 금융기관 경영에 있어서 대출관리가 차지하는 중요성은 어느 정도인가?
- 대출신청자의 신용위험은 어떻게 정의되며 대출관리에 있어서의 의미는 무엇인가?
- 채무불이행위험을 평가하는 모형은 어떠한 것들이 있는가?
- 신용할당이란 무엇이며 대출시장에서 신용할당을 일으키는 요인들은 무엇인가?

## 제1절 대출관리의 중요성

대출서비스(또는 신용공여)는 은행의 가장 큰 수입원천으로서 제일 중요한 기능 중의 하나이다. [표 7-1]에 나타난 바와 같이, 은행들의 총수입 중에서 대출관련 이자수입비율은 2000년 50.0%에서 2010년 9월말 현재 30.9%로 그 비중이 현저히 줄어들기는 했지만 여전히 수익의 중요부분을 차지하고 있다. 이처럼 은행업에서 대출이 중요한 이유는 무엇인가?

표 7-1 | 은행의 연도별 요약포괄손익계산서(2000~2010. 9) (단위: 백만원)

| 구분 | 영업수익 | | | | | | | | 영업비용 | 영업이익 | 당기순이익 |
|---|---|---|---|---|---|---|---|---|---|---|---|
| | 총계 | 이자수익(%) | | | | | 수수료수익(%) | 기타영업수익(%) | | | |
| 연도 | | 계 | 예치금이자 | 유가증권이자 | 대출채권이자 | 기타이자수익 | | | | | |
| 2000 | 74,195,000 | 72.5 | 3.3 | 17.9 | 50.0 | 1.4 | 7.5 | 20.0 | 77,332,300 | −3,137,300 | 100,900 |
| 2001 | 70,683,300 | 67.2 | 1.6 | 17.1 | 47.2 | 1.3 | 9.3 | 23.4 | 65,191,300 | 5,492,000 | 3,800 |
| 2002 | 72,902,370 | 68.8 | 0.7 | 15.1 | 52.2 | 0.8 | 8.2 | 23.0 | 65,582,023 | 7,320,347 | 296,762 |
| 2003 | 77,485,646 | 68.9 | 0.4 | 14.2 | 53.7 | 0.6 | 8.4 | 22.7 | 74,680,473 | 2,805,173 | 129,221 |
| 2004 | 100,719,543 | 52.7 | 0.2 | 9.3 | 42.8 | 0.4 | 8.3 | 38.9 | 90,883,583 | 9,835,960 | 320,721 |
| 2005 | 96,863,974 | 57.9 | 0.3 | 9.1 | 48.1 | 0.4 | 5.3 | 36.8 | 84,430,407 | 12,433,560 | 13,634,289 |
| 2006 | 112,266,867 | 57.1 | 0.4 | 8.5 | 47.8 | 0.4 | 5.1 | 37.8 | 99,244,711 | 13,019,402 | 13,326,866 |
| 2007 | 144,103,490 | 53.5 | 0.5 | 7.5 | 45.2 | 0.3 | 4.9 | 41.7 | 124,291,982 | 19,811,505 | 15,047,740 |
| 2008 | 426,295,281 | 21.9 | 0.4 | 2.8 | 18.6 | 0.1 | 1.6 | 76.4 | 415,090,843 | 11,204,440 | 7,744,309 |
| 2009 | 301,390,296 | 27.2 | 0.3 | 3.8 | 23.0 | 0.1 | 2.3 | 70.5 | 293,690,788 | 7,699,513 | 6,930,036 |
| 2010.9 | 163,883,581 | 36.3 | 0.4 | 4.8 | 30.9 | 0.2 | 3.2 | 60.5 | 154,486,866 | 9,396,710 | 7,329,910 |

자료: 금융감독원, 금융통계정보 Database.

첫째, 은행들의 유가증권투자비율은 한때 크게 증가하였으나 그 비중이 최근 들어 점차 줄어들고 있는 반면, 여전히 자산 중에서 대출이 차지하는 비중이 크며 수익률도 가장 높고 동시에 위험도 가장 큰 항목이기 때문이다. 대출은 위험한 항목이기 때문에 대출결정에 있어서 매우 신중해야 한다. 이미 1996년 말에 발생한 한보사태에서 알 수 있듯이 잘못된 대출결정은 대출해 준 은행들뿐만 아니라 그 규모와 특성에 따라 국가경제에까지도 큰 악영향을 준다.

둘째, 금융기관들은 대출을 통하여 기업이나 가계에 투자나 소비를 위하여 필요로 하는 자금을 공급해 주고, 또한 이를 통하여 고객관계(customer relations)를 수립하고 유지해 나간다. 고객관계 수립은 해당 금융기관이 장기적으로 안정적 수입원천을 확보하게 된다는 점에서 매우 중요하다. 대출을 통해서 은행과 고객 간에 신뢰가 쌓이면 그 고객은 다시 장래대출의 고객이 될 뿐만 아니라 은행에 대한 자금의 공급자 역할도 수행하게 된다. 즉 은행에서 대출을 받은 고객은 그 은행에 예금을 하고 온갖 종류의 금융서비스도 그 은행에서 받는다. 이러한 식으로 설정된 고객관계는 고객에 대한 정보비대칭(information asymmetry) 문제를 해결하여 신용위험을 크게 줄일 수 있기 때문에 금융기관의 경영성과를 안정시키는 효과가 있다.

셋째, 대출은 시간과 위험에 대한 선호도 및 투자기회를 이용하고자 하는 여러 경제단위 사이에 자원을 재배분하는 중요한 수단이 된다. 대출자금에 대한 수요를 효과적으로 만족시키는 것은 금융기관이 사회적 책임을 다한다는 측면에서 중요할 뿐만 아니라 소득재분배효과(income redistribution effect)까지 기대할 수 있다. 이러한 역할을 원활하게 수행할 때 금융기관에 대한 사회적 신인도도 높아지게 되고, 금융기관의 가치는 극대화되며, 나아가 국가경제의 발전도 이루게 될 것이다.

마지막으로, 대출금의 효과적 관리가 금융산업 전체의 발전을 가져온다는 의미에서 대출관리는 금융발전의 필요조건이 된다. 특히 우리나라 은행의 대출관리는 은행의 심사기능이 취약하거나 마비되어 왔다는 데서 문제점을 찾을 수 있다. 소비자대출에 있어서는 담보대출이 일반화되어 있으므로 은행은 고객신용도보다 담보제공 여부에 따라 대출을 허용하고 있다. 따라서 은행은 개인에 대한 심사 및 정보수집을 하기보다는 다른 개인의 연대보증을 통하여 손쉽게 자신의 신용위험을 통제하고 채권을 확보하려 한다. 기업대출의 경우도 은행은 재무상태나 장래 수익성을 평가하기보다는 해당 기업이 충분한 담보를 제공할 수 있는가에 따라 대출금의 공여 여부를 결정한다. 더욱이 기업대출의 상당부분은 정책금융을 통해 거의 자동적으로 이루어지므로 은행은 심사기능을 제대로 행사할 수 없었다. 이러한 관행이 없어지지 않고서는 금융산업의 발전은 요원할 것이다.

# 제2절 신용도와 신용위험

금융환경의 변화로 우리나라 은행들의 경쟁력이 취약해질 가능성을 배제할 수 없는 가운데 설상가상으로 대기업의 탈은행화 현상마저 가속될 것으로 예상된다. 지난 몇 년 동안 기업들은 은행당좌대출 등 높은 이자율의 차입금을 대거 상환하는 대신 기업어음과 회사채발행 등 직접금융과 해외차입을 통한 자금조달을 크게 늘린 것으로 나타났다.

표 7-2 | 비금융법인기업부문의 자금조달 구성비 추이 (단위: %)

| 조달방법 \ 연도별 | 2001 | 2002 | 2003 | 2004 | 2005 | 2006 | 2007 | 2008 | 2009 | 2010. 6 |
|---|---|---|---|---|---|---|---|---|---|---|
| 간접금융[1] | −0.6 | 60.1 | 38.8 | 17.6 | 21.7 | 35.7 | 50.8 | 49.4 | 20.4 | 34.8 |
| 직접금융[2] | 74.5 | 24.0 | 35.1 | 40.2 | 48.8 | 42.3 | 27.0 | 27.6 | 67.1 | 49.1 |
| 국외조달 | 1.2 | 2.9 | 15.2 | 22.8 | 5.2 | 3.1 | 3.2 | 3.6 | 5.3 | 5.9 |
| 기타[3] | 24.9 | 12.9 | 10.9 | 19.4 | 24.3 | 19.0 | 19.0 | 19.4 | 7.2 | 10.3 |
| 계 | 100.0 | 100.0 | 100.0 | 100.0 | 100.0 | 100.0 | 100.0 | 100.0 | 100.0 | 100.0 |

주: 1) 금융기관차입금
2) 주식 및 출자지분, 기업어음, 회사채
3) 상거래신용, 정부차입, 미지급금 등
자료: 한국은행, 자금순환동향, 각 호.

[표 7-2]에 의하면 기업들은 전반적으로 기업어음과 회사채발행비중을 꾸준히 높여, 직접금융방식으로 자금을 조달하여 이자율이 높은 당좌대출·신탁대출과 투자금융회사대출을 상환하여 금융기관으로부터의 차입금을 감소시키고 있다. 한편 해외차입을 통한 자금조달비중도 지속적으로 증가되고 있는 것으로 나타났다.

이러한 현상은 과거의 공급자우위에서 빠른 속도로 수요자우위의 금융시장으로 전환되고 있음을 나타내는 것으로서, 중소기업들이 적어도 예전보다는 쉽게 그리고 보다 유리한 조건으로 필요한 자금을 조달할 수 있는 기회를 갖게 되었음을 의미한다.

수요자우위의 금융환경에서 금융기관 경쟁력의 기본업무는 신용평가정보를 근간으로 한 대출업무와 부대수입업무를 극대화하는 방향에서 우수한 고객을 많이 확보하는 일이다. 금융기관은 우수한 고객, 즉 장래 잠재력을 재빨리 헤아려 그에 적합한 서비스로 고객의 감동을 이끌어내야 한다. 신용평가(credit evaluation)란 바로 이러한 장래성 있는 고객의 선별과 그 고객의 욕구수준을 정확하게 파악하여 그 고객에게 적합한 신용을 능동적·적극적으로 제공함으로써 고객감동과 더불어 가치의 극대화를 동시에 이끌어내는 길잡이인 것이다.

금융기관의 기본업무 중 하나인 신용평가가 갖는 기능을 살펴보면 다음과 같다. 과거에 우리나라 금융기관에서는 대출이 담보부 혹은 보증부가 대부분이었기 때문에 신용평가의 필요성을 느끼지는 못했으나 앞으로는 신용평가에 의한 대출이 크게 늘어날 것으로 전망된다. 한편 정부가 정책금융의 비중을 줄이는 등 민간주도형으로 경제체제가 전환됨에 따라 실질적인 은행민영화가 급진전되고 있다. 그러므로 고객신용도에 따라 여신결정이 이루어지는 풍토가 실현되려면 신용분석에 의한 대출심사시스템을 확립하여야 한다.

고객에 대한 신용평가는 다음 세 가지 기능을 가진다. 첫째, 대출신청고객에 대하여 정확하고 객관적인 정보를 바탕으로 최적대출결정을 도출한다. 둘째, 고객신용도에 따라 이자율의 차등적 적용, 추가적 담보 또는 보증요구 등 채무조건을 적절히 조절할 수 있는 기준을 제공한다. 셋째, 신용도가 낮은 고객에 대해서는 유가증권의 발행이나 차입을 통한 자금조달을 어렵게 하고 신용도가 높은 고객에 대해서는 쉽게 하여 금융자금이 더욱 효율적으로 배분될 수 있게 하고, 특히 기업고객의 경우 재무구조를 개선하기 위한 노력을 유도할 수 있다.

표 7-3 | 일반은행의 담보형태별 원화대출금 구성비 추이(기말잔고기준) (단위: %)

| 구분 \ 연도 | 2000 | 2001 | 2002 | 2003 | 2004 | 2005 | 2006 | 2007 | 2008 | 2009 | 2010.9 |
|---|---|---|---|---|---|---|---|---|---|---|---|
| 신용 | 46.7 | 43.2 | 39.4 | 39.3 | 40.7 | 40.8 | 41.5 | 43.3 | 45.6 | 44.8 | 43.7 |
| 담보<br>(부동산) | 41.9<br>(35.1) | 44.4<br>(39.9) | 49.8<br>(44.4) | 50.5<br>(45.5) | 49.7<br>(45.1) | 51.2<br>(46.6) | 51.9<br>(47.9) | 51.0<br>(46.9) | 48.8<br>(44.9) | 47.9<br>(44.2) | 48.7<br>(45.3) |
| 보증 | 11.4 | 12.4 | 10.8 | 10.2 | 9.5 | 7.9 | 6.7 | 5.8 | 5.6 | 7.3 | 7.5 |
| 계 | 100.0 | 100.0 | 100.0 | 100.0 | 100.0 | 100.0 | 100.0 | 100.0 | 100.0 | 100.0 | 100.0 |

자료: 금융감독원, 금융통계정보 Database.

일반은행의 담보형태별 원화대출금취급 현황을 보면 [표 7-3]에 나타난 바와 같다. 우선 담보별 원화대출취급 현황을 보면 2010년 9월말 현재 일반은행의 총여신 중에서 담보여신취급비중은 48.7%로서 2009년 말(47.9%) 대비 0.8%포인트 증가한 반면 신용여신취급비중은 43.7%로 전년 말(44.8%) 대비 1.1%포인트 감소하는 등 최근 들어 일반은행들이 신용여신취급을 축소하는 것으로 나타나고 있다.

이처럼 일반은행들이 신용여신취급을 축소하고 있는 것은 한동안 금융자유화의 진전으로 여신운용 자율성이 확대되어 감에 따라 수익성이 양호하면서도 상대적으로 대손발생위험이 적은 신용위주의 가계금융을 강화한 데 따라 신용대출을 확대하였으나, 최근 세계적인 금융위기의 영향으로 은행들이 신용위험을 줄이고자 하는 노력의 일환으로 신용대출을 되도록 기피하려고 하는 행태에 기인한다. 신용대출비율을 확대할수록 금융기관이 부담해야 하는 신용위험은 더욱 커질 것이고, 과도한 신용위험은 해당 금융기관을 존립할 수 없는 상황에 빠지게 할 수 있기 때문이다. 그러므로 신용대출 확대는 반드시 정확한 신용평가모형에 기초해야 할 것이다.

신용위험이 전통적인 대출업무와 채권투자에만 연계되어 있지 않다. 은행과 기타 금융기관들이 신용보증과 난외활동을 점차 확대해 감에 따라 새로운 형태의 신용위험노출이 발생하게 되었다. 따라서 신용위험분석은 이제 금융기관이 취급하는 대부분의 계약에서도 꼭 필요하게 되었다.

## 제3절 채무불이행위험평가모형

금융기관은 효율적인 신용평가모형을 개발하고 동시에 다음과 같이 대출제도 자체의 개선을 통해 신용위험의 감소를 꾀할 수 있다.

첫째, 금융기관은 대출만기를 장기화하는 한편 대출원금 상환일정을 작성하여 이를 엄격하게 실행함으로써 신용위험을 줄일 수 있다. 그 결과 차입기업의 근시안적인 고위험투자안 수행을 저지할 수 있고, 고객으로 하여금 기간별 원금상환일정을 작성하여 시행하도록 함으로써 고객의 부실화 예고지표로 활용할 수 있다.

둘째, 금리자유화에 따라 대출이자율의 변동성은 커지므로 대출기업에게 금리부담을 덜어주기 위해 이자율상한계약(금리캡)을 대출에 첨부하면 기업의 금리부담을 기간별로 평준화시켜 결국 신용위험을 낮추는 효과가 있다.

끝으로, 금융기관은 부실징후가 나타나는 시점부터가 아니라 대출시점부터 사후관리를 강화하여야 한다. 물론 이는 관리비용을 증대시키겠지만, 그 대신 금융기관은 고객정보를 습득하고 이를 토대로 고객에게 시의적절한 도움을 줄 수 있어 대출상환 가능성을 더욱 높일 수 있다.

차입자의 채무불이행위험을 추정하는 데는 정성적인 모형으로부터 매우 계량적인 모형까지 다양하게 사용되고 있다. 그런데 이러한 모형들은 서로가 배타적이 아니기 때문에 대출이자율이나 대출한도를 산정할 때 한 개 이상의 모형을 적용할 수 있다. 각각의 모형들이 어떠한 특성을 가지고 있는지 알아보자.

## 3.1 정성적 모형(qualitative models)

차입자의 신용도에 대한 공적 정보가 없는 상황에서 금융기관은 대출과 예금실적과 같은 사적 정보에 의존하거나 신용정보회사와 같은 외부기관으로부터 필요한 정보를 사들인다. 이러한 정보를 활용하면 차입자의 채무불이행확률을 가늠하거나 대출이자율을 합리적으로 결정할 수 있다.

일반적으로, 수집하는 정보의 양은 부채의 잠재적 노출의 크기와 정보수집비용에 따라 달라지지만, 신용공여 여부를 결정할 때에는 여러 요인들을 동시에 고려한다. 그 중에는 개별차입자에 고유한 요인들과 모든 차입자들에게 영향을 주는 시장요인들이 포함된다.

### 3.1.1 차입자의 고유요인

#### 1) 평판

차입자의 평판(reputation)에는 대출신청자의 차입 및 상환기록이 포함된다. 어떤 차입자가 오랜 기간 동안 차입원리금을 제때에 상환하였다면 해당 차입자는 높이 평가된다. 차입자와 대출기관 간에 형성된 장기고객관계는 명시적·법률적 계약보다 한 차원 높은 암묵적 계약(implicit contract)관계가 형성된다. 그런데 단골고객과의 관계는 오히려 다른 신규차입신청자들을 불리하게 만들 수도 있다. 소기업들이 최초공모를 통하여 채권을 발행하는 경우 이미 공개된 대기업들에 비해 채권의 요구수익률이 훨씬 높아지는 것도 바로 이 때문이다.[1]

### 2) 레버리지

차입자의 레버리지(leverage)는 채무불이행위험에 영향을 준다. [그림 7−1]에서 보는 바와 같이 부채비율이 낮으면 채무불이행확률에 별로 영향을 주지 않는다. 그러나 부채비율이 일정한 수준(D/E*)을 넘어서면 차입자의 채무불이행위험이 증가하게 된다. 그러므로 부채비율이 높은 기업들은 비록 대출신청이 승인되더라도 채무불이행위험에 상응하도록 높은 위험프리미엄을 지불해야 할 것이다.

### 3) 이익의 변동성

레버리지와 같이 이익변동성(earnings volatility)도 매우 크면 차입자가 채무를 이행하지 못할 가능성이 커진다. 신규기업들이나 또는 장기간 이익의 변동성이 매우 큰 하이테크산업에 속하는 기업들은 보다 안정적인 이익을 창출하는 기업들에 비해 신용위험이 훨씬 더 높게 나타난다.

**그림 7−1 부채비용, 채무불이행확률, 그리고 레버리지의 관계**

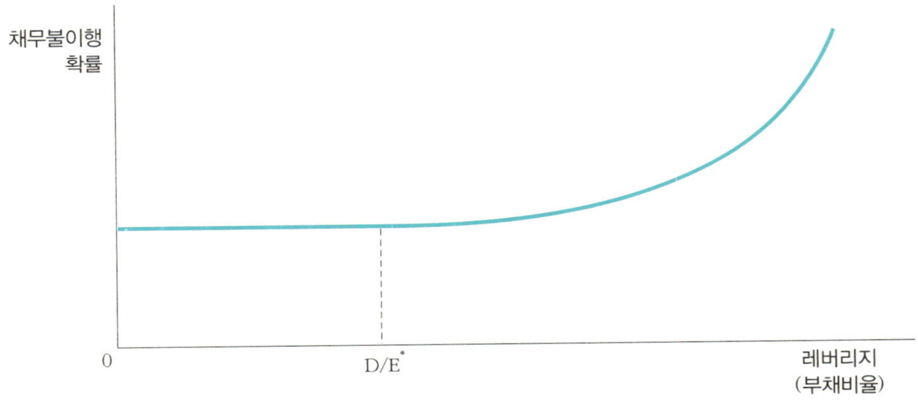


1 금융기관을 통한 자금의 간접조달과 유가증권의 최초공모 시 비용의 관계를 확인하고자 하면, C. James and P. Weir, "Borrowing Relationships, Intermediation, and the Costs of Issuing Public Securities," *Journal of Financial Economics* 28, 1992, pp.149~171 참조.

#### 4) 담보

담보(collateral)는 대출승인 여부와 대출이자율결정에 있어서 중요한 작용을 한다. 대부분의 대출계약이나 채권발행의 경우 차입자가 채무를 불이행할 경우에 대비하여 특정한 자산들로 뒷받침되어 있다.

### 3.1.2 시장요인

#### 1) 경기변동

경기변동(business cycle) 국면은 차입자의 채무불이행위험을 추정하는 데 중요한 기능을 한다. 예컨대, 경기침체기에는 자동차나 냉장고 등과 같이 내구소비재를 생산하는 기업들이 담배나 식품 등 생활필수품을 생산하는 기업들에 비해 훨씬 더 어려울 것이다. 따라서 내구소비재부문에 속하는 차입기업들의 채무불이행위험이 더 높아질 수 있다.

#### 2) 이자율수준

이자율이 높은 수준이라면 그것은 곧 중앙은행이 긴축정책을 취한다는 것을 뜻한다. 이 경우 금융기관들도 자금을 구하기가 어려울 뿐만 아니라 조달비용도 비싸고, 또한 일반적으로 신용위험도 매우 커진다. 이자율이 높으면 차입자들은 큰 위험을 가지고 있는 투자안을 수행하도록 하는 유인을 갖게 되고, 따라서 신용위험이 매우 큰 차입자들만이 비싼 자금을 사용하려고 하는 경향이 있기 때문이다.

이상에서는 금융기관들이 채무불이행위험을 추정할 때 고려해야 하는 차입자의 고유요인들과 시장요인들을 살펴보았다. 금융기관에서는 그러한 요인들을 주관적 방법으로 활용할 것이 아니라 보다 합리적이고 계량적인 방법으로 활용하여야 할 것이다.

## 3.2 신용평점모형

신용평점모형(credit scoring models)에서는 관찰된 차입자들의 특성에 관한 자료들을 사용하여 채무불이행위험을 추정하고, 그 위험의 크기별로 차입자들을 분류한다. 차입자들에 관한 경제적 혹은 재무적 특성을 합리적으로 결합시키면 채무불이행위험을 평가하는 기술이 향상될 뿐만 아니라 신용위험이 큰 대출신청자들을 잘 가려낼 수 있다.

신용평점모형을 적용하려면 무엇보다 차입자에 대한 보다 객관적인 경제적·재무적 위험측정치를 선택하여야 한다. 가계대출의 경우 신용평점모형에 투입되는 객관적 특성으로는 소득, 자산, 연령, 직업, 그리고 주소 등이 포함된다. 기업대출의 경우에는 부채비율과 같은 재무비율들이 주요 요인으로 꼽힌다. 자료수집 후에는 통계적 기법을 이용하여 채무불이행확률을 산출하거나 채무불이행위험등급을 분류한다.

신용평점모형에는 선형확률모형, Logit모형, Probit모형, 그리고 선형판별분석모형 등 네 가지의 유형이 있다.

### 3.2.1 선형확률모형

선형확률모형(linear probability model)은 회계비율과 같은 과거 자료를 투입자료로 사용하여 과거 대출금의 상환기록을 설명하도록 하고, 이 과정에서 요인들의 상대적 중요성을 파악하여 신규대출에 대한 상환확률을 추정한다.

즉, 과거의 대출자료($i$)를 기초로 채무불이행그룹($Z_i=1$)과 채무이행그룹($Z_i=0$) 등 두 그룹으로 분류한다. 그 다음 회귀분석방법을 사용하여 이러한 자료들을 레버리지나 이익과 같은 $i$번째 차입자에 대한 계량적 정보를 나타내는 $j$변수($X_{ij}$)와 연계시켜 회귀계수를 추정한다.

$$Z_i = \sum_{j=i}^{n} \beta_j X_{ij} + \text{오차}$$

여기서 회귀계수 $\beta_j$는 과거 상환기록을 설명하는 데 있어서 $j$번째 변수의 중요성을 나타냄

위의 방법으로 도출된 $\beta_j$의 추정치를 특정한 대출신청자에 대해서 관찰된 $X_{ij}$값에다 곱해 주면 그 신청자에 대한 $Z_i$의 기대값이 산출된다. 이 값은 대출신청자의 채무불이행확률로 해석될 수 있는데, $E(Z_i) = (1 - p_i) =$ 채무불이행위험의 관계가 성립한다. 여기에서 $p_i$는 대출금의 상환확률을 가리키는데, 추정된 확률이 가끔 0과 1의 범주를 벗어나는 단점을 지니고 있다.

### 3.2.2 Logit모형

Logit모형에서는 대출의 채무불이행위험의 누적확률을 0과 1 사이에 놓이도록 제약하고 있으며, 채무불이행확률이 다음과 같은 로지스틱분포(logistic distribution)를 따른다고 가정한다.

**그림 7-2** Logit모형

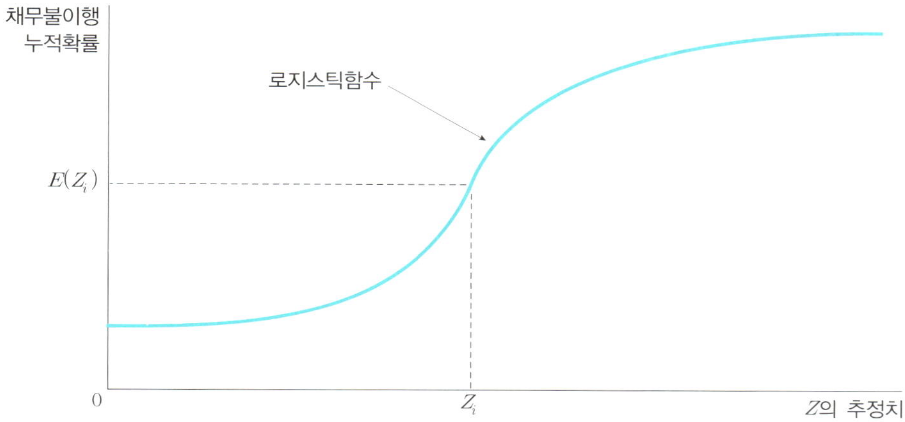


$$F(Z_i) = \frac{1}{1+e^{-Z_i}}$$

여기서 $F(Z_i)$는 대출의 채무불이행 누적확률

$Z_i$는 선형확률모형에서와 같이 회귀분석에 의해 추정됨

추정된 계수를 위의 식 오른편에 대입하면 $F(Z_i)$의 값을 얻게 되는데 그것을 채무불이행 누적확률로 해석한다. 이 모형의 단점은 채무불이행 누적확률이 로지스틱함수를 따른다는 가정을 하는 데 있다. [그림 7-2]에서는 Logit모형을 보여주고 있다.

### 3.2.3 Probit모형

Probit모형 역시 채무불이행확률이 0과 1 사이에 있다는 제약을 두고 있지만, 채무불이행확률이 로지스틱분포가 아니고 (누적)정규분포를 가정하고 있다는 점에서 Logit모형과 다르다. 그렇지만 Logit모형에 따른 추정치에 일정한 숫자를 곱해 주면 Probit

추정치를 얻을 수 있다.

### 3.2.4 선형판별분석모형

선형확률모형, Logit모형 및 Probit모형 등은 모두 대출을 해주었다고 가정하고 채무불이행확률이 얼마가 될 것인가를 추정한다. 반면에 판별분석모형(discriminant analysis models)에서는 차입자들을 그들의 관찰된 특성($X_j$)을 바탕으로 고위험그룹과 저위험그룹으로 구분한다.

예컨대, Altman(1985)에 의해 개발된 판별분석모형을 살펴보자. 기업의 판별함수점수 $Z$는 차입자의 채무불이행위험그룹의 측정치이다. 그 변수의 값은 차입자의 여러 가지 재무비율의 값과 판별분석모형에서 도출된 채무불이행그룹과 그렇지 않은 그룹들의 과거 관찰된 비율들의 상대적 가중치에 따라 달라진다.[2] Altman의 판별함수는 다음과 같은 형태를 지니고 있다.

$$Z = 0.012X_1 + 0.014X_2 + 0.033X_3 + 0.006X_4 + 0.999X_5$$

여기서 $X_1$ = 순운전자본/총자산(백분율)[3]
$X_2$ = 유보이윤/총자산(백분율)
$X_3$ = 영업이익/총자산(백분율)
$X_4$ = 자기자본의 시장가치/총부채의 장부가치(백분율)
$X_5$ = 매출액/총자산(배수)

$Z$값이 크면 클수록, 차입자의 채무불이행위험은 그만큼 낮아진다고 보고 있다. 따라서 $Z$값이 아주 낮거나 혹은 음수이면 해당 차입자는 비교적 채무불이행위험이 매우 높은 그룹에 속하고 있다고 할 수 있다. Altman의 신용평점모형에 따르면, $Z$평점이 1.81 미만인 기업은 높은 채무불이행위험을 가지고 있다고 한다. 따라서 대출신청을 받은 금융기관에서는 이 신청자가 수익성을 제고시키지 않는 한 대출을 해주지 말아야 한다.

그러나 신용위험을 평가할 때 판별분석모형을 사용하는 데는 많은 문제점들이 있다. 먼저 이 모형은 보통 대출신청자들을 두 극단적인 그룹으로 분류하는 데 그치고 있는데, 현실에서는 채무불이행에도 단순한 이자지급지연으로부터 모든 원리금상환 불능까

2 E. I. Altman, "Managing the Commercial Lending Process," in *Handbook of Banking Strategy*, eds. R. C. Aspinwall and R. A. Eisenbeis, New York: John Wiley & Sons, 1985, pp.473~510.

3 운전자본(working capital)은 유동자산에서 유동부채를 차감한 금액을 말한다.

지 여러 단계가 있기 때문에 대출신청자를 채무불이행위험의 크기별로 다양하게 구분해야 할 것이다.

둘째, 판별함수의 가중치(계수)가 아주 짧은 기간을 제외하고는 일정하다고 가정하는 것은 무리이며, 아무런 경제이론적 근거가 없다.

셋째, 이러한 모형들이 채무이행 여부의 결정에 중대한 영향을 미칠 것으로 보이는 비계량적 요소들을 완전히 무시하고 있다. 예컨대, 차입자의 평판과 대출자와의 암묵적 계약 등과 같은 것은 매우 중요한 차입자 고유의 특성인데, 이러한 변수들은 심지어 신용평점모형들에서도 흔히 무시되고 있다.

넷째, 금융기관들이 각기 보유하고 있는 채무불이행기록들은 통합되어 있지 않다. 따라서 금융기관들이 전통적인 신용평점모형을 사용하여 대규모 기업대출에 관한 결정을 하는 데는 상당한 무리가 따른다.

## 제4절 대출시장에서의 신용할당[4]

### 4.1 신용할당의 개념

전통적인 경제이론인 유동성선호설(liquidity preference theory)이나 대부자금설(loanable funds theory)에 의하면 이자율은 화폐 또는 대부자금에 대한 수요와 공급을 일치시키는 수준에서 결정된다.[5] 따라서 이자율에 대한 정부의 개입이 없는 한 시장에서 결정된 균형이자율에서 자금수급이 항상 일치한다. 그러므로 금리자유화를 통해 이자율의 가격기능을 회복시켜야 금융시장의 왜곡을 줄이고 자금에 대한 만성적인 초과수요도 진정시킬 수 있다.

그러나 정보비대칭(information asymmetry)에 기초한 신용할당(credit rationing)이론에 의하면, 비록 이자율이 자유화되더라도 차별화된 상품이 거래되고 시장참가자들 사이에 정보비대칭이 존재한다고 한다. 이러한 대출시장 자체의 특성 때문에 대출이자율

4 한국은행, "우리나라 은행대출시장에서의 신용배분," 조사통계월보, 1992년 7월호 참조.
5 유동성선호설과 대부자금설에 관한 자세한 논의는 윤봉한, 금융학원론, 법문사, 1993년 제6장을 참조.

이 시장이자율의 변동에 따라 신축적으로 조정되지 않으며, 그 결과 일부 차입자들이 시장이자율수준에서 대출을 받지 못하는 신용할당이 발생한다.

신용할당이란 대출시장의 불완전성에 기인하여 나타나는 현상으로서 시장에서 형성되는 이자율만으로는 자금의 수요와 공급을 일치시키지 못하는 현상이다. 즉, 현행 대출이자율하에서 차입자들이 원하는 만큼의 대출을 못 받는 경우 또는 현행 대출이자율하에서 단지 일부 고객만 필요한 만큼의 대출을 받는 경우를 말한다.[6]

신용할당이 발생하면 겉으로 보기에는 동일한 특성을 갖는 기업들 중에서 어떤 기업은 현재의 이자율에서 차입을 할 수 있고, 어떤 기업은 대출을 거절당한다. 심지어 더 높은 이자율이라도 기꺼이 부담하겠다는 기업조차도 대출을 거절당하는 경우가 발생한다. 이러한 신용할당은 정보의 불완전성에 의하여 야기된 균형현상이기 때문에 시장에서 자금에 대한 초과수요가 존재하더라도 초과수요를 해소시키기 위한 이자율 상승은 없다.

마치 노동시장에서 근로자의 특성에 대해 정보비대칭이 존재할 경우 임금이 경직성을 보이는 것과 유사하게 금융시장에서도 이자율 역시 초과수요와는 무관하게 경직적이 된다. 그러므로 신용할당이 존재하는 경우에 이자율의 신축적인 조정을 기대하며 통화량을 조절하는 정책은 자칫 원래 의도하였던 것과는 전혀 다른 결과를 초래할 수도 있다.

## 4.2 정보의 비대칭

일반적인 경우에 정보의 비대칭성은 감춰진 정보(hidden information)와 감춰진 행동(hidden action)의 형태를 띠게 된다. 전자의 경우는 역선택(adverse selection)을 낳고, 후자의 경우는 도덕적 해이(moral hazard)를 낳는다. 금융시장에서 나타나는 현상도 별로 다르지 않다. 우선 감춰진 정보의 예를 살펴보면, 은행은 기업이 계획하고 있는 투자안의 예상수익률과 위험수준에 관해서 당사자인 기업만큼 잘 알 수는 없다. 즉 실제로는 서로 다른 예상수익률과 위험수준을 갖는 여러 투자안이 은행의 입장에서는 모두 비슷비슷한 것으로 보일 것이다.

6 Jaffee, D. M., and T. Russell, "Imperfect Information, Uncertainty, and Credit Rationing," *Quarterly Journal of Economics*, 1976, pp.651~666. 그리고 Milde, H. and J. G. Riley, "Signaling in Credit Markets," *Quarterly Journal of Economics*, Feb. 1988, pp.101~129 참조.

그런데 기업이 적어도 투자자금을 회수할 수 있어야만 순조롭게 원리금을 상환할 수 있으므로 은행의 입장에서는 가능한 한 기업으로 하여금 수익률은 높으면서도 안전한 투자를 하도록 유도하려는 인센티브를 갖는다. 이 과정에서 은행은 투자안에 대한 선별장치(screening device)로 이자율을 사용한다.

대출금의 상환 여부는 차입자의 미래소득에 달려 있다. 이 미래소득은 투자행태에 따라 변화하는데, 이에 관해서도 일반적으로 차입자 자신이 대출자보다 더 많은 정보를 갖고 있다. 이와 같은 정보비대칭으로 인하여 차입자를 잘못 선정할 수 있는데, 이 경우 금융기관의 신용위험은 높아질 수밖에 없다. 그러므로 금융기관은 대출을 결정할 때 이자율과 함께 원리금회수에 수반되는 위험을 고려해야 한다. 이자율이 높아지면 차입자가 부담하는 이자액수도 커져 신용위험이 커진다.

높은 이자율에서도 차입을 원하는 기업은 예상수익률이 높은 투자안을 가지고 있기 때문인 경우도 있겠지만, 때로는 일단 성공만 하면 높은 수익을 얻을 수 있는 매우 위험한 투자안을 가지고 있기 때문이기도 하다. 반면에 위험도는 낮지만 예상수익률이 그리 높지 않은 투자안을 확보하고 있는 기업은 높은 이자율을 감당할 수 없기 때문에 차입을 원하지 않는다. 즉 차입이자율이 높은 상황하에서는 상대적으로 위험도가 큰 투자안만이 수행될 가능성이 커지는 것이다.

만일 이자율이 낮다면 위험이 큰 투자안을 수행하려고 차입을 희망했던 기업들뿐만 아니라 예전에는 예상수익률이 낮아서 소외되었던 안전한 투자안을 보유한 기업까지도 차입을 희망하게 된다. 이와 같이 이자율은 차입자금의 규모를 변동시키는 기능 이외에 차입자의 질(quality)도 변화시키는 것이다. 이자율이 지나치게 높으면 우수한 차입자는 은행차입을 기피하고, 반면에 수익성이 높으면서 투자위험 또한 큰 사업에 충당하기 위하여 자금을 조달하려는 투기성향이 높은 차입자들이 많아져 대출에 수반되는 위험이 상대적으로 높아지게 되는 역선택(adverse selection)의 가능성이 커진다.

한편 감춰진 행동의 경우에도 유사한 논리에 의해 낮은 이자율수준을 유지할 수 있다. 이제는 각 기업이 서로 수익률과 위험도가 다른 여러 투자안을 고려하고 있는 경우를 보자. 그러나 은행의 입장에서는 일단 자금이 공급된 후에는 해당 기업이 여러 투자안 중 어떤 투자안을 실제로 수행하고 있는지 잘 모른다고 가정하자. 이 경우 은행의 대출이자율이 높다면 기업으로서는 안전하면서도 수익성이 낮은 투자안보다는 수익성이 높고 위험도 큰 투자안을 선택할 가능성이 높아진다. 이자율 인상은 대출이 이루어진 후에도 차입자로 하여금 이자비용의 증가에 따른 기대이익의 감소를 만회하기 위하여 위험이 큰 행동을 취하게 하는 유인효과가 있다. 이와 같이 차입자들은 숨겨진 행동으로 말미암아 자산대체의 도덕적 해이(moral hazard)를 지닌다. 따라서 기업으로 하여금 여러 투자안 중에서 상대적으로 안전한 투자안을 선택하도록 유도하기 위해서는 이자율이 너무 높아서는 안 될 것이다.

## 4.3 암묵적 계약

암묵적 계약이론(implicit contract theory)은 노동시장에서 임금이 생산성과 반드시 일치하는 것은 아니며 경기침체기에도 임금은 하락하지 않고 노동자가 해고되어 그 수가 조정되는 현실을 토대로 발전된 이론이다. 암묵적 계약이론에서는 임금변화위험에 대한 기업가와 노동자 태도의 비대칭성을 중시하고 임금을 경직적으로 운용하는 것이 쌍방 간에 암묵적으로 이루어진다고 본다. 이에 의하면 임금변화에 대하여 위험중립적인 기업과 위험회피적인 노동자 간에는 경제상황의 변화에 따른 미래소득의 불확실성을 피하기 위해 암묵적으로 고정임금 계약을 하므로 임금은 경직성을 갖는다고 한다. 그 결과 노동자는 균형임금보다 약간 낮은 경직적 임금을 수용하면서 그 대신 임금안정성이라는 보험을 얻는다.

이 이론을 대출시장에 적용하여 자율적 신용할당현상을 설명해 보자. 기업의 입장에서 볼 때 금융시장의 상황에 따라 차입금리가 민감하게 변동하면 순이익규모도 불안정해지므로 이러한 상황을 피하기 위하여 가능하면 안정적인 대출이자율로 자금을 조달하려고 한다. 반면에 금융기관의 입장에서 보면 비록 대출이자율이 변동하여도 조달이자율 또한 그에 맞추어 변동된다면 수입은 비교적 안정적으로 발생할 수 있다. 따라서 금융기관은 대출이자율의 변화에 대하여 위험중립적인 반면 차입자인 기업은 위험회피적이 된다. 이러한 조건에서 균형대출이자율은 경기변동에도 불구하고 경직적이며 신용할당이 존재하게 된다.

그러므로 대출시장에서 은행과 차입자는 일회적 관계에 의하여 이루어지는 일시적인 거래보다는 장기적 거래를 암묵적으로 계약하게 된다. 그 결과 이자율의 변동폭이 축소되고 또한 고객관계에서와 같이 긴축기에는 금융기관에서 기업으로, 완화기에는 기업에서 금융기관으로 양자 간에 소득이전이 발생하게 되는 것이다.

## 4.4 고객관계

고객관계는 암묵적 계약이론(implicit contract theory)과 함께 대출이자율결정요인으로 자주 인용되는데 우리나라에서와 같이 대기업과 금융기관 간에 상호의존도가 높은 금융구조하에서는 중요한 의미를 지닌다. 금융기관과 기업은 모두 통화당국의 정책변화에 의해 영향을 받는데 고객기업과 금융기관은 서로 일종의 보험관계를 맺음으로써 금융시장의 불확실성으로 인해 초래될 수 있는 불이익을 줄이고 장기적인 이윤극대화를 추구할 수 있다.

가령 고객기업은 금융완화기에 시장이자율보다 다소 높은 이자를 지급함으로써 금융긴축기에도 우선적으로 차입할 수 있는 관계를 확보하는 한편, 금융기관도 긴축기에 다소의 기회비용을 희생하더라도 시장이자율보다 낮은 이자율로 자금을 계속 공급해 주는 대신 완화기에는 시장이자율보다 높은 이자율을 적용함으로써 이익의 변동성을 줄이려고 한다. 이것을 그림으로 나타내면 [그림 7-3]과 같다. 그 결과 금융기관의 대출이자율이 비교적 경직되어 있고 신규고객보다는 기존고객이 우대를 받는 경향이 나타나게 된다.

이와 같이 대출시장에 있어서 고객관계를 고려하면 긴축기에 은행은 장기계약에 의한 보험자로서의 역할을 수행하고 기업의 장래성을 현재의 대출조건의 한 항목으로 고려할 것이다. 따라서 은행은 시장이자율과 고객에게 적용하는 이자율의 차이가 커지더라도 대출총액을 크게 줄이지는 않는다. 반면에 금융완화기에도 새로운 고객관계 확립을 위한 기업의 투자안의 사업성분석, 장래성분석에 시간과 비용이 들기 때문에 은행의 대출 확대는 지연되는 경향이 있다.

**그림 7-3 고객관계의 보험적 특성과 대출이자율**

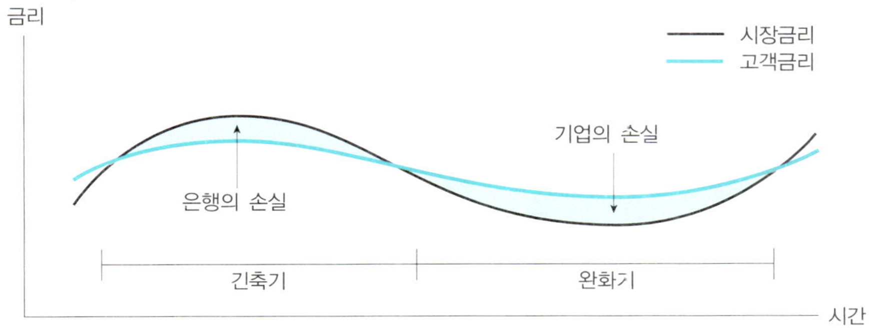

## 연 | 습 | 문 | 제 <<<

1. 금융기관 경영에 있어서 대출관리가 차지하는 중요성은 어느 정도인가?
2. 대출신청자의 신용위험은 어떻게 정의되며 대출관리에 있어서의 의미는 무엇인가?
3. 채무불이행위험을 평가하는 모형은 어떠한 것들이 있는가?
4. 판별분석모형을 사용하여 신용위험을 평가할 때의 문제점들은 무엇이라고 생각하는가?
5. 대출결정을 할 때 반드시 고려되어야 하는 차입자 고유요인과 시장요인은 각각 무엇인가?
6. 대출시장에 있어서 정보비대칭으로 인하여 나타나는 문제점으로는 무엇을 들 수 있는가? 각 문제점마다 상세하게 설명하고, 그러한 문제점을 극복하기 위한 방안으로서는 어떠한 것이 있는지 서술하라.
7. 신용할당이란 무엇이며 대출시장에서 신용할당을 일으키는 요인들은 무엇인가? 그리고 어떠한 조건하에서 신용할당이 존재하지 않겠는가?
8. 고객관계가 대출이자율의 결정에 어떠한 영향을 미치는가?
9. 신용위험을 줄이기 위한 방안으로 금융기관 자체의 대출제도 개선을 들 수 있다. 여기에는 구체적으로 어떠한 내용들이 포함되는가?
10. 암묵적 계약이론(implicit contract theory)에서는 신용할당이 왜 발생한다고 주장하는가?

Chapter

# 8 대출이자율결정과 대출신경향

제1절 대출수익률과 신BIS기준하에서의 대출전략

제2절 대출이자율의 결정 | 제3절 신종대출상품의 개발

제4절 우리나라 은행의 자산운용 현황과 대출신상품

Financial Institutions Management

어떤 상품이나 서비스를 빌리거나 구입할 때 우리는 돈으로 표시된 가격을 지불한다. 여기서 교환수단으로서의 돈 그 자체도 하나의 상품이다. 따라서 돈에도 가격표시가 붙는다. 시장마다, 가게마다 상품이나 서비스의 가격이 다르듯이 돈도 시장(금융시장)마다, 가게(금융기관)마다 가격이 달라질 뿐만 아니라 심지어는 일반상품이나 용역과는 달리 사는 사람(대출신청자)을 차별하여 가격이 달라지기도 한다. 그러한 돈의 가격은 이자율로 표시된다.

최근 우리나라의 금융산업은 커다란 변화의 소용돌이를 겪고 있다. 낙후된 금융산업의 경쟁력을 어떻게 하면 높여서 세계화된 금융시대에서 골리앗과 같은 주요국들의 대형은행들과 어깨를 나란히 할 수 있을까 하는 것이 모두의 큰 관심사이다. 경쟁을 하려면 기본적으로 건전성이 확보되어야 하고 그것을 위해서는 수익성이 대전제가 된다. 수익원천의 다변화가 이제는 보편화되어 간다고는 하지만 전통업무 수행기관으로서 은행의 주수입원은 아직도 대출이고, 앞으로도 대출이 될 것이다. 왜냐하면 여윳돈을 가진 흑자경제단위로부터 돈이 부족한 적자경제단위로 돈의 흐름을 이어주는 것이 바로 은행의 원초적인 존재이유이기 때문이다.

금융산업에 자유로운 경쟁원리가 도입되고 금융기관의 기업성이 강조되어 궁극적으로는 금융자금의 조달과 배분이 인위적인 외부의 간섭이나 규제 없이 시장의 가격기능에 의하여 자율적으로 이루어지는 금융자율화 및 금리자유화시대에서 대출을 통하여 수익성을 제고시키기 위해서는 사후관리도 중요하지만 무엇보다도 사전적으로 과학적인 자료에 근거한 합리적 심사기법을 적용하고 모든 관련 정보를 반영시킨 대출가격(이자율)결정전략을 도입하여야 한다.

본 장에서는 대출이자율의 결정과 대출관리의 신경향과 관련하여 다음과 같은 주제를 중점적으로 다룬다.

- 대출이자율은 어떻게 결정되며, 금리자유화조치 이후의 대출이자율은 어떠한 행태를 보이고 있는가?
- 금융기관의 대출수익률은 어떻게 결정되며, 국제결제은행(BIS)의 자기자본규제 8%하에서의 대출전략은 어떻게 이루어져야 하는가?
- 신용할당은 어떠한 상황에서 발생하며, 금융중개의 효율성에 영향을 미치는 요인들은 어떠한 것들이 있는가?

## 제1절 대출수익률과 신BIS기준하에서의 대출전략

제6장에서도 언급을 하였듯이, 국제결제은행(BIS) 산하 바젤위원회가 1988년에 도입한 'BIS 자기자본보유협약(바젤 I)'은 은행경영에 내재된 신용위험과 시장위험에 대비해 적정한 자기자본수준을 유지하도록 하는 위험관리제도이다. 이 협약에 의해 은행은 위험가중자산의 8% 이상을 자기자본으로 의무 보유하여야 하며, 동 비율에 미달될 경우 감독당국으로부터 다양한 경영개선조치를 요구받게 된다.

그러나 은행의 영업범위가 확장됨에 따라 다양한 위험이 추가 발생하고 위험관리기법도 향상되어 이 협약도 한계를 가짐에 따라 바젤위원회는 이 협약을 개정하여 '신BIS 자기자본보유협약(바젤 II)'을 도입하였다. 바젤 II에서는 기존의 신용위험에 대한 위험가중자산 산출방식을 변경하고, 운영위험에 대한 위험가중자산 산출을 추가하는 등 최소요구자본 산출방식을 대폭 변경하였으며, 은행별 위험관리능력 차이를 감안하여 은행상황에 맞는 산출방식을 적용할 수 있도록 허용하였다.

이와 같이 개선된 바젤 II 하에서는 은행별 위험관리능력의 차이가 규제자본 산출방식의 차이로 나타나게 된다. 신용등급에 따른 자본요구량 차별화가 바젤 II의 핵심인 셈이다. 따라서 각 은행들은 차입자의 신용등급을 정확히 평가할 필요가 있으며, 신용등급이 우량한 고객을 발굴하는 데 더 많은 노력을 기울여야 한다. 이를 위해 무엇보다도 각 은행은 정교한 신용평가시스템을 구축하여 운영해야 한다. 신용평가시스템이 차입자의 신용위험을 정확히 차별화할수록 은행의 요구자본량이 최적화되어 효율적인 자본관리가 가능해지기 때문이다.

이처럼 신용등급에 따라 위험이 차별화되면 은행은 이를 대출금리에 반영하여 신용등급이 높은 기업에는 낮은 금리를 적용하는 반면, 등급이 낮은 기업에는 높은 금리를 적용하게 될 것이다. 그러므로 기업은 거래은행으로부터 좋은 신용등급을 받을 수 있도록 노력하여야 한다. 우수한 경영실적뿐만 아니라 재무구조의 개선, 투명한 회계처리, 위험관리 및 내부통제 강화, 기업의 주요 경영정보제공 등은 기업의 신용등급을 향상시킬 수 있는 좋은 방법이 될 수 있다.

## 1.1 대출금의 약정수익률(promised return on a loan)

금융기관이 대출로 얻는 예상수익률에 영향을 미치는 요인들은 여러 가지가 있다. 그 중 중요한 것들을 열거하면 다음과 같다.

① 대출이자율
② 대출관련 수수료
③ 대출에 대한 신용위험프리미엄
④ 대출담보
⑤ 기타 비가격항목들(특히, 보상잔고와 지급준비율)

보상잔고(compensating balances)는 차입자가 꺼내 쓸 수 없는 대출금의 일정 부분을 말한다.[1] 즉, 은행으로부터 돈을 빌린 차입자는 일정한 액수의 예금을 해당 금융기관에 언제나 예치해야 하는 것이다. 예컨대, 1,000만원의 대출을 받은 차입자에게 10%의 보상잔고가 적용될 경우 그는 그 은행에 항상 100만원의 잔고를 유지시켜야 하기 때문에 대출금 1,000만원 중에서 900만원밖에는 사용하지 못하게 된다. 보상잔고에 대해서 은행이 지불하는 이자율이 대출이자율보다 낮기 때문에 이러한 의무조항은 결국 차입자의 실효대출이자율을 높이는 결과를 낳는다. 따라서 보상잔고규정은 금융기관으로 볼 때 추가수익의 원천이다.[2]

대출수익률에 영향을 주는 가장 중요한 요인은 신용위험이므로 대출의 수익성과 위험을 평가할 때 이를 신중하게 고려해야 한다. 금융기관들은 높은 이자율 또는 위험프리미엄을 부과하거나 신용공여를 제한하는 방법 이외에도 여러 가지로 신용위험에 대한 보상을 받을 수 있다. 높은 수수료를 부과하거나 많은 보상잔고 또는 담보를 요구하는 것은 대출위험도에 대한 간접적인 보상방법이다.

이자율 이외의 방법으로 보상을 요구할 때 가계대출이나 기업대출에 대한 약정수익률이 어떻게 변하는가를 다음의 예를 통해 살펴보자. 가령 어느 은행에서 10억원을 1년

---

1 우리나라의 구속성 예금(일명 꺾기)은 대출고객이 원하지 않는다는 점에서는 미국의 보상잔고와 동일하지만, 구속성 예금은 불법이고 그 비율이 매우 높을 뿐만 아니라(심한 경우에는 50%) 요구불예금이 아닌 다른 금융상품(주로 저축성 예금)에 강제적으로 가입해야 대출승인을 얻을 수 있다는 점에서 보상잔고와는 다르다.

2 보상잔고 덕분에 은행들은 안정적으로 예금을 유치할 수 있고, 그 결과 유동성 문제를 어느 정도 완화시킬 수도 있다.

만기로 대출해 준다고 하자. 대출조건은 다음과 같다.

| | | |
|---|---|---|
| 기본대출이자율 | =12%=L | |
| + | | |
| 위험프리미엄 | = 2%=m | |
| 약정수익률 | =14%=L+m | |

기본대출이자율(base lending rate: L)은 기업어음이자율, 콜금리, 또는 런던은행간금리(London Interbank Offered Rate: LIBOR) 등과 같이 자금의 한계비용을 나타내고, 때로는 우대금리(prime lending rate)가 되기도 한다. 전통적으로 우대금리는 은행고객 가운데 신용위험이 가장 낮은 고객들에게 적용하는 대출이자율이었지만, 이제는 차라리 거기에 (+) 또는 (−)의 프리미엄이 가산되는 기본이자율이 되었다. 즉 가장 신용이 좋고 규모도 큰 고객들은 우대금리 이하의 금리를 지불하게 되어 기업어음시장과 경쟁을 할 수 있게 되었다.

다음의 내용을 가정해 보자.

① 차입자에게 대출개시수수료(loan origination fee: $f$)로 $\frac{1}{8}$%를 부과한다.

② 무이자 요구불예금계정에 보상잔고($b$) 10%를 유지하도록 한다.

③ 보상잔고를 포함하여 모든 요구불예금 잔고에 대하여 중앙은행에서는 법정지급준비율($R$) 10%를 예치하도록 한다.

그러면 대출금에 대한 약정수익률($k$)은 다음과 같이 표현될 수 있다.[3]

$$1+k=1+\frac{f+(L+m)}{1-[b(1-R)]}$$

이 공식에서 분자는 대출금 1원에 대하여 수수료나 이자와 같이 은행에 들어오는 약정현금유입을 나타내며, 분모는 대출자금 매 1원에 대하여 $b$원만큼의 무이자 보상잔고를 요구하는 것을 의미한다. 따라서 $(1-b)$는 은행의 입장에서 법정지급준비율을 무시할

3 이 공식에서는 화폐의 시간적 가치를 무시하고 있지만, 공식에 쉽게 반영시킬 수 있다. 예컨대, 수수료는 대출개시와 동시에 받으므로 할인할 필요가 없지만, 이자 및 프리미엄은 통상 만기 시에 받으므로 은행의 자금조달비용으로 할인해야 할 것이다.

때의 현금유출을 나타낸다. 그러나 보상잔고($b$)는 차입자가 요구불예금의 형태로 예치하므로 중앙은행에서는 무이자 요구불예금계정에 대하여 $R$만큼의 지급준비율을 요구한다. 그러므로 보상잔고에 대한 순이익을 구하려면 법정지급준비율을 빼야 한다. 따라서 대출자금 매 1원당 순현금유출은 $1-[b-(1-R)]$로 표시된다.

이 공식에다 위의 예에 나타난 숫자들을 대입하면 다음과 같다.

$$1+k=1+\frac{0.00125+(0.12+0.02)}{1-[(0.10)(1-0.10)]}=1+\frac{0.14125}{0.91}=1.1552$$

혹은 $k=15.52\%$

물론 이것은 대출금에 대한 약정이자율인 $(L+m)=14\%$보다는 높다.

수수료가 0이고 보상잔고가 역시 0인 경우 계약에 의한 약정수익률 공식은 다음과 같이 다시 쓸 수 있을 것이다.

$$1+k=1+(L+m)$$

즉 기본이자율이 정해진 이후 대출의 약정수익률을 결정하는 데 영향을 미치는 기본적인 요인은 곧 신용위험프리미엄이라고 할 수 있다. 대출시장의 경쟁이 심화될수록 개시수수료($f$)나 보상잔고($b$)는 별로 중요하지 않게 된다.

## 1.2 대출금의 기대수익률

차입자와 대출자 간의 계약에 의하여 합의된 약정수익률 $(1+k)$에는 대출이자율 이외에도 수수료와 같은 비이자항목이 포함되고 있으므로 기대수익률은 물론 실제수익률과도 사뭇 차이가 있다. 채무불이행위험(default risk)은 차입자가 계약상 의무를 이행하지 않을 위험을 가리킨다. 이 위험은 정도의 차이는 있지만 모든 대출에 공통적으로 존재한다. 따라서 대출이 행해지는 시점에서 대출자금 1원에 대한 기대수익률($E(r)$)은 약정수익률과 다음과 같은 관계를 가진다.

$$E(r)=p(1+k)$$

여기서 $p$는 대출금이 제대로 상환될 확률

$p$가 1보다 작은 한 채무불이행위험이 존재한다. 그러므로 해당 금융기관에서는 이러한 위험을 충분히 보상할 만큼 위험프리미엄($m$)을 높게 정해야 할 것이다. 뿐만 아니라 그 금융기관에서 높은 수수료 및 기본이자율과 함께 위험프리미엄을 높게 책정하면 상환확률($p$)이 더 낮아질 수도 있다. 즉 $k$와 $p$는 서로 독립적이 아니고, 어떤 의미에서는 서로 음($-$)의 상관관계를 가지고 있다. 그러므로 금융기관에서는 두 가지 측면에서 신용위험을 통제해야만 한다. 그 하나는 가격 또는 약정수익률인 $(1+k)$이고, 다른 하나는 대출규모 혹은 신용한도이다.

## 1.3 국제결제은행(BIS) 자기자본비율규제하의 대출전략

우리나라 은행의 국제결제은행(BIS) 자기자본비율이 현재 열악한 상태에 있는 만큼 대출증가는 그만큼 제약을 받을 수밖에 없다. 특히 BIS 자기자본비율이 8%에 미치지 못하는 은행들은 다음과 같은 조치를 통하여 재무구조를 건실하게 하면서 대출업무를 수행해야 한다.

### 1.3.1 대출포트폴리오 구성의 다양화 및 사후관리 철저

바젤Ⅱ에서는 운영위험을 위험가중자산 산출대상에 포함시켰으며, 은행이 내부 자본적정성을 관리할 때에는 시장, 신용, 운영 등 주요 위험 외에 신용편중위험, 이자율위험, 유동성위험, 잔여위험, 전략 및 평판위험 등 은행이 직면할 수 있는 모든 것을 고려하도록 요구하고 있다. 이는 바젤Ⅱ 도입으로 인해 위험측정과 관련하여 은행의 재량권이 크게 확대되는 데 비해, 최저자기자본규제(Pillar Ⅰ)의 틀 안에 은행경영과 관련된 모든 위험을 포함시키는 데는 한계가 있기 때문이다.

이와 같은 다양한 위험을 효율적으로 관리하기 위해서는 포괄적인 위험관리체계를 구축해 나가야 한다. 바젤Ⅱ가 단순히 규제자본 산출방식의 변경을 의미하는 것이 아님을 인식하고 은행경영과 관련된 모든 위험을 관리할 수 있는 체계를 마련해 나가야 한다.

그러므로 대출담당자는 무엇보다도 대출채권이 부실화될 가능성을 최대한 줄여야 한다. 대출채권의 부실은 곧바로 은행의 자기자본 잠식으로 이어지기 때문에 그만큼 은행경영활동에 제약을 준다. 대출채권의 부실률을 줄이려면 먼저 대출포트폴리오에 대한 실사를 하여 얼마나 큰 신용위험에 노출되어 있는가를 조사한 후 신용위험을 높이는 요인들을 제거하여 신용위험을 낮추어야 한다.

### 1.3.2 철저한 신용평가와 충분한 대출마진의 확보

대출담당자는 신용평가를 철저히 한 다음 신용위험에 상응한 대출마진을 확보하여야 한다. 물론 신용위험평가모형을 적극 활용하여 위험이 일정 수준을 넘는 고객들에게는 대출을 해주지 않아야 한다. 이미 대출이 승인된 고객에 대해서도 부실예상률에 상응한 대출마진을 산정해야 한다.

특히 중소기업 대출의 경우 신용등급이 우수한 기업에 대한 대출은 늘리고, 그렇지 않은 기업에 대한 대출은 줄이는 선별적인 포트폴리오전략을 수립해야 한다. 일반적으로 중소기업은 대기업에 비해 신용등급이 낮으므로 요구자본량이 대기업에 비해 많이 산출된다. 그러나 중소기업에 대한 이러한 부정적 영향을 완화하기 위해 바젤Ⅱ에서는 ① 매출액 600억원 이하의 중소기업에 대해 별도의 위험가중치 함수를 적용하며, ② 총여신 10억원 이하인 중소기업은 소매 익스포져로 분류할 수 있도록 하는 등의 우대조치가 도입되었기 때문에 우량한 중소기업 대출의 경우 위험가중치가 감소하게 된다. 이와 같은 이유로 은행들은 우량 중소기업 위주로 대출을 확대하는 전략을 취해야 한다.

### 1.3.3 대출채권의 위험가중치 경감

바젤Ⅱ 시행으로 인해 차입자 등급별, 자산별로 위험가중자산이 달라짐에 따라 은행은 최소요구자본량을 줄이는 방향으로 자산포트폴리오를 조정하여야 한다. 두 자산의 수익이 동일할 경우 요구자본량이 적은 자산을 선택함으로써 자본을 보다 효율적으로 활용할 수 있기 때문이다. 이러한 경영환경에서 BIS 자기자본비율을 효과적으로 달성하려면 위험가중치가 낮은 대출, 예컨대 주택담보대출, 신용보증기금대출 또는 보증부대출 등의 비중을 늘려 대출채권의 위험가중치를 낮출 필요가 있다. 또한 대출채권매각과 증권화의 방법을 통해서 대출자산규모의 증가를 억제하고, 그 대신 회전율을 높이는 방안을 모색하여야 한다.

## 제2절 대출이자율의 결정

금리자유화시대에 각 은행은 충분한 수익성을 달성하면서도 경쟁력을 유지할 수 있도록 대출이자율을 적절하게 결정해야 한다. 이를 위해서는 대출이자율을 구성하는 요소를 분해하여 각 구성요소가 결정되는 메커니즘을 명확하게 파악하고 이것들이 다른 은행들과 어떻게 차별화가 이루어지고 있는가를 분석할 필요가 있다.

금융기관의 대출이자율결정에는 경기동향 및 자금수요, 통화공급규모 등 거시적 요인뿐만 아니라 자금조달비용, 대출시장에서의 경쟁구조, 고객관계, 기대요소 등 미시적 요인이 상호 복합적으로 영향을 미친다. 여기서는 특히 미시적인 요인을 중심으로 살펴보기로 한다.[4]

### 2.1 예금이자율과 시장이자율

대출이자율에 가장 직접적으로 영향을 미치는 요인은 예금이자율과 시장이자율이다. 예금이자율의 변동이 대출이자율에 미치는 영향은 금융기관의 경영목표나 민간부문의 이자율탄력성의 크기에 따라 그 결과가 다르게 나타난다. 만일 금융기관의 경영목표가 이윤극대화에 있다면 비록 예금이자율이 상승하더라도 그 수준이 대출의 기회비용인 단기시장이자율보다 높지 않은 한 금융기관의 대출공급은 감소하지 않을 것이고, 예금이자율은 대출이자율에 아무런 영향을 주지 않는다. 왜냐하면 예금이자율이 상승하여 이윤이 감소해도 금융기관은 이미 이윤이 극대화되는 규모로 대출을 실행하고 있기 때문이다.

반면에 금융기관이 경영목표로서 규모극대화를 추구하고 있는 경우에는 대출이 이윤극대화를 이룰 수 있는 규모를 초과하여 행해진다. 이 경우 예금이자율 상승으로 금융기관의 이윤이 감소하게 되면 금융기관은 대출규모를 다소 축소함으로써 이를 보전할 수 있다. 그 결과 대출공급이 줄어들게 되고 대출이자율은 상승한다. 그러나 예금이자율의 상승은 예금증가로 이어지므로 규모극대화를 추구하는 금융기관에게 다시 대출확대요인으로 작용하게 된다. 따라서 예금이자율의 상승이 대출이자율에 미치는 영향

4 한국은행, "금리자유화와 대출금리의 결정행태," 조사통계월보, 1996년 8월호 참조.

은 민간부문 예금의 이자율탄력성이 어느 정도인가에 따라 달라진다.

우리나라에서는 은행들이 그동안 최우선 경영목표로서 규모극대화를 추구해 왔었다는 것을 전제로 하면, 과거에는 은행의 예금이자율이 시장이자율보다 훨씬 낮은 수준에서 규제되었기 때문에 이자율탄력성이 크지 않은데다 예금에 의한 대출자금의 조달비중이 높아 예금이자율이 상승될 경우 대부분 대출이자율의 상승으로 이어질 가능성이 높았다.[5]

## 2.2 금융산업의 경쟁구조

시장에서의 경쟁정도에 따라 제품의 가격이 달라지듯이 대출이자율도 금융산업의 시장구조에 따라서 영향을 받는다. 산업조직론의 구조－성과가설(structure－performance hypothesis)에 의하면, 시장집중과 경영성과 간에 (+)의 상관관계가 성립하고 가격도 외부충격에 대해 비탄력적이 된다고 한다. 왜냐하면 소수기업에 의한 시장집중도(market concentration)가 높을수록 기업 간 경쟁이 약화되고 담합이 용이하기 때문이다. 이러한 가설이 금융산업에도 적용될 수 있는가를 검증하기 위해 대출이자율을 성과변수로 하여 시장집중도와의 상관관계를 분석한 다수의 실증적 연구가 있는데, 대체로 시장집중도가 높을수록 대출이자율이 높아진다는 사실을 보여주고 있다.[6]

## 2.3 고객관계

고객관계에 대해서는 신용할당과 관련하여 이미 설명한 바 있다. 고객과의 관계에서 누가 우월적 지위에 있느냐에 따라 대출이자율이 달라진다. 금융기관이 우월적 지위에 있을 때에는 비록 자금이 초과공급상태에 있더라도 금융기관은 높은 이자율로 대출을 실행할 수 있다. 반면에 기업의 지위가 금융기관에 비해 우월하다면 비록 자금에 대해

5 금리자유화 이전에 우리나라 은행들이 규모극대화를 추구하였던 이유는 규제금리로 말미암아 일정한 예대마진이 보장된 상황에서 규모극대화가 곧 이윤극대화로 이어질 수 있었기 때문이었다. 그러나 금리자유화 시행으로 인하여 상황이 변했는데도 불구하고 계속 우리나라 은행들이 규모극대화를 추구하였던 이유는 개별은행의 시장점유율이 거의 비슷하고 금융서비스가 차별화되지 못한데다가 규모극대화 자체가 곧 유형·무형의 이익을 가져다주었기 때문인 것으로 보인다.

6 Rhoades, S., "Monopoly and Expense－Preference Behavior," *Southern Economic Journal*, October 1980, pp.419～432, 그리고 Hannen, T., and A. N. Berger, "The Rigidity of Prices: Evidence from the Banking Industry," *American Economic Review* 81, 1991, pp.938～945 참조.

초과수요상태가 존재하더라도 기업은 낮은 이자율로 대출을 받을 수 있다.

우리나라의 경우 그동안 투자자금의 절대부족 및 금리규제로 인한 자금의 초과수요상태가 지속됨으로써 금융기관이 절대적으로 우월한 지위를 가질 수밖에 없었다. 금융기관 또한 대출운용에 있어서 담보력이 우수한 대기업을 선호함에 따라 금융기관의 대기업에 대한 의존도가 매우 높았다. 그 결과 대기업의 금융기관에 대한 영향력도 컸지만, 이러한 금융기관·대기업 관계가 규제금리체제하에서는 이자율결정에 중요한 역할을 하지 못하였다.

그러나 금리자유화 이후 금융기관과 대기업 간의 전통적인 관계가 약화되고 그동안 가계나 중소기업에 대하여 일방적으로 누려왔던 금융기관의 우월적 지위도 상당히 약화되는 등 고객관계에 많은 변화가 나타났다. 특히 대출이자율의 결정에 있어서 고객의 금융기관경영에 대한 기여도를 반영하는 경향이 나타남에 따라 앞으로 고객관계가 이자율결정에 더욱 중요한 요소로 작용할 것으로 보인다.

## 2.4 기대요소

거시분석에서 기대요소는 명목이자율의 수준을 결정하는 기대인플레이션율, 즉 피셔효과(Fisher effect)로 설명되고 있다. 반면에 미시적 이자율분석에 있어서는 통화당국 정책기조의 변화, 계절적·순환적 자금공급요인, 경기동향 등 경제적 요인은 물론 정치상황과 같은 경제외적인 요인들도 기대요소로 작용하게 된다. 기대요소는 각 경제주체의 행동에 영향을 미쳐 시장에서의 자금수급사정을 변화시킨다. 그 결과 시장이자율이 변동하면 금융기관에서는 대출이자율수준을 변경하게 된다.

특히 기대요소는 자금을 공급하는 금융기관뿐 아니라 자금의 수요자인 기업부문에서도 중요한 역할을 하는데, 때로는 실물경제상황의 움직임과는 무관한 자금의 가수요현상을 유발시켜 이자율을 변동시키기도 한다. 이자율결정과정에서 이러한 기대요소가 중요한 역할을 할수록 과잉반응(overshooting)현상으로 인한 이자율의 상향편의(upward bias)가 발생할 가능성이 커진다. 가령 통화증가율이 목표수준을 상회하거나 경제전망이 불투명하다면 기대요소의 영향으로 자금의 가수요현상이 나타나 시장이자율이 급등하는 경우가 있다. 이러한 과잉반응현상은 기대요소가 대출이자율결정에 영향을 주는 하나의 예가 된다.

# 제3절 신종대출상품의 개발

최근 들어 금융산업의 경쟁이 심화되면서 대출부문에서도 큰 전략적 변화가 나타나고 있다. 은행은 고객들에게 단지 돈을 빌려주는 소극적 자세에서 벗어나 당면한 문제점을 함께 해결해 주려는 동반자 기능을 수행하고 있다. 이러한 변화의 하나로 대부분 국가의 은행들은 파생금융상품의 방식을 도입한 파생상품형 기업대출상품을 개발하고 그 비용을 최소화시킴으로써 대중화시키고 있다. 상한금리부 시장금리연동형 기업대출상품을 개발하여 중견 및 중소기업이 이용하기 쉽도록 대중화시켜 고객층의 확대를 도모하는가 하면, 단기우대금리(prime rate)를 지표로 삼아 이자율이 연동하는 장기파생대출상품과, 이자율예측에 따라 고객이 이자율을 선택하고 변경이 가능한 대출상품도 개발하였다. 은행들은 이러한 대출상품을 통하여 기업고객들에게 이자율위험을 회피할 수 있는 기회를 제공한다. 한편 파생금융상품을 활용한 대출상품의 경우 고객들의 수수료부담이 적지 않다는 점에서 이들 수수료를 낮출 수 있는 상품들도 다수 시판되고 있다.

그 밖에 중·장기주택자금대출에 파생상품을 결합하여 대출기간별로 이자율이 달리 적용되는 스텝업상환 등을 부가시키는가 하면, 환율예상에 따른 환차익의 획득으로 기업들의 실질이자율을 낮출 수 있는 대출상품들도 다수 개발되어 판매 중에 있다. 이들 중 몇몇 대출상품의 구조 및 특성을 살펴보자.

## 3.1 상한금리부대출

상한금리부대출은 이자율 상승을 우려하는 기업을 대상으로 대출이자율에 상한을 설정하여 시장이자율이 상승하더라도 실제로 부담하는 이자율은 상한금리를 넘지 않도록 함으로써 금리상승위험을 헤지하는 상품이다. 이 상품의 구조를 보면 고객이 장기변동금리대출(2~10년, LIBOR)을 받음과 동시에 은행에 수수료를 지불하고 금리캡(cap: 상한금리설정)계약을 매입한다.

대출기간 중 이자율은 시장이자율에 따라 주기적으로 변경되지만 최고금리는 상한금리를 초과하지 않으므로 고객은 금리상승위험을 어느 정도 헤지할 수 있다. 그러나 시장이자율이 상한금리에 미치지 못할 때에는 금리캡계약이 쓸모가 없어지므로 고객은 은행에 이미 지불한 수수료만큼 이자율부담이 높아진다.

**그림 8-1 상한금리부대출(범위설정형)의 구조**

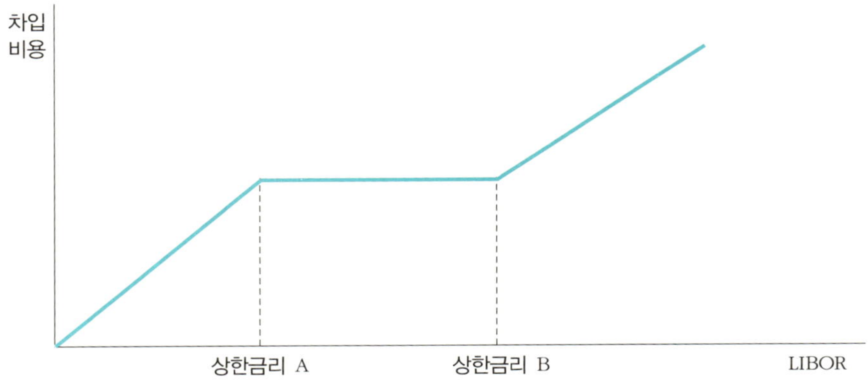


주: 1) 금리는 3단계로 설정됨
2) 상한금리 A 미만: LIBOR+스프레드+캡수수료(고정금리)
3) 상한금리 A~B구간: 상한금리 A
4) 상한금리 B 초과: LIBOR+스프레드+캡수수료−(상한금리 B−상한금리 A)

## 3.2 하한금리부대출

이 상품은 대출이자율에 하한을 설정함으로써 시장이자율이 하락하더라도 고객은 최저금리지급을 은행에 보증하고 그 대가로 수수료를 받으며, 시장이자율이 하한금리까지 하락하지 않는 경우에는 약정한 변동금리를 지급함으로써 통상적인 변동금리대출에 비해 차입비용을 낮출 수 있다. 상품구조는 고객이 장기변동금리부대출을 받음과 동시에 은행으로부터 수수료를 받고 금리플로어(floor: 하한금리설정)를 매도하는 형태이다. 이 대출상품은 향후 시장이자율이 크게 하락하지 않을 것으로 판단하는 기업들에게 매우 유리한 상품이다.

**| 그림 8-2 | 하한금리부대출(범위설정형)의 구조**

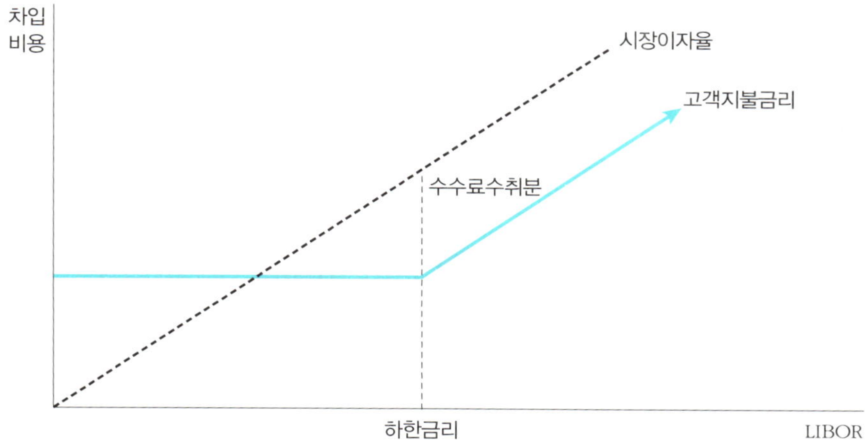


## 3.3 역변동금리형 대출

이 대출상품은 시장이자율이 오르면 고객의 대출이자율이 하락하고, 반대로 시장이자율이 하락하면 고객의 대출이자율이 상승하는 형태로 특히 이자율 상승을 예상하는 기업들에게 적합한데, 역변동금리채권과 그 특성이 비슷하다.

상품의 구조를 보면 고객은 중·장기고정금리대출을 받는 동시에 은행과 고정금리지불-변동금리수취 형태의 스왑계약(swap contract)을 체결한다. 따라서 고객이 실제로 지불하는 대출이자율은 중·장기고정금리+스왑고정금리-LIBOR가 되므로 LIBOR가 상승할수록 고객이 부담하는 이자율은 낮아지게 된다. 이 상품의 개념도는 다음과 같다.

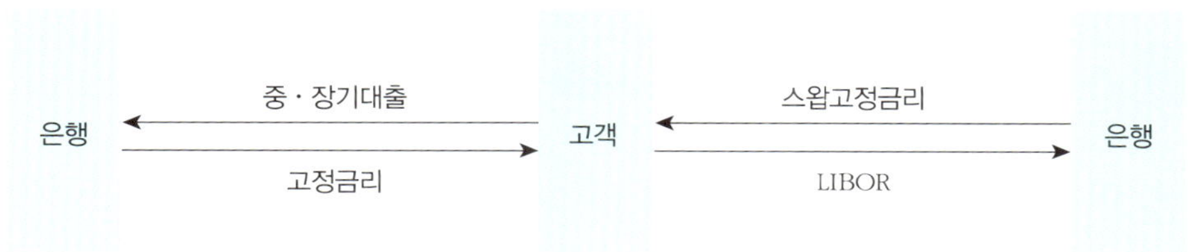

## 3.4 LIBOR Trigger 고정대출

이 상품은 고객이 초기에는 변동금리로 대출을 받지만, 나중에 시장이자율이 일정한 수준을 넘어 상승하면 지불금리가 고정되는 대출상품이다. 상품의 구조를 보면 고객이 중·장기고정금리대출을 받는 동시에 은행과 변동금리수취-고정금리지불 스왑(LIBOR Index Knockout)계약을 체결하는 형태인데, 이때 스왑에는 소멸조건이 붙어있다.

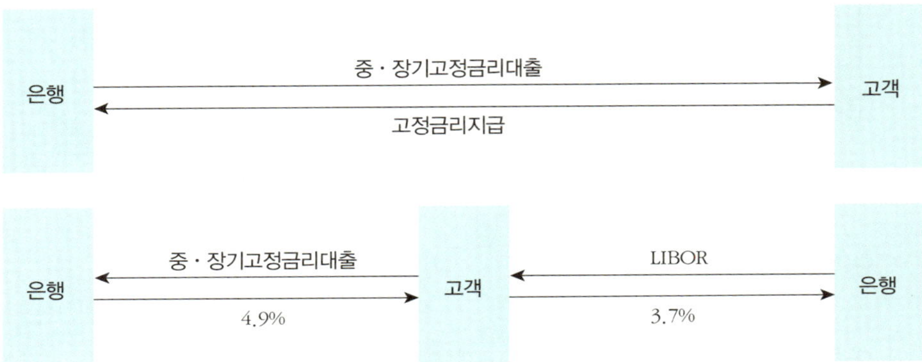


따라서 대출이 이루어진 후 일정한 기간이 지나 LIBOR가 스왑계약 시 설정했던 금리수준을 초과하면(스왑소멸조건 충족) 그 시점에서 스왑계약이 취소되어 나머지 대출기간 동안 고객은 고정금리를 지불한다. 만일 LIBOR가 최초에 설정했던 금리수준을 넘지 않는다면 스왑계약은 계속적으로 유효하여 고객의 지불금리는 LIBOR에 연동되므로 고객은 대출기간 동안 내내 저금리혜택을 누릴 수 있게 된다. 이 대출상품의 기본구조는 위의 그림과 같다.

## 3.5 스텝업형 또는 스텝다운형 대출

이 대출상품은 대출이자율이 기간별로 달라지며 대출기간의 후반부로 갈수록 이자율이 상승하는 스텝업(Step Up)형과, 반대로 대출이자율이 하락하는 스텝다운(Step Down)형이 있다. 이것의 구조를 보면 고객이 우선 변동금리로 대출을 받는 동시에 대출금리가 체증(또는 체감)하도록 고정금리지급-변동금리수취 형태의 금리스왑계약을 체결하는 것이다. 결국 고객이 은행에 지불하는 변동금리와 스왑의 변동금리수취가 서로 상쇄되고 남는 스텝업(또는 스텝다운) 부분이 그가 실제로 지불하는 이자비용이 되는데, 이 상품의 개념도는 다음과 같다.

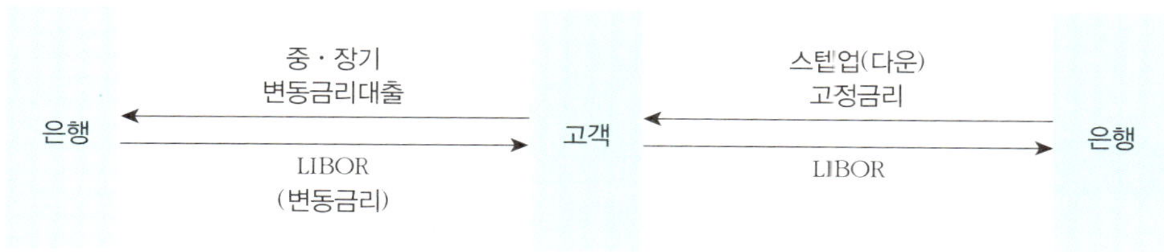


## 3.6 복합옵션부 외화대출

이 대출상품은 환율이 어떤 방향으로 움직일지는 모르지만 현재의 수준에서 크게 변동하지 않을 것으로 예상하는 기업들을 대상으로 자금차입비용을 줄일 수 있도록 고안된 것이다. 이 상품은 외화대출과 복합옵션인 스트랭글(strangle)매도를 결합한 것으로 고객기업은 외화대출을 받음과 동시에 은행으로부터 옵션료를 수취하고 스트랭글을 매도한다. 스트랭글은 상품과 만기일이 같고 다만 행사가격이 다른 콜옵션(call option)과 풋옵션(put option)을 매수 또는 매도하는 옵션거래전략이다.

**그림 8-3 스트랭글(Strangle)매도의 손익구조**

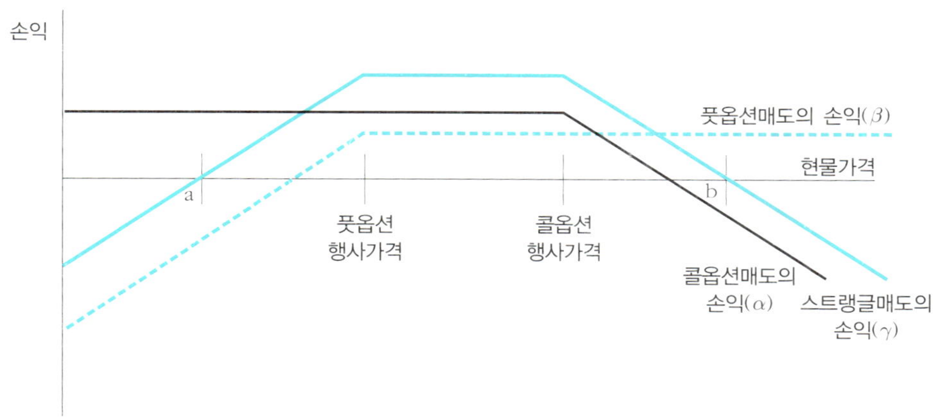


주: 1) 환율이 a, b 사이에서 변동하는 경우에는 이익이 발생하게 된다.
2) $\gamma$수치는 $\alpha+\beta$의 수직적인 합계를 나타낸다.

스트랭글매입은 가격변동이 클 것으로 예상하고 취하는 포지션이며, 스트랭글매도는 가격변동폭이 작은 것을 기대한 포지션이다. 스트랭글매도의 손익구조를 보여주는 것이 [그림 8-3]이다.

## 제4절 우리나라 은행의 자산운용 현황과 대출신상품

### 4.1 금융산업의 환경변화

1997년의 외환위기 이후 금융기관의 경영환경은 엄청난 변화가 있었다. 첫째, 환율안정을 위해 높은 수준으로 유지되어 왔던 이자율이 환율이 안정됨에 따라 급속하게 제자리를 찾았고 이제는 오히려 저금리기조가 정착되었다. 둘째, 정보통신기술의 발달로 인하여 정보비용이 감소하고 금융의 증권화가 촉진되었으며, 기업자금조달에 있어서 직접금융의 비중이 확대되었다. 셋째, 금융산업의 개방화와 자유화가 진전되면서 금융기관 간 경쟁이 심화되어 은행들은 안정적 수익의 확보를 위하여 비이자수익의 중요성을 깊이 인식하게 되었다. 넷째, 금융산업이 재편되면서 시장지배력의 우열이 정해지고 그 결과 수익성 악화가 우려되는 가운데 은행 간 추가적 합병의 동기가 커져가고 있다. 따라서 은행들은 더 이상 가격경쟁이 아니라 가격결정력과 상품개발능력 등이 선도은행으로의 발돋움에 결정적인 요인으로 작용할 것이라는 데 공감하고 있다.

### 4.2 국내은행의 자산운용 추이와 현황

[표 8-1]에 나타난 바와 같이, 대출수요의 감소와 자금유입의 확대로 말미암아 자금운용에 어려움을 겪게 된 은행들은 과잉유동성 문제를 우량대기업 회사채와 국공채매입을 통해 해결하였다. 은행대출의 경우 외환위기 이후 큰 폭으로 감소하였으나 1999년 이후 수익성과 안전성이 높은 가계대출과 우량 중소기업에 대한 대출이 확대됨에 따라 총자산에서 차지하는 비중이 크게 확대되었다.

가계대출수요의 경우 저금리기조의 지속으로 주택관련 대출수요 중심의 관련 대출이 급격하게 증가하였다([표 8-2] 참조). 또한 외환위기 이후 기업구조조정을 겪으면서 개인들이 창업확대 등을 위해 가계금융을 적극적으로 활용한 것드 가계대출 급증의 한 원인으로 작용한 것으로 보인다.

은행들은 여유자금이 있음에도 불구하고 안정성과 수익성이 떨어지는 기업대출을 기피함에 따라 기업자금공급에 애로가 발생할 우려가 있다. 기업대출은 차입자와 대출자간에 높은 정보비대칭성으로 말미암아 은행의 정보수집비용이 늘어나고 가계대출보다 이자마진도 낮으며 은행이 신용위험을 충분히 보전할 수 있는 적정대출금리를 부과할

표 8-1 | 일반은행의 총자산 대비 각 항목의 구성비율 (단위: %)

| 연도 | 통안증권 | 국채 | 지방채 | 회사채 | 주식 | 대출금 |
|---|---|---|---|---|---|---|
| 2001 | 3.5 | 9.7 | 0.3 | 6.2 | 1.3 | 51.8 |
| 2002 | 3.4 | 8.5 | 0.2 | 4.5 | 1.0 | 60.6 |
| 2003 | 2.9 | 6.4 | 0.4 | 7.4 | 2.8 | 52.9 |
| 2004 | 3.4 | 6.0 | 0.3 | 6.1 | 3.0 | 54.6 |
| 2005 | 5.5 | 5.2 | 0.1 | 3.2 | 1.4 | 52.0 |
| 2006 | 4.3 | 3.9 | 0.1 | 3.9 | 1.6 | 52.0 |
| 2007 | 3.1 | 3.1 | 0.1 | 4.4 | 1.4 | 53.2 |
| 2008 | 3.1 | 3.0 | 0.1 | 4.2 | 0.9 | 50.3 |
| 2009 | 3.4 | 4.1 | 0.1 | 4.1 | 1.2 | 54.0 |
| 2010. 9 | 3.4 | 4.1 | 0.2 | 4.1 | 1.0 | 52.6 |

자료: 금융감독원, 은행경영통계, 각 호.

표 8-2 | 일반은행의 총자산 대비 자산운용 추이 (단위: %)

| 구분 \ 연도 | 2002 | 2003 | 2004 | 2005 | 2006 | 2007 | 2008 | 2009 | 2010. 9 |
|---|---|---|---|---|---|---|---|---|---|
| 원화대출 | 56.2 | 47.8 | 49.6 | 52.0 | 52.0 | 53.1 | 50.3 | 54.0 | 52.5 |
| 가계대출 | 29.7 | 21.9 | 23.8 | 29.3 | 29.0 | 27.1 | 24.1 | 26.3 | 25.5 |
| 기업대출 | 25.6 | 24.6 | 24.8 | 21.9 | 22.1 | 25.2 | 25.2 | 26.5 | 25.9 |
| 유가증권 | 20.6 | 23.7 | 22.8 | 17.6 | 15.5 | 13.7 | 13.0 | 14.8 | 14.7 |
| 국채 등[1] | 12.1 | 9.7 | 9.7 | 10.9 | 8.3 | 6.3 | 6.3 | 7.6 | 7.7 |
| 회사채 | 4.5 | 7.4 | 6.1 | 3.2 | 3.9 | 4.4 | 4.2 | 4.1 | 4.1 |
| 주식 | 1.0 | 2.8 | 3.0 | 1.4 | 1.6 | 1.4 | 0.9 | 1.2 | 1.0 |

주: 1) 국채, 지방채 및 통안증권
자료: 금융감독원, 금융통계월보, 각 호.

수 없기 때문에 수익성이 떨어지는 문제점이 있기 때문이다. 그러나 많은 은행들은 이제 자산운용에 대한 인식을 새롭게 하고 자산관리 및 운용에 있어서 선진금융기법을 도입하는 등 적극적인 영업자세로 새로운 자산운용처 발굴에 힘쓰고 있다.

## 4.3 다양한 대출신상품[7]

고객들의 다양한 욕구에 부응하고자 하는 각 은행들의 노력으로 최근 들어 수많은 대출신상품이 개발되어 판매에 들어갔지만, 본 절에서는 그 중에서 특징적인 몇 가지만을 소개한다.

### 4.3.1 산금채연계금리 전환옵션부 CD금리연동대출

이 상품은 CD연계금리를 산금채연계금리로 전환할 수 있는 옵션을 부여한 대출상품으로 2001년 상반기에 산업은행에서 도입되었다. 이 상품의 특징은 시설자금에 대하여 CD금리연동조건으로 대출을 받고, 그 후 3개월 변동금리상품인 CD금리 상승이 예상되는 경우 산금채연계금리로 전환하면 1년 또는 3년 동안 금리가 고정되기 때문에 고객의 입장에서 이자율상승에 따른 위험을 회피할 수 있다. 더욱이 옵션수수료도 부과하지 않기 때문에 기업들에게는 전환에 따른 추가부담이 없다.

### 4.3.2 원화옵션부 외화대출

이 상품은 환율변동으로 인한 외환위험을 우려해 외화대출을 적극적으로 활용하지 못하고 있는 고객들을 위하여 환율급등에 대비해서 외화대출을 원화대출로 전환할 수 있다는 특징을 가지고 있다. 이 대출에서 국민은행은 0.36%의 옵션수수료를 징수하지만, 고객은 원할 경우 원화대출로 전환할 수 있는 권리를 가진다. 이것은 중소기업들이 환율위험을 일정한 범위 내에서 회피하면서 원화대출보다 낮은 금리의 달러화나 엔화자금을 이용할 수 있는 대출상품이다.

7 은행연합회, 금융, 각 호.

### 4.3.3 옵션부 주택자금대출

차입고객 스스로 금리와 상환방법을 자유롭게 선택할 수 있고 연말정산 시 소득공제까지 가능한 대출상품으로서 우리은행이 '옵션부 모기지론'이라는 이름으로 2004년에 도입하였다. 이 상품은 주택을 담보로 제공하는 개인을 대상으로 하고, 대출기간은 10년 초과 30년 이내(거치기간은 3년 이내)이며, 대출금리는 3개월, 1년, 3년 변동기준금리 중에서 고객이 자유롭게 선택할 수 있다.

또한 고객의 원리금부담을 덜어주기 위하여 원금의 50%는 만기에 일시상환할 수 있으며, 여유자금이 있을 때 매년 원금의 10% 범위 내에서 중도상환수수료 없이 자유롭게 상환할 수 있을 뿐만 아니라 거치기간이 지나 긴급자금을 필요로 할 때는 최고 1천만원까지 신용대출이 가능하다.

### 4.3.4 KB-Hedge Loan

급변하는 환율에 적극적으로 대응하여 외환위험을 종합적으로 관리할 수 있는 기업금융상품으로 국민은행이 2004년에 개발하였다. 이것은 외환위험에 취약한 수출입 중소기업과 대기업의 수출입결제서비스와 대출서비스를 결합하여 제공하는 종합서비스이다. 즉 시스템에 의하여 자동적으로 기준환율을 산출하고 적정환율로 외화대출 또는 원화대출을 자동적으로 실행하도록 하여 수출입기업이 환율상승 또는 하락에 따라 노출되는 외환위험에 최적으로 대응할 수 있도록 하고 있다.

### 4.3.5 역모기지론

역모기지론(reverse mortgage loan: 주택담보노후연금 또는 주택연금)은 주택담보대출과는 달리 자신이 보유하고 있는 집을 담보로 하여 금융기관으로부터 연금형식으로 생활자금을 대출받는 것을 말하는데, 국민, 신한, 우리, 하나은행과 삼성화재, 흥국생명 등 8개 금융기관은 2007년 7월 11일부터 주택금융공사가 보증하는 역모기지상품을 판매하고 있다. 가입대상은 부부가 모두 만 65세 이상인 고령자로 1세대 1주택자에 한해 가능하다. 아파트, 단독주택, 다세대 등 6억원 이하 주택이면 가능하며, 1년 이상 거주해야 한다. 오피스텔, 임대 중인 주택, 이미 주택담보대출을 받고 있는 주택은 해당이 없다.

보증료와 대출이자는 사후에 주택을 처분하여 정산한다. 이때 주택처분가격이 대출금액에 못 미쳐도 자녀 등의 상속인이 대신 갚아야 할 의무가 없다. 그러나 만일 정산 금액이 남으면 상속인에게 돌아간다. 역모기지의 생활비 지급방식은 크게 두 가지다. 평생 동안 매달 일정 금액을 받는 종신형과, 매달 받는 월 지급금과는 별도로 긴급자금이 필요할 때마다 미리 정한 한도액 내에서 목돈을 뽑아 쓸 수 있는 종신혼합형이다.

## EXERCISE

1. 대출에 대한 위험프리미엄이 증가할 때 금융기관의 기대수익률이 더 낮아질 수가 있다. 왜 그러한 현상이 발생하는가?

2. 금융기관의 대출수익률은 어떻게 결정되며, 국제결제은행(BIS) 바젤Ⅱ의 자기자본규제하에서의 대출전략은 어떻게 이루어져야 하는가?

3. 예금시장뿐만 아니라 대출시장에서도 고객지향적인 신상품들이 많이 등장하고 있다. 그 중에서도 특히 파생상품과 결합된 대출상품에는 어떠한 것들이 있는가?

4. 은행은 장기적 고객관계를 유지함으로써 고객에게 어떤 이점을 제공할 수 있는가? 또 고객들은 이에 의거 은행에게 어떤 이점을 제공할 수 있는가?

5. 금융산업 내의 경쟁구조가 대출이자율에 미치는 영향에 대해서 논하라.

6. 금융기관이 특정 대출에서 얻게 되는 예상수익률에 영향을 미치는 요인들을 들고 각 요인들이 어떻게 작용하는지를 설명하라.

7. 보상잔고(compensating balances)와 우리나라에서의 구속성 예금의 차이를 설명하라.

8. 금융기관에서 대출이자율의 인상이 아닌 방법으로 대출위험에 대한 보상을 하는 방법에는 어떠한 것이 있으며, 그것이 대출에 대한 약정수익률에 어떻게 영향을 미치는가?

9. 금융자율화는 대출이자율의 결정에 어떠한 영향을 미칠 것으로 판단되는가?

10. 이자율결정에 있어서 완전시장균형(perfect market equilibrium)은 어떻게 이루어지며, 대출시장에서 정보비대칭(information asymmetry)이 존재할 때 어떤 현상이 일어나는가를 설명하라.

Chapter

# 9 대출금매각과 증권화

금융기관들은 대출의 신용위험을 통제하기 위하여 여러 가지 방법을 사용한다. 신용위험이 크다고 판단되는 차입자들에게는 높은 대출이자율과 대출수수료를 부과하거나, 심지어는 아예 대출을 제한하거나 거부한다. 또한 차입자들이 내놓는 담보에 대하여 최우선순위의 청구권을 요구하거나, 대출자금을 여러 유형의 차입자들에게 나눠주어 포트폴리오를 구성함으로써 위험을 분산시킨다. 자산매각이나 신규채권발행을 통하여 자금조달을 꾀하거나 배당을 많이 지급하려는 차입자의 행동에 통제를 가하는 조항을 대출약관에 삽입시키기도 한다.

금융상품의 장점 중 하나는 유동성이지만 대출채권은 그동안 만기까지 현금화할 수 없는 단점을 안고 있었다. 그러나 최근 들어 이러한 대출채권을 단기적으로 유동화시킬 수 있는 방안이 활발하게 추진되고 있다. 대출채권매각은 채권발행을 통하여 대출을 완전히 증권화하는 것의 초기적인 방안이다.

한편 금융기관들은 자산의 증권화(securitization)를 통해서 금융기관 본래의 기능인 자산전환자(asset transformers)보다는 점차 금융서비스를 제공하고 수수료를 받는 자산중개기관(asset brokers)으로 바뀌어 가고 있다. 은행들이 마치 증권회사와 흡사해져 가는 것이다. 대출채권과 자산이 더욱 증권화되어 갈수록 일반금융업(commercial banking)과 투자은행업(investment banking) 간의 차이는 점차 없어져 갈 것이다.

본 장에서는 다음과 같은 주제를 중점적으로 다룬다.

- 금융기관들이 왜 대출채권매각을 행하는가?
- 대출채권매각에는 어떠한 종류가 있으며, 각각의 특성은 무엇인가?
- 대출채권매각시장에 영향을 주는 요인들로는 어떠한 것이 있는가?
- 금융증권화의 개념은 무엇이며, 증권화의 유형에는 어떠한 것들이 있는가?
- 증권화된 유가증권에는 어떠한 것들이 있으며, 각각의 특성은 무엇인가?

# 제1절 대출채권매각

## 1.1 대출채권매각의 정의

대출채권매각(loan sales)이란 특정 대출채권이 발생시키는 현금흐름의 전부 또는 일부를 매각하여 그 대출채권을 금융기관의 재무상태표로부터 삭제하는 계약을 말한다. 은행들은 당초 대출액보다 약간 더 높은 금액으로 대출채권을 매각함으로써 이익을 얻는다. 대출채권을 매각하는 동기로는 다음 두 가지를 들 수 있다.

첫째, 소구권(recourse)이 없는 매각의 경우 매각은행은 그 자산을 재무상태표에서 삭제할 뿐만 아니라 그 대출이 부실화된 경우라도 아무런 책임을 지지 않는다. 이 경우 해당 대출채권과 관련된 신용위험은 대출채권매입자가 모두 부담한다. 여기서 소구권이란 해당 대출채권을 다시 매각은행에게 반환할 수 있는 권리를 말한다.

둘째, 매각은행은 보통 그 대출채권을 제공하는 업무에 대한 수수료를 받는 외에도 원리금을 회수하여 투자자들에게 지급하는 업무에 대한 수수료도 받는다. 물론 소구권이 없는 대출채권매각이라면 매각은행은 신용위험을 부담하지 않으며 추가자본을 필요로 하지 않는다.

그러나 소구권이 있는 경우의 대출채권매각은 매입자가 매각은행에게 해당 대출채권을 다시 반환할 수 있기 때문에 매각은행은 상황에 따라 신용위험을 부담할 수도 있다. 사실 대부분의 대출채권매각은 소구권 없이 이루어지고 있다. 대출채권매각은 대출채권에 대한 유통시장을 발생시킨다는 점에서 증권화(securitization)의 원시적인 형태이다.

## 1.2 대출채권매각의 필요성

금융기관들이 대출채권매각을 행하는 이유는 주로 신용위험을 잘 관리하기 위해서이지만, 그 외에도 다음과 같은 여러 가지 경제적 또는 규제이유 때문에 대출채권매각을 하고 있다.

### 1.2.1 지급준비금부담의 저감

대출채권을 매각함으로써 금융기관들은 장부에서 대출채권을 삭제하여 지급준비금과 같은 준조세를 피할 수 있다.

### 1.2.2 수익성 향상

대출수수료는 당장 수입으로 잡히지만 이자수입은 시간이 흘러감에 따라 천천히 발생된다. 그 결과 대출을 행하고 곧 그 대출채권을 매각함으르써 은행에서는 수익성을 더욱 높일 수 있다. 즉 대출채권의 매각으로 조성된 자금을 유리한 조건으로 다시 운용할 수 있으며, 매각대출채권의 원리금상환 등과 관련된 부대업무의 처리를 통해 수수료 수입이 증대된다.

### 1.2.3 자기자본비율의 제고

적정자본에 관한 규제는 은행들에게는 큰 부담이 되고 있다. 조달비용 측면을 보면 자기자본은 부채보다 훨씬 비싼 자금원천이다. 그러므로 건전성을 제고하려는 은행들은 자기자본을 늘리는 방법보다는 오히려 위험가중치가 높은 자산을 줄이는 방법으로 이 비율을 개선하려고 하는데, 자산을 줄여서 자기자본비율을 높이는 방법의 하나가 곧 대출채권매각이다.

### 1.2.4 유동성위험의 저감

대출채권은 신용위험과 이자율위험을 증가시키는 한편 해당 금융기관의 유동성을 낮춘다. 유동성 문제를 완화시키기 위하여 금융기관에서는 보유하고 있는 대출채권을 외부투자자들에게 매각할 필요를 느낀다. 대출채권 유통시장은 장부상 자산으로 보유하고 있는 은행대출의 비유동성을 현저히 감소시키기 위한 방안으로서 등장하였다.

## 제2절 대출채권매각의 유형

대출채권매각에는 세 가지 유형이 있는데, 대출참가, 채권양도, 그리고 대출경개이다. 오늘날 대출채권매각은 대부분 채권양도의 형태로 이루어지고 있다.

### 2.1 대출참가

대출참가(loan participations)는 대출채권을 보유하고 있는 금융기관이 차입자와의 채권·채무관계를 그대로 유지하면서 제3자에게 원리금에 대한 수취권을 매각하는 방식이다. 대출참가의 특성으로는 첫째, 대출채권보유자(매입자)는 본래의 대출계약 당사자가 아니기 때문에 매각 후에도 본래의 대출은행과 차입자 간의 계약이 여전히 유효하다. 둘째, 대출채권매입자는 대출계약조건이 변경된 항목에 대하여 부분적 통제권만 행사한다. 즉 대출채권보유자는 이자율이나 담보와 같은 내용의 변경에 관해서만 의견을 제시할 수 있다.

### 2.2 채권양도

채권양도(assignments)는 대출계약상 양도특약을 설정하여 채권자가 채권을 제3자에게 양도함으로써 성립하며, 양도내용을 제3자에 대해서도 주장하기 위해 반드시 채무자에게 통지해야 한다. 채권양도의 특징은 다음과 같다. 첫째, 모든 권리는 매각과 함께 매입자에게 양도되므로 매입자가 차입자에 대하여 직접적으로 청구권을 행사할 수 있다. 둘째, 이 방식에 의한 대출채권매각은 소유권의 완전한 이전을 의미한다.

### 2.3 대출경개

대출경개(novation)는 본래의 대출계약에 기초한 채권·채무를 소멸시키고, 제3자와 채무자 사이에 동일한 내용의 새로운 채권·채무를 발생시키는 방식을 말한다. 이것은 원채권자, 채무자, 신채권자의 3면 계약이 요구되기 때문에 이해관계자 전원의 동의가 필수적이고, 따라서 시간이 많이 걸리고 절차가 까다롭다는 단점이 있다.

## 제3절 대출채권매각에 영향을 주는 요인들

### 3.1 부정적 요인들

대출채권매각시장은 최근 들어 큰 기복을 보이고 있다. 그러나 다음에 열거하는 여러 가지의 이유 때문에 앞으로 대출채권매각시장의 발전은 크게 기대하기가 어렵다는 전망이 있다.

#### 3.1.1 도덕적 해이

일부 투자자들은 금융기관들이 가능한 한 부실대출채권을 팔아넘기고 우량대출채권은 그대로 보유하려고 한다고 주장한다. 이러한 가능성은 사실 소구권이 없는 대출채권매각에서 두드러질 수 있다. 정보가 비대칭일 때 투자자들은 대출채권매각을 행하는 금융기관에 비해 정보 면에서 훨씬 뒤떨어지므로, 대출채권의 질이 평균적으로 떨어지는 경기침체기에 특히 대출채권매입을 꺼린다.

#### 3.1.2 은행감시의 비용손실

매각은행은 대출채권매각 이후 더 이상 신용위험에 노출되지 않으므로 평판이라는 이유 이외에는 사실상 비용을 들이면서까지 차입자를 감시할 유인이 없다.[1] 그러나 매각은행은 차입자들이 채무를 불이행할 때 대출채권을 되사들이겠다는 암묵적 보증을 하기 때문에 여전히 차입자들을 감시한다.[2] 그러나 궁극적인 책임은 매입자의 몫이 되므로, 매입은행은 차입자들을 감시하기 위해 비용을 지출하지 않으면 안 된다. 바로 이

1 이 문제점에 대한 해결방안이 대출채권분할매각(loan sale strip)이다. 이것은 대출채권의 상환에 있어서 초반부를 외부투자자들에게 매각하고 후반부를 그대로 보유함으로써 대출은행으로 하여금 차입자가 대출채권을 제대로 상환하도록 계속 감시를 하기 위해서 활용된다.

2 G. Gorton and G. Pennacchi, "Are Loan Sales Really Off−Balance Sheet?" in *Off−Balance−Sheet Activities*, ed. J. Ronen, A. Saunders, and A. C. Sondhi, New York: Quorum Books, 1989, pp.19~40 참조.

러한 이유로 대출채권의 매입원가는 상승한다.

#### 3.1.3 기업어음시장의 활용

미국의 대형은행들은 Glass-Steagall법에 의해 유가증권의 인수업무를 해오지 못하다가 1987년 Section 20의 부속조항에 의해 기업어음을 직접 인수할 수 있게 되었다. 이 조치는 그때까지 기업어음의 불완전한 대안이었던 대출채권매각의 필요성을 한층 감소시켰다. 더욱이 중소기업들까지도 직접 기업어음시장을 활용할 수 있게 됨에 따라 단기지출에 충당하고자 은행대출을 받을 필요성은 크게 줄어들었던 것이다.

### 3.2 긍정적 요인들

위에서 언급된 부정적 요인들 때문에 대출채권매각시장이 앞으로 위축될 것 같지만 다음에 설명하는 요인들로 인해 오히려 대출채권매각시장은 한층 번창할 것으로 전망된다.

#### 3.2.1 국제결제은행(BIS)의 자기자본비율

BIS에서는 위험조정 최저자기자본비율을 8%로 잡고 기업대출에 100%의 가중치를 두고 있다. 그러므로 은행들은 다른 금융기관들이나 투자자들에게 대출채권을 매각하여 장부상 자산규모를 낮춤으로써 자기자본비율을 높이려는 강력한 유인을 갖고 있다.

#### 3.2.2 시장가치 회계제도

미국의 증권관리위원회(SEC)와 재무회계기준위원회(Financial Accounting Standards Board: FASB)는 금융기관들에게 장부가치회계 대신 시장가치회계의 채택을 권고하였고, 국제결제은행(BIS)도 최저자기자본비율을 권유함에 따라 은행들은 시장가치회계로 옮아가고 있다. 시장가치회계제도를 채택하여 일일정산을 하면 은행대출은 유가증권과 더욱 흡사해져서 매각이 더 쉬워질 전망이다.

#### 3.2.3 자산중개와 대출채권거래

투자은행들과 마찬가지로 대형은행들도 이제 본업이었던 자금중개보다는 유가증권거래를 통한 이익에 보다 큰 비중을 두고 있고, 따라서 그들은 가격변동성이 크면서 많은 거래이익을 올릴 가능성이 있는 대출채권매각시장에 여전히 상당한 관심을 두고 있다.

## 제4절 금융의 증권화

금융증권화(securitization)는 금융시장에서 증권 형태에 의한 자금중개비중이 늘어나면서 종전보다 광범위하게 증권이 이용되는 현상을 말한다. 바꾸어 말하면, 금융기관이 운용자금을 조기에 회수하기 위하여 보유하고 있는 다수의 보유자산을 모아서 이를 기초로 유가증권을 발행한 후 투자자들에게 분산매각하는 것이다.

금융시장이 고도로 발달한 미국에서는 금융기관이 주택저당대출(mortgages)과 자동차대출(car loan)의 형태로 보유하고 있는 자산을 유동성 있는 자산으로 만들기 위하여 자산담보부증권(asset-backed securities: ABS)을 발행하고 있다. 이제는 전통적인 자금조달방법 이외에 보유자산의 증권화를 통한 자금조달이 보편화되고 있는 추세이다.

대출채권 증권화의 효시는 원리금자동이체증권(pass-through certificates)이다. 이것은 주택저당대출은행(mortgage bank)이 대출조건(기간, 이자율, 지역, 질)이 유사한 주택저당대출채권을 한데 묶어 이를 지분화하는 증서를 발행하여 판매함으로써 대출을 증권화한 것이다. 이 증서의 소유자가 주택저당대출의 소유자가 되고, 은행은 매월 주택저당대출의 원리금을 받아 증서소유자에게 전달하는 서비스만을 제공한다. 원리금자동이체증권의 발행으로 금융기관이 기대하는 이익은 다음과 같다.

첫째, 장부자산의 난외화로 재무비율을 개선할 수 있다. 금융기관이 좋은 평가를 얻기 위해서는 자기자본비율 등의 지표를 일정한 수준 이상으로 유지해야 하는데, 이는 증자나 위험자산의 감소 등으로 달성할 수 있다.

둘째, 금리변동위험을 회피할 수 있다. 금리자유화시대에 장기의 고정금리자산을 보유하고 있는 은행은 그 자산과 부채의 만기가 서로 다를 때 금리변동위험에 직면한다. 이 경우 은행은 고정금리자산을 증권화하여 매각함으로써 그 위험을 투자자들에게 전가시킬 수 있는 것이다.

셋째, 매각한 소액채권의 원리금회수 및 중개관리에 따르는 수수료수입을 기대할 수 있다.

넷째, 예금과는 달리 지급준비금과 예금보험료 등의 부담이 없이 자금조달비용을 줄일 수 있다.

다섯째, 우량고객의 확보가 어려운 소규모 은행은 다른 은행의 대출채권을 매입함으로써 자금의 효율적 운용이 가능하게 된다. 또한 대출채권매각에 따른 유동성 증가는 장기저당대출을 촉진하고 대출이자율을 낮추는 효과가 있다.

또한 최근에는 저당증권을 담보로 하여 3~4개의 상이한 만기와 금리를 갖는 채권을 발행하는 저당담보부채권(collateralized mortgage obligation: CMO 다계층증권)이 개발되었다. 그 밖에 자산담보부증권과 자동차대출증권(certificates for automobile receivables: CARS) 등 각종 새로운 증권도 등장하고 있다. 전자는 기업이 보유하는 할부판매채권과 리스채권을 풀로 하여 그것을 담보로 증권을 발행하는 것이다. 후자는 자동차대출 할부금융회사와 은행 등이 보유하는 자동차대출의 풀을 신탁회사에 매각하고, 이 신탁회사가 증서를 발행하여 일반투자자들에게 판매하는 것이다.

## 제5절 증권화의 유형과 참여기관

증권화는 대출기관이 자신이 보유하고 있는 대출채권을 기초로 하여 자금을 조달하는 방법을 총칭한다. 금융기관은 증권화를 통하여 비유동적인 대출자산을 금융시장에서 만기 이전에 유동화시키는데, 이와 같은 증권화의 유형과 참여기관은 다음과 같다.

### 5.1 증권화의 유형

#### 5.1.1 대출채권담보에 의한 증권발행

이 유형에서는 금융기관이 대출채권을 그대로 보유하면서 동 대출채권을 담보로 하여 해당 금융기관 명의로 증권을 발행하거나 또는 금융기관이 대출채권을 유동화중개기관에 양도하고 그 기관이 매입한 대출채권을 담보로 증권을 발행한다. 이와 같은 증권화를 통해 일반투자자들에게 매각되는 유가증권에는 주택저당대출담보부증권(mortgage-backed securities: MBS)과 자산담보부증권(asset-backed securities: ABS)이 있다.

### 5.1.2 대출채권지분에 대한 증권발행

이 유형에서는 금융기관이 보유하고 있는 대출채권 중에서 조건이 유사한 채권을 풀로 하여 이에 대한 지분권을 나타내는 증권을 발행하여 일반투자자들에게 매각한다. 이와 같은 유가증권은 보유 금융기관의 명의나 유동화관련 전문중개기관의 명의로 발행되는 것이 일반적이다.

### 5.1.3 대출채권신탁에 의한 수익증서의 발급

이것은 금융기관이 보유하고 있는 대출채권을 신탁하고 받은 수익증권을 제3자에게 매각하는 방식인데, 환매방식과 매도방식의 두 가지가 있다. 환매방식은 신탁의 종료 시 또는 기타 필요에 의하여 위탁자가 환매의무를 부담하지만, 매도방식에서는 신탁종료 시 위탁자가 환매의무를 부담하지 않는다.

## 5.2 증권화과정의 참여기관

### 5.2.1 최초대출기관

최초대출기관은 일차적으로 차입을 희망하는 자와 교섭을 하고 차입조건을 심사하여 대출을 실행하는 금융기관을 말한다. 일반적으로 은행, 증권회사, 그리고 보험회사 등이 여기에 포함된다.

### 5.2.2 원리금지불 사무처리기관

이 기관은 담보로 제공된 자산과 그 자산이 발생시키는 현금흐름의 관리와 보수를 담당하고 있다. 원리금지불 사무처리기관은 원리금과 상환연체금회수에 대한 책임을 지며, 자산포트폴리오의 수탁기관과 증서보유자에게 월차 및 연차보고서를 제출한다.

### 5.2.3 발행기관

발행기관이란 자산을 담보로 하여 발행된 유가증권을 매각하는 업무를 수행하는 기관이다. 발행기관은 최초대출기관 또는 인수회사의 자회사나 관련 회사로 설립되어 담보증권의 발행을 원활하게 하는 것만을 목적으로 하는 특수목적회사(special purpose corporation: SPC)를 가리킨다. SPC는 보통 서류상 회사(paper company) 형태를 취하며, 비록 최초대출기관인 모회사가 도산하더라도 유가증권에 담보되어 있는 기초자산은 전혀 영향을 받지 않는다.

### 5.2.4 중개기관

중개기관은 증권화된 상품이 유통시장에서 원활하게 거래될 수 있도록 조성하는 기능을 수행한다. 유통시장에서 증권화된 상품에 유동성을 부여하는 증권회사의 중개기능은 금융자산의 증권화를 수행할 때에는 반드시 필요하다.

### 5.2.5 신용보전기관

신용보전기관은 발행되는 증권의 신용위험을 줄여주는 업무를 담당하며, 자산담보부증권의 신용을 높이고 발행이자율을 낮추어 시장성을 높여준다. 신용보전의 수준은 증권화된 자산의 종류에 따라 다르고, 발행기관의 과거 채무불이행수준에 따라 차별화된다.

### 5.2.6 신용평가기관

신용평가기관은 투자자에 대한 원리금지불의 근거가 되는 대상자산의 가치를 평가함으로써 자산담보부증권의 신용을 평가한다. 이때 신용평가기관은 발행구조를 분석하고 신용보전을 실시하여 신용위험 및 현금흐름분석 등을 면밀하게 검토한다. 신용평가기관은 유가증권의 발행 시 등급을 매긴 후에도 만기까지 정기적으로 신용상황을 검토하고 경우에 따라서는 신용등급을 조정한다.

## 제6절 증권화에 있어서의 혁신

본 절에서는 금융공학을 통해 최근 개발된 자산증권화의 혁신 중에서 두 가지를 간단하게 살펴본다.

## 6.1 주택저당대출채권담보부 원리금자동이체증권 스트립

주택저당대출채권담보부 원리금자동이체증권 스트립(mortgage pass-through strips)은 특수한 형태의 CMO로서 두 가지 형태를 가지고 있다. 분할상환(amortization)대출이란 만기까지 매월 일정한 금액을 납부함으로써 원리금을 상환하는 대출을 말하는데, 월정액에는 이자와 원금의 일부상환금이 포함되어 있다. 1987년부터 금융기관들은 주택저당대출채권에서 이자부분(interest only class: IO class)과 원금상환부분(principal only class: PO class)을 따로 떼어내어 각각의 현금흐름을 서로 다른 투자자들에게 매각하기 시작하였다. 이러한 두 가지 형태의 채권은 각각 채권의 이자율에 대한 민감도 측면에서 매우 특이한 속성을 가지고 있다.

### 6.1.1 이자스트립채권(IO strips)

IO strip 채권자는 연방주택저당공사(GNMA) 풀에 있는 주택저당대출채권에서 발생되는 이자의 현가에 대해서만 청구권을 가진다. 즉 매월 분할상환하는 30년 만기 주택저당대출채권을 담보로 하여 발행된 IO strip채권의 현재가치를 수식으로 표현하면 다음과 같다.

$$P_{IO} = \frac{IO_1}{\left(1+\frac{r}{12}\right)^1} + \frac{IO_2}{\left(1+\frac{r}{12}\right)^2} + \frac{IO_3}{\left(1+\frac{r}{12}\right)^3} + \cdots + \frac{IO_{360}}{\left(1+\frac{r}{12}\right)^{360}}$$

여기서 $IO_i$는 주택저당대출을 받은 채무자가 $i$번째의 달에 지급하는 이자액
$r$은 연간이자율

이자율이 변하면 주택저당대출채권이 발생시키는 현금흐름이 각각 영향을 받는다. 이자율변화에 따라 두 가지 효과가 발생하는데, 하나는 할인효과이고 다른 하나는 조기상환효과이다.

① **할인효과**: 이자율($r$)이 하락함에 따라 IO strip채권이 발생시키는 현금흐름의 현재가치가 증가하고, 그 결과 채권가격($P_{IO}$)이 상승한다.

② **조기상환효과**: 이자율이 하락하면 주택구입자금을 대출받은 채무자들은 차입금을 중도에 상환하려고 할 것이다. 그 결과 IO strip채권을 보유하고 있는 투자자들이

받게 되는 이자수령횟수가 줄어들게 된다. 만일 이자수령횟수가 줄어들면 IO strip채권의 가격도 하락한다.

[그림 9-1]에서 보는 것처럼, 이자율 하락으로 말미암아 시장이자율이 풀에 들어 있는 채권의 표면이자율 아래로 떨어지면 조기상환효과가 할인효과를 압도하게 되어 결국 IO strip채권의 가격은 하락하게 될 것이다.

**그림 9-1 표면이자율이 10%인 IO Strip 채권의 가격과 수익률의 관계**

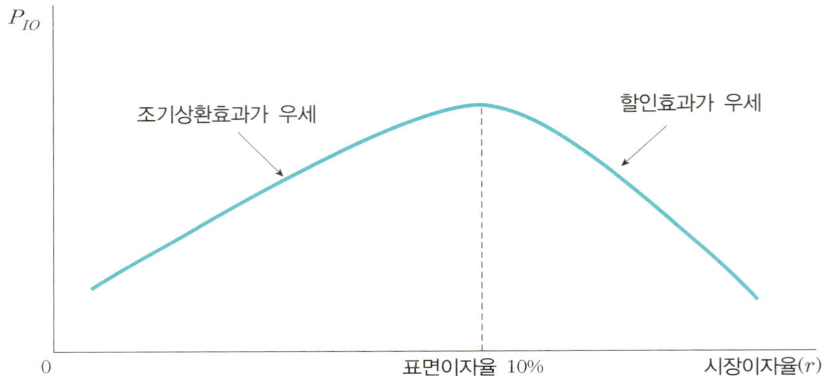


### 6.1.2 원금스트립채권(PO strips)

PO strip채권자는 연방주택저당공사(GNMA) 풀에 있는 주택저당대출채권에서 발생되는 원금의 현가에 대해서만 청구권을 가진다. PO strip채권의 현재가격($P_{PO}$)을 표현하는 식은 다음과 같이 표현될 수 있다.

$$P_{PO} = \frac{PO_1}{(1+\frac{r}{12})^1} + \frac{PO_2}{(1+\frac{r}{12})^2} + \frac{PO_3}{(1+\frac{r}{12})^3} + \cdots + \frac{PO_{360}}{(1+\frac{r}{12})^{360}}$$

여기서 $PO_i$는 주택저당대출을 받은 채무자가 $i$번째의 달에 지급하는 원금상환액

$PO_i$에는 해당 월의 월정불입액에서 원금상환부분과 조기상환하는 경우의 원금상환액을 모두 포함한다. 이자율이 변할 때 PO strip채권의 가치가 어떻게 변하는지 알아보자.

① 할인효과: 이자율($r$)이 하락함에 따라 PO strip채권이 발생시키는 현금흐름의 현

재가치가 증가하고, 그 결과 채권가격($P_{PO}$)이 상승한다.

② **조기상환효과**: 이자율이 하락하면 은행으로부터 주택구입자금을 대출받은 채무자들은 역시 차입금을 중도에 상환하려고 한다. 그 결과 PO strip채권을 보유하고 있는 투자자들은 원금을 예상외로 일찍 받게 되는데, 이 경우 PO strip채권의 가치를 상승시키는 효과가 있다.

이자율이 하락하면 조기상환효과와 할인효과가 서로 상승작용을 하면서 PO strip채권의 가치를 상승시킨다. 물론 일반채권의 경우도 이자율이 하락하면 가치는 상승하지만, PO strip채권의 가치상승은 일반채권에 비해 훨씬 가파르게 상승한다. [그림 9-2]에서 보듯이, PO strip채권은 일반채권에 비해 훨씬 더 이자율에 민감하고, 특히 채권수익률이 주택저당대출의 이자율보다 낮을 경우 그러한 현상은 더욱 심하게 나타난다.

**그림 9-2 표면이자율이 10%인 PO Strip채권의 가격과 수익률의 관계**

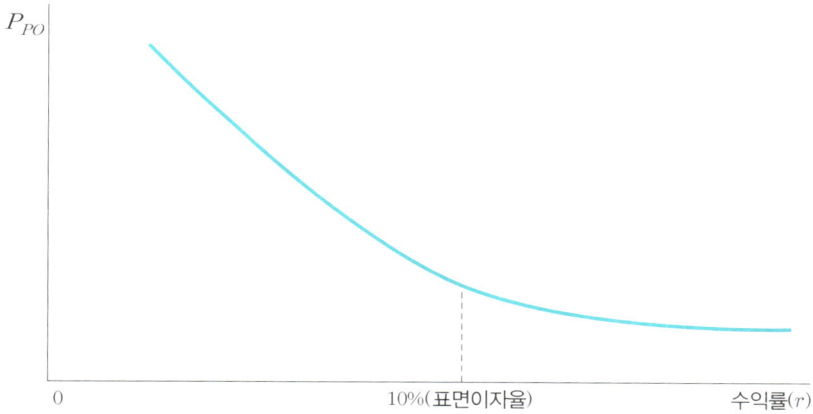


## 6.2 기타 자산의 증권화

증권화과정에서 주로 사용되는 금융기관의 자산은 고정금리부 주택저당대출이지만 그 외에 다른 자산들도 많이 사용된다. 이들 중에는 자동차대출채권, 신용카드매출채권, 기업대출, 정크본드, 변동금리부 주택저당대출 등이 포함된다. 그 중 신용카드매출채권(CARDs)에 대해서 간단히 알아보자.

은행에서는 보유하고 있는 신용카드매출채권을 분리해서 이들을 난외신탁으로 매각하고 있다. 그러나 이 은행에서는 매각한 후에도 신용카드매출채권 계좌에 대한 카드대금의 회수, 계좌관리 및 장부정리 등과 같은 기능을 여전히 수행한다. 신탁회사는 신용카드매출채권을 매입한 후 이 자산을 담보로 CARDs(certificates of amortizing revolving debts)라고 불리는 자산담보부증권(ABS)을 발행한다. 이 채권에 투자하는 채권자들은 신용카드매출채권으로부터 나오는 현금흐름에 대하여 지분에 따라 청구권을 갖는다. 신탁회사는 매월 신용카드매출채권으로부터 생기는 현금흐름을 CARDs 채권자들에게 나누어준다.

## 6.3 증권화가 가능한 금융기관의 자산

증권화기법을 다른 자산들에게도 확장하여 적용하다 보면 과연 증권화의 한계가 어디인지가 궁금해진다. 금융기관이 보유하고 있는 어떠한 자산이라도 다 증권화의 대상이 될 수 있는가? 이 질문에 대한 대답은 물론 긍정적이다. 한 가지 조건을 달자면, 보유하고 있는 자산을 담보로 유가증권을 발행하였을 때 얻는 이익과 증권화에 소요되는 비용을 비교해서 전자가 클 경우로 한정된다. 증권화로 얻게 되는 이익과 증권화에 소요되는 비용을 요약하면 [표 9-1]과 같다.

**표 9-1 | 증권화로 기대되는 이익과 증권화에 소요되는 비용**

| 기대이익 | 비용 |
|---|---|
| 1. 새로운 자금조달원천<br>2. 대출채권의 유동성 제고<br>3. 듀레이션갭($D_A - kD_L$)의 관리능력 제고<br>4. 난외자산의 경우 해당 기관에서는 지급준비금, 예금보험료, 그리고 자기자본비율규제를 피할 수 있다. | 1. 공적 및 사적 신용위험보험과 보증에 소요되는 비용<br>2. 자산 대비 담보가치의 초과(과잉담보)에 드는 비용<br>3. 가치평가 및 자산정리에 소요되는 비용(이질적인 자산을 동질성을 갖도록 정리하는 데 드는 비용) |

이 표에서 보는 바와 같이, 규모가 어느 정도 이상이면서 동시에 동질성을 가진 자산을 찾기가 어려울수록 증권화는 쉽지 않고 비용도 더 많이 든다. 예컨대, 기업대출의 경우 만기가 짧은 것은 수개월에서 긴 것은 5년 이상이 되고 있다. 대출이자율도 매우 다양하고 수수료도 대출채권마다 서로 다르다. 어떤 대출채권은 고정금리부, 어떤 것은 LIBOR기준 변동금리부, 또한 어떤 것은 콜금리를 기준으로 하되 변동금리부이다.

더욱이 각 대출채권마다 약관이 서로 다르고 대출기업도 여러 산업에 걸쳐 있는 경우가 대부분이다. 이러한 상황에서 투자자들과 보험기관 및 신용평가기관들이 가치를 제대로 평가할 수 있도록 금융기관이 보유하고 있는 기업대출을 한데 묶기는 그리 간단하지 않다. 자산을 한데 묶은 풀의 가치를 평가하기가 어려울수록 증권화에 드는 비용은 커지게 마련이다. 그러므로 증권화의 한계는 결국 자산 형태와 종류의 상대적 이질성 정도에 의해서 결정된다고 할 수 있다.

이러한 의미에서 만기가 30년인 주택저당대출이 금융기관의 자산 가운데 가장 먼저 증권화되는 것은 전혀 놀라운 일이 아니다. 왜냐하면 주택저당대출채권은 금융기관의 자산 중에서 가장 동질성이 높고 또한 담보로 제공된 주택의 가격을 정확하게 알려주는 주택시장이 존재하므로 그 정보를 쉽게 활용할 수 있기 때문이다.

## 제7절 우리나라에서의 대출채권유동화와 금융증권화

그 동안 우리나라의 금융기관들은 자신들이 보유하고 있는 자산을 담보로 발행된 ABS가 대부분이었으나 그나마도 활성화되지 않고 있다. 그러나 지속적인 금리자유화의 영향으로 금융기관의 대출이자율과 시장이자율과의 격차가 상당부분 축소됨에 따라 우리나라에서도 이제는 대출채권의 유동화를 위한 여건이 성숙되어 가고 있으며, 특히 2003년에는 한국주택금융공사를 설립하고 100조원 규모의 MBS를 발행할 수 있도록 하여 자산유동화는 더욱 활발하게 전개되고 있다. [표 9-2]에서는 우리나라에 도입된 MBS와 ABS의 내용을 비교하고 있다.

한편 우리나라 금융기관이 보유하고 있는 대출채권 중에서 유동화가 용이한 담보 및 보증대출이 절반 이상을 차지하고 있으며 기업대출이 매우 높은 비중을 차지하고 있는 점에 비추어 유동화가 될 만한 대상 대출채권이 풍부하다고 볼 수 있다. 특히 미국 등 선진국의 경우 유동화증권의 주요 수요자인 기관투자가들이 단기대출채권을 선호하는 경향임을 감안할 때 1년 이하 단기대출의 비중이 높은 우리나라의 경우 대출채권유동화가 쉬울 것이다.

표 9-2 | MBS와 ABS의 제도 도입내용의 비교

| 구분 | 주택저당채권유동화(MBS) | 자산유동화(ABS) |
|---|---|---|
| 유동화대상 | • 주택저당대출(mortgage) | • 외상매출채권, 할부채권, 리스채권 등과 부동산, 기타 재산권 |
| 양도특례 | • 채권양도 시 특례인정<br>• 저당권 확정 및 이전특례 | • 채권양도 시 특례(담보 포함)인정 |
| 회사(SPC)의 설립형태 | • 계속조직 실체를 갖는 주식회사<br>• 자본금 250억원 이상 | • 1회에 한정된 서류상의 유한회사<br>• 자본금 1천만원 이상 |
| 자산관리위탁 | • SPC에 위탁여부는 임의적 | • 의무적으로 위탁 |
| 채권발행특례 | • 발행절차 별도 규정 있음<br>• 회사채발행한도: 자기자본 10배 | • 유한회사임에도 불구하고 회사채의 발행을 허용 |
| 지급보증능력 | • 자기자본 30배 이내 지급보증 가능 | • 없음 |
| 차입능력 | • 자기자본범위 내 차입 가능 | • 유동화증권상환 등에 필요한 자금 일시적 차입이 가능 |

금융자산의 증권화를 촉진시키기 위해서는 무엇보다도 먼저 채권시장의 수요기반 확충이 선행되어야 한다. 우리나라의 경우 은행, 증권회사, 보험회사 등 기관투자가들의 주요 자금운용대상인 채권시장의 규모가 선진국에 비해 작고 채권의 종류도 다양하지 못하다. 앞으로 증권화를 통해 수익성 및 안전성이 높은 새로운 상품이 도입된다면 기관투자가들이 유동화증권에 투자함으로써 수요의 창출이 가능할 것이다. 대출채권의 유동화 전문중개기구가 원리금을 지급보증하는 소액유동화증권을 발행하는 경우 개인투자자들의 자금도 유입될 수 있다.

유동화된 대출채권을 구입하는 경우 원채무자에 대한 신용위험이 원채권자(금융기관)로부터 양수인(SPC)에게 이전됨에 따라 양수인은 금융상품의 안전성에 유의할 필요가 있다. 선진국에서는 저당대출을 증권화한 기관 또는 제3의 기관이 원리금지급을 일반적으로 보증하고 있다. 이러한 지급보증에 대한 수수료를 증권화된 대출채권의 가격에 반영시키는 경우 투자수익률이 하락하여 다른 금융상품에 대한 경쟁력이 약화될 것이다. 더욱이 금융기관은 보증부분(난외자산항목)이 위험가중자산으로 남아 있게 되므로 위험가중 자기자본비율의 제고효과를 기대하기가 어렵다. 이 문제를 해결하는 한 가지 방법은 단기적으로 거래당사자를 채무자에 대한 신용평가능력을 갖춘 기관투자가에 제한하는 것이다. 그러나 무엇보다도 신용평가에 관한 평가기법 등의 선진화를 통한 신용평가능력의 향상이 선행되어야 한다.

## EXERCISE

1. 소구권(recourse)이 첨부된 대출채권매각과 소구권이 없는 대출채권매각의 주된 차이는 무엇이라고 할 수 있는가?

2. 대출채권매각에 있어서 기본적인 유형 세 가지를 들고 각각의 특성에 관하여 설명하라.

3. 금융기관들이 대출채권매각을 행하는 이유는 무엇인가?

4. 유동성 문제를 완화시키기 위하여 금융기관들이 대출채권을 어떻게 이용하고 있는가?

5. 대출채권매각시장의 성장을 저해하는 요인들로는 무엇을 들 수 있겠는가?

6. 대출채권매각시장의 성장을 더욱 촉진하는 요인들로는 무엇을 들 수 있겠는가?

7. 금융기관들에게 장부가치회계보다 시장가치회계가 더 적합하다는 논리는 과연 무엇인가?

8. 어떠한 투자자들이 IO strip채권에 대하여 특히 관심을 갖게 된다고 생각하는가? 또한 어떠한 투자자들이 PO strip채권에 대하여 특히 관심을 갖게 된다고 생각하는가? 이유를 충분히 설명하라.

9. 금융기관들이 보유하고 있는 자산은 종류를 불문하고 증권화될 수 있다고 생각하는가? 논리적 근거를 충분히 제시하라.

10. 증권화(securitization)의 유형 및 참여기관에 대하여 상서하게 설명하라.

Part

# 4 이자율위험과 시장위험

금　　융　　기　　관　　론

Chapter

# 10 이자율위험의 측정

제1절 금리자유화와 이자율위험 | 제2절 만기갭 모형(maturity gap model)
제3절 듀레이션갭 모형(duration gap model) | 제4절 재조정모형
제5절 갭관리의 문제점과 난외업무를 이용한 이자율위험관리

Financial Institutions Management

급변하는 경영환경 속에서 금융기관들은 재무상태표상의 자산과 부채를 유효적절하게 관리하여 경영효율성을 제고시키려고 한다. 금융기관의 경영에서 이자율위험(interest rate risk)이란 이자율이 예기치 못한 방향과 크기로 변동하여 금융기관의 순자산가치가 변동하게 될 위험이다. 이자율변동은 순이자수입의 변동과 장래의 이자수입 및 원금을 현재가치로 할인하는 할인율의 변동을 통하여 보유하고 있는 순자산가치에 영향을 미친다.
본 장에서는 금융기관이 직면하고 있는 이자율에 대한 위험노출을 측정하는 모형들을 살펴본다. 특히 다음과 같은 주제를 중점적으로 다룬다.

- 이자율변화에 따른 자산 및 부채가치변화의 위험은 어떻게 측정할까?
- 이자율위험을 측정하는 모형에는 어떠한 것들이 있을까?
- 이자율위험에 대비하여 은행의 자산 및 부채포트폴리오는 어떻게 관리되어야 할까?

# 제1절 금리자유화와 이자율위험

## 1.1 이자율위험의 개념

이자율위험(interest rate risk)이란 금융기관의 자금조달 및 운용에 있어서 시장이자율의 변동을 제대로 예측하지 못하여 해당 금융기관의 순자산가치가 변동할 위험을 말한다. 가령 어느 은행의 자산이 전액 변동금리부대출로, 그리고 부채는 전액 고정금리부예금으로 구성되어 있다고 가정하자. 만일 시장이자율이 하락하면 변동금리부인 대출에 대해서는 곧바로 새로운 이자율을 적용하게 되어 이자수입이 줄어든다. 그러나 고정금리부인 예금에 대해서는 만기 시까지 원래의 약정이자율을 적용하기 때문에 이자지급액이 종전과 같다. 결국 은행의 이자수입에서 이자비용을 뺀 순이자수입은 감소하며, 금융기관의 순자산가치에 나쁜 영향을 미친다.

이자율위험은 기본적으로 자산과 부채의 만기불일치(maturity mismatch)에서 비롯되지만, 비록 자산과 부채의 만기가 일치되더라도 시장이자율의 변동에 대한 자산과 부채의 이자율민감도(interest rate sensitivity)가 서로 다르다면 금융기관의 수익성은 크게 달라질 가능성이 있다.

## 1.2 금리자유화와 이자율위험

1990년대에 들어 우리나라에서는 금융의 개방화·국제화에 즈음하여 금융산업의 효율성을 제고하기 위해서 금리자유화의 추진이 시급한 과제로 인식되었다. 따라서 금리자유화가 빠른 속도로 진전되고, 1997년 7월에는 제4단계 금리자유화가 실시되었다. 금리자유화는 금융시장에 있어서 새로운 변화를 의미하며, 실물경제는 물론 금융기관의 경영에도 큰 변화가 예상된다. 금리자유화의 확대는 금융기관 간 신상품개발을 통한 여·수신경쟁을 촉진시켜 금융산업의 경쟁체질을 배양하고 금융기관 고객들도 차별화된 이자율 및 금융서비스를 누릴 수 있게 하는 등 긍정적인 역할을 기대할 수 있다. 반면에 금리자유화는 금융기관 자금조달비용을 상승시켜 예대마진을 축소시킴으로써 영업수지에 부담요인으로 작용할 수도 있다.

금융기관의 이자율위험에 대한 노출 정도를 측정하는 방법으로는 만기갭분석기법, 듀레이션갭분석기법, 그리고 재조정분석기법 등이 있다. 만기갭(maturity gap)분석기법은 금융기관 순자산가치의 변동을 초래하는 두 가지 요소 중 순이자수입의 변동에 의한 순자산가치의 변동만을 측정하는 기법이다. 듀레이션갭(duration gap)분석기법은 순이자수입 및 할인율변동에 의한 금융기관 순자산가치의 변동효과를 동시에 측정할 수 있는 기법이다. 재조정분석기법(repricing gap)은 시장가치 대신에 장부가치를 사용하면서 이자율변동에 따른 순이자수입의 변동에 초점을 맞추고 있는 기법이다.

## 제2절 만기갭모형(maturity gap model)

### 2.1 자산 · 부채포트폴리오와 만기갭모형

대부분의 국가에서 금융기관들은 아직도 장부가치회계에 의존하고 있지만, 금융기관에 대한 자본규제가 제대로 이루어지려면 재무제표상 수치에 대하여 시장가치회계(market value accounting)제도가 적용되어야 한다. 시장가치에 따른 회계처리란 현재의 시장가치를 반영하도록 자산과 부채를 그때그때 재조정함을 의미한다. 가령 액면가 100만원짜리 채권을 100만원에 매입하였는데, 후에 시장이자율이 상승하면 채권이 발생시키는 현금흐름의 현재가치가 감소한다. 그 결과 유통시장에서의 그 채권가격도 하락한다. 시장가치회계에 따르면 은행의 자산과 부채는 오늘 청산된다고 가정하였을 때 얻을 수 있는 자산과 부채의 현실적 가치를 반영한다. 금융기관이 보유하고 있는 자산과 부채의 특성은 다음과 같다.

① 이자율이 상승(하락)하면 자산과 부채의 시장가치는 보통 하락(상승)한다.

② 고정소득자산이나 부채의 만기가 길수록 이자율이 상승(하락)할 때 시장가치 감소(증가)율이 더 커진다.

③ 이자율이 일정한 폭으로 변할 때 만기가 길어질수록 시장가치변화율이 점차로 둔화된다.

$M_A$를 금융기관이 보유하고 있는 자산들의 가중평균만기, 그리고 $M_L$을 부채들의 가

중평균만기라고 하자. 이자율변화가 금융기관 재무상태표에 미치는 효과는 $M_A - M_L$로 측정되는 만기갭(maturity gap)이 0보다 큰가, 0과 같은가, 아니면 0보다 작은가에 따라 다르게 나타난다.

[표 10−1]에서는 어느 은행의 본래 자산 및 부채의 시장가치를 보여주고 있다. 이자율이 상승하면 자산과 부채의 시장가치는 모두 감소하지만, 이 예에서는 자산이 부채보다 규모가 크고 만기도 더 길기 때문에 자산의 시장가치가 부채보다 훨씬 더 큰 폭으로 감소한다. 이 은행의 순자산가치변화는 다음과 같다.

$$\Delta E = \Delta A - \Delta L \quad (1)$$

(순자산의 변화) = (자산시가의 변화) − (부채시가의 변화)

**표 10−1 | 어느 은행의 본래 자산 및 부채의 시장가치** (단위: 억원)

| 자산 | | 부채 및 자기자본 | |
|---|---|---|---|
| $A$(장기) | 100 | $L$(단기) | 90 |
| | | $E$ | 10 |
| | 100 | | 100 |

자산의 만기가 부채의 경우보다 더 길 때 이자율변화가 순자산에 미치는 영향을 알아보기 위하여 [표 10−1]에서와 같이 이 은행은 100억원을 표면이자율이 10%인 3년 만기 채권에 투자하였고, 투자자금 중 90억원은 이자율 10%인 1년 만기 정기예금으로 조달하였다고 가정해 보자.

이자율이 10%에서 11%로 1%p만큼 상승할 때 3년 만기 채권가격은 2.44%p 하락하는 반면, 1년 만기 예금의 가치는 0.9%p 하락한다. [표 10−2]에서는 이자율 상승이 자산과 부채의 시장가치변동과 그것이 순자산에 미치는 영향을 보여주고 있다. 이 은행의 경우 자산의 만기가 부채보다 길기 때문에 자산가치가 부채보다 더 큰 폭으로 감소하였다. 이 은행의 순자산(자기자본)은 10억원에서 8억 3,700만원으로 1억 6,300만원만큼 감소하였다.

표 10-2 | 이자율이 1%p 상승한 후 해당 은행의 자산 및 부채의 시장가치 (단위: 억원)

| 자산 | | 부채 및 자기자본 | |
|---|---|---|---|
| $A$(장기) | 97.56 | $L$(단기) | 89.19 |
| | | $E$ | 8.37 |
| | 97.56 | | 97.56 |

또는 $\Delta E \ = \ \Delta A \ - \ \Delta L$
$-1.63 = (-2.44) - (-0.81)$

이 예에서 만기갭(maturity gap)은 2년($M_A - M_L$ =3년−1년)이다. 만기갭이 (+)이면 이자율이 상승할 경우 순자산이 크게 감소한다. 실제로 단지 1%p 이자율이 상승한 결과 이 은행의 자기자본은 무려 16.3%나 하락하였다. 이자율이 더 큰 폭으로 상승한다면 은행의 자기자본은 모두 잠식되어 경제적으로 파산상태에 놓일 수도 있는 것이다.

만일 이 은행이 모든 자금을 30년 만기 순수할인채에 투자하고, 소요자금을 여전히 이자율 10%의 1년 만기 정기예금으로 조달하여 극단적인 만기불일치를 이루고 있다면 상황은 어떻게 달라질까? 순수할인채는 만기 시에 액면가만 상환할 뿐 이자는 지급하지 않는 채권이므로 액면가로부터 상당히 할인된 가격으로 거래된다. 30년 후 액면가 1억원을 지급하는 순수할인채권의 현재가격($P_0^{30}$)은 현재의 시장이자율이 10%라고 가정할 때 5,730만원이 된다. 만일 이자율이 1%p 상승하여 11%가 되면 정기예금의 시장가치는 0.9% 하락하는 반면, 30년 만기 할인채권의 가격은 4,370만원이 될 것이다. 즉 이 채권의 가격하락률은 무려 −23.73%가 되는 셈이다.

[표 10−3]에서 보는 것처럼 만기불일치가 극심한 경우 이자율이 단 1%p만 상승해도 은행의 자기자본은 완전히 잠식되고(−12억 9,200만원) 은행은 어려운 지경에 빠진다. 이러한 예로부터 우리는 금융기관이 자산과 부채의 만기를 일치(maturity match)시키는 것이 이자율위험을 헤지하기 위해서 취할 수 있는 좋은 전략이라는 사실을 알 수 있다. 그러나 다음에 보는 것과 같이 만기일치전략도 금융기관을 이자율위험으로부터 완전히 해방시켜 주지는 않는다.

표 10-3 | 자산과 부채의 만기불일치가 극심한 경우 이자율 1%p 상승이 은행의 순자산에 미치는 영향

(단위: 억원)

| 자산 | | 부채 및 자기자본 | |
|---|---|---|---|
| $A$(장기) | 76.27 | $L$(단기) | 89.19 |
| | | $E$ | −12.92 |
| | 76.27 | | 76.27 |

또는 $\Delta E = \Delta A - \Delta L$

$-22.92 = (-23.73) - (-0.81)$

## 2.2 만기일치전략과 이자율위험

은행의 자산과 부채의 만기를 일치시키는 전략이 이자율위험을 줄여주기는 하지만 완전히 없애지는 못한다. 은행이 이자율위험으로부터 면역되려면 반드시 다음 사항을 고려해야 한다.

① 자산과 부채의 만기 대신 자산과 부채가 발생시키는 현금흐름의 듀레이션(duration)

② 은행 재무상태표상의 레버리지, 즉 자기자본이 아니고 부채로 조달한 자산의 비율

그러면 자산과 부채의 만기를 일치시키고 있는 금융기관이 이자율위험으로부터 완전한 면역을 달성하지 못한다는 사실을 예를 통해 확인해 보자. 어느 은행에서는 이자율이 15%이고 액면가가 1억원인 1년 만기 CD로 자금을 조달하였다. 이 은행은 그 자금을 어느 기업에게 이자율 15%로 1년 만기 대출을 해주었다. 계약에 의하여 5천만원은 6개월 후에 돌려받고 나머지 5천만원은 1년 후에 돌려받는다고 가정하자. 이 경우 대출이 발생시키는 현금흐름은 앞으로 1년 동안 이자율의 변화에 따라 예금자에게 지불할 1억 1,500만원보다 클 수도 있고 작을 수도 있다.

6개월 후 은행은 차입자로부터 원금상환분 5천만원과 이자 750만원(=1억원$\times\frac{1}{2}$년$\times$15%)을 받는다. 은행은 그해 말 나머지 원금상환분 5천만원과 이자 375만원(=5천만원$\times\frac{1}{2}$년$\times$15%), 그리고 6개월 전에 받았던 5,750만원에 대한 재투자수익을 얻는다. 이 기간 동안 이자율이 변하지 않았다면 은행이 마지막 6개월 동안 재투자를 통해서 얻는 초과수익은 431만 2,500원(=5,750만원$\times\frac{1}{2}$년$\times$15%)이 된다. 이 결과를 요약하면 [표 10-4]와 같다.

표 10-4 | 대출이자율이 15%일 때 대출채권이 발생시키는 현금흐름 (단위: 원)

| 6개월 후의 현금흐름 | |
|---|---|
| 원금상환분 | 50,000,000 |
| 이자 | 7,500,000 |
| **1년 후의 현금흐름** | |
| 원금상환분 | 50,000,000 |
| 이자 | 3,750,000 |
| 재투자수익 | 4,312,500 |
| | 115,562,500 |

[표 10-4]에서 볼 때, 대출채권으로부터 발생한 현금유입이 CD에 발생한 현금유출보다 562,500원 많다. 그 이유는 첫 6개월이 지나 회수한 원금일부 및 이자를 그 다음 6개월 동안 15%로 재투자할 수 있었기 때문이다.

표 10-5 | 6개월 후 이자율이 15%로부터 12%로 하락한 경우 대출채권에서 발생하는 현금흐름 (단위: 원)

| 6개월 후의 현금흐름 | |
|---|---|
| 원금상환분 | 50,000,000 |
| 이자 | 7,500,000 |
| **1년 후의 현금흐름** | |
| 원금상환분 | 50,000,000 |
| 이자 | 3,750,000 |
| 재투자수익 | 3,450,000 |
| | 114,700,000 |

그러나 6개월이 지나서 이자율이 15%에서 12%로 3%p 하락했다고 가정하자. 이자율이 변해도 대출이자율이나 CD이자율은 계약에 따라 변하지 않는다. 오로지 영향을 받는 것이 있다면 6개월 후 회수한 57,500,000원에 대한 은행의 재투자수익률이 될 것이다. [표 10-5]에서 보는 것처럼 재투자수익률이 15%에서 12%로 하락함에 따라 은행의 현금유입은 4,312,500원이 아니고 3,450,000원으로 줄어든다. 이자율이 이 기간 동안 변하지 않는다고 가정하였을 때는 562,500원의 순이익이 발생하였으나, 재투자수익률이 하락한 결과 은행은 300,000원의 순손실을 입게 된다.

이 예에서 우리는 비록 자산과 부채의 만기가 일치된 경우라도 자산과 부채에서 발생하는 현금흐름의 발생시점(timing of the cash flows)이 꼭 같지 않는 한 이자율위험에 노출될 수밖에 없다는 사실을 알 수 있다.

# 제3절 듀레이션갭모형(duration gap model)

만기갭모형보다 이자율위험에 대한 노출을 더 정확하게 측정할 수 있는 듀레이션갭(duration gap)에 대하여 알아보자.

## 3.1 듀레이션의 산출

듀레이션(duration)은 1938년 F. R. Macaulay가 처음으로 제시한 개념으로서, 자산 및 부채항목의 이자율변화에 대한 민감도(interest rate sensitivity)를 만기(maturity)보다 더 정확하게 측정할 수 있는 척도이다.

어떠한 고정소득증권이라도 다음의 산출공식을 이용하면 듀레이션을 구할 수 있다.

$$D=\frac{\sum_{t=1}^{N} CF_t \times DF_t \times t}{\sum_{t=1}^{N} CF_t \times DF_t}=\frac{\sum_{t=1}^{N} PV_t \times t}{\sum_{t=1}^{N} PV_t} \tag{2}$$

여기서 $D$=햇수로 측정되는 듀레이션

$CF_t$=기간 $t$의 말에 발생하는 현금흐름

$N$=마지막으로 현금흐름이 발생하는 기간

$DF_t$=할인요소로서 $\frac{1}{(1+r)^t}$의 값을 갖는다.

$PV_t$=기간 $t$에 발생하는 현금흐름의 현재가치로서 $PV_t = CF_t \times DF_t$

다음의 예를 보자. 만기가 6년인 어떤 채권은 1년마다 한 번씩 이자를 지급하는데 연간 표면이자율이 8%이고, 액면가는 100만원, 그리고 현재의 만기수익률($YTM$)은 8%라고 한다. [표 10-6]에서는 이 채권의 듀레이션 산출과정을 보여주고 있다.

표 10-6 | 1년에 한번씩 8%의 이자를 지급하는 6년 만기 채권의 듀레이션(만기수익률이 현재 연간 8%를 가정할 때)

| 기간($t$) | $CF_t$(단위: 만원) | $DF_t$ | $CF_t \times DF_t$(단위: 만원) | $CF_t \times DF_t \times t$ |
|---|---|---|---|---|
| 1 | 8 | 0.9529 | 7.407 | 7.407 |
| 2 | 8 | 0.8573 | 6.859 | 13.718 |
| 3 | 8 | 0.7938 | 6.351 | 19.053 |
| 4 | 8 | 0.7350 | 5.880 | 23.520 |
| 5 | 8 | 0.6806 | 5.445 | 27.225 |
| 6 | 108 | 0.6302 | 68.058 | 408.348 |
| | | | 100.000 | 499.271 |

$$D = \frac{499.271}{100} = 4.993(\text{년})$$

## 3.2 간편한 듀레이션 공식

식 (2)를 이용하여 듀레이션을 구할 때 특히 만기가 길고 또한 이자지급회수가 많으면 그 계산이 매우 번거로워진다. 그러나 아래의 간편공식을 이용하면 듀레이션의 계산은 언제나 매우 간단해진다.

$$D = \frac{c(1+r)PVIFA_{r,\ n} + n(r-c)PVIF_{r,\ n}}{c + (r-c)PVIF_{r,\ n}} \tag{3}$$

여기서 $c$ =기간별 표면이자율

$r$ =만기수익률($YTM$)

$n$ =만기 또는 이자지급회수

$PVIF_{r,\ n} = \frac{1}{(1+r)^n}$: 현가요소

$PVIFA_{r,\ n} = \frac{(1+r)^n - 1}{r} \times \frac{1}{(1+r)^n}$: 연금현가요소

**예제 10-1**

표면이자율이 연 8%이고 만기가 20년인 액면가 1,000원인 채권이 있다. 만일 이 채권의 만기수익률이 10%라면 이 채권의 듀레이션은 얼마인가?

| 풀이 1 |

먼저 공식 (2)를 이용하여 듀레이션을 도출해 보자.

1. 이 채권의 현재가격 $P_0$를 구한다. 표면이자율이 연 8%이므로 매년 80원의 이자를 지급받을 것이다. 따라서 이 채권의 현재가치는

$$P_0 = 80 \times PVIFA_{10\%,\ 20} + 1{,}000 \times PVIF_{10\%,\ 20}$$
$$= 80 \times \frac{1}{(1+0.1)^{20}} \times \frac{(1+0.1)^{20}-1}{0.1} + \frac{1{,}000}{(1+0.1)^{20}} = 829.73(\text{원})$$

2. 위의 식 (2)를 이용하여 듀레이션을 다음과 같이 구한다.

$$D = \frac{1}{829.73}\left[(1)\times\frac{80}{1.1} + (2)\times\frac{80}{1.1^{20}} + \cdots + (19)\times\frac{80}{1.1^{19}} + (20)\times\frac{1{,}080}{1.1^{20}}\right]$$
$$= 9.745(\text{년})$$

| 풀이 2 |

듀레이션을 구하는 데 식 (3)을 이용하면 다음과 같이 간단해진다.

1. 먼저 연금현가요소인 $PVIFA_{10\%,\ 20}$와 현가요소인 $PVIF_{10\%,\ 20}$를 구한다.

$$PVIFA_{10\%,\ 20} = \frac{(1+0.1)^{20}-1}{0.1} \times \frac{1}{(1+0.1)^{20}} = 8.5136$$

$$PVIF_{10\%,\ 20} = \frac{1}{(1+0.1)^{20}} = 0.1486$$

2. 이렇게 구한 값을 식 (3)에 대입하여 듀레이션을 구한다.

$$D = \frac{(0.08)(1.1)(8.5136) + 20(0.1-0.08)(0.1486)}{0.08 + (0.1-0.08)(0.1486)} = 9.745(\text{년})$$

## 3.3 듀레이션의 특성과 경제적 의미

### 3.3.1 듀레이션의 특성

① 고정현금흐름을 발생시키는 자산이나 부채의 만기($M$)가 길어질수록 듀레이션($D$)도 길어진다. 그러나 그 길어지는 비율은 만기가 길어질수록 점차로 감소한다.

② 만기수익률($YTM$)이 상승할수록 듀레이션은 감소한다. 만기수익률이 상승하면 초기에 발생하는 현금흐름에 비해서 나중에 발생하는 현금흐름의 현재가치와 상대적 비중은 작아지므로 그러한 결과가 생긴다.

③ 유가증권의 표면이자율($C$)이 높을수록 듀레이션은 더욱 짧아진다. 즉 표면이자율이 높을수록 투자자들은 보다 많은 양의 현금을 더 일찍 회수하게 되므로 듀레이션의 산출에 있어 그러한 현금흐름에 대해 더 큰 가중치를 부여하게 된다.

### 3.3.2 듀레이션의 경제적 의미

듀레이션은 수시로 발생하는 이자 때문에 만기보다 짧으며, 이자가 없는 순수할인채권의 경우에는 현금흐름이 만기만 발생하기 때문에 만기, 가중평균만기 및 듀레이션은 모두 같아진다. 이러한 듀레이션은 채권의 이자율위험을 나타내는 척도가 된다. 이자율위험은 시장이자율의 변동에 따른 채권가격의 변동성(volatility)이므로, 이자율탄력성(interest rate elasticity)은 채권의 이자율위험을 나타내줄 수 있는 좋은 지표가 된다.

일정한 시장이자율의 변동에 대하여 이자율탄력성($\theta$)이 클수록 가격변동이 클 것이므로 이자율위험이 더 높다.

$$\theta = \frac{\text{채권가격변화율(\%)}}{\text{이자율변화율(\%)}} = \frac{\Delta P/P}{\Delta r/r} < 0 \qquad (4)$$

일반적으로 채권가격($P$)과 채권수익률($r$)은 반대방향으로 움직이기 때문에, 위의 식에서 이자율탄력성($\theta$)은 (−)값을 갖는다. 따라서 그 절대값이 클수록 탄력적이다. 한편 이자율탄력성($\theta$)은 듀레이션($D$)과 다음과 같은 관계를 갖는다.

$$(-1.0)\theta = D \cdot \left(\frac{r}{1+r}\right) \qquad (5)$$

즉 채권의 이자율탄력성은 듀레이션과 비례한다. 따라서 앞으로 시장이자율이 하락할 것으로 예상되면 투자자는 듀레이션이 긴 채권을 택함으로써 채권가격의 변화로 인한 자본소득을 증가시킬 수 있다. 식 (4)와 (5)를 합하여 정리하면 다음과 같은 관계식을 얻는다.

$$\frac{dP}{P} = -D\left(\frac{dr}{1+r}\right) \qquad (6)$$

식 (6)을 그림으로 나타내면 [그림 10−1]과 같다. 이 식은 이자율이 변화할 때 채권가격은 반비례하여 변화하는데 채권가격변화의 크기는 듀레이션의 길이에 따라 달라진다는 것을 의미한다.

**그림 10-1 이자율변화와 채권가격변화와의 관계**

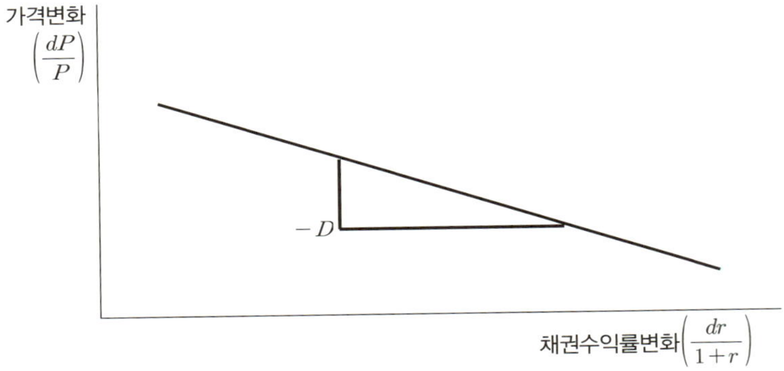


결국 채권의 듀레이션을 알면 그 채권의 이자율탄력성 또는 이자율위험을 알 수 있다. 실무적으로도 채권의 이자율위험을 나타내주는 척도로 듀레이션이 널리 사용되고 있다.

**예제 10-2**

표면이자율이 8%이고 6년 만기인 어느 채권의 수익률은 8%라고 한다. 액면가가 100만원인 이 채권의 듀레이션을 계산하면 $D=4.99$년이 된다. 이 채권의 수익률이 1bp(0.01%)만큼 상승하여 8.01%가 되었다고 하면 채권가격변화율은 다음과 같다.

$$\frac{dP}{P}=-(4.99)\left[\frac{0.0001}{1.08}\right]=-0.000462 \text{ 혹은 } -0.0462\%$$

이 채권의 가격은 원래 액면가와 같은 100만원이었다. 그러나 듀레이션모형은 수익률이 1bp 상승할 때 채권가격은 999,538원이 된다고 예측하고 있다.

## 3.4 금융기관 재무상태표의 면역화

### 3.4.1 금융기관의 듀레이션갭

듀레이션갭을 측정하기 위해서는 먼저 자산과 부채의 듀레이션을 구해야 한다. 자산이나 부채포트폴리오의 듀레이션은 재무상태표에 있는 개별자산이나 부채듀레이션의 시장가치 가중평균이 된다. 이자율변동에 의한 순자산변화는 자산과 부채의 시장가치변화의 차이와 같다.

듀레이션모형으로부터 다음의 등식이 성립한다.

$$\frac{\Delta A}{A} = -D_A \frac{\Delta r}{(1+r)} \tag{7}$$

$$\frac{\Delta L}{L} = -D_L \frac{\Delta r}{(1+r)} \tag{8}$$

재무상태표상의 기본적인 등식과 식 (7) 및 식 (8)을 이용하면 다음의 관계식을 얻는다.[1]

$$\Delta E = \Delta A - \Delta L = -\left(D_A - D_L \frac{L}{A}\right) \times A \times \frac{\Delta r}{(1+r)} \tag{9}$$

$$\Delta E = -(D_A - D_L k) \times A \times \frac{\Delta r}{(1+r)} \tag{10}$$

여기서 $k = L/A$로서 레버리지, 즉 부채비율을 나타냄

식 (9) 혹은 (10)으로부터, 이자율변동이 금융기관의 자기자본 혹은 순자산의 변화 $\Delta E$의 시장가치에 미치는 영향을 다음 세 가지로 구분하여 볼 수가 있다.

① **레버리지조정 듀레이션갭(leverage-adjusted duration gap)**: 이것은 $(D_A - D_L k)$로 표현되며 재무상태표상의 듀레이션불일치를 반영한다. 특히 이 갭의 절대값이 클수록 해당 금융기관은 더 큰 이자율위험에 노출되어 있음을 나타낸다.

② **금융기관의 규모**: 금융기관의 규모가 클수록, 이자율이 변할 때 순자산의 노출이 더 커진다.

③ **이자율변동의 크기**: 이것은 위의 식에서 $\Delta r/(1+r)$인데, 이자율변동이 클수록 해당 금융기관은 그만큼 더 큰 이자율위험에 노출된다.

이러한 결과로부터 다음의 관계식을 얻는다. 즉,

$$\Delta E = -(\text{레버리지조정 듀레이션갭}) \times \text{자산규모} \times \text{이자율변동크기} \tag{11}$$

1 Saunders, Anthony, *Financial Institutions Management: A Modern Perspective*, Second Edition, Irwin: Boston, 1997, pp.114~115 참조.

### 3.4.2 듀레이션갭의 측정과 노출: 예

어느 은행은 보유자산과 보유부채의 듀레이션을 각각 구한 결과 $D_A$ =5년과 $D_L$ =3년이었다.

그리고 향후 이자율 동향을 분석해 보니 곧 이자율이 현재의 10%에서 11%로 1%p 상승할 것으로 예측되었다. 즉, $\Delta r$ =1%=0.01 그리고 1 + $r$ = 1.10이다. 이 은행의 본래 재무상태표는 다음과 같다.

(단위: 억원)

| 자산 | | 부채 및 자기자본 | |
|---|---|---|---|
| $A$ | 100 | $L$ | 90 |
| | | $E$ | 10 |
| | 100 | | 100 |

이 은행은 이자율 전망이 사실로 판명되었을 때 자기자본에 얼마만큼의 영향을 미치는가를 알고자 식 (10)에 따라 그 잠재적 손실을 다음과 같이 추정하였다.

$$\Delta E = -(DA - DLk) \times A \times \frac{\Delta r}{(1+r)}$$

$$= -(5-(0.9)(3)) \times 100\text{억원} \times \frac{0.01}{1.1} = -2.09\text{억원}$$

따라서 이자율이 1%p 상승하는 경우 이 은행은 자기자본(순자산) 중에서 2.09억원의 손실을 입게 된다. 이 예상손실액은 최초의 자기자본 10억원의 무려 21%에 해당하는 금액이다. 이자율이 1%p 상승한 후 이 은행의 시장가치 재무상태표는 다음과 같다.

(단위: 억원)

| 자산 | | 부채 및 자기자본 | |
|---|---|---|---|
| $A$ | 95.45 | $L$ | 87.54 |
| | | $E$ | 7.91 |
| | 95.45 | | 95.45 |

이자율이 그만큼 변동하더라도 이 은행이 금방 도산하는 것은 아니지만, 이 은행의 자기자본비율은 10%(=10/100)에서 8.29%(=7.91/95.45)로 하락한다. 이러한 영향을 상쇄시키려면 레버리지조정 듀레이션갭을 줄여야 할 것이다. 극단적으로는 그 갭을 0으로 만들 수도 있다.

$$\Delta E = -(0) \times A \times \frac{\Delta r}{(1+r)} = 0$$

그렇지만 곧바로 $D_A = D_L$과 같이 조정해서는 안 된다. 왜냐하면 그것은 자산($A$)과 부채($L$)가 서로 같지 않으며, $k$가 1이 아니라는 사실을 간과하는 것이기 때문이다. 즉, 레버리지($k$)의 중요성을 이해하기 위해서, 가령 그 은행이 부채의 듀레이션을 자산의 듀레이션과 같은 5년으로 상향조정하였다고 가정하자. 이 경우

$$\Delta E = -[5-(0.09)(5)] \times 100\text{억원} \times (0.01/1.1) = -0.45\text{억원}$$

이 된다. 그 은행은 여전히 이자율위험에 노출되어 있고, 이자율이 1%p 오를 때 4,500만원의 자기자본손실을 입는다. 이 경우 가장 적절한 전략은 부채의 듀레이션을 다음의 등식이 성립할 때까지 조정하는 것이다. 즉,

$$D_A = k\,D_L = 5\text{년}$$

$$\Delta E = -[5-(0.9)(5.55)] \times 100\text{억원} \times (0.01/1/1) = 0$$

다시 말해서, 부채의 듀레이션을 자산의 듀레이션보다 약간 긴 5.55년으로 만들어야 한다. 이 은행은 레버리지조정 듀레이션갭을 0으로 만드는 데 적어도 다음 세 가지 방법을 이용할 수 있다.

① **$D_A$의 감축**: 자산의 듀레이션을 5년으로부터 2.7년($= kD_L = (0.9)(3)$)으로 만들면 소기의 목적을 이룰 수 있다.

$$[D_A - kD_L] = [2.7-(0.9)(3)] = 0$$

② **$D_A$의 감축과 $D_L$의 증가**: 자산의 듀레이션을 줄이는 동시에 부채의 듀레이션을 늘리면 가능하다. 한 가지 방법은 자산의 듀레이션을 4년으로, 부채의 듀레이션을 4.44년으로 만들면 된다.

$$[D_A - kD_L] = [4-(0.9)(4.44)] = 0$$

③ $k$와 $D_L$의 변경: 레버리지 $k$를 0.9에서 0.95로 높이고 부채의 듀레이션 $D_L$을 3년에서 5.26년으로 증가시키면 된다.

$$[D_A - kD_L] = [5-(0.95)(5.26)] = 0$$

## 제4절 재조정모형

재조정모형(repricing model) 또는 자금갭모형(funding gap model)은 일정한 기간 동안 금융기관이 자산으로 벌어들인 이자수입과 부채에 대해 지불한 이자비용 간의 재조정갭(repricing gap)에 대한 현금흐름분석이다. 이 모형은 장부가치회계에 기초하고 있다는 점에서 시장가치에 기초한 만기모형이나 듀레이션모형과는 다르다.

### 4.1 재조정모형의 기본적 개념

재조정모형은 경영상 통제가 불가능한 요소인 이자율변화에 따른 최적구성비율을 결정하는 단기 또는 중기전략의 하나이다. 이 모형에서는 먼저 재무상태표의 자산과 부채를 이자율변동에 대한 민감도에 따라 분류하여 금리민감도 재무상태표를 작성한다. 이 재무상태표에서는 자산과 부채를 금리민감형과 금리둔감형으로 구분하고, 이자율변동에 민감한 자산과 부채를 각각 금리민감형 자산(rate sensitive assets: RSA)과 금리민감형 부채(rate sensitive liability: RSL)라고 부른다. 여기서 금리민감도(rate sensitivity)란 각 자산과 부채에 적용되는 이자율을 조정하기 위하여 기다려야 하는 기간을 가리킨다. 금리민감도가 높을수록 이러한 재조정은 단기간에 이루어진다.

[표 10-7]에서는 어느 금융기관이 보유하고 있는 자산과 부채를 여섯 가지의 재조정기간에 따라 다시 분류하고 있다. 이와 같이 분석목표기간을 다단계로 설정하여 재조정갭을 측정·분석하는 것을 다기간갭분석(multiperiod gap analysis)이라고 부른다.

표 10-7 | 재조정갭 (단위: 억원)

| 만기 | 자산 | 부채 | 갭 |
|---|---|---|---|
| 1. 1일 | 20 | 30 | −10 |
| 2. 1일 초과~3개월까지 | 30 | 40 | −10 |
| 3. 3개월 초과~6개월까지 | 70 | 85 | −15 |
| 4. 6개월 초과~12개월까지 | 90 | 70 | +20 |
| 5. 1년 초과~5년까지 | 40 | 30 | +10 |
| 6. 5년 초과 | 10 | 5 | + 5 |
| | 260 | 260 | 0 |

재무상태표상의 누적갭(cumulative gap)은 정의상 반드시 0이 되어야 하며[2] 재조정 모형을 통하여 만기별로 이자율변동에 대한 순이자수입노출(net interest income exposure) 또는 이익노출(earnings exposure)을 한눈에 볼 수 있다. 예컨대, 1일 갭은 하루가 지나야 재조정될 수 있는 자산과 부채의 차이를 나타내는데, 그 값은 −10억원이다. 이러한 갭을 계산해 보면, 콜금리가 상승할 때 이 은행의 순이자수입은 감소할 것으로 예상된다. 왜냐하면 이 만기그룹에 속하는 부채는 자산을 10억원만큼 초과하고 있기 때문이다.

## 4.2 금리민감형 자산과 부채

어떤 자산(부채)이 이자율에 민감한가를 알려면 그 자산(부채)에 대한 이자율이 일정한 기간 이내(가령, 1년)에 변경될 가능성이 있는가를 살펴보면 된다. 만일 특정 자산(부채)의 경우 그럴 가능성이 있으면 해당 자산(부채)은 금리민감형으로 분류된다. 예컨대, 분석목표기간을 1년으로 정한 경우 앞으로 1년 이내에 해당 자산과 부채에 적용되는 이자율이 변경될 수 있는 항목들(고정금리부자산과 부채는 1년 이내에 만기가 되는 항목, 그리고 변동금리부자산과 부채의 경우에는 1년 이내에 이자율 조정시기가 오는 항목)은 금리민감형 자산(RSAs) 및 금리민감형 부채(RSLs)로 구분되는 것이다.[3] 그리고 기타의 자산 및 부채는 금리둔감형 자산(rate nonsensitive assets: RNSAs) 및 금리

2 물론 자기자본(순자산)을 5년 초과 장기부채에 포함시킬 경우 누적갭은 0이 될 것이다.

3 분석목표기간(planning horizon)은 분석자의 필요에 따라 결정되는데, 단기간 내에 이자율이 변동할 경우를 예상하여 은행의 손익에 미치는 영향을 분석하고자 할 경우에는 분석목표기간을 1주일, 1개월, 3개월, 또는 6개월 등 단기로 설정하고, 중·장기적인 이자율변동의 영향을 분석하고자 할 때에는 분석목표기간을 1년, 3년, 5년 등 장기로 구분한다.

둔감형 부채(rate nonsensitive liabilities: RNSLs)로 분류된다.

금리민감항목과 금리둔감항목의 구분은 해당 자산 또는 부채가 분석목표기간 이내에 이자율변동이 있을 때 새로운 이자율을 적용받게 되느냐의 여부에 따라 결정된다. 현금 또는 지급준비금과 같이 유동성이 높은 자산도 이들 자산이 무수익자산(non-interest bearing assets)으로서 이자율변동의 영향을 받지 않으므로 금리둔감형 자산으로 분류된다. 자산 및 부채 중에서 기간과 이자율이 서로 연계되어 있는 항목들은 대응자산 및 대응부채(matched assets and matched liabilities)로서 별도로 분류된다. 이러한 항목들은 시장이자율이 변동되더라도 금융기관의 손익에는 영향을 미치지 않기 때문에 이자율위험에는 노출되지 않는다.[4]

## 4.3 재조정모형 적용의 예

[표 10-8]에 나타난 어느 은행의 재무상태표를 살펴보자. 여기서는 계약을 체결할 당시의 만기가 아니고 재조정갭을 추정하는 시점에서 산출한 잔여만기를 사용하고 있다.

### 4.3.1 금리민감형 자산(RSA)

재무상태표 차변의 자산항목들을 살펴보면 단기대출금 700억원, 콜론(call loan) 100억원, 이자부예치금 100억원, 그리고 유가증권 100억원 등과 같은 항목들이 분석목표기간 1년 이내의 금리민감형 자산에 속한다.

### 4.3.2 금리민감형 부채(RSL)

재무상태표의 대변에서 부채항목들을 살펴보면 저축성예금 450억원, 양도성예금증서(CD) 200억원, 환매조건부채권매도(RP) 100억원, 그리고 콜머니(call money) 100억원 등이 분석목표기간 1년 이내의 금리민감형 부채에 속한다.

4 예컨대, 고객과 3개월 만기 환매조건부채권매도거래(RP)를 한 후 그 자금으로 다른 고객에게 같은 만기의 환매조건부채권매수거래(reverse RP)를 하면 그 자산과 부채는 서로 대응되는 항목이 된다.

표 10-8 | 이자율변동에 대한 민감도로 재구성한 어느 은행의 재무상태표 (단위: 억원)

| 자산 | | 부채 | | |
|---|---|---|---|---|
| 대응자산 | 100 | 대응부채 | 100 | |
| 금리민감형 자산(RSAs) | 1,000 | 금리민감형 부채 | 850 | |
| 대출금[1)] | 700 | 저축성예금[1)] | 450 | |
| 콜론 | 100 | 양도성예금증서(CD) | 200 | |
| 이자부예치금 | 100 | 환매조건부채권매도(RP) | 100 | |
| 유가증권[1)] | 100 | 콜머니 | 100 | |
| | | | | 재조정갭 = +150 |
| 이자율둔감형 자산(RNSAs) | 400 | 이자율둔감형 부채 | 550 | |
| 현금 | 50 | 요구불예금 | 200 | |
| 대출금[2)] | 50 | 저축성예금[2)] | 100 | |
| 유가증권[2)] | 100 | 장기부채 | 50 | |
| 고정자산 | 200 | 자기자본 | 200 | |
| 자산총계 | 1,500 | 부채 및 자본총계 | 1,500 | |

주: 1) 향후 6개월 이내에 적용이자율이 변경되는 것에 한함
2) 향후 6개월 이내에 적용이자율이 변경될 수 없는 것임

### 4.3.3 재조정갭(자금갭)의 산출

위의 예에서 재조정갭은 금리민감형 자산합계와 금리민감형 부채합계의 차이인 150억원이 된다. 그리고 총자산과 자기자본대비 백분율로 나타낸 재조정갭비율은 다음과 같다.

$$\text{재조정갭} = RSAs - RSLs = 1{,}000\text{억원} - 850\text{억원} = +150\text{억원}$$

$$\text{재조정갭비율(총자산 대비)} = \frac{RSAs - RSLs}{\text{총자산}} = \frac{150\text{억원}}{1{,}500\text{억원}} = +0.10$$

$$\text{재조정갭비율(자기자본 대비)} = \frac{RSAs - RSLs}{\text{자기자본}} = \frac{150\text{억원}}{200\text{억원}} = +0.75$$

요구불예금은 이 계산에서 빠져 있는데, 그 이유는 요구불예금과 같이 이자가 지급되지 않거나 적용이자율이 고정되어 있는 금융상품은 금리둔감형 부채로 분류되기 때문이다.[5]

5 요구불예금이 금리둔감형 부채로 구분되어야 하는가에 대해서는 논란이 있다. Saunders, A., *Financial Institutions Management: A Modern Perspective*, Second Edition, Irwin: Boston, 1997, pp.140~141 참조.

시장이자율의 변동이 금융기관 순이자수입에 미치는 영향은 재조정갭에 따라 달라진다. 재조정갭이 (+)인 경우 시장이자율이 오르면 은행의 순이자수입이 증가하며, 반대로 시장이자율이 내리면 은행의 순이자수입은 감소한다. 한편 (−)의 재조정갭을 갖는 금융기관은 향후 이자율 상승 시 순이자수입이 감소하고, 이자율 하락 시 순이자수입은 증가한다. 만일 금리민감형 자산($RSAs$)과 금리민감형 부채($RSLs$)의 금액이 같다면 재조정갭은 0이다. 이 경우 금융기관의 순이자수입은 시장이자율이 변동하더라도 아무런 영향을 받지 않고 일정하다.

### 4.4 재조정모형의 문제점

재조정갭에 의한 분석은 이자율변동에 따른 순이자수입의 변동을 비교적 간편하게 산출할 수 있게 하여 효율적인 위험관리를 가능하게 한다. 그러나 이 모형에서는 자산과 부채를 장부가치로 평가함으로써 시장가치의 변화를 적절하게 반영하지 못한다. 또한 이 모형은 자산과 부채에 적용되는 이자율이 같은 방향과 폭으로 변동할 것이라는 현실과 동떨어진 가정을 하고 있다.

재조정모형을 사용하는 데 따르는 현실적인 문제점으로는 무엇보다도 이자율을 정확하게 예측할 수 있는 전문가와 시스템을 갖추어야 한다는 점과 재무상태표를 만기별로 수시로 작성하기가 번거롭다는 점을 든다.

## 제5절 갭관리의 문제점과 난외업무를 이용한 이자율위험관리

### 5.1 이자율위험을 관리하는 전략

금융기관의 이자율위험에 대한 노출 정도가 이자율 예측 및 위험관리전략에 비추어 문제점을 드러내는 경우 이를 해결하는 방법으로 다음의 세 가지가 고려될 수 있다.

① 이자율위험의 증대에 따른 순이자수입의 감소를 보전하기 위하여 가급적 예대마진을 확대시킨다. 예를 들어, (+)의 재조정갭을 갖는 금융기관이 시장이자율의 하락으로 순이자수입이 감소하면 해당 금융기관은 대출이자율을 시장이자율의 하

락폭보다 덜 낮추거나 예금이자율을 시장이자율 하락폭보다 더 낮춤으로써 순이자수입 감소규모를 줄인다.

② 자산 및 부채의 구성, 그리고 만기구조를 조정하여 이자율위험에 대한 노출 정도를 조절한다. 예를 들어, (+)의 재조정갭을 갖는 금융기관이 장래에 이자율이 하락할 것으로 예상하면 금리둔감형 자산(RNSAs)을 늘리고, 자금조달에 있어서는 금리민감형 부채(RSLs)를 늘려 재조정갭을 축소시킨다.

③ 금리선물, 선도금리계약, 금리옵션, 그리고 금리스왑 등 파생금융상품을 이용하여 이자율위험에 대한 노출 정도를 조절한다.

## 5.2 갭관리의 문제점

앞에서 논의한 모형들은 모두 자산과 부채 간에 존재하는 여러 갭을 파악하고, 그러한 갭을 최적수준으로 유지하여 이자율위험을 없애려는 전략이다. 그러나 갭관리전략을 현실에 적용하는 데 따르는 한 가지 문제점은 무엇보다도 최적수준의 갭을 유지하기가 그다지 쉽지 않다는 데 있다. 갭관리에 있어서 나타나는 문제점들을 요약하면 다음과 같다.

### 5.2.1 갭관리와 고객관계

금융기관은 본래 고객들에게 금융서비스를 제공함으로써 가치를 창출하는 기관이므로 그만큼 고객관계가 중요하다. 그러나 갭관리전략에서는 금융기관과 고객 간에 근본적인 입장 차이를 드러낸다. 금융기관을 통하여 여러 서비스를 제공받고 자신들이 부담하는 위험을 줄이면서도 동시에 적정이익을 얻으려는 고객들의 욕구는, 비용과 위험을 줄이면서 동시에 가치극대화를 위하여 수익성을 확보하고자 하는 금융기관의 경영방침과는 서로 상충될 수 있다.

### 5.2.2 이자율위험과 신용위험

금융기관이 이자율위험에 대해 갭관리로 대처하는 경우, 이자율이 상승하면 대출을 받은 고객들은 전보다 높은 이자비용을 지불해야 한다. 이 경우 대출고객들은 이자율 상승으로 인한 금융기관의 부담을 고스란히 떠안게 되므로 기존의 우량채권이 부실화되고, 고객들의 채무불이행위험이 증가하게 될 수 있다.

### 5.2.3 추가적 비용의 발생

갭관리는 금융기관의 신용위험을 증가시키는 동시에 추가적 비용을 발생시킨다. 따라서 금융기관은 이상적인 금리민감형 자산 및 부채의 구성을 원할 것이다. 이 과정에서 고객들의 저항을 최소한도로 줄이려면 특정 예금상품에 대해 시장이자율보다 높은 이자를 지불하고 대출고객에게도 이자율을 낮춰주어야 한다. 그 결과 이러한 추가비용의 발생은 갭관리를 통하여 얻는 이익의 상당부분을 잠식하고, 심한 경우에는 갭관리 자체를 무용지물로 만들 수도 있다.

## 5.3 난외업무를 통한 이자율위험관리

금융기관이 이자율위험을 효과적으로 관리하려고 자산이나 부채를 직접 조절하는 수단, 즉 난내수단(on-balance-sheet instruments)을 사용하는 것은 이자율위험을 고객들에게 전가시키는 방법이기 때문에 고객과의 이해상충을 야기할 수 있다.

그러나 난외업무를 통한 대응방법은 보유자산과 부채구조를 변경시키지 않고도 이자율위험을 신축적으로 조절할 수 있으며, 소액으로 거액의 이자율위험에 대한 노출 정도를 조절할 수 있다는 점에서 효과적인 관리수단으로 알려져 있다. 난외수단(off-balance-sheet instruments)을 통한 이자율위험관리는 다음과 같은 장점을 가진다.

### 5.3.1 고객욕구의 충족과 저렴한 관리비용

금융기관이 난외수단을 활용하여 이자율위험을 관리하면 고객욕구에 부합하는 다양한 금융상품과 서비스를 제공할 수 있다. 이때 금융기관은 갭의 존재에 따른 잠재적 비용을 피할 수 있으므로 고객이 원하지 않는 만기와 조건을 갖는 예금이나 대출을 선택하도록 굳이 강요할 필요가 없다.

### 5.3.2 자산과 부채에 관한 의사결정의 분리

난외수단을 이용한 이자율위험의 관리는 자산과 부채에 관한 의사결정을 분리시킬 수 있다는 또 하나의 장점을 가진다. 이것은 곧 투자결정에 있어서는 최고수익률이 기대되는 투자안을 채택하는 동시에 자금조달에 있어서는 가장 저렴한 원천을 이용할 수 있음을 의미한다. 왜냐하면 최적화를 추구하는 이러한 의사결정이 갭을 증가시키더라도 금융기관은 난외수단을 이용하여 이자율위험을 효과적으로 감소시킬 수 있기 때문이다.

### 5.3.3 거시헤지와 미시헤지의 동시적 수단

난외수단들 중에서 선물이나 스왑계약은 기본적으로 선도계약과 비슷하지만 이들의 유통시장이 잘 발달되어 있고 또한 유동성이 높기 때문에 위험관리수단으로는 더 적절하다. 선물과 스왑계약은 변동이자율을 고정시키거나 고정이자율을 변동시키는 데 사용되는 수단이다. 이에 비하여 옵션계약은 이자율의 상한설정, 하한설정, 또는 상하한 동시설정 등을 통하여 이자율의 변동성을 축소시키는 데 사용된다. 이 경우 선물, 스왑 및 옵션은 모두 만기갭, 듀레이션갭, 재조정갭 등 금융기관의 전체적인 이자율위험노출을 관리하는 거시헤지(macrohedging)의 목적으로 사용될 뿐만 아니라, 특정 자산이나 특정 부채의 위험관리, 즉 미시헤지(microhedging)의 목적으로도 사용된다.

## 연 | 습 | 문 | 제 <<<

1. 시장가치회계를 기준으로 볼 때, 이자율이 상승하면 금융기관의 자산과 부채의 시장가치는 어떠한 영향을 받게 되는가?

2. 만기갭(maturity gap)이란 무엇이며, 어떠한 방법으로 이 개념을 사용하여 금융기관 포트폴리오를 이자율위험으로부터 벗어나게 할 수 있는가를 설명하라.

3. 보유하고 있는 자산의 만기와 부채의 만기를 완전히 일치시키면 금융기관은 완전히 이자율위험으로부터 벗어날 수 있는가? 충분한 이유를 들어 설명하라.

4. 금융기관이 보유하고 있는 자산들의 가중평균만기가 부채의 평균만기와 같다고 하자. 만일 이자율이 하락할 경우에도 해당 금융기관의 순자산(자기자본)이 감소할 수 있다. 왜 그럴까?

5. 만기갭(maturity gap)모형을 사용하여 금융기관 포트폴리오를 이자율위험으로부터 면역시키고자 할 때의 주된 약점은 무엇이라고 생각하는가?

6. 듀레이션모형과 관련된 문제점은 무엇이라고 생각하는가? 그러한 문제점들은 모두 극복될 수 있는 것인가?

7. 금리자유화가 금융기관의 이자율위험에 미치는 영향에 대하여 논하라.

8. 이자율변동이 금융기관의 자기자본 $\Delta E$의 시장가치에 미치는 영향을 듀레이션갭모형에 따라 세 가지 부분으로 구분하여 설명하라.

9. 금융기관의 자산과 부채들을 금리민감형과 이자율둔감형으로 구분하는 기준은 무엇이며, 각 유형에 속하는 항목들의 예를 각각 세 가지 이상씩 들어보라.

10. 이자율위험을 관리하는 방법으로서 갭관리와 관련된 문제점들을 들고, 나아가서 난외업무수단인 파생상품을 이용한 이자율위험관리전략이 갭관리전략에 비하여 더 효율적이라는 논리적 근거를 제시하라.

Chapter

# 11 이자율위험의 관리

앞 장에서는 이자율위험(interest rate risk)이 어떻게 정의되고, 그 위험의 크기를 어떻게 산출하는가를 살펴보았다. 본 장에서는 이자율위험을 관리하는 방법에 대해서 논의해 보기로 한다. 특히 이자율위험으로부터 발생하는 손실의 크기를 VaR로 측정하는 방법을 논의하고, 그러한 손실을 미연에 방지하기 위한 수단에는 어떠한 것들이 있는가를 논의하기로 한다.

본 장에서는 다음과 같은 주제를 중점적으로 다룬다.

- 이자율위험의 크기를 산출하기 위한 VaR
- 금융선물계약을 통한 이자율위험의 헤지
- 금융선물옵션을 통한 이자율위험의 헤지
- 이자율스왑을 통한 이자율위험의 헤지

## 제1절 VaR을 이용한 이자율위험의 산출

앞 장에서 논의한 이자율위험 측정치는 이자율이 일정한 수준만큼 변동할 때 금융기관의 수익성 혹은 가치에 얼마만큼의 영향을 주는가를 산정한다. 그러나 그러한 측정치가 간과하고 있는 것은 바로 이자율이 변동할 때 발생하는 손실이 얼마인가이다. VaR(Value at Risk)은 바로 그러한 상황에서 금융기관에게 입힐 수 있는 손실을 측정하는 일반적인 방법이며, 금융기관이 부담하고 있는 위험을 평가하는 데 널리 사용되고 있다.

VaR은 일정한 기간 동안에 한 금융기관이 일정한 확률로 입을 수 있는 잠재적 손실의 크기를 측정한다. 따라서 이 측정치를 통해 이자율이 일정한 폭으로 변동할 때 정해진 신뢰구간 내에서 해당 금융기관의 가치가 얼마나 영향을 받을 수 있는가를 알 수 있게 된다.

먼저 최근 자료를 사용하면 쉽게 거래계정자산의 가치에 영향을 주는 위험요인들(예: 이자율)변화의 평균과 표준편차를 구할 수 있다. 위험요인변화의 평균과 표준편차를 산출한 후에는 자산의 듀레이션(duration)을 사용하여 위험요인의 최대예상변화에 대한 자산가치의 변화를 추정한다.

여기서 우리는 제10장에서 이자율변화에 대한 고정소득증권 가격변화의 민감도를 측정할 때 듀레이션(duration)을 사용한 사실을 상기할 필요가 있다. 즉,

$$\% \Delta P = -D\left[\frac{\Delta i}{(1+i)}\right] \times 100$$

이 식을 다르게 나타내면 다음과 같다.

$$\Delta P = -D\left[\frac{\Delta i}{(1+i)}\right] \times P$$

위 식을 재정리하면 다음과 같이 표현된다.

$$\frac{\Delta P}{\Delta i} = -\left[\frac{D}{(1+i)}\right] \times P$$

여기서 $\frac{\Delta P}{\Delta i}$를 VaR 산출방정식에서는 고정소득증권의 $\frac{\Delta V}{\Delta r}$로 바꾸어 생각해 볼 수 있다. 따라서 고정소득증권의 VaR 산출방정식은 다음과 같이 나타난다.

$$VaR = -\left[\frac{D}{(1+i)}\right] \times P \times \Delta i^*$$

그러므로 금융기관이 부담하고 있는 이자율위험에 따른 손실예상액인 VaR의 산출공식은 다음과 같이 쓸 수 있을 것이다.

$$VaR = \frac{\Delta V}{\Delta r} \times \Delta r^*$$

여기서 $\frac{\Delta V}{\Delta r}$ = 위험요인의 변화에 대한 자산가치변화의 민감도(sensitivity)

$\Delta r^*$ = 정해진 신뢰구간 내에서 일정한 기간 동안 예상되는 위험요인의 불리한 변화

예컨대, 95% 신뢰구간은 $\Delta r^* = 1.65\sigma$인데, $\sigma$는 위험요인변화의 표준편차이다.[1]

VaR의 계산을 보다 잘 이해하기 위하여 다음의 예를 살펴보자. 어떤 은행은 자신의 거래계정에 단기국채를 보유하고 있다. 거래계정관리팀장은 다음 달 중 그 단기국채수익률변화의 기대치는 0bp(0.000), 표준편차는 50bp(0.005)라고 추정하였다. 95%의 신뢰구간으로 살펴볼 때 단기국채수익률변화는 82.5bp 혹은 0.00825(=1.65×0.005)라는 것을 의미한다. 이 단기국체의 만기가 0.5년이고, 해당 은행은 이 단기국채를 10억원어치 보유하고 있으며, 이 단기국채의 1개월간 기대수익률은 연률로 따져서 7%라고 하자. 이러한 자료를 기초로 VaR을 계산하면 다음과 같다.

$$VaR = -\frac{0.5}{(1+0.035)} \times 10\text{억원} \times 0.00825 = -3{,}985{,}507\text{원}$$

이 결과를 해석해 보면, 단기국채수익률의 변동으로 이 은행이 다음 달에 입을 수 있는 최대손실은 95% 신뢰도로 따져서 3,985,507원이 된다는 뜻이다.

한 금융기관의 위험노출 정도를 추정할 때 VaR을 사용하면 최악의 상황이 발생했을

1 정규분포의 가정하에 분포면적의 95%는 평균으로부터 +1.65σ 되는 지점보다 아래쪽에 해당될 것이다.

때 입을 수 있는 잠재적 손실을 단 한 개의 숫자로 요약해 준다는 장점이 있다. 그러나 VaR기법에도 몇 가지의 한계점이 내포되어 있다. 첫째, VaR은 정규분포를 전제로 하고 있다. 그런데 위험요인의 변화가 정규분포를 따르지 않을 수도 있으며, 위험요인의 표준편차 추정에서도 오차가 생길 수 있다. 둘째, VaR은 추정 시 선택하는 기간(time horizon)에 매우 민감하다. 1개월의 기간에 매우 정확한 VaR이 기간을 1년으로 늘릴 때도 정확하리라는 보장은 전혀 없다.

VaR의 단점으로는 일반적인 신뢰구간을 벗어나서 발생하는 사건들을 전혀 고려하지 않는다는 점을 들 수 있다. 예컨대, 어느 은행이 이자율위험으로 인하여 입을 수 있는 최대손실액을 95% 신뢰도로 1억원으로 추산했다면, 우리는 이것을 이자율변동으로 1개월 동안 해당 은행이 입을 수 있는 손실액이 1억원을 초과하지 않을 것이라는 뜻으로 해석한다. 그러나 이것은 또한 5%의 확률로 해당 은행이 1억원 이상의 손실을 입을 수도 있다는 것을 의미한다. VaR은 바로 이러한 사실을 간과하고 있는 것이다.

만일 어느 금융기관이 자신의 이자율위험노출이 너무 커서 잠재손실의 크기가 해당 은행의 위험허용한도(risk tolerance)를 초과하고 있다고 판단한다면, 해당 금융기관은 그러한 노출을 헤지(또는 최소화)하는 조치를 취해야 할 것이다. 다음 절에서는 금융기관이 입을 수 있는 잠재손실을 일정한 한도로 제한시키는 방법에 어떠한 것들이 있는가를 논의하고자 한다.

## 제2절 이자율위험의 헤징

헤징(hedging)이란 위험을 줄이거나 없애기 위하여 취하는 조치를 뜻한다. 금융기관의 경우 가장 간단한 헤징기법은 대출과 그에 소요되는 자금조달을 모든 측면(특히 만기)에서 정확하게 일치시키는 것이다. 자산과 부채를 일치시키려면 해당 은행은 대출과 동일한 만기(또는 중도에 현금흐름을 발생시키는 경우라면 듀레이션)를 가진 CD로 자금을 조달해서 대출을 해주면 된다.

이와 같이 대출의 만기와 같은 기간으로 자금을 조달하는 만기일치전략(matched funding)에서는 대출과 CD의 이자율변화에 대한 민감도(interest rate sensitivity)가 동일하게 되거나, 재조정(repricing)시점까지의 유효기간이 동일하게 된다. 따라서 이자율변화의 결과로 자산(대출채권)이 발생시키는 현금흐름의 변동은 자금조달(CD)과 관련된 현금흐름의 변동과 정확하게 일치한다. 그러나 헤징을 하는 경우 손실위험(downside risk)을 없앨 뿐만 아니라 이익기회(upside potential)도 동시에 없어진다는 사실을 명심해야 한다.

이 같은 만기일치전략은 미시헤징(microhedging)의 한 형태로서 특정한 거래를 헤징시킨다. 반면에 거시헤징(macrohedging)에서는 위험관리수단을 이용하여 헤징을 한다. 위험관리수단에는 금융선물(financial futures), 금융선물옵션(options on financial futures), 그리고 이자율스왑(interest rate swap) 등이 포함된다. 다음 절에서는 이러한 금융수단을 이용해서 어떻게 이자율위험을 관리할 수 있는지 살펴보도록 하자.

## 제3절 금융선물을 이용한 이자율위험의 헤지

음(−)의 만기갭(negative maturity gap) 혹은 양(+)의 듀레이션갭(positive duration gap)을 가지고 있는(즉, 두 가지 상황 중에서 어디에 속하든 해당 은행의 자산은 부채보다 훨씬 더 이자율변동에 민감하다) 은행이 부담하고 있는 이자율위험은 금융선물을 통해서 줄일 수 있다. 이자율변화에 대한 금융선물의 가격은 채권의 가격과 매우 유사해서 역(−)의 관계를 가지고 있다. 즉, 이자율이 상승하면 금융선물의 가격은 하락하고, 반대로 이자율이 하락하면 금융선물의 가격은 상승한다.

앞서 살펴본 바와 같이, 단기로 자금을 차입한 은행은 이자율이 상승할 경우 이익이 감소한다. 이러한 위험을 상쇄시키기 위해서 은행은 금융선물을 매도(sell short)한다. 금융선물의 경우 이자율이 상승하면 매도포지션을 취한 금융선물의 가치는 증가할 것이다. 그러므로 선물시장에서 취한 매도포지션은 이자율 상승의 결과로 감소한 은행의 이익을 정확하게 상쇄하게 된다.

[그림 11−1]에서는 금융선물로 거시헤징을 한 경우의 효과를 보여주고 있다. 이 그림에 따르면 이자율이 상승함에 따라 은행의 순현금흐름은 감소하고 있다. 그러나 동시에 선물매도포지션의 가치는 상승하게 된다. 여기서의 논리는 매우 간단하다. 은행이 금융선물계약을 매도할 때 대상자산(또는 기초자산)의 가격을 확정시킨다. 이자율이 상승함에 따라 대상자산의 가격은 하락하게 되고, 선물계약의 가치도 역시 하락한다.

매도포지션을 끝낼 때는 대상자산을 반드시 인도해야만 하는 것이 아니고, 유통시장에서 동일한 선물계약에 대해 매수포지션을 취하면 되는 것이다. 이자율이 상승할 경우(즉, 선물가격이 하락할 경우), 은행의 입장을 살펴보면 선물시장에서는 "고가매도, 저가매수"인 셈이어서 은행현금흐름의 감소를 상쇄시켜 준다. [그림 11-1]에서 보면, 선물계약을 통해 헤지한 이후에는 비록 이자율이 변동한다고 하더라도 은행의 현금흐름은 변동하지 않고 일정한 수준을 유지하게 되는 것이다.

**그림 11-1 금융선물을 이용한 이자율위험의 헤지**

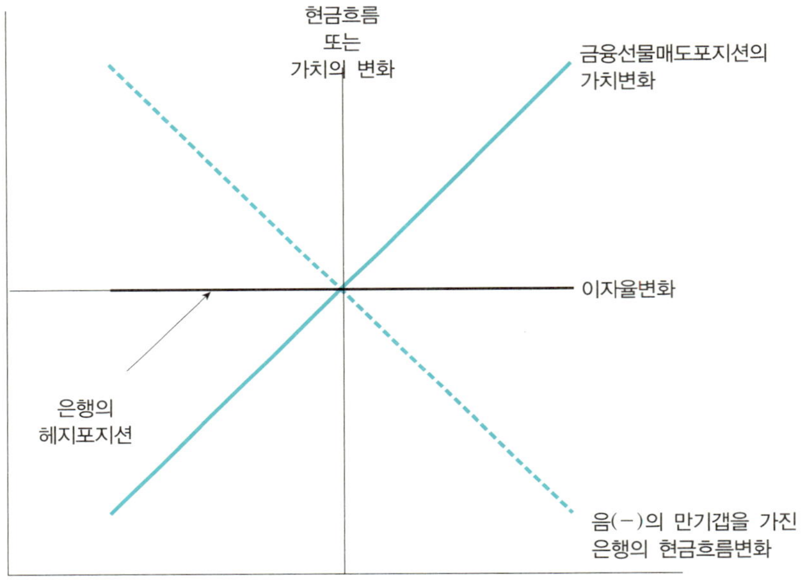


주: 은행들은 금융선물에 매도포지션을 취하여 이자율위험을 줄일 수 있지만, 이자율이 하락할 경우 기대할 수 있는 이익기회도 동시에 상실하게 된다.

# 제4절 고정금리부대출의 이자율위험에 대한 미시헤징

은행의 대출고객들은 일반적으로 고정금리로 대출을 받기를 선호하는데, 그 이유는 미리 장래의 이자비용을 알 수 있기 때문이다. 은행들은 또한 자금차입을 주로 단기로 하는 경향이 있는데, 그로 말미암아 향후에 이자율이 상승하면 그만큼 이자비용이 더 많이 발생한다. 예를 들어, 한 투자자가 어느 은행에서 6개월 만기 CD를 샀다면, 해당 은행은 그 투자자로부터 자금을 6개월 동안 차입한 것이 된다. 만일 해당 은행이 이 자금을 1년 만기로 대출을 해준다면(즉, 첫 6개월은 여러분의 CD자금으로 사용하고, 그 후 6개월은 다른 CD를 판매하여 자금을 확보함), 첫 6개월의 차입이자율은 이미 알려져 있지만 그 후 6개월에 대한 차입비용은 현재로서는 알 수 없다. 은행은 이러한 위험을 선물시장에서 유로달러선물(Eurodollar futures)을 매도함으로써 제거할 수 있을 것이다. 다음의 [표 11−1]에서 이 예를 자세하게 설명하고 있다.

**표 11−1 | 100만 달러 고정금리대출을 위한 자금조달**

1. 은행의 자금조달계획(1월 1일)
   (1) 6개월 만기 100만달러상당의 CD를 매도(이자율은 3.25%, 만기는 6월 30일)
   (2) 3개월 만기 100만달러상당의 유로달러선물(6월물)을 96.6에 매도(유로달러선물의 가격은 100에서 유로달러이자율을 차감하여 정해지므로, 이것은 유로달러이자율이 3.4%라는 것을 의미한다)함으로써 6개월 후의 자금차입비용을 3.65%(즉, 3.40%에 0.25%의 가산금리를 더해서 산출되었는데, 이 은행은 보통 유로달러이자율을 기준으로 CD이자율을 결정하고 있다)로 확정시킨다.
   (3) 3개월 만기 100만 달러상당의 유로달러선물(9월물)을 96.4에 매도(유로달러이자율이 3.60%)함으로써 9개월 후의 자금차입비용을 3.85%(=3.60%+0.25%)로 확정시킨다.

   이러한 자금조달계획의 결과로 발생하는 분기별 평균자금조달비용은 다음과 같다.

$$\frac{3.25\%+3.25\%+3.65\%+3.85\%}{4}=3.50\%$$

   여기에다 예대마진(interest rate spread) 2.75%를 더하면 이 은행이 1년 만기 100만달러규모의 고정금리부대출에 적용하는 대출이자율 6.25%가 산출된다.

2. 은행에게 실제로 발생한 자금조달비용
   (1) 첫 6개월: 3.25% CD
   (2) 그 다음 3개월: 3.75% CD(예상보다 0.1% 높음)
   (3) 마지막 3개월: 4.05%(예상보다 0.2% 높음)

3사분기의 이자비용은 예상보다 250달러(=100만달러×0.10%×0.25년)만큼 더 많이 발생하였다. 4사분기의 이자비용은 예상보다 500달러(=100만달러×0.20%×0.25년)만큼 더 많이 발생하였다. 따라서 총이자비용은 예상보다 750달러 더 지출되었다.

(4) 6월에 이 은행은 유로달러선물의 매도포지션을 96.5의 매수포지션으로 상쇄시켰다. 그 결과 250달러(=100만달러×0.10%×0.25년)의 이익이 발생하였다.
(5) 9월에 이 은행은 유로달러선물의 매도포지션을 96.2의 매수포지션으로 상쇄시켰다. 그 결과 500달러(=100만달러×0.20%×0.25년)의 이익이 발생하였다.

선물거래를 통하여 이 은행은 모두 750달러의 이익을 얻었다.

3. 금융선물을 통한 헤지의 효과
금융선물거래로 얻은 이익이 증가된 자금조달비용을 정확하게 상쇄시켰다. 결과적으로 이 은행은 비록 이자율이 예상치 못하게 상승하였더라도 대출을 통하여 기대했던 예대마진을 실현시킬 수 있었다.

---

유로달러선물계약은 매수자가 결제일(settlement date)로부터 3개월 동안 고정이자율로 100만달러를 빌려주고, 매도자는 결제일로부터 3개월 동안 고정이자율로 100만달러를 빌리겠다는 약속이다. 따라서 은행으로서는 6개월 후에 결제가 되는 3개월 만기 유로달러선물을 매도하고, 9개월 후에 결제가 되는 3개월 만기 유로달러선물을 매도하면, 미래의 차입비용을 효과적으로 고정시킬 수 있게 된다(이 예에서 은행은 유로달러이자율에 0.25% 가산금리(premium)를 지불하였다). 만일 장래에 이자율이 상승할 경우 은행으로서는 필요한 자금을 차입하기 위하여 6개월 후 CD에 더 높은 이자를 지급해야 하지만, 유로달러선물계약의 매도포지션으로부터 이익을 얻을 수 있다. 결과적으로 은행의 입장에서는 추가된 자금차입비용을 금융선물을 통한 이익으로 정확하게 상쇄시켰기 때문에 기대했던 예대마진(interest rate spread)을 얻을 수 있었다.

은행들은 대출고객들이 변동금리대출보다도 고정금리대출을 선호할 경우 그들의 욕구를 충족시켜 주기 위하여 금융선물계약을 활용하고 있다. 은행들은 또한 고객들에게 비록 변동금리로 대출을 받더라도 유로달러선물이나 국채선물을 활용하여 어떻게 마치 고정금리로 대출을 받은 것과 같은 효과를 내는가를 보여주기도 한다. 앞의 예에서는 이자율위험을 금융선물계약을 통해 헤지하는 방법을 보여주었다. 그러나 실제에 있어서는 헤징이 그리 간단하지가 않아서 선물계약을 통해서 헤징을 하더라도 보통 여러 가지의 위험을 부담해야만 한다.

## 제5절 금융선물옵션을 통한 이자율위험의 헤지

은행들은 보다 세련된 방법으로 그들이 부담하고 있는 이자율위험을 헤지할 수 있다. 일반적으로 금융자산에 대한 옵션은 이익기회(upside potential)를 없애버리지 않은 채 손실기회(downside risk)를 줄여준다. 금융선물옵션(options on financial futures)의 가장 일반적인 활용방법은 캡(cap, 이자율 상한설정), 플로어(floor, 이자율 하한설정), 그리고 칼라(collar, 이자율 상·하한 동시설정)를 이용하는 것이다.

캡(cap)은 금융선물계약에 대한 풋옵션(put option)을 매수하면 된다. 은행들은 이자율 상한설정(cap)을 이용하여 이자율이 하락할 때의 이익실현기회를 포기하지 않고서도 자금차입비용의 상승에 제약을 가할 수 있다. 그러나 플로어(floor)는 이와는 반대되는 전략으로서 금융선물계약에 대한 콜옵션(call option)을 매도하면 되는데, 이를 통하여 자금차입비용의 최저치를 설정할 수 있다.

동시에 캡(cap)을 매수하고 플로어(floor)를 매도함으로써 은행은 칼라(collar)를 만들어 낸다. 칼라는 은행의 부채비용이 일정한 범위 내에서만 변동하도록 제약을 가한다. 예를 들어, 어느 은행이 9%로 캡을 씌우고, 5%를 플로어로 설정했다면 그 은행의 부채비용은 최저 5%와 최고 9% 사이에서만 변동을 하게 된다. [그림 11-2]에서는 캡, 플로어, 그리고 칼라로부터 발생하는 현금흐름을 잘 보여주고 있다. 그림 A에서 잘 나와 있듯이, 만일 이자율이 캡 이상으로 오르는 상황이 발생해드 캡을 매수한 은행은 캡의 매도자(발행자)로부터 정해진(또는 금융선물에 대해 발행된 풋옵션의 가치만큼) 현금흐름을 받는다. 그림 B는 이자율이 플로어 이하로 하락할 경우 플로어를 매도한 은행은 플로어 매수자에게 정해진 현금흐름을 지불해야만 함을 보여준다. 그림 C는 칼라의 경우에 발생하는 현금흐름을 나타낸 것이다.

[그림 11-3]은 음(-)의 만기갭(또는 양(+)의 듀레이션갭)을 가지고 있는 은행이 칼라를 설정한 후의 현금흐름을 보여주고 있다. 만일 이자율이 캡 이상으로 상승하거나 플로어 이하로 하락할 경우 은행의 현금흐름은 변하지 않고 일정한 수준을 유지하게 된다. 여기서 설명하는 캡과 플로어는 이자율이 매우 큰 폭으로 변화할 경우에 발생하는 악영향을 제거하기 위하여 만들어진 수단으로서 은행의 현금흐름을 일정한 범위 내에서만 변동하도록 한다.

**그림 11-2 금융선물옵션(options on financial futures)을 이용한 캡, 플로어 및 칼라의 설정**

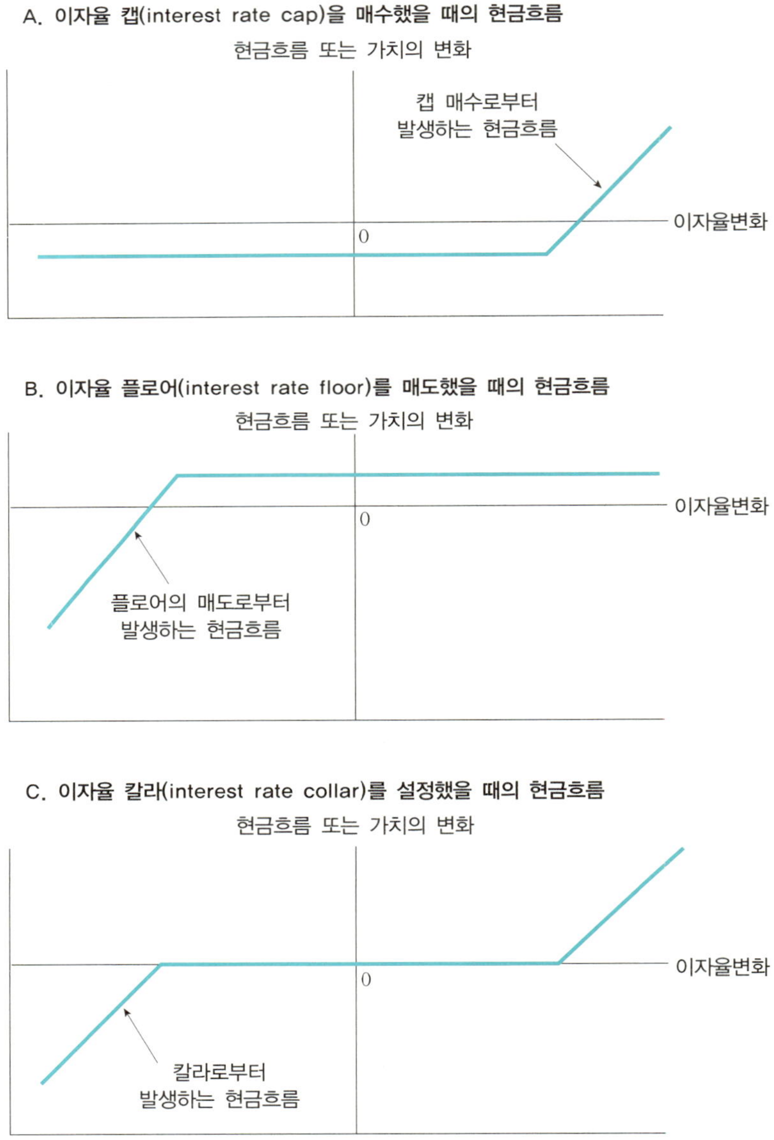


주: 금융선물에 대한 풋옵션을 사고(즉, 캡) 동시에 금융선물에 대한 콜옵션을 팔면(즉, 플로어), 은행은 칼라를 설정하게 된다. 칼라는 은행의 부채비용을 일정한 범위 내에서만 변동하도록 제약을 가한다.

**그림 11-3 칼라(collar)를 이용한 이자율위험의 관리**

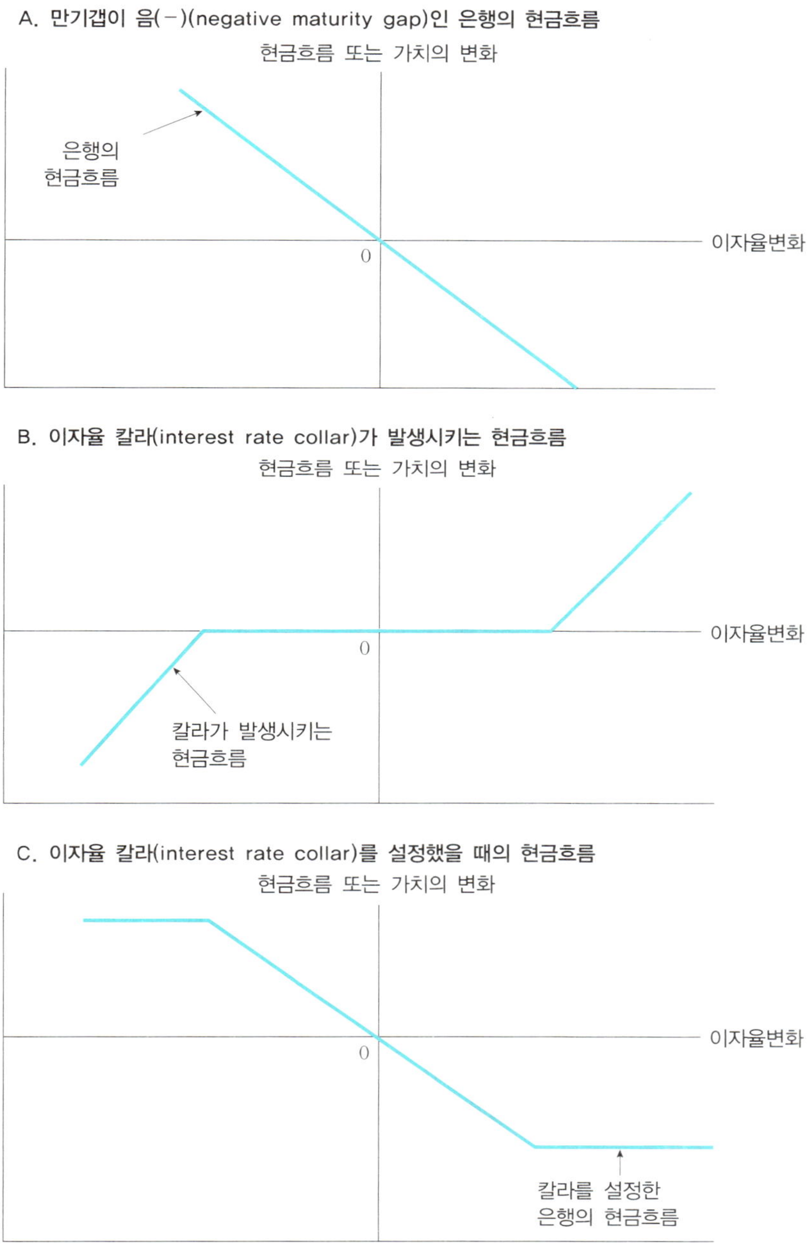


주: 칼라는 이자율에 극단적인 변화가 생긴다고 하더라도 그 영향을 제거해서 은행의 현금흐름을 일정한 범위 내에서만 변동하도록 제약을 가한다.

[그림 11－2]와 [그림 11－3]으로부터 자연스레 다음과 같은 궁금증이 생길 법하다. 즉, 왜 은행은 플로어를 매도하여 부채비용의 감소에 제약을 가하려고 하지 않을까? 이 궁금증에 대한 답을 도출하려면 다음의 사실을 잘 이해하여야 한다. 먼저, 캡을 매수하는 것은 이자율 상승에 대비하여 일종의 보험상품을 사는 것과 마찬가지이고, 플로어를 매도하는 것은 이자율이 하락할 것을 염려하여 다른 사람에게 보험상품을 매도하는 것과 같다. 보험상품은 공짜가 아니지 않는가! 불리한 상황이 실제로 발생했을 때 보험의 혜택을 받으려면 미리 보험에 가입하고 보험료를 잘 내야만 한다. 제3자에게 플로어 형태의 보험상품을 팔면 은행은 "보험료"수입을 얻게 되는데, 바로 이 보험료수입은 캡을 매수하기 위하여 지불하는 비용을 정확하게 상쇄시킨다. 그러므로 은행은 손실기회를 제거하는 비용을 줄이려는 목적으로 이자율 하락을 통한 이익실현의 기회를 기꺼이 포기하는 것이다.

이론적으로 캡, 플로어, 그리고 칼라는 금융선물옵션을 사고파는 방법으로 만들어 낼 수 있지만, 이러한 전략은 때때로 실행에 옮기기가 매우 어려운 경우도 있는데, 특히 만기가 아주 긴 옵션이 필요한데 아예 거래가 되지 않는 경우가 이에 해당된다. 그러므로 대부분의 캡, 플로어, 칼라는 이자율변동에 대해서 "보험"이 필요한 매수자와 매도자가 거래소가 아닌 장외시장(OTC market)에서 체결하는 사적 계약(privately negotiated agreements)이다. 이와 같이 사적으로 체결된 계약을 이자율옵션(interest rate options)이라고 부른다.

## 제6절 이자율스왑을 통한 이자율위험의 헤지

이자율위험을 관리하기 위해서 은행은 또한 이자율스왑(interest rate swap)을 활용할 수 있다. 최근 들어 가장 큰 경제적 영향을 미치는 파생상품계약은 스왑(swap), 특히 2008년 금융시장이 붕괴되고 극도의 경기침체가 진행되는 속에서 신용부도스왑(credit default swap: CDS)의 역할이 큰 주목을 받았다.

전통스왑(traditional swap)은 양 당사자가 원금액수는 동일한데 상환패턴이 서로 다른 두 개의 재무적 부채에서 발생하는 현금흐름을 서로 교환하기로 합의를 하는 계약을 말한다. 스왑은 양 당사자가 미래의 특정 시점에서 가치가 다른 두 현금흐름을 서로 교환하도록 한다는 점에서 선도계약(forward contract)과 매우 흡사하다. 그러나 선도계약과는 달리, 스왑에서는 보통 두 현금흐름의 차이만을 결제하는 것으로 되어 있다. 예컨대, 김 사장(스왑의 한 당사자)은 박 회장(스왑의 다른 당사자)에게 명목원금(notional principal)이 10억이고 이자율이 연 4%인 빚을 지고 있고, 박 회장은 동일한 액수의 명목원금에 이자율이 연 3%인 빚을 지고 있다면, 이 경우 그들은 스왑의 만기일에 이자금액의 차이인 1,000만원만 김 사장이 박 회장에게 주면 되는 것이다.

선도계약과는 달리 스왑은 정확한 거래조건을 미리 명시하지 않고 이자율, 환율, 혹은 다른 자산의 미래가격에 따라 달라진다. 예컨대 김 사장이 박 회장에게 명목원금에 대하여 4% 고정이자율을 지불해야 하는 반면, 박 회장은 김 사장에게 국채수익률에 2%를 더한 이자율을 지불해야 한다면, 국채수익률의 수준에 따라 실제로 지불해야 하는 이자율은 달라지게 된다.

스왑은 이자율위험을 줄이는 데 가장 널리 사용되는 기법으로서 변동금리이자를 고정금리이자와 교환하는 방법으로 이루어진다. 더욱이 스왑은 미래의 외화흐름(해외자회사 또는 해외투자로부터 수취할 것으로 기대되는 수입 등)과 관련된 위험 혹은 외국이자율이 국내이자율과 다른 움직임을 보일 때 부담해야 하는 위험 등을 없애는 데도 활용되고 있다.

사실 스왑기회가 왜 존재하는가에 대해서는 이론적인 차원에서 논쟁이 진행되고 있다. 그 이유로 내세우는 것 중 하나는, 정보비용이나 거래비용 혹은 지리적인 이점 때문에 신용시장의 특정 부문에서 어떤 금융기관이 훨씬 유리한 입장에 놓여 있다는 사실이다. 예컨대, 어느 시중은행(A)이 이자율이 연 3%인 10년 만기 CD를 발행해 500억원을 조달해서, 그 금액 모두를 단기로 대출해 주었다고 가정해 보자. 이 은행은 그 결과 이자율위험에 직면해 있다. 만일 시장이자율이 하락한다면, 대출자산에 대해 전보다 더 낮은 이자율로 벌어들일 것이지만 그 수익으로는 CD매수자인 고객들에게 앞으로 10년간 고정이자를 지급하겠다는 약속을 지킬 수 없을지도 모른다.

그러나 이 은행은 주택자금대출(mortgage)을 주로 취급해서 만기가 긴 자산을 지나치게 많이 보유하고 있는 금융기관(시중은행 B)과 스왑계약의 체결을 통해서 이자율위험을 제거할 수 있다. 가령 시중은행 A는 시중은행 B와 스왑계약을 체결하였는데, 그 계약에 따르면 단기이자율을 LIBOR $-\frac{1}{8}$%로 정하여 지불하는 대가로 10년간 명목원금 500억원의 $3\frac{3}{4}$% 고정이자율을 적용하여 이자를 받기로 하였다. 반면에 시중은행 B는

10년 동안 $3\frac{3}{4}$% 고정이자를 지불하는 대가로 변동이자율인 LIBOR $-\frac{1}{8}$%를 받기로 약속하였다. 이러한 스왑계약의 내용은 [그림 11-4]에 묘사되어 있다.

**그림 11-4 스왑계약의 예**

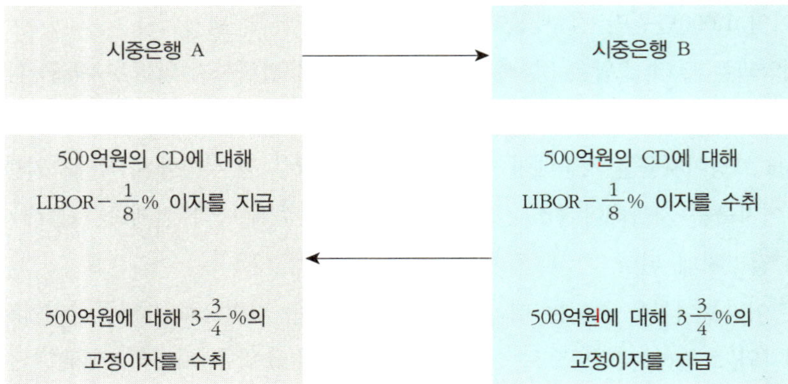


시중은행 B는 연 500억원의 $3\frac{3}{4}$% 고정이자(18억 7,500만원)에서 시중은행 A가 부담하고 있는 이자를 뺀 금액을 지급해야 한다. 만일 LIBOR $-\frac{1}{8}$%가 $3\frac{3}{4}$%가 된다면, 이자금액의 차이가 0이 되어 차액결제가 이루어질 필요가 없다. 그러나 그해의 LIBOR가 평균 $4\frac{7}{8}$%라면, 스왑계약에 따라 시중은행 A는 시중은행 B에게 500억원의 1%($=4\frac{7}{8}\%-\frac{1}{8}\%-3\frac{3}{4}\%$)인 5억원을 지불해야만 한다. 반대로 LIBOR의 한 해 동안 평균이 $1\frac{7}{8}$%였다면, 시중은행 B는 시중은행 A에게 500억원의 2%($=3\frac{3}{4}\%-[1\frac{7}{8}\%-\frac{1}{8}\%]$)인 10억원을 지불해야만 한다.

스왑은 계약의 양 당사자에게 모두 유리할 수 있다. 예를 들면, 시중은행 A와 같이 신용등급이 좋은 은행은 보통 LIBOR로 자금을 빌릴 수 있기 때문에 시중은행 B에 LIBOR $-\frac{1}{8}$% 이자를 지급하기 때문에 단기자금조달에서 $\frac{1}{8}$%의 이익을 얻을 수 있다. 더욱이 시중은행 A는 CD발행과 관련하여 $\frac{3}{4}$%의 스프레드(즉, 스왑으로부터 $3\frac{3}{4}$% 고정이자를 수취하여 CD에 대한 고정이자율 3%를 지급하면 그 차이는 $\frac{3}{4}$%)를 이익으로 챙길 수 있다.

한편 시중은행 B는 주택자금대출 포트폴리오로부터 연 $4\frac{3}{4}$%의 이자를 받고 있기 때문에 $3\frac{3}{4}$% 고정이자를 지급하는 이 스왑계약을 통하여 앞으로 10년간 매년 확실한 이익 1%를 얻을 수 있을 것이다. 또한 시중은행 B의 경우 일반예금자들에게 LIBOR−1%의 이자를 지급한다고 가정하면 스왑을 통하여 LIBOR$-\frac{1}{8}$%의 이자를 수취하게 되면 여기에서도 추가적으로 확실한 이익을 올릴 수 있게 된다. A와 B 두 당사자 간에 이러한 스왑계약의 체결이 가능했던 것은 한 당사자(시중은행 B)가 단기예금상품으로 자금을 조달하여 장기주택자금대출로 운용을 할 때 상대적으로 비용 이점을 가지고 있는 반면, 다른 당사자(시중은행 A)는 장기CD로 자금을 조달하여 단기대출상품에 운용할 때 역시 비용 면에서 이점을 가지고 있기 때문이다.

앞에서 설명한 바를 요약해 보면, 이자율위험을 헤지하기 위해 어떤 은행은 고정이자를 지불하고 변동이자에 기초한 현금흐름을 수취하는 스왑계약을 체결하였다고 하자. 첫 결제기간 동안 이자율이 오른다면 이 은행은 고정이자율에 비해 변동이자율이 상대적으로 더 올랐으므로 그 차이액수만큼의 현금 또는 수표를 받는다. 예컨대, 결제일에 변동이자율이 고정이자율보다 100bp가량 높았다면 해당 은행은 계약상대방으로부터 명목원금의 1%에 해당되는 금액을 받을 것이다. 그러나 반대로 이자율이 하락한다면, 이 은행은 상대방에게 그 차이만큼에 해당되는 금액을 상대방에게 지불해야 한다. 이러한 형태의 이자율스왑계약에서는 이자율이 오르면 그 차이에 해당되는 금액의 순현금흐름이 발생해서 자산수익률보다 부채비용이 더 크게 상승한 부분을 상쇄시키게 된다. 물론 스왑계약이 없었다면 이자율이 하락했을 때 이익이 날 수 있었던 기회, 즉, 음(−)의 만기갭은 일반적으로 이자율이 하락할 때 이익이 발생하는데, 스왑계약에 따라 이자율차이금액을 상대방에게 지불함으로써 이익기회가 소멸한다.

이러한 형태의 이자율스왑에 따른 현금흐름을 그림으로 나타내면 바로 [그림 11−1]과 같이 매도포지션을 취한 금융선물의 가치변화와 동일하게 된다. 금융선물과 이자율스왑이 같은 목적을 달성하게 해주는 수단이라면, 왜 그들은 동시에 존재할 필요가 있는 것일까? 금융선물은 선도계약과는 달리 표준화된 계약(standardized contracts)이며 거래소에서 공개적으로 유통되고 있다. 금융선물에서는 매일 현금결제(cash−settled) 또는 일일정산(marking to market)이 이루어진다. 그러나 불행하게도 모든 금융수단에 대해서 그에 상응한 금융선물계약이 존재하는 것은 아니다. 그러나 이자율스왑은 사적인 협상을 통해서 체결되는 계약인 만큼 반드시 표준화된 계약사항을 따를 필요가 없고, 양 당사자가 합의만 한다면 얼마든지 서로의 필요에 꼭 맞는 계약을 도출할 수 있는 것이다. 스왑계약에서는 현재 유통되고 있는 선물계약보다 필요에 따라 더 다양한 만기, 다양한 이자율, 그리고 다양한 결제일 등 어떠한 사항들도 다 합의될 수 있다. 이와 같이 스왑계약을 디자인할 때 그만큼 다양한 융통성이 발휘될 수 있다는 사실은 장점이기도 하지만 동시에 단점이기도 한데, 바로 그러한 점 때문에 스왑계약의 시장성(유동성)은 낮고 금융선물계약에 비해 채무불이행위험이 더 크다.

이론적으로 볼 때, 스왑계약과 관련된 위험은 보이는 것처럼 그다지 크지는 않다. 왜냐하면 오로지 양 당사자가 각자 부담하고 있는 이자지급액의 차이만을 결제(차감결제)하기 때문에 비록 한쪽 당사자가 계약의무를 이행하지 않는다고 하더라도 그로 인한 잠재적 손실은 소액의 이자율 차이일 뿐이지, 명목원금 전액이 아니기 때문이다. 비록 신용위험은 없다고 하더라도, 계약의무를 이행하면 아주 불리해질 만큼 이자율이 변동할 경우 채무를 불이행할 가능성이 더 커지게 된다.

## 제7절 이자율위험관리의 예

지금까지의 논의를 통해 우리는 금융기관이 이자율위험을 관리하는 방법에 매우 다양한 수단이 있다는 것을 살펴보았다. 그렇다면 구체적으로 어떤 수단을 선택해야 하는가는 금융기관이 처한 환경에 달려 있다고 할 수 있다. 다음 한 은행의 예를 통해 이상에서 논의한 여러 가지 수단을 사용하여 이자율위험에 대처할 때 각각 어떤 장점과 단점이 있는가를 보다 세밀하게 살펴보기로 하자.

### 예제 11-1 이자율위험의 관리

다음은 어느 은행의 재무상태표(balance sheet: B/S)이다. 이 은행이 노출되어 있는 이자율위험을 측정하고, 그러한 위험노출을 최소화하기 위한 방안을 제시하라.

| 자산 | | 부채 및 자기자본 | |
|---|---|---|---|
| 현금 | 10억원 | 요구불예금 | 40억원 |
| 3개월 만기 국채(D=0.25년) | 25억원 | MMF(D=0.25년) | 30억원 |
| 6개월 만기 국채(D=0.50년) | 30억원 | 3개월 만기 CD(D=0.25년) | 40억원 |
| 3년 만기 국채(D=2.7년) | 70억원 | 3개월 만기 은행인수어음(BA) (D=0.25년) | 20억원 |
| 단기기업대출(D=0.43년) | 50억원 | 6개월 만기 기업어음(CP) (D=0.5년) | 60억원 |
| 장기가계대출(D=2.45년) | 25억원 | 1년 만기 CD(D=1.0년) | 20억원 |
| 10년 만기 고정금리 주택자금대출 (D=8.9년) | 20억원 | 2년 만기 CD(D=2.0년) | 40억원 |
| 30년 만기 변동금리 주택자금대출 (D=0.6년) | 40억원 | 자기자본 | 20억원 |
| 총자산 | 270억원 | 부채 및 자기자본의 합계 | 250억원 |

**| 접근방법 |**

만기갭(maturity gap)과 듀레이션갭(duration gap), 그리고 재무상태표에 나타나 있는 정보를 활용하여 두 가지 측정치로 이자율위험을 도출한다. 그 다음 두 측정치를 근거로 이자율위험노출을 최소화할 수 있는 방안을 제시한다.

**| 해법 |**

먼저 은행의 금리민감형 자산(rate-sensitive assets: RSA)을 확인한다. 앞의 장에서도 논의되었듯이, 금리민감형 자산은 만기나 재조정시점이 1년 미만인 자산으로서 다음과 같이 분류된다.

| 금리민감형 자산(RSA) | |
|---|---|
| 3개월 만기 국채 | 25억원 |
| 6개월 만기 국채 | 30억원 |
| 단기 기업대출 | 50억원 |
| 30년 만기 변동금리 주택자금대출 | 40억원 |
| 금리민감형 자산총액(자산의 53.7%) | 145억원 |

한편 금리민감형 부채(rate-sensitive liabilities: RSL)는 1년 이내에 만기가 도래하거나 재조정시점이 돌아오는 부채를 가리키는데, 다음과 같다.

금리민감형 부채(RSL)

| | |
|---|---|
| MMF | 30억원 |
| 3개월 만기 CD | 40억원 |
| 3개월 만기 은행인수어음(BA) | 20억원 |
| 6개월 만기 기업어음(CP) | 60억원 |
| 1년 만기 CD | 20억원 |
| 금리민감형 부채총액<br>(부채 및 자기자본의 63.0%) | 170억원 |

금리민감형 자산(RSA)과 금리민감형 부채(RSL)의 차이가 곧 만기갭(maturity gap)이다. 즉,

만기갭=RSA−RSL
=145억원−170억원
=−25억원 또는 총자산의 −9.3%

산출된 음(−)의 만기갭에 대한 해석은 아주 간단하다. 이 은행은 금리민감형 부채가 금리민감형 자산보다 25억원 더 많다는 뜻이다. 만일 내년도에 이자율이 100bp만큼 오른다면, 이 은행은 금리민감형 자산 145억원의 100bp만큼 더 이익을 낼 수 있을 것이다. 그런데 이 경우 불행하게도 금리민감형 부채 170억원에 대해서도 100bp만큼을 더 지불해야 한다. 따라서 이자율 상승 100bp의 순효과는 금리민감형 자산과 금리민감형 부채의 차이인 25억원에 대해서 100bp만큼을 더 지불해야 한다는 의미이다. 보다 정확한 것은 이러한 추정을 할 때 여러 가정을 세웠기 때문에 더 자세히 살펴보아야 하겠지만 은행의 이자율위험노출을 파악하는 데 만기갭이 매우 유용한 측정치라는 사실에는 변함이 없을 것이다.

앞에서도 설명했듯이, 만기갭은 매우 유용한 측정치이지만 몇 가지 문제점도 안고 있다. 은행의 이자율위험노출의 또 다른 측정치는 듀레이션갭(duration gap)이다. 물론 듀레이션갭도 완벽한 측정치는 아니다. 그렇지만 이자율의 변화가 시장가치에 미치는 영향을 측정하는 데는 듀레이션갭이 만기갭보다 더 나은 측정치라고 판단된다. 듀레이션갭을 계산하자면 먼저 자산마다 각각 듀레이션을 산출해야만 한다. 그 다음 총자산의 가중평균 듀레이션을 구한다.

| 자산 | 듀레이션($D$) | 가중치($w_t$) | $D\times w_t$ |
|---|---|---|---|
| 현금 | 0 | 10/270 | 0.000 |
| 3개월 만기 국채 | 0.25 | 25/270 | 0.023 |
| 6개월 만기 국채 | 0.5 | 30/270 | 0.056 |
| 3년 만기 국채 | 2.7 | 70/270 | 0.700 |
| 단기기업대출 | 0.43 | 50/270 | 0.080 |
| 장기가계대출 | 2.45 | 25/270 | 0.227 |
| 10년 만기 고정금리 주택자금대출 | 8.9 | 20/270 | 0.659 |
| 30년 만기 변동금리 주택자금대출 | 0.6 | 40/270 | 0.089 |
| 가중평균 자산듀레이션 | | | 1.833 |

마찬가지 순서와 방법으로 가중평균 부채듀레이션을 구한다.

| 부채 | 듀레이션($D$) | 가중치($w_t$) | $D\times w_t$ |
|---|---|---|---|
| 요구불예금 | 0 | 40/250 | 0.000 |
| MMF | 0.25 | 30/250 | 0.030 |
| 3개월 만기 CD | 0.25 | 40/250 | 0.040 |
| 3개월 만기 은행인수어음(BA) | 0.25 | 20/250 | 0.020 |
| 6개월 만기 기업어음(CP) | 0.5 | 60/250 | 0.120 |
| 1년 만기 CD | 1 | 20/250 | 0.080 |
| 2년 만기 CD | 2 | 40/250 | 0.320 |
| 가중평균 부채듀레이션 | | | 0.610 |

그 다음에는 자산이 부채보다 많은 관계로 그러한 사실을 반영해서 조정을 해준 후에 가중평균 자산듀레이션과 가중평균 부채듀레이션의 차이를 다음과 같이 구한다.

$$\begin{aligned}\text{듀레이션갭} &= D_A - \left(\frac{MV_L}{MV_A}\right)\times D_L \\ &= 1.833 - \left(\frac{250}{270}\right)\times 0.610 \\ &= 1.268\end{aligned}$$

가중평균 자산듀레이션이 가중평균 부채듀레이션보다 길다는 사실은 이 은행의 자산이 특성상 부채보다 만기가 더 길다는 사실을 나타낸다. 결과적으로 이자율이 상승할 때는 자산가치가 부채가치보다 더 크게 감소할 것이고, 그에 따라 자기자본의 가치가 하락하게 될 것이다. 듀레이션갭의 의미는 만기갭의 의미와는 약간 다르기는 하지만,

결과의 분석은 둘 다 일치하고 있다. 어느 측정치를 사용하더라도 이 은행의 경우 이자율이 상승하게 되면 이익이 많이 줄게 될 것이다.

그렇다면 어떠한 방법으로 위험을 최소화할 것인가? 한 가지 방안으로 본 장의 서두에서 제시하였듯이, 금융선물(financial futures)에서 매도포지션(short position)을 취하면 된다. 이자율의 변동은 재무상태표와 금융선물의 매도포지션에 각각 정반대의 방향으로 영향을 미친다. 이자율의 변동으로 재무상태표에 이익 또는 손실로 나타난 결과는 금융선물에서 취한 포지션의 손실 또는 이익으로 정확하게 서로 상쇄될 것이다. 특히, 이자율이 상승한다면 이 은행은 이미 설명한 대로 재무상태표상 손실을 경험하게 될 것이다. 반면에 금융선물의 매도포지션에서는 선물계약을 통해 매도가격을 사전에 확정해 놓았기 때문에 이익을 얻게 된다. 따라서 이자율 상승 시 자산의 시장가치는 감소하지만 확정된 선물매도가격의 가치는 증가하는 것이다.

이자율위험을 최소화하기 위한 또 다른 방안으로 금융선물풋옵션(put options on financial futures)에 매수포지션(long position)을 취하면 된다. 이 방안은 특히 이자율이 하락할 때의 이익기회(potential gains)를 그대로 향유하고자 할 때 유용하다. 이것은 이자율이 상승(그 결과 선물계약상의 기초자산의 가치가 하락)하는 경우에 이익을 실현하게 해주는 반면, 이자율의 하락 시에는 단지 옵션프리미엄만큼의 손실만을 기록하기 때문이다. 이 방안의 장점은 이자율이 상승할 때 은행의 손실을 최소화시켜 주면서도, 이자율이 하락할 때에는 이익실현의 기회를 만끽하게 해준다는 것이다. 굳이 이 방안의 단점을 들자면 옵션은 공짜가 아니라 비용이 든다는 점이다. 그러한 옵션을 구입할 때 프리미엄을 지불해야 하고, 옵션비용이 때로는 만만치 않을 경우도 있다.

세 번째의 방안은 이자율스왑계약을 체결하는 것이다. 만일 은행이 고정－변동이자율스왑(fixed for floating swap)을 체결하여 고정이자를 주고 변동이자를 받는 데 동의한다면, 이자율변동의 결과로 나타나는 재무상태표상의 이익 혹은 손실은 스왑계약의 이행으로 발생하는 현금흐름으로 정확하게 상쇄될 것이다. 이 방안은 지속적인 위험노출을 가진 금융기관들에게 특히 유용하다. 만일 위험노출이 단지 일시적인 특성을 가졌다면, 스왑은 결코 현명한 선택이 아닐 것이다.

EXERCISE

1. 이자율이 하락할 때 은행의 현금흐름 또는 시장가치에 어떤 영향을 주는지 설명하라. 만일 이자율이 상승한다면 어떠한 상황이 발생할까?

2. 어느 금융기관은 약 500억원의 가치를 가지고 있는 채권포트폴리오를 보유하고 있다고 한다. 이 채권포트폴리오의 듀레이션은 3.5년이다. 이 포트폴리오의 수익률은 현재 연 4%이고, 앞으로 한 달 동안은 채권포트폴리오 수익률이 변하지 않을 것으로 예상하고 있다. 앞으로 한 달 동안의 수익률변화의 표준편차가 75bp라고 한다면, 그 달의 포트폴리오 VaR은 얼마인가?

3. 은행의 이자율위험을 줄이는 데 금융선물이 어떻게 활용되는지 설명하라. 또한 이자율이 변할 때 선물계약의 가치가 어떻게 변하는지 자세히 설명하라.

4. 금융선물옵션이 이자율관리에 어떻게 활용될 수 있는지 설명하라.

5. 어느 은행의 수석경제전문가는 이자율이 장래에 하락할 것으로 전망하고 있다. 이 경우 은행의 적절한 전략은 무엇인가? 그 이유는?

6. 어느 은행은 이자율스왑계약을 체결하였다. 이 스왑의 명목원금은 100억원이고, 매년 5%의 고정이자를 지급하고, 그 대신 매년 LIBOR+2%의 변동이자를 수취한다. 만일 LIBOR가 1%라면, 이 은행은 얼마를 받을까, 아니면 얼마를 지불해야 할까?

Chapter 12

# 시장위험의 관리

Financial Institutions Management

최근 들어 금융기관들의 각종 거래활동이 규제당국으로 하여금 심각한 우려를 자아내게 하고 있다. 즉 금융기관들이 본래의 기능인 금융중개활동 이외에 유가증권과 기타 파생상품의 거래비중을 점차 늘려가고 있기 때문이다. 이와 같은 금융기관의 두 가지 활동, 즉 금융중개와 유가증권거래는 각각 서로 다른 경영위험을 유발시키고 있다.

신용위험(credit risk)은 계약상대방의 채무불이행 가능성으로부터 발생하는데 금융기관의 금융중개활동과 관련이 깊다. 시장위험(market risk)은 금융기관이 장부상 혹은 난외로 보유하고 있는 자산이나 부채가 미처 처분되지 않거나 헤지(hedge)되지 않은 상태에서 시장이자율이나 환율 또는 기타 가격의 예상치 못한 변동으로 인하여 그 가치에 손실을 입을 수 있는 위험을 가리킨다.

1991년 미국의 New England은행은 신용위험으로 인하여 23억달러의 손실을 입고 파산하였고, 1994년 미국의 Kidder Peabody은행은 수익조작으로 인한 3억 5,000만달러의 손실을 견디지 못하고 파산하였으며, 1995년 영국의 Barings은행은 일본에서의 파생상품투자가 실패로 드러남에 따라 12억달러의 손실을 입고 파산하였고, 같은 해 프랑스의 Credit Lyonnais은행도 부실대출로 인한 100억달러의 누적손실로 결국 문을 닫고 말았다.

본 장에서는 금융기관의 경영위험 중에서도 특히 시장위험과 외환위험 및 그들의 관리방법들을 논의한다. 특히 다음과 같은 주제를 중점적으로 다룬다.

- 금융기관이 부담하는 시장위험은 무엇이며, 왜 시장위험의 측정이 중요한가?
- 금융기관의 시장위험을 측정하기 위한 모형들의 궁극적인 목적은 무엇인가?
- J. P. Morgan의 RiskMetrics의 기본목적과 내용은 무엇인가?
- 외환위험은 무엇이며, 그것을 효율적으로 관리하기 위한 수단에는 어떠한 것들이 있는가?

# 제1절 시장위험의 측정

## 1.1 시장위험의 개념

시장위험(market risk)은 포지션위험(position risk) 또는 거래위험(trading risk)으로도 불리는데, 금융기관들이 장기투자를 하거나 부담하고 있는 위험을 헤지하는 대신 오히려 공격적으로 자산과 부채를 관리하는 경우에 발생한다. 즉 이것은 금융기관이 보유하고 있는 자산이나 부채가 이자율, 환율, 또는 기타 유가증권의 가격이 불리하게 변동함에 따라 손실을 볼 수 있는 위험이다.

최근 금융기관들과 증권회사들을 보면 경쟁의 심화로 인하여 전통적인 업무를 통하여 올리는 수입은 많이 줄었다. 제7장에서 살펴본 바와 같이 대규모 일반은행들의 경우 수신과 여신업무를 통한 수입이 감소한 대신 증권거래를 통한 수익이 늘어났으며, 유가증권 신규발행업무의 위탁이나 중개로 올리는 수수료의 수입감소는 자산에의 공격적 투자를 통한 이익으로 겨우 보상받고 있는 형편이다.

공격적 증권거래에 따르는 위험을 이해하려면 창업 200여 년이 된 영국의 Barings은행이 거래손실로 인하여 1995년 2월 결국 망하게 된 사례를 보면 된다(제13장 제5절 참조). 채권이든, 주식이든, 실물자산이든, 파생상품이든 오픈포지션(open position)이나 헤지하지 않은 포지션(unhedged position)을 취했을 때 예상과는 다르게 가격이 변동하는 시장위험을 부담한다. 또한 자산의 가격변동성(price volatility)이 클수록 그 자산에 투자를 할 때 오픈포지션을 취한 금융기관들이 부담하는 시장위험은 그만큼 더 커진다. 바로 이러한 이유 때문에 금융기관의 경영진이나 감독당국에서는 딜러가 취하는 포지션에 한도를 둘 뿐만 아니라, 매일매일 금융기관의 시장위험노출(exposure) 정도를 측정하고 있다.

## 1.2 난외위험

오늘날 금융기관들에서 찾아볼 수 있는 가장 두드러진 특징 중 하나는 난외업무(off-balance-sheet activities)의 급격한 성장이다. 난외업무는 현재의 자산보유나 부채의 발행과는 직접 관련이 없기 때문에 현재의 재무상태표에는 나타나지 않는다. 그 대신 난외업무는 상황조건부적(contingent)인 자산과 부채의 생성과 연관되어 있다는 점에서 해당 금융기관의 장래 재무상태표에 영향을 미친다.

난외업무는 재무상태표에 아무런 영향을 미치지 않으면서도 이익을 창출할 수 있기 때문에 많은 금융기관들은 활발하게 난외업무를 수행하고 있다. 그러나 이러한 활동은 큰 위험을 수반하며, 신용위험이나 이자율위험과 마찬가지로 난외업무로 인해 엄청난 손실을 입는다면 해당 금융기관은 파산으로 치닫게 될 것이다.

## 1.3 시장위험의 관리

J. P. Morgan은 시장위험을 "자산의 가격, 이자율, 시장변동성 및 유동성 등과 같은 시장상황이 변동함에 따라 금융기관의 수익성이 불확실하게 되는 것"이라고 정의하고 있다.[1] 이러한 불확실성은 짧게는 1일 기준으로, 길게는 1년 단위로 측정되기도 한다. 그리고 시장위험은 노출 정도가 화폐단위로 표시되거나, 어떤 준거치(benchmark)에 대한 상대비율로 표시되기도 한다.

시장위험의 측정이 중요한 이유는 다음과 같다.

### 1.3.1 경영정보의 제공

시장위험의 측정을 통해서 딜러들이 취한 포지션의 위험노출에 대한 정보를 알 수 있다. 이 위험노출은 곧바로 자기자본과 비교된다. Barings은헝의 경우 이러한 정보가 없었던 것이 결정적인 실패요인이었다.

### 1.3.2 한도의 설정

각 딜러의 시장위험을 측정함으로써 부문별로 각 딜러에게 경제적으로 합당한 포지션의 한도를 설정할 수 있다.

### 1.3.3 자원의 합리적 배분

여러 거래분야에 걸쳐 시장위험 대비 수익률을 분석함으로써 위험 1단위당 가장 높

1 J. P. Morgan, *Introduction to RiskMetrics*, New York, October 1994, p.2 참조.

은 수익률을 얻을 수 있는 부문을 확인하고, 그 결과에 따라 보유하고 있는 자원이나 자본을 집중적으로 투입하여 수익성을 제고시킬 수 있다.

### 1.3.4 합리적 투자성과의 평가

각 딜러에 대해 산출한 위험 대비 수익률 결과를 토대로 보다 합리적인 상여금체계를 확립할 수 있다. 최고의 수익률을 달성한 딜러는 아마도 가장 높은 위험을 부담한 결과일 수도 있다. 그러한 딜러가 낮은 위험에 노출되면서 낮은 수익률을 얻은 딜러보다 반드시 더 큰 보상을 받아야 하는 것은 아니다.

### 1.3.5 규제의 정당성 회복

자기자본규제를 통하여 시장위험을 통제하려는 국제결제은행(BIS)이나 각국의 중앙은행은 특정 위험에 대해서는 너무 과도하게 통제하는 경향이 있다. 민간부문의 모형을 사용하여 준거치를 마련하는 것이 아주 중요하다. 이러한 분석결과는 규제감독으로 인해 자원이 잘못 배분된 것을 지적하고 이를 시정하는 데 활용될 수 있을 것이다.[2]

## 제2절 J. P. Morgan(JPM)의 RiskMetrics모형(VaR model)

### 2.1 JPM모형의 특성

시장위험측정모형의 궁극적인 목표는 "하루 영업시간이 끝나는 시점에서 우리 회사의 전 사업부와 전 지점을 통틀어 부담하고 있는 시장위험을 달러액수 한 숫자로 말해달라"던 J. P. Morgan의 전 회장 Dennis Weatherstone의 말에 잘 나타나 있다. 그러나 전 세계 14곳의 시장에서 120개의 독립법인을 거느리고 하루 거래규모가 평균 500억달러를 넘기는 회사의 시장위험을 하나의 숫자로 표현한다는 것은 결코 단순한 일이 아니다. 여기서는 1일 기준으로 금융기관의 시장위험을 측정하는 기법에 초점을 맞춘다. 왜

2 감독당국에서는 금융기관이 파산하는 경우 감염효과(contagion effects)와 기타 외부효과(externalities)를 포함한 사회적 비용을 우려하기 때문에 그들의 모형은 실패했을 경우 자신들이 부담해야 하는 비용만 고려하는 사부문(private sector) 모형에 비해 훨씬 더 보수적이다.

냐하면 기간이 1일보다 더 길 경우(예: 5일)에는 1일모형을 변환시키면 되기 때문이다.

금융기관들은 기본적으로 시장상황이 악화될 경우 얼마만큼의 손실이 발생하는가에 관심을 둔다. 즉, 시장위험이란 시장상황이 악화되었을 경우의 예상손실액이다. 더 구체적으로 말하면, 금융기관의 1일 손실규모로 나타낸 시장위험(daily earnings at risk: *DEAR*)은 다음과 같이 세 항목으로 구분될 수 있다.

$$DEAR = (\text{포지션의 시장가치}) \times (\text{가격민감도}) \times (\text{예상수익률 하락폭}) \qquad (1)$$

가격민감도(price sensitivity)와 예상수익률 하락폭(potential adverse move in yield)을 곱한 값은 자산의 가격변동성(the degree of price volatility)을 측정하므로, 식 (1)은 다음과 같다.

$$DEAR = (\text{포지션의 시장가치}) \times (\text{가격변동성}) \qquad (2)$$

가격변동성과 예상하락폭의 측정은 금융기관과 가격민감도모형에 따라 달라진다. 이제 고정소득증권, 외환, 그리고 주식의 세 부문으로 나누어 각 부문에서 어떠한 방법으로 1일예상손실액(*DEAR*)을 산출하는가를 살펴보고, 이어서 전체 포트폴리오에 대한 위험가치는 어떻게 나타낼 수 있는가를 논의한다.[3]

## 2.2 고정소득증권의 시장위험

어느 금융기관에서는 총액면가 16,314,830,000원의 7년 만기 순수할인채권을 보유하고 있는데, 그것의 현재시장가격은 100억원이고, 만기수익률(yield to maturity: *YTM*)은 7.243%라고 한다. 따라서 이 포지션의 시장가치는 100억원이다.

시장상황이 불리하게 움직일 때 예상손실액이 얼마나 될 것인가는 채권의 가격변동성에 따라 달라진다. 듀레이션모형(duration model)으로부터

3 파생상품에 대해 *DEAR*를 계산하려면 먼저 해당 파생상품을 기초자산(예: 채권, 외환, 또는 주식 등)에의 포지션으로 전환시켜야 한다. 옵션의 경우에는 옵션의 액면가에 델타($\delta$)를 곱하면 된다. 옵션에서 델타($\delta$)는 기초자산가격의 변화에 대한 옵션가치의 민감도를 나타낸다. 그런데 델타($\delta$)의 값이 기초자산가치의 변화에 따라 변한다는 비판이 있으므로, 가장 최근 판의 RiskMetrics에서는 옵션 *DEAR*를 몬테카를로 시뮬레이션방법에 의하여 계산하고 있다.

$$1일가격변동성 = (수익률변화에\ 대한\ 가격변동성) \times (예상수익률\ 하락폭)$$
$$= (-MD) \times (예상수익률\ 하락폭) \qquad (3)$$

만기수익률이 7.243%이므로 이 채권의 수정듀레이션(modified duration: $MD$)은

$$MD = \frac{D}{1+r} = \frac{7}{1.07243} = 6.527(년)$$

가격변동성을 구하려면 수정듀레이션을 예상수익률 하락폭에 곱해야 한다. 여기서 어떤 최대수익률변화폭을 초과하는 확률이 5%라고 가정해 보자. 수익률변화가 정규분포를 따른다고 가정하면, 평균으로부터 $\pm 1.65\sigma$ 사이 구간 아래의 면적은 총면적의 90%에 해당하게 된다. 예컨대, 작년 한 해 동안 7년 만기 순수할인채권의 1일수익률 평균변화는 0%였고, 표준편차는 10bp(0.001)이었다고 가정하자. 그러면 $1.65\sigma$는 16.5bp에 해당한다. 이것은 [그림 12-1]에 나타나 있다.

**그림 12-1 7년 만기 순수할인채권의 예상수익률 하락분포**

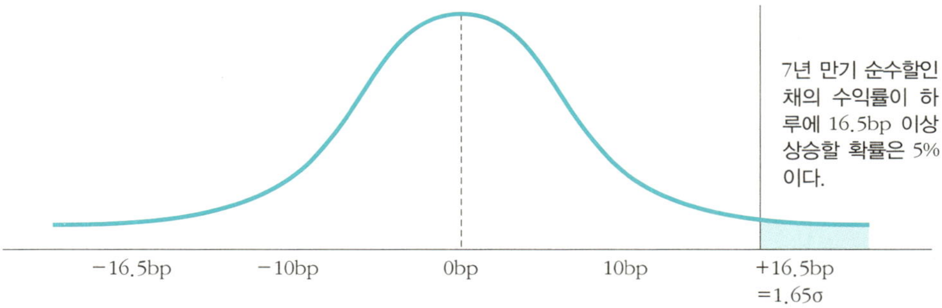


이제 7년 만기 순수할인채권의 예상1일가격변동성을 계산해 보자.

$$가격변동성 = (-MD) \times (예상수익률하락폭)$$
$$= (-6.527) \times (0.00165) = -0.01077\ 또는\ -1.077\%$$

가격변동성과 포지션의 시장가치를 알 때 1일위험노출손실($DEAR$)을 구하면 다음과 같다.[4]

$$DEAR = (\text{포지션의 시장가치}) \times (\text{가격변동성})$$
$$= (100\text{억원}) \times (0.01077) = 107{,}700{,}000\text{원}$$

즉, 다음 날 5%의 확률로 시장상황이 하루 동안 아주 나빠지면 지금 취하고 있는 포지션에 대한 예상손실규모가 107,700,000원이라는 것이다. 이러한 분석은 1일보다 더 긴 기간에 대해서도 적용할 수 있다. 매일매일의 수익률변화가 각각 독립적이라고 가정하면, $N$일간의 위험노출손실(value at risk: $VaR$)은 $DEAR$과 다음과 같은 관계를 가진다.[5]

$$VaR = DEAR \times \sqrt{N} \tag{4}$$

따라서 $N=5$일이면, $VaR = 107{,}700{,}000\text{원} \times \sqrt{5} = 240{,}820{,}000$원이 된다. 만일 $N=10$일이라면, $VaR = 107{,}700{,}000\text{원} \times \sqrt{10} = 340{,}570{,}000$이 된다.

이 계산과정에서 가격민감도를 추정할 때 수정듀레이션이 사용되었다. 그러나 JPM 모형에서는 가격민감도 추정에서 수정듀레이션 대신에 현금흐름변화의 현재가치(present value of cash flow changes)를 사용하고 있다. 1일위험노출손실($DEAR$)을 계산하기 위해서 각 현금흐름은 적절한 할인율로 할인된다.

위의 예에서 직접 현금흐름을 사용하여 $DEAR$을 구하면 다음과 같다. 먼저 7년 만기 순수할인채권의 본래 시장가치는 $16{,}314{,}830{,}000/(1.07243)^7 = 100$억원이다. 수익률이 1bp 상승할 때 채권에 투자한 1원에 미치는 손실효과는 0.0006528이다.[6] 여기서 우리는 수익률이 16.5bp 오르는 상황을 가정하고 있으므로, JPM의 $DEAR$ 계산은 다음과 같다.

$$DEAR = (100\text{억원}) \times (0.0006528) \times (16.5) = 107{,}712{,}000\text{원}$$

4 여기에서는 손실규모를 구하고 있으므로 (−)부호는 생략한다.

5 여기에서 $\sqrt{N}$을 곱해 주는 이유를 이해하기 위해서 5일간의 기간을 생각해 보자. 5일간의 분산 $\sigma_5^2$은 1일 동안의 분산 $\sigma_1^2$에다 5를 곱한 것이다. 즉 $\sigma_5^2 = \sigma_1^2 \times 5$. 따라서 이 방정식의 양변에 제곱근을 취하여 표준편차를 구하면 $\sigma_5 = \sigma_1 \times \sqrt{5}$이다.

6 수익률이 1bp 상승한다고 가정하면, 7년 만기 순수할인채권의 현재가치는 $16{,}314{,}830{,}000/(1.07253)^7 = 9{,}993{,}472{,}231$원이 되어 본래의 100억원으로부터 6,527,770원만큼 하락한다. 따라서 투자원금 1원에 대한 하락효과는 6,527,770원/100억원=0.0006528이 된다.

## 2.3 외환

어느 금융기관은 외환($FX$)에 적극적으로 투자하고 있는데, 현재 160만US달러를 보유하고 있다고 하자. 이것으로부터 1일위험노출손실($DEAR$)을 구해 보자. 먼저 이 포지션에 상응한 원화금액을 산출해야 한다. 원/US달러 현물환율을 1,050 : 1로 가정하자.

$$\begin{aligned}\text{포지션의 원화규모} &= (FX\ \text{포지션}) \times (\text{원/US달러 현물환율}) \\ &= (X_t) \times (S_t) \\ &= (\text{US달러160만}) \times (1{,}050\text{원/US달러}) \\ &= 1{,}680{,}000{,}000\text{원}\end{aligned}$$

그리고 작년 한 해 동안 원/US달러환율의 1일변동을 조사하였더니 현물환율의 표준편차가 75bp이었다고 가정하자. 여기서 우리는 오로지 5% 또는 1.65$\sigma$를 초과하지 않는 불리한 상황에만 관심이 있다. 그러므로

$$FX\ \text{변동성} = 1.65 \times 75bp = 123.75bp\ \text{또는}\ 1.2375\%$$

이 경우 $DEAR$는 다음과 같다.

$$\begin{aligned}DEAR &= (\text{포지션의 시장가치}) \times (FX\ \text{변동성}) \\ &= (1{,}680{,}000{,}000\text{원}) \times (0.0123750) = 20{,}790{,}000\text{원}\end{aligned}$$

그 금융기관에서 160만 현물US달러를 보유하는 데 따른 1일위험노출손실($DEAR$)은 20,790,000원이 된다.

## 2.4 주식

많은 금융기관들은 자산포트폴리오에 주식을 포함시키고 있다. 자본자산가격결정모형(capital asset pricing model: CAPM)에 따르면, 개별주식 $i$의 투자위험은 다음과 같이 두 부분으로 구성되어 있다.

$$총위험(\sigma_{it}^2) = 체계적\ 위험(\beta_{it}^2 \sigma_{mt}^2) + 비체계적\ 위험(\sigma_{eit}^2)$$

체계적 위험(systematic risk)은 해당 주식과 시장포트폴리오의 공동움직임을 반영하는 반면, 비체계적 위험(unsystematic risk)은 해당 주식에만 고유한 위험이다. 잘 분산된 포트폴리오의 경우 비체계적 위험은 대부분 사라지고 오로지 체계적 위험만 남는다.

만일 어느 금융기관이 지수포트폴리오를 보유하고 있다면 포트폴리오의 $\beta$는 1.0이 될 것이다. 이 금융기관이 지수포트폴리오에 10억원의 포지션을 취하고 있다면 $DEAR$은 다음과 같다.

$$\begin{aligned} DEAR &= (포지션의\ 시장가치) \times (지수수익률의\ 변동성) \\ &= (10억\ 원) \times (1.65\sigma_m) \end{aligned}$$

만일 지난해 1년 동안 지수수익률의 1일변동성 $\sigma_m$이 2%였다면, $1.65\sigma_m$ =3.3%이므로, $DEAR$은 다음과 같다.

$$DEAR = (10억원) \times (0.033) = 33{,}000{,}000원$$

주식포트폴리오가 잘 분산되어 있지 않다면 비체계적 위험($\sigma_{eit}$)의 효과도 추가되어야 할 것이다.

## 2.5 포트폴리오에 대한 $DEAR$의 산출

지금까지는 개별자산 포지션에 대한 1일위험노출손실($DEAR$)에 대하여 살펴보았다. 순수할인채권, 외환, 그리고 주식 포지션에 대한 1일위험노출손실($DEAR$)이 각각 다음과 같다고 하자.

7년 만기 순수할인채권: 107,700,000원
US달러 현물: 20,790,000원
주가지수포트폴리오: 33,000,000원

거래포지션 전체에 대한 위험노출을 알고 싶다고 해서 이들을 그냥 합해서는 안 된다. 왜냐하면 이 자산들 포지션 간에는 서로 상쇄시켜 주는 공분산이나 상관계수가 존재할 수도 있기 때문이다. 심지어 어떤 자산들은 외부충격에 대하여 서로 반대방향으로 반응하는 경우도 있다. 포트폴리오이론에 따르면 이 경우 위험이 줄어들게 된다.

표 12-1 | **자산들 간의 상관계수($\rho_{ij}$)**

| | 7년 만기 할인채 | 원/US달러 | 지수포트폴리오 |
|---|---|---|---|
| 7년 만기 할인채 | – | −0.2 | 0.4 |
| 원/US달러 | −0.2 | – | 0.1 |
| 지수포트폴리오 | 0.4 | 0.1 | – |

[표 12−1]에서는 위의 세 자산의 1일변동성 간의 상관계수를 보여주고 있다. 이 표에 따르면, 7년 만기 할인채와 원/US달러 사이에는 음의 상관관계(−0.2)가 존재하고 있으며, 7년 만기 할인채와 지수수익률 간에는 0.4, 그리고 원/US달러와 지수수익률 간에는 0.1의 상관관계가 존재하고 있다.

이러한 상관계수의 값과 앞에서 산출한 $DEAR$값을 사용하면 포트폴리오 전체에 대한 $DEAR$도 구할 수 있다.

$$\text{포트폴리오 } DEAR = \sqrt{\begin{bmatrix} [(DEAR_B)^2 + (DEAR_{US\$})^2 + (DEAR_{\text{지수}})^2 \\ + (2 \times \rho_{B,US\$} \times DEAR_B \times DEAR_{US\$}) \\ + (2 \times \rho_{B,\text{지수}} \times DEAR_B \times DEAR_{\text{지수}}) \\ + (2 \times \rho_{\text{지수},US\$} \times DEAR_{\text{지수}} \times DEAR_{US\$}) \end{bmatrix}} \quad (5)$$

식 (5)에다 이미 산출한 $DEAR$값과 각 상관계수를 대입하면 포트폴리오 $DEAR$을 구할 수 있다(계산과정에서의 $DEAR$단위는 100만원).

$$\text{포트폴리오 } DEAR = \sqrt{\begin{bmatrix} [(107.7)^2 + (20.79)^2 + (33)^2 \\ + 2(-0.2)(107.7)(20.79) \\ + 2(0.4)(107.7)(33) \\ + 2(0.1)(20.79)(33)] \end{bmatrix}} = 122{,}752{,}438\text{원}$$

개별 포지션의 위험노출과 각 포지션 간의 상관관계를 고려한 결과 포트폴리오의 1일위험노출손실은 모두 122,752,438원으로서 개별 $DEAR$의 단순합계(161,490,000원)

보다 작았다. 만일 위의 세 자산이 서로 완전 (+)의 상관관계를 이루고 있다면 포트폴리오 *DEAR*도 개별 *DEAR*의 단순합계인 161,490,000원이었을 것이다. 따라서 포트폴리오 *DEAR*를 구하고자 개별 *DEAR*의 단순합계를 구한다면 그것은 자산수익률간에 완전상관관계를 가정하는 것이 되어 거래위험노출 정도를 과다추정하는 결과를 낳게 될 것이다.

## 제3절 BIS모형

사실 JPM이나 Chase와 같은 금융기관들이 거래위험측정모형을 개발한 동기는 1993년 투자포트폴리오에 대한 자기자본비율규제를 통하여 은행들의 시장위험을 통제하기 위한 국제결제은행(BIS)의 1993년 제안서에 따른 것이었다. 1993년 4월 BIS산하의 바젤위원회(Basel Committee)는 「시장위험을 반영한 바젤합의의 개정(Amendment to the Capital Accord to incorporate market risks)」을 발표했으며, 그 후 개정을 거쳐 이에 근거한 자기자본비율규제를 1997년 말부터 회원국을 대상으로 시행해 오고 있다.

그 주요 내용을 살펴보면, 먼저 시장위험의 평가대상에 은행이 단기매매를 목적으로 보유하고 있는 채권, 주식 및 외환 등과 이들 자산과 관련된 파생상품을 포함시키고 있다. 그리고 시장위험 평가방법으로는 바젤위원회가 제시한 표준모형(standardized framework)이나 또는 개별은행 자체의 *VaR*모형을 사용할 수도 있다. 표준모형에서는 평가대상 자산의 시장가치변동에 따른 손실발생위험을 시장위험으로 간주한다. 특히 채권과 주식(관련 파생상품 포함)의 시장위험을 산출할 때에는 시장가치변동에 따른 위험에 발행자의 신용도변화로 인한 손실발생위험을 추가하도록 하고 있다.

BIS 표준모형과 *VaR*모형을 비교해 보면, 표준모형은 자산포지션들 사이에 존재하는 실증적 상관성(empirical correlations)을 고려하지 않기 때문에 포트폴리오의 위험분산효과를 무시하고 있는 반면, *VaR*모형은 이를 감안하고 있다. 그 결과 BIS 표준모형에 의한 필수자기자본규모가 *VaR*모형에 의한 필수자기자본규모보다 커질 가능성이 높다.

BIS는 내부모형으로서 *VaR*모형을 이용할 경우 *VaR*의 산출은 자료관찰기간을 1년 이상으로, 그리고 대상자산은 최소 10일(2주; 따라서 *VaR*를 구하기 위해서는 *DEAR*

에다 $\sqrt{10}$ 을 곱해야 함) 이상 보유해야 하며, 산출결과가 99%(이 경우 표준편차에 1.65를 곱하는 대신 2.33을 곱해야 함) 이상의 신뢰도를 가져야 한다고 규정하고 있다. 그리고 이러한 조건이 충족되면 필수자기자본규모는 산출직전일의 $VaR$와 직전 60일 동안의 평균 $VaR$에 일정한 승수를 곱한 금액 중 더 큰 금액을 택하도록 하였다. 여기서 승수는 감독당국이 모형의 정확도에 따라 3 이상의 수에서 선택하도록 규정하고 있다.[7]

한편 질적기준이란 개별금융기관들이 스스로 부담하는 위험의 크기를 측정하고 이를 관리할 수 있는 능력을 갖추어야 한다는 것이다. BIS는 구체적인 질적기준으로서 금융기관이 독립된 위험관리부서를 설치하여 위험관리시스템에 의한 정기적 내부감사를 실시하며, 금융기관이 위기에 대하여 충분한 대비를 할 수 있도록 위기대응능력검증(stress test)을 실시하도록 하였다. $VaR$모형이 정상적인 상황에서의 예상위험노출손실을 이용한 위험관리이므로 비정상적 위기사태에 대비하기 위해서는 위기대응능력검증이 꼭 필요하다는 것이다.

7 승수가 최소한 3 이상이어야 한다는 규정은 순전히 유인효과(incentive compatible scheme)를 노리기 위한 BIS의 전략이다. 즉, 내부모형을 사용하는 어느 금융기관이 자신들이 부담하는 시장위험에 비추어 보유해야 하는 자기자본규모를 항상 과소추정하는 경우 BIS에서는 해당 금융기관을 제재하기 위해서 아주 높은 승수를 자의적으로 적용할 수 있다.

## EXERCISE

1. 금융기관의 시장위험측정은 왜 중요한가?

2. 금융기관들의 시장위험을 통제하기 위하여 1993년 4월 제정한 국제결제은행 제안서의 주요 내용은 무엇인가? 그리고 이를 1996년 1월 다시 개정하여 지금까지 시행하여 오고 있다. 개정의 주요 배경은 무엇인가?

3. J. P. Morgan(JPM)의 RiskMetrics모형의 특성을 설명하라.

4. 국제결제은행(BIS)에서 최근 제안한 시장위험측정모형이 JPM모형과 어떤 면에서 차이를 보이는가? 그러한 차이를 보이는 이유가 무엇이라고 생각하는가?

5. 어느 은행에서는 자산포트폴리오에 시가 200억원 상당의 채권을 보유하고 있다. 이 채권의 가격변동성은 0.0095로 추정되었다. 이 채권의 $DEAR$과 10일간 위험노출손실액 $VAR$은 얼마인가?

Part 5

# 기타 경영위험

금 융 기 관 론

Chapter 13

# 난외업무와 위험

금융기관의 기본업무는 전통적으로 자산 및 부채관리였으나 최근 들어 경쟁이 심화되면서 선진국의 대형은행들은 난외업무를 적극적으로 수행하여 많은 이익을 얻고 있다. 난외업무란 대출금매각, 은행신용보증, 증권인수보증 및 선물거래 등과 같은 금융수단의 거래를 통하여 고객에게 상황조건부청구권(contingent claims)을 제공함으로써 은행은 수수료수입을 얻지만 재무상태표에는 나타나지 않는 금융거래를 말한다. 상황조건부청구권은 미리 정한 상황이 발생하거나 조건이 충족되면 금융기관이 자금을 지급 또는 대출해주도록 청구할 수 있는 법적 구속력이 있는 권한을 가리킨다.

난외업무는 금융기관에게 잠재적으로 손실을 끼칠 수 있는 상황조건부채무 또는 우발채무(contingent liabilities)를 발생시키며, 이에 대한 보상으로 고객으로부터 수수료를 징수한다. 그러나 금융기관의 의무는 당장 이행해야 되는 것이 아닐 뿐만 아니라, 계약에 명시된 특정 상황이 발생하기 전까지는 재무상태표의 항목으로 나타나지 않고 잠재하여 있다.

본 장에서는 다음과 같은 주제를 중점적으로 다룬다.

- 난외업무의 특성은 무엇이고, 그것이 금융기관의 건전성과는 어떠한 연관이 있는가?
- 난외업무의 종류에는 어떠한 것들이 있으며, 각각의 구체적인 내용은 무엇인가?
- 난외업무가 금융기관의 위험과 어떠한 연관이 있으며, 이의 효과적인 관리방법에는 어떠한 것이 있는가?
- 국제결제은행(BIS)의 자기자본비율규제와 금융기관 난외업무의 증가와는 어떠한 상관성이 있으며, 그러한 자기자본비율규제가 난외업무에 대하여 시사하는 점은 무엇인가?

# 제1절 난외업무의 특성과 금융기관의 건전성

## 1.1 난외업무의 개념

난내업무(on-balance-sheet activities, 부내업무)란 재무상태표상에 명시적으로 나타나 있기 때문에 쉽게 알아볼 수 있는 대부분의 업무들이다. 예컨대, 은행의 예수금, 유가증권보유 현황, 대출채권 등은 모두 난내업무에 속한다.

그러나 난외업무(off-balance-sheet activities, 부외업무)는 재무상태표에 나타나지 않고 불분명하기 때문에 극히 소수를 제외하고는 그 존재를 모르고 있다. 난외업무는 지금 당장이 아니고 미래시점에서 금융기관의 재무상태표에 영향을 미칠 수 있는 상황조건부자산(contingent assets)과 상황조건부부채(contingent liabilities)를 가리킨다. 난외업무는 현금흐름에 긍정적으로 작용할 수도 있고 혹은 부정적으로 작용할 수도 있다. 금융기관의 순자산(net worth)규모를 정확하게 알기 위해서는 재무상태표상에 나타나 있는 자산과 부채의 차이를 구할 뿐만 아니라 해당 금융기관의 난외업무 혹은 상황조건부자산 및 상황조건부부채의 현재가치도 반드시 포함시켜야 한다.

그러면 난외업무가 경영성과와 위험에 어떻게 영향을 주는지를 살펴보자. 난외자산(off-balance-sheet assets, 부외자산)은 특정한 상황이 발생하면 비로소 재무상태표의 자산부분에 나타나는 항목이나 활동을 말하며, 난외부채(off-balance-sheet liabilities, 부외부채)는 특정한 상황이 발생하면 재무상태표상의 부채부분에 나타나는 항목이나 활동을 말한다.

난외업무는 모두 상황조건부자산이나 상황조건부부채이고 또한 특정한 조건이나 상황이 발생한 경우에 비로소 장부에 기재되므로 난외업무의 가치를 산출하는 일은 매우 어렵지만 옵션과 같은 특성을 지니고 있기 때문에 가치산정에서는 옵션가격결정모형이 사용된다.

## 1.2 난외업무 증가의 배경

얼마 전까지만 해도 소규모로 이루어지던 난외업무가 이제는 금융기관의 전통적 난내업무와 맞설 수 있을 정도로 그 규모가 커지고 있다. 심지어 금융기관의 경영자들에게는 난내업무와 난외업무 중에서 어느 쪽에 더 큰 비중을 두어야 하는가가 그들의 당면과제가 되고 있다. 난외업무가 최근 들어 전 세계의 금융기관들에서 거의 공통적으로 증가하게 된 배경은 과연 무엇인가?

### 1.2.1 경쟁심화로 인한 수익성의 저하

국내외적으로 난외업무비중이 확대되고 있는 이유의 하나는 금리자유화와 금융자율화로 인하여 금융산업의 경쟁이 심화되고 또한 고객들의 신용이 악화되면서 수익성이 크게 낮아졌기 때문이다. 금융기관들은 이러한 위기상황을 극복하고 수익성을 높이고자 업무범위를 넓히면서 난외업무의 비중을 높여 왔다.

### 1.2.2 규제의 회피수단

난외업무에 대해서는 지급준비금이나 예금보험료가 부과되지 않을 뿐만 아니라 자기자본비율규제의 적용이 이루어지지 않는다. 은행들은 그와 같은 규제로 인한 비용을 회피하고자 난외업무에 더욱 골몰하기 시작하였다.[1] 금융기관들의 이러한 시도에 대한 반작용으로서 금융감독당국은 난외업무의 위험을 고려한 최저자기자본비율을 도입하여 시행하게 되었다.

### 1.2.3 위험관리서비스에 대한 수요의 증가

금융시장과 외환시장의 변동성이 커짐에 따라 기업들의 재무위험관리서비스에 대한 수요가 증가하였고, 은행들은 이러한 서비스를 제공함으로써 수익을 올리고자 하였다. 기업들은 일반적으로 영업위험(business risk)과 재무위험(financial risk) 등의 경영위험에 직면하고 있다. 바로 여기에서 은행의 역할이 기대된다.

### 1.2.4 기타 요인

그 밖에도 난외업무를 촉진한 요인으로는 이자율위험 및 외환위험의 회피를 가능하게 해주는 금융선물, 스왑, 옵션 등 새로운 금융상품과 기법이 등장하고, 정보통신기술

1 Pennacchi, G. G., "Loan Sales and the Cost of Bank Capital," *Journal of Finance* 43, 1988, pp.375~96 참조.

이 발달한 점을 들 수 있다. 더욱이 금융의 세계화에 따라 지급보증, 이행보증, 증권인수 등의 형태로 기업활동을 지원하기 위한 은행의 난외업무는 더욱 증가할 것이다.

## 1.3 난외업무의 유형

난외업무는 [표 13-1]에서와 같이 대출채권매각, 은행신용보증, 증권인수보증 및 선물거래 등 네 가지 유형으로 구분된다.

대출채권매각(loan sales)은 특정 대출채권이 발생시키는 현금흐름의 전부 또는 일부를 매각하여 그 대출채권을 재무상태표로부터 제거하는 계약을 말한다. 두 번째 유형은 은행보증이다. 은행은 고객에게 백업신용한도(back-up lines of credit)를 제공하는 대가로 수수료를 받는다. 은행보증의 형태로는 보증신용장, 지급보증, 취소불능 회전신용, 대출약정 등이 있다.

표 13-1 | 난외업무의 유형

| | | | |
|---|---|---|---|
| 1. 대출채권매각 | – | 3. 증권인수보증 | • 증권발행보증(NIFs)<br>• 은행인수어음(BA)<br>• 기업어음(CP) 발행보증 |
| 2. 은행보증 | • 보증신용장<br>• 지급보증<br>• 취소불능 회전신용<br>• 대출공여약정: 회전신용 | 4. 선물거래 | • 스왑<br>• 선물환<br>• 금융선물<br>• 옵션 |

세 번째 유형의 난외업무는 증권인수보증으로서 증권발행보증(NIFs), 은행인수어음(BA) 및 기업어음(CP) 발행보증 등 세 가지가 있다. 네 번째 유형은 선물거래로서 스왑, 선물환, 금융선물, 옵션 등이 있다.

## 1.4 난외업무와 금융기관의 위험

최근 금융거래가 복잡해지고 세분화되면서 금융시장 간의 연계성도 한층 높아짐에 따라 은행의 건전성과 안정성을 유지하는 것이 은행과 정책당국의 큰 관심사가 되고 있다. 이를 위해서는 은행이 자체적으로 위험을 평가하고 관리할 수 있는 체제를 확립하는 것이 무엇보다도 중요하며, 정책당국의 건전성규제 역시 은행의 자체 위험관리체제가 제대로 운영되도록 감시하고 지도하는 데 중점을 두어야 할 것이다.

은행들은 통상 위험을 감소시키거나 다른 업무를 원활하게 수행하기 위하여 난외업무를 행하지만, 때로는 우월한 예측능력을 가지고 있다는 확신을 가지고 투기를 하기도 한다. 이러한 투기는 매우 위험한데, 실제로 지급불능이 발생한 경우도 있다.[2] 따라서 순자산으로 금융기관의 건전성을 평가하려면 장부상 자산과 부채뿐만 아니라 조건부자산과 조건부부채의 현재가치도 동시에 고려해야 하며, 순자산은 다음과 같다.

$$E = (A - L) + (CA - CL)$$

여기서 $E$=금융기관의 순자산
$A$=금융기관 장부상 자산의 시장가치
$L$=금융기관 장부상 부채의 시장가치
$CA$=조건부자산의 시장가치
$CL$=조건부부채의 시장가치

이러한 의미에서 상황조건부자산이나 상황조건부부채는 금융기관의 가치에 직접 영향을 주는 계약청구권(contractual claims)이다. 사실, 난외부채의 가치가 증가해서 입는 손실은 이자율갭에 의한 손실이나 대출손실의 경우와 마찬가지로 금융기관을 곤경에 빠뜨릴 수 있다. 은행업은 이제 과거처럼 안정된 산업이 아니라 매우 동태적인 산업으로 변신하고 있는 중이다.

## 제2절 대출공여약정

### 2.1 대출공여약정의 내용

선진국 기업들은 간접금융의 경우 현물대출시장을 이용하기보다는 대부분 신용한도나 대출공여약정을 통하여 미리 정해진 조건에 따라 자금을 조달하고 있다. 대출공여약정(loan commitment agreement)은 일정 금액을 미리 정한 이자율로 계약당사자인 고

2 그 한 예가 1974년 외환시장에서의 손실로 인하여 파산하였던 미국 Franklin National Bank의 사례이다. 우리나라에서도 1989년에 광주은행이 외화선물거래로부터 364억원에 달하는 손실을 기록하였다.

객에게 정해진 기간 동안 대출해 주겠다는 계약이다. 고객이 그러한 차입옵션을 행사할 수 있는 기간도 물론 계약에 적혀 있다. 은행으로서는 고객의 차입옵션행사 가능기간 동안 대출금액을 늘 준비하고 있어야 한다. 그 대가로 은행은 계약체결 직후 개시수수료(up-front fee) 또는 약정수수료를 징수하고, 계약기간이 끝날 무렵에는 미사용대출금에 대해서도 종료수수료(back-end fee)를 부과한다.

이러한 대출공여약정이 체결되는 당시에는 재무상태표상 아무런 변화가 없지만 고객이 차입옵션을 행사하여 대출금을 인출하면 비로소 재무상태표에 대출채권으로 나타난다. 은행으로서는 고객의 대출자금 사용가능성에 대비하여 계약기간 동안 계약대출금 전액을 항상 보유하고 있어야 하므로 계약시점에서 은행자금에 대한 조건부청구권을 발행하는 셈이다. 따라서 대출공여약정은 차입자가 자금조달불능위험과 금리상승위험으로부터 보호받을 수 있는 보험에 가입하는 것이며, 은행은 보험제공자로서 고객이 요청할 경우 대출신용을 제공함으로써 그 위험을 자신이 부담한다.

우리나라 은행들이 당좌예금계좌를 가진 고객들에게 신용한도 내에서 당좌대월(overdraft)을 허용하는 것은 일종의 대출공여약정이지만 취소가 가능하기 때문에 취소불능 신용한도(irrevocable lines of credit)와는 다르며, 법적 구속력이 있는 대출공여약정과는 구별된다.

## 2.2 증권발행보증(NIFs)

증권발행보증(note issuance facilities: NIF)은 고객이 직접금융을 통하여 자금을 조달하려고 할 때 어려움이 있는 경우 은행이 일정한 한도 내에서 자금을 공급하겠다는 약정으로서 법적 구속력이 있는 대출공여약정이다. NIF를 이용하여 발행된 어음은 소지자의 위험부담이므로 인수자의 책임범위에서 벗어나지만, 미발행한도는 인수기관이 재무상태표 외의 각주에 기재하여 조건부채무로 관리하여야 한다.

NIF약정을 통해 차입자는 자금을 안정적으로 확보할 수 있으며, 인수하는 금융기관도 수수료수입을 얻을 수 있고, 실제로 자금을 공급하지 않으면서도 고객과 돈독한 관계를 유지할 수 있다. 그러나 NIF는 기업어음(CP)과는 달리 신용등급을 받지 않고 발행되기 때문에 어음결제에 대한 신뢰가 낮으며, 유통시장이 잘 발달되어 있지 않다는 단점을 가지고 있다.

## 2.3 대출공여약정 증가의 배경

### 2.3.1 금융기관의 입장

#### 1) 규제의 회피수단

은행으로서는 대출공여약정으로 수수료를 받는 동시에 대출공여약정에 따른 자금부담을 피하고자 할 것이다. 즉 계약상대방인 고객이 대출금을 사용하면, 곧 이 대출채권을 매각하거나 증권화하면 된다.

#### 2) 계약의 선별적 이행과 금융기관의 평판 유지

조건부청구권은 미래시점에서 어떤 것을 주겠다는 약속인데 계약에 반드시 그 약속을 지키지 않아도 되는 상황이나 조건, 즉 도피조항(escape clauses)을 첨부해 두면 결정적인 순간에 은행은 금융자본(financial capital)과 평판자본(reputational capital) 간에 하나를 선택해야 한다. 이 경우 은행은 자산의 금융자본과 평판자본으로 구성된 포트폴리오를 보다 효과적으로 관리할 수 있다는 것이다.[3] 은행으로서는 항상 금융자본과 평판자본 간의 최적배합을 추구할 것이며, 신용공여 거부결정은 일종의 평판자본 유동화조치라고 할 수 있다.

#### 3) 자금수요의 예측

대출공여약정시장에 참여함으로써 은행은 장래의 대출자금수요에 관한 정보를 얻을 수 있다.[4] 이러한 자금수요의 예측에 따라 은행은 적절한 자금조달계획을 세울 수 있을 뿐만 아니라, 다른 영업활동도 보다 잘 준비할 수 있다.

---

3 Boot, A., S. Greenbaum, and V. Thakor, "Reputation and Discretion in Financial Contracting," *American Economic Review* 83-5, December 1993, pp.1165~1183 참조.

4 Greenbaum, S., G. Kanatas, and I. Venezia, "Loan Commitments and the Management of Uncertain Demand," *Journal of Real Estate Finance and Economics* 4, December 1991, pp.351~366 참조.

### 2.3.2 고객의 입장

#### 1) 위험의 분담

은행이 고객과 대출공여약정을 체결하는 것은 고객이 부담해야 할 이자율위험을 은행이 스스로 부담하겠다는 것이다. 위험회피적인 고객은 은행의 이러한 위험부담을 보상할 것이고, 그 보상은 대출공여약정의 가격에 반영된다.

#### 2) 도덕적 해이

일반적으로 대출이자율이 높을수록 차입자의 투자수익률은 낮아지므로 차입자는 노력을 줄이고 보다 더 위험한 투자안을 수행하려는 유인(incentive)을 갖는다. 이 경우 대출이자율은 어떤 의미에서 상황을 왜곡시키는 결과를 초래한다. 그러나 대출공여약정은 대출이자율의 상황왜곡효과를 미연에 방지함으로써 도덕적 해이(moral hazard)가 발생하지 않도록 하는 수단을 은행에게 제공한다.

#### 3) 다른 채권자들에 대한 신뢰도 향상

기업이 은행과 대출공여약정을 체결하면 해당 기업에 원자재를 납품하는 업자들이나 다른 채권자들은 이 기업이 대출공여약정에 따라 풍부한 유동성을 확보하고 있다는 사실을 알게 된다. 그러므로 납품업자들이나 다른 채권자들은 자신들의 채권에는 아무 문제가 없을 것이라는 판단을 하며, 대출공여약정이 없는 경우에 비하여 훨씬 더 나은 조건에 원자재나 자금을 제공하려고 할 것이다. 결과적으로 기업의 부채비용은 낮아지고 주주들은 더 큰 이익을 얻는다.

#### 4) 장래 신용할당에 대비한 보호장치

차입자들은 장래에 은행으로부터 신용을 얻을 수 있는 기회를 다음 세 가지 이유로 인하여 상실할 가능성이 있다. 첫째, 신용등급 하락이다. 둘째, 시장전반적인 신용경색으로 인한 차입기회의 축소이다. 셋째, 은행 자체의 이유로 신용공여가 어려워질 가능성이다. 대출공여약정은 특히 첫 두 가지의 가능성으로부터 차입자를 보호한다. 물론 대출공여약정에 도피조항(escape clause, 면책조항)을 삽입함으로써 신용등급 하락에 대비한 보호장치의 유효성이 제한될 수도 있다.

#### 5) 시장불완전성의 감소

자본시장이 불비(incomplete)하면 투자자들과 기업들은 자신이 원하는 위험분산기회를 모두 가질 수 없다. 따라서 시장이 불비하고 또한 대출공여약정이 기존 유가증권의 조합으로는 도저히 합성할 수 없는 현금흐름을 발생시킨다면, 그 대출공여약정은 시장의 불비 정도를 줄여줄 것이다. 투자자들은 이제 대출공여약정을 체결한 기업에 투자할 수 있으므로 더 큰 위험분산기회를 갖는다.

## 2.4 대출공여약정에 따른 금융기관의 위험

### 2.4.1 이자율위험

계약기간 동안 고객에게 미리 대출조건을 정해놓기 때문에 은행에게는 이자율위험이 발생하는데, 이 위험을 통제하는 한 가지 방법은 약정이자율을 현물이자율(예: 우대금리기준)과 연동시키는 것이다. 그러나 이처럼 변동금리를 적용하더라도 이자율위험이 사라지는 것은 아니다. 왜냐하면 모든 종류의 이자율이 같은 정도로 변동하지는 않기 때문이다. 예컨대, 우대금리는 1%p 상승한 반면 자금조달비용은 1.25%p 상승하였다면 은행의 스프레드는 0.25%p만큼 줄어들게 된다. 이러한 스프레드위험을 베이시스위험(basis risk)이라고 부른다.

### 2.4.2 대출준비위험

대출공여약정을 하면 고객은 계약기간 동안 대출한도 내에서 자유롭게 차입할 수 있는 탄력적 옵션을 가지게 되는 셈이다. 이러한 제약 때문에 은행은 미래유동성위험(future liquidity risk)에 노출된다. 은행으로서는 고객이 언제 얼마만큼의 자금을 대출해 갈지 사전에 알 수 없다. 고객들로 하여금 계약기간 동안 약정대출금을 모두 사용하도록 하는 유인책의 하나로서 은행은 일반적으로 미사용대출금에 대하여 종료수수료를 부과하고 있다.

### 2.4.3 신용위험

은행은 또한 대출공여약정의 이자율책정에서 상황조건부신용위험(contingent credit risk)을 부담한다. 즉 계약체결 당시의 신용등급에 기초하여 대출이자율을 정했는데 그

후 문제가 발생하여 고객의 신용등급이 낮아졌더라도 그 은행은 대출공여약정에 따라 이미 정한 대출이자율을 적용해야 한다. 물론 이러한 상황을 염두에 두고 대출공여약정을 체결할 때 미리 계약기간 동안 불리한 상황이 발생할 경우 약정을 취소하거나 재조정할 수 있게 하는 조항을 넣기도 한다.

### 2.3.4 자금조달위험

대기업들은 장래의 신용경색(credit crunch)에 대비한 안전장치로서 보통 여러 은행들과 대출공여약정을 맺고 있다. 금융기관의 입장에서 보면 자금사정이 가장 좋지 않을 때 대출공여약정에 의한 차입자들의 자금수요가 가장 커질 가능성이 있다. 금융기관들은 이러한 자금수요에 부응하고자 모든 수단을 동원하여 자금을 조달할 것이므로 자금조달비용은 비정상적으로 상승한다. 이것은 대부분의 시장참여자들이 한꺼번에 행동함으로써 개별참여자들의 비용에 영향을 주는 일종의 외부효과(externality effect)이다.

대출공여약정에 따른 이와 같은 위험들은 해당 금융기관들의 건전성을 해칠 수도 있다. 그러나 정반대의 견해에 의하면, 대출공여약정은 고객들에게 장래에도 계속 신용공여를 할 것이라는 신뢰를 심어줄 수 있고, 따라서 금융기관의 위험을 덜어준다고 주장한다.[5]

## 제3절 보증

금융기관의 보증업무는 회사채발행, 차관도입 및 일반채무에 대한 지급보증, 상품이나 용역발주를 위한 입찰과 관련한 입찰보증(bid bond), 각종 계약의 이행을 보증하는 계약이행보증(performance bond), 선수금환급보증(advance payment bond) 등 여러 형태를 취한다. 보증은 지급보증계약의 체결, 보증서(letter of guarantee 혹은 bond)나 신용장(letter of credit)의 발급, 어음의 보증 또는 배서 등에 의하여 이루어진다. 이러한 보증은 조건부부채에 속하며, 본질적으로는 금융기관이 수수료를 받고 보증매입자의 의무이행을 보증하는 문서들이다.

5 Avery, R. B., and A. N. Berger, "Loan Commitments and Bank Risk Exposure," *Journal of Banking and Finance* 15, 1991, pp.173-192 참조.

## 3.1 신용장

신용장(letter of credit: L/C)은 무역거래에 있어서 대금결제의 신속성 및 정확성과 환결제의 안정성과 확실성을 보장함으로써 무역거래를 원활히 할 수 있도록 은행이 발행하는 보증이다. 은행은 수입업자의 요구에 의하여 신용장을 발행하고, 신용장조건과 일치할 경우 대금을 지불하겠다는 조건부보증을 제공한다. 발행된 신용장은 수출지역의 환거래은행을 통하여 수출업자에게 통지된다. 발행은행은 신용장에서 정한 조건이 갖춰지면 신용장의 수익자인 수출상에게 발행은행 또는 그 환거래은행 앞으로 환어음을 발행하는 권한을 부여한다.

환어음(draft 또는 bill of exchange: B/E)은 채권자(발행인, 수출업자)가 채무자(지급인, 은행) 앞으로 일정금액을 일람 후 즉시(sight draft) 또는 일정일 경과 후(time draft) 소지인 또는 지시인에게 지급할 것을 무조건 위탁하는 증권이다. 신용장의 개설은행은 수출업자에게 환어음발행권한을 부여함으로써 불확실한 수입업자의 신용 대신에 널리 알려진 은행의 신용을 제공하는 셈이다.

## 3.2 보증신용장

보증신용장(standby L/C)은 은행이 수수료를 받고 고객의 금융 또는 채무보증 등을 목적으로 발행되는 문서로서 대출공여약정과는 달리 제3의 수익자에 대한 약속을 그 내용으로 한다. 보증을 받은 고객이 제3자와 체결한 계약조건을 이행하지 못하면 발급은행은 신용장에 제시된 내용에 따라 계약조건을 이행해야 한다. 이러한 보증은 주로 신용도를 높이거나 긴급자금을 마련하기 위한 것이므로 보증신용장은 은행자금의 대출이라기보다는 은행신용등급의 대여라고 할 수 있다.

## 3.3 보증업무와 관련된 위험

금융기관은 보증을 받은 고객이 채무를 이행하지 않을 가능성 때문에 신용위험을 부담한다. 보증에는 또한 유동성위험과 자기자본위험도 따른다. 보증차입자들이 동시에 재무적 곤경에 처하면, 손실이 빠르게 누적되고 자기자본이 잠식될 가능성이 있다. 또한 대출공여약정과 마찬가지로 대규모 대지급이 같은 시기에 발생하면 유동성 문제를 겪을 수 있다.

한편 보증업무는 금융시스템 전체에 위험을 집중시키는 역할을 한다. 지급보증이나 대출공여약정은 모두 경제상황이 나빠질 때 발효되는데, 이러한 상황에서는 다수의 채무자들이 동시에 채무이행능력을 잃을 가능성이 있으며, 이때 전체금융시스템이 마비될 위험도 있을 수 있다.

# 제4절 파생상품계약과 대출금매각

## 4.1 선물계약과 선도계약

### 4.1.1 선물계약과 선도계약

선물계약(futures contract)은 양 당사자 사이에 미래 특정 시점에서 일정한 가격으로 기초자산을 사거나 팔기로 하는 약정이다. 선물계약은 조직화된 거래소에서 표준화된 내용에 따라 거래된다. 선도계약(forward contract) 역시 거래당사자들이 미래의 수도결제를 약속한다는 면에서는 선물계약과 동일하지만 선도계약은 거래당사자들이 서로의 편의에 맞추어 거래조건을 만들고 서로 간에 의무이행을 약속한 것이다.

### 4.1.2 선물 및 선도계약의 위험

선물환계약은 고객이 외환위험을 은행에게 전가하기 위해 계약을 체결하는 것이다. 은행은 수수료를 받고 고객의 위험을 떠안은 후 통화선물시장을 통하여 이 포지션을 커버해야 한다. 그러나 선물환계약과 통화선물 간 만기의 차이, 계속되는 고객과의 선물환거래에 따른 순선물환포지션의 변동 등으로 인해 완전헤지(perfect hedge)는 어렵다. 또한 선물환거래의 손익은 만기에 실현되지만 통화선물거래는 일일정산(marking to market)이 이루어지기 때문에 은행에 유동성 문제를 일으킬 수도 있다. 선도계약에 있어서의 신용위험은 이것이 조직화된 거래소에서 거래되지 않고 계약당사자의 신용에 바탕을 두고 있기 때문에 발생한다.

## 4.2 스왑계약

### 4.2.1 스왑계약의 구조 및 특성

스왑(swap)의 기본구조는 모두 같다. [그림 13-1]에서 보듯이, 스왑은 두 계약당사자가 특정한 양의 기초자산을 계약상대방과 한 번 이상 교환하는 구조를 갖는다. 원금을 교환하는 가운데 계약당사자들은 서로에게 상대방의 기초자산을 사용하는 대가를 치른다.

예컨대, A가 B의 기초자산을 이용하는 대가로 고정가격을 정기적으로 지급하면 B는 A의 기초자산을 이용하는 대가로 시장에서 결정된 변동가격을 정기적으로 지불한다. 이것이 바로 기본스왑(plain vanilla)이다. 이러한 구조는 사용자의 요구에 따라 여러 가지의 변형이 가능하다. 스왑은 스왑 자체만으로는 별 의미가 없고, 보통 해당 현물시장에서의 거래와 결합되어 사용된다. 스왑참여자는 현물시장에서의 거래와 스왑을 결합시킴으로써 위험을 헤지하거나 경제적 이익을 얻는다.

**그림 13-1 | 스왑의 기본구조**

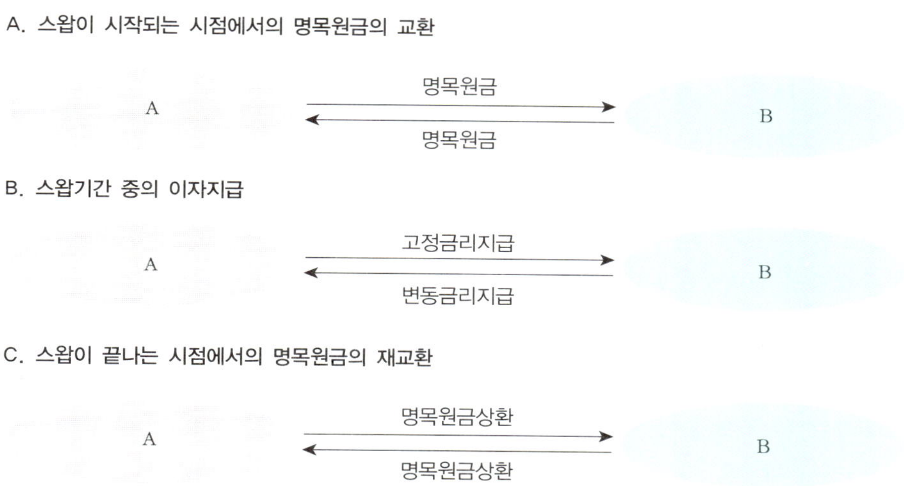

### 4.2.2 스왑계약과 관련한 금융기관의 위험

은행은 많은 고객들을 상대하고 있고 장기적인 시장위험 및 신용위험을 평가하고 부담하는 데 있어서 전문성이 있기 때문에 두 개의 반대되는 스왑계약을 체결함으로써 중개기관 역할을 수행하기가 쉽다. 그러나 은행들의 스왑계약은 보통 난내 및 난외 이자율위험노출과 외환위험노출을 헤지하기 위한 목적으로 이루어진다. 헤지를 위한 금리스왑 및 통화스왑활동에서 은행이 부담하는 위험은 상대방의 채무불이행 가능성에 있다. 상대방이 계약의무를 이행하지 않으면 은행은 큰 위험에 직면할 수 있다. 금리스왑의 경우 위험이 고정금리와 변동금리의 차이에 따른 현금흐름에 한정되지만, 통화스왑의 경우에는 원금까지도 위험에 처할 수 있다.

헤지를 목적으로 하지 않는 금리 및 통화스왑의 경우 은행은 시장위험을 부담한다. 이자율이나 환율이 예상과는 반대방향으로 움직일 때 해당 은행은 커다란 손실을 입는다.

## 4.3 금리선물옵션과 스왑션

### 4.3.1 금리선물옵션(interest rate futures option)

최근 들어 특정 인도월의 금리선물만을 이용하여 헤지 또는 투기를 하기보다는 이를 연속적으로 결합하거나 옵션과 결합시켜 신금융상품을 개발하여 이용하는 사례가 많아지고 있다. 그 가운데 가장 대표적인 것이 유로달러 금리선물옵션이다. 이것은 유로달러 금리선물(Eurodollar interest rate futures)을 기초자산으로 하여 옵션의 행사에 따라 장래 유로달러 금리선물포지션을 인도 또는 수도할 권리를 갖는 것을 말한다.

유로달러 금리선물옵션은 만기일 전 언제든지 행사가 가능한 미국형 옵션(American option)이므로 선물시장의 변화가 반영되지 않거나 매수-매도 스프레드(bid-ask spread)가 커서 거래가 성립되기 어려우면 즉시 행사하여 선물포지션으로 전환시킬 수 있다. 따라서 이것은 의도한 포지션으로의 조작이 가능하며, 대부분 만기 이전에 반대거래로 정산되어 소멸한다.

### 4.3.2 스왑션(swaption)

스왑션(swaption)은 미래 특정 시점에서 금리스왑을 할 수 있는 옵션이다. 만기일은 스왑션을 행사하여 기초스왑을 발효시키는 날짜를 말하며, 행사가격은 기초스왑에 적용되는 고정이자율이다. 스왑션프리미엄은 금리캡(interest rate cap)이나 금리플로어(interest rate floor)와 마찬가지로 명목원금의 백분율로 표시되고 선불하는 것이 일반적이다.

스왑션은 기본적으로 이자율위험을 관리하는 데 사용되므로 금리스왑 및 금리캡과는 비교된다. 가령 1년 후 변동이자율로 자금을 4년 동안 차입해야 하는 회사의 예를 보자. 이 회사는 앞으로 5년 동안 이자율변동위험에 처하게 되는데, 이러한 위험을 관리하는 방법에는 다음 몇 가지가 있다.

① **무대응(no action)**: 가장 단순한 전략으로서 차입기간 중에 이자율이 상승하면 높은 이자율을 지불해야 하지만 이자율이 하락하면 낮은 이자율에 따른 이익을 얻을 수 있다.

② **이연스왑(deferred start swap)**: 1년 후 효력이 발생하는 4년 만기 스왑계약을 맺어 스왑기간 동안 고정이자율을 지불하고 변동이자율을 수취하면 차입이자율을 고정시킬 수 있는데, 이자율상승위험으로부터 보호받지만 이자율하락의 경우 이익이 없다.

③ **이연캡 매입(deferred start cap)**: 1년 후 효력이 발생하는 4년 만기 금리캡을 매입하면 차입기간의 이자율상승위험으로부터 보호받고 이자율하락에 따른 이익도 함께 향유한다.

④ **스왑션 매입(swaption)**: 4년 만기 스왑에 대한 1년 만기 스왑션을 매입하여 만약 1년 내에 스왑이자율이 행사이자율 이상으로 상승하면 스왑션을 행사하고 그렇지 않으면 스왑션의 행사를 포기한다.

이러한 여러 대응책 중 어느 것이 가장 유리할 것인가는 그때의 상황에 따라 달라질 것이다. 다만 스왑션과 금리캡을 비교해 보면, 스왑션은 최초 위험노출기간인 첫 1년 동안의 이자율변동에 대해서만 보호해 준다. 또한 스왑션은 오직 한 번밖에 행사되지 못하는 반면, 금리캡은 여러 시점에서 행사될 수 있다는 특징이 있다.

### 4.3.3 옵션에 관련된 금융기관의 위험

옵션은 위험배분이 비대칭적이라는 특징이 있다. 즉 매입자는 무제한적 이익을 얻을 수 있으나 그의 손실은 계약프리미엄에 한정된다. 반대로 매도자의 손실은 무제한적이고 이익은 프리미엄에 한정된다. 이러한 이유 때문에 금융기관에서는 옵션발행을 자제하고 있다. 여기에서 옵션계약매도자가 의무를 다하지 못할 위험, 즉 상대방위험

(counterparty risk)은 매입자가 부담한다. 한편 매입자에게는 아무런 의무가 없으므로 매도자가 부담하는 신용위험은 없다.

## 제5절 난외업무위험의 관리와 Barings은행의 사례연구

### 5.1 난외업무위험의 관리

난외업무는 거액의 자금을 투입할 필요가 없이 큰 이익을 낼 수 있다는 점에서 레버리지효과가 크다. 따라서 엄청난 손실을 볼 수 있는 잠재적 위험에 노출시킬 수도 있다. 그러나 금융기관들은 이자율위험, 외환위험 및 신용위험 등에 대한 노출을 줄이거나 효율적으로 관리하기 위하여 각종 난외업무수단을 활용하고 있다. 즉 이러한 수단들을 활용하여 재무상태표상의 이자율위험, 외환위험, 그리고 신용위험 등을 헤지하면 금융기관의 파산위험은 실제로 감소한다.

따라서 금융기관의 난외업무에 대한 지나친 규제는 피해야 한다. 예컨대, 선물환계약에 있어서 계약상대방이 계약의무를 이행하지 않을 위험은 있지만 그 위험은 그다지 크지 않다. 아마 그 위험은 불리한 환율변동에 대비하여 외환위험을 헤지하지 않는 경우 직면하게 되는 파산위험에 비하면 별것이 아닐 것이다. 금융기관으로서는 난외업무위험에 대한 노출을 줄이는 안전장치로서 난외업무의 정책, 절차 및 통제방법을 마련하고 이를 철저히 지킬 필요가 있다.

### 5.2 난외업무와 국제결제은행(BIS)의 자기자본비율규제

1988년 7월의 바젤협약은 포트폴리오투자 시 위험감소효과와 시장위험을 고려하지 않았다는 비판에 직면하자 바젤위원회는 금리자유화, 자본자유화, 파생상품거래 증가 등에 대응하여 1996년 1월에 기존의 논의를 종합한 바젤협약개정안을 발표하였다. 바젤협약개정안(신BIS 자기자본규제제도)은 1997년 12월말부터 회원국에 대하여 적용되고 있으며 우리나라도 2002년 1월부터 이를 도입하여 적용하고 있다.

### 5.2.1 시장위험 대상자산

이자율, 주가, 환율 등 시장요인의 가격이 변동함에 따라 손실이 발생하는 자산에 대하여 시장위험을 계산한다. 구체적으로는 거래목적으로 보유 중인 채권과 주식, 금과 외환, 상품, 상기 자산과 관련된 파생상품, 그리고 옵션이 포함된다.

### 5.2.2 위험의 측정

위험은 신용위험과 시장위험을 구분하여 계산한다. 시장위험의 측정은 바젤위원회가 제시한 표준방법에 의해서 계산된다. 다만, 은행이 자체개발한 내부모형이 금융감독당국에 의해 적합성이 인정되면 내부모형에 의해 계산될 수도 있다. 자산별 위험의 계산은 다음과 같다.

먼저 채권의 개별위험은 발행자에 따라 세 가지로 구분하고 0~8%의 위험가중치를 차등 부과한다. 국채는 0%, 잔존만기가 6개월 이내인 우량채권은 0.25%, 잔존만기가 6개월 초과 2년 이내인 우량채권은 1.0%, 잔존만기가 2년 초과인 우량채권은 1.6%, 기타 채권은 8%이다. 우량채권은 2개 이상의 신용평가기관에 의해 BBB 이상의 등급을 받은 채권을 말한다.

주식의 개별위험은 포트폴리오의 분산도와 개별주식의 유동성 등을 감안하여 4% 또는 8%의 위험가중치를 적용한다. 주식의 시장위험은 주식시장별 매입포지션 합계와 매도포지션 합계의 차이인 순포지션에 대하여 8%의 위험가중치를 적용한다. 지수관련 거래에 대하여는 개별위험을 적용하지 않고 2%의 위험가중치를 적용한 시장위험만을 부과한다.

외환(금 포함)의 경우 통화별 순매도포지션의 합계와 순매입포지션의 합계 중 큰 금액과 금의 순포지션의 절대치를 합산한 금액에 대하여 8%의 위험가중치를 부과한다. 내부모형 이용법에서는 은행의 자체개발모형에 의한 시장위험을 사용한다.

상품위험은 방향성위험과 기타 위험(베이시스위험, 이자율위험, 포워드갭위험)으로 구분하여 계산한다.[6] 상품위험의 측정방법으로는 만기법, 간편법, 내부모형 이용법 등이 있는데, 대규모 은행의 경우 내부모형을 이용할 수 있지만, 소규모 은행은 만기법 또

6 방향성위험(directional risk)은 현물가격변동에 따른 위험이고, 베이시스위험(basis risk)은 유사한 상품의 가격 간 상관관계가 변함에 따른 위험이다. 이자율위험(interest rate risk)은 이자율변동 시 선물 또는 옵션거래에서 발생한 위험이고, 포워드갭위험(forward gap risk)은 이자율변동 이외의 요인(만기차이 등)의 변동에 따라 선물가격이 변동하는 위험이다.

는 간편법이 적합하다. 간편법에서는 방향성위험으로 상품 순포지션의 15%, 기타 위험으로 총포지션의 3%의 자기자본보유를 요구하고 있다.

옵션거래에 대해서는 거래의 다양성과 가격위험측정의 어려움을 감안하여 다양한 위험측정방법이 인정된다. 옵션위험의 측정방법으로는 간편법, 중간법(델타플러스법, 시나리오법) 및 내부모형 이용법 등이 있다. 매입옵션만 거래하는 은행은 간편법을 사용할 수 있지만, 매입옵션과 매도옵션을 모두 거래하는 은행은 중간법이나 내부모형 이용법을 사용하여야 한다.

## 5.3 Barings은행의 사례분석

창업된 지 233년이라는 역사를 자랑하는 영국의 명문 Barings은행이 한 딜러의 거래손실로 인하여 1995년 2월 사실상 도산상태에 놓였고, 곧 네덜란드 ING금융그룹의 구제합병에 의해 겨우 이름만 존속하게 되었다. 전 세계의 금융관계자들은 한 편의 드라마와도 같은 이러한 상황전개에 경악하였다. 본 절에서는 이 사례를 통하여 금융기관들의 파생상품거래가 운용전략에 따라 금융기관이 부담하는 위험에 얼마만큼 큰 영향을 미칠 수 있는 것인가를 알아본다.

### 5.3.1 Barings은행의 사건경위

이 사건은 Nicholas Leeson이라는 Barings은행의 딜러에 의해서 일어났다. 그는 1992년 3월 Barings의 싱가포르 현지법인 부임 직후 싱가포르 국제금융거래소(SIMEX)의 거래회원 자격을 취득하고, 같은 해 7월에는 비밀리에 계좌 하나를 개설하였다. 이 계좌는 처음에는 고객용으로 개설되었기 때문에 보고대상이었으나 후에 Leeson의 요청으로 본점 보고대상에서 제외되었다. 그는 이 계좌를 통한 파생상품거래 실패로 1992년 말까지 200만파운드에 달하는 손실을 입었으며, 1993년 말에는 손실규모가 2,300만파운드로 확대되었다.

1994년 들어 Nikkei 225 평균주가지수 옵션거래를 시작한 그는 이 거래의 실패로 인하여 연말 추정손실금액이 총 2억 8,000만달러에 달하였다. 그러나 Leeson은 1994년 중 Barings은행 전체이익의 77%에 해당하는 2,850만파운드의 이익을 낸 것으로 본점에 보고하였다.

1995년 1월 17일 일본 고베지역에 대규모 지진이 발생한 여파로 도쿄주식시장의 주가가 크게 하락하자 지진피해의 조기복구로 일본의 경기회복에 도움을 주어 주가가 반등할 것으로 기대한 Leeson은 Nikkei 225 평균주가지수선물을 대량으로 매입하였다. 그러나 주가가 일시 회복조짐을 보인 1995년 2월초까지는 그간의 손실을 다소 만회하였으나, 이후 도쿄주식시장이 다시 침체되었고 그는 이를 만회하기 위해 주가지수선물거래를 계속하였다. 그러나 결과적으로 1995년 2월 23일 추정손실금액이 8억 2,700만 파운드로 계속 늘어났고, 결국 1995년 2월 24일 Bearings은행은 파산을 발표하였다.

원래 Leeson은 일본 오사카증권거래소(OSE)와 싱가포르상품거래소(SLMEX)에 상장되어 있는 Nikkei 225지수의 차익거래(arbitrage)만 하도록 허용되었고, 포지션금액 및 거래갱신에 대한 권한은 없었다. 그럼에도 불구하고 그는 투기를 목적으로 위험이 큰 지수옵션거래의 한 형태인 스트래들(straddle)매도거래를 하였던 것이다. 이러한 거래에서 손실을 보자 이것을 만회하려는 목적으로 다시 거액의 주가지수선물거래를 하였으나 여기에서도 거듭 손실을 보고 말았다.

### 5.3.2 ING그룹에의 합병

이처럼 막대한 손실로 인하여 지급불능상태에 빠진 Barings그룹은 사실상 도산하였다. 손실금액이 자기자본금의 2배 이상에 달하고 있어 자력갱생이 불가능하였다. 이러한 가운데 네덜란드의 ING그룹이 이 그룹의 매수에 나섰다. 1995년 3월 6일 매수협상에서 다른 경쟁사들을 물리친 ING그룹은 Barings은행의 모든 부채를 떠안는 대신 인수대금으로 단돈 1파운드를 지불하고 Barings그룹의 주요 사업분야인 자산운용회사, 기업금융회사, 증권회사 등 3개 부문을 인수하였다.

ING그룹은 1980년대 신흥국가의 채권을 취급하여 유통시장에서 절대적인 입지를 확보하였던 만큼 다음에는 개발도상국시장 진출, 글로벌 기업금융 추구, 자산운용사업 전개 등 세 가지 목표를 추진하고 있었다. ING그룹으로서는 Barings그룹이 아시아, 중동, 미국, 중남미 등에 강력한 거점을 형성하고 있었기 때문에 절호의 매수대상 기업이었다고 할 수 있다. 그 결과 ING－Barings그룹이 발족하였다.

### 5.3.3 시사점

그러면 왜 그러한 사건이 발생하였는가? 영란은행(Bank of England)은 보고서에서 관리체제의 미비를 지적하고 있다. 즉 딜러에 대한 포지션한도제, 거래데스크와 결제데스크의 분리 등 내부통제시스템의 가장 기본적인 조건이 작동하지 않았던 점을 들 수 있다. Barings그룹은 이미 1994년 8월 금융감독당국으로부터 관리미비의 경고를 받았지만 이를 충실히 받아들이지 않았던 만큼 Barings그룹의 책임이 크다고 하겠다.

원래 파생상품거래는 소액의 증거금만으로도 거래가 가능하여 레버리지효과로 높은 수익을 올릴 수 있는 것이 사실이다. 그러나 Barings은행은 이를 위험관리의 차원에서 헤지목적으로 활용한 것이 아니고 지나치게 투기목적으로 운용한 결과 큰 재앙을 자초하게 되었던 것이다.

## EXERCISE

1. 금융기관들이 최근 들어 난외업무를 크게 증가시키게 된 배경은 무엇인가?

2. 난외업무의 네 가지 유형을 들고, 각 유형의 내용을 상세히 설명하라.

3. 은행에서 대출공여약정을 체결하면 어떻게 이자율위험과 신용위험에 노출되게 되는가? 이러한 두 조건부위험이 서로 어떠한 관련을 맺고 있는 것일까?

4. "난외업무로 인하여 금융기관은 여러 가지의 위험에 노출되지만, 그러한 활동은 다른 한편으로 그들의 경영위험을 줄일 수 있다." 이 주장에 대하여 논평하라.

5. 증권발행보증(NIF)이 일반적인 대출공여약정(loan commitment)과 다른 점은 무엇인가?

6. 대출공여약정이 증가하게 된 배경을 금융기관과 고객의 입장에서 각각 논술하라.

7. 기업신용장(L/C)과 보증신용장(standby L/C)의 차이는 무엇이며, 보증과 관련해서 금융기관이 부담하게 되는 위험에는 어떠한 것들이 있는가?

8. 스왑계약(swap contracts)의 기본구조 및 특성에 대해서 설명하라.

9. 국제결제은행(BIS)에서는 금융기관들 사이에 난외업무가 급증하는 현상을 우려하여 1996년 1월에 각 은행들의 난외업무를 반영한 자기자본비율규제를 시행하는 개정안을 내놓았다. 이 개정안의 주요 내용은 무엇인가?

10. 이자율변동위험에 직면한 금융기관이 이 위험을 관리하기 위해서 취할 수 있는 방안에는 여러 가지가 있을 수 있다. 가능한 모든 방안을 열거하고 각각을 설명하라.

Chapter

# 14 기술위험과 기타 운영위험

제10장에서 제13장까지는 금융기관이 난내와 난외의 자산전환기능 또는 중개기능을 수행하는 과정에서 발생하는 여러 금융위험에 대해 논의하였다. 그러나 그러한 금융위험들은 현대 금융기관이 당면한 위험의 한 부분일 따름이다. 일반기업과 마찬가지로 금융기관들도 실물부문에서부터 영업부문에 이르기까지 추가적인 비용이 소요되거나 추가적인 수익을 창출하고 있다.

본 장에서는 첫째, 금융기관의 영업이익과 위험에 영향을 미치는 요인들, 특히 기술적인 측면에 역점을 두고 살펴본다. 둘째, 인력, 자본 및 기타 투입요소와 비용에 대한 최적관리와 통제의 중요성을 논의하고자 한다. 효율적으로 잘 경영되고 있는 금융기관들은 대개 이익을 증가시키기 위해서 영업비용의 절감을 추구하고, 그 결과 지급불능 가능성을 줄이고 있다.

본 장에서는 다음과 같은 주제를 중점적으로 다룬다.

- 운영위험
- 기술혁신과 수익성
- 금융서비스산업에서 기술의 영향
- 규모의 경제와 범위의 경제
- 기타 운영위험

## 제1절 운영위험의 원천

금융기관의 경영관련 의사결정과정에서 핵심적인 사항은 난내(on the B/S) 혹은 난외(off the B/S)의 금융서비스를 생산하는 데 필요한 투입요소(inputs)들이다. 그 중에서도 특히 중요한 것은 인력(창구직원과 대출심사직원)과 자본(건물, 장비, 가구)이다. 금융기관의 효율적 경영과 투입요소들의 최적 결합(결과적으로 최저비용으로 금융서비스생산)에서 가장 중요한 것은 바로 기술(technology)이다. 최근 들어 금융기관들의 최대관심사는 기술혁신(technological innovation)이었다. 1980년대 이래로 은행, 보험회사 및 투자회사들은 운영효율성(operational efficiency)을 제고시키려는 목적으로 앞을 다투어 내·외부 의사소통, 컴퓨터, 그리고 기타 기술기반시설의 확충에 엄청난 규모의 투자를 단행하여 왔다.

특히 인터넷과 무선통신기술은 금융서비스의 생산 및 제공에 엄청난 영향을 주었다. 이러한 기술은 새로운 유통채널 그 이상의 것이었고, 금융서비스를 제공하는 방식을 완전히 뒤바꾸어 놓고 말았다. 세계굴지의 금융서비스회사인 Citigroup의 경우 100여 개 국가에서 영업을 하고 있는데, 이들 모두를 자체소유의 위성통신시스템을 이용하여 실시간으로 연결·소통하고 있다. 운영위험(operational risk)은 한편으로 기술위험(technological risk)과도 연관되어 있는데, 기존기술이 정상적으로 작동 안 하거나 후선부서의 지원시스템이 고장이 났을 때 발생하는 위험이다. 더욱이, 후선부서 지원시스템은 인력과 기술을 결합하여 청산(clearance), 결제(settlement) 및 기타 금융기관의 난내 및 난외거래를 지원하고 있다.

기술 및 운영위험은 최근 들어 금융기관 경영자들뿐만 아니라 감독당국의 지대한 관심이 되고 있다. 국제결제은행(BIS)은 기술위험을 포함한 운영위험을 "부적절하고 무력한 내부 의사결정과정, 인력 및 시스템, 또는 외부적인 사건의 발생결과로 손실을 입을 위험"이라고 정의하고 있다.[1] 많은 금융기관들은 운영위험(operational risk)을 보다 광의로 정의하여 평판위험(reputational risk)과 전략위험(strategic risk)까지도 포함시키고 있는 실정이다. 운영위험의 중요성을 고려하여 2006년 국제결제은행(BIS)은 은행들로 하여금 운영위험으로 인하여 발생하는 손실에 대비하여 추가적인 자본금을 확충해 놓

1 Basel Committee on Bank Supervision, "Overview of the Bew Basel Capital Accord," Bank for International Settlements, April 2003, p.120 참조.

도록 규정하였다.

운영위험을 통제하고 감소시키면 금융기관의 운영효율성은 제고될 것이며, 이는 순이익, 총자산수익률, 그리고 기타 금융기관의 경영성과의 개선으로 나타난다. 그러나 사실 운영위험은 쉽게 관찰될 수 있는 것이 아니라서 계량화하기는 매우 어렵다. 운영위험이 발생하는 주된 원천을 들면 ① 기술(technology, 기술적 실패나 시스템의 노후화), ② 종업원(employees, 종업원의 실수 및 부정행위), ③ 고객관계(customer relationships, 계약상 분쟁), ④ 자본자산(capital assets, 화재나 기타 재앙으로 인한 손실), 그리고 ⑤ 외부요인(external, 사기 등) 등이다. 이 중에서 앞의 네 가지는 금융기관의 내부에서 통제가 가능하지만 마지막의 것은 외부요인으로서 금융기관으로서는 사실상 통제가 불가능하다.

## 제2절 기술혁신과 수익성

금융기관의 수익성과 위험과 관련하여 가장 중요한 요소는 바로 기술(technology)이다. 기술(technology)을 넓은 의미에서 정의하면 컴퓨터, 시청각 의사소통시스템 및 정보기술(IT) 등이 포함된다. 효율적인 기술기반을 구축하면 금융기관은 무엇보다도 ① 인력과 자본의 효율적 결합으로 인한 원가절감, ② 고객들에게 보다 다양하고 개선된 금융서비스제공을 통한 매출의 증가 등을 기대할 수 있다. 금융기관의 영업비용과 이러한 비용에 영향을 미치는 기술의 효율적 활용의 중요성은 다음의 등식에서 확실하게 이해할 수 있을 것이다.

$$\text{영업이익} = (\text{이자수입} - \text{이자비용}) + (\text{기타수입} - \text{비이자비용}) - \text{대손충당금} \qquad (1)$$

잘 선택되어 수행된 기술투자는 해당 금융기관의 예대마진(net interest margin)과 비이자수입을 증가시킬 수 있기 때문에 기술투자는 매우 중요하다. 다음의 예가 보여주듯이, 기술은 수익성 제고와 직결되어 있다.

① 금융기관이 기술개발의 결과로 훨씬 다양한 금융서비스를 고객들에게 제공한다면 이자수입(interest income)은 증가할 것이다. 여기에는 컴퓨터로 고객들의 신분을

확인한 후 생명보험이나 은행상품과 같은 텔레마켓 금융서비스를 직접 혹은 인터넷을 통해 교차판매하는 것이 포함된다. 교차판매(cross selling)란 금융회사들이 자체개발한 상품에만 의존하지 않고 다른 금융회사가 개발한 상품까지 판매하는 적극적인 판매방식으로서 그동안 은행들은 전통적인 예금과 대출업무에 주력해 왔으나, 갈수록 적정규모의 수익성을 확보하기 어려워지자 투자신탁회사나 보험회사의 상품 등 다른 금융부문의 판매채널을 이용해 자사상품을 판매하는 마케팅 전략까지 구사하는 등 새로운 활로를 모색해 왔다. 교차판매는 은행과 보험회사 등 부분적인 금융기관 사이의 합작으로 이루어지는 방카슈랑스에 머물지 않고, 은행·증권·보험·투자신탁운용 등 고객이 필요로 하는 각종 금융상품을 한 개의 금융회사 창구에서 모두 제공할 수 있는 원스톱(one stop) 쇼핑서비스를 아우르는 보다 적극적이고 거시적인 개념의 마케팅전략이다.

즉 초대형 슈퍼마켓과 마찬가지로 하나의 금융창구에서 다양한 금융상품을 판매하는 전략으로, 대표적인 예로 금융지주회사를 들 수 있다. 금융지주회사는 산하에 은행·증권·보험·투자신탁 등 각종 금융관련 자회사를 두고 있어 각각의 금융창구에서 분야별 자회사 상품의 교차판매가 가능하고, 이를 통해 시너지효과뿐 아니라, 자회사 간의 수익구조 불균형을 해소할 수 있다. 그 밖에 전문성과 경쟁력을 갖추지 못한 분야는 아웃소싱을 통해 외부에 위탁하거나, 다른 업종의 금융회사들과 제휴해 그 회사 상품을 팔아주고 일정액의 수수료를 받는 마케팅 역시 교차판매전략의 일환이다.

② 자금조달시장에의 접근성이 금융기관의 기술역량과 직결되어 있다면 이자비용(interest expense)은 감소할 것이다. 국내외 은행 간 대출시장(interbank lending markets)을 연결시켜 주는 자금이체시스템이 완비되어 있는 경우 관련 금융기관들은 훨씬 더 적절한 타이밍에 보다 저렴한 비용으로 자금을 조달할 수 있을 것이다. 또한 기업어음(commercial paper)을 발행하고 판매하는 금융기관의 역량이 점점 더 컴퓨터에 의존하고 있다. 따라서 적절한 기술투자를 시행하지 않는 금융기관은 저렴한 비용으로 자금을 조달할 수 있는 시장으로부터 배척될 것이다.

③ 특히 난외활동을 포함한 각종 금융서비스를 제공하는 대가로 받는 수수료와 같은 기타수입은 증가하게 될 것이다. 왜냐하면 이들 서비스의 제공 역시 금융기관이 확보하고 있는 기술의 질적 수준에 달려 있기 때문이다. 예컨대, 요즘 들어 신용장(L/C)은 고객들에게 전자화되어 발급된다. 스왑(swaps), 캡(caps), 옵션(options)

및 기타 매우 복잡한 파생상품들도 고성능의 컴퓨터와 연산방식(algorithm)을 사용하여 그 가치가 평가되고, 추적되며, 거래되고 있다. 적정한 IT투자가 선행되지 않는 한 어떠한 금융기관도 고객들에게 혁신적인 파생상품을 제공할 수 없는 시대가 되었다. 더욱이 신기술은 지불시스템(payment systems)의 진화를 가져왔고, 그 결과 수수료수입(비이자수입)의 증가를 통해 금융기관 총영업이익(이자수입과 비이자수입의 합계)의 상당부분을 차지하게 되었다.

④ 금융소비자들의 개인정보 수집 및 저장뿐만 아니라 수많은 금융상품의 처리 및 결제 등도 이제는 장표 대신 대부분 컴퓨터로 처리되고 있는데, 특히 보안과 관련된 후선부서 활동의 경우 더욱 그런 현상이 나타나고 있다.

## 제3절 기술이 금융서비스생산에 미치는 영향

앞 절에서는 현대기술이 금융기관의 이익창출분야에 직접적으로 영향을 미친다는 사실이 논의되었다. 그러면 구체적으로 어떠한 기술이 도매 및 소매금융기관에서 접목되고 있는가를 살펴보고자 한다.

### 3.1 기업고객에게 제공되는 금융서비스

기술이 도매 혹은 기업 고객서비스에 가장 큰 영향을 미치고 있는 부문은 현금관리나 운전자본서비스를 제공하는 금융기관의 역량일 것이다. 현금관리서비스(cash management service)는 지역 내, 권역 내, 국내 및 국제적인 수금, 지불 및 이체를 효율적으로 처리함은 물론 그러한 자금의 소재 및 현황에 관한 정확한 정보를 제공하기 위하여 설계되어야 한다. 과도한 현금을 보유하면 엄청난 기회비용이 발생한다는 사실을 기업들은 잘 인지하고 있으며, 또한 기업들은 실시간으로 현금이나 운전자본포지션을 알아야 할 필요가 있기 때문에 현금관리서비스 필요성이 대두되었다. 기업고객들이 재무포지션관리를 보다 효율적으로 할 수 있도록 돕기 위하여 현대 은행들이 제공하는 서비스들은 다음과 같다.

① 지불통제계정(controlled disbursement accounts): 이 계정은 특정 고객이 어느 하루 동안 지불해야 하는 모든 재무적 의무를 다할 수 있도록 그날 아침 일찍 설정된다. 은행에서는 특정 기업고객에게 지불의무를 다하기 위하여 필요한 자금액수를 알려주면, 해당 고객은 필요한 자금을 전신으로 이체한다. 이와 같은 당좌계정은 매일 아침 일찍 계좌정리가 이루어지기 때문에 기업들은 자신들의 순현금포지션을 빨리 파악할 수 있다.

② 계정조정(account reconciliation): 은행이 이미 지불이 끝난 기업의 당좌수표에 대한 내용을 기록해 두는 일종의 대조표(checking feature)이다.

③ 기업금고(wholesale lockbox): 수표교환이 지연되거나 수표가 유통 중(float)에 있는 기간을 줄이기 위하여 제공되는 집중수금서비스(centralized collection service)이다. 통상적인 기업금고계약을 보면, 지역은행이 우체국에 금고를 설치해 놓으면, 그 지역의 기업고객들은 다른 지역에 위치한 기업본사에 수표를 우송하는 대신 바로 그 금고로 보내면 된다. 지역은행은 하루에도 몇 번씩 그 수표들을 수집하여 수취기업의 계좌로 직접 입금을 해준 후에 곧장 상세한 내용을 고객들에게 전신으로 통보해 준다.

④ 전자금고(electronic lockbox): 앞의 기업금고와 동일한 서비스인데, 다른 점은 전기·통신·가스업체와 같은 공익업체나 그와 유사한 기업고객들을 위해 온라인으로 지불을 하도록 한다.

⑤ 자금집중(funds concentration): 은행들 또는 지점들의 수많은 계정으로부터 특정 금융기관의 소수계정으로 자금을 재정리해 주는 서비스이다.

⑥ 전자자금이체(electronic funds transfer: EFT): 한밤중에 행해진 지불을 포함하여 급여 또는 배당을 자동화된 청산소를 통해서 자동이체시켜 주는 서비스이다.

⑦ 수표입금서비스(check deposit service): 고객들의 수표에 대해 기록, 양도, 마이크로필름 촬영 및 기타 업무취급 등의 서비스를 제공한다.

⑧ 신용장 전자개시(electronic initiation of letters of credit): 네트워크 내에 있는 고객들이 거래은행의 전산망에 접속하여 신용장을 개시하도록 해주는 서비스이다.

⑨ 자금관리 소프트웨어(treasury management software): 교역과 투자목적으로 보유하고 있는 여러 국가의 통화 및 유가증권 포트폴리오의 효율적 관리를 도와주는 프로그램이다.

⑩ 전자자료교환(electronic data interchange): 구조화된 자료 및 정보를 한 컴퓨터

에서 다른 컴퓨터로 인위적 개입을 최소화하며 전송할 수 있게 해주는 서비스이다. 이 서비스를 통하여 기업들은 거래은행을 청산소로 활용하여 송장(invoice)의 전달 및 처리, 매수주문, 선적사항 통보(shipping notices) 등을 자동으로 처리할 수 있다.

⑪ **B2B 전자상거래 촉진**(facilitation of business-to-bus ness e-commerce): 미국의 대형은행들은 이미 기업들에게 B2B 전자상거래기술을 제공하고 있다. 은행들은 기업들 간 상품 및 서비스의 구매와 유통과 관련된 모든 정보처리를 자동화하고 있다.

⑫ **전자대금청구**(electronic billing): 엄청난 양의 대금청구서를 반복적으로 송부해야 하는 기업들을 위해 대신 대금청구서를 제시하고 수금해 주는 서비스를 제공한다. 은행들은 인터넷의 전자우편기능과 은행 간 지불네트워크를 통한 전자지불처리능력을 결합하여 거래기업들을 위해 대금청구서를 처리해 준다.

⑬ **본인확인**(verification of identities): 부호매김풀이법(encryption algorithm)기술을 사용하여 은행들은 계정소유자의 본인확인을 하고, 또한 자신의 기업고객들이 타은행 계정소유자들에 대한 본인확인을 할 수 있도록 중개자역할을 수행한다.[2]

⑭ **전자상거래를 시작하는 소기업들에 대한 지원**: 소기업들이 전자상거래를 위한 상호작용 웹사이트와 결제방식 등과 같은 하부구조를 설치하는 데 도움을 주고 있다.

## 3.2 개인고객에게 제공되는 금융서비스

개인고객들은 금융거래에서의 효율성과 융통성을 요구하여 왔다. 소매거래를 할 때 전자지불방식이나 인터넷에 비하여 수표를 사용하거나 현금으로 지불할 경우 그 비용이 만만치 않고 시간낭비도 매우 심하다. 특히 증권거래는 점차 특정 장소에 구애되지 않는 전자플랫폼으로 옮겨가고 있다. 전자거래 네트워크는 거래비용을 낮추었고 보다 나은 가격결정이 이루어지도록 하였다. 예컨대, 어떤 회사라도 한 번의 마우스 클릭으로 증권회사의 고객들은 그 회사에 대한 분석보고서의 세부적인 정보를 얻을 수 있게 되었다. 또 한 번의 클릭으로 증권거래에서 가장 유리한 가격조건에 대한 정보를 실시

2 2001년 9월 11일 미국 뉴욕과 워싱턴에서 발생한 테러사건 직후, 미국의 몇몇 의원들은 사법당국에게 암호화된 자료에의 접근을 허용하지 않는다면 부호매김풀이법기술의 사용을 규제해야 한다고 주장한 바 있다.

간으로 얻을 수 있으며, 다시 한 번 클릭하면 증권거래를 할 수 있다. 증권회사의 영업점이나 전화를 이용하면 높은 비용이 들지만, 온라인거래를 이용하면 그것에 비해 현저하게 낮은 비용으로 거래를 할 수 있는 것이다. 일반고객에게 제공되는 지불방식의 혁신들을 열거하면 다음과 같다.

① **자동금융거래단말기(automatic teller machine: ATM)**: 이 기계를 이용하여 고객들이 24시간 자신들의 계좌로 접속하여 청구서대금을 지불하거나 현금을 인출할 수 있다.

② **판매시점 직불카드(point-of-sale(POS) check cards 또는 debit cards)**: 현금, 수표, 또는 신용카드 사용을 싫어하는 고객들은 물품을 구매할 때 POS단말기를 통해 직불카드를 사용할 수 있다. 이 카드를 사용하면 상인들은 며칠간 수표결제를 기다린다든지 신용카드와 관련된 지불지연 등을 피할 수 있으며, 은행은 직불카드/POS서비스를 통하여 카드사용 즉시 물품대금을 고객의 은행계좌에서 상인의 은행계좌로 즉시 이체시켜 준다.

③ **폰뱅킹(phone banking)**: 은행에 계좌가 있는 고객이 전화기를 통해 자신의 계좌로부터 다른 사람에게 청구대금을 지급한다든지 현금을 송금할 수 있다.

④ **온라인뱅킹(online banking)**: 고객이 인터넷을 통해 은행업무나 증권투자업무를 볼 수 있다.

⑤ **스마트카드(smart cards, store-valued cards)**: IC(integrated circuit: 집적회로) 기억소자를 장착하여 대용량의 정보를 담을 수 있는 전자식 신용카드를 말한다. 프랑스에서 개발되어 금융기관, 의료보험증, 교통카드, 신용카드 등에 이용되며, IC카드 또는 칩카드(chip card)라고도 한다.

## 3.3 기술이 매출액과 비용에 미치는 영향

기술진보의 덕으로 금융기관들은 고객들에게 다양한 금융서비스를 제공할 수 있게 되고, 그 결과 더 많은 이익을 벌어들일 수 있게 되었다. 그러나 대부분의 이러한 기술투자는 매우 위험한데, 왜냐하면 그러한 혁신상품은 초기투자규모와 설치해 놓은 이후에 발생하는 미래비용들에 비해 충분한 사업성이 부족할 수도 있기 때문이다. 사실 수많은 기술기반 혁신상품들은 매출액과 관련하여 불확실성이 매우 클 뿐만 아니라 경쟁자들이 그러한 혁신을 재빠르게 따라할 수가 있기 때문에 나중에 음(-)의 순현가(net present value: NPV)를 보일 수도 있을 것이다. 또 다른 요인으로 꼽을 수 있는 것은 금융기관 경영자들이 규모를 키우고자 성장위주 투자를 하는 일종의 대리인 문제(agency conflicts)인데, 그러한 투자는 주주들의 가치극대화 목표와는 부합하지 않을 수 있다. 기술혁신과 신기술로 인하여 손실이 발생하고, 해당 금융기관은 희소한 자원을 가치감소상품에 투자한 결과로 매우 취약해질 것이다.

기술혁신이나 신기술의 도입타당성을 분석할 때에는 일반적인 자본예산기법을 적용할 수 있다. 먼저 몇몇 표기를 다음과 같이 정의하자.

$I_0$ =혁신이나 상품의 개발에 소요되는 초기($t=0$)자본투자

$R_i$ =상품매출로 발생하는 미래기간 $i$의 예상현금흐름, $i=1, \cdots, N$

$d$ =위험조정자본비용을 나타내는 금융기관의 할인율

이러한 표기를 사용하여 음(-)의 순현가를 가진 사업을 나타내면 다음과 같다. 즉,

$$I_0 > \frac{R_1}{(1+d)} + \cdots + \frac{R_N}{(1+d)^N}$$

이 식에 나타나 있듯이, 어떤 상품혁신의 수익성은 명백히 초기설비의 규모와 개발비용($I_0$), 그리고 금융기관의 자본비용($d$)과는 음(-)의 상관관계를 가지고 있으며, 그러한 서비스 판매로부터 발생하는 미래예상현금흐름($R_i$)의 크기와는 양(+)의 상관관계를 가지고 있다. 금융기관의 영업구조를 최신화하기 위한 기술투자가 실제로 매출액을 증가시키는지 또는 비용을 줄여주는지에 관한 이슈는 실증적으로 확인해 보아야 할 것이다.

### 3.3.1 기술과 매출액

기술투자가 가져다주는 장점의 하나는 금융기관이 기존서비스와 최신서비스를 모두 고객들에게 제공할 수 있다는 점이다. 동시에 두 가지 서로 다른 서비스를 제공한다고 해서 한 지점이나 금융서비스센터에서 그러한 서비스를 모두 생산해내야 되는 것은 아니다. 그 결과 자산 1단위당 이자 및 비이자수입이 증가하고 동시에 자산수익률(ROA)

도 증가한다. 예컨대, 한 시중은행은 한 보험회사와 제휴해서 서로의 대출상품이나 신용카드 및 보험상품을 판매할 수도 있다.[3]

기술은 또한 신금융상품의 혁신율(rate of innovation)을 증가시킨다. 최근 들어 성공사례도 많지만 실패사례도 많아졌다. 예컨대, 은행들의 대규모 투자에도 불구하고 POS/직불카드와 같은 상품혁신은 확산되는 데 상당히 오랜 시간이 걸렸다. 그렇지만 전자증권거래와 폰뱅킹을 이용한 청구대금지불 등은 매우 빠른 속도로 성장하였다.

한편 서비스품질(quality of service)과 편의성(convenience)도 무시해서는 안 될 것이다. 특히 ATM과 인터넷뱅킹은 상근직원을 고용하는 것에 비해 금융기관의 영업비용을 현저하게 낮출 수 있지만, 기계가 고객들의 관심사항과 궁금증을 탄력적으로 해결해 주지 못하기 때문에 종국에는 고객들을 쫓아내 버릴 수도 있을 것이다. 고객들은 여전히 많은 경우에 직원들과 직접 대면하면서 은행업무를 처리하고 싶어 한다. 오늘날 대형은행들이 전국적인 지점망을 갖추고 있는 경영환경 속에서 소규모 은행들이 그래도 살아남을 수 있었던 것은 소규모 은행에서 직원들이 직접 제공하는 서비스의 품질이 주로 인터넷뱅킹이나 ATM 등으로 서비스를 제공하는 대형은행들의 서비스에 비해 더 훌륭할 것이라는 고객들의 믿음 때문일 것으로 판단된다.

### 3.3.2 기술과 비용

기술진보를 통해 금융기관들이 기대할 수 있는 편익은 주로 매출액부문보다는 비용부문에서 발생할 것으로 간주되어 왔다. 일반적으로 기술은 규모의 경제(economies of scale)나 범위의 경제(economies of scope) 덕분에 금융기관의 비용구조에 긍정적인 영향을 줄 수 있기 때문이다.

#### 1) 규모의 경제

금융회사들의 규모가 점점 커짐에 따라 기술투자의 규모도 덩달아 커지는 경향이 있다.[4] 기술의 진보가 금융기관 서비스생산의 평균비용을 절감시켜 준다면, 소규모 금융

3 Citicorp이 Travelers와 합병해서 Citigroup을 출범시킨 목적이 100여 개 이상의 국가에서 은행상품, 보험상품, 및 증권상품을 교차판매하는 것이었다. 그러나 두 회사의 컴퓨터를 통합시키는 데 10년 이상이 소요된다는 사실을 깨닫고는 2005년에 생명보험 인수사업부를 Metlife에 매각하였다.

4 규모경제(scale economy)나 범위경제(scope economy)가 반드시 기술투자에만 의존하는 것이 아니라 다른 요인과도 밀접한 관련이 있음은 타 지역 진출 내지 타 국가로의 영업확장 등에서 알 수 있다. 그러나 본 장에서는 기술투자의 관점에서만 그러한 경제개념을 설명하고자 한다.

기관보다는 오히려 대형금융기관이 규모의 경제혜택을 누릴 것이다. 규모의 경제(economies of scale)란 곧 금융기관규모가 점차 확대되어 감에 따라 서비스생산의 단위당 비용 또는 평균비용이 낮아짐을 의미한다. 따라서 자산 1단위당 비이자비용(noninterest expense)은 낮아지게 되고, 총자산수익률(ROA)은 높아질 것이다.

[그림 14-1]에서는 금융기관의 규모가 달라짐에 따라 규모의 경제가 어떻게 나타나는가를 보여주고 있다. 금융기관이 금융서비스를 생산하는 데 소요되는 평균비용은 보통 다음과 같이 측정되고 있다.

$$AC_i = \frac{TC_i}{S_i}$$

여기서 $AC_i$ = $i$번째 금융기관의 평균비용
$TC_i$ = $i$번째 금융기관의 총비용
$S_i$ = 자산, 예금 및 대출로 측정한 $i$번째 금융기관의 규모[5]

[그림 14-1]에서 대형금융기관들($S_C$)은 소형금융기관들인 $B$나 $A$에 비해 서비스생산 평균비용이 현저히 낮다. 이것은 곧 어떠한 금융서비스 가격수준에서도 대형금융기관이 소형금융기관들인 $B$나 $A$에 비해 훨씬 더 큰 이익을 낼 수 있다는 사실을 의미한다. 혹은 대형금융기관 $C$가 전략을 바꿔서 금융서비스 가격을 $B$나 $A$가 감당할 수 없는 수준까지 내리게 되면 시장점유율(market share)을 높일 수가 있을 것이다. 예를 들면, 미국의 Regions Financial과 AmSouth Bancorp는 2006년에 100억달러규모의 합병을 성사시켰는데 원가절감이 근본적인 이유였다. 이 합병으로 2008년 봄 그 회사는 연간 4억달러상당(합병회사의 총영업비용의 약 10%)의 원가절감이 기대되었다. 그 은행들은 같은 도로상에서 서로 마주 보며 본부가 위치해 있었고, 같은 도시 내에서도 경쟁적으로 영업활동을 하고 있었던 것이다. 따라서 원가절감계획은 당연히 회계, 홍보, 전산처리 등 주로 후선부서에서 시행될 것으로 예상되었다. [그림 14-1]의 개념을 이용해 이 상황을 설명해 본다면, Regions Financial은 금융기관 $A$에 속하며 평균영업비용 수준은 $AC_A$이고, AmSouth는 중간 정도 규모의 금융기관인 $B$에 속하며 평균영업비용은 $AC_B$이라고 할 수 있다. 두 금융기관이 합병함으로써 규모는 대형인 $C$가 될 것이고,

5 현대 금융기관의 규모를 측정할 때에는 반드시 난외자산(off-balance-sheet assets)의 상황조건적 가치(contingent value)도 함께 포함시켜야 한다는 주장이 있어서 이 부분은 논란의 여지가 있다.

중복되는 영업활동의 병합은 평균비용을 낮출 수 있어 $AC_C$로 낮아지게 된다.

**그림 14-1 금융기관의 규모경제**

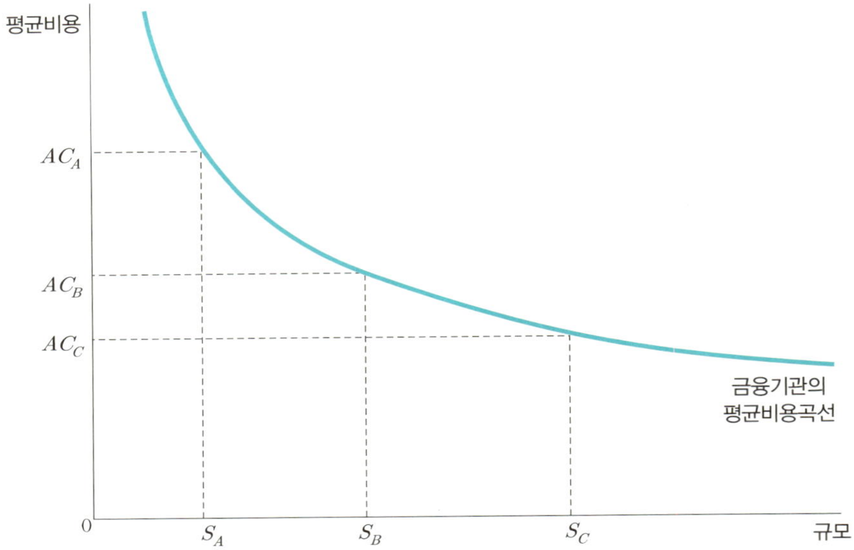


규모의 경제가 장기적으로 금융산업 전체에 미치는 영향은 대형화되고 비용효율적인 금융기관들이 상대적으로 규모가 작은 금융기관들을 몰아낼 것이고, 결국 금융서비스 생산이 대형금융기관에 집중되어 결국 대형금융기관이 지배세력으로 등장할 것이다. 또한 기술수준이 향상될수록 업무를 더욱 신속하게 효율적으로 처리할 수 있는 대형금융기관이 더 큰 이익을 창출할 수 있기 때문에 이러한 대형금융기관 집중현상은 더욱 심화될 것이다. 예컨대, 엄청난 기술수준을 필요로 하는 위성기술이나 슈퍼컴퓨터 같은 것은 오직 대형금융기관들만 향유할 수 있기 때문이다. 즉, 시간이 흐름에 따라 기술이 더욱 발전하고 일반적으로 그 영향으로 말미암아 평균영업비용곡선(average operating cost curve: $AC$)은 아래쪽으로 이동하는데, 대형금융기관일수록 더 아래쪽으로 이동하게 될 것이다([그림 14-2] 참조). [그림 14-2]에서 $AC_1$은 원가절감을 위한 기술혁신 이전의 가상적인 평균영업비용곡선이고, $AC_2$는 모든 금융기관에 대한 기술도입의 원가절감효과(물론 대형금융기관의 원가절감이 더 크다는 사실을 반영시킴)를 나타내는 평균영업비용곡선이다.

**그림 14-2** 기술향상이 금융기관 평균영업비용에 미치는 영향

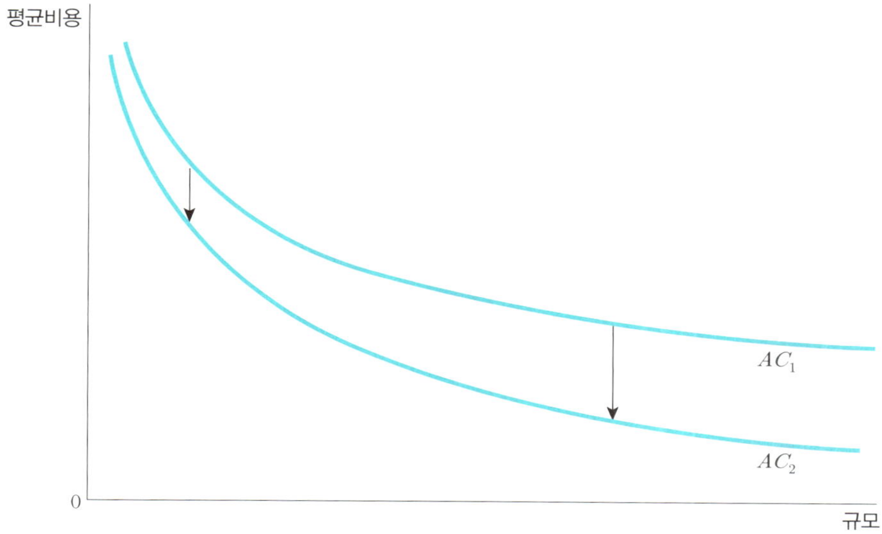


앞에서도 논의되었지만, 기술투자는 위험을 수반하고 있다. 미래수입이 기술개발비용을 초과하지 않는다면 금융기관의 가치와 소유주들의 자기자본이 감소할 수도 있다. 비용측면으로 보면, 대규모 투자는 비용초과 및 비용통제 문제와 함께 과잉역량 문제와 통합 문제를 야기할 수 있다. 따라서 쉽고 간단하게 관리할 수 있는 컴퓨터시스템을 보유하고 있는 소형금융기관들이나 설치 및 유지와 관련한 고정비를 걱정할 필요 없이 컴퓨터를 리스해서 사용하는 금융기관들이 오히려 평균영업비용 면에서 상대적으로 유리할 수도 있다. 이 경우 대형금융기관의 기술투자는 오히려 평균비용을 전보다 높게 하고, 그 결과 금융산업 전체에 규모의 비경제(diseconomies of scale)를 초래하게 되는 것이다. 규모의 비경제(diseconomies of scale)란 소형금융기관이 영업비용 측면에 있어서 대형금융기관보다 훨씬 효율적이고, 금융서비스제공의 자유경쟁상황 속에서 소형금융기관들이 번성할 것이라는 사실을 의미하고 있다.

### 2) 범위의 경제

기술투자가 금융기관에 미치는 영향은 긍정적일 수도 있지만 때로는 부정적일 수도 있다. 그 영향은 금융기관의 규모에 따라 달리 나타난다. 그리고 기술은 어떤 특정 영업부문에서 더 많이 응용되고 있는 것도 사실이다. 금융기관은 부문마다 각기 다른 기술을

필요로 하는 다품종 서비스생산업체이다. 즉, 한 부문(예: 대출부문)에 적용한 기술투자가 다른 부문(즉, 증권인수 또는 중개부문)에서까지 비용을 절감시키는 시너지효과(synergy effect)를 가져왔다면 그것은 우연일 수도 있다. 전산화(computerization)는 고객과 관련한 중요정보의 저장 및 공동 활용을 가능하게 하는데도 불구하고, 규모경제의 개념에서는 바로 상품 간의 상호연관성(interrelationships)과 금융상품생산비용의 공동성(jointness)이 무시되고 있는 것이다. 특히 여러 종류의 서비스상품을 생산하는 과정에서 투입요소들을 공동으로 사용함으로써 발생하는 시너지적 비용절감을 규모의 경제(economies of scale)와는 차별하여 범위의 경제(economies of scope)라고 부른다.

기술투자로 인해 두 금융기관이 자본이나 노동과 같은 투입요소들을 공동으로 사용하면 각자 독립적으로 금융서비스를 생산할 때보다 더 저렴한 비용으로 생산할 수 있다. 구체적으로 설명하자면 다음과 같다. $X_1$과 $X_2$를 두 가지 서로 다른 금융서비스라고 하고, 두 금융기관이 각기 이 금융서비스 중에서 하나씩을 생산하고 있다고 하자. 즉, 금융기관 $A$는 $X_1$만 생산하고 있는 반면, 금융기관 $B$는 오로지 $X_2$만 생산하고 있다. 이 금융기관들의 평균비용함수는 다음과 같다.

$$AC_A[X_1,\ 0] \text{ 그리고 } AC_B[0,\ X_2]$$

만일 이 두 금융기관이 합병을 하여 $X_1$과 $X_2$를 공동으로 생산한다면 결과적으로 범위의 경제(economies of scope)가 발생하게 된다. 이것을 함수로 표현하면 다음과 같다.

$$AC_{A+B}[X_1,\ X_2] < AC_A[X_1,\ 0] + AC_B[0,\ X_2]$$

즉, 비용시너지를 통한 공동생산비용은 그러한 서비스를 두 금융기관이 각자 따로따로 독립적으로 생산할 때의 비용의 합계보다 낮아진다는 것이다.

그럼에도 불구하고, 기대했던 것과는 달리 범위의 비경제(diseconomies of scope)가 발생하는 경우도 흔히 있다. 다시 말하면, 여러 금융서비스를 공동으로 생산하는 비용이 오히려 그러한 서비스를 두 금융기관이 각자 독립적으로 생산할 때의 비용합계보다 높아질 수도 있다는 뜻이다. 실증연구에 따르면, 비용절감을 추구하는 범위의 경제는 아주 미미한 데 반하여 매출액을 증가시키려는 목적으로 추진하는 범위의 경제는 특히 대형금융기관의 경우 상당히 의미가 있는 것으로 보고되고 있다. 따라서 고객들에게 원스톱서비스(one-stop service)를 제공하려는 목적으로 금융기관이 기술투자를 하는 경우에 실제로 효율성이 증진되었는지는 분명하지 않다.

## 제4절 지급결제시스템의 진화와 위험

### 4.1 전자화폐와 스마트카드

수표발행은 전자화폐(e-money)의 기초가 되었다. 수표가 발행되어 다른 은행에 계좌를 가지고 있는 사람에게 교부될 때 은행들은 서로 화폐를 교환하지 않고, 전자자금이체(electronic funds transfer: EFT)를 사용한다. 전자화폐의 출현으로 사실상 매개자(middleman)가 필요 없게 되었고, 고객들은 은행들에게 자금이체를 요구할 필요 없이 자신의 계좌로부터 자금수취자의 은행계좌로 직접 자금을 이체시킨다. 전자화폐의 가장 중요한 기능은 인터넷상에서의 상거래를 보다 용이하게 하는 것이다. 인터넷상의 상거래 대부분이 소액거래라서 신용카드와 같은 결제수단은 비용을 따져볼 때 어느 정도 비효율적이다. 그러나 전자화폐의 경우 사용자는 자신이 원하는 어떠한 통화로도 돈을 내려받아서 가상공간지갑(cyber-wallet)에 넣어둘 수 있다. 바로 이러한 사실 때문에 전자화폐는 점차 국제적으로 명성을 얻어가고 있다. 상인들은 물품대금으로 그 액수와 통화종류에 관계없이 받고 있으며, 가상공간현금(cyber-cash)을 자신의 은행계좌로 넣어놓으면 쉽게 자국통화로 전환된다. 만일 그 상인이 전자화폐를 오프라인에서 원한다면, 필요한 것은 오직 스마트카드기술뿐이다. 카드에 돈의 액수가 저장되고, 전자지갑은 돈을 스마트카드로 저장하거나 온라인상에서 지불하는 기능을 한다. 전자화폐 이체는 본질적으로 여러 다른 거래수단의 장점을 다 묶어 놓은 것으로 볼 수 있다. 얼핏 보기에는 신용카드나 직불카드와 흡사하지만, 사람들이 직접 서로 거래를 할 수 있도록 해준다. 개인당좌수표와 마찬가지로 아주 작은 소액거래에서도 사용하기 매우 편리하다. 그러나 은행의 예금계좌는 예금보험이라는 장치에 의해 정부로부터 보호받는 데 반해서 전자화폐계정에 저장된 돈과 카드는 예금보험의 혜택을 누리지 못하고 있다.

## 4.2 전자자금이체(EFT)시스템과 관련한 위험

전자자금이체의 성장과 관련하여 여러 가지의 위험이 도사리고 있는데, 몇 가지는 이미 앞에서도 언급된 바 있다.

### 4.2.1 일중초과발행위험

많은 전문가들은 오늘날 금융시장을 불안정하게 만들 수 있는 가장 큰 위험이 바로 일중초과발행위험(daylight overdraft risk) 또는 결제위험(settlement risk)이라고 하는데, 일중초과발행위험(daylight overdraft risk) 또는 결제위험(settlement risk)은 양 당사자 간에 금융거래계약이 체결된 후 거래당사자의 한쪽이 결제의무를 다하지 못하는 경우 다른 한쪽이 손해를 입게 되는 위험을 말한다. 여기에는 유동성위험(liquidity risk), 신용위험(credit risk), 시스템위험(systemic risk), 법률위험(legal risk), 그리고 운영위험(operational risk) 등 다섯 가지 종류가 있다. 이 부분은 제4장에서 이미 자세하게 언급되었다.

### 4.2.2 국제기술이전위험

최근 들어 지급결제시스템에는 엄청난 기술투자가 이루어졌고, 수많은 금융서비스혁신이 일어나고 있다. 예를 들면, 대부분의 선진국에서는 ATM기계가 널리 보급되었지만 아직도 많은 국가에서는 국내전화선 사용에 대해 높은 수수료를 부과하기 때문에 빠른 성장세를 보이지 못하고 있다. [표 14-1]을 통해 본다면, 미국과 같은 나라는 자동금융거래단말기(ATM)에 엄청난 기술투자를 해서 경쟁력이 확보되었음에도 불구하고 이러한 국내기술혁신의 이점을 국제적으로 확산시켜 이익을 창출하는 데 있어 상당한 애로를 겪고 있는 데 반해, 다른 나라의 금융기관들은 미국의 금융시장에 진입하여 그러한 사회기반시설을 저렴한 비용으로 충분히 활용하여 이익을 올릴 수 있게 되었음을 알 수 있다. 한편 2011년 말 현재 우리나라의 국내 ATM 설치대수는 11만 8,507대로서 성인인구 10만 명당 270.1대이다. 이 통계는 OECD국가 중 단연 1위인데, 캐나다가 2위(209.0대), 미국이 3위(173.4대)를 기록하고 있다.

표 14-1 | 현금지급기(CD)와 자동금융거래단말기(ATM)의 보급(인구 10만 명당 기계의 수)

| 국가 | 1991년 | 2001년 | 2007년 |
|---|---|---|---|
| 벨기에 | 105 | 669 | 1,448 |
| 캐나다 | 467 | 1,142 | 1,748 |
| 프랑스 | 284 | 606 | 821 |
| 독일 | 161 | 603 | 831 |
| 이탈리아 | 204 | 593 | 817 |
| 일본 | 795 | 918 | 1,083 |
| 네덜란드 | 222 | 445 | 521 |
| 싱가포르 | – | 435 | 415 |
| 스웨덴 | 258 | 289 | 307 |
| 스위스 | 347 | 694 | 778 |
| 영국 | 309 | 612 | 1,040 |
| 미국 | 331 | 1,137 | 1,375 |

### 4.2.3 범죄 및 사기위험

지불 또는 교환수단으로서 전신으로 수표와 현금을 결제하는 빈도가 늘어날수록 거래이행의 효율성이 증가하였다. 그러나 이러한 추세와 동시에 절도, 자료무단열람, 그리고 사무직 범죄의 증가와 같은 새로운 골칫거리가 생겨났다. 전자네트워크로 엄청난 액수가 매일 이체되고, 개인인식번호(personal identification numbers: PINs)와 기타 진입비밀번호는 몇몇 은행직원들만 알고 있기 때문에 이러한 현실이 점점 은행직원들에 의한 범죄의 유인이 되고 있다. 예컨대, 지금은 망해버린 BCCI의 스리랑카(Sri Lanka) 지점의 한 과장이 그 은행의 오만(Oman)지점의 텔렉스기계로부터 컴퓨터칩을 훔치고, 그것을 사용하여 미국과 일본에 있는 세 곳의 은행으로부터 스위스에 있는 자신의 은행계좌로 1,000만달러를 이체시켰다.

더욱이 인터넷을 전자지급시스템의 한 형태로 발전시키고자 하는 과정에서 보안 문제(security problems)의 심각성이 드러났다. 인터넷거래는 제3자에게 노출될 우려가 매우 크다. 따라서 금융기관은 인터넷상에서 신용카드나 직불카드의 자세한 내용이 노출되는 것을 매우 우려하고 있다. 인터넷을 통한 전자결제의 어떠한 형태라도 반드시 본인인식요건(requirements of recognition)과 실제로 현금과 연계되어 있다는 수용가능성(acceptability)을 충족시켜야 할 뿐만 아니라, 현금으로 결제하는 것과 같은 정도의 높은 보안수준을 갖추어야만 하는데, 사실상 인터넷에서는 그것이 보장되지 못하고 있다. 2001년 9・11 테러사태 이후 미국의회는 미국애국자법(USA Patriot Act of 2001)을 제정하여 기존형법의 여러 조항을 개정하였다. 특히 이 법은 금융기관을 통하여 행해진 테러의심행위에 대해 조기에 탐지하고 수사하는 것을 골자로 하고 있다.

점차로 많은 국가들이 사생활비밀보장법(data privacy laws)을 도입함에 따라 미래에는 전자자금이체를 할 때 사용하는 절대 안전하고 해독 불가능한 진입비밀번호(entry codes)를 개발하고 동시에 감시와 직원들에 대한 감독에 은행과 감독당국의 엄청난 자원이 지출될 것으로 판단된다.

### 4.2.4 감독위험

금융기관의 컴퓨터 및 통신네트워크가 발전함에 따라 감독당국에 대한 금융기관의 파워가 상당히 늘어나, 심지어 감독회피방조(aiding regulatory avoidance)라는 현상까지 생겨났다. 그 결과 감독당국의 규제는 기술혁신의 수익성에 영향을 미칠 뿐만 아니라 혁신의 형태나 비율을 촉진시키거나 저해하는 요인으로도 작용하고 있다. 예를 들면, 미국에서는 금융기관에 대해 폭리이자율상한(usury ceiling)을 부과하고 있는데, 이것은 금융기관이 신용카드, 가계대출 및 주택자금대출에 적용하는 이자율에 상한(caps)을 설정하여 규제하고 있는 것이다. 우리나라에서도 대부업이 들어오면서 한때 이자율이 연 120%에 달했으나, 그 후 「대부업법」을 제정하여 이자율을 규제하기에 이르렀다. 처음에는 연 66%였다가, 2007년 9월에는 49%, 2010년 6월 44%, 그러나 현재에는 39%로 낮추어졌다. 신용카드업은 주로 통신수단에 크게 의존하고 있어서 굳이 금융시장의 한가운데에 소재할 필요가 없는데, 미국의 경우 신용카드시장을 압도하는 곳은 사우스다코타(South Dakota)주와 델라웨어(Delaware)주인데, 그 이유는 이들 두 개의 주는 신용카드 수수료 및 이자율 상한규제가 다른 주에 비해 비교적 느슨하기 때문이다.

또한 미국의 엄격한 규제로 인하여 규제가 매우 허술한 케이만군도(Cayman Islands)의 금융업은 엄청나게 성장했다. 적어도 500개 이상 되는 금융기관들이 그곳에다 터를 잡고 주로 공공 및 사적 통신망을 이용하여 영업을 하고 있다. 케이만군도의 금융업이 번성하게 된 가장 큰 이유는 이자가 발생하지 않는 법정지급준비금의무를 회피하기 위한 미국은행들의 필요에 의한 바가 크다. 또한 마약과 범죄관련 비밀자금을 거래하기에 그곳이 안성맞춤이라서 그렇게 인기가 높다고도 한다. 통신네트워크의 사용과 기술적 진보는 많은 것을 변모시켰는데, 특히 금융기관과 정부 간 힘의 균형이 깨지고 있으며, 점차 금융기관에 더 큰 힘이 실리고 있는 형편이다. 그와 같이 금융기관으로의 힘의 쏠림현상이 나타남에 따라 여러 국가들이 각기 금융기관들을 유치하고자 규제의 장벽을 낮추려는 시도를 하고 있고, 이러한 추세는 규제가 가장 완화된 국가가 가장 많은 금융기관들을 유치할 수 있다는 판단과 함께 금융서비스시장을 더욱 불안정하게 만들 가능성이 충분히 있다.

### 4.2.5 조세회피

국제금융서비스회사 간 네트워크와 함께 국제통신네트워크의 발달 덕분에 금융기관들은 내부가격결정메커니즘을 이용하여 자금과 이익을 이체시켜 미국과세당국에 대한 세금부담을 최대한 줄이고 외국의 감세혜택을 극대화시킬 수 있었다. 예컨대, 1986년 이전에는 많은 미국은행들이 엄청난 이익을 창출했음에도 불구하고 여러 국가 간에 그 이익과 자금을 재빨리 이리저리 옮기는 수법을 사용하여 법인세를 거의 한 푼도 내지 않았다. 이러한 현상에 대해 많은 전문가들이 우려했고, 그에 따라 미국에서는 1986년 세법에 대해 대대적인 손질을 하였다. 개정세법에 따르면 미국은행들에 대해 최저 20%의 법인세를 부과함과 동시에 미국 내 법인세부담을 줄이기 위해 외국의 감세혜택을 활용하는 데 제동을 걸었다.

2000년대 후반 미국정부는 국세청(IRS)과 함께 외국의 금융기관으로부터 고객명단을 얻기 위한 조치를 취하였다. 이 고객명단에는 의도적으로 미국의 세금을 회피하기 위한 방편으로 외국의 금융기관에다 소득을 숨기고 있는 미국국적의 개인과 회사들의 명단을 포함하고 있었다. 한 가지 사례를 들면, UBS AG는 조세회피를 목적으로 한 개인고객들을 방조하고 있었는데, 홍콩현지법인의 명의로 스위스 UBS계좌로 자금을 송금하는 방법을 사용하였다. 법무부와 국세청 당국은 UBS가 미국정부에 넘긴 약 250여 명의 명단을 조사하는 과정에서 이 같은 홍콩연계를 위법행위의 증거로 사용하였다.

### 4.2.6 경쟁위험

금융서비스가 점점 더 기술에 의존함에 따라 비전통적인 금융서비스공급자들과의 경쟁이 더 심화되어 갔다. 은행이 발행하는 신용카드와 경쟁하기 위해서 더욱 진화된 신용카드를 발행하는 것과 더불어 AT&T는 자체의 금융회사를 보유하고 있다.[6] 비록 비금융회사라고 할지라도 금융서비스와 관련된 기술은 쉽게 사들일 수 있는 것이기 때문에 기업들이 별로 어려움 없이 그 부문으로 진출할 수 있는 것이다. 예를 들면, GM도 헐값에 기술을 사들여서 신용카드사업을 시작하였다. 현재는 은행들이 발행한 신용카드는 모든 신용카드의 절반도 안 되고 있다.

## 제5절 기타 운영위험

기술위험이 금융기관의 수익성과 위험에 막대한 영향을 미치고 있지만, 그것만이 운영위험의 유일한 원천은 아니다. 착복과 대출사기 등과 같은 운영위험이 해당 회사의 시장가치에 미치는 영향은 실제 비용의 12배 이상을 초과하는 것으로 한 연구는 보고하고 있다.[7] 본 장의 제1절에서 기술 이외에 운영위험을 일으키는 네 가지 주요 요인들을 언급했는데, 곧 종업원, 고객관계, 자본자산, 그리고 외부위험요인 등이었다. 종업원위험(employee risk)은 종업원들의 프로그래밍 오류 이외에도 종업원들의 이직률(turnover) 및 부정행위(fraud)를 들 수 있다.

[표 14-2]에서는 운영위험의 다른 요인들이 기술위험과 어떠한 관련을 맺고 있는가를 포함하여 운영위험의 원천들과 각각의 원천들이 발생시킬 수 있는 여러 문제점들을 요약하여 보여주고 있다. 한편 국제스왑파생상품협회(International Swaps and Derivatives Association: ISDA)의 설문조사에 따르면, 신용파생상품계약의 약 40%가량이 전자적 수단에 의해서 확인된다고 하며, 나머지 60%가량의 계약에 대한 확인소요시간은 평균 12일이 걸린다고 한다.[8] 이와 같이 확인소요시간이 긴 이유는 거래량이 워낙 많아서 신용담당부서와 준법감시부서로부터 승인을 받는 데 시간이 많이 걸리며, 시스템적 혹은 기술적 문제도 발생하기 때문이라고 한다. 이러한 현실은 만일 기업들이 채무를

6 AT&T의 범용카드(universal card)는 1990년 3월에 처음 발행되었는데, 신용카드 기능과 함께 전화카드의 기능까지도 겸하고 있다. 자회사인 AT&T Capital Corp.는 리스, 프로젝트 파이낸싱 및 소기업대출 등의 영업을 하고 있다.

7 Dunnett, R. S., C. B. Levy, and A. P. Simoes, "The Hidden Costs of Operational Risk," *McKinsey on Finance*, Winter 2005, pp.14-18.

8 *ISDA 2005 Operations Benchmarking Survey and FpML Use Survey*, International Swaps and Derivatives Association, Inc., 2005.

불이행하는 상황이 발생할 경우 매우 심각한 운영위험을 초래할 가능성이 있다. 또한 제3의 기술제공자가 계약에 따라 시스템과 관련된 일을 효과적으로 처리하지 못할 경우 금융기관의 온라인 금융서비스에는 장애가 발생하며, 그 결과 고객을 잃을 수도 있게 된다.

**표 14-2 | 금융기관들이 직면하고 있는 운영위험**

<table>
<tr><th>위험의 원천</th><th>구체적인 문제들</th><th>위험의 원천</th><th>구체적인 문제들</th></tr>
<tr><td rowspan="2">종업원위험</td><td rowspan="2">• 종업원이직률<br>• 주요 인물위험<br>• 부정행위위험<br>• 실수<br>• 부정거래<br>• 자금세탁<br>• 기밀누출</td><td>고객위험</td><td>• 계약내용 부동의<br>• 불만<br>• 채무불이행</td></tr>
<tr><td>자본자산위험</td><td>• 안전<br>• 보안<br>• 영업비용<br>• 화재/홍수</td></tr>
<tr><td>기술위험</td><td>• 프로그래밍 오류<br>• 모형위험<br>• 일일정산 오류<br>• 경영정보<br>• IT시스템 중단<br>• 통신실패<br>• 기술제공자 실패<br>• 조건부상황계획</td><td>외부위험</td><td>• 외부부정행위<br>• 과세위험<br>• 법률위험<br>• 전쟁<br>• 시장붕괴<br>• 평판위험<br>• 관계위험</td></tr>
</table>

자료: Marshall, C., *Measuring and Managing Operational Risks in Financial Institutions: Tools, Techniques, and Other Resources*, John Wiley and Sons: Singapore, 2001.

기술위험과 마찬가지로, 운영위험을 일으키는 다른 요인들도 각각 직접비용(예: 이익손실), 간접비용(예: 고객들의 인출사태 및 법률비용), 그리고 기회비용(예: 사업기회의 상실)을 발생시켜서 금융기관의 수익성과 가치를 감소시킬 것이다. 이러한 비용을 상쇄시키기 위해서 금융기관 경영자들은 엄청난 노력과 자원을 들여서 운영위험에 따른 손실을 방지하거나, 통제하거나, 손실에 충당하기 위한 자금조달을 하든가, 금융기관을 보호하려고 한다. 그러한 노력들 중에서 몇몇을 언급하면 다음과 같다.

① **손실방지**(loss prevention): 종업원들에 대한 훈련, 능력개발, 그리고 감독

② **손실통제**(loss control): 계획, 조직, 저장(예: 컴퓨터시스템)

③ **손실충당자금조달**(loss financing): 외부보험(예: 재난보험)

④ **손실보호**(loss insulation): 금융기관 자본금

위험을 효율적으로 관리하려는 노력에는 물론 많은 비용이 수반된다. 위험관리에 더 많은 자원을 투입하면 할수록 운영위험으로부터 발생하는 비용은 더 줄어들 것이다. 그러나 운영위험을 방지하는 데 사용된 자원들은 어느 수준이 지나면 오히려 운영위험으로부터 발생하는 비용을 초과할 수도 있다. 수익성과 가치를 극대화하려는 과정에서 금융기관들은 위험관리노력에 소요되는 비용이 관리소홀로 발생하는 손실을 상쇄하는 수준까지 위험관리에 자원을 투입하려 할 것이다.

## 제6절 규제당국의 문제와 기술 및 운영위험

운영위험은 내부의 업무처리과정, 인력 및 시스템, 그리고 외부적 사건에 대한 부적절한 관리 또는 관리실패의 결과로 발생하는 직접적 또는 간접적 손실을 일컫는다. 금융기관에서 기술을 사용하면 할수록 분명히 운영위험도 증가하게 될 것이다. 그러나 이러한 위험이 증가하고 있는데도 불구하고 사실상 규제감독당국에서는 별반 노력을 기울이고 있는 것 같지 않다. 본 장에서는 운영위험의 증가가 직접적으로 영향을 미치는 두 부분에 대해서 논의를 한다.

### 6.1 운영위험과 금융기관 지급불능

운영위험관련 자문회사인 Operational Research Inc.의 추정에 따르면 1980년대와 1990년대에 걸쳐 금융기관들은 운영위험 때문에 무려 2,000억달러 이상의 손실을 경험했다고 한다.[9] 규제당국에서도 이제는 운영위험의 심각성을 어느 정도는 이해하고 있는 것으로 보인다. 특히 1999년 국제결제은행(BIS)의 은행감독에 관한 Basel Committee는 "운영위험은 그 위험의 크기를 계량화하는 데 각 은행들이 필요한 자원을 아낌없이 쏟아붓고, 또한 각 금융기관의 자본금 적정성 여부를 판단하는 데(시장위험 및 신용위험과 함께) 그 위험을 충분히 고려해야 할 만큼 매우 중요하다"고 하였다.[10]

9 Smithson, C., "Measuring Operational Risk," *Risk*, March 2000, pp.58−59.
10 "Basel Committee on Banking Supervision, 1999; A New Capital Adequacy Framework," Bank for International Settlements, Basel, Switzerland, June 1999, p.50.

2001년 1월과 2003년 4월에 배포된 후속자문문서를 통하서 Basel Committee는 예금기관들(depository institutions: DIs)이 운영위험에 대비하여 각자 보호수단으로서 필요자본금규모를 산출할 수 있는 3가지 세부적인 방안을 제시하였는데, 기본지표접근법(Basic Indicator Approach: BIA), 표준화접근법(Standardized Approach: SA), 그리고 고급측정접근법(Advanced Measurement Approach: AMA) 등이다.[11] 국제결제은행은 또한 운영위험을 보다 더 정확하게 측정하고 현실에 곧 적용할 수 있는 모형이 개발된다면 은행들이 그것을 사용하도록 적극 권장하고 있다.

국제영업활동이 활발한 은행들과 운영위험노출이 심각한 은행들은 운영위험을 측정함에 있어서 기본지표접근법(BIA)보다는 가급적 더 섬세하면서도 해당 기관의 위험특성을 적절히 고려한 접근방법을 사용하도록 권장하고 있다. 한편 반드시 한 가지 모형만을 사용하여 운영위험을 측정해야 되는 것이 아니라, 영업활동의 몇몇 부분에 대해서는 기본지표접근법(BIA)이나 표준화접근법(SA)을 사용하고 그 외의 다른 부분에 대해서는 고급측정접근법(AMA)를 적용할 수 있도록 하였다. 다만 한 번이라도 수준 높은 접근법을 사용하여 운영위험을 측정하였다면 그 후에는 감독관의 승인 없이 거꾸로 회귀하여 그보다 단순한 모형을 적용하는 것은 불허하였다. 연구결과에 따르면, 이러한 모형을 적용하여 산출한 결과에 따라 운영위험에 대비한 자본금보유규모는 시장위험에 대비한 자본금규모를 대부분 초과하였으며, 대형은행들은 운영위험에 대비하기 위하여 수십억달러를 할당하여야 했다.[12]

11 "Basel Committee on Banking Supervision, 2001; The New Basel Capital Accord," January 2001, 그리고 "Overview of The New Basel Accord," April 2003, Bank for International Settlements, Basel, Switzerland, (www.bis.org).

12 DeFontnouvelle, P., V. Dejesus－Rueff, J. S. Jordan, and E. S. Rosengren, "Capital and Risk: New Evidence on Implicaitons of Large Operational Losses," *Journal of Money, Credit, and Banking*, vol. 38, pp.1819~1846.

## 6.2 소비자보호

2000년에 행해진 KPMG의 '정보보안설문조사(Information Security Survey)'에서는 기업고객들이 인터넷상에 개인정보와 금융정보를 올리는 것을 주저하는 두 가지 이유를 들고 있다. 첫째, 누가 그러한 정보를 얻어서 어떻게 사용하려고 하는 것인가에 대해 대단히 우려하고 있다고 한다. 둘째, 신용카드 혹은 계좌의 세부내역이 탈취되어 부정하게 사용되는 것을 걱정하고 있다고 한다. 사실 이러한 우려는 이미 여러 매스미디어를 통해서 여러 차례 보도된 바 있으며, 그러한 우려는 상당히 근거가 있는 것으로 판단된다. 전자금융의 출현은 소비자보호를 책임지고 있는 금융기관 규제당국의 어깨를 더욱 무겁게 하고 있다.

1999년 제정된 미국의 금융서비스현대화법(Financial Services Modernization Act)에서는 금융소비자들이 개인정보를 어떤 금융기관과 공유할 것인가를 각자 선택할 수 있도록 하고 있다. 그 결과 금융소비자들은 자신들의 개인정보를 볼 수 있는 접근권에 대해 어느 정도는 통제할 수 있게 되었다. 그러나 이 법에도 금융서비스업에 새로이 진입한 비금융회사에 의한 정보공유에 대해서는 아무런 언급이 없는 형편이다. 그러나 고객의 개인정보보호를 당사자가 원하는 수준으로 보장하는 것은 점차 국제표준 및 관행이 되어 가고 있는 것이 현실이다.

보안위험(security risk)과 관련하여, 인터넷거래가 개방시스템과 연계되어 있기 때문에 방해(interception)와 사기(fraud)에 연루되기 쉽다. 금융거래의 보안을 보다 확실하게 보장하기 위한 암호기술(cryptographic techniques)은 빠르게 발전하고 있으며, 소액금융거래의 경우 거의 대부분 안전한 것으로 평가받고 있다. 더욱이 거액금융거래의 경우에도 필요한 수준의 보호장치가 조만간 개발될 것으로 기대되고 있다. 그러나 그러한 기술이 확보된다고 하더라도 특히 채택과 관련된 비용 문제를 논외로 할 수가 없기 때문에 금융기관들이 모두 그러한 기술을 도입한다는 보장이 없다. 따라서 규제감독당국에서는 금융기관들이 그러한 기술의 채택을 꺼릴 경우 감독기능을 통해 채택을 종용할 필요가 있을 것이다.

## EXERCISE

1. 기술의 발전이 어떻게 금융기관의 이자수익과 비이자수익을 증가시킬 수 있고, 또한 어떻게 이자비용과 비이자비용을 감소시킬 수 있는가를 설명하라.

2. 금융기관의 도매금융과 소매금융에 기술이 각각 어떻게 영향을 미치고 있는가를 비교·설명하라.

3. 금융혁신을 처음 도입할 때 내재된 위험으로 어떠한 것들이 있는가?

4. 금융기관의 수입을 창출하는 데 있어서 기술이 도움을 줄 수 있는 세 가지 업무 또는 부문을 들고 각각을 상세하게 설명하라.

5. 규모의 경제(economies of scale)와 범위의 경제(econcmies of scope)를 설명하라.

6. 규모의 경제를 측정할 때 금융기관 영업비용에 관한 어떠한 정보가 필요한가? 만일 규모의 경제가 존재한다면 그것은 규제당국에게 어떠한 시사점을 던져주고 있는가?

7. 규모의 비경제(diseconomies of scale)란 무엇인가? 대형금융기관이 대규모 기술투자를 단행할 때의 위험으로는 어떤 것이 있는가? 소형금융기관들은 왜 경쟁상대인 대형금융기관들에게 금융서비스생산을 외주 주려고 할까? 그러면 반대로 왜 대형금융기관들은 경쟁관계에 있는 소형금융기관으로부터 오는 금융서비스생산의 외주를 기꺼이 받아들이는 것일까?

8. 범위의 경제를 측정할 때 금융기관 영업비용에 관한 어떠한 정보가 필요한가? 만일 범위의 경제가 존재한다면 그것은 규제당국에게 어떠한 시사점을 던져주고 있는가?

9. 폭리이자율상한(usury ceiling)이란 무엇인가? 기술이 어떻게 규제위험을 초래할 수 있는가?

10. 기술이 금융기관의 경쟁위험을 어떻게 변형시켰는가?

11. 국제결제은행(BIS)은 예금기관이 운영위험으로 인하여 지급불능위험에 빠지게 되는 것을 보호하기 위하여 어떠한 조치를 취해 왔는가?

## 연 | 습 | 문 | 제 <<<

⑫ 어느 은행에서는 기술변화와 보조를 맞추기 위해서 5년마다 한 번씩 컴퓨터장비들을 업그레이드시키고 있다. 다음 교체시기는 앞으로 2년 후인데, 약 100억원에 달하는 비용이 들 것으로 추산하고 있다. 그런데 경영진에서는 현저한 비용절감을 가져다줄 것으로 기대되는 혁신적인 프로그램을 탑재한 새로운 컴퓨터를 도입하기 위해서 교체시기를 2년 정도 늦출 것을 고려하고 있다. 이러한 새 컴퓨터에 소요되는 비용도 또한 100억원이라고 한다. 예정된 교체시기를 2년 정도 늦추는 것을 정당화시키려면 연간비용절감액수가 얼마가 되어야 하는가? 자본비용은 15%라고 가정한다.

Chapter

# 15 외환위험과 국가위험

금융서비스산업의 글로벌화는 곧 금융기관들이 전에 비해서 더 큰 외환위험에 노출되었다는 것을 의미한다. 외환위험(foreign exchange risk)이란 외국통화로 교역을 하거나, 외국통화로 표시된 대출을 해주거나, 외국증권에 투자하거나, 또는 자금조달 목적으로 외국통화표시 채권을 발행하거나 할 때 발생한다.

한편 미국을 비롯한 많은 국가의 은행들은 1970년대 동유럽과 중남미를 비롯한 후진국들에게 엄청난 규모의 대출을 해주었다. 세계은행(World Bank)과 국제통화기금(International Monetary Fund: IMF)이 이들 국가들의 부흥과 개발을 위하여 제공하는 자금이 턱없이 부족한 나머지 이들 국가들은 선진국의 일반은행들로부터 대출을 받아서 발전을 꾀하고자 하였다. 그런데 이러한 대출의 특징은 그러한 국가들에 대한 신용도에 관해서 면밀한 분석도 없는 경우가 허다하였다.

경제상황이 급격하게 악화되자 1982년 가을 멕시코와 브라질 정부는 부채모라토리움(debt moratoria)을 선언하였다. 이는 채무에 대한 모든 이자지급 및 원금상환을 연기시키는 일종의 채무동결조치였다. 이러한 조치로 말미암아 해당 국가에 대출을 해준 금융기관들은 심각한 타격을 입게 되었다. 이것이 바로 국가위험(country or sovereign risk)의 좋은 예이다.

본 장에서는 다음과 같은 주제를 중점적으로 다룬다.

- 외환위험의 측정과 관리
- 국가위험의 측정과 관리

## 제1절 외환위험의 의의

금융기관들은 이제 국내영업보다 해외투자나 국제포트폴리오의 구성을 통해 더 많은 이익을 낼 수 있다는 사실을 잘 알고 있다. 미국의 연금기금들은 총자산의 약 5% 정도를 외국의 유가증권들로 구성하고 있으며, 우리나라의 연금들도 외국에의 투자비율을 점차 늘리고 있다. 현실에 있어서 국내투자와 해외투자가 서로 (+)의 완전상관관계(즉, 상관계수가 +1.0)를 이루고 있지 않기 때문에 외국에서 자산을 취득하거나 부채를 발행하여 자금조달을 할 때 더 큰 이익을 얻을 수 있는 것이다.

국내투자와 해외투자는 다음 두 가지 이유로 서로 (+)의 완전상관관계가 성립하지 않는다. 첫째, 각 국가마다 경제구조가 다르고 기술수준도 다르다. 둘째, 환율변동이 각 국가마다 완전 (+)의 상관관계를 이루지 않고 있다. 한 나라에서만 영업을 하든지 투자를 하면 해당 금융기관은 이자율위험과 지급불능위험 이외에 외환위험까지도 부담하게 된다. 외환위험(foreign exchange risk)이란 환율변동으로 인하여 해외에 있는 금융기관의 자산과 부채의 가치가 영향을 받을 위험을 말한다.

금융기관들은 보통 외화표시 자산을 보유하기도 하고 외화로 차입도 한다. 예를 들어, 어느 금융기관이 자산으로 영국파운드표시 대출채권(100만파운드)을 보유하고 있고 그 중 80만파운드를 영국파운드표시 CD를 발행하여 조달하였다고 가정하자. 나머지 차액은 20만파운드의 가치에 해당하는 달러표시 CD를 발행하여 조달하였다. 다음의 그림을 통해 살펴보자.

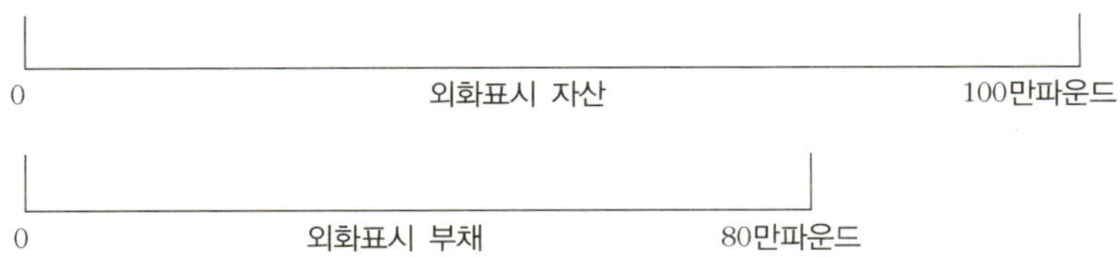


만일 투자기간 동안 파운드에 대한 달러의 환율이 떨어지면 이 은행은 막대한 손실을 입는다. 파운드표시 대출채권의 달러가치는 파운드표시 CD부채보다 더 많이 하락하기 때문이다. 즉, 이 은행은 외화표시 자산과 부채를 획득할 때보다 훨씬 낮은 환율로 순자산을 처분할 수밖에 없는 위험을 안고 있다.

만일 그 은행이 파운드표시 자산보다 20만파운드 많은 파운드표시 부채를 발행하였다면 자산 및 부채의 구조는 아래의 그림과 같게 된다. 이 경우는 앞의 경우와는 반대로 투자기간 동안 파운드화가 달러에 비해 가치가 절상될 경우 외환위험에 노출되어 있다. 이것은 파운드표시 부채의 달러환산가치가 파운드표시 자산보다 더 빠른 속도로 증가하기 때문이다. 결론적으로, 외환위험을 헤지하려면 적어도 외화표시 자산과 외화표시 부채의 총액을 반드시 일치시켜야 한다.

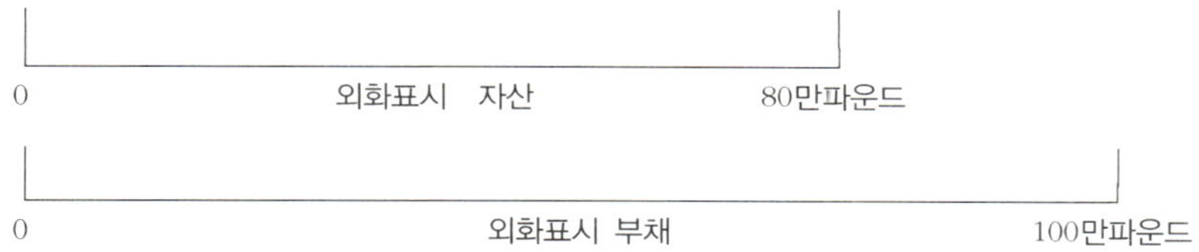


여기에서 외화표시 자산과 외화표시 부채의 만기가 정확하게 일치되지 않으면 총액의 일치만으로로는 외환위험의 완전한 헤지가 불가능하다는 점을 알아야 한다.[1]

## 제2절 외환위험의 관리

### 2.1 외환위험노출의 측정

특정 통화에 대한 금융기관의 외환위험노출(foreign exchange exposure)은 포지션노출(position exposure)로 측정된다.

$$\text{순노출}_i = (FX\text{자산}_i - FX\text{부채}_i) + (FX\text{매입}_i - FX\text{매도}_i)$$

$$\text{순노출}_i = \text{순외화자산}_i + \text{순외화부채}_i \qquad (1)$$

여기서 $i$는 원화나 달러와 같은 특정 통화

식 (1)에 따르면, 외환위험노출을 피하려는 금융기관들은 특정 통화에 대한 자산과 부

1 헤지를 하려면 단순히 자산과 부채의 만기를 일치시키기보다는 자산과 부채의 평균수명을 나타내는 듀레이션(durations)을 서로 일치시켜야 한다.

채를 일치시키고 동시에 외환거래계정의 매입과 매도를 일치시켜야 한다. 그래야 순노출(net exposure)이 사라지게 된다. 또한 특정 통화에 대한 자산과 부채의 불일치가 생기면 반드시 그와 반대되는 외환거래계정의 매입과 매도의 불일치로 상쇄시켜야 한다.

## 2.2 환율변동성과 외환위험노출

시장위험노출의 경우와 마찬가지로, 재무상태표상의 자산, 부채 및 외환거래를 분석하여 불일치의 존재여부와 환율의 변동성을 분석하면 해당 금융기관의 외환위험노출을 쉽게 산출할 수 있다. 이를 구체적으로 나타내면 다음과 같다.

통화 $i$의 손익=[자국통화로 측정한 통화 $i$의 순노출]×[통화 $i$ 환율의 변동성]

따라서 통화 $i$에 대한 순노출이 클수록, 또 그 통화에 대한 환율의 변동성이 클수록 금융기관의 손실 또는 이익(즉, 1일위험노출손실인 $DEAR$)이 커진다.

## 2.3 외화자산과 부채포지션

금융시장의 국제화가 진전됨에 따라 자국통화 이외의 통화로 자금을 조달할 수 있는 기회가 많아지고 있다. 이러한 현상은 금융기관들에게 자금의 조달 및 운용에 있어서 분산기회를 제공할 뿐만 아니라 자산수익률을 제고시키거나 자금조달비용을 낮출 수 있는 좋은 기회를 제공한다.

그러나 금융기관이 외국통화로 표시된 자산과 부채를 포트폴리오에 포함시키면 그 수익률과 위험은 환율변동이라는 측면을 고려하여 평가되어야 한다. 어느 은행의 재무상태표는 다음과 같다.

| 자산 | | 부채 | |
|---|---|---|---|
| 1년 만기 대출 | 100억원 | 1년 만기 CD | 200억원 |
| 미국에서 1년 만기 대출 | 100억원 상당의 US달러표시 대출 | | |

이 은행에서는 모두 원화로 자금조달을 하며, 조달된 자금의 반은 국내에서 운용하지

만 나머지 반은 US달러표시의 자산에 투자하고 있다. 이 은행의 경우 자산과 부채의 듀레이션은 일치($D_A = D_L = 1$년)하지만, 자산과 부채포트폴리오의 통화표시가 일치되어 있지 않다. 1년 만기 CD수익률이 8%이고, 우대금리는 수신이자율보다 낮은 6%라고 가정하자.[2] 이 은행은 국내에서 2%의 역마진을 갖고 있는 셈이다. 이 은행이 미국에서 1년 만기로 100억원 상당의 미국달러표시 대출을 해주려면 다음과 같은 단계를 밟아야 한다.

① 연초에 현물통화시장에서 100억원어치의 미국달러를 매입한다. 이때 환율이 1,000원/달러라면, 100억원은 1,000만달러로 환전된다.

② 1,000만달러를 미국에서 이자율 연 15%로 1년 만기 대출을 행한다.

③ 연말에 이 대출은 만기가 되고, 모두 1,150만달러(=1,000만달러×1.15)의 현금유입이 발생한다.[3]

④ 위의 현금유입을 국내로 송금한다. 즉, 1,150만달러를 외환시장에서 현물환율로 매각하고 원화를 매입한다.

이 기간 동안 현물환율이 변하지 않았다고 가정하자. 즉 환율은 여전히 1,000원/달러이다. 미국에서 대출원리금상환으로 받은 1,150만달러를 원화로 환산하면 115억원이 된다. 물론 수익률은 15%이다. 따라서 이 은행의 가중평균수익률은 10.5%가 될 것이다.

$$(0.5)(0.06)+(0.5)(0.15)=0.105 \text{ 또는 } 10.5\%$$

이 수익률은 다행히도 자금조달비용인 CD수익률 8%를 2.5%만큼 초과하고 있다. 그러나 연말에 미국달러의 가치가 원화가치에 비해 하락하였다면 상황은 달라진다. 이 경우에는 비록 이자율위험이나 신용위험이 전혀 없다고 해도 미국에서의 대출을 통한 수익률이 15%보다 훨씬 낮아진다. 예컨대, 달러 대비 원화환율이 1,000원에서 935원으로 하락하였다면 1,150만달러를 원화로 환전한 후의 액수와 수익률은 다음과 같다.

$$11,500,000\text{달러} \times 935\text{원/달러} = 10,752,500,000\text{원 또는 } 7.525\%$$

2 사실 이 가정이 비현실적이지만 여신이자율이 수신이자율보다 높다고 해서 이 예를 통해서 보여주고자 하는 기본논리가 바뀌는 것은 아니다.

3 채무불이행위험이 전혀 없다고 가정한다.

그 결과 이 은행의 가중평균수익률도 6.7625%(=0.5×0.06+0.5×0.07525)로 하락하게 된다. 자금조달비용이 8%이므로 환율이 큰 폭으로 하락한 결과 이 은행에서는 실제로 손실을 보게 되는 것이다. 그 이유는 미국에서의 높은 대출수익률이 환율하락으로 인하여 상쇄되었기 때문이다. 그러나 반대로 환율이 상승(즉, 달러 대비 원화가치가 하락)한다면, 이 은행의 수익률은 기대했던 것보다 훨씬 더 커질 것이다.

## 2.4 선물환계약을 통한 외환위험 헤지

위의 예에서 연말의 환율이 얼마나 될지 미리 알 수 없기 때문에 그 은행이 미국에서 달러화로 대출한 1,150만달러(또는 100억원)는 외환위험에 노출되어 있다. 이러한 외환위험노출을 효과적으로 관리하는 방법은 두 가지가 있다. 하나는 난내헤지(on-balance-sheet hedge)이고, 다른 하나는 난외헤지(off-balance-sheet hedge)이다.

### 2.4.1 난내헤지(on-balance-sheet hedge)

위의 예에서 이 은행이 미국에서 대출로 운용한 자금 100억원을 국내에서 조달하는 대신 미국에서 수익률 11%의 CD발행을 통하여 조달한다고 가정해 보자. 이 경우 재무상태표는 다음과 같을 것이다.

| 자산 | | 부채 | |
|---|---|---|---|
| 1년 만기 대출(6%) | 100억원 | 1년 만기 CD(8%) | 100억원 |
| 미국에서 1년 만기 대출 (15%) | 100억원 상당의 US달러표시 대출 | 미국에서 1년 만기 CD발행(11%) | 100억원 (달러로 조달) |

여기서는 자산과 부채가 만기에서나 통화 면에서 모두 일치되고 있다. 이러한 상황에서는 원화가치가 상승하거나 또는 하락하거나 이 은행의 수익성은 어느 정도 보장된다. 각각의 상황별로 예를 들어 살펴보자.

#### 1) 원화가치의 상승(달러가치의 하락)

만일 연말에 원화가치가 올라 환율이 935원/달러가 된다면, 그 대출수익률은 7.525%이다. 그러면 미국에서 CD발행을 통하여 조달한 100억원 상당의 자금에 대한 비용을 알아보자.

① 연초 미국에서 11% 이자를 지급하는 CD발행을 통하여 100억원 상당을 조달한다. 환율은 1,000원/달러이고, 따라서 모두 1,000만달러를 미국에서 조달한 셈이다.

② 연말이 되어 그 은행은 미국의 CD예금자들에게 원리금으로 모두 1,110만달러(=1,000만달러×1.11)를 지불해야 한다.

③ 만일 원화가치가 상승하여 연말의 환율이 935원/달러가 되었다고 하자. 이 경우 미국의 CD예금자들에게 지급하게 될 1,110만달러를 원화로 환산하면 10,378,500,000원(=1,110만달러×935원/달러)이 되고, 원화로 환산해 본 자금조달비용은 3.785%가 된다.

따라서, 연말시점에서 은행의 수익률과 비용을 계산하면 다음과 같다.

① **평균자산수익률**(average return on assets)

국내자산수익률+미국자산수익률=총자산수익률

(0.5)(0.06) + (0.5)(0.07525) =0.067625

② **평균자금조달비용**(average cost of funds)

국내자금조달비용+미국자금조달비용=총자금조달비용

(0.5)(0.08) + (0.5)(0.03785) =0.058925

③ **순이익률**(net return)

평균자산수익률−평균자금조달비용=순이익률

6.7625% − 5.9825% =0.78%

### 2) 원화가치의 하락(달러가치의 상승)

만일 원화가치가 떨어져 환율이 1,100원이 되면 미국에서의 대출에 대한 수익률은 26.5%(=1,150만달러×1,100원÷100억원−1)가 된다. 미국에서 조달한 100억원 상당의 자금에 대한 조달비용을 산출해 보자. 연말에 미국의 CD예금자들에게 원리금으로 지불하게 될 액수는 122억 1천만원이 되며, 원화가치로 환산해 본 이 자금의 조달비용은 22.1%이다.

1,110만달러×1,100원/달러=12,210,000,000원 또는 22.1%

그러므로 연말기준으로 이 은행의 수익률과 비용을 계산하면 다음과 같다.

① 평균자산수익률(average return on assets): (0.5)(0.06)+(0.5)(0.265)=0.1625

② 평균자금조달비용(average cost of funds): (0.5)(0.08)+(0.5)(0.221)=0.1505

③ 순이익률(net return): 16.25%−15.05%=1.2%

재무상태표상에서 자산과 부채를 일치시키면 환율이 변동되더라도 언제나 (+)의 수익률을 올릴 수 있다.[4] 더욱이 국내의 금융시장 사정이 여의치 못하여 −2%의 역마진이 발생하더라도 전체적으로는 수익을 올릴 수 있게 된다. 즉 위의 예에서는 국내의 역마진을 미국에서의 이익으로 보전하고 있는 것이다.

### 2.4.2 선물환계약을 통한 헤지

장부상에 나타난 외화표시 자산의 액수와 외화표시 부채의 액수를 일치시키지 않고 헤지하지 않은 상태로 둘 수도 있다. 이 경우 외환위험을 헤지하는 방법 중 하나가 선물환계약(forward exchange)이다. 이 계약도 재무상태표상에 나타나지 않으므로 난외헤지(off−balance−sheet hedge)의 한 방법이 된다.[5]

여기서 선물환계약은 연말시점의 환율과 관련된 불확실성을 없애준다. 연말까지 기다려 그 시점에서의 환율로써 외국에서의 수익금을 자국통화로 교환하는 대신 이 은행은 미국에서 대출로부터 생기는 예상원리금을 선물환계약을 통해 선물환율(forward exchange rate)로 미리 매도할 수 있다. 현재시점에서 결정되는 선물환율로 달러대출 원리금을 매도하는 계약을 체결함으로써 그 은행은 현물환율과 관련된 불확실성은 물론 미국에서의 대출수익률과 관련된 불확실성까지도 없앨 수가 있다.

은행이 선물환계약의 체결을 통하여 외환위험노출을 소멸시키는 과정을 단계별로 살펴보자.

① 국내은행은 외환시장에서 현물환율인 1,000원/달러로 100억원을 매도하고 그 대가로 달러를 매입한다. 이때 받는 금액은 모두 1,000만달러이다.

② 이 1,000만 달러는 미국에서 고객들에게 1년 만기 연 15%의 이자율로 대출해 준다.

4 이 경우에는 듀레이션까지 일치되어 있기 때문에 외환위험노출이 헤지되어 있지만, 만일 자산과 부채 간에 듀레이션갭이 존재하면 이자율위험이 발생하게 되어 상황은 전혀 달라질 수도 있다.
5 외환위험노출을 헤지하기 위한 난외업무의 수단으로는 통화선물(currency futures), 통화스왑(currency swaps), 그리고 통화옵션(currency options) 등이 있다.

③ 이와 동시에 연말에 상환받는 대출원리금을 오늘 결정되는 선물환율로 매도한다. 오늘 형성된 선물환율이 970원/달러(현물환율에 비해서 30원 할인)이라면, 선물환계약을 매입한 측은 1,150만달러를 받는 대신 그 은행에게 11,155,000,000원을 지불하겠다고 약속한 셈이다.

1,000만달러×1.15×970원/달러=11,155,000,000원

④ 1년 후 미국의 차입자들은 원리금 1,150만달러를 지불한다.

⑤ 선물환계약에 따라 은행은 수령한 원리금 1,150만달러를 선물환계약의 매입자에게 전달하고 그 대가로 11,155,000,000원을 받는다.

이 은행에서는 선물환계약의 체결을 통해서 연초에 이미 미국에서의 달러대출에 대한 수익률을 다음과 같이 묶어놓았다.

$$\frac{11{,}155{,}000{,}000\text{원} - 10{,}000{,}000{,}000\text{원}}{10{,}000{,}000{,}000\text{원}} = 0.1155 \text{ 또는 } 11.55\%$$

이 수익률은 완전히 헤지되어 있기 때문에 대출기간 동안 환율이 어떻게 변동하더라도 전혀 영향을 받지 않는다. 그 결과 이 은행의 자산포트폴리오에 대한 기대수익률은 다음과 같다.

$$\text{기대수익률} = (0.5)(0.06) + (0.5)(0.1155) = 0.08775 \text{ 또는 } 8.775\%$$

이 은행이 국내에서 조달한 200억원의 자금조달비용은 8%이므로 이 기간 동안 환율이 변동하더라도 수익률 0.775%는 보장되어 있는 셈이다.

## 제3절 국가위험

1997년 우리나라와 태국 등 아시아의 신흥국에서 발생한 경제 및 금융위기는 다른 국가들에 지대한 영향을 주었다. 특히 태국의 바트화(baht)의 가치폭락은 동남아시아 여타 국가들뿐만 아니라 남미와 심지어 러시아의 통화가치에도 연쇄적으로 영향을 미

쳐 통화가치폭락이라는 결과를 초래하였다.

한편 2000년대 후반은 금융위기로 점철된 기간이라고 할 수 있다. 많은 국가들이 극도의 경기침체를 경험하였는데, 전 세계적으로 보면 2008년과 2009년 사이에 공업생산이 2.9%가량 감소하였고, 세계무역은 무려 10%가량 줄어들었다. 세계은행은 이러한 금융위기 속에서 사적자본흐름이 현저하게 줄어들 것이므로 특히 개발도상국들의 경우 약 2조 달러에 달하는 필요자금을 외부로부터 조달하는 데 상당한 어려움을 겪을 것이라고 내다보았다. 따라서 세계은행과 IMF 등 국제기구들과 기타 많은 선진국들은 1980~1990년대 및 2000년대 초에 겪었던 개발도상국들의 채무동결조치가 재연되는 것을 미리 막고 자국의 금융시스템을 보호하고자 여러 가지 조치를 취하였다. 특히 IMF는 총 2,500억달러를 투입하여 각국의 외환보유고를 확충하도록 하였는데, 그 중 1,000억달러를 신흥국들과 개발도상국들에게 할당하였다. 또한 세계은행은 글로벌경제위기의 와중에 고통을 받고 있는 국가들을 돕기 위하여 2009년 한 해 동안 총 588억달러를 지원하였다.

이러한 노력에도 불구하고 2009년 11월 두바이(Dubai)의 핵심금융축이었던 Dubai World는 채권단들에게 곧 지급해야 할 600억달러규모의 이자를 6개월만 지연시켜 달라고 요청하였다. 사실 2000년대 중반과 후반 두바이는 그야말로 투자와 개발의 중심이었는데, 투자자금의 대부분은 인접국가의 오일머니였다. 그런데 금융위기를 겪는 동안 부동산시장의 침체로 인하여 특히 중동국가들이 큰 타격을 입었다.

2010년 봄에는 그리스가 심각한 채무위기를 맞았는데, 이를 돕기 위하여 같은 Eurozone에 속한 몇몇 건전재정국가들(독일과 프랑스)이 주도하여 무려 410억달러규모의 자금을 지원하였다. 그러나 같은 해 4월 하순경 이미 엄청난 금액의 구제금융을 지원받았는데도 불구하고 채권자들은 그리스 부도사태는 피하지 못할 사태로 단정하고 보유하고 있던 그리스 국채를 투매함에 따라 채권가격이 폭락하였다. 더욱이 2009년도의 그리스 재정적자규모는 예상했던 것보다 훨씬 더 심각해서 심지어 독일에서조차 그리스에 대한 구제금융지원(bailout)을 반대하는 목소리가 커져 갔다. 이러한 그리스 채권시장의 문제는 곧 재정 문제와 함께 포르투갈, 스페인 및 이탈리아 등과 같은 유럽의 이웃나라들로 번져나갔다. 5월에는 Eurozone 국가들과 IMF가 유로화 가치의 안정을 위협하는 재정위기가 더 이상 확산되는 것을 막기 위하여 그리스에 대해서 엄청난 재정감축을 전제로 1,470억달러에 이르는 자금을 지원하는 데 동의하였다.

이러한 예를 통하여 우리는 금융기관이 외국에 대출을 해주거나 외국채권이나 주식에 투자할 때에는 반드시 해당 국가의 국가위험을 산정하고 그 결과에 따라 대출이나 투자와 관련된 최종적인 의사결정을 하는 것이 얼마나 중요한지를 충분히 이해할 수 있다.

## 제4절 신용위험과 국가위험

대출이나 채권과 관련하여 국가위험과 신용위험이 어떻게 다른지 알아보자. 국내의 한 기업이 대출금상환을 못하는 상황에 처했다고 가정하자. 이 경우 채권자인 금융기관은 채무자인 기업과 함께 이자 및 원금상환과 관련한 채무이행일정을 현실적으로 채무상환재조정(rescheduling)하여 상황을 해결하려 할 것이다. 그러나 채무이행능력이 전혀 개선되지 않거나 채무이행의사가 없는 경우에는 결국 해당 기업은 파산되고 청산절차를 밟는다.

이제는 다른 경우를 생각해 보자. 우리나라의 어느 금융기관이 인도네시아의 어느 사기업에게 미국달러표시 대출을 해주었는데, 이 기업의 신용도는 최상급이라고 가정하자. 그러나 인도네시아의 경제상황이 악화되고, 외환보유고가 거의 고갈되어 감에 따라 인도네시아 정부가 외국채권자들에 대한 달러로의 채무이행을 금지시켰다면, 차입자인 인도네시아 회사로서는 비록 신용위험이 나쁘지 않은 상황이라고 하더라도 자동적으로 채무불이행을 할 수밖에 없을 것이다. 바로 그러한 인도네시아 정부의 의사결정이 국가위험에 속하는 것으로서 대부분 개별차입자의 신용도와는 별 관계가 없이 독립적이다.

더욱이 이러한 경우 국내의 문제라면 채권자는 채권을 회수하기 위하여 정해진 법절차에 호소하겠지만, 소송상대가 인도네시아 정부라서 이를 피고로 하여 채권회수를 도와줄 국제파산법정도 존재하지 않아 마땅한 해결방법이 없는 실정이다. 즉, 한 국가의 정부가 채무불이행이 일어나도록 지시했거나 채무동결조치를 내린 경우 채권자가 취할 수 있는 법적 수단은 매우 제한적이다. 예컨대 우리나라 금융기관이 국내법절차에 따라 국내법원에서 해결방안을 모색해 볼 수는 있지만 법원의 결정은 오로지 인도네시아의 정부 또는 해당 회사가 우리나라에서 보유하고 있는 자산에 대해서만 영향을 미칠 따름이기 때문이다.

이러한 상황으로 미루어볼 때, 외국에 있는 상대방에게 대출을 해주고자 할 때에는 2단계에 걸친 의사결정과정을 따라야 한다. 첫째, 국내차입자의 경우와 마찬가지로 적절한 위험프리미엄이나 신용한도를 설정하기 위해서 차입희망자의 신용도(credit quality)를 면밀히 확인하여야 한다. 둘째, 대출금융기관은 차입희망자가 거주하고 있는 국가의 국가위험도(sovereign risk quality)를 추정하여야 한다. 즉, 외국의 주체에 대출을 해주는 경우나 외국채권에 투자하는 경우 금융기관 경영자는 해당 주체의 신용위험뿐만 아니라 국가위험까지도 반드시 고려해야 하는 것이다.

## 제5절 채무이행거절과 채무상환재조정

국가위험이 발생하는 것과 관련하여 많은 오해가 있을 수 있는데, 국가채무 또는 공공기관이나 사기업이 부담하고 있는 부채와 관련된 한 국가의 부정적인 의사결정은 일반적으로 채무이행거절(debt repudiation)과 채무상환재조정(debt rescheduling) 등 두 가지 중 하나의 형태로 나타난다.

### 5.1 채무이행거절

채무이행거절(debt repudiation)은 채무자가 현재 부담하고 있거나 또는 장래에 부담할 것으로 판단되는 모든 외국채무 또는 자기자본과 관련된 의무사항의 이행을 일방적으로 취소시키는 것을 말한다.[6] 세계 제2차 대전 이후 단지 중국(1949), 쿠바(1961), 그리고 북한(1964)만이 이러한 조치를 취하였다.

### 5.2 채무상환재조정

채무상환재조정(debt rescheduling)은 대부분의 국가위험이 현실로 나타날 때 취해지는 형태로서, 특히 한 국가가 현재 또는 미래의 채무관련 의무사항(이자지급 및 원금상환의무) 이행의 동결(moratorium) 또는 연기(delay)를 선언하고, 채무의 만기와 이자

6 자기자본과 관련된 의무이행거절에는 사부문의 자산을 직접 국유화(direct nationalization)시키는 조치가 포함된다.

율과 같은 계약사항에 대한 재조정을 통하여 계약조건의 완화를 꾀하는 조치이다. 우리나라에 외환위기가 발생하여 어려움을 겪은 1998년 1월 채무상환재조정을 통해 계약사항이 완화되었다.

그런데 외국채권의 경우보다 국제대출의 경우 대부분 채무상환재조정의 형태로 국가위험이 발현되는데, 그 이유는 다음과 같다. 첫째, 지리적으로 흩어져 있는 수많은 채권자들의 수에 비하여 국제대출을 하는 금융기관은 비록 신디케이트(syndicates)를 구성하여 대출을 해주는 경우라 할지라도 대개의 경우 소수에 불과하다. 그러므로 채권자들이 소수일 경우 채무이행계획의 재조정과 관련한 협상이 수많은 채권자들과의 그것에 비해 비용도 적게 들고 협상도 훨씬 더 용이하다.[7] 둘째, 국제대출 신디케이트는 대부분 동일한 금융기관들의 그룹으로 구성되어 있기 때문에 대출조건 재협상에서 더 큰 결집력(cohesiveness)을 보이므로 합의점에 도달할 확률이 훨씬 더 높다. 셋째, 대부분의 국제대출계약은 교차부도조항(cross-default provisions)을 담고 있는데, 이것은 한 국가가 많은 대출계약 중에서 하나라도 부도를 내는 경우에는 해당 국가가 부담하고 있는 다른 모든 대출계약들이 자동적으로 부도처리된다는 내용을 말한다. 이러한 조항은 부도를 내는 국가가 특히 취약한 채권단을 선택함으로써 보다 유리한 부도처리조건들을 얻어내는 결과로 여타의 개별대출계약들의 부도처리내용이 채무자에게 지나치게 부당할 우려가 있기 때문에 이를 방지하기 위하여 마련된 조항이다.

그 외에도 채무상환재조정은 대출금융기관이 소재하고 있는 국가의 정부와 감독당국의 태도와 무관하지 않다. 최근 들어 주요 선진국가의 공공정책 중에서도 우위를 점하고 있는 정책의 하나는 대형금융기관의 실패를 미연에 방지하는 것이다. 따라서 세계은행과 IMF를 통한 정부주도의 후진국 구제프로그램은 대개 대형금융기관에게 자금을 지원하는 방법으로 이루어지거나 또는 대출받은 차입금에 대하여 후진국들이 부도를 내려고 하는 유인을 감소시키는 방법으로 이루어지고 있다. 그러나 일각에서는 방만한 대출운영을 하고 있는 금융기관들과 무조건 구제금융을 쏟아붓고 있는 IMF의 행태가 오히려 유사한 국가위험의 재발을 부추기고 있다고 비난하고 있다.

7 1998년 1월 우리나라 금융기관들의 차입금과 관련한 협상은 불과 100여 개를 겨우 넘는 외국의 채권금융기관과의 협상으로 충분하였다.

# 제6절 국가위험의 측정

국가위험의 측정에는 여러 가지 모형이 사용되는데, 어떤 것은 매우 정량적(quantitative)인 데 반하여 어떤 것은 매우 정성적(qualitative)이다. 국내의 신용평가와 마찬가지로 금융기관들은 어느 한 가지 모형을 사용하여 최종적인 판단을 하는 것이 아니라 일반적으로 여러 모형을 사용한 결과를 종합적으로 평가하는 방법을 사용하고 있다. 왜냐하면 각각의 모형들이 상호배타적인 관계를 가지고 있는 것은 아니기 때문이다.

## 6.1 외부평가모형

금융기관들은 외부의 전문적인 평가기관들을 자주 활용하고 있다. 세계 3대 평가기관으로는 The Euromoney Index, The Economist Intelligence Unit, 그리고 The Institutional Investor Index를 꼽는다.

The Euromoney Index는 1979년에 출범하였는데, 주로 해당 국가의 채권에 대한 Euromarket의 요구수익률과 LIBOR(London Interbank Offered Rate) 간의 스프레드(spread)에 기반을 두고 있으며, 추가적으로 해당 채권의 거래량 및 만기를 반영하여 국가위험을 평가하고 있다. 그러나 최근에는 여러 가지 경제지표와 정치적 요소들을 각각 상대적인 중요도에 따라 주관적인 방법으로 반영하여 국가위험을 평가하고 있다.

The Economist Intelligence Unit는 저명한 경제전문 잡지회사인 The Economist의 계열사인데, 100점 만점으로 여러 경제지표와 정치적 요소들을 결합하여 산출하고 있다. 이 지표는 한 국가에 대해 숫자가 클수록 해당 국가의 국가위험이 높다는 것을 나타낸다.

The Institutional Investor Index는 1년에 두 번씩 발간되는데, 주요 다국적 금융기관의 대출담당자들에 대한 설문조사결과를 이용하고 있다. 각 대출담당자들은 설문지에서 국가마다 신용도에 대해 주관적인 점수(0~100점)를 부여한다. 여기서 0점은 부도가능성이 확실하다고 판단하는 경우이고, 100점은 부도 가능성이 전혀 없다고 판단하는 경우에 부여된다. 그 다음 해당 금융기관이 각 국가마다 얼마나 위험에 노출되어 있는가를 가중치로 사용하여 평균을 구한다.

## 6.2 내부평가모형

### 6.2.1 통계적 모형

국가위험을 산정하는 모형으로서 가장 보편적인 것은 국내신용평가모형과 유사하게 각 국가의 주요 경제지표에 기초한 국가위험평점모형들(country risk-scoring models)이다. 먼저 한 국가의 채무상환재조정이 발생할 확률을 산출하는 데 중요한 것으로 판단되는 거시 및 미시경제변수들을 선정하는 작업으로 시작된다. 다음으로 채무상환재조정의 경험이 있는 국가들과 그렇지 않은 국가들의 과거자료들을 분석하여 채무상환재조정 여부와 관련하여 두 집단 간의 차이를 가장 잘 설명하는 변수들을 파악해 낸다. 이러한 과정을 거치면 두 집단 간의 차이를 잘 설명해 주는 변수들을 파악해 냄은 물론 각 변수의 상대적 중요도까지도 파악이 가능하다. 예를 들면, 국내신용평점모형에서 기업의 파산확률을 Z-평점(Z-score)으로 산출해 주는 판별분석모형을 사용하는 것과 유사하게 국가위험분석에서도 한 국가의 채무상환재조정확률을 측정하기 위하여 Z-평점모형을 개발할 수 있는 것이다.

그럼 국가위험분석(country risk analysis: CRA)의 첫 단계로서 채무상환재조정확률을 잘 설명해 줄 수 있는 변수들을 선정해야 한다. 많은 경우에 약 40개가 넘는 변수들이 선정되고 있다. 그 중 중요한 몇몇 변수들을 살펴보면 다음과 같다.

#### 1) 외채원리금상환부담률(debt service ratio: *DSR*)

$$DSR = \frac{\text{연간 외채원리금상환액}}{\text{연간 총수출액}}$$

이것은 세계은행이 한 나라 외채의 심각성을 판단하기 위해 고안한 지표로 연간 대외채무상환액을 같은 기간 중의 총수출액으로 나눈 값이다. 즉, 수출로 가득한 외화규모 중 얼마를 외채상환액으로 지불하고 있느냐를 나타내는 것으로, 원리금상환액이 일정하다고 할 때 수출이 늘면 그만큼 외채구조가 건전해지는 것을 나타내고 있다. 현재 세계은행은 $DSR$이 18%를 상회할 경우 외채에 적신호가 켜진 것으로 간주하고 있다.

### 2) 수입비율(import ratio: *IR*)

$$IR = \frac{\text{연간 총수입액}}{\text{외환보유고}}$$

이것은 한 국가의 총수입액을 그 나라의 외환보유고로 나눈 값이다. 후진국들은 일반적으로 국내생산시설이 충분하지 않기 때문에 완제품을 수입해야만 한다. 수입을 할 때에는 해당 국가가 보유하고 있는 외환보유고를 사용하게 되는데, 수입액이 커질수록 외환보유고는 빨리 소진되고 말 것이다. 외환보유고의 최우선 사용처는 필수품목의 수입인데, 외환보유고 대비 수입액의 비율이 커질수록 해당 국가가 외채상환을 재조정할 확률이 높아질 것으로 판단된다.

### 3) 투자율(investment ratio: *INVR*)

$$INVR = \frac{\text{총투자액}}{\text{국민총가처분소득}}$$

투자율이란 일정한 기간 동안 국민경제가 생산한 생산물 또는 수취한 소득에 대한 투자의 비율을 의미하는 것으로 투자액을 국민총가처분소득으로 나누어 구한다. 이 비율은 한 국가가 소비보다는 공장건설, 기계장비 등 실물투자에 얼마만큼의 자원을 할당했는가를 측정하는데, 이 비율이 높을수록 해당 국가는 미래의 성장률이 높아질 가능성이 크고, 반대로 이 비율이 낮으면 해당 국가가 외채에 대한 상환재조정을 할 확률이 높아진다는 것을 의미한다. 여기서 총투자는 투자대상지역에 따라 국내총투자와 국외투자로 나뉘고 이들 국내총투자와 국외투자를 합한 총투자는 총저축과 일치하게 되며 이를 각각 국민총가처분소득으로 나누어 백분율로 구한 값을 국내총투자율, 국외투자율, 총투자율, 총저축률이라고 한다. 이들 간에는 총저축률=총투자율, 그리고 총투자율=국내총투자율+국외투자율 관계가 성립한다.

### 4) 수출액변동성(variance of export revenue: *VAREX*)

$$VAREX = \sigma^2_{ER}$$

후진국의 수출액은 다음 두 가지 위험요인으로 인하여 매우 변동성이 크다. 하나는 수량위험(quantity risk)으로서 후진국들이 주로 수출하고 있는 원자재의 생산은 매우 변동이 심해서 때로는 과잉생산, 때로는 과소생산이 되고 있다. 또 다른 하나는 가격위험(price risk)으로서 후진국들이 주로 수출하고 있는 원자재의 국제시세가 전 세계의 해당 원자재에 대한 수요와 공급의 변화에 따라 큰 변동성을 가지고 있다. 이러한 수출액의 변동성이 클수록 채무자가 장래에 원리금상환을 제대로 하지 못할 가능성이 커질 것이다.

### 5) 국내통화량증가율(domestic money supply growth: *MG*)

$$MG = \frac{\text{통화량의 변화}}{\text{기간 초의 통화량}}$$

한 국가의 통화량증가율이 높을수록 해당 국가의 물가상승률이 높아질 것이고, 그 결과 해당 국가의 통화가치가 하락할 것이다.[8] 한 국가의 통화가 교환수단으로서의 기능을 잘 수행하지 못한다면 실물생산이 큰 타격을 받게 되고, 그 결과 해당 국가는 국내 및 국제결제에 기축통화의존도가 더 높아질 것이다. 따라서 국내통화량증가율과 채무상환재조정확률은 양(+)의 관계를 가질 것으로 판단된다.

앞에서 설명한 다섯 가지의 변수들과 한 국가의 채무상환재조정확률($p$)은 다음과 같은 함수관계를 가질 것으로 예상된다.

$$p = f(\underset{\oplus}{DSR}, \underset{\oplus}{IR}, \underset{\oplus/\ominus}{INVR}, \underset{\oplus}{VAREX}, \underset{\oplus}{MG}, \cdots)$$

주요 변수들을 선정한 후에는 국가들을 두 그룹, 즉 $P_1$(재조정 가능성이 있는 취약국가군)과 $P_2$(재조정 가능성이 낮은 건전국가군)로 나눈다. 그 다음에는 통계적 방법인 판별분석(discriminant analysis)기법 등을 활용하여 두 그룹 간의 차이를 가장 잘 설명해 주는 변수들을 도출해 낸다. 주요 변수들과 각 변수들의 상대적 중요도(즉, 가중치)를 산출하면, 마지막으로 그 판별함수와 각 국가의 주요 변수관찰치를 사용하여 해당 국가가 두 그룹 중에서 어디에 속하는가를 확인해 낼 수 있게 된다.

8 구매력평가설(purchasing power parity: PPP)에서는 물가상승률이 비교적 높은 국가의 통화가치는 다른 국가의 통화가치에 비해 현저하게 하락하는 경향이 있다고 주장한다.

### 6.2.2 통계 CRA모형의 문제점

위에서 논의된 통계 CRA모형은 금융기관들이 가장 일반적으로 사용하고 있는데 다음과 같은 문제점들을 내포하고 있다. 문제점들을 지적함에 있어서 우리는 국가위험을 산정할 때 통계 CRA모형을 사용하지 말라는 것이 아니라 사용 시에 세밀한 주의를 기울여야만 된다는 것을 일깨우고자 한다.

#### 1) 주요 변수들의 측정

국가위험의 산정모형을 적용할 때 무엇보다도 해당 국가 주요 변수들의 값을 정확히 관찰하여 투입해야 보다 정확한 평점을 얻을 수 있는데, 많은 경우에 자료수집 지연으로 인한 철 지난 자료의 투입 및 측정오류로 인한 부정확성 등으로 기대한 만큼의 성과를 얻지 못하는 경우가 많다.

#### 2) 모집단그룹

평가자들은 보통 두 집단(채무상환재조정그룹과 그렇지 않은 그룹) 간을 확연하게 구분지을 수 있는 변수들을 찾아내려고 노력을 하는데, 모형을 현실에 보다 더 적합하게 도출하려면 그룹의 구분이 보다 더 세분화되어야 할 것이다. 예를 들어, 이자지급에 대해서만 동결조치를 취하는 그룹과 원리금 모두에 대해서 동결조치를 취하는 그룹 등으로 나누어 보면 모형의 현실적용성이 더 제고될 수 있을 것이라고 생각된다.

#### 3) 정치적 위험요인

통계적 국가위험분석모형(CRA models)들은 대부분 경제변수들만 수용하여 왔다. 물론 통화량 같은 경제변수들과 채무상환재조정 가능성이 서로 밀접한 상관관계를 가지고 있을 것이라는 주장에는 동의하지만 그러한 모형들은 파업, 선거, 부정부패 및 혁명 등과 같은 정치적 사건들을 잘 포착하지 못한다는 비판이 있다.

#### 4) 포트폴리오 특성

국가위험분석모형들은 대개 각 국가를 독립적으로 보고 따로따로 분석하여 왔다. 그러나 후진국들과 거래를 해오고 있어 국가위험에 노출되어 있는 대형금융기관들은 여러 후진국들에게 대출을 해준 결과 후진국대출포트폴리오를 보유하고 있는 셈이다. 포트폴리오의 관점에서 보면 비록 후진국들을 대상으로 해준 대출이라고 하더라도 개별적으로는 위험이 크겠지만 대출포트폴리오가 잘 분산되어 있다면 국가위험은 생각보다 훨씬 작아질 수 있다. 특히 대부분 국가들의 채무상환 가능성과 관련이 있는 체계적 효과(systematic effect)를 나타내는 주요 변수들과 단지 한두 국가와 관련 있는 비체계적 효과(unsystematic effect)를 나타내는 변수들을 구분할 필요가 있을 것이다.

### 5) 유인효과 측면

국가위험분석모형들은 보통 채무상환계획을 재조정하고자 하는 차입자 또는 대출자의 유인(incentives) 측면을 고려하지 않고 있다. 그러나 국가위험분석을 할 때 우리는 다음과 같은 의구심을 가지고 임한다면 보다 정확한 분석을 할 수 있을 것이다. 즉, 채무상환재조정을 하려는 국가의 경우 그 목표가 달성되었을 때 그 나라가 기대할 수 있는 유인이나 이득으로 어떤 것이 있을까? 채무상환재조정을 수용하는 금융기관이 기대할 수 있는 유인이나 이득으로는 어떤 것이 있을까? 어떤 요인들이 후진국들의 채무상환재조정 수요와 금융기관의 채무상환재조정 공급을 결정하고 있을까? 분명한 것은 채무상환재조정으로부터 얻는 이익이 거기에 소요되는 비용을 초과한다고 판단될 때 채무상환재조정이 이루어지는 것이다. 그렇다면 채무상환재조정으로부터 예상되는 차입자와 대출자의 이익과 비용으로는 각각 어떤 것이 있는가를 생각해 보자.

① **차입자의 기대이익**: 채무상환계획을 재조정함으로써 차입자는 미래에 상환할 원리금의 현재가치를 줄일 수 있다. 그 결과 외국상품에 대한 소비를 늘리고, 국내투자율의 증가를 기대할 수도 있다.

② **차입자의 기대비용**: 첫째, 채무상환계획을 재조정함으로써 해당 차입자는 향후 어떠한 금융기관으로부터도 자금을 차입하기가 어려워질 것이다. 그 결과 비록 그 차입자가 높은 성장이 기대되는 투자기회를 찾는다고 하더라도 자금조달이 불가능하여 수행할 수 없을 것이다. 둘째, 채무상환계획을 재조정함으로써 신용장(L/C)과 같은 무역거래수단을 발급받기가 어려워져 차입자의 국제거래가 상당히 곤란해질 것이다.

③ **대출자의 기대이익**: 첫째, 대출자의 입장에서 보면 차입자가 부도를 내는 것보다는 그래도 채무상환계획을 재조정하는 편이 더 낫다. 즉, 부도를 내는 경우 채권자는 원리금 모두를 잃게 될 가능성이 많지만, 채무상환재조정을 통하여 비록 일부는 잃을지라도 대출원리금의 상당부분을 회수할 수 있을 것이다. 둘째, 채무상

환계획을 재조정하는 협상을 할 때 추가수수료 또는 추가담보 및 기타 옵션조항을 삽입하는 것을 고려할 수 있다. 셋째, 후진국대상 대출포트폴리오에 손실이 발생하여 상각하는 경우 세금감면혜택을 기대할 수 있다.

④ **대출자의 기대비용**: 첫째, 상환계획이 재조정된 대출채권은 장기부채 또는 주식의 특성과 유사해지므로 해당 금융기관은 본의 아니게 특수한 구조를 가진 대출포트폴리오에 묶여버리고 만다. 둘째, 채무상환계획이 재조정된 대출채권을 많이 보유하고 있는 금융기관은 감독당국의 집중적인 관심을 받게 될 것이다.

### 6) 모형의 안정성

국가위험분석모형이 안고 있는 또 하나의 문제점으로 모형의 안정성(stability)을 들 수 있다. 가령 어떤 주요 변수들이 과거의 채무상환재조정을 잘 설명해 준다고 하더라도 그들이 미래의 채무상환재조정 발생 가능성을 잘 예측해 줄 것이라는 보장은 없다. 시간이 흐르면 설명력이 컸던 변수들은 설명력이 약해지는 반면 과거에는 설명력이 떨어졌던 변수들이 오히려 현상을 보다 잘 설명할 수도 있는 법이다. 또한 각 변수들의 계수도 고정되어 있는 것이 아니고 시간이 흐름에 따라 변할 수 있다. 따라서 국가위험분석모형의 예측력을 높이려면 설명력이 있는 변수들을 끊임없이 탐색해야 하고, 또한 그들과 관련된 자료와 정보도 늘 현재의 것으로 바꾸는 노력을 기울여야 한다.

## EXERCISE

1. 금융기관의 외환위험노출은 어떠한 방법으로 측정하는가?

2. 금융기관이 외환위험노출을 통제할 수 있는 방법에는 어떠한 것이 있는가?

3. 이자율평형이론(interest rate parity theorem: IRPT)이란 두 국가 간의 이자율 차이에 의해서 해당 국가 통화 간의 선물환율이 결정된다는 주장이다. 이 이론이 각국의 금융시장과 각국의 통화마다 모두 성립한다면 해외투자는 아무런 의미가 없는가?

4. 외환위험노출을 난내헤지(on-balance-sheet hedge)를 통해 관리하는 방법을 설명하라.

5. 금융기관이 외환위험노출을 헤지하는 데 있어서 난내헤지(on-balance-sheet hedge)와 비교해서 난외헤지(off-balance-sheet hedge)의 장·단점은 무엇인가?

6. 외국에 근거지가 있는 차입자에게 대출을 해줄 때 금융기관이 부담하는 위험은 어떠한 것들이 있는가?

7. 채무상환재조정(debt rescheduling)과 채무이행거절(debt repudiation)은 각각 어떻게 차이가 나는가?

8. 외국채권의 경우보다 국제대출의 경우 대부분 채무상환재조정의 형태로 국가위험이 발현되는데 그 이유는 무엇인가?

9. 국가위험분석모형의 하나인 CRA Z-평점모형에서는 어떠한 변수들을 주로 사용하고 있는가? 그리고 채무상환재조정확률을 추정함에 있어서 각 변수들이 어떻게 해석되고 있는가를 설명하라.

10. 전통적인 국가위험분석모형(CRA models)과 관련된 문제점은 어떠한 것들이 있는가? 그리고 각각의 문제점을 극복 내지 줄이기 위해서 어떠한 조정노력을 할 필요가 있다고 생각하는가?

Part

# 6 경영성과평가, 금융규제 · 감독, 그리고 통화정책

# 금 융 기 관 론

Chapter 16

# 경영성과평가

제1절 금융기관의 가치평가 | 제2절 은행 재무제표 및 계정과목의 특징

제3절 은행 경영성과의 측정

제4절 자기자본이익률(ROE)을 활용한 재무제표분석

제5절 금융기관의 규모와 재무제표분석

Financial Institutions Management

금융기관의 경영성과에 대한 평가는 여러 가지 이유에서 매우 중요하다. 먼저 금융규제·감독당국의 입장에서는 현재 심각한 문제점을 안고 있는 금융기관을 제대로 파악해내어 적기에 시정조치를 취함으로써 문제를 더 이상 키우지 않도록 하기 위하여 큰 관심을 두고 있다. 주주들을 포함한 일반투자자들 입장에서는 어떤 금융기관의 주식을 사고 또 어떤 금융기관의 주식을 팔아야 하는가를 결정하기 위하여 경영성과를 정확하게 알고 싶어 할 것이다.

따라서 투자분석은 어느 금융기관이 투자에 적합한가를 투자자들에게 조언해 줄 수 있어야 한다. 마찬가지로 금융기관 내에서도 시계열적 경영성과를 정확하게 분석하여 이전의 경영진들이 내린 의사결정과 경영정책 수행의 결과가 어떠했는가를 알아내어 어느 부문에 어떠한 변혁이 필요한가를 결정하는 데 도움을 얻고자 한다. 경영성과에 대한 꾸준한 분석이 선행되지 않으면 현존하는 문제점들은 제대로 인지되지도 못한 채 여전히 남아 있게 될 것이고, 그와 같은 무사안일한 행태가 반복될 때에는 경영실패로 이어질지도 모르는 일이다.

본 장에서는 다음과 같은 주제를 중점적으로 다룬다.

- 금융기관의 가치평가
- 경영성과와 관련된 요인들
- ROE에 기초한 재무제표분석
- 경영성과 평가방법

# 제1절 금융기관의 가치평가[1]

은행에서는 일반적으로 시계열적 경영성과를 분석하고 나아가 은행의 가치를 극대화시킬 수 있는 최적의 금융서비스조합을 알아내려는 목적으로 가치평가를 실시하고 있다. 한 은행의 인수에 관심을 가지고 있는 다른 금융기관들도 해당 은행에 대해서 가치를 평가한다. 금융기관의 가치평가는 특히 평가과정에서 금융기관 가치를 결정하는 요인들이 드러나기 때문에 매우 중요하다. 금융기관의 가치는 통상 미래예상현금흐름(future expected cash flows)의 총현재가치로 모형화될 수 있다. 즉,

$$V_0 = \sum_{t=1}^{n} \frac{E(CF_t)}{(1+k)^t}$$

여기서 $E(CF_t)$는 기간 $t$에 발생할 것으로 예상되는 현금흐름을 나타내고, $k$는 해당 금융기관에 투자한 투자자들의 요구수익률(required rate of return)을 나타낸다. 그러므로 금융기관의 가치는 미래의 예상현금흐름이 변하거나 투자자들의 요구수익률이 변하면 그에 따라 변하게 될 것이다.

$$\Delta V = f[\underset{\oplus}{\Delta E(CF)},\ \underset{\ominus}{\Delta k}]$$

## 1.1 현금흐름에 영향을 주는 요인들

금융기관의 예상현금흐름의 변화는 다음과 같은 함수로 쓸 수 있을 것이다. 즉,

$$\Delta E(CF) = f(\underset{\oplus}{\Delta ECON},\ \underset{\ominus}{\Delta R_f},\ \underset{?}{\Delta INDUS},\ \underset{\oplus}{\Delta MANAB})$$

1 Madura, Jeff, *Financial Institutions and Markets*, 9th edition, South-Western, CENGAGE Learning: United States, 2010, 그리고 Saunders, Anthony, and Cornett, Marcia Millon, *Financial Markets and Institutions*, 4th edition, McGraw Hill International Edition: Singapore, 2009 참조.

여기서 $ECON$은 경제성장률
$R_f$는 무위험이자율
$INDUS$는 현재의 규제와 감독 및 경쟁도를 포함한 은행산업환경
$MANAB$는 해당 은행경영진의 능력

### 1.1.1 경제성장률의 변화

경제성장(economic growth)은 가계와 기업들의 자금에 대한 수요를 증가시킴으로써 금융기관의 현금흐름을 증가시킬 것으로 기대된다. 높은 경제성장률을 기록하는 기간에는 대출수요가 높아지고 그 결과 은행들은 대출을 증가시킬 것이다. 대출을 통한 수익률이 일반적으로 국채나 기타 유가증권으로부터 발생하는 수익률을 능가하는 경향이 있기 때문에 예상현금흐름은 증가할 것으로 기대된다. 현금흐름이 증가할 것으로 기대되는 또 다른 이유는 경제성장률이 높은 기간 동안에는 대출금에 대한 부도율이 감소하기 때문이다.

더욱이 은행이 제공하는 기타 여러 가지의 금융서비스에 대한 수요도 경제성장률이 높은 기간에는 더욱 증가하는 경향이 있다. 예컨대, 경기가 좋으면 가계에서는 가처분소득이 훨씬 높아지기 때문에 특히 중개서비스, 보험, 그리고 자산운용설계서비스 등에 대한 수요가 증가한다.

### 1.1.2 무위험이자율의 변화

이자율변화는 금융기관의 현금흐름과는 음(−)의 관계에 있다고 할 수 있다. 만일 무위험이자율(the riskfree rate of interest)이 하락하면 다른 시장이자율도 따라서 하락할 것이고, 그 결과 은행대출자금에 대한 수요가 증가할 것이다. 또한 은행들은 일반적으로 자금원으로서 단기예금에 크게 의존하는 경향이 있는데, 이러한 단기예금에 대해 지급하는 예금이자율도 시장이자율이 변동됨에 따라 조정될 것이다. 그런데 은행의 (대출과 같은) 자금운용도 이자율변화에 민감하지만 일반적으로 예금의 경우보다는 덜 민감하다. 그러므로 이자율이 하락하면 예금금융기관의 자금차입비용이 대출이나 기타 투자로부터 얻는 수익률의 하락보다 더 크게 감소하게 될 것이다. 반대로 이자율이 상승하는 경우에는 예금이자의 증가가 대출과 투자로부터 얻는 수익보다 더 크게 증가할 것이기 때문에 은행의 예상현금흐름은 줄어들게 된다.

### 1.1.3 은행산업환경의 변화

은행의 현금흐름에 영향을 주는 산업특성 중에서 가장 중요한 것으로는 정부의 규제(government regulation)를 꼽는다. 만일 규제당국이 은행에 대해 설정한 규제사항들을 완화시키거나 철폐하면 은행의 기대현금흐름은 당연히 증가할 것이다. 예를 들면, 규제당국에서 그동안 강제했던 지역적 규제들을 철폐한다면 은행들은 그동안 규제 때문에 진출하지 못했던 새로운 지역으로 영업을 확장할 수 있게 된다. 또한 그동안 규제당국에서는 은행들이 취급할 수 있는 사업의 종류를 정해 놓고 규제를 해왔는데, 그러한 규제를 완화하면 은행들은 지금까지 하지 않던 여러 가지 금융서비스(예: 중개업과 보험업 등)들을 새로이 취급함으로써 자신들의 사업영역을 확장시킬 것이다.

또 다른 은행산업환경의 변화 중에서 은행의 미래현금흐름에 큰 영향을 미칠 것으로 기대되는 요인은 기술혁신(technological innovation)이다. 기술혁신을 통하여 효율성이 제고되고, 그 결과 현금흐름이 증가할 것이다. 경쟁도(level of competition) 역시 은행의 현금흐름에 영향을 주는 산업특성의 하나인데, 경쟁도가 심할수록 은행의 영업활동이 줄어들게 되고 금융서비스에 대한 수수료를 낮출 것이다. 은행산업에 대한 규제가 완화될수록, 경쟁은 더 심해지는 법이다. 그 와중에 어떤 은행들은 이득을 보는 반면에 다른 은행들은 자신들의 시장점유율을 잃게 될 것이다.

### 1.1.4 경영진 능력의 변화

현금흐름에 영향을 미치는 네 가지 특성 중에서 은행이 자체적으로 통제가 가능한 요인은 오로지 경영진의 능력(management skills)뿐이다. 경제성장, 이자율변동, 규제 등은 은행으로서도 어떻게 해볼 도리가 없지만, 경영자들(managers)과 조직구조(organizational structure)는 은행 스스로가 선택할 수 있는 요인이다. 유능한 경영자들은 은행으로서는 통제가 불가능한 외생변수들(즉, 경제성장, 이자율, 규제사항들)을 은행에 유리하게끔 잘 활용할 수 있는 방향으로 내부의사결정을 내릴 수가 있다.

은행경영진의 능력이 향상될수록, 은행이 창출할 수 있는 기대현금흐름도 증가할 것이다. 예를 들면, 능력이 출중한 경영자들은 현재의 경제상황이나 규제여건을 어떠한 방법으로든지 최대한 활용하기 위해서는 은행의 자산과 부채포트폴리오의 조합을 어떻게 수정해야 하는지를 알아낼 것이다. 그들은 또한 어떠한 부문의 사업을 더 확장시켜야 규모의 경제(economies of scale)가 달성될 수 있는가를 알아낸다. 또한 특정 계층의 금융소비자들을 수용하기 위해서는 어떠한 금융서비스 조합을 구성해야 현금흐름을 증가시켜 결과적으로 은행가치를 극대화시킬 수 있는지도 알아낼 수 있을 것이다. 그런 과정에서 그들은 비용절감을 위해 영업활동에 대한 필요한 구조조정을 단행하고, 또한 기술을 최대한 활용할 것이다. 그리고 은행의 잠재적 수익률과 위험수준을 변경하기 위해서 필요하다면 파생금융상품의 활용도 고려할 것이다. 결론적으로, 비록 외생변수 및 외생요인들이 통제 불가능하더라도 경영진의 능력발휘에 따라 은행의 예상현금흐름(그리고 은행가치)은 얼마든지 변할 수 있다.

## 1.2 투자자들의 요구수익률에 영향을 주는 요인들

은행에 투자하고 있는 투자자들의 요구수익률(required rate of return)은 다음과 같이 표현된다.

$$\Delta k = f(\underset{\oplus}{\Delta R_f},\ \underset{\oplus}{\Delta RP})$$

여기서 $R_f$는 무위험이자율

$RP$는 은행에 대한 위험프리미엄(risk premium)

### 1.2.1 무위험이자율의 변화

무위험이자율이 상승하면 투자자들의 요구수익률도 따라서 상승한다. 무위험이자율은 일반적으로 예상인플레이션(inflationary expectations, $INF$), 경제성장($ECON$), 통화량(the money supply, $MS$), 그리고 예산적자(budget deficit, $DEF$) 등의 영향을 받는 것으로 알려져 있다. 그러므로 다음과 같이 쓸 수 있다.

$$\Delta R_f = f(\underset{\oplus}{\Delta INF},\ \underset{\oplus}{\Delta ECON},\ \underset{\ominus}{\Delta MS},\ \underset{\oplus}{\Delta DEF})$$

높은 인플레이션, 높은 경제성장률, 큰 폭의 예산적자 등은 이자율에 대해서 상승압력으로 작용하게 될 것이고, 반면에 통화량의 증가는 (그것이 인플레이션을 유발시키지 않는다는 전제하에) 이자율에 대해서 하락압력으로 작용하게 될 것이다.

### 1.2.2 위험프리미엄의 변화

은행에 대한 위험프리미엄(risk premium)이 상승하면 그 은행에 투자한 투자자들의 요구수익률도 오른다. 위험프리미엄은 경제성장, 은행산업환경, 그리고 경영진의 능력에 의해 영향을 받을 것이다. 이것을 함수로 표현하면 다음과 같다.

$$\Delta RP = f(\underset{\ominus}{\Delta ECON},\ \underset{?}{\Delta INDUS},\ \underset{\ominus}{\Delta MANAB})$$

경제성장률이 높아지면 은행대출금과 채권투자에 대해 부도가 발생할 확률이 낮아지게 되므로 은행의 위험도는 낮아진다.

과도한 정부의 규제, 기술혁신, 그리고 경쟁도 등과 같은 은행산업의 특성들은 은행의 위험프리미엄에 많은 영향을 주고 있다. 정부의 규제 중에는 은행이 반드시 확보해야 하는 최저자본금요건(minimum level of capital required)이 포함되어 있다. 최근 일어나고 있는 은행산업에 대한 규제의 변화 중에서 가장 두드러진 것은 무엇보다도 금융서비스제공에 대한 규제완화(deregulation)인데, 이러한 조치의 결과로 은행들은 서비스를 다양화시켜 위험수준을 낮출 수 있었다. 반면에 이러한 변화로 말미암아 은행들은 그들이 제공해 오던 전통적인 금융서비스보다 더 위험수준이 높은 서비스를 제공할 수 있었고, 심지어는 그들이 효율적으로 제공할 수 없는 금융서비스까지도 취급하려고 하였다. 즉, 규제완화는 투자자들의 요구수익률을 오히려 높이는 결과를 초래하였다.

경영진의 능력이 향상될수록 외부에서 인식되는 은행의 위험수준은 낮아지게 된다. 능력이 있는 경영자들이 위험수준이 비교적 낮은 자산에 자금을 투자하면 결과적으로 투자자들의 요구수익률을 낮추는 결과를 낳을 것이다.

[그림 16-1]에서는 지금까지 논의된 내용에 기초하여 은행의 가치를 평가하는 기본적인 접근체계를 보여주고 있다. 일반적으로, 은행의 가치는 경제성장률의 상승, 이자율의 하락, 규제의 완화(이 경우 은행들이 효율적으로 제공할 수 있는 금융서비스에만 집중한다는 전제하에), 그리고 경영진 능력의 향상 등이 긍정적인 영향으로 작용을 해서 높아지게 된다.

**그림 16-1** 은행 가치평가의 접근체계

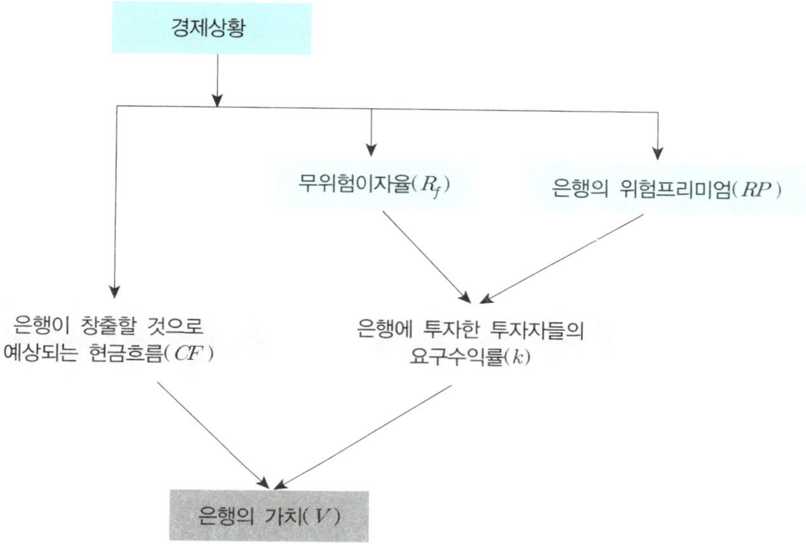


경제상황이 좋아지면 대출금에 대한 수요(이자수익) 및 기타 은행이 제공하는 금융서비스에 대한 수요(비이자수익)가 증가하고, 부도율이 낮아지며, 그 결과 현금흐름이 더 좋아지게 될 것이다.

무위험이자율이 하락하면 가계대출이나 주택저당대출(mortgage)과 같이 곧바로 이자율을 조정하지 않아도 되는 자산들의 가치가 증가될 것이다. 낮은 이자율은 또한 채권의 가치도 상승시킨다. 이와 같은 자산을 많이 보유하고 있는 은행들은 무위험이자율이 하락하면 그만큼 더 이득을 보게 되는데, 반대로 무위험이자율이 상승할 경우는 은행은 악영향을 받게 될 것이다.

은행의 가치평가는 ([그림 16-1]에서는 나타나 있지 않지만) 은행산업의 상황과 경영진에 의해서도 영향을 받는다. 이러한 요인들은 위험프리미엄에 영향을 주고, 그 결과 투자자들의 요구수익률을 변화시키며, 은행의 예상현금흐름에 변화를 가져온다.

# 제2절 은행 재무제표 및 계정과목의 특징

은행의 재무적 정보는 기본적으로 두 개의 서류에 나타나 있다. 재무상태표(report of condition 또는 balance sheet: B/S)에는 은행이 보유하고 있는 자산(assets), 부채(liabilities), 그리고 자본금(capital)에 관한 재무적 정보가 담겨 있다. 이러한 재무상태표는 어느 특정 시점을 기준으로 작성되어 보고된다. 손익계산서(report of income 또는 income statement: I/S)에서는 일정한 기간 동안에 발생한 수입(revenues)과 비용(expenses 또는 costs), 그리고 그 기간에 얻은 순이익 혹은 손실(net profit or loss)을 보고하고 있다. 은행의 재무제표는 매 분기 말마다 규제감독당국과 주주들에게 반드시 보고되어야 한다. 한편 많은 금융기관들은 최근 들어 난외활동(off-balance-sheet activities)을 크게 증가시키고 있다. 이러한 활동을 통하여 해당 금융기관은 손익계산서에 보고될 수 있는 이익(때로는 손실)을 발생시킨다.

## 2.1 재무상태표(B/S)

### 2.1.1 자산(assets)

은행의 자산은 미래의 경제적 효익을 창출할 수 있는 용역잠재력을 가진 자원으로서 ① 현금(cash) 및 예치금(deposits), ② 상품유가증권(securities in proprietary account), ③ 투자유가증권(investment securities), ④ 대출채권(loans), ⑤ 고정자산(fixed assets), 그리고 ⑥ 기타자산(other assets) 등으로 묶을 수 있다. 이들 중에서 상품 및 투자유가증권, 그리고 대출채권 등은 은행의 주요 수익자산(earning assets)에 속한다. 현금 및 예치금에는 은행금고에 보관되어 있거나 중앙은행에 예치된 지불준비금, 타 금융기관에 예치된 자금, 그리고 회수과정에 있는 현금항목 등이 속한다. 이들 대부분은 많은 이익을 벌어들이지는 않지만 이들이 특수한 기능을 수행하고 있기 때문에 은행은 그러한 형태의 자산을 보유하고 있는 것이다.

#### 1) 현금 및 예치금

현금(cash)은 주로 예금고객들의 인출요구에 부응하기 위하여 보관하는 자금으로서 보유자산 중 가장 유동성이 높다. 현금은 은행권 및 주화 등 통화와 자기앞수표 등 통화대용증권의 타점권[2]으로 구분한다.

예치금(deposits)은 타 금융기관(금융업을 주된 업종으로 하는 모든 법인) 등에 예치한 자금으로 이는 한국은행, 예금은행, 비통화금융기관, 국민투자기금, 외국환평형기금, 기타예치금으로 구분된다. 특히 한국은행에는 지준예치금, 통화안정계정 등이 있다. 여기서 지준예치금(reserves)이란 예금자보호 및 통화량조절수단으로서 법에 정해진 바에 따라 은행이 예금채무에 대한 일정 비율의 예금지급준비금을 한국은행에 예치하여야 하는데, 이를 처리하는 계정이다.[3] 한국은행에 예치된 지급준비금은 한국은행 또는 다른 금융기관에 대한 결제자금으로 사용할 수 있으므로 현재 어음교환결제 및 은행간공동이용망 등과 같은 금융기관과의 모든 자금결제는 이 지준예치금계정을 통하여 이루어지고 있다.

예금은행계정은 은행이 여유자금의 운용을 위해 은행 간 약정에 따라 금전소비임치계약으로 타 예금은행에 예치하는 경우 동 예치금을 처리하는 계정으로 예금 및 CD매입으로 구분한다. 송금, 무역거래, 자본거래 등 외국과의 거래 시 거래당사자 간의 대금추심, 지급 등이 거래당사자 소재국의 자기 거래은행을 통하여 이루어지도록 상호계약이 체결된 은행을 환거래은행 또는 코레스은행(correspondent bank)이라 한다.

### 2) 상품유가증권

상품유가증권은 유가증권과 금융관련 옵션 중 단기매매차익을 획득할 목적으로 취득하는 유가증권을 말하며 이 경우 주식, 출자금 등 지분증권은 시장성이 있는 것에 한하고, 만기까지 보유할 목적으로 취득한 채권 및 부도발생 등으로 감액의 대상이 되는 채권 등은 포함되지 않는다. 시장성이 있는 유가증권이라 함은 시세가 공표되고 있는 것을 말한다. 따라서 프리보드에 등록되어 거래되는 유가증권이나, 단기간 내에 상장 또는 등록이 예정되어 있는 유가증권은 시장성이 있는 것으로 볼 수 없으므로 상품유가증권으로 분류할 수 없다.[4]

2 타점권은 어음(약속어음, 환어음), 수표(자기앞수표, 당좌수표, 송금수표, 가계수표, 국고수표) 및 기타 추심가능한 여러 가지의 증서를 말한다.

3 금융기관의 지준예치금에 대하여는 금융통화위원회가 정하는 바에 따라 이자를 지급할 수 있으나 현재는 무이자로 하고 있으며, 당해 반월중 보유한 지급준비금이 법정최저지급준비금(required reserves)에 모자란 때에는 부족액의 1%를 과태금으로 한국은행에 납부하여야 한다.

4 유가증권은 취득할 때에 그 분류기준에 따라 상품유가증권 또는 투자유가증권으로 구분하여야 하

### 3) 투자유가증권

투자유가증권은 단기매매차익 목적의 상품유가증권에 속하지 않는 유가증권을 말한다. 주식은 장기보유목적의 주식 및 시장성이 없는 주식, 특수관계자가 발행한 주식, 출자전환주식 등을, 채권은 시장성을 불문하고 중도매각채권 및 만기보유채권을 투자유가증권으로 분류한다. 위험관리 차원에서 투자하는 채권은 투자유가증권으로 분류한다.

### 4) 대출채권

대출채권은 명칭 등 형식에 불구하고 이자수취 등을 목적으로 담보를 제공받거나 신용으로 일정 기간 동안 또는 동 기간이 끝나는 시점에서 원리금의 반환을 약정하고 자금을 대여하는 경우 및 대지급금 등의 구상채권이 발생할 때 대출채권으로 분류한다. 은행의 대출채권은 일반적으로 시장금리를 반영한 기준금리(prime rate)에 채무자의 신용도에 따른 가산금리(risk premium)를 적용하고 있으므로 시장가치가 반영되어 있다고 볼 수 있으며, 저리자금대출의 경우에는 대부분 정책자금을 차입하여 취급하므로 현재가치평가를 하지 않고 있다.[5]

### 5) 고정자산

업무용 고정자산이란 은행이 영업상 필요에 의하여 소유하고 있는 유형 · 무형의 고정자산을 처리하는 계정이다. 「은행법」 제38조는 자금운용의 고정화를 방지하고 투기목적의 부동산취득을 막기 위하여 업무용 부동산에 대한 투자한도를 은행법상 자기자본범위 내로 제한하고 있다.

### 6) 기타자산

기타자산계정은 과목이나 금액의 중요성에 비추어 독립된 대과목으로 분류하기 곤란한 여타의 계정과 결산정리과정에서 나타나는 경과계정으로 이루어지며 이 중 외화분은 구분표시토록 하고 있다.

---

며, 그 후 상품유가증권은 투자유가증권으로 재분류할 수 있으나, 투자유가증권은 상품유가증권으로 재분류할 수 없다. 이는 상품유가증권의 평가손익은 당기손익으로 계상되는 반면, 투자유가증권의 평가손익은 자본조정에 계상되므로 단순한 계정재분류로 인하여 당기손익을 조정할 수 있기 때문에 이를 방지하기 위한 것이다.

5 제공하는 자금의 조달과 사용의 연계성이 확실한 경우에는 현재가치평가를 하지 않을 수 있다는 기업회계기준 등에 관한 해석에 따른 것이다.

### 2.1.2 부채(liabilities)

#### 1) 예수금(deposits)

예금증서를 발행하거나 예금계좌를 통하여 일정한 이자지급 등의 반대급부를 조건으로 일반대중 또는 기업, 공공기관 등 불특정다수의 고객으로부터 자금을 수납하여 관리·운용하는 경우 이를 예수금으로 분류하며, 자금예수의 형태에 따라 원화예수금, 양도성예금증서, 외화예수금, 역외외화예수금으로 분류한다.

① **원화예수금**: 예수금은 일정한 이자지급 등의 반대급부를 조건으로 일반대중 또는 기업·공공기관 등 불특정다수로부터 은행이 예수를 받아 관리·운용하는 자금으로서 은행자금조달의 주요한 원천이다. 일반은행이 취급하고 있는 예수금은 고객의 지급결제편의 도모 또는 일시적 보관을 목적으로 하는 요구불예금(demand deposits)과 저축 또는 이자수입을 주목적으로 하며 통상적으로 예금의 납입·인출방법에 대해 특정 조건이 있는 기한부예금인 저축성예금(savings deposits)으로 구분된다.

② **양도성예금증서**: 이 계정은 양도성예금증서(negotiable certificate of deposit)의 발행으로 인한 부채를 처리하는 계정인데, 양도성예금증서란 정기예금에 양도성을 부여하여 무기명 할인식으로 발행되는 금융상품으로서 은행의 자금조달재원 확대 및 개발을 통한 수신경쟁력 제고로 금융시장의 발전 도모, 금융효율의 향상이라는 측면에서 선진형 단기금융시장을 육성한다는 목표하에 1984년 6월 1일 도입되었다. 양도성예금증서의 만기는 30일 이상(중도해지 불가능)이며 발행금리는 각 금융기관이 자율적으로 결정할 수 있도록 하고 있다.

③ **외화예수금**: 이 계정은 외화예수금의 예입으로 발생한 외화부채를 처리하는 계정으로 외국환거래규정에 따라 요구불예금(당좌예금, 보통예금), 통지예금 및 정기예금으로 분류하고 있으며, 원화예수금과 마찬가지로 회계목적 달성에 필요한 일종의 경과계정인 외화별단예금이 외화예수금에 포함된다.

④ **역외외화예수금**: 외화관리의 자유화 확대와 해외투자 활성화를 위해 「외국환은행의 역외 금융거래 운용지침」(재무부 1987. 12. 23)이 제정됨에 따라 신설된 계정으로 비거주자 및 외국의 타 역외계정에 대한 자금운용(대출 또는 예치)을 위해 비거주자 및 외국의 타 역외계정으로부터 조달한 외화예수금액을 처리하는 계정이다. 역외외화예수금은 예금주체에 따라 금융기관 및 기타로 구분표시한다.

### 2) 차입금

명칭에 관계없이 담보를 제공하거나 신용으로 원리금의 반환을 약정하고 자금을 차입하는 경우 이를 차입금(borrowed funds)으로 분류하며, 자금차입의 형태 등에 따라 외화수탁금, 원화차입금, 외화차입금, 역외외화차입금, 콜머니, 환매조건부채권매도, 매출어음, 신용카드채권매출 등으로 분류된다.

① **외화수탁금**: 이 계정은 외국환은행이 한국은행으로부터 외화자금을 예탁받았을 경우에 계리하는 계정이다. 중앙은행이 외국환은행에 외화자금을 예탁하는 것은 외국환은행의 대외공신력을 보강(일반예탁)하고, 단기영업자금의 지원과 시설재 수입자금 또는 차관 및 뱅크론 조기상환용 외화대출자금 등을 중앙은행 보유외화자금으로 지원(특별예탁)하는 등의 목적에서이다.

② **원화차입금**: 차입금이란 한국은행, 정부, 타 금융기관, 각종 기금 등으로부터 차입하는 자금을 처리하는 계정인데, 한은차입금, 정부차입금, 국민주택기금차입금, 예금은행차입금, 비통화금융기관차입금, 기타차입금 등으로 구분된다.

③ **외화차입금**: 이 계정은 외국환은행이 외화자금을 차입함으로써 발생한 채무를 처리하는 계정인데, 외화차입금에는 일반고객과의 외국환거래와 관련하여 국내 타 외국환은행 또는 해외코레스은행으로부터 차입하는 단기차입과 운영자금조달목적의 단기 또는 중·장기 자금차입의 두 가지가 있다. 단기차입 중 대표적인 것으로는 당좌차월(overdrafts), 리파이넌스(refinance), 메일크레디트(mail credit)가 있다. 당좌차월(overdrafts)은 예치환거래은행으로부터 공여받은 신용공여한도에 따라 일정한 한도와 조건에 맞춰 외화타점예치금액을 초과하여 지급을 의뢰하였을 때 그 초과액을 처리하는 계정이다. 리파이넌스(refinance)는 일람출급조건 수입신용장에 의한 수입대금결제 시 외국환은행의 해외당좌예치금이 부족하여 상대은행인 예치환거래은행으로부터 차월방식이 아닌 단기신용을 공여받아 결제자금을 조달하는 형태의 차입을 말한다. 메일크레디트(mail credit)는 외국환은행이 수출업자로부터 일람출급수출환어음을 매입한 날부터 외국의 지급은행으로부터 지급받는 날까지의 기간, 즉 우편일수만큼 앞당겨 자금화하는 방식이다. 즉 매입한 수출환어음의 발송과 동시에 지급은행앞으로 어음금액만큼의 메일크레디트를 전신으로 요청하면 지급은행은 선지급형식으로 자행에 설정된 신청은행 명의의 예치금계정에 입금시켜 주고 우편기간 후에 어음과 선적서류가 도착하면 수입업자

로부터 대금을 추심하여 선지급을 상계하는 방식으로 행하여진다.

④ **역외외화차입금**: 역외금융제도를 통한 자금조달의 한 형태로서 비거주자 및 외국의 타 역외계정으로 운용하기 위해 비거주자 및 외국의 타 역외계정으로부터 차입한 자금을 처리하기 위한 계정이다.

⑤ **콜머니**: 콜머니(call money)는 자산계정의 콜론(call loan)에 대응되는 부채계정이며 콜자금을 수요자의 측면에서 본 것이다. 콜머니계정은 콜론계정과 마찬가지로 원화콜머니, 외화콜머니 및 은행간조정자금계정으로 세분된다.

⑥ **환매조건부채권매도(RP)**: 금융기관이 인수한 국공채를 타 은행 또는 일반에게 환매수할 것을 조건으로 매각하는 경우, 동 매도채권 잔액을 표시하는 계정으로 동 채권매수와 동일하게 구분된다.

⑦ **매출어음**: 이 계정은 금융기관이 매입하여 보유하고 있는 상업어음, 무역어음 등 매입어음을 근거로 하여 발행하는 어음("표지어음"이라 한다)을 불특정다수의 일반에게 매출하는 형식으로 자금을 차입하는 경우에 처리하는 계정이다.

⑧ **신용카드채권매출**: 이 계정은 은행계정에서 신용카드 현금서비스채권 집합(pool)을 담보로 현금서비스채권관련 증서를 발행하고, 신탁계정에서는 동 증서의 인수를 자금운용방식의 일환으로 활용하는 것으로 이 채권에 대한 모든 권리는 은행계정에 귀속되고 증서에 대한 상환책임도 은행계정이 부담하는 특약을 체결한다.

### 3) 사채

① **발행금융채권**: 이 계정은 금융기관이 채권을 발행한 경우 동 발행채권에 따른 채무를 처리하는 계정이다. 채권발행의 한도는 은행법상 자기자본의 5배를 초과할 수 없도록 하고 있으나, 동법 시행령 제19조에서는 은행법상 자기자본의 3배까지 발행할 수 있도록 하고 있다. 여기에는 일반사채(금융채), 전환사채(convertible bond: CB), 신주인수권부사채(bond with warrant: BW), 기타금융채권 등으로 구분된다.

② **역외발행금융채권**: 이 계정은 은행이 역외시장에서 자금조달의 수단으로 외화증권을 발행하였을 경우 이의 채무를 나타내는 과목이다.

### 4) 기타부채

① **충당금계정**: 충당금이란 장래의 특정한 지출을 위한 준비금액을 말하며, 지급이

없었음에도 불구하고 결산회계 시 기간비용으로 계상되므로 그만큼 자산이 기업 내부에 유보되게 된다. 따라서 외형상으로는 손익계산의 결과인 이익을 유보한 적립금과 비슷하나 충당금은 당기비용의 예상계상으로서 정확한 기간손익을 결정하기 위한 요소이므로 양자는 분명히 구별된다.

충당금은 평가성충당금과 부채성충당금으로 대별된다. 평가성충당금에는 대손충당금, 감가상각충당금 등이 있으며, 이것은 특정 자산에 대한 상계적 평가를 함으로써 자산의 현재가액을 그 실질가치에 접근시키는 목적을 가지고 있으므로 자산의 차감계정으로 표시하고 있다. 부채성충당금에는 퇴직급여충당금, 지급보증충당금, 기타 충당금 등이 있는데 이는 장래에 비용으로 지출될 것이 확실하고, 당해 지출의 원인이 당기에 있을 것이며 당해 지출금액을 합리적으로 추정할 수 있을 때 이에 대비하기 위하여 미리 적립하는 충당금이다.

② **신탁계정차**: 이 계정은 신탁업무를 취급하는 은행의 경우 신탁계정의 일시 여유자금을 은행계정에 공여·운용할 경우에 신탁계정에서 공여받은 자금을 처리하는 계정이다. 따라서 동 계정의 신탁계정상 상대계정은 은행계정대이다.

③ **미지급외국환채무**: 이 계정은 외국환업무를 수행하는 과정에서 발생한 채무를 처리하는 계정이다. 내국환업무가 국내 격지자 간의 자금수수를 중개하는 것인데 반해, 외국환은 국제 간의 대차관계를 현금수송에 의하지 않고 외국환은행의 중개에 의하여 결제하는 방법이다.

④ **팩토링채권미지급금**: 이 계정은 팩토링업무에 있어서 상환청구권 없는 조건으로 외상매출채권을 취득한 경우 대금의 선지급여부와 관계없이 채권의 액면금액 전액을 팩토링채권으로 표시하고 고객에 대한 선지급액과 채권액면금액의 차액을 처리하는 계정이다.

⑤ **선불카드채무**: 이 계정은 금융기관(신용카드회사)이 고객앞 선불카드를 발행하였을 경우 은행(신용카드회사)의 채무를 처리하는 계정과목이다. 선불카드(prepaid card)는 반복사용이 가능하고 결제과정이 자동화된 점을 제외하고는 대금의 지급방법, 신용확인 필요의 유무, 사용금액규모, 양도성 등 대체로 상품권과 유사하다.

⑥ **직불카드채무**: 이 계정은 직불카드와 관련하여 발행은행이 고객의 구매금액을 고객예금계좌에서 인출한 후 가맹점예금계좌에 입금처리 시까지 소요되는 1영업일 동안 동 인출금액을 처리하는 경과계정이다. 직불카드(debit card)라 함은 직불카드회원과 직불카드가맹점 간에 전자 또는 자기적 방법에 의하여 물품 또는 용역

의 제공과 그 대가의 지급을 동시에 이행할 수 있게 신용카드업자(은행 또는 신용카드회사)가 발행한 증표를 말한다. 직불카드거래는 은행에 예금계좌를 갖고 있는 고객이 직불카드를 발급받아 직불카드가맹점에서 동 카드를 이용하여 물품 등을 구매할 경우, 직불카드발행은행은 물품구매와 동시에 고객의 예금계좌에서 구매금액을 인출하고 이를 은행 간 정산과정을 거쳐 익영업일에 가맹점예금계좌에 입금결제함으로써 직불카드를 이용한 거래는 종료된다.

이때, 카드발급은행과 가맹점거래은행이 동일한 경우에는 은행 간 정산과정이 없으므로 고객예금계좌에서 구매금액의 인출과 동시에 가맹점예금계좌에 입금이 가능하나, 일중 매 거래마다 가맹점계좌에 입금을 할 경우 통장거래가 많아지는 등 업무처리가 매우 번잡하게 되므로 타행가맹점거래의 경우와 마찬가지로 익영업일에 가맹점계좌에 일괄입금토록 약관에서 정하고 있다.

⑦ **수입보증금**: 수입보증금은 각종의 수입보증금을 처리하는 계정으로서 지급보증관련분, 무역어음관련분, 기타로 구분되며 원화와 외화로도 구분하고 있다.

⑧ **기타부채**: 기타부채는 과목이나 금액의 중요성에 비추어 독립된 대과목으로 분류하기 곤란한 여타의 계정과 결산정리상 일시적으로 나타나는 경과계정을 총괄하는 것이며 가수금, 미지급금, 미지급법인세, 미지급송금, 선수수익, 미지급비용, 그리고 미지급유가증권 등이 포함된다.

### 2.1.3 자본

#### 1) 자본금

「상법」 제451조에 의하면 주식회사의 자본은 발행주식의 액면총액을 말하며 「은행법」 제9조에 의하면 금융기관의 자본금은 1,000억원 이상(단, 전국을 영업구역으로 하지 아니하는 금융기관의 자본금은 250억원 이상)이어야 한다. 그러나 외국은행 국내지점은 국내금융기관처럼 1개의 독립된 법인이 아니므로 납입자본금이 없다.

#### 2) 자본잉여금

잉여금이란 자본금 외에 회사의 경영활동의 결과 증가된 가치를 내부에 축적한 것으로 발생한 원천이 되는 거래에 따라 자본잉여금과 이익잉여금으로 구분된다. 자본잉여금은 은행 내에 투하된 자본가치 그 자체의 증감에 관한 거래, 즉, 자본거래로부터 발생한 잉여금을 말하며 자본금으로의 전입이나 결손금의 보전 이외에는 처분할 수 없다. 자본잉여금에는 주식발행초과금, 감자차익, 재평가적립금, 그리고 기타자본잉여금으로 구분된다.

주식발행초과금이란 주식발행가액(증자의 경우에 신주발행수수료 등 신주발행을 위하여 직접 발생한 기타의 비용을 차감한 후의 가액을 말한다)이 액면가액을 초과하는 경우 그 초과하는 금액을 말한다.

감자차익은 자본의 감소에 의해 발생하는 것으로 자본의 감소액이 주식의 소각, 또는 자산의 반환에 소요된 금액을 초과하는 금액이나 결손보전에 충당할 금액을 초과하는 금액을 말한다. 일반적으로 감자는 결손을 보전할 목적으로 이용된다.

기타자본잉여금은 자기주식처분이익으로서 자기주식처분손실을 차감한 금액과 그 밖의 기타자본잉여금을 말한다. 자기주식처분이익은 자기주식취득 후 매각처분한 때에 취득원가보다 처분가액이 큰 경우 발생하며 자기주식처분손실이 있는 경우 이를 먼저 차감하고 그 잔액을 기타자본잉여금으로 계상한다.

### 3) 이익잉여금

이익잉여금은 영업활동 결과 발생한 이익 중 사내에 유보, 축적된 이익을 처리하는 계정으로 처분에 제한이 따르는 자본잉여금과는 달리 특별한 경우를 제외하고는 처분 가능한 것이 특징이다. 이익잉여금 증가의 주요인은 당기순이익, 전기오류수정이익, 결손금보전에 따른 이입액 등이며, 당기순손실, 전기오류수정손실이 발생하거나 배당금의 지급에 의해 감소하게 된다.

### 4) 자본조정

자본조정이란 당해 항목의 특성상 소유주지분에서 가감되어야 하거나 아직 최종결과가 미확정인 상태여서 자본의 구성항목 중 어느 것에 가감해야 하는지 알 수 없어 회계상 자본총계에 가감하는 형식으로 기재하는 항목을 말한다. 현행 기업회계기준에서 열거하고 있는 자본조정계정으로는 주식할인발행차금, 배당건설이자, 자기주식, 미교부주식배당금, 투자유가증권평가이익(또는 투자유가증권평가손실), 해외산업환산대(또는 해외사업환산차) 등이 있다.

### 2.1.4 난외계정

제13장에서 설명한 바와 같이, 재무제표 본문(난내)에 표시되지 않는 회계정보 중 은행의 우발적인 채무관계, 재무제표 작성상의 중요한 원칙이나 방법 등 재무제표 이용자에게 유익하고 의미 있는 정보는 주석을 통하여 제공된다. 이러한 주석사항 중 특히 금융기관은 금융기관의 재무상태를 이해하는 데 필요한 사항을 업무보고서의 난외계정에 별도로 표시토록 하고 있다.

난외계정에 표시되는 사항은 통상 난외거래(off-balance sheet transaction)라 칭한다. 난외거래는 보증료 등 수익증대, 리스크의 이전 등 경제적 효율성은 높은 반면, 복잡한 거래구조 등으로 인하여 방만하게 취급하는 경우 관련 위험이 높아 난외거래에 대한 감독이 강화되는 추세에 있으며, 국제결제은행(BIS)에서는 자기자본비율을 규제할 때 난외자산을 위험가중자산에 포함시켜 난외자산에 대하여도 적정 자기자본을 유지하도록 하고 있다.

난외거래는 거래구조가 복잡하고 종류도 다양하기 때문에 일률적으로 정의할 수 없으나 거래형태, 위험의 정도에 따라 다음과 같이 분류할 수 있다.

① 금전채무의 지급이나 특정 거래의 이행을 보증하는 지급보증으로 사채발행지급보증, 융자담보지급보증, 상업어음보증, 무역어음인수, 수입신용장관련보증, 어음의 인수, 수입화물선취보증, 계약이행 및 손해배상보증, 신용장발행 등이 있다.

② 일정 한도 내에서 신용공여를 약속하는 약정(commitment)으로 단기채권인수약정(note issuance facilities: NIF), 회전인수신용한도약정(revolving underwriting facilities: RUF), 신용한도(credit line)제공 등이 있다.

③ 미결제약정분에 대한 계약금액(outstanding face or contract amount)을 파생금융상품(derivatives)거래별로 표시한다.

## 2.2 재무상태표의 특성

은행의 재무상태표(balance sheet: B/S)는 기업회계기준에서 정하는 일반기업의 재무상태표와 비교할 때 다음과 같은 특징이 있다. 첫째, 일반기업 재무상태표의 계정과목은 유동성이 높은 순서로 배열되어 있으며, 1년을 기준으로 하여 유동자산 및 유동부채와 고정자산 및 고정부채로 구분한다. 그러나 은행 재무상태표의 계정과목은 유동성 배열법에 의함을 원칙으로 하지만, 그 영업의 특성과 은행고유업무에서 차지하는 비중, 즉 중요도가 높은 순서로 배열하며, 1년 기준에 의한 유동자산 및 유동부채의 구분이 없다.

**표 16-1 | 재무상태표 체계의 비교**

| 구분 | 일반회계 | 은행회계 |
|---|---|---|
| 자산 | Ⅰ. 유동자산<br>(1) 당좌자산<br>(2) 재고자산<br>Ⅱ. 고정자산<br>(1) 투자자산<br>(2) 유형자산<br>(3) 무형자산 | Ⅰ. 현금 및 예치금<br>Ⅱ. 상품유가증권<br>Ⅲ. 투자유가증권<br>Ⅳ. 대출채권<br>Ⅴ. 고정자산<br>Ⅵ. 기타자산 |
| 부채 | Ⅰ. 유동부채<br>1. 매입채무<br>2. 단기차입금<br>3. 미지급법인세<br>4. 미지급배당금<br>5. 유동성장기부채<br>⋮<br>Ⅱ. 고정부채<br>1. 사채<br>2. 장기차입금<br>3. 장기성매입채무<br>⋮ | Ⅰ.예수금<br>1. 원화예수금<br>2. 외화예수금<br>3. 양도성예수금<br>⋮<br>Ⅱ.차입금<br>1. 원화차입금<br>2. 외화차입금<br>⋮<br>Ⅲ.사채<br>1. 원화사채<br>2. 외화사채<br>⋮<br>Ⅳ. 기타부채<br>1. 퇴직급여충당금<br>2. 지급보증충당금<br>⋮ |
| 자본 | Ⅰ. 자본금<br>Ⅱ. 자본잉여금<br>Ⅲ. 이익잉여금<br>Ⅳ. 자본조정 | Ⅰ. 자본금<br>Ⅱ. 자본잉여금<br>Ⅲ. 이익잉여금<br>Ⅳ. 자본조정 |

이러한 중요성에 따른 계정과목의 배열은 금융기관의 업무특성상 대부분의 자산과 부채가 가까운 장래에 회수되거나 혹은 상환되기 때문에 유동성기준 외에 거래의 성격을 감안하여 배열하는 것이 재무정보의 유용성을 재고할 수 있기 때문이다. 한편, 장·단기 구분을 하지 않은 것은 일반은행의 경우 대부분 요구불예금수입에 의한 자금을 1년 이내의 기한으로 대출하는 상업은행(commercial bank)으로서의 성격이 강하므로 1년을 기준으로 하는 계정과목 구분의 실익이 크지 않은 데서 그 이유를 찾을 수 있다.

둘째, 은행 재무상태표의 경우 난외계정의 활용도가 높다. 우발채무, 약정, 배서어음, 파생상품거래, 대손상각채권, 창구매각유가증권, 환매권부대출채권매각 등이 난외계정으로 처리되고 있다. [표 16-1]에서는 일반회계와 은행회계의 재무상태표 체계를 비교하여 보여주고 있다.

## 2.3 손익계산서

은행업무의 특수성으로 인하여 은행의 손익계산서도 일반기업의 손익계산서(income statement: I/S)와 비교할 때 다음과 같은 특징을 지닌다. 첫째, 은행 손익계산서에는 매출액, 매출원가 및 매출총이익이 별도로 구분 표시되지 않는다. 이는 제조업과는 달리 생산시점과 판매시점이 구분되지 않는 은행업무의 특수성에 따른 것이다. 은행업에 있어서 매출액은 영업수익을 의미하며, 매출총이익은 이자부문의 순이익과 수수료 등 비이자부문의 순이익을 합한 개념과 유사한데, 이를 산출하기 위해서는 이용자가 손익계산서의 관련 계정과목을 합산하여야 한다.

둘째, 영업외손익의 계리대상 거래가 다르다. 수입이자, 수입할인료, 유가증권이자 등 금융자산으로부터의 수익과 지급이자, 지급할인료, 사채이자 등 자금조달비용은 일반기업의 손익계산서에서는 영업외이익 및 영업외비용과목으로 처리되는 데 반해, 은행의 경우에는 자금의 중개업무가 주된 영업활동이므로 영업수익과 영업비용과목으로 처리된다. 은행 손익계산서의 영업외손익에서는 유형자산처분손익, 지분법평가손익, 투자유가증권처분손익, 수입임대료, 투자유가증권감액손실 및 환입, 기금출자금평가손익 등을 처리한다.

## 2.4 손익계산서의 계정과목

거래가 발생하면 자산, 부채, 자본 및 수익, 비용이 증감하게 되는 바, 이러한 증감변동을 명확히 하기 위하여 설정하는 계산상의 단위구분, 즉 거래를 분류하고 기장하기 위한 계산단위를 계정(account: a/c)이라고 한다. [표 16-2]에서는 영업손익 및 영업외손익 회계처리 대상거래에 대해 일반회계와 은행회계 간의 차이를 비교해 주고 있고, [표 16-3]에서는 일반회계와 은행회계 간에 손익계산서 체계를 비교해 보여주고 있다.

**표 16-2 | 영업손익 및 영업외손익 회계처리 대상거래 비교표**

| 구분 | 일반회계 | 은행회계 |
|---|---|---|
| 영업수익 | (1) 매출액 | (1) 이자수익<br>(2) 수수료수익<br>(3) 기타영업수익<br>상품유가증권처분(평가)이익,<br>상품유가증권배당수익,<br>투자유가증권배당수익,<br>외환거래이익, 신탁업무운용수익,<br>지급보증충당금환입액,<br>기타영업잡수익 등 |
| 영업비용 | (1) 매출원가<br>(2) 판매비와 관리비<br>급여, 퇴직급여, 복리후생비,<br>임차료, 접대비, 감가상각비,<br>무형자산상각비, 세금과공과,<br>광고선전비, 연구비, 경상개발비,<br>대손상각비 등 | (1) 이자비용<br>(2) 수수료비용<br>(3) 기타영업비용<br>상품유가증권처분(평가)손실, 외환거래손실, 기금출연료, 대손상각비,<br>신탁업무운용손실, 지급보증충당금전입액, 기타영업잡비용 등<br>(4) 판매비와 관리비 |
| 영업외수익 | 이자수익, 배당금수익, 임대료, 유가증권처분이익, 유가증권평가이익, 외환차익, 외화환산이익, 지분법평가이익, 투자유가증권감액손실환입, 투자자산처분이익, 유형자산처분이익, 사채상환이익, 법인세환급액 등 | 유형자산처분이익, 지분법평가이익, 투자유가증권처분이익, 투자주식감액손실환입, 투자채권감액손실환입, 기금출자금평가이익 및 기타영업외수익 등 |
| 영업외비용 | 이자비용, 기타의 대손상각비, 유가증권처분손실, 유가증권평가손실, 재고자산평가손실, 외환차손, 외화환산손실, 기부금, 지분법평가손실, 투자유가증권감액손실, 투자자산처분손실, 유형자산처분손실, 사채상환손실, 법인세추납액 등 | 유형자산처분손실, 지분법평가손실, 투자유가증권처분손실, 투자주식감액손실, 투자채권감액손실, 기금출자금평가손실 및 기타영업외비용 등 |

표 16-3 | 손익계산서 체계의 비교

| 일반회계 | 은행회계 |
|---|---|
| Ⅰ. 매출액 | Ⅰ. 영업수익 |
| | (1) 이자수익 |
| | (2) 수수료수익 |
| | (3) 기타영업수익 |
| Ⅱ. 매출원가 | Ⅱ. 영업비용 |
| Ⅲ. 매출총이익 | (1) 이자비용 |
| Ⅳ. 판매비와 관리비 | (2) 수수료비용 |
| | (3) 기타영업비용 |
| | (4) 판매비와 관리비 |
| Ⅴ. 영업이익 | Ⅲ. 영업이익 |
| Ⅵ. 영업외수익 | Ⅳ. 영업외수익 |
| Ⅶ. 영업외비용 | Ⅴ. 영업외비용 |
| Ⅷ. 경상이익 | Ⅵ. 경상이익 |
| Ⅸ. 특별이익 | Ⅶ. 특별이익 |
| Ⅹ. 특별손실 | Ⅷ. 특별손실 |
| Ⅺ. 법인세비용차감전순이익 | Ⅸ. 법인세비용차감전순이익 |
| Ⅻ. 법인세비용 | Ⅹ. 법인세비용 |
| XIII. 당기순이익 | Ⅺ. 당기순이익 |

## 2.5 손익계산서와 재무상태표의 관계

은행의 재무제표는 서로 직접적으로 연결되어 있다. 손익계산서의 계정은 재무상태표에 나타나 있는 자산 및 부채와 각 계정에 적용되는 이자율에 의해서 결정되고 있다. 즉 은행의 순이익(net income: $NI$)은 다음과 같이 쓸 수 있다.

$$NI = \sum_{n=1}^{N} r_n A_n - \sum_{m=1}^{M} r_m L_m - P + NII - NIE - T$$

여기서 $NI$ =은행의 순이익

$A_n$ =$n$번째 자산의 가치

$L_m$ =$m$번째 부채의 가치

$r_n$ =$n$번째 자산의 수익률

$r_m$ =$m$번째 부채에 대한 지급이자율

$P$ =대손충당금(provision for loan losses)

$NII$=난외활동수익을 포함한 비이자수익(noninterest income)

$NIE$=비이자비용(noninterest expenses)

$T$=법인세 및 기타 특별계정

$N$=보유하고 있는 자산의 수
$M$=보유하고 있는 부채의 수

은행의 순이익($NI$)은 ① 재무상태표에 나타난 자산과 부채의 규모와 포트폴리오, 그리고 ② 각 항목에 적용되는 이자율에 의하여 직접적으로 영향을 받는다. 예컨대, 다른 항목들은 동일한 수준을 유지하는 가운데 자산의 한 항목의 가치가 상승하면 은행의 순이익은 자산가치의 상승분에다 그 자산에 적용되는 이자율을 곱한 만큼 증가할 것이다. 마찬가지로, 다른 모든 조건은 동일하지만 부채의 한 항목에 적용되는 이자율이 하락하는 경우 해당 이자율의 하락분에다 해당 부채의 규모를 곱한 만큼 순이익은 증가한다.

또한 자산과 부채포트폴리오를 바꾸면 자산 혹은 부채의 가치변화에다 자산과 부채의 이자율 차이를 곱한 것만큼 순이익이 달라질 것이다. 예를 들면, 어느 은행이 다음과 같은 순이익을 얻었다고 가정하자.

$$NI = 0.046(100\text{억원}) + 0.06(300\text{억원}) - 0.035(300\text{억원}) - 0.0475(100\text{억원})$$
$$= 735{,}000{,}000\text{원}$$

이 은행이 연 4.60%의 수익률을 내는 50억원의 자산을 연 6%의 수익률을 내는 자산으로 대체시켰다면, 은행의 순이익은 7,000만원만큼 증가할 것이다.

$$NI = 0.046(50\text{억원}) + 0.06(350\text{억원}) - 0.035(300\text{억원}) - 0.0475(100\text{억원})$$
$$= 805{,}000{,}000\text{원}$$

따라서

$$\Delta NI = 805{,}000{,}000\text{원} - 735{,}000{,}000\text{원} = 70{,}000{,}000\text{원}$$

혹은

$$\Delta NI = (0.06 - 0.046) \times 50\text{억원} = 70{,}000{,}000\text{원}$$

# 제3절 은행 경영성과의 측정[6]

## 3.1 은행의 경영성과 결정요인

은행의 경영성과 결정요인은 크게 거시경제적인 요인과 미시경제적인 요인으로 구분할 수 있다. 거시경제적 요인(macro-economic factors)은 은행이 위치한 지역의 경제성장률 또는 물가상승률, 기업의 이익률 등과 같이 은행산업 전반에 영향을 주는 변수들로 은행경영의 의사결정과정에서 통제가 불가능한 변수를 의미한다. 반면, 미시경제적인 요인(micro-economic factors)은 자산포트폴리오관련 변수, 수익성 · 건전성 · 생산성관련 변수 등과 같이 개별은행이 전략적으로 선택하는 통제 가능한 변수들을 의미한다.

거시경제적 변수들은 일반적으로 은행의 통제가 불가능하며 모든 은행의 경영성과에 동일한 효과를 미치지만, 미시경제적 요인은 은행이 통제 가능한 변수들로 개별은행이 어떤 경영정책을 택하느냐에 따라 은행의 경영성과가 다르게 나타난다.[7] 이때 미시적 경영성과 결정요인은 은행의 경영정책 특성을 반영하는 지표에 기초하여 재무상태표와 손익계산서에서 제시되는 변수를 중심으로 분석한다.

## 3.2 거시경제적 요인

### 3.2.1 생산활동 및 기업의 수익성

경제성장률과 같은 거시경제변수들은 경제 전반에 걸친 파급효과를 통하여 은행경영성과에 영향을 준다. 생산활동이 둔화되거나 기업 수익성이 악화되면 은행의 수익성은 악화될 것이고 무수익여신비율은 상승할 것이다. 이때 영업범위가 일부지역에 제한된 지방은행들은 국민경제 전반뿐만 아니라 지역경제에 보다 크게 영향을 받을 수 있게 된다.

6 이 부분은 이영수 · 이충렬, "은행퇴출과 은행 경영성과에 관한 연구," 1998년도 한국국제경제학회 동계학술대회 발표논문집(2)를 참조하였음.

7 은행경영성과에 관한 이론적 연구로는 Santomero, Anthony M., "Modelling the Banking Firm," *Journal of Money, Credit and Banking*, Vol. 16 (4), 1984, pp.576~602.

### 3.2.2 인플레이션

피셔방정식(Fisher equation)에 따르면 명목이자율은 실질이자율과 기대인플레이션의 합으로 정의되므로 기대인플레이션이 올라가면 명목이자율도 상승할 것이다. 이자율 상승에 따른 기업 자금조달비용의 증가는 대외경쟁력의 하락을 가져와 기업의 도산 가능성을 높여 은행의 무수익여신비율이 상승하게 되고 수익성은 악화될 것이다. 반면 이자율 상승으로 예대금리차가 확대될 경우 은행의 수익성은 개선될 수 있다. 따라서 인플레이션과 수익성과는 정(+)과 부(−)의 부호 모두를 가질 수 있으나, 무수익여신비율과는 정(+)의 관계를 가질 것이다. 이 경우에도 지방은행들은 경제 전체의 물가상승률보다는 지역물가상승률에 보다 큰 영향을 받게 된다.

## 3.3 은행 경영지표

### 3.3.1 자산포트폴리오관련 변수

#### 1) 대출비율(대출/(대출+유가증권투자))

은행은 예금을 통해 조달된 자금을 대출의 형태로 기업에 공급하거나, 증권시장의 유가증권에 투자한다. 이 경우 주식가격이 전반적으로 상승하거나, 은행의 유가증권 운영수익이 높을 경우 은행의 유가증권 투자비율이 높을수록(혹은 대출비율이 낮을수록) 은행 수익성은 개선될 것이다.

#### 2) 담보대출비율(담보대출/총대출)

담보대출은 차입자의 채무불이행 시 담보를 통해 손실을 보전할 수 있다는 점에서 신용대출과 차이를 보인다. 때문에 담보대출은 신용대출에 비하여 대출채권에 대한 감시나 조사가 제대로 이루어지지 않는 도덕적 해이(moral hazard)현상이 발생할 우려가 클 수 있으므로 담보대출비율이 상승할수록 무수익여신비율 또한 높아질 것이다. 반면 담보대출이라 하더라도 대출채권에 대한 감시나 조사가 신용대출과 같이 이루어진다면 담보대출비율과 무수익여신비율이 그러한 관계를 갖지 않을 것이다. 한편 담보대출은 대출채권에 대한 감시나 신용위험에 대한 조사비용이 신용대출에 비해 작기 때문에 비용 측면에서 신용대출보다 우월할 수 있어 은행수익성을 개선시킬 수 있다.

#### 3) 가계대출비율(가계대출/총대출)

소액자금을 공급하는 가계대출은 거액의 자금을 공급하는 기업대출에 비해 관리비용은 높지만, 채무불이행위험이 상대적으로 작아 신용위험을 피할 수 있다는 장점이 있다. 또한 가계대출의 대부분이 주택자금 및 내구재 구입에 사용되고 있다는 점 역시 정보비대칭하에서 자금차입자의 도덕적 해이를 줄일 수 있다. 따라서 가계대출비율이 상승할수록 무수익여신비율은 하락할 것이다. 한편, 가계대출은 단위당 거래비용이나 관리비용이 높기 때문에 가계대출비율이 상승할수록 은행 수익성이 악화될 것이다. 그러나 이 경우 무수익여신비율이 하락하고, 은행이 상대적으로 협상능력이 약한 가계에 대해 높은 대출이자율을 부과할 수 있다는 점을 고려하면 은행 수익성은 오히려 개선될 수도 있다. 결국 이러한 효과를 종합적으로 고려할 때 가계대출이 증가할수록 은행 수익성은 증가 또는 감소할 수 있으며, 무수익여신비율이 하락할 것이다.

#### 4) 중소기업대출비율(중소기업대출/총대출)

중소기업은 대기업과는 다른 여러 가지 경영상의 특징을 갖는다. 중소기업은 대기업에 비해 낮은 담보제공능력과 높은 도산 가능성으로 대출채권에 대한 채무불이행위험이 높을 수 있다. 이러한 이유로 중소기업은 은행으로부터 자금차입이 어려운 금융상의 제약(financial constraint)에 직면한다. 따라서 중소기업대출비율이 상승할수록 대출채권의 채무불이행위험이 높아져 은행 수익성은 악화되고, 무수익여신비율은 상승한다. 그러나 은행들이 자신들에 비해 협상능력이 약한 중소기업에게 높은 위험프리미엄을 요구하여 더 높은 대출이자율을 부과하고, 대출심사기능을 확대하는 동시에 대출채권에 대한 감시나 심사를 정확하게 실시한다면 수익성은 오히려 개선되고, 무수익여신비율은 축소될 것이다. 이를 종합하면 중소기업대출비율이 확대될수록 수익성과 무수익여신비율은 상승 또는 하락할 수 있다.

### 3.3.2 수익성 · 건전성 · 생산성관련 변수

#### 1) 예대마진(대출이자율－예금이자율)

예대마진은 대출금(loans)에 대한 평균이자율과 예수금(deposits)에 대한 평균이자율 간의 차이(spread)를 의미하는 것으로, 예대마진이 높을수록 은행의 수익성은 개선될 것이다. 한편 정보비대칭(informational asymmetry)이 존재하는 금융시장에서 대출이자율이 상승할수록 채무불이행위험이 높은 사업에 참여하는 기업에게 은행의 신용을 공급하는 역선택(adverse selection)이 존재한다면, 은행의 수익성은 악화되고, 무수익여신비율은 높아질 것이다.

### 2) 업무용 부동산비율(업무용 부동산/자기자본)

은행은 부채가 90% 이상이 되는 높은 레버리지산업이다. 만약 총대출에 대한 채무불이행대출비율이 10% 이상 된다면, 은행은 자본잠식상태에 빠져 도산하게 된다. 이렇게 자기자본은 예금주와 부실채권 간의 완충(buffer or cushion)역할을 하고 있으며, 이러한 과정에서 자기자본비율(capital ratio)은 건전성을 평가하는 지표가 된다. 업무용 부동산비율은 은행이 조달된 자금을 사용하여 자산포트폴리오를 하는 과정에서 채무불이행이나 자본손실을 가져오는 대출 또는 유가증권투자 대신 업무용 부동산에 투자한 비율이다. 따라서 업무용 부동산비율이 상승할수록 은행 수익성은 감소하나, 무수익여신비율은 크게 영향을 받지 않을 것이다.[8]

### 3) 1인당 부가가치(부가가치[9]/평균인원수)

은행의 생산성으로 1인당 부가가치가 사용되는 것은 은행 부가가치가 은행 경영으로 발생하는 이익뿐만 아니라, 은행 경영에 참여하는 인적·물적 자본에 의해서 창출되는 서비스를 모두 포함하여 은행 전체의 산출규모를 가장 잘 반영하기 때문이다. 1인당 부가가치가 증가할수록 은행 수익성은 개선되고, 무수익여신비율은 하락할 것이다.

은행성과를 나타내는 총자산수익률(return on assets: ROA)과 무수익여신비율이 BIS 자기자본비율과 어떠한 관계를 가지고 있는가를 잘 이해하기 위하여 다음과 같이 은행의 재무상태표와 BIS 자기자본비율의 정의를 살펴보자.

8 건전성관련 변수에는 업무용 부동산비율을 포함하여 유동성자산비율, 예대율, BIS 자기자본비율, 대손충당금비율 등이 포함된다.

9 부가가치=업무이익+손익계산서상 인건비+준인건비+임차료+제세공과금+제상각−영업외이익

은행의 재무상태표

| 자산 | | 부채 및 자기자본 | |
|---|---|---|---|
| 여신 | (X) | 예금 | (D) |
| 수익여신 | | 기타부채 | (OC) |
| 무수익여신 | | | |
| 지불준비금 | (Y) | 자기자본 | (C) |
| 기타자산 | (Z) | | |

$$BIS\text{자기자본비율} = \frac{\text{자기자본}}{\text{위험가중자산}} \times 100 = \frac{C}{\Sigma w_i X_i},\ 0 < w_i \leq 1$$

만일 기존여신 중 무수익여신이 발생하여, 이것을 재무상태표에서 상각시킨다면 차변에서 같은 금액만큼 여신이 감소하고 대변에서는 또한 자기자본이 감소한다. 이때 여신감소액이 $\Delta C$이고, 자기자본감소액이 $\Delta X_i$라면, $\Delta C = \Delta X_i$이 되므로 BIS 자기자본비율은 다음과 같이 하락한다.

$$BIS\ \text{자기자본비율} = \frac{C}{\Sigma w_i X_i} > \frac{C - \Delta C}{\Sigma w_i X_i - \Delta X_i}$$

여기서 $\Delta C = \Delta X_i$

따라서 은행의 무수익여신비율이 상승하면 BIS 자기자본비율은 하락하게 된다.

총자산수익률(ROA)과 무수익여신비율(무수익여신/총여신)과의 관계를 살펴보자. 은행이윤은 이윤(π)=총수입(TR)−총비용(TC)이다. 이때 총비용은 제반경비와 무수익여신충당금을 포함한다. 따라서 무수익여신이 증가하면 이에 대한 충당금의 규모가 증가하여 은행이윤이 감소할 것이므로 결국 총자산수익률(ROA)이 하락할 것이다.

## 제4절 자기자본이익률(ROE)을 활용한 재무제표분석

### 4.1 개관

2008년 금융위기 발생 이후 많은 금융기관들이 어려운 상황들을 겨우 이겨내고 있지만 2000년대 들어서 은행산업은 1980년대와 1990년대에 비해 엄청난 이익을 창출해 내고 있다. 그러나 그러한 이익의 이면에는 아직도 취약하거나 비효율적인 부문들이 많이 감추어져 있는 것도 사실이다. 취약점이나 문제가 있는 부문을 가려내는 한 가지 방법은 재무제표분석(financial statements analysis)이다. 특히 일단의 재무비율들(financial ratios)을 분석해 봄으로써 해당 은행의 현재 경영성과를 알아내고, 여러 재무비율들에 대한 시계열분석(time-series analysis)을 통해서 여러 해에 걸친 경영성과의 변화, 그리고 각 은행들에 대한 횡단면분석(cross-sectional analysis)을 통해서 경쟁은행들과 대비한 상대적 경영성과에 대한 정확한 판단을 할 수 있다.

여러 재무비율들을 시계열적으로 분석하고 또한 절대수준과 비교분석함으로써 해당 은행의 재무상태가 개선되고 있는지 아니면 퇴보하고 있는지 알아낼 수 있다. 예컨대, 어느 은행의 자기자본비율(capital-to-asset ratio)이 퇴보하고 있다고 가정해 보자. 이러한 사실로부터 우리는 해당 은행이 자산취득을 위한 자금원천으로서 자기자본에 대한 의존도가 점점 낮아지고 있으며, 동시에 예금과 차입자금에 대한 의존도가 점차 높아지고 있다는 것을 알 수 있다. 만일 그러한 사실이 자기자본 대신 더 저렴한 자금원천을 사용하려는 해당 은행의 의도된 정책의 결과라면 자기자본비율의 하락은 해당 은행의 경우 좋은 현상이라고 판단할 수 있다. 그러나 이익이 감소한 결과로 자기자본비율이 하락한 것이라면 은행 경영자들은 바짝 긴장해야 할 상황일 것이다.

은행의 재무비율들은 해당 은행의 경영성과를 단적으로 보여준다. 재무비율분석을 하면 당연히 해당 은행의 재무비율들을 동종 산업의 다른 은행들과의 비교분석(횡단면분석)하게 된다. 비교를 위한 횡단면분석(cross-sectional analysis)에서의 핵심은 분석하고 있는 은행과 같은 시장에서 경쟁하면서 규모도 비슷하고 유사한 방식으로 영업을 하는 은행을 찾아내는 일이다. 사실 어떠한 두 은행도 서로 같을 수 없기 때문에 비교목적을 위한 유사한 은행을 찾아내는 일은 결코 수월하지 않다. 따라서 횡단면분석에 활용하기 위한 은행의 선택은 다분히 주관적일 수밖에 없다.

[그림 16-2]는 자기자본이익률(ROE) 체계도를 보여준다.[10] ROE 체계도에서는 가장 자주 사용되고 있는 수익성측정치인 ROE를 분해하여 살펴봄으로써 해당 은행의 강점과 약점을 확인하려 하고 있다. 강점과 약점의 확인, 그리고 그에 대한 원인규명을 통하여 은행경영자들은 수익성 제고를 위한 방안을 도출하는 수단으로 사용하고 있다. [표 16-4]에서는 자기자본이익률(ROE)과 은행의 경영성과를 분석하는 과정에서 사용되는 ROE

10 여기에서 보여주고 있는 자기자본이익률(ROE)의 체계도는 비금융기관의 경영자들이 흔히 사용하고 있는 DuPont시스템과 유사하다.

체계도의 첫 2단계의 역할을 요약해 보여주고 있다.

**그림 16-2 자기자본이익률(ROE) 체계도**

**표 16-4 | 은행 경영성과분석에서의 ROE, ROA, EM, PM 및 AU의 역할**

| 지표 | 기능 |
|---|---|
| ROE(return on equity, 자기자본이익률) | 자기자본 1단위에 대한 은행의 전체적 수익성을 측정 |
| ROA(return on assets, 총자산수익률) | 총자산에 대비하여 창출된 이익규모의 상대적 비율을 측정 |
| EM(equity multiplier, 자기자본승수) | 금융기관의 총자산 중에서 자기자본으로 조달된 자금비중을 측정 |
| PM(profit margin, 순이익률) | 이자 및 비이자수입으로 각종 비용을 지불하고 난 후의 순이익창출능력을 측정 |
| AU(asset utilization, 자산활용도) | 총자산 1단위로 창출된 이자 및 비이자수입의 규모를 측정 |

## 4.2 자기자본이익률(ROE)을 구성하는 여러 요소들

자기자본이익률(ROE)은 순이익을 자기자본으로 나눈 값이다. 이 지표는 해당 은행의 주주들이 투자한 자기자본 각 1단위에 대하여 벌어들인 세후순이익을 측정한다. 일반적으로 주주들은 이 비율이 높아질수록 더 만족해한다. 그러나 ROE가 상승했다는 것은 해당 은행의 위험이 증가했다는 의미도 내포하고 있다. 왜냐하면, 순이익 대비 자기자본이 감소할 경우에도 ROE는 증가할 수 있기 때문이다. 자기자본이 크게 감소하면 규제감독당국에서 정한 최소자기자본요건을 충족시키지 못할 수도 있으며, 해당 은행은 지급불능위험(insolvency risk)에 직면할 수 있게 된다. 즉, ROE의 상승은 단순히 해당 은행의 레버리지 상승(부채－자기자본비율의 상승)의 결과일 수도 있는 것이다.

문제점이 무엇인지 보다 확실하게 파악하기 위하여 다음과 같이 ROE를 두 부분으로 분해하여 보자.

$$\begin{aligned} \text{ROE} &= \frac{\text{순이익}}{\text{총자산}} \times \frac{\text{총자산}}{\text{자기자본}} \\ &= \text{ROA} \times \text{EM} \end{aligned}$$

[표 16－4]에 나타나 있듯이 ROA는 총자산 1단위로 창출한 순이익을 측정하며, EM은 자기자본으로 조달된 총자산규모를 측정한다. EM이 높은 것은 해당 은행의 총자산을 취득할 때 자기자본보다는 상대적으로 부채에 더 많이 의존하고 있다는 뜻을 담고 있다.

이 비율들이 각각 높아질수록 결과적으로 ROE는 더 상승하게 된다. 그러나 앞에서도 언급되었지만 이 경우 ROE가 상승하게 된 배경을 보다 자세히 관찰할 필요가 있다. 왜냐하면 ROE의 상승이 EM 상승의 결과일 때에는 해당 은행의 레버리지가 높아졌다는 것을 의미하고 따라서 지급불능위험이 커졌다는 의미일 수도 있기 때문이다.

## 4.3 총자산수익률(ROA)을 구성하는 여러 요소들

금융기관의 수익성을 더 세분화하면 ROA를 다음과 같이 순이익률(PM)과 자산활용도(AU)의 곱으로 구분할 수 있다.

$$ROE = \frac{순이익}{총영업수입} \times \frac{총영업수입}{총자산}$$
$$= PM \times AU$$

각 요소의 의미는 [표 16-4]에 나타나 있다. PM이나 AU 모두 상승 혹은 증가하면 결과적으로 ROA와 ROE 모두 상승할 것이다. PM은 비용을 통제할 수 있는 은행의 능력을 보여준다. 이러한 비용통제능력이 개선될수록 은행의 수익성은 더 좋아진다. 한편 AU는 자산을 활용해서 이익을 창출시키는 해당 은행의 능력을 보여준다. 자산 1단위로 더 많은 이익을 창출시킨다면 은행의 수익성은 그만큼 높아진다. 물론 이러한 요소들이 높다고 해서 반드시 바람직한 상황을 나타내는 것만은 아니며, 심각한 문제가 배태되고 있을 수도 있기 때문에 경영자들은 주의 깊게 살펴보아야 할 것이다. 예를 들면, 임금과 복지가 줄어도 PM은 상승한다. 즉, 유능한 인력들이 그 은행을 떠났기 때문에 인건비가 줄고 그 결과 PM과 ROA가 상승했다면 그것은 노동의 질적인 문제와 직결되기 때문이다. 그렇기 때문에 이 비율을 더욱 세분화해 보는 것이 매우 중요하다.

### 4.3.1 순이익률(profit margin: PM)

PM은 비용을 통제하는 은행의 능력, 그 결과 총영업수익(혹은 매출액)으로부터 순이익을 창출하는 능력을 측정하고 있다. 그러므로 PM을 세분화하면 다음과 같이 손익계산서에 나타난 여러 비용항목들을 분리할 수 있게 될 것이다.

$$이자비용비율(interest\ expense\ ratio:\ IER) = \frac{이자비용}{총영업수입}$$

$$대손충당금비율(provision\ for\ loan\ loss\ ratio:\ PLLR) = \frac{대손충당금}{총영업수입}$$

$$비이자비용비율(noninterest\ expense\ ratio:\ NIER) = \frac{비이자비용}{총영업수입}$$

$$세금비율(tax\ ratio:\ TR) = \frac{법인소득세}{총영업수입}$$

위의 비율들은 총영업수익에서 각각의 비용항목으로 얼마만큼의 비율로 지불되고 있는가를 측정한다. 위의 네 가지 비용항목을 모두 더해서 총영업수익으로부터 그 합계를 빼면 바로 순이익이 된다. 그러므로 이 비율들이 낮을수록 은행의 수익성(PM)은 높아지게 된다.

그러나 이러한 비율들이 낮은 결과로 은행의 이익이 증가했다면 해당 은행에 문제가 발생하고 있다는 신호로 받아들일 수도 있다. 보다 자세한 내막은 이 비율들을 더 상세하게 분해해 보아야 알 수 있다. 예를 들면, 이자비용비율(interest expense ratio)의 경우 이자비용을 유발시키는 부채의 종류에 따라 분해할 수 있다. 또한 비이자비용비율(noninterest expense ratio)도 마찬가지로 비용항목에 따라 구분될 수 있다. 이렇게 구분해 보면 은행 비용을 유발시키는 각 항목들을 세밀하게 살펴보는 소중한 기회가 될 것이다.

### 4.3.2 자산활용도(asset utilization: AU)

AU는 은행이 보유하고 있는 자산이 얼마만큼의 수입을 발생시키는가를 측정한다. AU를 분해할 때 다음과 같이 총수입을 이자수입과 비이자수입으로 구분한다.

$$\text{자산활용도(AU)} = \frac{\text{총영업수입}}{\text{총자산}}$$

$$= \text{이자수입비율} + \text{비이자수입비율}$$

$$\text{여기서 이자수입비율(interest income ratio: IIR)} = \frac{\text{이자수입}}{\text{총자산}}$$

$$\text{비이자수입비율(noninterest income ratio: NIIR)} = \frac{\text{비이자수입}}{\text{총자산}}$$

이 비율들은 각각 이자수입과 비이자수입을 창출하는 은행의 능력을 측정하고 있다. 그런데 이자수입비율과 비이자수입비율이 반드시 서로 독립적인 것은 아니다. 예를 들면, 대출을 해주는 은행의 능력은 대출을 통한 이자수입에 영향을 미치지만 제반수수료 등을 통해 비이자수입에도 영향을 준다. 이 비율들이 높으면 은행이 이익을 창출하기 위하여 자산을 효율적으로 활용하고 있다는 것을 나타내기 때문에 대체로 긍정적으로 판단한다.

그러나 문제가 있는 상황에서도 그 비율들은 높게 나타나는 수가 있다. 예를 들면, 어떤 은행에서 저위험-저수익률의 대출채권을 고위험-고수익률 대출채권으로 교체했다면 해당 은행에서는 이자수입비율의 상승을 경험할 것이다. 그러나 고위험 대출채권은 부도확률이 매우 높아서 결국 이자 및 원금회수가 불가능한 상황이 발생할 수 있다. 따라서 이 비율을 더 상세하게 분해한다면 그것은 경영성과를 평가하는 과정의 매우 중요한 수단이 될 것이다.

이자수입비율은 각 이자수입이 발생하는 원천에 따라 더 상세하게 구분할 수 있다. 난외활동 또한 은행이 보유하고 있는 자산과 관련하여 창출하는 명목가치의 크기를 측정할 수 있다. 비이자수입비율 또한 여러 가지로 구분하여 살펴볼 수 있다.

### 4.3.3 기타 비율들

#### 1) 순이자마진(net interest margin: NIM)

순이자마진은 은행의 수익자산(earning assets)에 대한 순이익률을 가리키며, 다음과 같이 산출된다.

$$\text{순이자마진(NIM)} = \frac{\text{순이자수입}}{\text{수익자산}} = \frac{\text{이자수입} - \text{이자비용}}{\text{투자증권} + \text{순대출채권 및 리스}}$$

일반적으로 이 비율이 높을수록 좋다. 그러나 앞에서 언급했듯이 저위험-저수익률 대출채권을 고위험-고수익률 대출채권으로 교체했을 때의 경우와 마찬가지이다. 이러한 상황은 은행의 위험을 증가시킬 수 있다. 위험을 고려하지 않고 단순히 수익률만 추구한다면 결국 은행은 지급불능위험에 처할 만큼 위험해질 것이고, 은행의 장기수익률을 크게 저하시킬 것이다.

#### 2) 스프레드(spread)

스프레드는 수익자산의 평균수익률과 이자지급부채의 평균비용의 차이로 정의된다. 따라서 이것은 은행 자산수익률의 또 다른 측정치이다. 스프레드를 식으로 나타내면 다음과 같다.

$$\text{스프레드(spread)} = \frac{\text{이자수입}}{\text{수익자산}} - \frac{\text{이자비용}}{\text{이자지급부채}}$$

스프레드가 클수록 은행의 수익성은 더 좋다고 할 수 있는데, 이 경우 또한 스프레드가 크면 그만큼 잠재위험이 클 수 있기 때문에 해석에 신중을 기하여야 한다.

### 3) 일반경비효율성(overhead efficiency: OE)

이 비율은 비이자비용을 감당하기 위하여 비이자수입을 창출하는 은행의 능력을 측정하며 다음과 같이 산출된다.

$$\text{일반경비효율성(OE)} = \frac{\text{비이자수입}}{\text{비이자비용}}$$

일반적으로 이 비율이 높을수록 더 좋다고 판단한다. 그러나 비이자수입에 비하여 비이자비용이 보통 더 크기 때문에 일반경비효율성은 1.0(백분율로는 100%)을 넘기가 매우 어렵다. 더욱이 낮은 영업비용(낮은 비이자비용)은 해당 은행이 가장 효율적인 기술에 투자하지 않거나 후선부서 시스템에 대한 지원이 취약할 경우 위험이 더 커졌다는 신호로 받아들여질 수도 있다.

## 제5절 금융기관의 규모와 재무제표분석

은행의 규모(size)가 재무비율에 영향을 준다는 것이 일반적인 관념으로서 규모가 다르면 재무비율에도 현격한 차이가 있다고 한다. 대형은행들은 소형은행들에 비하여 자금을 차입하거나 자본시장을 이용하여 자금을 조달하기가 비교적 쉽다는 것이 그러한 차이를 내는 한 가지 이유라고 한다. 예를 들면, 자본시장에서 쉽게 자금을 조달할 수 있는 대형은행들은 소형은행들에 비하여 보통 자기자본규모가 더 작다. 또한 대형은행들은 소형은행들에 비하여 콜자금이나 RP와 같은 차입자금을 더 많이 사용하고 있으며, 반면에 핵심예금규모는 소형은행들에 비해 더 적다.

대형은행들은 소형은행들에 비하여 인건비나 부동산 및 기타에 더 많은 비용을 지출하고 있으며, 영업활동과 서비스를 더 다각화시키는 경향이 있다고 한다. 대형은행들은 또한 소형은행들보다 더 많은 비이자수입(예: 거래계정, 파생증권 및 해외거래수입 등)을 올리고 있고, 신용위험이 큰 대출채권이 상환될 때 더 큰 이자수입을 얻는다. 결과적으로 대형은행들이 소형은행들에 비하여 자기자본이 상대적으로 적음에도 불구하고 그들의 총자산수익률(ROA)은 반드시 더 높지 않다. Wheelock(1996)의 연구[11]는 은행의 총자산이 150억달러까지는 규모가 커질수록 ROA가 꾸준히 상승하였으나, 총자산이 150억달러를 넘어서면서부터는 ROA가 규모의 증가와 함께 오히려 하락하였다고 보고하고 있다.

11 Wheelock, D. C., "A Changing Relationship between Bank Size and Profitability," in *Monetary Trends*, Federal Reserve Bank of St. Louis, September 1996, p.1.

# 연 | 습 | 문 | 제 <<<

1. 어떤 은행의 순이자마진(net interest margin: NIM)이 일정한 수준을 유지하고 있는 상황에서 그 은행의 총이자수입이 증가할 수 있을까? 어떠한 경우에 그것이 가능할까?

2. 만일 어떤 은행에서 대출정책을 변경해서 더 많은 신용카드대출(credit card loans)을 취급하려 한다면, 해당 은행의 순이자마진(NIM)에 어떠한 영향을 미칠 것인가?

3. 어느 은행의 순이자마진(NIM)이 줄어들었는데 그 은행의 총자산 대비 법인세차감전이익(earnings before taxes: EBT)은 증가할 수 있을까? 자세하게 설명하라.

4. 은행들이 낮은 총자산수익률(ROA)를 나타내는 것은 대체로 어떠한 이유 때문일까?

5. 특정한 기간에 은행들의 대손충당금이 증가하는 것은 어떠한 이유 때문일까?

6. 은행의 경영성과를 평가할 때 특히 중점을 두고 보아야 하는 부문은 무엇일까?

7. 어떤 은행의 경영성과를 평가했더니 아주 취약한 것으로 드러났다. 어떠한 이유로 인하여 이 은행은 성과가 취약한 것으로 나타났을까?

8. 승리은행은 보유하고 있는 국고채를 처분하고 그 매각대금으로 중소기업대출을 늘리려고 계획하고 있다. 이러한 자산운용전략이 손익계산서의 계정에 각각 어떠한 영향을 미칠 것인지 설명하라. 그리고 이러한 전략이 손익계산서에 미치는 영향을 추정하기가 매우 어려운 계정들이 있는데, 그것들은 무엇인가 열거하며 설명하라.

9. 반도은행의 경영자로서 장래의 경영상황에 대해서 다음과 같은 전망을 하고 있다.

| | |
|---|---|
| 연말시점의 대손충당금 | 총자산의 1% |
| 앞으로 1년 동안의 총이자수입 | 총자산의 9% |
| 앞으로 1년 동안의 비이자비용 | 총자산의 3% |
| 앞으로 1년 동안의 비이자수입 | 총자산의 1% |
| 앞으로 1년 동안의 총이자비용 | 총자산의 5% |
| 법인소득세율 | 30% |
| 연말시점의 자본금비율(자본금/총자산) | 5% |

(1) 이 은행의 순이자마진(NIM)을 추정하라.
(2) 이 은행의 법인세차감전이익(EBT)을 총자산의 백분율로 추정하라.
(3) 이 은행의 총자산수익률(ROA)은 얼마가 될까 추정하라.
(4) 이 은행의 자기자본이익률(ROE)을 추정하라.
(5) 이 은행에서는 자산구조에서 국고채의 비중을 감소시키고 그 대신 중소기업대출을

증가시키는 전략적 변화를 구사하려고 한다. 이러한 전략이 손익계산서의 각 항목에 미치는 영향에 대해 자세히 설명하라.

10 RP는 재무상태표의 자산과 부채 양쪽에 기록되어 있다. 어떻게 한 계정이 자산과 부채에 모두 기록되어 있을 수 있는가?

11 난외활동(off-balance-sheet activities)의 주요 항목들에는 어떠한 것들이 포함되는가?

12 어떤 은행에서는 투자대상으로서 현재 7%의 수익률을 내는 30년 만기의 국채와 5%의 수익률을 내는 30년 만기의 지방채를 놓고 고민하고 있다. 만일 이 은행의 세율이 30%라고 가정하면, 어느 채권으로부터 더 높은 세후수익률(tax equivalent yield)을 얻을 수 있을까?

13 은행의 순이익(net income)과 현금흐름(cash flow)에는 어떠한 차이가 있을까?

14 은행의 자산활용도(asset utilization ratio)는 일반소매회사의 그것과 어떻게 비교되는가? 자기자본승수(equity multiplier)는 어떻게 다른가?

15 사랑은행의 재무상태표, 각 자산에 대한 수익률, 각 부채에 대한 지급이자율 등은 다음의 표와 같다고 한다.

**사랑은행의 재무상태표** (단위: 백만원)

| 자산 | | | 부채 및 자기자본 | | |
|---|---|---|---|---|---|
| 계정 | 금액 | 수익률 (%) | 계정 | 금액 | 이자율 (%) |
| 현금 | 6,000 | 4 | 당좌예금 | 9,000 | 0 |
| 투자유가증권 | 22,000 | 8 | MMF | 69,000 | 5 |
| RP | 12,000 | 6 | CD | 18,000 | 7 |
| 대출채권(대손 제외) | 80,000 | 10 | 후순위채권 | 14,000 | 8 |
| 고정자산 | 10,000 | 0 | 총부채 | 110,000 | |
| 기타자산 | 4,000 | 9 | 보통주 | 10,000 | |
| | | | 주식발행초과금 | 13,000 | |
| | | | 유보이윤 | 11,000 | |
| 총자산 | 134,000 | | 부채 및 자기자본 | 134,000 | |

만일 이 은행에서 비이자수입으로 1억 2천만원을 벌었고, 비이자비용으로 8천만원, 그리고 세금으로 25억원을 지불했다면, 이 은행의 순이익(net income)은 얼마인가?

## 연 | 습 | 문 | 제 <<<

**16** 희망은행의 재무상태표와 손익계산서는 다음과 같다.

**재무상태표** (단위: 억원)

| 자산 | 금액 | 부채 및 자기자본 | 금액 |
|---|---|---|---|
| 현금 | 9,000 | 당좌예금 | 19,000 |
| 투자유가증권 | 23,000 | MMF | 89,000 |
| RP | 42,000 | CD | 28,000 |
| 대출채권 | 90,000 | 후순위채권 | 19,000 |
| 고정자산 | 15,000 | 총부채 | 155,000 |
| 기타자산 | 4,000 | 보통주 | 12,000 |
| | | 주식발행초과금 | 4,000 |
| | | 유보이윤 | 12,000 |
| 총자산 | 183,000 | 부채 및 자기자본 | 183,000 |

**손익계산서** (단위: 억원)

| | |
|---|---|
| 대출이자 | 9,000 |
| 투자증권이자 | 4,000 |
| RP이자 | 6,000 |
| 타은행예금이자 | 1,000 |
| 총이자수입 | 20,000 |
| 예금이자 | 9,000 |
| 후순위채권이자 | 2,000 |
| 총이자비용 | 11,000 |
| 순이자수입 | 9,000 |
| 대손충당금 | 2,000 |
| 비이자수입 | 2,000 |
| 비이자비용 | 1,000 |
| 법인세차감전이익 | 8,000 |
| 법인세 | 3,000 |
| 순이익 | 5,000 |

위의 자료에 기초하여 이 은행에 대한 다음의 지표를 계산하라.

(1) 자기자본이익률(ROE) (2) 총자산수익률(ROA) (3) 자산활용도(AU)
(4) 자기자본승수(EM) (5) 순이익률(PM) (6) 이자비용비율(IER)
(7) 대손충당금비율(PLLR) (8) 비이자비용비율(NIER) (9) 세금비율(TR)

**17** 이자수입비율(IIR)과 비이자수입비율(NIIR)은 서로 어떠한 관계를 가지고 있는가?

18 어떤 은행은 다음의 비율들을 가지고 있다고 한다.
(1) 순이익률(PM): 21% (2) 자산활용도(AU): 11% (3) 자기자본승수(EM): 12배
이 자료를 바탕으로 이 은행의 자기자본이익률(ROE)과 총자산수익률(ROA)을 산출하라.

19 어느 증권분석사는 다음의 두 은행에 대해서 여러 재무비율들을 산출하였다. 그 증권분석사는 두 은행의 재무적 건전성에 대해 어떠한 판단을 했을까?

| 재무비율 | A은행 | B은행 |
|---|---|---|
| 자기자본이익률(ROE) | 22% | 24% |
| 총자산수익률(ROA) | 2% | 1.5% |
| 자기자본승수(EM) | 11배 | 16배 |
| 순이익률(PM) | 15% | 14% |
| 자산활용도(AU) | 13% | 11% |
| 스프레드(spread) | 3% | 3% |
| 이자비용비율(IER) | 35% | 40% |
| 대손충당금비율(PLLR) | 1% | 4% |

20 재무비율분석이 확인하지 못하고 빠뜨릴 수 있는 문제점들에는 어떠한 것들이 있을까?

Chapter 17

# 금융규제와 감독

어느 은행이 돈을 맡기기에 가장 안전한 은행일까? 사실 우리가 그러한 금융기관 안전성 분석을 시행해 보기나 했을까? 과거에는 대부분의 사람들이 금융기관의 안전성과 건전성 문제에 대해 심각하게 생각해 보지도 않았었다. 그러나 금융위기가 발생하고 그 여파로 많은 금융기관들이 몰락해 감에 따라 이제는 금융기관의 재무적 안정성에 대해 많은 사람들이 큰 관심을 갖게 되었다.

금융기관에 대한 규제와 감독이 전혀 없고, 예금에 대해 아무런 보장이 없던 시대에 거래은행이 실패하면 예금자들은 자신들이 맡겨놓은 돈을 모두 잃거나 잃을 위험에 처했었다. 그러한 상황에서 왜 예금인출사태가 빈번히 발생했는가를 우리들은 충분히 이해할 수 있을 것이다. 예금인출사태(bank run)란 제5장에서도 살펴보았듯이 어느 은행이 도산위험에 직면했다는 소문을 접하면 해당 은행의 예금자들은 문자 그대로 모두 은행으로 득달같이 달려가 자신들의 예금을 일거에 모두 인출하려고 하는 상황을 일컫는다.

그러나 오늘날 사람들은 은행을 안심하고 돈을 맡겨놓을 수 있는 장소라고 인식하고 있다. 심지어 최근에 발생한 글로벌 금융위기(global financial crisis) 속에서도 대량예금인출사태는 그다지 많이 발생하지 않았다. 물론 그 이유는 규제감독제도가 오랫동안 발전하여 왔으며, 급박한 상황이 발생하더라도 은행예금자들은 예금보험제도로부터 보호를 받는다는 사실을 잘 알고 있기 때문이다.

본 장에서는 다음과 같은 주제를 중점적으로 다룬다.

- 금융기관에 대한 규제 및 감독
- 금융기관에 대한 규제의 이유 및 배경
- 금융감독의 주요 내용

## 제1절 우리나라의 규제 및 감독의 개관[1]

우리나라의 금융감독체계(financial supervisory system)는 오랫동안 은행, 증권, 보험 등 금융업종별로 별도의 금융감독기구가 존재하는 분산형 금융감독체계를 유지하여 왔었다. 이러한 분산형 금융감독체계는 우리나라의 금융제도가 전업주의에 기초하고 있음을 반영하는 것인데 우리나라의 금융산업이 은행중심에서 증권, 보험 등으로 점차 다양화됨에 따라 관련 감독기구도 점차로 확충되었다. 1960년대에는 금융기관이 사실상 은행밖에 없었으므로 금융감독기관도 금융관계법령의 제정 및 개정을 담당하는 재무부와 은행업 인가, 건전성규제, 검사 및 제재 등 은행감독업무를 담당하는 한국은행으로 이원화되어 있었다. 1970년대 이후에는 증권 및 보험시장이 대폭 확대되고 종합금융회사, 상호신용금고 등 다수의 비은행금융기관이 신설되었다. 이에 따라 은행을 제외한 모든 금융기관에 대한 감독업무를 담당하고 있던 재무부로부터 감독업무를 분리하여 증권관리위원회 · 증권감독원, 보험감독원, 신용관리기금을 설립하였다.

그러나 이러한 분산형 금융감독체계는 금융자유화와 겸업화 추세가 진행됨에 따라 금융 · 외환위기 직후 통합형 체계로 대폭 수정되었다. 1998년 4월에 시행된 「금융감독기구의 설치 등에 관한 법률」에 의거하여 금융감독위원회와 그 집행기관인 금융감독원이 설립되었고 이에 따라 은행, 증권, 보험 등 업종별 금융감독기구가 하나의 통합 금융감독기구로 재편되었다. 2008년 2월에는 「금융감독기구의 설치 등에 관한 법률」이 「금융위원회의 설치 등에 관한 법률」로 개정되면서 금융감독기구는 '금융감독위원회 및 금융감독원'에서 '금융위원회 및 금융감독원'으로 개편되었다. 금융위원회는 기존의 감독정책기능 외에 재정경제부(현 기획재정부)가 담당하던 국내금융에 대한 정책기능까지 수행하게 되었으며, 금융위원장과 금융감독원장의 겸임이 금지됨으로써 금융감독기구 내에서의 감독정책기능과 집행기능이 확실하게 분리되었다.

한편 금융감독기구뿐만 아니라 제한적 금융감독기능을 보유한 한국은행, 예금보험공사, 기획재정부 등도 각각 금융감독체계의 한 부분을 담당하고 있다. 한국은행은 금융통화위원회가 통화신용정책 수행을 위하여 필요하다고 인정하는 경우 금융감독원에 대하여 구체적 범위를 정하여 금융기관에 대한 검사를 요구할 수 있으며, 필요할 때에는

1 본 장은 한국은행에서 발간한 한국의 금융제도(2011)의 내용을 상당부분 참조하였음.

금융감독원의 금융기관 검사에 공동참여를 요구할 수도 있다. 또한 금융감독원에 대하여 검사결과의 송부를 요구하거나 검사결과에 따라 금융기관에 대한 필요한 시정조치를 요청할 수 있다.

**그림 17-1 우리나라의 현행 금융감독체계**

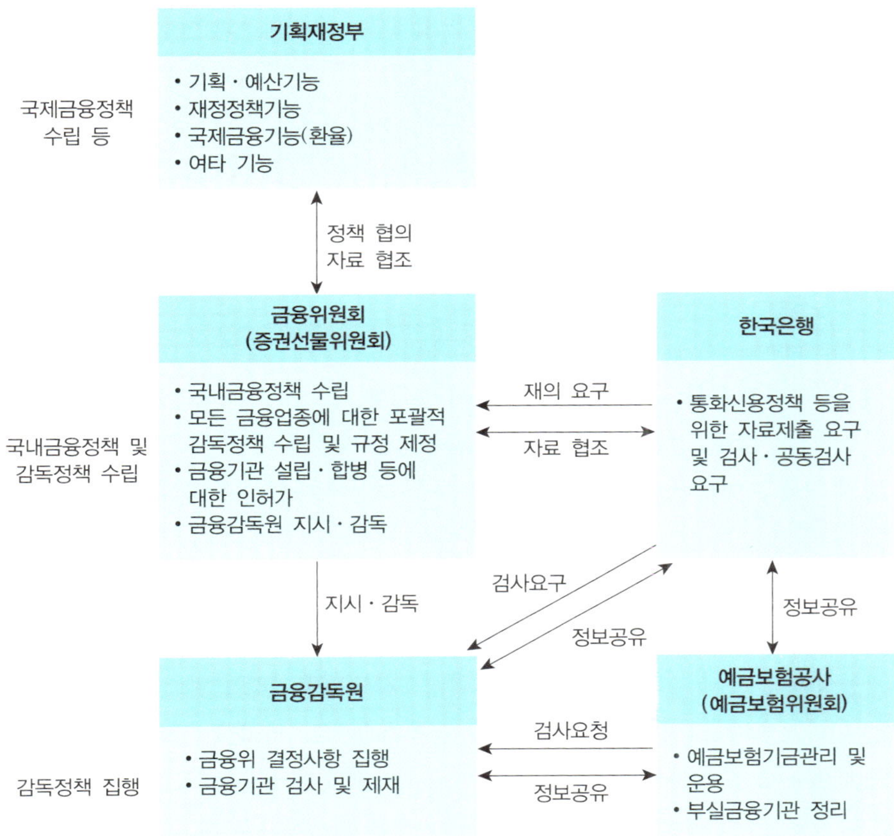


자료: 한국은행, 한국의 금융제도, 2011년 12월 27일, p.273.

예금보험공사는 예금자보호와 금융제도의 안정성 유지를 위하여 필요하다고 판단하는 경우 금융감독원에 대하여 금융기관 검사를 요청하거나 검사의 공동참여를 요청할 수 있다.[2] 또한 예금자보호를 위하여 필요하면 금융감독원에 대하여 구체적 범위를 정

2 검사요청대상 금융기관은 부보금융기관 및 당해 부보금융기관을 금융지주회사법에 의한 자회사 등으로 두는 금융지주회사(이하 '부보금융기관 등')이다.

하여 부보금융기관 등에 대한 자료제공을 요구할 수 있으며 부실우려가 있다고 인정되는 부보금융기관 등에 대해서는 독자적인 조사도 실시할 수 있다. 한편 기획재정부는 「금융위원회의 설치 등에 관한 법률」에 의거 금융감독관련 법령의 제정 및 개정권한이 금융위원회로 이관되면서 금융감독기능이 크게 축소되었지만 국제금융기능 및 금융위원회와의 금융정책 협의, 자료협조 등을 감안할 때 여전히 금융감독체계의 한 축을 담당하고 있다고 해도 과언이 아니다. [그림 17-1]에서는 우리나라의 현행 금융감독체계를 보여주고 있다.

## 제2절 금융감독의 의의 및 필요성

금융감독(financial supervision)이란 좁은 의미에서는 개별금융기관의 설립을 인가하고 금융기관이 업무를 수행할 때 반드시 지켜야 할 각종 규칙을 제정하며 이의 준수여부를 감시하는 것을 말한다. 금융감독은 금융기관 업무에 대한 허가 · 금지 · 제한 · 권유 등의 형태로 이루어진다는 점에서 금융기관 경영에 대한 일종의 규제(regulation)이다.

이러한 규제가 필요한 이유는 금융거래를 시장의 자율에만 맡길 경우 시장참여자들 간에 정보비대칭(information asymmetry)이 존재하기 때문에 불공정 · 불건전거래가 증가할 가능성이 있고, 그 결과 금융제도가 불안정해지고 금융거래가 위축될 가능성이 있기 때문이다. 따라서 금융감독의 목적은 금융기관으로 하여금 금융중개(financial intermediation)를 공정하게 하고 경영건전성(prudential management)을 유지하도록 함으로써 금융소비자의 재산을 보호하고 금융거래를 활성화하는 데 있다.

이러한 미시적 금융감독(micro financial supervision)은 형식상 인가, 규제, 검사, 제재 등을 포함하는데 내용상으로는 크게 ① 진입제한, 가격규제, 업무범위규제 등의 구조적 규제(structural regulation), ② 자본비율, 유동성비율 등 건전성규제(prudential regulation), ③ 경영정보 및 금융상품 공시 등의 영업행위규제(business conduct regulation) 등으로 나누어진다. 이러한 미시적 금융감독은 글로벌 금융위기를 계기로 전체 금융시스템의 안정을 도모하기 위한 거시건전성정책과는 차이가 있다.

금융기관들이 규제를 받는 이유는 첫째, 경제가 필요로 하는 금융상품과 서비스를 공급하고 있고, 그러한 환경에서는 정보비대칭(information asymmetry)이 일상화되어 있기 때문이다. 대부분의 금융소비자들과 기업들은 금융서비스를 공급받기 위해서 꼭 필요할 경우에 한해서만 자신들의 금융관련 정보를 금융기관에게 알려주고 있다. 그러나 금융소비자들과 기업들은 자신들이 거래하고 있는 금융기관의 건전성에 관한 정보를 얻기가 사실상 매우 어렵다. 즉, 예금자들의 입장에서는 해당 금융기관이 대출에 관한 결정을 잘 내렸는지, 또한 체결한 금융계약들이 건전한지 여부에 대해서도 전혀 모르고 있다. 이와 같은 불확실성(uncertainty)이 결국 은행들로 하여금 예금인출사태(runs)를, 그리고 금융시스템 전체는 공황상태(panic)를 겪게 하였던 것이다. 이와 같은 공황상태가 발생하면, 중앙은행이 신속하게 유동성을 공급하고 금융시스템에 대한 신뢰를 회복시키는 조치를 취하지 않는 한 은행지불준비금(bank reserves)과 통화공급량(money supply)은 급격히 위축되어 결국 경제는 극도로 침체해지게 된다.

둘째, 은행들에 대한 정부당국의 규제가 유달리 심한 또 다른 이유로 은행들의 약탈적(predatory) 혹은 차별적(discriminatory) 대출관행(lending practices)을 들 수 있다. 개인들이나 기업들은 생활자금이나 사업자금 등 그들이 필요로 하는 자금을 주로 은행이나 기타 금융기관으로부터의 대출을 통해서 조달한다. 그런데 이 과정에서 대출자는 차입자에 대한 은밀한 정보까지도 취득하여 대출상품에 대하여 정확한 가격(대출이자율)을 결정할 수 있는 데 반하여, 차입자들은 충분한 정보의 부족, 즉 이른바 정보비대칭(information asymmetry)으로 인하여 자신들의 뜻대로 각 은행들이 취급하고 있는 대출상품에 대한 비교를 하기가 쉽지 않다. 그 결과 차입자들은 대출자인 금융기관에게 의존할 수밖에 없게 되므로 은행들은 차별적 대출관행을 더욱 심각한 수준으로 만들고 심지어 약탈적 대출행위(즉, 지나치게 높은 대출이자율을 적용하거나 불공정한 대출조건 또는 벌칙 등을 부과하는 등)도 서슴지 않는다.

셋째, 금융기관들이 엄격한 규제를 받는 또 하나의 이유로 금융기관이 벌어들이는 이익의 일부는 정부당국의 명시적 혹은 묵시적 보증(guarantees) 때문에 금융기관들이 스스로 신용을 창출하거나 저렴한 비용으로 자금을 차입할 수 있는 데 기인하고 있다는 사실을 들 수 있다. 이러한 사실 때문에 정치하는 사람들은 때때로 자신들의 사회적 목적을 달성하기 위하여 금융기관들에게 벌어들인 이익의 일부를 제공하도록 요구한다. 따라서 금융기관들은 ① 국채를 매수하도록 강요받거나, ② 신용평점이 충분하지 않은 특정 부류의 차입자들에게 대출을 해주도록 요청받거나, ③ 디출유형이나 관련된 위험을 고려한 적정 대출이자율보다도 훨씬 낮은 이자율을 적용하도록 강요받는 일이 흔히 벌어지고 있는 것이다.

은행을 비롯한 예금금융기관들은 자신들의 안정성(stability)에 대한 일반인들의 신뢰를 더욱 제고시키고 또한 낮은 이자율을 지급하더라도 예금자들이 스스로 돈을 맡기는 유인(incentive)이 되어 결과적으로 금융기관들에게 이익을 가져다준다고 믿기 때문에 자신들에 대한 정부당국의 규제와 감독을 기꺼이 받아들이고 있다. 그러나 규제를 받는 금융기관들은 동시에 규제를 피할 수만 있다면 이익을 더욱 증가시킬 것으로 판단하는 경우에는 어떻게 해서라도 규제를 피하려고 노력한다. 이를 소위 규제의 변증법(regulatory dialectic)이라고 부르는데, 만일 금융기관들이 규제를 우회하여 새로운 금융혁신을 도입하게 되면 규제당국은 다시 새로운 규제를 부과하게 되어 규제의 변증법은 계속되는 식이다. 결론적으로 말해서 금융기관들은 규제를 수용하는 데 따르는 비용보다도 금융기관으로서 영업을 할 때의 면허가치(charter value)가 크다고 판단하기 때문에 규제가 아무리 심하더라도 그것을 모두 지키려고 노력하는 것이다.

## 제3절 금융감독기구의 조직

현행 금융감독기구는 2008년 2월에 시행된 「금융위원회의 설치 등에 관한 법률」에 의거하여 금융위원회와 금융감독원으로 구성 · 운영되고 있다. 금융감독기구는 금융산업의 선진화와 금융시장의 안정을 도모하고 건전한 신용질서와 공정한 금융거래관행을 확립하며 예금자 및 투자자 등 금융수요자를 보호함으로써 국민경제의 발전에 기여함을 목적으로 하고 있다.

금융위원회는 금융감독관련 정책 및 금융기관 인허가 등 금융감독과 관련한 중요사항을 심의 · 의결하고 금융감독원은 금융위원회가 결정한 사항을 집행하고 금융기관을 검사 · 감독하는 업무를 수행한다. 이처럼 금융위원회와 금융감독원은 금융감독기구로서 밀접하게 관련되어 있지만 금융위원회는 정부조직법상의 정부조직인 반면 금융감독원은 무자본 특수법인으로서 양자는 별개의 조직이다.

## 3.1 금융위원회

금융위원회는 국무총리 소속의 합의제 행정기관이다. 금융위원회는 금융관련 주요 사항을 심의·의결한다. 여기에는 국내금융에 관한 정책 및 제도에 관한 사항과 관련 법령 및 규정의 제·개정 및 폐지에 관한 사항, 금융회사 감독 및 검사·제재에 관한 사항과 관련 법령 및 규정의 제·개정 및 폐지에 관한 사항, 금융회사의 설립, 합병, 전환, 영업 양·수도 및 경영 등의 인허가에 관한 사항과 관련 법령 및 규정의 제·개정 및 폐지에 관한 사항 등이 포함된다. 또한 금융위원회는 금융감독원의 업무·운영·관리에 대한 지도·감독을 하며 금융감독원의 정관변경, 예산 및 결산에 대한 승인 등 사항을 심의·의결한다.

금융위원회는 5인의 임명직 위원과 4인의 당연직 위원 등 총 9인의 위원으로 구성된다. 임명직 위원은 위원장, 부위원장, 2인의 상임위원, 1인의 비상임위원으로 구성된다. 임명직 위원은 모두 대통령이 임명하는데 위원장은 국무총리의 제청으로, 부위원장은 위원장의 제청으로 임명하며 2인의 상임위원은 금융전문가 가운데 위원장의 추천을 받아, 1인의 비상임위원은 대한상공회의소 회장의 추천을 받아 임명한다. 임명직 위원의 임기는 3년이며 1차에 한하여 연임이 가능하다. 당연직 위원은 기획재정부 차관, 금융감독원 원장, 예금보험공사 사장, 한국은행 부총재이다.

금융위원회 회의는 매월 첫째, 셋째 수요일에 정례회의가 개최되며 3인 이상의 위원의 요구가 있거나 위원장이 필요하다고 인정하는 경우 임시회의가 개최될 수 있다. 회의 안건은 재적위원 과반수의 출석과 출석위원 과반수의 찬성으로 의결된다. 한편 금융위원회를 보좌하고 그 사무를 처리하기 위한 조직으로서 1관(기획조정관) 3국(금융정책국, 금융서비스국, 자본시장국)의 부서를 두고 있다.

## 3.2 증권선물위원회

금융위원회는 증권 및 선물분야에 대한 별도의 심의·의결을 위해 내부조직으로 증권선물위원회를 설치·운영하고 있다. 증권선물위원회는 자본시장의 불공정거래 조사, 기업회계의 기준 및 회계감리에 관한 업무, 자본시장의 관리·감독 및 감시 등과 관련된 주요 사항에 대한 사전심의 및 금융위원회 위임업무 등을 수행한다.

증권선물위원회는 위원장 1인을 포함한 5인의 위원으로 구성된다. 위원장은 금융위원회 부위원장이 겸임하며 여타 위원은 금융위원회 위원장의 추천으로 대통령이 임명하는데 상임 1인, 비상임 3인이다. 위원장을 포함한 위원의 임기는 3년이며 1차에 한해 연임이 가능하다. 증권선물위원회 회의는 매월 둘째, 넷째 수요일에 정례회의가 개최되며 임시회의는 2인 이상 위원의 요구가 있거나 위원장이 필요하다고 인정하는 경우에 개최된다. 회의 안건은 3인 이상의 찬성으로 의결된다.

## 3.3 금융감독원

금융감독원은 「금융감독기구의 설치 등에 관한 법률」에 의거 은행감독원, 증권감독원, 보험감독원 및 신용관리기금 등 당시 4개 감독기관이 통합되어 1999년 1월 설립되었다. 금융위원회와 달리 금융감독원은 무자본 특수법인으로서 공법인이며 정부 및 한국은행 출연금, 검사대상 금융회사의 출연금 · 분담금, 그 외에 다른 법령이나 정관에서 정한 수입 등을 재원으로 운영된다.

이처럼 금융감독원을 정부조직으로 하지 아니하고 독립된 공법인으로 법제화한 것은 금융회사 감독업무가 정부의 간섭을 최소화하는 가운데 공정하고 독립적으로 시행될 수 있도록 하기 위해서이다.

금융감독원에는 원장, 부원장 4인 이내, 부원장보 9인 이내와 감사 1인, 그리고 회계전문가인 전문심의위원 1인을 두며 원장은 금융위원회의 의결을 거쳐 금융위원회 위원장의 제청으로 대통령이 임명한다. 부원장은 원장의 제청으로 금융위원회가 임명하고 부원장보는 원장이 임명하며 감사는 원장과 마찬가지로 금융위원회의 의결을 거쳐 금융위원회 위원장의 제청으로 대통령이 임명한다. 원장 · 부원장 · 부원장보 및 감사의 임기는 모두 3년으로 하며 1차에 한하여 연임할 수 있다.

금융감독원은 금융위원회 또는 증권선물위원회의 지도 · 감독을 받아 금융기관에 대한 검사 · 감독업무 등을 수행한다. 구체적으로는 검사대상기관의 업무 및 재산상황에 대한 검사, 검사결과에 따른 제재, 금융위원회 및 소속기관에 대한 업무지원 등을 처리한다. 검사대상 금융기관은 은행, 금융투자업자, 보험회사, 상호저축은행, 신용협동조합, 농 · 수 · 산림조합 등 거의 모든 금융기관으로 되어 있으며 2010년 말 현재 3,376개사에 이른다.

# 제4절 금융감독의 주요 내용

## 4.1 금융기관 인허가 등 업무

### 4.1.1 설립 및 합병 · 전환 인허가업무

금융위원회는 금융기관의 설립 및 영업,[3] 인수 · 합병 및 업종전환 시 인허가제도를 통해 부적격자의 시장진입을 막고 과당경쟁이나 독과점에 따른 폐해를 최소화하는 역할을 수행하고 있다. 이에 따라 금융기관을 새로 설립하기 위해서는 민법 및 상법상의 법인요건 이외에 은행법, 자본시장법, 보험업법 등 개별금융업법에서 요구하는 기본요건을 갖추고 금융위원회의 인허가를 받아야 한다. 또한 다른 금융기관을 인수 · 합병하거나 다른 금융업으로 업종을 전환하고자 할 경우에도 「금융산업의 구조개선에 관한 법률」에 의거 금융위원회의 인가를 받아야 한다.

금융위원회는 금융기관 신규 설립의 경우 사업계획의 타당성, 자본금 및 주주 구성과 주식 인수자금의 적정성, 경영진의 경영능력과 성실성, 물적 시설과 전문인력의 구비 여부 등 주요 검토사항을 심사하여 인허가여부를 결정한다. 금융기관의 합병 및 전환의 경우 금융산업의 합리화와 금융구조조정의 촉진 등을 위할 것, 금융산업의 효율화와 건전한 신용질서를 저해하지 아니할 것, 금융기관 간 경쟁을 저한하지 아니할 것, 자기자본비율 · 부채 등이 적절한 수준일 것, 주요 출자자가 충분한 출자능력과 건전한 재무상태를 갖추고 있을 것 등을 주요 검토사항으로 하고 있다.

설립 · 합병 · 인수 · 업종전환 등에 관한 인허가는 예비인허가와 본인허가로 나누어지는데 예비인허가는 설립 등 인허가사항에 대한 사전심사를 위하여 예비적으로 행하는 행정행위이고 본인허가는 예비인허가의 전제조건이 실제로 이행되었는지의 여부를 심사하여 최종적인 인허가여부를 결정하는 절차이다.

3 보험업의 경우 회사설립이 아닌 보험업의 영위, 즉 보험영업의 허가르서 금융위원회의 허가를 받아야 한다.

### 4.1.2 퇴출업무

금융위원회는 개별금융업법 및 「금융산업의 구조개선에 관한 법률」에 의거하여 금융기관의 자율적인 영업종료 및 행정조치에 의한 강제퇴출과 관련하여 퇴출업무를 수행한다. 금융기관은 영업의 양·수도, 합병, 계약이전 또는 해산 등을 통해 자율적으로 금융업 영위를 종료할 수 있다. 다만 퇴출결정에 앞서 금융위원회의 사전인가를 받아야 한다. 이는 퇴출로 인해 금융거래가 위축되거나 금융기관 간 경쟁이 과도하게 제한될 수 있을 뿐 아니라 퇴출과정에서 금융소비자나 투자자가 부당한 재산상의 피해를 입을 가능성이 있기 때문이다.

행정조치에 의한 강제퇴출은 관련 법규를 위반하거나 재무상태가 기준에 미달한 금융기관을 대상으로 하며 영업정지나 인허가취소 등의 형태로 이루어진다. 허위로 영업인허가를 받거나 인허가 내용·조건 또는 시정명령을 위반하는 등 중대한 법규위반을 한 금융기관에 대해 일정 기간 영업을 정지하거나 영업인허가 자체를 취소할 수 있다. 또한 재무상태가 일정 기준에 미달하거나 미달할 것으로 예상되어 적기시정조치를 받은 금융기관이 필요한 경영개선대책을 이행하지 않거나 이행할 수 없을 것으로 판단되는 경우 영업정지, 영업인허가취소 및 계약이전 등을 통해 해당 금융기관을 퇴출시킬 수 있다.

한편 상호저축은행 및 신용협동조합에 대해서는 적기시정조치 이외에 경영관리도 할 수 있다. 경영관리란 경영개선권고·요구·명령 등 단계적인 적기시정조치를 거치는 대신 금융위원회가 관리인을 직접 선임하여 금융기관을 경영토록 하는 것이다. 금융기관이 불법·부실대출로 자본잠식 우려가 있고 단기간 내에 채권을 회수할 가능성이 없어 자력회생이 불가능하거나 예금자보호를 위하여 필요성이 인정될 경우 사용한다. 경영관리 결과 경영정상화가 불가능하다고 판단되는 경우 금융위원회는 계약이전 또는 청산절차를 통해 이들을 퇴출시킬 수 있다.

### 4.1.3 소유지배구조규제업무

금융산업은 부적격자의 시장진입 및 과당경쟁 등이 제한되고 있기 때문에 자연스럽게 독과점을 형성하게 된다. 따라서 금융위원회는 금융기관에 대한 소유지배구조규제를 통해 그 폐해를 최소화하고 있다. 금융기관 소유구조에 대한 규제는 은행과 은행지주회사에 대하여 적용하고 있다.[4] 이는 예금·대출업무와 지급결제서비스 등 금융제도에서 차지하는 중요성을 감안하여 은행이 산업자본의 지배를 받지 않도록 하기 위해서이다. 소유구조에 대한 규제에는 동일인[5] 및 비금융주력자의 주식보유한도가 있다.

먼저 동일인에 대한 주식보유한도(의결권 있는 발행주식 총수 기준)를 보면 동일인은 은행의 10%(지방은행의 경우 15%)를 초과하여 보유하지 못하도록 하고 있다.[6] 또한 동일인의 은행 주식보유상황 또는 주식보유비율의 변동상황 확인을 위하여 4% 초과해 보유(지방은행은 제외)할 때, 최대주주가 되었을 때, 1% 이상 변동되었을 때, 4% 초과보유 사모투자전문회사의 경우 그 사원의 변동이 있을 때, 4% 초과보유 투자목적회사(SPC)의 경우 그 주주 또는 사원의 변동이 있을 때[7] 등에는 관련 내용을 금융위원회에 보고하도록 하고 있다.

한편 동일인이 보유한도를 초과하여 은행주식을 보유하고자 하는 경우에는 한도초과보유요건[8]을 충족하여 10%(지방은행 15%), 25% 및 33%를 초과할 때마다 금융위원회의 승인을 받아야 한다. 금융위원회는 승인 이후 반년마다 한도초과보유요건의 충족여부를 심사한다. 다만 한도초과보유 주주 등과 은행과의 불법거래 징후가 있는 경우 등 필요한 경우 수시로 심사할 수 있다.[9]

한편 산업자본의 은행산업 지배를 방지하기 위해 비금융주력자[10]에 대해서는 은행주식보유한도를 규제하고 있다.[11] 즉 비금융주력자가 일반은행의 주식을 보유하려는 경

4 은행지주회사에 대한 규제는 은행과 거의 동일하다.
5 본인, 본인의 배우자·6촌 이내의 혈족 및 4촌 이내의 인척, 본인 등에 고용된 자, 본인 등이 임원의 과반수를 차지하거나 이들이 50% 이상을 출연하였거나 이들 중의 1인이 설립자로 되어 있는 비영리법인·조합 또는 단체 등을 말한다.
6 정부, 예금보험공사, 은행지주회사는 동 보유한도의 제한을 받지 않는다.
7 해당 투자목적회사의 주주 또는 사원인 PEF의 사원변동을 포함한다.
8 동일인이 주식을 보유하고자 하는 금융기관이 재무건전성을 충족하고 있을 것, 동일인의 한도초과 주식보유가 당해 금융기관의 건전성 및 금융산업의 효율성에 기여할 수 있을 것, 동일인이 부실금융기관의 최대주주나 주요 주주가 아닐 것 등이 포함된다.
9 금융위원회 승인 없이 보유한도가 초과된 경우 동일인은 초과보유분을 지체 없이 처분하여야 하며 처분 시까지 동 초과보유분에 대해 의결권 행사는 제한된다. 초과보유 주식을 처분하지 않는 경우 금융위원회는 6개월 이내의 기간을 정하여 초과보유 주식 처분명령 및 이행강제금 부과 등을 통해 명령이행을 강제한다.
10 동일인 중 비금융부문의 자본비중이 25% 이상이거나 비금융부문의 자산합계가 2조원 이상인 자 또는 이들이 9% 초과투자한 투자회사(뮤추얼펀드)이다. 사모투자전문회사(PEF)의 경우 이들 중 어느 하나가 18% 이상 지분을 보유한 유한책임사원이거나 무한책임사원인 경우 및 다른 상호출자제한기업집단 소속 계열회사 지분 합이 36% 이상인 경우이며, 투자목적회사의 경우 동 PEF가 투자목적회사의 주식 또는 지분을 9% 초과 취득·보유하거나 임원의 임면 등 주요 경영사항에 대하여 사실상의 영향력을 행사하는 경우 비금융주력자로 분류된다.
11 이러한 금산분리정책은 은행자본의 확충과 정부소유 은행의 조속한 민영화 등을 위하여 2009년

우 원칙적으로 의결권 있는 발행주식 총수의 9%(지방은행의 경우 15%)를 초과하여 주식을 보유할 수 없다. 9% 초과보유분에 대한 의결권을 행사하지 아니하는 조건으로 금융위원회의 승인을 얻은 경우 10%까지 주식보유가 허용된다. 한편 예외적으로 비금융주력자로부터 벗어나기 위한 전환계획을 금융위원회에 제출하여 승인을 얻은 경우이거나 외국인의 주식보유비율 이내에서 주식을 보유하는 경우[12] 등에는 동일인 주식보유한도만 적용한다. 한편 비금융주력자가 은행의 최대주주가 되거나 경영관여를 위해 4%를 초과해 주식을 보유하려면 금융위원회의 승인을 받아야 한다.

## 4.2 경영건전성 지도업무

전체 금융시스템의 안정성 유지와 금융기관의 건전성 확보하기 위한 '건전성규제(prudential regulation)'업무를 수행한다. 건전성규제는 금융기관의 부실경영으로 야기될 수 있는 사회적 손실을 방지하거나 그 규모를 줄이는 데 핵심적인 역할을 한다. 건전성규제는 그 목적에 따라 자기자본충실도, 자산건전성, 유동성, 신용공여, 경영실태평가 및 적기시정조치 등으로 구분해 볼 수 있다.

### 4.2.1 자본충실도

금융기관의 자본충실도는 다음 두 가지 점에서 금융기관의 경영건전성 유지에 매우 중요하다. 자본금은 예기치 못한 손실을 흡수할 수 있는 완충역할을 하기 때문에 자본금규모가 큰 금융기관일수록 청산에 이르지 않고 생존할 가능성이 높아진다. 또한 자본금규모가 큰 금융기관일수록 경영부실로 인하여 부도가 나면 주주들이 부담해야 할 손실이 크기 때문에 자산운용 등에 있어 위험추구행위를 삼가게 되고 그 결과 경영부실 가능성이 낮아진다.

#### 1) 은행

은행의 자본충실도와 관련해서는 바젤Ⅱ협약에 따른 국제결제은행(BIS)의 자기자본비

10월 은행법 및 12월 금융지주회사법을 개정함에 따라 상당부분 완화되었다.

12 1개 은행에 한하고 외국인 주식보유비율을 초과하는 경우 초과보유분의 의결권 행사가 제한되며 금융위원회는 1년 이내의 기간을 정하여 초과주식분에 대해 처분명령을 내릴 수 있다. 한편 금융지주회사에 대해서는 동 내용이 적용되지 않는다.

율규제[13]를 적용하고 있으며, BIS기준 자기자본비율이 각각 8%, 6% 및 2%에 미달하는 은행에 대하여는 경영개선권고, 경영개선요구, 경영개선명령 등 적기시정조치를 발동한다. 또한 은행의 각종 리스크측정방법을 승인하며, 은행이 직면한 모든 리스크를 점검하여 리스크가 높은 은행에 대해 필요시 8% 이상의 자기자본보유를 요구할 수 있다.

자기자본비율규제란 1988년 바젤협약(Basel Ⅰ)에 따라 도입된 제도로 단순자기자본비율규제(총자산 대비 자기자본비율)와 달리 위험가중자산에 대한 자기자본의 비율을 8% 이상 유지하도록 하는 것이다. 즉, 은행의 자산을 거래상대방의 신용도, 채권의 만기, 담보 및 보증 유무 등을 기준으로 분류하고 위험이 높을수록 높은 가중치를 적용함으로써 은행들이 우량자산을 보유해야 할 유인을 높여 자산의 건전성을 제고하는 데 목적이 있다. 우리나라는 1992년에 도입하여 1993년 말부터 7.25%, 1995년 말부터는 8% 이상을 유지하도록 하였다. 한편 1996년 바젤위원회가 기존의 신용위험 외에 시장위험에 대해서도 일정 수준 이상 자기자본을 보유토록 함에 따라 우리나라도 2000년 12월부터 시장위험을 반영한 자기자본규제를 도입하였다.[14]

그러나 바젤Ⅰ이 금융자유화 및 금융혁신에 따른 은행자산의 위험도변화를 제대로 반영하지 못하면서 규제회피거래를 적절히 통제하지 못하는 문제점이 나타나게 되었다. 이에 따라 BIS의 은행감독위원회는 2004년 6월 바젤Ⅱ협약을 마련하였으며 우리나라는 2008년부터 시행 중이다. 바젤Ⅱ는 은행이 직면한 위험에 운영위험을 추가해 바젤Ⅰ의 최저자기자본규제를 보완(Pillar Ⅰ)하고[15] 감독기능 강화(Pillar Ⅱ) 및 시장규율 강화(Pillar Ⅲ)를 추가한 세 부분으로 구성되어 있다. 감독기능 강화는 은행의 최저자기자본 산정의 적정성여부를 감독당국으로 하여금 점검·평가하고 필요한 경우 적절한 조치를 취하도록 하며, 시장규율 강화는 은행의 위험수준 및 자본적정성에 대한 공시 강화를 중점적으로 다루고 있다. 즉 바젤Ⅱ는 최저자기자본규제만으로는 은행의 건전성 확보가 어렵다고 판단하고 감독당국 및 시장참가자들의 은행에 대한 감시·평가기능을 강화해 보완하고 있다.

13 BIS기준 자기자본비율은 금융환경변화를 반영하여 당초 위험가중자산 개념을 도입한 바젤Ⅰ에서 시장위험을 반영한 자기자본규제제도로, 다시 은행의 다양한 위험을 반영하기 위한 바젤Ⅱ로 개편되었으며, 글로벌 금융위기를 계기로 바젤Ⅲ를 마련해 2013년부터 단계적으로 시행될 예정이다.

14 은행의 보유자산·부채를 보유목적에 따라 거래계정(trading book)과 은행계정(banking book)으로 구분하고, 거래계정에 대해 시장위험을 측정하여 동 위험을 담보할 수 있는 수준의 자기자본을 추가적으로 보유하도록 하였다. 다만 최저자기자본비율은 8%로 이전과 동일하였다.

15 신용위험을 측정할 때 위험가중치를 차입자의 신용도에 따라 차등 적용하도록 하였다.

### 2) 금융투자업자

금융투자업자가 유동성부족이나 손실급증으로 인한 재무불안을 사전에 예방하고 영업이 중단된 경우에도 투자자의 재산을 차질 없이 변제할 수 있도록 영업용 순자본비율을 규제한다. 영업용 순자본비율은 총위험액[16] 대비 영업용 순자본[17]의 비율로 정의되며, 금융투자업자가 영업용 순자본비율을 100% 이상 유지하도록 하고 있다. 이는 위험손실을 감안한 현금화 가능 자산의 규모가 상환의무가 있는 부채의 규모보다 항상 커야 한다는 것을 의미한다. 이와 관련하여 금융투자업자는 영업용 순자본비율과 산출내역을 금융감독원에 제출하여야 한다.

한편 영업용 순자본비율이 150%, 120% 및 100%에 미달하는 경우 각각 경영개선권고, 경영개선요구 및 경영개선명령 등 적기시정조치를 발동한다.

### 3) 보험회사

보험회사의 자기자본을 충실화하기 위한 건전성규제로 금융위원회는 지급여력비율제도를 운영한다.[18] 지급여력비율은 지급여력금액과 지급여력기준금액 간의 비율로 산출되는데 금융위원회는 보험회사가 동 비율을 100% 이상 유지하도록 하고 있다.

먼저 지급여력이란 보험금지급에 필요한 수준 이상으로 보유하고 있는 자산을 의미하며 예기치 않은 상황이 발생하면 보험회사가 대처할 수 있는 능력을 나타낸다. 즉, 지급여력금액이란 보험회사의 순자산에 해당하는 것으로 보험회사가 계약자에게 환급해야 할 금액인 책임준비금 이상으로 보유하고 있는 잉여금을 의미한다. 그리고 지급여력기준금액은 보험회사가 보유해야 할 적정잉여금으로 보험 · 금리 · 시장 · 신용 · 운영리스크 등을 경험통계 및 위험도 등을 감안하여 산출한다.

---

16 총위험액은 시장위험액, 신용위험액, 운영위험액의 합계로 구성된다. 시장위험액은 시장성 있는 증권 등에서 시장가격의 변동으로 인해 발생할 수 있는 잠재적인 손실액을, 신용위험액은 거래상대방의 계약불이행 등으로 인하여 발생할 수 있는 잠재적인 손실액을, 운영위험액은 부적절하거나 잘못된 내부의 절차, 인력 및 시스템의 관리부실 또는 외부의 사건 등으로 인하여 발생할 수 있는 잠재적인 손실액을 말한다.

17 영업용 순자본은 재무상태표상의 자산총액에서 부채총액을 차감한 순재산액에서 즉시 현금화되기 곤란한 자산 및 평가손실 등을 차감하고 상환의무가 없거나 자본의 보완적 성격을 지닌 부채를 가산하여 산출한다.

18 2009년 4월 보험회사가 직면하는 각종 위험을 세분화하고 위험측정방식을 개선한 위험기준 자기자본(risk based capital: RBC)규제제도가 도입되었고 금융위기 등 경제여건을 감안하여 2011년 3월까지 2년 동안 지급여력비율과 RBC비율에 의해 병행 · 운영되다가 2011년 4월부터 RBC비율을 통해서만 관리되고 있다.

금융위원회는 지급여력비율이 각각 100%, 50% 및 0%에 미달할 경우 경영개선권고, 경영개선요구 및 경영개선명령 등 적기시정조치를 발동하며 지급여력비율이 100% 이상인 경우에만 후순위 자금공여 및 주주배당을 허용하고 있다.

### 4) 금융지주회사

은행지주회사에 대해서 금융위원회는 연결자기자본비율을 통해 자기자본의 충실화를 기하고 있다. 연결자기자본비율이란 은행지주회사의 연결재무제표를 기초로 BIS기준(바젤 I )에 의해 산출한 위험가중자산(신용위험가중자산+시장위험가중자산)에 대한 자기자본의 비율을 나타내며 은행지주회사는 동 비율을 8% 이상 유지해야 한다.

비은행지주회사에 대해서는 필요자본 대비 자기자본 순합계액의 비율을 적용한다. 여기서 필요자본이란 비은행지주회사가 관련 법령에 규정된 자본적정성기준을 충족하기 위하여 보유해야 하는 최소한의 자기자본을 의미한다. 자기자본 순합계액은 회사별 자기자본에서 자회사 등에 대한 출자액을 차감하여 구한다.

연결자기자본비율이 각각 8%, 6%, 2%에 미달하는 은행지주회사나 필요자본 대비 자기자본비율이 각각 100%, 75% 및 25%에 미달하는 비은행지주회사에 대하여 금융위원회는 경영개선권고, 경영개선요구 및 경영개선명령 등 적기시정조치를 발동한다.

### 5) 기타 금융기관

상호저축은행에 대하여 BIS기준 자기자본비율, 즉 위험가중자산에 대한 자기자본의 비율을 5% 이상으로 유지하도록 하고 있다. 그러나 상호저축은행의 건전경영을 유도하기 위하여 향후 BIS기준 자기자본비율을 단계적으로 7% 이상으로 상향조정할 예정이다.[19] 현행기준에서는 BIS기준 자기자본비율이 각각 5%, 3%, 1%(변경기준에는 각각 7%, 5%, 2%)에 미달할 경우 경영개선권고, 경영개선요구, 경영개선명령 등 적기시정조치를 발동할 수 있다.

한편 여신전문금융회사는 조정자기자본비율, 즉 조정총자산[20]에 대한 조정자기자본[21]

19 자산총액 2조원 이상의 대형저축은행에 대해 우선 적용하는데 구체적인 상향조정 내용은 2012년 7월~2014년 6월까지 6% 이상으로, 2014년 7월부터는 7% 이상으로 되어 있다. 나머지 상호저축은행에 대해서는 2014년 6월부터 단계적으로 상향조정할 예정이다.

20 조정총자산은 총자산－(현금+담보약정이 없는 단기성 예금+만기 3개월 이내의 국공채)－공제항목(이연법인세자산+창업비+개발비+환율조정차+영업권)으로 산출된다.

21 조정자기자본은 기본자본+보완자본－공제항목(이연법인세자산+창업비+개발비+환율조정차+영업

의 비율을 7% 이상(신용카드회사는 8% 이상), 신용협동조합은 순자본비율[22]을 2% 이상으로 유지하도록 하고 있다.

### 4.2.2 자산건전성 분류 및 대손충당금 적립

금융위원회는 금융기관 보유자산을 건전성에 따라 분류하고 부실자산에 대해서는 일정 비율 이상의 대손충당금을 적립하도록 하고 있다. 그리고 금융감독원은 금융기관의 자산건전성 분류 및 대손충당금 등 적립의 적정성을 점검하고, 부적정하다고 판단되는 경우 시정을 요구한다. 자산건전성 분류제도는 금융기관 보유자산의 신용위험 정도에 대한 평가를 통해 부실자산의 발생을 사전에 예방하고 이미 발생한 부실자산의 조기정상화를 촉진함으로써 금융기관 자산운용의 건전화 도모를 목적으로 한다.

금융기관은 차입자의 채무상환능력과 금융거래 내용 등을 감안하여 보유자산을 정상, 요주의, 고정, 회수의문, 추정손실의 5단계로 분류하여야 한다. 차입자의 채무상환능력은 과거 원리금상환실적뿐 아니라 미래 채무상환능력을 충분히 반영하는 Forward Looking Criteria 방식에 의해 산정되어야 한다. 이러한 FLC 방식은 1999년 12월 은행에 처음 도입되었으며 단계적으로 확대되어 현재는 대부분 금융기관의 자산건전성 분류기준으로 채택되고 있다.

자산건전성을 분류하는 궁극적인 목적은 채권의 회수 가능성 정도에 따라 충당금을 적절히 적립하는 데 있으므로 금융기관은 자산건전성 분류단계별로 일정 비율 이상의 금액을 대손충당금으로 적립하여야 한다. 이때 적립비율은 금융업종별로 약간의 차이가 있다.

그리고 자산건전성 분류결과 회수의문 및 추정손실로 분류된 부실자산은 자산의 건전화 유도 및 자산의 과대계상방지 등을 위하여 조기에 대손상각하여야 한다. 여기서 대손상각이란 회수불가능하다고 판단되는 채권을 재무상태상의 장부가액에서 제외시켜 손실로 처리하는 것으로서 금융기관이 금융감독원에 대손인정을 신청하여 금융감독원이 인정하거나 금융감독원이 요구하는 경우에 이루어진다. 대손인정 신청은 일반은행뿐 아니라 특수은행(한국산업은행, 한국수출입은행 포함), 증권회사, 보험회사, 종합금

권)으로 산출된다.

22 신용협동조합의 순자본비율은 다음과 같이 산정된다.

$$\text{순자본비율} = \frac{\text{총자산} - \text{총부채} - \text{출자금} + \text{후순위차입금} + \text{대손충당금}}{\text{총자산} + \text{대손충당금}} \times 100$$

융회사, 상호저축은행 및 여신전문금융회사 등도 할 수 있으나 금융감독원장의 대손상각 요구는 일반은행만을 대상으로 한다.

### 4.2.3 경영지도 및 관리

#### 1) 경영실태평가

금융감독원은 금융기관의 재무상태, 경영관리능력, 법규준수사항 등 다양한 부문을 종합적이고 통일적인 방식으로 평가하는 경영실태평가제도를 운용하고 있다.[23] 금융위원회는 경영실태평가결과를 바탕으로 경영개선권고·요구·명령 등 적기시정조치를 발동한다.[24]

경영실태평가는 대체로 CAMELS 방식에 의해 수행되고 있다. 이는 금융기관 경영실태를 자본적정성(C, capital adequacy), 자산건전성(A, asset quality), 경영관리 적정성(M, management), 수익성(E, earnings), 유동성(L, liquidity)의 5개 부문으로 나누어 계량지표 및 비계량지표별로 점검하고 이를 종합적으로 평가함으로써 이루어진다.

먼저 일반은행 본점 및 해외현지법인의 경우에는 위의 5개 부문과 시장위험에 대한 민감도(S, sensitivity to market risk) 등 6개 부문을 대상으로 계량지표와 비계량지표를 활용하여 평가하는 CAMELS 방식에 의해 경영실태평가를 하고 있다. 다만 외국은행 국내지점과 국내일반은행의 국외지점에 대해서는 위험관리(R, risk management), 경영관리 및 내부통제(O, operational controls), 법규준수(C, compliance), 자산건전성(A, asset quality) 등 4개 부문을 대상으로 해당 계량지표 및 비계량지표를 통해 평가하는 ROCA 방식을 활용하고 있다.

금융투자업자는 자본적정성, 수익성 및 내부통제의 3개 부문을 공통으로 평가하되 투자매매·중개업, 집합투자업, 신탁업 등 업종별로 별도의 평가부문을 두고 있다. 그리고 보험회사, 상호저축은행, 여신전문금융회사, 신용협동조합은 모두 CAMEL 방식으로 경영실태를 평가하고 있다. 한편 금융지주회사 및 자회사 등에 대해서는 리스크관리, 재무상태 및 잠재적 충격 3개 부문으로 구분해 평가하고 그 결과를 바탕으로 종합

23 일반은행에 대한 경영실태평가제도는 1996년 10월 도입되었으며 특수은행에 대한 건전성 평가제도는 특수은행관련 법령의 제·개정으로 금융감독위원회가 특수은행에 대한 건전성감독을 수행하게 됨에 따라 2000년 8월 도입하였다.

24 상호저축은행업감독규정은 상호저축은행에 대한 경영개선권고를 금융감독원장이 하도록 하고 있다.

평가하고 있다.

경영실태의 평가등급결정은 우선 각 부문별로 평가등급을 확정한 다음 이를 바탕으로 종합평가등급을 결정하는 방식으로 이루어진다. 각 부문별 평가등급 및 종합평가등급은 1등급(우수), 2등급(양호), 3등급(보통), 4등급(취약), 5등급(위험) 등 5단계로 구분된다.

### 2) 적기시정조치

적기시정조치(prompt corrective action: PCA)제도는 부실 가능성이 있는 금융기관에 대하여 적절한 경영개선조치를 취함으로써 조기에 금융기관 경영을 정상화하거나 정상화 가능성이 없는 금융기관을 퇴출시킴으로써 금융제도의 안정성을 강화하기 위한 것이다. 현재 금융기관에 대한 적기시정조치제도는 「금융산업의 구조개선에 관한 법률」에 의거하여 운용되고 있는데 일반은행, 금융투자업자, 보험회사, 상호저축은행 등 대부분 금융기관이 대상이다.

금융기관의 자기자본비율이 일정 수준에 이르지 못하는 등 재무상태가 적정기준에 미달하거나 거액의 금융사고 또는 부실채권의 발생으로 금융기관의 재무상태가 적정기준에 미달하게 될 것이 명백하다고 판단되는 경우 해당 금융기관에 대하여 경영개선[25]을 권고 · 요구 또는 명령하거나 그 이행계획을 제출할 것을 명한다. 다만 적정기준에 미달하더라도 단기간 내에 동 기준을 충족시킬 수 있다고 판단되거나 이에 준하는 사유가 있다고 인정될 때에는 기간을 정하여 동 조치를 유예할 수 있다.

예를 들어 은행의 경우 BIS기준 자기자본비율이 최저기준(8%)에 미달하거나 경영실태평가결과가 4등급 이하인 경우 그 정도에 따라 경영개선권고, 경영개선요구, 경영개선명령 등 적기시정조치가 부과된다. 경영개선권고 또는 경영개선요구를 받은 은행은 2개월 이내에 조치요구사항이 반영된 경영개선계획을 금융감독원에 제출하여 금융위원회의 승인을 받아야 한다. 경영개선계획을 승인받은 은행은 매 분기 말 다음 달 10일까

25 「금융산업의 구조개선에 관한 법률」에서는 금융위원회가 권고 · 요구 또는 명령할 수 있는 사항으로서 ① 금융기관 및 임직원에 대한 주의 · 경고 · 견책 또는 감봉, ② 자본증가 또는 감소, 보유자산의 처분 또는 점포 및 조직의 축소, ③ 채무불이행 또는 가격변동 등의 위험이 높은 자산의 취득금지 또는 비정상적으로 높은 금리에 의한 수신의 제한, ④ 임원의 직무정지 또는 임원의 직무를 대행하는 관리인의 선임, ⑤ 주식의 소각 또는 병합, ⑥ 영업의 전부 또는 일부 정지, ⑦ 합병 또는 제3자에 의한 해당 금융기관의 인수, ⑧ 영업의 양도 또는 예금 · 대출 등 금융거래에 관련된 계약의 이전 등의 조치를 나열하고 있다.

지 동 계획의 분기별 이행실적을 금융감독원장에게 제출하여야 하며, 금융감독원장은 이행실적이 미흡하거나 관련 제도의 변경 등 여건변화로 인하여 이행이 곤란하다고 판단되는 경우 경영개선계획의 수정요구, 일정 기간 내 이행촉구 등 필요한 조치를 취할 수 있다.

## 4.3 영업행위규제업무

금융감독당국의 영업행위(business conduct)규제업무는 금융기관에 대한 건전성감시업무와는 성격을 달리한다. 이는 금융기관의 투명성, 공시 및 투자자보호에 중점을 두며 그 목적은 공정거래를 통한 금융고객 및 투자자보호에 있다. 전통적으로 리스크 기반 금융상품이 실질적인 영업행위규제의 대상으로 여겨지면서 과거 오랜 기간에 걸쳐 증권관련 규제를 중심으로 영업행위기준이 발전되어 왔다. 최근 은행들이 고유업무 외에 투자업무비중을 확대하면서 리스크 기반 금융상품을 소매고객에게 적극적으로 판매하고 있어 은행감독업무에 있어서도 영업행위규제의 중요성이 높아지고 있다.

한편 금융감독당국이 금융기관에 대한 건전성감독업무와 투자자보호업무를 동시에 수행할 경우 때때로 이해상충 문제가 발생하기 때문에 이를 해결하기 위해 영업행위규제업무를 별도의 기관이 담당하는 국가들도 있다. 대표적으로는 호주, 네덜란드가 이러한 이원적 금융감독기구 방식(twin peaks approach)을 채택하고 있는데 금융위기 이후 미국, 영국 등 주요 국가에서도 동 방식 도입을 추진하고 있다.

### 4.3.1 경영정보 공시

금융감독원장은 금융기관이 경영정보와 관련된 정기공시 또는 수시공시사항을 허위공시하거나 중요한 사항을 누락하는 등 불성실하게 공시한 경우 해당 금융기관에 대해 정정공시 또는 재공시를 요구한다. 이러한 경영정보공시는 고객, 주주 등 이해관계인은 물론 불특정다수에게 금융기관의 경영현황에 관한 정보를 제공하는 것으로 금융회사의 불공정행위나 부실로부터 금융고객을 보호하고 나아가 이해관계인에 의한 시장규율을 강화함으로써 금융회사의 건전경영 및 책임경영체제 정착을 유도함을 목적으로 한다.

한편 2001년 1월부터 금융감독원은 전자공시제도를 도입·시행하고 있는데 이는 상장기업 등 공시의무자가 금융감독원이 개발·운영하는 전자공시시스템(Data Analysis

Retrieval and Transfer System: DART)을 통하여 공시서류를 전자문서로 작성하여 제출하고, 일반이용자는 인터넷을 통하여 제출된 공시서류를 즉시 열람할 수 있는 제도이다.

### 4.3.2 금융상품 공시업무

금융위원회와 금융감독원은 금융회사가 금융상품과 관련해 공시할 내용 및 방법, 정보 및 자료의 제공방법, 제공할 자료의 형식 등을 정하고 있다. 금융상품 공시는 약정이율, 이자지급시기·방법, 거래제한 등 금융상품의 거래조건과 관련된 정보를 고객에게 제공하는 것으로 금융상품의 구조가 복잡·다양해지고 명칭만으로는 상품의 내용 및 거래조건을 파악하는 것이 어려워짐에 따라 이의 필요성이 더욱 커지고 있다.

### 4.3.3 금융거래 자문

금융위원회와 금융감독원은 금융기관의 금융거래 자문을 금융상품의 공시수단 또는 불공정거래행위규제 차원에서 규율하고 있다. 금융거래 자문은 고객의 소득수준, 투자성향 등에 대한 정보를 바탕으로 금융기관이 적절한 금융상품 혹은 상품의 조합을 권유하는 행위이다. 금융거래 자문은 금융에 대한 전문적인 지식이 없거나 관련 정보를 취득할 충분한 시간이 없는 금융고객에게 금융상품에 대한 전문적 정보를 제공함으로써 금융고객의 이익을 증진시키는 것을 목적으로 한다.

### 4.3.4 약관 심사

약관이란 금융회사가 고객과 금융상품관련 계약을 체결함에 있어 미리 작성한 계약내용을 말한다. 금융기관은 불특정다수의 고객과 대량의 금융거래를 하는 것이 일반적이어서 매 거래계약마다 계약내용을 협의하는 것이 비효율적이므로 신속한 거래를 위해 약관을 두고 있으며 금융회사가 제시한 약관에 고객이 동의하면 금융거래계약은 체결된 것으로 간주된다.

금융거래약관에 관한 사항은 상법, 약관규제에 관한 법률, 개별금융업법 및 관련 감독규정에서 규정하고 있다. 금융회사는 금융거래약관 및 투자설명서 등을 제정 또는 변경하고자 하는 경우에는 사전에 금융위원회 또는 금융감독원장에 보고하여야 한다. 금융위원회 또는 금융감독원장은 약관을 심사한 결과 내용의 변경이 필요하다고 판단되는 경우 약관내용의 변경을 권고할 수 있다.

### 4.3.5 금융분쟁조정

금융분쟁조정제도는 예금자 등 금융고객(또는 기타 이해관계인)과 금융기관 간 분쟁이 있을 경우 분쟁당사자의 주장과 사실관계를 조사·확인한 후 합리적인 해결방안이나 조정의견을 제시함으로써 소송이 아닌 당사자 간 합의를 통해 분쟁을 해결하는 제도로 1987년 12월에 처음 도입되었다. 도입 당시에는 금융업종별로 금융분쟁조정기구를 두었으나 1999년 금융감독원 설립과 함께 금융업종별 분쟁조정기구를 금융감독원 내 금융분쟁조정위원회로 통합하였다.

#### 1) 금융분쟁조정위원회

금융분쟁조정위원회는 금융감독원 부원장을 위원장으로 하여 금융감독원 부원장보와 법조계, 소비자단체, 금융계, 학계 및 의료계 인사 중 금융감독원장이 위촉하는 인사들로 총 30인 이내에서 구성된다.[26] 위원의 임기는 임명직위원의 경우 2년으로 연임이 가능하고 당연직 위원(위원장과 부원장보)의 경우 재직기간으로 한정된다.

금융분쟁조정위원회는 은행·중소서민, 금융투자, 보험의 세 분야로 나누어 운영되며 각 분야별 위원회는 위원장을 포함한 7인 이상 11인 이내의 위원으로 구성된다. 위원회 회의는 매월 둘째 및 넷째 화요일에 소집되며 구성원 과반수의 출석과 출석위원 과반수의 찬성으로 의결된다. 금융분쟁조정위원회에 회부된 안건은 회부된 날로부터 60일 이내에 조정결정이 내려지며 조정결정에 대해 당사자가 수락하면 재판상 화해와 동일한 효력이 부여된다.

금융분쟁조정위원회는 사실관계 해석 또는 법률적 판단이 어려운 사건에 대한 자문 등을 위하여 변호사, 전문의, 손해사정인 등의 외부 전문가를 전문위원으로 위촉하여 실무자문을 의뢰한다.

#### 2) 금융분쟁조정절차

금융분쟁조정은 예금자 등 금융수요자나 기타 이해관계인이 금융기관과의 금융거래나 기타 금융업무와 관련하여 해당 금융기관을 상대로 금융감독원에 분쟁조정을 신청함으로써 시작된다. 금융분쟁조정 신청이 접수되면 금융감독원은 사실관계의 조사·확

26 2013년 12월말 현재 부원장 1인, 부원장보 1인, 법조계 9인, 금융계 4인, 학계 4인, 소비자단체 6인, 의료계 4인, 전자금융관련 종사자 1인 등 총 30인으로 구성되어 있다.

인 등을 거친 후 합의권고가 바람직하다고 판단되는 경우 당사자에게 합의안을 제시하여 합의를 권고할 수 있다.

조정신청을 접수한 날로부터 30일 이내에 당사자 간 합의가 이루어지지 아니하거나 금융감독원의 직접처리, 해당 금융기관으로의 이첩처리 또는 합의권고가 부적당한 경우 금융분쟁조정위원회에 회부하여 처리한다. 금융분쟁조정위원회는 안건이 회부된 날로부터 60일 이내에 심의하여 조정결정을 한다. 당사자의 주장이 상이하거나 증거채택이 어려워 사실관계의 확정이 곤란한 경우 등 조정실익이 없다고 인정되는 경우에는 각하결정을 내릴 수 있다.

양 당사자가 금융분쟁조정위원회의 조정결정 내용을 수락하여 조정이 성립되면 분쟁조정위원회 결정은 재판상 화해와 동일한 효력을 갖는다. 조정성립 후에 어느 일방이 조정결정의 내용을 이행하지 않을 경우 별도의 소송절차 없이 조정서를 근거로 강제집행이 가능하게 된다.

## 4.4 검사업무

금융감독원은 금융회사의 건전경영 확보 및 공정한 금융거래질서 유지를 위해 금융회사에 대한 검사(examination)를 실시한다. 검사업무는 크게 금융회사의 규정 이행실태를 지속적으로 감시하는 상시감시와 금융회사 현장에서 실시하는 현장검사로 구분된다. 상시감시는 평상시 금융회사가 제출한 업무보고서 등을 토대로 경영실태 변동상황을 면밀히 분석평가하는 것을 의미하며, 현장검사는 필요하다고 판단되면 영업현장에 직접 가서 감시결과를 확인하거나 금융회사가 관계법령·규정·지시 등을 제대로 이행하였는지 여부를 확인하는 것을 의미한다.

검사를 운영방식으로 구분해 보면, 종합검사와 부분검사로 구분된다. 종합검사는 연도별 검사업무계획에 근거하여 금융회사의 업무 전반 및 재산상황에 대하여 실시하는 검사이며 금융회사 본점에 대한 종합검사를 실시할 때 통상적으로 경영실태평가를 실시한다. 부분검사는 금융사고 예방, 금융질서 확립, 기타 금융감독정책상 필요에 따라 금융회사의 특정 부문에 대해 실시한다. 연간 검사계획을 수립할 때 검사방향, 예상 검사 실시 점포수 및 연인원 등 부분검사에 대한 기본 검사방침을 정하고 검사대상 금융회사 또는 점포의 선정, 검사부문의 채택 등 구체적인 사항은 분기별 검사계획을 수립할 때 확정한다.

금융감독원의 검사업무를 처리과정별로 보면 ① 상시감시, ② 검사계획 수립, ③ 검사 사전준비, ④ 검사 실시, ⑤ 검사결과 보고 및 조치, ⑥ 검사결과 사후관리의 순으로 진행된다. 먼저 상시감시업무는 금융회사에 대하여 현장검사를 실시하지 않는 기간 중에 영업실태분석, 업무보고서 심사, 경영실태 계량평가, 기타 각종 자료의 수집 및 분석을 통하여 문제의 소지가 있는 금융회사 및 취약부문을 조기에 식별하는 활동이다. 또한 효율적 상시감시업무 수행을 위하여 금융권역별 상시감시지원시스템과 여신검사지원시스템 등 각종 전산시스템을 활용한다. 상시감시를 통해 문제 징후가 포착된 경우 해당 금융회사에 대해 보다 상세한 정보를 수집하여 사실관계를 확인한 후 적기시정조치, 행정처분 등 필요한 조치를 취할 수 있다.

검사계획 수립은 금융환경변화, 검사업무 수행상 역점을 두어야 할 사항과 검사의 종류, 검사 실시대상 점포 및 점포수, 검사동원 연인원 등을 종합적으로 감안하여 연간으로 행해지며 이에 따라 분기별 세부검사계획이 수립된다.

검사사전준비는 검사 실시 전에 상시감시결과 및 경영실태평가 등을 위해 징구한 검사자료 등을 활용하여 검사대상 금융회사의 경영과 관련한 제반정보를 파악하는 것이다. 이때 검사대상 금융회사에 대하여 검사사전예고를 실시하고 필요한 최소한의 범위 내에서 검사사전자료를 징구할 수 있다.

검사 실시는 금융회사의 업무처리내용의 적정여부를 확인하는 것으로 검사 실시 중 금융회사 또는 금융회사 임직원의 위법·부당행위가 발견될 경우 확인서, 질문서, 의견서, 문서 및 장표의 사본 등과 같은 입증자료를 징구한다.

금융감독원은 검사종료 후 빠른 시일 내에 검사결과를 종합한 검사서 및 조치안을 작성하는데 조치요구내용의 신뢰성 및 공정성을 확보하기 위하여 내부 심사·조정과정뿐 아니라 금융회사 및 그 임직원에 대한 문책사항 등 중요사항에 대해서는 추가로 외부전문가 위주로 구성된 제재심의위원회의 심의를 거치도록 하고 있다. 이러한 심의절차가 완료되면 금융감독원은 금융위원회 보고 또는 의결을 거쳐 당해 금융회사에 통보하고 합당한 조치를 요구한다. 이때 제재를 받은 금융회사 또는 그 임직원은 제재처분 또는 조치요구가 위법 또는 부당하다고 인정하는 경우 이의를 신청할 수 있다.

마지막으로 검사결과 사후관리는 경영유의·문책·변상·개선 및 시정사항 등 조치요구사항의 실행여부를 체계적이고 종합적으로 심사·분석하여 적절한 대응조치를 취하는 것으로 개선·시정이 필요한 사항에 대하여는 적기 정리를 유도하는 데 그 목적이 있다.

한편 검사업무에서 수반되는 제재는 금융회사에 대한 제재, 임원에 대한 제재, 직원에 대한 제재로 구분되는데 금융관련 법규를 위반하거나 부당한 행위를 한 금융회사 또는 그 임직원에게 영업상, 신분상, 금전상의 불이익을 부과함으로써 금융회사 경영의 건전성 확보 및 금융제도의 안정성 도모 등 감독목적을 효율적으로 달성하기 위한 사후적 감독수단으로 볼 수 있다.

EXERCISE

1. 은행의 도산(bank failures)이 경제에 미치는 영향이 다른 어떠한 기업의 도산과는 비교가 되지 않을 정도로 크다고 하는데 그 이유는 무엇이라고 생각하는가? 이러한 주장에 동의하는가?

2. 과거의 많은 은행의 도산사례로부터 우리는 어떠한 교훈을 얻을 수 있는가? "역사는 스스로 반복한다(History repeats itself)"는 명제에 대해서 어떻게 생각하는가?

3. 금융기관에 대한 규제 및 감독은 사실 대중의 큰 관심사로 간주될 수 있다. 그렇다면 "규제가 강화될수록 더 나은 결과를 얻을 수 있다"고 생각하는가? 답변에 대하여 충분한 이유를 제시하라.

4. 은행검사(bank examinations)의 목적은 무엇이라고 생각하는가? 은행검사가 일반적인 회계감사(accounting audits)와 다른 점은 무엇인가?

5. 도덕적 해이(moral hazard)란 무엇인가? 예금보험(depcsit insurance)이 오히려 도덕적 해이를 야기하는 이유는 무엇이라고 생각하는가?

6. 선진국에서 은행에 대하여 예금보험(deposit insurance)이 시행된 후 어느 정도 시차를 두고 은행도산이 오히려 늘어난 이유는 무엇인가?

7. 우리나라의 금융감독체계(financial supervisory system)는 어떻게 구성되어 있는가?

8. 금융감독(financial supervision)의 의의는 무엇인가? 금융감독이 꼭 필요한 이유는 무엇인가?

9. 금융감독기구의 주요 업무를 설명하라.

10. 은행들이나 기타 금융기관들이 정부당국의 규제 및 감독에 대해서 불만을 가지고 있으면서도 그러한 규제를 제대로 수용하는 이유는 무엇인가?

11. 위험수준에 기초한 자본금규모(risk-based capital standards)란 무엇이며, 그 취지는 무엇인가?

12. 자본금 적정성(capital adequacy)은 왜 다른 산업의 기업들보다도 일반은행의 경우에 더 중요한 문제라고 생각하는가?

13. 금융감독당국에서는 특히 은행산업에 대하여 자본금 적정성(capital adequacy) 문제를 심각하게 다루고 있다. 그 이유는 무엇인가?

Chapter

# 18 중앙은행과 통화정책

제1절 통화정책 | 제2절 통화정책의 기타 목표들

제3절 통화정책의 수립과 집행 | 제4절 통화정책의 수단

제5절 우리나라 통화정책의 실제 운영



통화정책이란 독점적 발권력을 지닌 중앙은행이 통화량이나 금리에 영향을 미쳐 물가안정, 금융안정 등을 달성함으로써 경제가 지속가능한 성장을 이룰 수 있도록 하는 정책을 말한다. 중앙은행이 처음부터 이와 같은 통화정책을 수행한 것은 아니었다. 중앙은행의 역할은 영리를 목적으로 운영되던 상업은행이 화폐발행의 독점권을 부여받는 대신 정부가 필요로 하는 자금을 대출해 주는 '정부의 은행'기능을 하면서 시작되었다.

또한 중앙은행은 발권력을 토대로 다른 상업은행에 부족자금을 대출해 주는 '은행의 은행'기능을 자연스럽게 하게 되었고, 이 과정에서 금융시장불안 등으로 일시적인 지급불능상태에 빠진 금융기관을 지원하는 '최종대부자(lender of last resort)'로서의 역할도 하게 되었다. 이처럼 정부자금관리나 은행제도보호 등의 역할을 주로 하던 중앙은행이 경제상황의 변화에 대응하여 적정수준의 통화공급을 통해 거시경제의 안정을 도모하게 된 것은 1930년대 대공황을 계기로 많은 나라들이 금본위제도를 포기하면서부터라고 할 수 있다.

본 장에서는 다음과 같은 주제를 중점적으로 다룬다.

- 통화정책의 의의 및 목표
- 통화정책의 운영체제
- 통화정책의 수립과 집행
- 통화정책효과의 파급

# 제1절 통화정책[1]

## 1.1 의의

통화정책(monetary policy)이란 독점적 발권력(power of printing money)을 지닌 중앙은행이 통화량이나 금리에 영향을 미쳐 물가안정, 금융안정 등을 달성함으로써 경제가 지속 가능한 성장을 이룰 수 있도록 하는 정책을 말한다. 본래 정부자금관리나 은행제도보호 등의 역할을 주로 하던 중앙은행이 경제상황의 변화에 대응하여 적정수준의 통화공급을 통해 거시경제의 안정을 도모하게 된 것은 1930년대 대공황을 계기로 많은 나라들이 금본위제도(gold standard)를 포기하면서부터라고 할 수 있다.

이때부터 중앙은행은 금과의 연계가 단절된 화폐를 발행하고 재량적으로 통화를 공급할 수 있게 되었다. 이러한 가운데 통화량과 물가가 밀접한 관계에 있다는 것을 알게 되면서 통화의 방만한 공급을 차단하여 물가를 안정시키는 것이 통화정책의 주된 목표로 일반화되고 보편적으로 받아들여지기 시작하였다. 특히 1970년대 두 차례의 석유파동으로 세계경제가 인플레이션의 폐해를 경험하면서 통화정책의 목표로서 물가안정(price stabilization)의 중요성이 더욱 확고해지고 통화정책은 거시경제정책의 하나로 자리 잡게 되었다.[2]

한편 중앙은행의 발전과정에서 자연스럽게 주어진 중앙은행의 금융안정 역할은 근래에 들어 다시금 주목받게 되었다. 1980년대 이후 금융자유화와 금융혁신이 급속히 진전되고 세계 금융시장의 통합이 가속화되는 과정에서 금융위기가 빈번히 발생하고 그 피해가 심각하게 나타나기 시작하였다. 특히 미국의 서브프라임 모기지 부실로부터 촉발된 글로벌 금융위기를 계기로 물가안정만으로는 거시경제의 안정을 보장하기 어렵고

1 본 장의 내용을 집필함에 있어서 한국은행에서 발간한 한국의 통화정책(2012년 12월)을 참조하였다.
2 예컨대, 미국의 중앙은행인 연방준비제도(Federal Reserve System, 이하 미연준)는 1907년 미국에서 발생한 금융공황이 중요한 계기가 되어 1913년 설립되었다. 제정 연준법에 따르면 당시 미연준의 역할은 화폐공급, 은행의 은행, 은행감독 등 초기 중앙은행들이 수행해 오던 임무에서 크게 벗어나지 않는 것이었다. 1951년에 '연준-재무부협약'이 체결되면서 미연준은 국채가격 지지의무에서 벗어나게 되었고 비로소 독립적으로 통화정책을 운영할 수 있게 되었다. 이에 따라 미연준은 1950~1960년대 은행신용(bank credit)규모를 통화정책의 중간목표로 삼고 공개시장조작을 통해 은행지준을 조절하는 방식으로 통화정책을 운영하였다. 이후 1970년대에 경험한 극심한 인플레이션을 계기로 1977년 연준법이 개정되면서 물가안정이 최종목표의 하나로 규정되었다.

금융불균형의 축적을 방지하는 것이 중요하다는 인식이 확산되면서 통화정책 수행에 있어 금융안정(financial stabilization)의 중요성이 더욱 크게 부각되었다.

이러한 역사적 경험과 이론적 논의를 바탕으로 물가안정과 금융안정 등이 중앙은행의 목적으로 법에 규정되면서 통화정책의 목표가 구체화되었다. 그 결과 나라별로 차이가 있지만 각국은 대체로 물가안정과 금융안정을 통화정책의 주된 목표로 추구하고 있다.[3]

## 1.2 통화정책의 수단

위와 같은 목표를 달성하는 데 있어서 중앙은행이 사용할 수 있는 정책수단은 통화정책의 최종목표에 직접적으로 작용하기보다는 다양한 요소들의 영향을 받는 가운데 여러 가지 경로를 통해 영향을 미친다. 따라서 중앙은행은 정책수단과 최종목표를 이어줄 수 있는 다양한 지표를 활용하여 통화정책을 수행하는 것이 일반적이다.

우선 중앙은행은 통화정책의 최종목표와 밀접한 관계가 있는 통화량, 환율, 물가상승률 등의 지표 중에 하나를 선택하여 그 지표의 목표수준을 결정한 다음, 이를 달성할 수 있도록 통화정책을 수행한다. 이렇게 선택된 지표를 명목기준지표(nominal anchor)라고 하며 이 중 물가상승률[4]을 제외한 통화량, 환율 등은 최종목표를 달성하기 위한 중간목표(intermediate target)로 활용된다. 그러나 통화량, 환율 등도 중앙은행이 직접 통제할 수 있는 지표가 아니다.

따라서 중앙은행이 다른 변수의 영향을 받지 않고 직접 제어하여 원하는 수준을 유지할 수 있는 지표가 필요한데 이를 운용목표(operating target)라고 하며 일반적으로 단기시장금리(short-term market interest rates)나 지급준비금(reserves)이 사용된다. 중앙은행은 이러한 운용목표의 적정수준을 설정하고 공개시장조작(open market operation), 중앙은행 여수신제도, 지급준비제도 등의 정책수단(policy tool)을 활용하여 동 수준을 유지함으로써 궁극적으로 최종목표를 달성하기 위해 노력한다.

3 이 외에도 완전고용, 지급결제제도의 유지 등이 중앙은행법상 목적으로 포함되기도 한다.
4 물가상승률을 명목기준지표로 활용할 경우 설정한 물가상승률 목표는 경제주체의 기대인플레이션을 동 수준에서 안착시키는 역할을 한다.

## 1.3 통화정책체계

한편 통화정책의 결정과 집행에는 이를 뒷받침하는 제도가 필요한데 의사결정 및 집행기구, 외부압력으로부터의 독립성 확보장치, 정책수행결과에 대한 책임성 제고방안, 그리고 통화정책의 신뢰성과 유효성 확보를 위한 투명성 증대장치 등이 이에 포함된다. 이와 같은 최종목표, 명목기준지표, 운용목표, 정책수단, 의사결정관련 제도 등을 모두 포괄하여 통화정책체계(monetary policy framework)라고 한다. [그림 18−1]에서는 이러한 통화정책체계를 보여주고 있다.

**그림 18-1 통화정책체계**

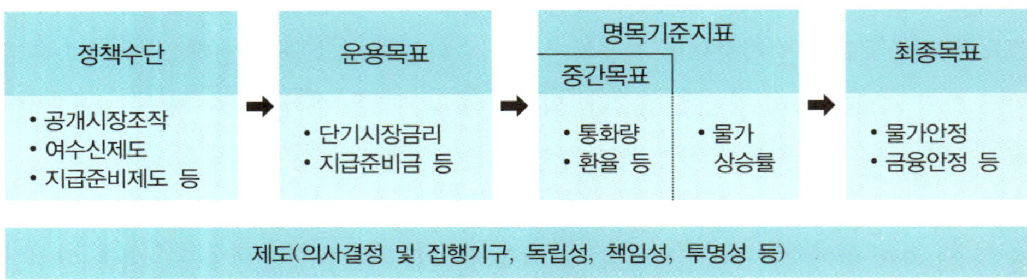


통화정책체계의 구성요소 가운데 최종목표나 정책수단 등은 본질적으로 비슷하며 나라에 따라 차이가 있다고 하더라도 대개 정도의 문제라 할 수 있다. 그러나 통화정책 수행에 있어 어떤 명목기준지표가 적합한지는 각국의 경제구조와 금융시장발달 정도 등에 따라 달라진다. 이처럼 명목기준지표의 선택은 상당히 큰 차별성을 갖기 때문에 각국의 통화정책을 설명할 때에는 이를 기준으로 구분하는 것이 일반적이다. 즉 통화량, 환율, 물가상승률을 명목기준지표로 활용하는 경우 각각을 통화량목표제(monetary targeting), 환율목표제(exchange rate targeting), 물가안정목표제(inflation targeting)라고 부르며 이를 통화정책 운영체제(monetary policy regime)라고 한다.

통화량목표제의 경우 대개 지급준비금을 운용목표로 활용하며 지급준비금이 통화량과 안정적인 관계가 있다는 전제하에 통화증가율 목표달성에 필요한 지급준비금규모를 계산하고 공개시장조작 등을 통해 이를 달성하는 방식으로 운영된다. 통화량목표제가 아닌 경우에는 일반적으로 단기시장금리를 운용목표로 활용하며 단기시장금리를 중앙은행이 설정한 정책금리에 근접한 수준에서 유지한다. 이는 단기시장금리가 장기시장금리와 여수신금리로 파급되어 실물경제에 영향을 미치는 통화정책의 파급경로를 염두에 둔 운영방식이다.

여기서 정책금리는 중앙은행이 통화정책의도를 전달하는 대표적인 지표이다. 정책금리는 중앙은행이 전적으로 그 수준을 결정하며 공개시장조작, 여수신제도와 같은 정책수단을 활용할 때 적용되는 금리의 기준이 된다. 정책금리는 현재 우리나라의 기준금리(base rate)와 같이 시장금리가 아닌 별도의 기준으로 정하는 경우와 과거 기준금리가 도입되기 전까지의 '콜금리 목표'와 같이 시장금리를 기준으로 정하는 경우가 있다.

중앙은행이 운용목표의 수준을 조절하기 위해 활용하고 있는 통화정책수단으로는 지급준비제도, 공개시장조작, 중앙은행 여수신제도 등이 있다. 지급준비제도란 금융기관으로 하여금 예금 등과 같은 금융기관 부채의 일정 비율(지급준비율, reserve ratio)에 해당하는 금액(지급준비금)을 중앙은행에 예치하도록 의무화하는 제도이다. 당초 이 제도는 예금자의 예금인출요구에 응할 수 있도록 최소한의 자금을 보유하도록 만든 제도였으나 1930년대에 지급준비율을 변경하여 본원통화의 규모를 조절하면 통화량에도 영향을 줄 수 있다는 사실을 알게 되면서 주요한 유동성조절수단으로 활용되기 시작하였다. 예를 들어 지급준비율을 올리면 은행들은 더 많은 자금을 지급준비금으로 예치해야 하기 때문에 대출이나 유가증권매입 여력이 축소되고 결과적으로 시중에 유통되는 자금의 양이 줄어들게 된다. 그런데 금융기관은 지급준비금이 모자라거나 남을 경우 중앙은행을 포함한 다른 금융기관과의 거래를 통해 이를 해소해야 한다. 이때 중앙은행은 금융기관을 상대로 국공채 등을 사고팔아 부족자금을 공급하거나 잉여자금을 흡수하는데 국공채의 매매물량 및 가격을 조절함으로써 통화량과 금리에 영향을 미치게 된다. 이와 같은 통화정책수단을 공개시장조작(open market operation)이라고 한다. 한편 중앙은행 여수신제도는 중앙은행이 금융기관과의 대출 및 예금거래를 통해 자금의 수급을 조절하는 정책수단을 말한다. 중앙은행은 대출금리를 변경하거나 자금량을 직접 조절함으로써 금융기관의 자금조달비용 또는 유동성 사정에 영향을 주고 나아가서는 금융기관의 가계・기업에 대한 신용공급을 간접적으로 조절할 수 있다.

## 1.4 통화정책의 제도적 기반

이처럼 중앙은행은 주어진 통화정책수단을 활용하여 최종목표를 달성하기 위해 노력한다. 그런데 통화정책이 효율적으로 이루어지기 위해서는 중앙은행의 독립성

(independence), 책임성(responsibility), 투명성(transparency) 등을 확보하기 위한 제도적 기반이 마련되어야 한다. 통화정책은 경제주체의 다양한 이해관계에 영향을 미치게 되므로 경제안정화를 추구하는 중앙은행은 단기적 성과를 요구하는 외부의 압력과 비판을 받을 수 있다. 그러므로 중앙은행은 통화정책을 자율적으로 수행하여야 하며 이를 위해서 독립성 확보를 위한 장치가 필요하다.

독립적으로 통화정책을 수행할 권한을 부여받은 중앙은행은 그에 상응하는 의무로서 자신의 정책을 국민에게 설명하고 그 결과에 대하여 책임을 져야 한다. 이와 같은 중앙은행의 독립성과 책임성을 어떻게 조화롭게 구현할 것인지는 국가별, 시대별로 다양하게 나타난다. 최근 들어서는 정책수행의 정당성 확보 및 정책의 효율성 제고라는 측면에서 통화정책의 투명성이 크게 강조된다.

## 제2절 통화정책의 기타 목표들

앞서 언급한 물가안정과 금융안정 외에도 고용안정, 경제성장, 환율안정 등이 통화정책의 목표로 거론된다. 먼저 실업률이 높을 경우 단순히 국민들의 전반적인 생활수준만 낮아지는 것이 아니라 그 자체가 심각한 사회문제가 될 수 있다는 점에서 고용안정은 거시경제정책의 최우선 과제 중 하나로 인식되어 왔다. 통화정책도 거시경제정책의 한 부분이기 때문에 고용안정이 통화정책의 목표에 포함될 수 있다. 특히 제2차 세계대전 직후에는 경기 퇴보 및 제대군인 복귀에 따른 대량실업의 발생에 대한 우려로 고용안정에 중점을 둔 거시경제정책이 시행되었으며 중앙은행에도 이러한 역할이 요구되었다. 이에 따라 미국, 호주 등의 국가에서는 완전고용(full employment)을 중앙은행의 목적조항에 포함시켰다.

환율안정도 통화정책의 목표로 고려될 수 있는데 이는 환율변동이 국내산업의 가격경쟁력, 자금조달여건 및 수입물가변동을 통해 경기 및 물가에 큰 영향을 미칠 수 있기 때문이다. 또한 대외의존도가 높은 소규모 국가의 경우 물가가 안정된 주요 거래상대국 통화에 자국통화의 가치를 고정시킬 경우 자연스럽게 물가안정을 달성할 수 있다는 장점도 있다. 이에 따라 자본자유화가 상당히 진전된 오늘날에도 통화의 대외가치(value of currency) 안정을 위해 고정환율제를 유지하고 있는 국가가 많이 있다.[5]

중앙은행이 이렇듯 다양한 통화정책목표를 추구할 경우 여러 목표 간에 서로 충돌할 수 있는데, 특히 고용안정 및 경제성장이 물가안정과 서로 양립할 수 있는가에 대한 논란이 많았다. 통화정책은 장기적으로 고용 및 실질생산수준에 영향을 미치지 못하는 것으로 알려져 있기 때문에 이들이 통화정책목표에 포함되면 목표달성이 안 되었을 때 책임소재가 불분명해질 수 있다. 또한 단기적으로는 인플레이션과 실업 간 상충관계로 인해 통화정책 대응방향이 불분명해지면서 중앙은행의 물가안정의지가 의심받을 수도 있다. 그 결과 통화정책의 책임성과 신뢰성이 훼손된다면 통화정책의 효과가 줄어들어 장기적으로는 고용안정 및 경제성장을 오히려 저해하는 요인으로 작용할 수 있다. 반면, 중앙은행이 물가안정을 최우선 목적으로 하는 경우 글로벌 금융위기 이후와 같이 경기침체가 장기간 지속되는 기간에도 인플레이션 우려로 적극적인 정책대응을 하지 못할 가능성이 있기 때문에 통화정책당국이 신축적으로 대응하기 위해서는 고용안정 및 경제성장이 통화정책의 목표에 포함되어야 한다는 견해도 있다.

통화정책의 목표와 관련된 또 다른 논점은 금융안정이 과연 통화정책의 목표인가 하는 것이다. 일각에서는 통화정책수단인 금리조정은 금융안정을 위해 충분하지 않으며 금융안정을 위해서는 별개의 정책수단이 필요하다고 주장한다.[6] 이 견해에 따르면 경제정책은 각각의 목표에 따라 통화정책, 재정정책, 노동정책 등으로 구분되듯이 금융안정정책도 통화정책과 구분되어야 한다고 한다.

그러나 금융안정은 유동성, 신용 등 양적지표의 총량뿐만 아니라 그 구성, 분포 및 부문 간 위험노출(exposure) 등 다양한 영역에서 불균형이 없는 상태를 의미하기 때문에 여러 정책당국이 유기적으로 역할을 분담하여 공동수행할 때에만 달성 가능하다.

5 IMF(2012)에 따르면 2012년 4월 현재 190개 회원국 중 53%인 100개국이 고정환율제(hard peg 및 soft peg)를 유지하는 것으로 나타났다.

6 Svensson, Lars E.O., "Inflation Targeting," in Benjamin M. Friedman & Michael Woodford (ed.), *Handbook of Monetary Economics*, edition 1, volume 3, 2010, chapter 22, pp.1237~1302 Elsevier.

# 제3절 통화정책의 수립과 집행

## 3.1 통화정책의 수행

중앙은행의 통화정책 수행은 통화정책결정기구에서 통화정책 방향을 수립하고, 집행부서에서 공개시장조작 등 통화정책수단을 활용하여 이를 달성하는 방식으로 이루어진다. 각국의 통화정책결정기구는 그 형태, 구성, 의사결정사항 및 과정 등에 있어 나라마다 역사적·정치적 배경에 따라 다르다. 그러나 통화정책결정기구는 대개 위원회 형태이며, 권한 내에서 자율적으로 의사결정을 한다.

중앙은행은 과거 은행 여수신금리를 규제하거나 은행대출규모를 직접 통제하는 등 정책당국에 부여된 규제권한(regulatory power)을 주로 활용하였다. 그러나 최근에는 금융시장이 크게 발달함에 따라 규제중심의 정책수단보다는 시장친화적 정책수단인 공개시장조작, 지급준비제도 및 중앙은행 여수신제도를 주로 활용하고 있다.

한편 2008년 9월 Lehman Brothers가 파산한 이후 금융시장이 경색되자 미국 연준리, ECB 등 주요국 중앙은행은 과감한 정책금리인하와 함께 장기RP 확대 및 담보요건 완화, CP·ABS·회사채 등 민간신용증권매입, 국채의 대량매입 등 전례가 없는 수단으로 대처하였는데 이를 비전통적 통화정책(unconventional monetary policy)이라 부른다.

## 3.2 통화정책의 의사결정

대부분 국가의 중앙은행들은 통화정책결정기구의 형태로 위원회를 채택하고 있다. 이는 통화정책이 국민경제에 미치는 영향을 고려할 때 다양한 구성원들의 전문지식을 활용하여 보다 합리적인 의사결정을 내리고자 함이다. 동시에 정책결정의 민주화를 꾀하고 외부로부터의 간섭 가능성을 줄임으로써 정치적 중립성을 유지하고자 하는 목적도 있다.

통화정책 결정기구는 정책금리, 공개시장조작, 지급준비제도, 여수신제도 등 통화정책에 관한 기본적인 사항들을 결정한다. 또한 물가안정, 금융안정 등 통화정책목표 달성을 위해 법이 허용하는 정책수단의 구체적 활용방안에 대해서도 결정한다.

### 3.3 중앙은행의 독립성 · 책임성 · 투명성

통화정책은 경제단위의 다양한 이해관계에 영향을 주므로 통화정책결정 및 집행에 있어 금융시장을 포함한 외부의 비판과 정치적 압력으로부터 중앙은행은 자유로워야 한다. 이를 위해 무엇보다도 통화정책결정기구 구성 및 운영 등의 독립성(independence)이 중요하다. 통화정책결정기구가 독립적이고 중립적인 인사로 구성되어 있는지, 통화정책결정과정에 정부가 관여할 수 있는지, 만일 관여가 가능하다면 어느 수준까지 가능한지 등이 독립성을 평가하는 중요한 요소이다. 그러나 통화정책은 국가의 중요한 거시경제정책 중 하나이기 때문에 다른 경제정책과의 협력이 필수적인데, 협력수준을 넘는 외부의 관여나 간섭은 독립성을 훼손하며 통화정책의 신뢰성 및 유효성에도 영향을 준다.

중앙은행의 책임성(responsibility)은 통화정책을 독립적으로 수행하는 중앙은행이 결정한 정책을 국민에게 설명하고 그 결과에 대해 책임을 지는 것을 말한다. 중앙은행의 책임성은 민주주의의 원칙에 부합하고 물가안정 달성을 위한 유인장치를 제공하며 통화정책에 대한 정치적 정당성 획득을 위한 수단이 된다.

중앙은행의 투명성(transparency)은 중앙은행의 정책목표 및 정책결정 등과 관련된 제반정보를 외부에 알리고 경제주체들과 의사소통을 하는 과정이다. 투명성이 높아지면 중앙은행의 책임성 및 신뢰 확보뿐 아니라 통화정책의 유효성 제고, 정치적 간섭 등 외부 영향력의 배제를 통한 독립성 제고 등에도 기여한다.

## 제4절 통화정책의 수단

### 4.1 지급준비제도

지급준비제도(reserve requirement)란 중앙은행이 금융기관으로 하여금 예금 등과 같은 채무의 일정 비율에 해당하는 금액을 중앙은행에 예치하도록 하는 제도이다. 금융기관은 고객으로부터 예금을 받아 이를 여러 형태의 자산으로 운용한다. 이 과정에서 상대적으로 수익성이 낮은 유동성자산은 가능하면 적게 보유하려고 할 것이다. 예컨대, 어느 금융기관이 예금의 대부분을 수익성이 높은 장기채권이나 대출로 운용했다고 가

정해 보자. 이 경우 수익성은 높아지겠지만 예금자의 인출요구가 한꺼번에 집중될 경우 장기채권이나 대출은 유동성이 낮아 짧은 시간 내에 현금화가 어렵기 때문에 소규모의 유동자산만으로는 고객의 지급요구를 충족시키지 못할 수 있다. 그러면 이 금융기관은 다른 금융기관으로부터 높은 금리를 주고서라도 자금을 빌리려고 할 것이므로 금리가 상승하고 금융시장이 불안해진다. 따라서 예금인출요구에 부응할 수 있도록 각 금융기관에게 최소한의 유동성자산보유를 법적으로 강제하는 제도가 생겨나게 되었다.

이처럼 금융기관이 고객의 지급요구에 부응하기 위해 미리 준비해 놓고 있는 유동성자산을 지급준비금(reserve)이라 하고 이때 지급준비금 적립대상 채무 대비 지급준비금의 비율을 지급준비율(reserve ratio)이라 한다. 지급준비금은 금융기관이 보유하고 있는 현금(시재금)과 금융기관이 중앙은행에 예치하고 있는 자금으로 구성된다.

지급준비제도는 다음과 같은 점에서 유용한 정책수단으로 활용된다. 첫째, 지급준비제도는 단기시장금리의 불안정한 변동을 예방하는 데 기여한다. 이는 은행들이 중앙은행에 예치한 지급준비금은 은행들의 결제자금 용도로도 이용되는데 필요지급준비금규모가 결제자금수요에 비해 충분히 큰 경우에는 결제자금수요가 변동하더라도 지급준비금으로 이를 충족할 수 있어 단기시장에서 자금을 조달할 필요가 적어지기 때문이다. 둘째, 지급준비제도는 외생적 요인에 의한 본원통화 팽창압력이 큰 경우 1차적인 잉여유동성 흡수수단으로서 중요한 역할을 수행한다. 예를 들어 경상수지 흑자, 외국인 증권투자자금 유입 등으로 인한 본원통화 증발압력을 모두 환율하락(통화가치절상)이나 통안증권발행 등으로 흡수할 경우 환율, 금리 등 가격변수의 변동성이 대폭 확대되어 경제불안요인으로 작용하게 된다. 셋째, 지급준비율조정은 자금조달비용변동을 통해 은행의 레버리지수준에 영향을 주게 되므로 은행부과금(bank levy), 동태적 대손충당금(dynamic provisions) 등과 같이 거시건전성 유지를 위한 정책수단으로도 활용될 수 있다.

## 4.2 공개시장조작

공개시장조작(open market operations)이란 중앙은행이 단기금융시장이나 채권시장과 같은 공개시장에서 금융기관을 상대로 국공채 등 유가증권의 매매 등을 통해 이들 기관의 유동성규모를 변화시킴으로써 본원통화량이나 초단기금리를 조절하는 정책수단이다. 금융기관은 통상 자금운용의 한 방법으로 채권을 매입하여 보유하는데 만약 금융기관이 고객에게 자금을 지급해야 할 필요가 생겨 채권을 현금화시켜야 할 경우 이를 유통시장에서 매각하여 유동성을 확보할 수 있다. 그러나 채권을 매입한 상대방의 현금 보유는 그만큼 줄어들기 때문에 금융기관 전체로 볼 때 유동성 총량은 변함이 없다.

일반적으로 중앙은행이 유동성공급을 확대할 경우 금융기관들은 늘어난 유동성을 활용하여 기업이나 개인에게 대출을 해주는데 이는 승수과정[7]을 거쳐 통화량을 늘리고 금리의 하락압력으로 작용한다. 중앙은행은 공개시장조작을 통하여 본원통화량목표와 초단기금리목표를 동시에 달성할 수 없고, 두 가지 목표 중 어느 하나의 목표만을 달성할 수 있을 뿐이다.[8] 현재 한국은행을 비롯하여 주요국들은 공개시장조작을 가장 중요한 통화정책수단으로 활용하면서 초단기금리가 정책금리수준에 근접하여 움직이도록 본원통화규모를 조절하고 있다.

이러한 공개시장조작은 지급준비제도나 중앙은행 여수신제도 등 다른 통화정책수단에 비해 여러 가지 장점을 지니고 있다. 첫째, 중앙은행은 공개시장조작을 통해 능동적으로 시중 유동성을 조절한다. 그러나 중앙은행 대출제도는 중앙은행이 금리나 대출규모를 변경하여 금융기관들로 하여금 중앙은행 대출창구를 이용하도록 유도하거나 억제할 뿐이다. 둘째, 공개시장조작을 통해 섬세한 유동성조절이 가능하다. 필요한 조절규모가 아무리 작더라도 그만큼만 채권매매를 하면 되며, 공개시장조작의 실시시기, 빈도, 조건 등을 수시로 조절할 수 있어 신축적이다. 그러나 지급준비제도는 지급준비율(이하 '지준율')을 소폭 변경하더라도 금융기관 유동성 사정에 강력한 영향을 미칠 뿐 아니라 지준율을 수시로 조정하기도 어렵다. 중앙은행 대출도 역시 그 금리나 규모를 수시로 변경하기 어렵다. 셋째, 공개시장조작은 신속하게 시행할 수 있다. 중앙은행 대출제도나 지급준비제도는 제도변경 시 상당한 행정적 절차를 따라야 하지만 공개시장조작은 중앙은행과 시장참가자 간의 즉각적인 매매거래만으로 절차가 시작되고 종결된다. 넷째, 중앙은행은 시장참가자와 정보를 신속하게 교류하면서 정책판단의 오류를 최소화할 수 있다.

한편 공개시장조작은 동태적 공개시장조작(dynamic open market operations)과 방

7 통화승수(money multiplier)는 본원통화 한 단위가 이의 몇 배에 달하는 통화를 창출하였는가를 나타내주는 지표로서 통화총량을 본원통화로 나누어 산출한다. 중앙은행이 공급한 본원통화는 예금은행의 신용창출과정을 통해 이의 수배에 달하는 통화를 시중에 유통시키게 된다.

8 예컨대 중앙은행이 본원통화량(지준공급량)목표를 설정하고 동 목표치를 유지할 경우 예기치 않은 예금의 변동 등으로 금융기관의 지준수요가 변동하게 되면 금리의 변동이 불가피하다. 반대로 중앙은행이 초단기금리를 일정하게 유지하기 위해서는 금융기관의 지준수요가 변할 경우 지준공급량을 조절해야 한다.

어적 공개시장조작(defensive open market operations)으로 구분된다. 전자는 지준과 본원통화수준을 변화시키려는 목적으로 공개시장조작을 통하여 정책목표를 달성하는 방식이며, 후자는 일시적 요인이나 계절적 요인에 의해 자금사정이 변화할 때 이를 상쇄시키기 위해 이루어지는 수동적 공개시장조작 방식이다.

## 4.3 중앙은행 여수신제도

중앙은행의 여수신제도는 중앙은행이 금융기관을 대상으로 대출 및 예금을 통해 자금의 수급을 조절하는 정책을 말한다. 중앙은행 대출제도는 본래 상업은행이 기업에 할인해 준 어음을 다시 할인 · 매입하는 형식으로 자금을 지원했기 때문에 통상 재할인제도라고 부르기도 한다.

중앙은행 대출제도는 은행들이 중앙은행으로부터 일상적인 영업자금을 조달하는 수단으로 활용되었다. 그러나 최근에는 자금이 부족한 은행이 스스로 필요자금을 조달하기 어려울 경우 마지막으로 의존하는 창구로서의 성격이 강해졌다. 이에 따라 전통적인 상업어음재할인제도는 점차 쇠퇴하였고 특히 선진국에서 중앙은행 대출제도는 매우 제한적으로 활용되었다. 이후 중앙은행 대출제도는 은행에 대한 상시적 영업자금공급기능보다는 대출금리변경을 통해 통화정책 기조의 변경을 시장에 알리는 금리공시기능에 중점을 두었으며 이 과정에서 유동성조절대출제도가 도입되었다. 유동성조절대출제도는 금리공시기능과 함께 일시적 요인 등으로 유동성부족에 직면한 금융기관에 대해 필요자금을 신속히 지원하는 기능을 수행한다.

중앙은행 여수신제도의 기능은 다음과 같다. 첫째, 중앙은행 대출제도는 금융기관에 대해 유동성을 공급하는 기능을 수행한다. 앞에서 언급한 바와 같이 중앙은행 대출제도는 상업어음재할인 등을 통해 은행들이 중앙은행으로부터 일상적인 영업자금을 조달하는 수단으로 활용되었다. 둘째, 중앙은행 대출제도는 최종대부자기능 수행에 있어 중요한 역할을 한다. 개별금융기관이 일시적 자금부족에 직면하는 경우 중앙은행은 대출제도를 통해 이들 금융기관에 소요자금을 신속하게 지원하여 금융불안의 확산을 막는다. 셋째, 중앙은행 대출제도는 일중당좌대출제도 등을 통해 일시적 결제부족자금을 제때 지원함으로써 지급결제의 원활화에 기여한다.

이상의 세 가지 기능 모두 중앙은행이 금융시스템에 유동성을 적절히 공급함으로써 금융시스템이 원활하게 작동하도록 유도한다는 점에서 공통점이 있다. 그러나 다음과 같은 점에서 중앙은행 대출제도의 종류별로 차이점이 있다. 우선 시중은행에 대해 대출재원을 제공하는 기능과 최종대부자로서 유동성을 공급하는 기능을 수행하는 대출제도는 일정 기간 동안 자금을 공급하는 제도인 데 비해, 일중당좌대출제도는 일중 영업시간 중에만 자금을 공급한다는 측면에서 차이가 있다. 또한 최종대부자기능을 수행하는 대출제도는 금융기관 및 금융시장의 일시적인 유동성부족 완화 등을 위해 예외적으로 지원된다는 점에서 상시적으로 운용되는 다른 대출제도와 구별된다.

## 4.4 비전통적 정책수단

2008년 9월 Lehman Brothers 사태 이후 글로벌 금융위기의 심화로 경기가 급격히 위축되자 선진국과 신흥시장국의 중앙은행은 정책금리를 큰 폭으로 인하하였다. 그러나 이러한 조치에도 불구하고 세계 금융·경제상황은 더욱 악화되었으며 결국 통상적 정책금리조절만으로는 통화정책이 효과를 거둘 수 없게 되었다. 이에 따라 주요 선진국 중앙은행은 기존의 통화정책수단을 예외적으로 운용하는 것은 물론 전례없는 조치를 취하는 등 다양한 대응책을 고안하여 도입하였다.

비전통적 통화정책수단은 지원방식에 따라 금융기관에 대한 유동성공급, 신용시장(credit market) 지원, 국채매입으로 구분될 수 있는데 각 수단은 서로 다른 파급경로를 거치며 그 효과도 다르다. 금융기관에 대한 유동성공급조치는 은행 등의 대출능력을 확충하고 대출태도를 완화시키기 위해 기존유동성공급제도상의 만기 연장, 담보기준 완화, 대상기관 확대와 함께 신규유동성공급제도를 도입·활용하는 방안이다. 이는 다른 수단에 비해 정책 수행이 용이하고 중앙은행이 부담하는 신용위험이 상대적으로 작다는 장점이 있지만 금융기관에 공급된 유동성이 가계와 기업에 대한 대출로 이어지지 않을 가능성이 있다.

신용시장 지원조치는 신용위험증권의 거래여건을 개선하기 위해 중앙은행이 CP, 회사채, ABS 등을 매입하는 방안이다. 이 방식을 활용하면 중앙은행이 은행대출의 형식을 취하지 않고 특수목적회사(SPV)를 통해 최종차입자를 직접 지원할 수 있기 때문에 신속한 효과를 기대할 수 있다. 다만 중앙은행이 부담해야 하는 신용위험이 상대적으로 크고 지원대상 신용위험증권의 가격이 왜곡될 수 있으며 형평성 문제가 제기될 수 있다는 단점이 있다.

중앙은행의 국채매입(outright purchase) 방식은 정책금리가 실효하한에 도달한 이후에도 장기금리가 하락하지 않을 경우 이를 유도하기 위한 수단이다. 중앙은행의 국채매입은 국채금리 하락은 물론 상당기간 동안 완화적 통화정책 기조를 유지할 것으로 민간경제단위에 신호를 주는 효과도 있기 때문에 금융기관 대출금리와 신용위험증권의 금리 하락도 기대할 수 있다. 그러나 민간이 중앙은행의 대규모 국채매입을 거시경제규율의 이완으로 인식하게 되면 기대인플레이션과 기간 프리미엄(term premium) 상승으로 장기국채금리가 오히려 오를 수도 있다. 또한 국채가격이 하락할 경우에는 중앙은행이 평가손실이나 매각손실을 입을 수도 있으며, 중앙은행이 보유국채를 처분할 때에는 매각규모와 시장상황에 따라 국채는 물론 신용위험증권의 금리구조까지 왜곡될 위험도 있다.

## 제5절 우리나라 통화정책의 실제 운영

### 5.1 외환위기 이후~2004년

외환위기 직후 우리나라는 IMF와의 협의에 따라 환율안정을 목표로 공개시장조작금리를 최고 35%까지 인상하는 고금리정책을 시행하였다. 이에 힘입어 환율이 1998년 3월부터 안정되었고 통화정책 면에서 외환위기 이후의 극심한 경기침체에 대응하여 긴축 기조를 완화할 수 있는 여지가 생겼다.[9] 또한 1998년에는 외환위기의 영향으로 경제활동이 위축되는 과정에서 은행대출이 줄어드는 신용경색(credit crunch)현상이 발생했다. 이에 당국은 금리를 인하하고 은행에 대출확대 유인을 제공함으로써 신용경색이 해소될 수 있는 여건을 마련하였다. 정부도 신용보증제도를 적극 활용하여 신용경색 완화를 꾀하였다.

이러한 대응조치로 은행대출은 1999년 2월 이후 증가세로 돌아섰으며 실물경제지표도 뚜렷한 회복세를 나타내기 시작하였다. 그러나 당국은 실물경제지표의 개선이 본격

9 당시 통화정책 방향은 상당부분 외환시장 동향에 종속되어 있었다. IMF 프로그램의 최우선순위가 환율안정에 두어져 있었기 때문에 환율이 안정되지 않는 한 고금리정책 기조를 완화하기는 어려웠다.

적인 경기회복으로 이어질 것인지의 여부는 조금 더 지켜볼 필요가 있다고 판단하여 금리인하 기조를 당분간 유지하기로 하였다. 이에 따라 연초 연 6%대였던 콜금리는 4월 중순 4%대 후반까지 하락하였다. 5월에는 국내경기가 회복세를 지속하고 대외 불균형의 발생도 우려됨에 따라 콜금리목표를 더 이상 인하하지 않기로 하였다. 더욱이 7월에는 대우그룹 구조조정 문제와 투신사 수익증권의 대량환매 등으로 장기금리가 상승하는 등 금융시장이 크게 불안해졌다. 이에 한국은행과 정부는 금융시장불안이 실물경제의 회복세를 저해하지 않도록 하기 위해 콜금리를 안정적으로 유지하면서 유동성을 시장상황에 맞추어 충분히 공급하는 한편 채권시장안정기금[10]을 설치하여 채권시장의 수요부족을 보완하고 공사채형수익증권의 대량환매를 막기 위해 부분환매제도[11]를 실시하는 등 금융시장불안을 해소하기 위해 노력하였다.

2000년에는 1999년의 경기상승세가 이어지는 가운데 6월 이후 물가가 그동안의 안정세에서 벗어나 큰 폭으로 상승하였다. 인플레이션 압력에 대한 선제적 대응조치로 10월 5일 콜금리목표를 연 5.0%에서 연 5.25%로 0.25%포인트 상향조정하였다. 한편 대우채권환매 문제의 해결로 안정되던 금융시장은 5월 이후 일부 대기업의 유동성위기를 계기로 다시 불안해졌다. 이에 당국은 2000년 6월 19일 회사채수요 확대를 주요 골자로 한 기업 자금사정 원활화 대책을 발표하였다. 또한 한국은행은 신축적인 유동성공급 기조를 유지하여 금융시장이 안정될 수 있는 환경을 조성하였다.

2001년 들어서는 통화정책여건이 급변하였다. 우선 장기호황을 누려왔던 미국 경기가 2000년 후반부터 뚜렷한 둔화세를 보이기 시작하면서 부진을 지속함에 따라 미연준이 2001년 상반기 중 연방기금금리목표를 여섯 차례에 걸쳐 총 2.75%포인트 인하하였다. 세계 주요국 중앙은행들도 미연준의 금리인하에 맞추어 경기하락을 막기 위해 금리를 낮추었다. 한국은행도 국내경기가 둔화되자 2001년 2월 콜금리목표를 0.25%포인트 낮추어 운용하였으나 6월까지는 물가 오름세를 감안하여 콜금리목표를 더 이상 내리지 않았다.

2001년 하반기에는 미국 경제의 부진 지속으로 세계적 불황의 가능성이 높아지는 상황에서 9·11 테러사건, 아프가니스탄에서의 전쟁 발발 등으로 세계경제의 조기회복 기

10 대우사태 이후의 시장금리 급등에 대처하기 위하여 1999년 9월부터 2000년 3월까지 30조원을 한도로 운용되었으며 실제 약 25조원이 조성되었다. 주로 은행, 보험사 등이 출자하였으며 국채, 통안증권, 우량 회사채 등을 매입하는 데 사용되었다.

11 대우그룹 채권을 제외한 수익증권은 환매를 허용하되 대우그룹 채권에 대해서는 90일 이내에 환매를 신청할 경우 장부가액의 50%를, 180일 이내에 신청할 경우 80%를, 180일이 지나서 신청할 경우 95%를 지급보장하는 비상조치였다.

대감은 사라졌다. 미연준은 계속 금리를 내렸으며 주요국 중앙은행들도 유동성공급을 크게 확대하고 금리를 낮추어 금융시장의 혼란을 예방하는 동시에 경기회복의 동력을 제공하고자 하였다. 한국은행도 2001년 7, 8월 두 차례에 걸쳐 콜금리목표를 0.5%포인트 인하한 데 이어 9월에는 경기부진이 장기화될 가능성이 커짐에 따라 콜금리목표를 다시 0.5%포인트 낮추어 연 4%로 결정하였다.

2002년에는 전년의 과감한 통화정책 기조 완화에 힘입어 국내경기가 뚜렷한 회복세를 나타낸 가운데 수요압력이 커지고 국제유가까지 상승함에 따라 물가오름세가 빨라질 조짐을 보였다. 또한 가계대출의 큰 폭 증가와 함께 빠른 속도로 상승한 부동산가격이 일반의 인플레이션 기대심리를 자극할지도 모른다는 우려가 있었다. 이에 한국은행은 경기회복과정에서 발생할 수 있는 다양한 형태의 불균형에 미리 대처한다는 차원에서 5월에 콜금리목표를 연 4.25%로 0.25%포인트 인상하였다.

2002년 5월 이후 1년 동안 콜금리목표를 연 4.25%에서 유지해 오던 한국은행은 2003년 5월을 시작으로 그해 7월, 그리고 2004년 8월과 11월 등 총 네 차례에 걸쳐 사상 최저수준인 연 3.25%까지 콜금리목표를 낮추었다. 이와 같이 통화정책을 계속 완화해 간 것은 민간소비 및 설비투자 등 내수의 극심한 부진 때문에 실물경기가 2003년 초부터 하락하면서 장기침체국면에 접어들었기 때문이다.

## 5.2 2005년~글로벌 금융위기 이전

2005년 하반기 이후 물가안정에 유의하면서 실물경제의 개선추세에 상응하여 금융완화의 정도를 점진적으로 줄여 나가는 방향으로 정책 기조를 전환하였다. 이에 따라 2005년 10월~2006년 8월중 5회에 걸쳐 콜금리목표를 각각 0.25%포인트 올려 연 3.25%에서 4.5%로 상향조정하였다.

이처럼 콜금리목표를 점진적으로 인상한 것은 국내경기가 수출호조 및 내수회복에 힘입어 2005년 2/4분기 이래 상승세를 지속한 데다 장기간의 저금리로 인한 자산가격 상승압력 증대, 금융기관 수신구조 단기화 등의 부작용을 점진적으로 해소함과 아울러 향후 경기회복과정에서 예상되는 물가상승압력에 선제적으로 대처할 필요가 있다는 판단에 따른 것이었다.

콜금리목표를 인상한 결과 2006년 6월 이후에는 금융기관의 대출신장세가 둔화되는 가운데 정부의 다각적인 부동산시장 안정대책 실행으로 주택가격의 오름세가 진정되었다. 또한 주요 금융기관의 수신구조 단기화현상도 개선되었는데 만기 6개월 미만 단기수신비중은 2005년 8월의 52.6%에서 2006년 8월에는 50.3%로 낮아졌다.

2006년 8월 이후 콜금리 목표를 연 4.5%에서 유지해 오다가 2007년 7월과 8월, 그리고 2008년 8월 등 세 차례에 걸쳐 콜금리목표를 각각 0.25%포인트 상향조정하여 연 5.25%로 인상하였다. 이와 같이 통화긴축정책을 운영한 것은 국내경기상승세 확대에 따른 수요압력 현재화 가능성, 시중 유동성의 높은 증가세, 원유 등 국제원자재가격의 가파른 오름세 등과 같은 물가상승압력요인들이 중・장기 물가안정 기반을 약화시키지 않도록 하기 위한 것이었다.

2007년 하반기 이래 가계대출이 신용대출을 중심으로 빠르게 늘어난 데다 중소기업대출도 은행의 적극적인 대출수요 개발, 경기상승 등의 영향으로 큰 폭으로 증가하였고, 통화증가율이 계속 높은 수준을 나타내는 등 유동성이 풍부한 상태가 지속되었다. 한편 국제유가는 2007년 이래 지정학적 위험 등에 따른 원유수급불안 심화, 신흥시장국을 중심으로 한 수요 확대, 미달러화 약세 및 투기수요 증가 등이 복합적으로 작용하면서 2008년 상반기까지 가파른 오름세를 지속하였다. 이에 따라 2007년 1월 중순 배럴당 50달러(Brent유 기준)를 하회하였던 국제유가는 이후 빠르게 상승하여 2008년 7월 초에는 배럴당 150달러에 근접하였다.

이와 같은 금융경제상황의 변화를 예의주시하는 가운데 2007년 하반기 들어 물가상승압력이 점차 커질 것으로 판단하여 2007년 7월과 8월에 콜금리목표를 각각 0.25%포인트 올려 연 5.0%로 조정하였다. 물가는 실제로 2007년 10월 이후 가파르게 상승하였다. 소비자물가상승률(전년 동월 대비)이 2007년 12월중 3.6%를 기록한 이래 중기 물가안정목표(3.0%±0.5%p)의 상한을 훨씬 넘는 높은 수준을 보였다.

2008년 들어서는 물가오름세가 확대되는 가운데 국제금융시장불안, 내수부진 등으로 경기둔화 움직임이 점차 뚜렷해지고 있었다. 그러나 2008년 6~7월중에 소비자물가상승률이 6%에 근접하는 등 물가오름세가 한층 확대되면서 인플레이션 기대심리까지 불안해질 것으로 우려됨에 따라 8월에 기준금리를 연 5.25%로 상향조정하였다.

## 5.3 글로벌 금융위기 이후

2008년 9월 Lehman Brothers 파산보호 신청을 계기로 본격적으로 확산되기 시작한 글로벌 금융위기와 세계경제 침체가 국내 금융시장 및 실물경제에 미치는 부정적 영향을 최소화하는 데 역점을 두고 통화신용정책을 운영하였다. 이러한 정책 기조하에 2008년 10월부터 2009년 2월까지 기준금리를 여섯 차례에 걸쳐 총 3.25%포인트 인하하였다. 그 결과 기준금리는 연 5.25%에서 정책금리를 공표하기 시작한 1999년 5월 이후 최저 수준인 연 2.0%까지 낮아졌다.

이와 같이 기준금리를 단기간에 대폭 인하한 것은 글로벌 금융위기와 세계경제 침체 등으로 국내 금융 · 외환시장이 불안해지고 실물경제가 급격히 위축된 데다 글로벌 경제의 침체폭이 크고 회복되기까지 상당한 시간이 소요될 가능성이 높아 우리 경제에 미치는 부정적 영향이 매우 클 것으로 판단하였기 때문이다.

2010년 상반기 중에는 금융위기에 대응하기 위해 대폭 낮춘 연 2.0%의 기준금리를 그대로 유지하였다. 이는 국내경기의 상승세 지속에도 불구하고 수요압력이 그리 크지 않았던 데다 원/달러 환율이 전년수준을 하회함에 따라 물가가 대체로 안정된 움직임을 보인 가운데 주요 선진국 경기의 회복세 미흡, 국제금융시장 불안의 수시 재연 등으로 향후 경제전망의 불확실성이 컸던 점을 고려한 것이었다.

그러나 2010년 하반기 이후에는 경기상승세가 지속되는 가운데 물가상승압력이 증대됨에 따라 금융완화의 정도를 점진적으로 줄이면서 금리를 정상화하는 방향으로 통화정책을 운영하였다. 이러한 정책 기조 아래 2010년 7월과 11월 그리고 2011년 1월, 3월, 6월 다섯 차례에 걸쳐 기준금리를 각각 0.25%포인트씩 올려 연 2.0%에서 연 3.25%로 상향조정하였다. 다만 총액한도 대출금리는 기준금리 인상에도 불구하고 중소기업 자금사정의 원활화 및 은행의 중소기업대출 취급 유인 제고를 위해 종전의 연 1.25% 수준을 유지해 오다가 2011년 3월 0.25%포인트 인상하여 연 1.50%로 조정하였다. 이와 함께 위기대응 차원에서 그동안 확대공급하였던 유동성을 환수하는 노력을 지속하였다.

2011년 하반기 중에는 소비자물가상승률이 4% 내외의 높은 수준을 지속한 상황에서도 기준금리를 연 3.25%로 유지하였다. 이는 2012년에는 물가상승압력이 줄어들 것으로 예상된 가운데 유럽지역 국가채무 문제, 주요국의 경기부진, 국제금융시장불안 등으로 국내 금융 · 외환시장의 변동성과 성장의 하방위험이 커졌기 때문이다.

2012년 상반기 중에는 기준금리를 연 3.25%로 유지하였다. 이러한 정책의 배경으로 우선 유럽지역 국가채무위기 등에 따른 성장의 하방위험이 상존하는 가운데서도 국내경제의 성장률이 완만하나마 장기추세수준을 회복해 갈 것으로 전망되었다. 또한 소비자물가상승률이 2%대 중반까지 낮아지기는 하였으나 높은 인플레이션 기대심리 등이 불안요인으로 잠재해 있었다.

그러나 7월 이후 국내경제가 당초 예상보다 크게 부진해져 GDP갭이 상당기간 마이너스를 나타낼 것으로 전망되는 한편 소비자물가상승률이 당분간 물가안정목표의 중심치를 하회할 것으로 예상되었다. 이에 따라 한국은행은 7월 및 10월에 기준금리를 각각 0.25%포인트 인하하여 연 2.75%로 낮추었다. 아울러 10월에는 2011년 3월 이래 조정이 없었던 총액한도 대출금리도 연 1.5%에서 연 1.25%로 인하하였다.

## 5.4 앞으로의 과제

한 나라의 중앙은행이 수행하는 통화정책에는 경제발전과정에서 나타나는 시대적 과제가 반영될 수밖에 없다. 돌이켜 보면 한국은행도 지난 1950년 6월 설립 이후 1950년대 전란극복과 금융체계 정비, 1960~1970년대 공업화와 성장통화 공급, 1980~1990년대의 물가안정기반 구축과 금융자유화, 2000년대의 경제의 글로벌화와 금융위기 극복 등 시대가 요구하는 중앙은행의 기능과 역할을 수행하여 왔다.

특히 2011년 제8차 한국은행법 개정으로 물가안정과 함께 금융안정책무가 명시됨에 따라, 한국은행은 거시금융안정 상황평가보고서 작성, 비은행금융기관에 대한 자료제출 요구, 긴급유동성지원제도의 확충, 공개시장조작 방식 및 지급준비제도 개선 등 금융불안을 효과적으로 통제하기 위한 제도정비와 정책운용 노력을 경주하고 있다.

한편 글로벌 금융위기 이후 세계경제가 안고 있는 불확실성이 향후 상당기간 지속될 가능성이 높은 것으로 판단되는 가운데 금융기관 겸업제한, 시스템적 위험관리, 거시건전성정책 논의 등 금융위기 예방을 위한 정책대응의 전개에 따라 기존의 통화정책 운영방식을 보완하거나 새로운 방안을 모색하는 움직임이 커질 수 있다. 또한 정부의 재정건전성 저하로 정책여력이 축소됨에 따라 금융·경제의 안정과 발전을 위한 중앙은행 통화정책의 역할이 크게 확대되고 있다. 신흥시장국 중앙은행들은 선진국들의 양적완화정책 등으로부터 파급되는 부정적인 영향을 최소화하면서 정책을 운용해야 하는 부담도 안고 있다.

그동안 한국의 통화정책은 제도와 운용 면에서 많은 진전을 이루었고, 금융안정을 포함한 정책모델 개발노력을 강화하고 있으나 아직 충분히 정착되었다고 보기 어려운 상황에서 대내외 불확실성과 위험관리에 대응한 정책운영부담이 높아지는 어려움에 직면해 있다. 물가안정 및 금융안정의 책무를 부여받은 중앙은행으로서 한국은행이 이러한 도전을 잘 극복하고 통화정책을 성공적으로 수행하기 위해서는 다음과 같은 과제를 해결해 나가야 할 것으로 보인다.

첫째, 통화정책의 범위를 종전보다 넓게 해석하여 금융안정기능이 반영된 통화정책모델을 정착시켜 나가야 하겠다. 글로벌 금융위기를 계기로 종래의 물가안정목표제가 통화정책을 좁게 해석하여 정책금리조절을 통한 물가목표 달성에 집중하면서 상대적으로 금융안정이 소홀해졌다는 비판이 제기된 바 있다. 2011년 한국은행법 개정 시 목적조항에 금융안정책무가 명시된 것은 종래 한은에 부여되어 있었던 금융안정기능을 복원한 의미도 있다. 지난 1997년 제6차 개정으로 설립목적이 물가안정으로 한정되기 이전에는 목적조항이 '통화가치의 안정과 은행 · 신용제도의 건전화'로 규정되어 있었기 때문이다. 물가안정과 금융안정은 장기적으로 보완관계에 있으며, 단기적인 상충 가능성에 대해서는 중기적 관점에서 물가안정에 노력하는 가운데 거시건전성수단을 병용함으로써 물가안정과 금융안정을 함께 달성해 나가야 한다. 또한 우리나라의 거시건전성정책체계를 설계하기 위해 중앙은행을 포함한 정책당국 간의 긴밀한 협력의 중요성이 더욱 높아졌다.

둘째, 금리중심 통화정책 운영방식하에서 통화나 신용 같은 유동성지표의 움직임에 한층 더 유의하는 가운데 유동성조절수단의 개발 및 확충방안을 마련해 나가야 하겠다. 글로벌 금융위기의 원인으로 여러 가지가 지적되고 있지만, 금융기관에 대한 규제 · 감독이 적절하지 못했다는 점과 함께 자산버블과 같이 금융과 실물이 연계되어 장기에 걸쳐 누적되는 거시금융불안이 효과적으로 통제되지 못했다는 점도 지적되고 있다. 실물－금융 간의 연계성은 다양한 각도에서 조명할 수 있으나 거시적으로 가계, 기업, 금융기관 등이 자금거래와 자산운용 등 금융활동을 통해 수익과 손실을 증폭시키는 이른바 매크로레버리지(macro－leverage)의 관점에서 볼 수도 있는데, 동 레버리지의 변동은 궁극적으로 소비와 투자를 확대 또는 축소시키는 결과를 초래한다는 점에 유의해야 할 것이다. 경제의 불균형 및 금융위기 방지를 위해서는 이러한 실물－금융 간의 연계가 적정수준을 유지하면서 제대로 작동하도록 관리하는 것이 필수적이다.

셋째, 각국이 긴밀히 연계된 글로벌 경제에서 자본자유화 등을 통해 크게 진전된 금융통합을 감안하여 통화정책의 효과적인 국제공조 강화방안을 적극 모색해 나가야 하겠다. 최근 글로벌 유동성수준 및 변동성은 주요 선진국의 통화정책에 의해 주로 결정되고 있으며 글로벌 유동성 증가는 신흥시장국으로의 급격한 자본유입을 통해 이들 국가의 거시경제에 부정적 영향(negative spillover effect)을 초래할 가능성이 있다. 이러한 위험에 대응하여 국가 간 연계성에 대한 정확한 이해를 바탕으로 우리 경제에 적합한 정책수단 개발과 국제 정책협력을 통해 시스템적 리스크를 적절히 통제할 수 있는 역량을 키워 나가야 한다.

## 연 | 습 | 문 | 제 <<<

1. 통화정책(monetary policy)이란 무엇인가? 통화정책목표를 달성하기 위한 수단으로는 어떤 것들이 있는가?

2. 통화정책체계(monetary policy framework)에 대하여 설명하라.

3. 통화정책이 효율적으로 수행되기 위해서는 제도적 기반이 마련되어 있어야 한다. 그러한 제도적 기반으로는 어떠한 것들을 들 수 있는가?

4. 통화정책의 목표는 무엇인가? 그러한 목표들 간에는 상충되는 경우도 있을 수 있다. 그러한 경우를 설명하라.

5. 통화정책을 수행함에 있어서 특히 중앙은행의 독립성(independence)이 강조되고 있다. 그 이유는 무엇인가?

6. 지급준비제도(reserve requirement)란 무엇인가? 이 제도를 도입하는 취지는 무엇이라고 생각하는가?

7. 만일 중앙은행이 법정지급준비율(reserve requirement ratio)을 낮춘다면 다음의 변수들에 어떠한 영향을 줄 것인가 각각 설명하라.

   (1) 은행지급준비금(bank reserves) (2) 콜금리(call rate) (3) 은행대출(bank lending)
   (4) 단기국고채수익률 (5) 은행의 우대금리(prime rate)

8. 공개시장조작(open market operations)이란 무엇이며, 구체적으로 어떠한 방법으로 실행하고 있는가를 설명하라.

9. 중앙은행의 여수신제도에 대하여 설명하라.

10. 우리나라 통화정책의 변천과정을 간략하게 설명하라.

# 찾아보기

ㄱ

ㄴ



ㄷ

## ㅇ

## ㅊ

## | 저자약력 |


### 황선웅(黃善雄)

서울대학교 외교학과 졸업(정치학사)
동아일보 기자
Indiana University 경영대학원 졸업(M.B.A.)
New York University, Stern School of Business(Ph.D.)
Boston College 재무학과 조교수
Fulbright Senior Research Fellow(New York University)
공인회계사시험 제1차 및 제2차 출제위원 · 선정위원
한국금융학회 부회장
재정경제부 금융발전심의회 증권분과위원장
재정경제부 금융허브추진위원회 선도금융부문혁신분과위원회 위원장
산업자원부 기술표준원 E-비지니스부회 위원장
한국거래소(KRX) 유가증권시장본부 상장공시위원회 위원장
한국증권학회 회장
중앙대학교 사회과학대학장
현, 중앙대학교 경영경제대학 경영학부 교수
ISO/TC68/SC4(증권전문위원회) 위원장
ISO/TC68/SC7(은행전문위원회) 위원장
산업자원부 기술표준원 산업표준심의회 위원


[저서 및 논문]
투자론(도서출판 청람, 2011)
기업이 실패하는 5가지 이유(편역, 시그마인사이트컴, 2002)
21세기 경영학의 이해(공저, 탑북스, 2012)
"자본자산포트폴리오의 효율성에 대한 다변량 검증"
"효율적시장가설과 변태적 월중효과에 관한 연구"
"위탁증거금의 변경이 주가변동률 및 주가의 잠정적 구성부분에 미치는 영향에 대한 실증적 고찰"
"한국주식시장에서의 주가지수 선택에 따른 기업규모 효과의 실증결과 비교분석"
"지수수익률의 선택과 초과수익률 추정치의 편의"
"한국주식시장에서의 주가과잉반응가설에 관한 종합적 실증분석"
"집합투자를 통한 금융발전과 경제성장에 관한 연구"
"P-CBO를 활용한 중소기업 자금경색 문제 해결방안에 대한 실증연구"
"산업내 소득양극화 및 불균형에 대한 재무적 특성에 관한 연구-제조기업을 중심으로"
"주식대차거래와 주식시장 변동성에 관한 연구"
"주식대차거래와 자본시장 유동성"
"Contagious Effect of the Fees for the Consolidated Financial Services under the Asymmetric Information"
"Performance Evaluation with Information on Portfolio Compositions"
그 외 저서 및 논문 다수


## 금융기관론

2014년 2월 20일 1판 1쇄 인쇄
2014년 2월 25일 1판 1쇄 발행

저　자 | 황선웅
발행인 | 이수영
발행처 | 도서출판 청람
서울시 마포구 독막로 288(대흥동, 세양상가 109호)
TEL | 02)3272-2601~2
FAX | 02)3272-2603
E-mail | crbooks@hanmail.net
홈페이지 | http://www.crbooks.co.kr
등록 | 2000.8.26 제6-0509호

ISBN 978-89-5972-380-5 93320　　[정가 27,000원]